SAMMLUNG TUSCULUM
Herausgegeben von
Karl Bayer, Manfred Fuhrmann, Gerhard Jäger

MARCUS TULLIUS CICERO

Über die Ziele
des menschlichen Handelns

DE FINIBUS BONORUM ET MALORUM

Herausgegeben, übersetzt
und kommentiert
von Olof Gigon
und Laila Straume-Zimmermann

ARTEMIS VERLAG
MÜNCHEN UND ZÜRICH

CIP-Titelaufnahme der Deutschen Bibliothek

Cicero, Marcus Tullius:
Über die Ziele des menschlichen Handelns : lat.-dt.
De finibus bonorum et malorum / Marcus Tullius Cicero
Hrsg., übers. u. kommentiert von Olof Gigon u.
Laila Straume-Zimmermann.
München ; Zürich : Artemis-Verl., 1988
(Sammlung Tusculum)
Einheitssacht.: De finibus bonorum et malorum
ISBN 3-7608-1655-X
NE: Gigon, Olof [Hrsg.]

© 1988 Artemis Verlag München und Zürich,
Verlagsort München.
Alle Rechte, einschließlich derjenigen des auszugsweisen
Abdrucks und der photomechanischen Wiedergabe, vorbehalten.
Satz: IBV Satz- und Datentechnik GmbH, Berlin
Druck und Bindung: Pustet, Regensburg
Printed in Germany

INHALT

Text und Übersetzung
- Buch I 6
- Buch II 68
- Buch III 176
- Buch IV 240
- Buch V 312

Kommentar 407

Einführung 565

Zur Textgestaltung 591

Namenregister 592

Literaturverzeichnis 615

LIBER PRIMUS

Non eram nescius, Brute, cum, quae summis ingeniis exquisitaque doctrina philosophi Graeco sermone tractavissent, ea Latinis litteris mandaremus, fore ut hic noster labor in varias reprehensiones incurreret.

Nam quibusdam, et iis quidem non admodum indoctis, totum hoc displicet philosophari. quidam autem non tam id reprehendunt, si remissius agatur, sed tantum studium tamque multam operam ponendam in eo non arbitrantur. erunt etiam, et ii quidem eruditi Graecis litteris, contemnentes Latinas, qui se dicant in Graecis legendis operam malle consumere. postremo aliquos futuros suspicor, qui me ad alias litteras vocent, genus hoc scribendi, etsi sit elegans, personae tamen et dignitatis esse negent.

Contra quos omnis dicendum breviter existimo. quamquam philosophiae quidem vituperatoribus satis responsum est eo libro, quo a nobis philosophia defensa et collaudata est, cum esset accusata et vituperata ab Hortensio. qui liber cum et tibi probatus videretur et iis, quos ego posse iudicare arbitrarer, plura suscepi veritus ne movere hominum studia viderer, retinere non posse. qui autem, si maxime hoc placeat, moderatius tamen id volunt fieri, difficilem quandam temperantiam postulant in eo, quod semel admissum coërceri reprimique non potest, ut propemodum

ERSTES BUCH

Als ich mich entschloß, das, was Philosophen von größter Begabung und erlesenem Wissen in griechischer Sprache behandelt hatten, in die lateinische Literatur herüberzunehmen, da machte ich mir keine Illusionen darüber, Brutus, daß diese meine Anstrengung in verschiedener Weise auf Kritik stoßen würde.

Einigen, und zwar keineswegs Ungebildeten, ist das Philosophieren grundsätzlich zuwider. Andere wiederum tadeln es nicht, falls man es mit Maß betreibt, sind jedoch der Meinung, daß man eine so große Mühe und so viel Arbeit nicht darauf verwenden dürfe. Es wird abermals andere geben, und zwar griechisch gebildete Leute, die die lateinische Literatur verachten und behaupten, sie zögen es vor, ihre Bemühungen auf die Lektüre der griechischen Werke zu konzentrieren. Schließlich vermute ich, daß es auch solche geben wird, die mich zu anderer literarischer Tätigkeit auffordern und erklären werden, über derartige Dinge zu schreiben sei zwar kultiviert, aber unter dem Niveau meiner Person und meines Ranges.

Ich halte es für richtig, diesen allen kurz zu antworten. Allerdings habe ich mich mit den Gegnern der Philosophie überhaupt schon ausreichend auseinandergesetzt in jenem Buche, in welchem ich die Philosophie verteidigt und gepriesen habe, nachdem sie von Hortensius angegriffen und beschimpft worden war. Ich hatte den Eindruck, du seist mit dem Buche einverstanden und desgleichen jene, denen ich ein kompetentes Urteil zubilligte; und so habe ich weiteres unternommen, da ich befürchtete, es könnte so aussehen, als sei ich imstande, das Interesse der Menschen zwar zu erregen, nicht aber festzuhalten. Was die anderen angeht, die die Philosophie zwar gelten lassen, aber fordern, daß man sie mit Maß betreibe, so verlangen sie eine Art von Zurückhaltung in einer Sache, die man, wenn man sich einmal auf sie eingelassen hat, nicht leicht einschränken und zurückdrängen kann;

iustioribus utamur illis, qui omnino avocent a philosophia, quam his, qui rebus infinitis modum constituant in reque eo meliore, quo maior sit, mediocritatem desiderent. sive enim ad sapientiam perveniri potest, non paranda nobis solum [ea], sed fruenda etiam sapientia est; sive hoc difficile est, tamen nec modus est ullus investigandi veri, nisi inveneris, et quaerendi defatigatio turpis est, cum id, quod quaeritur, sit pulcherrimum. etenim si delectamur, cum scribimus, quis est tam invidus, qui ab eo nos abducat? sin laboramus, quis est, qui alienae modum statuat industriae? nam ut Terentianus Chremes non inhumanus, qui novum vicinum non vult 'fodere aut arare aut aliquid ferre denique' – non enim illum ab industria, sed ab inliberali labore deterret –, sic isti curiosi, quos offendit noster minime nobis iniucundus labor.

3

Iis igitur est difficilius satis facere, qui se Latina scripta dicunt contemnere. in quibus hoc primum est in quo admirer, cur in gravissimis rebus non delectet eos sermo patrius, cum idem fabellas Latinas ad verbum e Graecis expressas non inviti legant. quis enim tam inimicus paene nomini Romano est, qui Ennii Medeam aut Antiopam Pacuvii spernat aut reiciat, quod se isdem Euripidis fabulis delectari dicat, Latinas litteras oderit? Synephebos ego, inquit, potius Caecilii aut Andriam Terentii quam utramque Menandri legam? a quibus tantum dissentio, ut, cum Sophocles vel optime scripserit Electram, tamen male conversam Atilii mihi legendam putem, de quo Luci-

4

5

da möchte ich fast diejenigen, die uns gänzlich von der Philosophie wegführen wollen, für vernünftiger halten als jene, die einem unbegrenzten Unternehmen Grenzen setzen und die Mäßigung wünschen in einer Sache, die um so wichtiger wird, je mehr man sich mit ihr beschäftigt. Falls es nämlich möglich ist, zur Weisheit zu gelangen, dann muß es uns daran liegen, sie nicht nur zu erwerben, sondern sie auch für uns nutzbar zu machen; sollte sich dies als sehr schwierig erweisen, so darf man doch mit dem Suchen nach der Wahrheit nicht eher aufhören, als bis man sie gefunden hat; es wäre beschämend, im Suchen zu ermüden, wo das, was gesucht wird, der vollkommenste Gegenstand ist. Wenn mir außerdem die Tätigkeit des Schreibens Freude macht, wer wird dann so mißgünstig sein, daß er mich davon abbringen möchte? Wenn ich mich dagegen anstrengen muß, wer hat dann das Recht, dem Bemühen eines anderen Grenzen zu setzen? Denn wie jener Chremes bei Terenz es nicht unfreundlich meint, wenn er verhindern will, daß sein neuer Nachbar „grabe oder pflüge oder irgendwelche Lasten herumschleppe" (er will ihm nämlich nicht jede Anstrengung, sondern nur die banausische Arbeit verleiden), so sind auch jene unnötig besorgt, die an meiner mir selbst keineswegs unangenehmen Arbeit Anstoß nehmen.

Schwieriger ist es, diejenigen zufriedenzustellen, die erklären, daß sie an der lateinischen Literatur nicht interessiert seien. Bei ihnen muß ich mich zunächst darüber wundern, daß sie gerade in den wichtigsten Dingen keine Freude an ihrer Muttersprache haben, während sie doch irgendwelche Theaterstücke, die Wort für Wort aus dem Griechischen ins Lateinische übersetzt sind, nicht ungerne lesen. Wer kann denn derart geradezu ein Feind römischen Wesens sein, daß er die „Medea" des Ennius und die „Antiope" des Pacuvius verachtet und verwirft und gesteht, daß er zwar dieselben Tragödien bei Euripides gerne liest, aber die lateinische Sprache ablehnt? Er wird erwidern, man könne ihm nicht zumuten „Die Studienkameraden" des Caecilius und die „Andria" des Terenz eher zu lesen als die beiden entsprechenden Komödien Menanders. Da bin ich völlig anderer Meinung. Mag Sophokles auch mit seiner „Elektra" ein großartiges Werk gedichtet haben, so halte ich es doch für meine Pflicht, die schlechte Über-

lius: 'ferreum sciptorem', verum, opinor, scriptorem tamen, ut legendus sit. rudem enim esse omnino in nostris poëtis aut inertissimae segnitiae est aut fastidii delicatissimi. mihi quidem nulli satis eruditi videntur, quibus nostra ignota sunt. an 'Utinam ne in nemore…' nihilo minus legimus quam hoc idem Graecum, quae autem de bene beateque vivendo a Platone disputata sunt, haec explicari non placebit Latine? quid? si nos non interpretum fungimur munere, sed tuemur ea, quae dicta sunt ab iis, quos probamus, eisque nostrum iudicium et nostrum scribendi ordinem adiungimus, quid habent, cur Graeca anteponant iis, quae et splendide dicta sint neque sint conversa de Graecis? nam si dicent ab illis has res esse tractatas, ne ipsos quidem Graecos est cur tam multos legant, quam legendi sunt. quid enim est a Chrysippo praetermissum in Stoicis? legimus tamen Diogenem, Antipatrum, Mnesarchum, Panaetium, multos alios in primisque familiarem nostrum Posidonium. quid? Theophrastus mediocriterne delectat, cum tractat locos ab Aristotele ante tractatos? quid? Epicurei num desistunt de isdem, de quibus et ab Epicuro scriptum est et ab antiquis, ad arbitrium suum scribere? quodsi Graeci leguntur a Graecis isdem de rebus alia ratione compositis, quid est, cur nostri a nostris non legantur?

Quamquam, si plane sic verterem Platonem aut Aristotelem, ut verterunt nostri poëtae fabulas, male, credo, mererer de meis civibus, si ad eorum cognitio-

setzung des Atilius zu lesen, den Lucilius zwar einen „eisernen Schriftsteller" nennt, aber immerhin einen wirklichen Schriftsteller, den man also auch lesen soll. Unsere Dichter überhaupt nicht zu kennen beweist entweder eine ungebildete Gleichgültigkeit oder eine anmaßende Überempfindlichkeit. Ich kann niemanden wirklich für gebildet halten, der unsere eigene Literatur nicht kennt. Lesen wir nicht: „Ach, daß doch nicht im Walde…" genausogut wie dasselbe Stück in griechischer Sprache? Und da sollte man Platons Erörterungen über das tugendhafte und glückselige Leben nicht auf Lateinisch darlegen dürfen? Wenn ich mich außerdem nicht mit der Aufgabe eines bloßen Übersetzers begnüge, sondern die Äußerungen von Männern, denen ich zustimme, vertrete und dazu meinem eigenen Urteil und meiner eigenen Anordnung folge, welchen Grund hat man dann, griechische Schriften solchen vorzuziehen, die glänzend formuliert und keine bloßen Übersetzungen aus dem Griechischen sind? Falls man einwenden sollte, dies alles sei schon längst von den Griechen behandelt worden, so ist zu antworten, daß man auch von den Griechen längst nicht so viele Bücher zu lesen braucht, als uns zum Lesen angeboten werden. Hat etwa Chrysippos bei der Darstellung der stoischen Lehre irgend etwas übersehen? Trotzdem lesen wir Diogenes, Antipater, Mnesarchos, Panaitios und viele andere, vor allem aber unsern Freund Poseidonios. Und weiterhin: Bereitet uns etwa Theophrast nur geringes Vergnügen, wenn er Dinge behandelt, die vorher schon von Aristoteles durchdiskutiert worden sind? Und weiter: Verzichten etwa die Epikureer darauf, nach Belieben über dieselben Gegenstände zu schreiben, über die bereits Schriften Epikurs und der früheren vorliegen? Wenn also von den Griechen selbst griechische Bücher über immer wieder dieselben Gegenstände gelesen werden, weil dieselben Sachen auf eine neue Art vorgetragen werden, warum sollten dann nicht auch meine Bücher von meinen Landsleuten gelesen werden?

Würde ich Platon oder Aristoteles genauso übersetzen, wie unsere Dichter die griechischen Dramen übersetzt haben, dann, so müßte man annehmen, würde ich meinen Mitbürgern einen schlechten Dienst erweisen, wenn ich sie auf eine solche Art mit

nem divina illa ingenia transferrem. sed id neque feci adhuc nec mihi tamen, ne faciam, interdictum puto. locos quidem quosdam, si videbitur, transferam, et maxime ab iis, quos modo nominavi, cum inciderit, ut id apte fieri possit, ut ab Homero Ennius, Afranius a Menandro solet. nec vero, ut noster Lucilius, recusabo, quo minus omnes mea legant. utinam esset ille Persius, Scipio vero et Rutilius multo etiam magis, quorum ille iudicium reformidans Tarentinis ait se et Consentinis et Siculis scribere. facete is quidem, sicut alia; sed neque tam docti tum erant, ad quorum iudicium elaboraret, et sunt illius scripta leviora, ut urbanitas summa appareat, doctrina mediocris. ego autem quem timeam lectorem, cum ad te ne Graecis quidem cedentem in philosophia audeam scribere? quamquam a te ipso id quidem facio provocatus gratissimo mihi libro, quem ad me de virtute misisti.

Sed ex eo credo quibusdam usu venire, ut abhorreant a Latinis, quod inciderint in inculta quaedam et horrida, de malis Graecis Latine scripta deterius. quibus ego assentior, dum modo de isdem rebus ne Graecos quidem legendos putent. res vero bonas verbis electis graviter ornateque dictas quis non legat? nisi qui se plane Graecum dici velit, ut a Scaevola est praetore salutatus Athenis Albucius. quem quidem locum comit multa venustate et omni sale idem Lucilius, apud quem praeclare Scaevola:

Graecum te, Albuci, quam Romanum atque Sabinum,
municipem Ponti, Tritani, centurionum,
praeclarorum hominum ac primorum signiferumque,

jenen genialen Menschen bekannt machte. Genau dies habe ich bisher noch nicht getan, glaube aber auch nicht, daß es mir verboten sei, es gelegentlich zu tun. Ich werde die eine oder andere Stelle wörtlich übersetzen, wenn ich es für nötig halte, vor allem von den soeben Genannten, so oft sich eine passende Gelegenheit dazu ergeben sollte, – so wie Ennius aus Homer, Afranius aus Menander zu übersetzen pflegt. Ich werde mich aber auch nicht, wie unser Lucilius, dagegen sträuben, daß jedermann meine Bücher liest. Wären doch jener Persius und noch mehr Scipio und Rutilius noch am Leben, deren Urteil er so sehr fürchtete, daß er erklärte, er schreibe nur für die Leute aus Tarent, Cosenza und Sizilien! Dies war witzig gesagt, wie vieles andere bei ihm; doch die Leser, deren Geschmack zu treffen er sich bemühte, waren damals noch nicht so gebildet, und seine Schriften stellen auch keine besonderen Ansprüche. Sie sind zwar in der Form äußerst geistreich, aber im Gehalt nur mäßig kultiviert. Welchen Leser brauche ich dagegen zu fürchten, der ich es wage, mein Werk an dich zu richten, der du in der Philosophie nicht einmal hinter den Griechen zurückzutreten brauchst? Ich bin ja auch von dir selber durch die Zueignung deines Buches „Über die Tugend", das ich auf das höchste schätze, dazu ermuntert worden.

Ich bin überzeugt, daß die Abneigung mancher Leute gegen lateinische Schriftwerke daher kommt, daß sie bloß auf schlecht und ungepflegt geschriebene Bücher gestoßen sind, also auf Übertragungen aus schlechtem Griechisch in noch schlechteres Latein. Ihnen gebe ich vollkommen recht, sofern sie der Meinung sind, man solle auch die griechischen Werke über dieselben Dinge nicht lesen. Wer aber wird nicht über bedeutende Gegenstände lesen wollen, die in gewählter Sprache sorgfältig und anspruchsvoll formuliert sind? Es sei denn, man wolle sich ganz als Griechen geben, wie jener Albucius, der in Athen vom Praetor Scaevola begrüßt wurde. Diese Szene hat der schon erwähnte Lucilius mit viel Eleganz und Witz geschildert: Er läßt Scaevola vortrefflich folgendermaßen reden:

„Du wolltest lieber als Grieche bezeichnet werden, Albucius, denn als Römer und Sabiner oder als Mitbürger der Centurionen Pontius und Tritanius, ausgezeichneter Männer und Fahnenträ-

maluisti dici. Graece ergo praetor Athenis,
id quod maluisti, te cum ad me accedis, saluto:
'chaere,' inquam, 'Tite!' lictores, turma omnis chorusque:
'chaere, Tite!' hinc hostis mi Albucius, hinc inimicus.

Sed iure Mucius. ego autem mirari ⟨satis⟩ non queo unde hoc sit tam insolens domesticarum rerum fastidium. non est omnino hic docendi locus; sed ita sentio et saepe disserui, Latinam linguam non modo non inopem, ut vulgo putarent, sed locupletiorem etiam esse quam Graecam. quando enim nobis, vel dicam aut oratoribus bonis aut poëtis, postea quidem quam fuit quem imitarentur, ullus orationis vel copiosae vel elegantis ornatus defuit?

Ego vero, quoniam forensibus operis, laboribus, periculis non deseruisse mihi videor praesidium, in quo a populo Romano locatus sum, debeo profecto, quantumcumque possum, in eo quoque elaborare, ut sint opera, studio, labore meo doctiores cives mei, nec cum istis tantopere pugnare, qui Graeca legere malint, modo legant illa ipsa, ne simulent, et iis servire, qui vel utrisque litteris uti velint vel, si suas habent, illas non magnopere desiderent. qui autem alia malunt scribi a nobis, aequi esse debent, quod et scripta multa sunt, sic ut plura nemini e nostris, et scribentur fortasse plura, si vita suppetet; et tamen, qui diligenter haec, quae de philosophia litteris mandamus, legere assueverit, iudicabit nulla ad legendum his esse potiora. quid est enim in vita tantopere quaerendum quam cum omnia in philosophia, tum id, quod his li-

ERSTES BUCH

ger. Als Praetor begrüße ich dich deshalb in Athen auf Griechisch, wie du es gewünscht hast, und sage jetzt, wo du zu mir kommst: ‚Chaire, Titus', und die Liktoren, die Mannschaft und der ganze Chor rufen: ‚Chaire, Titus!' Seitdem ist Albucius mein Feind und mein Gegner.«

Mucius hat natürlich recht. Allerdings kann ich mich nicht genug darüber wundern, woher diese unverschämte Verachtung alles Einheimischen stammt. Es ist freilich hier nicht der Ort, mich weiter über diese Dinge zu äußern. Ich bin jedoch überzeugt und habe es schon oft ausgesprochen, daß die lateinische Sprache nicht nur nicht dürftig ist, wie die Leute meinen, sondern sogar reicher als die griechische. Wann hat denn uns, oder allgemeiner gesagt, wann hat unseren guten Rednern und Dichtern der Glanz der Fülle und des eleganten Ausdrucks gefehlt, wenigstens seitdem es Vorbilder gab, die nachzuahmen sich lohnte?

Da ich für meine Person glaube, in den Mühen und Gefahren meiner öffentlichen Wirksamkeit den Posten niemals verlassen zu haben, an den mich das römische Volk gestellt hat, halte ich es jetzt für meine Pflicht, soweit ich es irgend vermag, dahin zu streben, daß meine Mitbürger durch mein Bemühen, meine Arbeit und meine Anstrengung nun auch in der Bildung gefördert werden. Ich mag nicht ununterbrochen mit denen streiten, die lieber griechische Bücher lesen; nur sollen sie sie dann auch wirklich lesen und nicht bloß den Anschein erwecken, sie täten es. Lieber will ich denen dienen, die sich mit beiden Literaturen beschäftigen wollen oder, wenn sie Bücher in der eigenen Sprache zur Verfügung haben, die fremden Werke nicht allzusehr vermissen. Wer es schließlich vorzöge, daß ich selbst über andere Dinge schreibe, der muß immerhin gerecht bleiben und anerkennen, daß ich schon viel geschrieben habe, mehr als irgendein anderer unter unseren Landsleuten, und daß vielleicht noch mehr Schriften folgen werden, wenn mein Leben dazu ausreicht. Wer sich außerdem daran gewöhnt hat, meine philosophischen Schriften sorgfältig zu lesen, wird zu dem Schluß kommen, daß keine anderen zum Lesen bedeutender sind als diese. Denn was muß wohl im Leben so unermüdlich bedacht werden wie die Philosophie, und zwar sowohl in ihrer Gesamtheit wie auch besonders in den Fragen,

bris quaeritur, qui sit finis, quid extremum, quid ultimum, quo sint omnia bene vivendi recteque faciendi consilia referenda, quid sequatur natura ut summum ex rebus expetendis, quid fugiat ut extremum malorum? qua de re cum sit inter doctissimos summa dissensio, quis alienum putet eius esse dignitatis, quam mihi quisque tribuat, quid in omni munere vitae optimum et verissimum sit, exquirere? an, partus ancillae sitne in fructu habendus, disseretur inter principes civitatis, P. Scaevolam M'.que Manilium, ab iisque M. Brutus dissentiet – quod et acutum genus est et ad usus civium non inutile, nosque ea scripta reliquaque eiusdem generis et legimus libenter et legemus –, haec, quae vitam omnem continent, neglegentur? nam, ut sint illa vendibiliora, haec uberiora certe sunt. quamquam id quidem licebit iis existimare, qui ⟨generis utriusque scripta⟩ legerint. nos autem hanc omnem quaestionem de finibus bonorum et malorum fere a nobis explicatam esse his litteris arbitramur, in quibus, quantum potuimus, non modo quid nobis probaretur, sed etiam quid a singulis philosophiae disciplinis diceretur, persecuti sumus.

Ut autem a facillimis ordiamur, prima veniat in medium Epicuri ratio, quae plerisque notissima est. quam a nobis sic intelleges expositam, ut ab ipsis, qui eam disciplinam probant, non soleat accuratius explicari; verum enim invenire volumus, non tamquam adversarium aliquem convincere.

Accurate autem quondam a L. Torquato, homine omni doctrina erudito, defensa est Epicuri sententia

die in den vorliegenden Büchern untersucht werden: Was ist das Ziel, das Äußerste und Letzte, auf das alle Anweisungen zu einem tugendhaften Leben und richtigen Handeln bezogen werden müssen? Was unter den begehrenswerten Dingen soll die Natur als das höchste Gut erstreben, was als das schlimmste Übel meiden? Da hierüber unter den Philosophen die größten Meinungsverschiedenheiten bestehen, kann wohl niemand behaupten, daß es mit dem Rang, den mir jedermann zubilligt, nicht vereinbar sei, wenn ich meinerseits herauszufinden suche, was in jeder Lebenslage das Beste und der Wahrheit und Wirklichkeit Gemäßeste ist. Soll die Rechtsfrage, ob das Kind einer Sklavin zum Ertrag des Kapitals zu rechnen sei, von den ersten Männern des Staates, P. Scaevola und M'. Manilius, diskutiert werden und M. Brutus eine von jenen abweichende Auffassung äußern (dergleichen ist sehr scharfsinnig und für das Leben der Bürger keineswegs unnütz; und auch ich pflege diese und ähnliche Werke gerne zu lesen und werde dies auch in Zukunft tun), sollen dagegen die Fragen, die das ganze Leben angehen, vernachlässigt bleiben? Mögen jene Bücher auch leichter verkäuflich sein, gehaltreicher sind sicherlich diese. Darüber sollen indessen diejenigen entscheiden, die beides gelesen haben werden. Ich jedenfalls bin der Meinung, daß in den folgenden Büchern die gesamte Frage nach dem höchsten Gute und dem schlimmsten Übel von mir ziemlich vollständig durchdiskutiert worden ist. Ich habe in ihnen nicht nur vorgetragen, was mir selber richtig zu sein schien, sondern auch die Doktrinen der einzelnen Philosophenschulen vorgeführt, soweit ich dazu in der Lage war.

Ich möchte nun mit dem Leichtesten beginnen und als erste die Lehre Epikurs in die Mitte treten lassen, die den meisten Leuten bestens bekannt ist. Du wirst bemerken, daß ich sie so dargestellt habe, wie sie von den Anhängern dieser Schule selbst nicht sorgfältiger erklärt zu werden pflegt. Ich will nämlich die Wahrheit finden und nicht den anderen einfach wie einen Gegner überwältigen.

Mit besonderem Geschick wurde einmal Epikurs Lehre von der Lust durch L. Torquatus, einen in jeder Hinsicht kenntnisreichen Mann, verteidigt, während ich ihm entgegentrat und

de voluptate, a meque ei responsum, cum C. Triarius, in primis gravis et doctus adolescens, ei disputationi interesset. nam cum ad me in Cumanum salutandi causa uterque venisset, pauca primo inter nos de litteris, quarum summum erat in utroque studium, deinde Torquatus: Quoniam nacti te, inquit, sumus aliquando otiosum, certe audiam, quid sit, quod Epicurum nostrum non tu quidem oderis, ut fere faciunt, qui ab eo dissentiunt, sed certe non probes, eum quem ego arbitror unum vidisse verum maximisque erroribus animos hominum liberavisse et omnia tradidisse, quae pertinerent ad bene beateque vivendum. sed existimo te, sicut nostrum Triarium, minus ab eo delectari, quod ista Platonis, Aristoteli, Theophrasti orationis ornamenta neglexerit. nam illud quidem adduci vix possum, ut ea quae senserit ille, tibi non vera videantur.

Vide, quantum, inquam, fallare, Torquate. oratio me istius philosophi non offendit; nam et complectitur verbis, quod vult, et dicit plane, quod intellegam; et tamen ego a philosopho, si afferat eloquentiam, non asperner, si non habeat, non admodum flagitem. re mihi non aeque satisfacit, et quidem locis pluribus. sed quot homines, tot sententiae; falli igitur possumus.

Quam ob rem tandem, inquit, non satisfacit? te enim iudicem aequum puto, modo quae dicat ille bene noris.

Nisi mihi Phaedrum, inquam, tu mentitum aut Zenonem putas, quorum utrumque audivi, cum mihi nihil sane praeter sedulitatem probarent, omnes mihi Epicuri sententiae satis notae sunt. atque eos, quos nominavi, cum Attico nostro frequenter audivi, cum miraretur ille quidem utrumque, Phaedrum autem etiam amaret, cotidieque inter nos ea, quae audieba-

C. Triarius, ein ungewöhnlich ernster und gebildeter junger Mann, an dieser Erörterung teilnahm. Denn als mir beide in meiner Villa in Cumae einen Freundschaftsbesuch abstatteten, unterhielten wir uns zuerst ein wenig über die Wissenschaften im allgemeinen, an denen beide sehr lebhaft interessiert waren. Dann sagte Torquatus: „Da wir dich nun ausnahmsweise einmal ohne Geschäfte angetroffen haben, möchte ich gerne von dir hören, wie es kommt, daß du unseren Epikur zwar nicht hassest, wie es die meisten tun, die mit seiner Lehre nicht einverstanden sind, daß du ihm aber auch nicht zustimmst, obschon er, wie ich überzeugt bin, als einziger die Wahrheit gesehen, den Geist der Menschen von den größten Irrtümern befreit und alles gelehrt hat, was zu einem guten und glückseligen Leben führt. Ich glaube, daß er dir, wie unserem Freunde Triarius, bloß darum weniger zusagt, weil er die Kunstmittel der Rede verschmäht hat, wie sie Platon, Aristoteles und Theophrast eingesetzt haben. Denn ich kann mir kaum vorstellen, daß dir seine Lehren nicht richtig zu sein scheinen."

„Sieh nun, wie sehr du dich täuschest, Torquatus", sagte ich. „Die Redeweise dieses Philosophen stört mich nicht: Er erfaßt mit seinen Worten genau das, was er will, und spricht es deutlich aus, so daß ich es verstehe. Dabei würde ich bei einem Philosophen Beredsamkeit nicht verachten, wenn er sie anwendet, möchte sie aber auch keineswegs fordern, wenn er sie nicht besitzt. In der Sache befriedigt er mich weniger, und zwar in vielen Punkten. Aber ‚soviel Menschen, soviel Meinungen'; ich kann mich also täuschen."

„Warum befriedigt er dich eigentlich nicht?" erwiderte Torquatus, „ich halte dich nämlich für einen unparteiischen Schiedsrichter, vorausgesetzt allerdings, daß du seine Lehre ausreichend kennst."

Darauf ich: „Wenn du nicht etwa glaubst, daß mich Phaidros und Zenon angelogen haben, kenne ich alle Thesen Epikurs recht gut, obschon sie mir beide nichts bewiesen haben außer ihrer Beflissenheit. Ich habe die beiden, die ich soeben genannt habe, zusammen mit meinem Freunde Atticus häufig gehört; er bewunderte beide, und mit Phaidros war er geradezu befreundet. Täg-

mus, conferebamus, neque erat umquam controversia, quid ego intellegerem, sed quid probarem.

Quid igitur est? inquit; audire enim cupio, quid non probes.

Principio, inquam, in physicis, quibus maxime gloriatur, primum totus est alienus. Democritea dicit perpauca mutans, sed ita, ut ea, quae corrigere vult, mihi quidem depravare videatur. ille atomos quas appellat, id est corpora individua propter soliditatem, censet in infinito inani, in quo nihil nec summum nec infimum nec medium nec ultimum nec extremum sit, ita ferri, ut concursionibus inter se cohaerescant, ex quo efficiantur ea, quae sint quaeque cernantur, omnia, eumque motum atomorum nullo a principio, sed ex aeterno tempore intellegi convenire. Epicurus autem, in quibus sequitur Democritum, non fere labitur. quamquam utriusque cum multa non probo, tum illud in primis, quod, cum in rerum natura duo quaerenda sint, unum, quae materia sit, ex qua quaeque res efficiatur, alterum, quae vis sit, quae quidque efficiat, de materia disseruerunt, vim et causam efficiendi reliquerunt.

Sed hoc commune vitium, illae Epicuri propriae ruinae: censet enim eadem illa individua et solida corpora ferri deorsum suo pondere ad lineam, hunc naturalem esse omnium corporum motum. deinde ibidem homo acutus, cum illud ocurreret, si omnia deorsus e regione ferrentur, et, ut dixi, ad lineam, numquam fore ut atomus altera alteram posset attingere, itaque ⟨...⟩ attulit rem commenticiam: declinare dixit atomum perpaulum, quo nihil posset fieri minus; ita effici complexiones et copulationes et adhae-

lich besprachen wir das Gehörte miteinander, und es gab niemals eine Meinungsverschiedenheit darüber, was ich verstanden hätte, sondern nur darüber, was ich billigte."

„Um was handelt es sich denn?" fragte Torquatus; „ich möchte gerne hören, womit du nicht einverstanden bist."

Fürs erste, sagte ich, ist er in seiner Naturphilosophie, auf die er am meisten stolz ist, ganz ohne selbständige Gedanken. Er gibt mit nur geringfügigen Abänderungen Thesen Demokrits wieder, und zwar so, daß er das, was er zu verbessern sucht, jedenfalls nach meinem Eindruck, nur zu verschlechtern scheint. Demokrit meint, daß das, was er Atome nennt, nämlich Körper, die wegen ihrer Massivität unteilbar sind, im unbegrenzten Leeren, in welchem es kein Oben und Unten, keine Mitte und kein Letztes und Äußerstes gibt, derart in Bewegung seien, daß sie zusammenstoßen und sich gegenseitig miteinander verhängen; daraus werde alles gebildet, was ist und was wahrgenommen wird; außerdem müsse man diese Bewegung der Atome als eine anfangslose und von Ewigkeit her bestehende begreifen. Wo Epikur sich an Demokrit anschließt, gleitet er kaum in Irrtümer ab. Allerdings kann ich bei beiden vieles nicht annehmen, vor allem das Folgende: im Bereiche der Natur müssen zwei Fragen gestellt werden, erstens, welches die Materie ist, aus welcher jedes Ding geformt ist, und zweitens, welches die Kraft ist, welche jedes Einzelne formt. Über die Materie haben sie sich geäußert, doch die Kraft und Ursache der Formung haben sie unbeachtet gelassen.

Diesen Fehler haben beide gemeinsam. Der folgende Mißgriff gehört dagegen ausschließlich Epikur. Er behauptet nämlich, jene unteilbaren und massiven Körper würden durch ihr eigenes Gewicht senkrecht nach unten fallen, und dies sei die naturgemäße Bewegung aller Körper. An dieser Stelle fiel nun dem scharfsinnigen Manne folgende Schwierigkeit auf. Wenn alles aus der entgegengesetzten Richtung und senkrecht, wie ich sagte, nach unten fiele, könnte es niemals geschehen, daß ein Atom das andere berühre ⟨...⟩ Da erfand er folgende Lösung: Er erklärte, es würde ein Atom um ein Minimum vom senkrechten Falle abweichen, genauso wenig, wie eben notwendig sei und nicht mehr; so kämen die Verflechtungen und Verbindungen und Verhängun-

siones atomorum inter se, ex quo efficeretur mundus
omnesque partes mundi, quaeque in eo essent. quae
cum tota res ⟨est⟩ ficta pueriliter, tum ne efficit ⟨qui-
dem⟩, quod vult. nam et ipsa declinatio ad libidinem
fingitur – ait enim declinare atomum sine causa; quo
nihil turpius physico, quam fieri quicquam sine causa
dicere, – et illum motum naturalem omnium ponde-
rum, ut ipse constituit, e regione inferiorem locum pe-
tentium sine causa eripuit atomis nec tamen id, cuius
causa haec finxerat, assecutus est. nam si omnes atomi 20
declinabunt, nullae umquam cohaerescent, sive aliae
declinabunt, aliae suo nutu recte ferentur, primum erit
hoc quasi provincias atomis dare, quae recte, quae ob-
lique ferantur; deinde eadem illa atomorum, in quo
etiam Democritus haeret, turbulenta concursio hunc
mundi ornatum efficere non poterit. ne illud quidem
physici, credere aliquid esse minimum, quod profecto
numquam putavisset, si a Polyaeno, familiari suo, geo-
metrica discere maluisset quam illum etiam ipsum de-
docere. sol Democrito magnus videtur, quippe homini
erudito in geometriaque perfecto, huic pedalis fortasse; tantum enim esse censet, quantus videtur, vel
paulo aut maiorem aut minorem.

Ita, quae mutat, ea corrumpit, quae sequitur, sunt 21
tota Democriti, atomi, inane, imagines, quae εἴδωλα
nominant, quorum incursione non solum videamus,
sed etiam cogitemus; infinitio ipsa, quam ἀπειρίαν
vocant, tota ab illo est, tum innumerabiles mundi, qui
et oriantur et intereant cotidie. quae etsi mihi nullo

gen der Atome untereinander zustande. Daraus sei dann die Welt geformt, alle ihre Teile und alles, was sich in ihr befinde. Dieses Ganze ist kindisch ausgedacht und leistet nicht einmal, was er bezweckt. Denn zunächst ist die Abweichung selber willkürlich erfunden (er sagt nämlich, das Atom weiche ohne Ursache ab; dabei gibt es nichts Beschämenderes für einen Naturwissenschaftler, als zu meinen, es geschehe irgend etwas ohne Ursache); außerdem hat er ohne Ursache den Atomen jene naturgemäße Bewegung aller Gewichte, in der sie (wie er selbst gelehrt hat) aus der entgegengesetzten Richtung nach unten streben, weggenommen und hat dabei doch nicht das erreicht, was er mit seiner Erfindung erreichen wollte. Wenn nämlich alle Atome gleichmäßig abweichen, werden sie sich niemals aneinander hängen können; wenn dagegen nur ein Teil abweicht und die anderen ihrer naturgemäßen Neigung entsprechend senkrecht fallen, so wird die erste Folge die sein, die Atome gewissermaßen in Bezirke aufzuteilen von solchen, die senkrecht, und solchen, die schräg fallen. Außerdem kann aus einem derart planlosen Zusammenlaufen der Atome (dies ist auch ein Irrtum Demokrits) nicht unsere geordnete Welt gebildet werden. Auch dies schickt sich für einen Naturwissenschaftler nicht, zu glauben, daß es ein unteilbar Kleinstes gebe; Epikur wäre auch niemals zu dieser Ansicht gelangt, wenn er es vorgezogen hätte, sich durch seinen Freund Polyainos in der Geometrie unterrichten zu lassen, statt diesen von ihr abzubringen. Die Sonne ist für Demokrit ein großer Körper. Er war eben ein gebildeter Mann, der die Geometrie vollkommen beherrschte. Epikur dagegen meint, sie sei vielleicht einen Fuß breit; er hält sie nämlich nur für so groß, wie sie uns erscheint, möglicherweise ein wenig größer oder kleiner.

So verschlechtert Epikur, was er abändert, und wo er sich an Demokrit hält, gehört alles diesem: die Atome, das Leere, die Bilder, die sie εἴδωλα nennen und deren Eindringen in uns uns nicht nur sehen, sondern auch denken macht. Die Unendlichkeit selber, die sie ἀπειρία nennen, stammt ganz von Demokrit, dann auch die unzähligen Welten, die täglich entstehen und untergehen. Diesen Lehren kann ich zwar in keiner Weise zustimmen, dennoch hätte ich es lieber gesehen, wenn der von allen anderen

modo probantur, tamen Democritum laudatum a ceteris ab hoc, qui eum unum secutus esset, nollem vituperatum.

Iam in altera philosophiae parte, quae est quaerendi ac disserendi, quae λογική dicitur, iste vester plane, ut mihi quidem videtur, inermis ac nudus est. tollit definitiones, nihil de dividendo ac partiendo docet, non quo modo efficiatur concludaturque ratio tradit, non qua via captiosa solvantur ambigua distinguantur ostendit; iudicia rerum in sensibus ponit, quibus si semel aliquid falsi pro vero probatum sit, sublatum esse omne iudicium veri et falsi putat ⟨....⟩.

Confirmat autem illud vel maxime, quod ipsa natura, ut ait ille, sciscat et probet, id est voluptatem et dolorem. ad haec et quae sequamur et quae fugiamus refert omnia. quod quamquam Aristippi est a Cyrenaicisque melius liberiusque defenditur, tamen eius modi esse iudico, ut nihil homine videatur indignius. ad maiora enim quaedam nos natura genuit et conformavit, ut mihi quidem videtur. ac fieri potest, ut errem, sed ita prorsus existimo, neque eum Torquatum, qui hoc primus cognomen invenerit, aut torquem illum hosti detraxisse, ut aliquam ex eo perciperet corpore voluptatem, aut cum Latinis tertio consulatu conflixisse apud Veserim propter voluptatem; quod vero securi percussit filium, privavisse se etiam videtur multis voluptatibus, cum ipsi naturae patrioque amori praetulerit ius maiestatis atque imperii. quid? T. Torquatus, is qui consul cum Cn. Octavio fuit, cum illam severitatem in eo filio adhibuit, quem in adoptionem D. Silano emancipaverat, ut eum Macedonum legatis accusantibus, quod pecunias praetorem in provincia cepisse arguerent, causam apud se dicere

hochgeschätzte Demokrit nicht ausgerechnet von demjenigen verspottet worden wäre, dessen einziger Lehrer er war.

Auch im zweiten Teile der Philosophie, den die Griechen λογική nennen und wo es um die Methode des Fragens und Argumentierens geht, ist euer Meister Epikur, wie es mir jedenfalls scheint, völlig unbewaffnet und wehrlos. Definitionen lehnt er ab, über Gliederung und Aufteilung sagt er überhaupt nichts; er lehrt auch nichts darüber, wie ein Beweis aufgebaut werden soll und wie die Schlußfolgerungen gezogen werden müssen. Ebensowenig zeigt er, wie Trugschlüsse aufgelöst und wie vieldeutige Begriffe unterschieden werden können. Die Beurteilung der Wirklichkeit überläßt er den Sinnesorganen; wenn von diesen auch nur einmal etwas Falsches für wahr gehalten würde, so bedeute das die Aufhebung jeder Entscheidung über Wahr und Falsch ⟨...⟩.

Ganz besonders aber will er das behaupten, was nach seinen Worten die Natur selbst festlegt und bestätigt, nämlich Lust und Schmerz. Hierauf führt er alles zurück, was wir erstreben und meiden sollen. Das ist zwar ein Lehrsatz des Aristipp, und er wird von den Kyrenaikern besser und großzügiger verteidigt als bei Epikur, aber in jedem Falle bin ich überzeugt, daß nichts mit der Würde des Menschen weniger vereinbar ist als dies. Die Natur hat, wie mir jedenfalls scheint, uns zu etwas Höherem geboren und gestaltet. Es mag sein, daß ich mich irre; aber ich nehme an, daß jener Torquatus, der als erster diesen Ehrennamen erwarb, weder seinem Gegner jenen Halsschmuck entriß, um dadurch irgendeine körperliche Lust zu genießen, noch hat er in seinem dritten Konsulat der Lust wegen am Veseris gegen die Latiner gekämpft. Als er aber seinen eigenen Sohn mit dem Beil hinrichten ließ, hat er sich zweifellos vieler Freuden beraubt, da er der Majestät des Staates und dem Anspruch seines Kommandos gegen die Natur selbst und seine Vaterliebe den Vorzug gab. Wie steht es mit Titus Torquatus, dem Mitkonsul des Gnaeus Octavius, der seinen Sohn dem Decimus Silanus zur Adoption aus der väterlichen Gewalt entlassen hatte? Als die makedonischen Gesandten den Sohn anklagten, er habe als Praetor in der Provinz Bestechungsgelder angenommen, ging er mit der größten Strenge

iuberet reque ex utraque parte audita pronuntiaret eum non talem videri fuisse in imperio, quales eius maiores fuissent, et in conspectum suum venire vetuit, numquid tibi videtur de voluptatibus suis cogitavisse?

Sed ut omittam pericula, labores, dolorem etiam, quem optimus quisque pro patria et pro suis suscipit, ut non modo nullam captet, sed etiam praetereat omnes voluptates, dolores denique quosvis suscipere malit quam deserere ullam officii partem, ad ea, quae hoc non minus declarant, sed videntur leviora, veniamus. quid tibi, Torquate, quid huic Triario litterae, quid historiae cognitioque rerum, quid poëtarum evolutio, quid tanta tot versuum memoria voluptatis affert? nec mihi illud dixeris: 'Haec enim ipsa mihi sunt voluptati, et erant illa Torquatis.' Numquam hoc ita defendit Epicurus neque vero tu aut quisquam eorum, †qui aut saperet aliquid aut ista didicisset†. et quod quaeritur saepe, cur tam multi sint Epicurei, sunt aliae quoque causae, sed multitudinem haec maxime allicit, quod ita putant dici ab illo, recta et honesta quae sint, ea facere ipsa per se laetitiam, id est voluptatem. homines optimi non intellegunt totam rationem everti, si ita res se habeat, nam si concederetur, etiamsi ad corpus nihil referatur, ista sua sponte et per se esse iucunda, per se esset et virtus et cognitio rerum, quod minime ille vult, expetenda.

Haec igitur Epicuri non probo, inquam. de cetero vellem equidem aut ipse doctrinis fuisset instructior – est enim, quod tibi ita videri necesse est, non satis politus iis artibus, quas qui tenent, eruditi appellantur –

gegen ihn vor und befahl ihm, sich vor ihm zu verantworten. Nach Anhörung beider Parteien lautete sein Urteil: Der Sohn habe sich in seinem Amt offenbar nicht so verhalten, wie es seine Vorfahren getan hätten, und er verbot ihm, ihm je wieder vor die Augen zu treten. Glaubst du etwa, der Vater hätte dabei an seine eigene Lust gedacht?

Ich möchte nun nicht von den Gefahren und Mühsalen sprechen, nicht von dem Schmerz, den gerade die besten Männer für das Vaterland und ihre Angehörigen auf sich nehmen; sie jagen gewiß keinem Vergnügen nach, sondern verzichten sogar auf jede Lust und wollen lieber alle Schmerzen ertragen als irgendeinen Teil ihrer Pflicht verletzen. Doch nun wollen wir zu den Dingen kommen, die dies nicht weniger sichtbar machen, aber unbedeutender zu sein scheinen. Wieviel Lust bereiten dir, Torquatus, und unserem Triarius die Wissenschaften, die Geschichte und die Kenntnis der Vergangenheit, das Lesen der Dichter und das Auswendiglernen so vieler Verse? Nun, sag mir aber jetzt nicht: „Dies verschafft eben mir Lust, wie jenes den beiden Torquati." In dieser Weise hat dies Epikur nie vertreten; auch du selbst kannst dies nicht tun oder einer von ihnen, sofern er klug war, oder die Lehre ausreichend kannte (?). Wenn man oft fragt, weshalb es denn so viele Epikureer gebe, sind zwar auch andere Gründe dafür vorhanden, aber am meisten lockt einer die große Masse an: sie glaubt, Epikur lehre, das Rechte und Gute schaffe schon von selbst Freude, also Lust. Diese braven Leute erkennen nicht, daß Epikurs ganzes System über den Haufen geworfen würde, wenn es wirklich so wäre. Falls man nämlich zugeben wollte, daß diese Dinge, auch ohne auf den Körper bezogen zu sein, von selbst und durch sich selbst lustvoll seien, dann wären die Tugend und die Kenntnis der Vergangenheit schon ihrer selbst wegen erstrebenswert, was doch nicht im geringsten Epikurs Meinung ist.

Dies ist es, was ich bei ihm nicht billige. Im übrigen wünschte ich nur, er wäre wissenschaftlich gebildeter gewesen. Du mußt doch wohl auch selbst den Eindruck haben, daß er gerade diejenigen Gebiete zu wenig kennt, die man beherrschen muß, um als gebildet zu gelten. Er hätte auch andere nicht von wissenschaftli-

aut ne deterruisset alios a studiis. quamquam te quidem video minime esse deterritum.

Quae cum dixissem, magis ut illum provocarem quam ut ipse loquerer, tum Triarius leniter arridens: Tu quidem, inquit, totum Epicurum paene e philosophorum choro sustulisti. quid ei reliquisti, nisi te, quoquo modo loqueretur, intellegere, quid diceret? aliena dixit in physicis nec ea ipsa, quae tibi probarentur; si qua in iis corrigere voluit, deteriora fecit. disserendi artem nullam habuit. voluptatem cum summum bonum diceret, primum in eo ipso parum vidit, deinde hoc quoque alienum; nam ante Aristippus, et ille melius. addidisti ad extremum etiam indoctum fuisse.

Fieri, inquam, Triari, nullo pacto potest, ut non dicas, quid non probes eius, a quo dissentias. quid enim me prohiberet Epicureum esse, si probarem, quae ille diceret? cum praesertim illa perdiscere ludus esset. quam ob rem dissentientium inter se reprehensiones non sunt vituperandae, maledicta, contumeliae, tum iracundiae, contentiones concertationesque in disputando pertinaces indignae philosophia mihi videri solent.

Tum Torquatus: Prorsus, inquit, assentior; neque enim disputari sine reprehensione nec cum iracundia aut pertinacia recte disputari potest. sed ad haec, nisi molestum est, habeo quae velim.

An me, inquam, nisi te audire vellem, censes haec dicturum fuisse?

Utrum igitur percurri omnem Epicuri disciplinam placet an de una voluptate quaeri, de qua omne certamen est?

Tuo vero id quidem, inquam, arbitratu.

cher Tätigkeit abschrecken dürfen. Ich sehe allerdings, daß du jedenfalls dich nicht im geringsten hast abschrecken lassen.

Als ich das gesagt hatte, mehr um Torquatus zu provozieren, als um selbst zu sprechen, bemerkte Triarius mit leichtem Lächeln: »Du hast ja nun Epikur fast vollständig aus der Schar der Philosophen ausgestoßen. Was hast du ihm gelassen außer dem, daß du verstehst, was er sagt, wie auch immer er sich ausdrücken mag? In der Naturphilosophie hat er fremdes Gedankengut vorgetragen, und dies nicht einmal so, daß es deine Billigung fand. Was er daran verbessern wollte, hat er nur verschlechtert. Eine Kunst der Beweisführung gibt es bei ihm überhaupt nicht. Und wenn er die Lust als höchstes Gut darstellt, so war er zuallererst darin zu kurzsichtig. Außerdem ist auch diese These entlehnt; denn schon vor ihm hat Aristipp dies gelehrt, und zwar besser als er. Zum Schluß hast du hinzugefügt, er sei überhaupt nicht gebildet gewesen."

Ich erwiderte: „Triarius, unter keinen Umständen darf man verschweigen, welche bestimmten Punkte man bei dem Partner, mit dem man nicht einverstanden ist, nicht billigt. Was sollte mich davon abhalten, Epikureer zu sein, wenn ich seinen Lehrsätzen zustimmte? Es wäre ja ein Kinderspiel, sie auswendig zu lernen. Deshalb darf man die gegenseitige Kritik einander widersprechender Meinungen nicht tadeln. Wohl aber sind Schmäh- und Schimpfworte, Zornesausbrüche und hartnäckiges Streiten und Wortgezänk in der Diskussion nach meiner Ansicht mit der Würde der Philosophie nicht vereinbar."

Darauf Torquatus: „Ich bin völlig einverstanden. Denn weder kommt eine Diskussion ohne Kritik zustande, noch kann sie mit hitzigem Temperament und starrem Eigensinn sachgemäß durchgeführt werden. Aber zum Gegenstand selbst möchte ich noch einiges sagen, wenn es dir nicht lästig wird."

„Glaubst du denn", sagte ich, „daß ich so gesprochen hätte, wenn ich nicht deine Ansicht hören wollte?"

„Sollen wir nun die ganze Lehre Epikurs durchgehen", antwortete Torquatus, „oder nur nach der Lust allein fragen, um die der ganze Streit geht?"

„Ganz wie du willst", antwortete ich.

Sic faciam igitur, inquit: unam rem explicabo, eamque maximam, de physicis alias, et quidem tibi et declinationem istam atomorum et magnitudinem solis probabo et Democriti errata ab Epicuro reprehensa et correcta permulta. nunc dicam de voluptate, nihil scilicet novi, ea tamen, quae te ipsum probaturum esse confidam.

Certe, inquam, pertinax non ero tibique, si mihi probabis ea, quae dices, libenter assentiar.

Probabo, inquit, modo ista sis aequitate, quam ostendis. sed uti oratione perpetua malo quam interrogare aut interrogari.

Ut placet, inquam.

Tum dicere exorsus est. Primum igitur, inquit, sic agam, ut ipsi auctori huius disciplinae placet: constituam, quid et quale sit id, de quo quaerimus, non quo ignorare vos arbitrer, sed ut ratione et via procedat oratio. quaerimus igitur, quid sit extremum et ultimum bonorum, quod omnium philosophorum sententia tale debet esse, ut ad id omnia referri oporteat, ipsum autem nusquam. hoc Epicurus in voluptate ponit, quod summum bonum esse vult, summumque malum dolorem, idque instituit docere sic: omne animal, simul atque natum sit, voluptatem appetere eaque gaudere ut summo bono, dolorem aspernari ut summum malum et, quantum possit, a se repellere, idque facere nondum depravatum ipsa natura incorrupte atque integre iudicante. itaque negat opus esse ratione neque disputatione, quam ob rem voluptas expetenda, fugiendus dolor sit. sentiri haec putat, ut

Er sagte: „Ich werde es also folgendermaßen halten: Ich will nur einen einzigen Punkt erläutern, und zwar den wichtigsten. Über die Naturphilosophie reden wir ein andermal; dann werde ich dir auch den Beweis für jene Abweichung der Atome und die Größe der Sonne bringen, ebenso dafür, daß Epikur zahlreiche Irrtümer Demokrits mit Recht kritisiert und berichtigt hat. Jetzt will ich über die Lust sprechen und zwar nichts Neues sagen, aber doch solches, bei dem ich darauf vertraue, daß du es billigen wirst."

„Ich werde sicherlich nicht eigensinnig sein«, sagte ich, „und dir gerne zustimmen, wenn das, was du sagen wirst, mich überzeugt."

Er erwiderte: „Ich werde dich schon überzeugen, bleibe nur bei jener Objektivität, die du jetzt zeigst. Allerdings möchte ich lieber in zusammenhängender Rede sprechen, statt fragen und gefragt zu werden."

„Ganz nach Belieben", entgegnete ich. Darauf begann er:

Zunächst will ich so vorgehen, wie es der Schöpfer dieser Lehre selbst für richtig hält. Ich werde festlegen, was und von welcher Art das ist, nach dem wir fragen, nicht, als ob ich glaubte, ihr wüßtet dies nicht, sondern nur, damit meine Untersuchung wohlbegründet und methodisch vorankommt. Wir stellen also die Frage nach dem letzten und äußersten unter den Gütern. Dieses muß nach der Meinung aller Philosophen so beschaffen sein, daß alles darauf bezogen werden muß, ohne daß dieses selber sich auf irgendein anderes bezöge. Für Epikur ist dies die Lust. Sie ist nach seiner Überzeugung das höchste Gut, der Schmerz aber das schlimmste Übel, und zwar begründet er dies folgendermaßen: Jedes Lebewesen habe schon von Geburt an ein Verlangen nach Lust und freue sich daran als an dem größten Gut und weise den Schmerz ab als das größte Übel und wehre ihn ab, soviel es könne; und so handle es, bevor es noch in einem schlechten Sinne beeinflußt ist. Es sei die Natur selbst, die unverdorben und unverletzt so urteile. Deshalb hält er das Anführen von Gründen und eine Diskussion darüber, weshalb die Lust zu erstreben und der Schmerz zu meiden sei, für unnötig. Er meint, man spüre dies, und zwar in genau derselben Weise, wie man spürt, daß das

calere ignem, nivem esse albam, dulce mel. quorum nihil oportere exquisitis rationibus confirmare, tantum satis esse admonere. interesse enim inter argumentum conclusionemque rationis et inter mediocrem animadversionem atque admonitionem. altera occulta quaedam et quasi involuta aperiri, altera prompta et aperta iudicari. etenim quoniam detractis de homine sensibus reliqui nihil est, ⟨quo iudicare possimus, sensusque ipsos a natura datos esse constat⟩, necesse est quid aut ad naturam aut contra sit a natura ipsa iudicari. ea quid percipit aut quid iudicat, quo aut petat aut fugiat aliquid, praeter voluptatem et dolorem?

Sunt autem quidam e nostris, qui haec subtilius velint tradere et negent satis esse quid bonum sit aut quid malum sensu iudicari, sed animo etiam ac ratione intellegi posse et voluptatem ipsam per se esse expetendam et dolorem ipsum per se esse fugiendum. itaque aiunt hanc quasi naturalem atque insitam in animis nostris inesse notionem, ut alterum esse appetendum, alterum aspernandum sentiamus. alii autem, quibus ego assentior, cum a philosophis compluribus permulta dicantur, cur nec voluptas in bonis sit numeranda nec in malis dolor, non existimant oportere nimium nos causae confidere, sed et argumentandum et accurate disserendum et rationibus conquisitis de voluptate et dolore disputandum putant.

Sed ut perspiciatis, unde omnis iste natus error sit voluptatem accusantium doloremque laudantium, totam rem aperiam eaque ipsa, quae ab illo inventore veritatis et quasi architecto beatae vitae dicta sunt, explicabo. nemo enim ipsam voluptatem, quia voluptas sit, aspernatur aut odit aut fugit, sed quia consequuntur magni dolores eos, qui ratione voluptatem sequi

Feuer heiß, der Schnee weiß und der Honig süß seien. Nichts davon müsse ausführlich begründet werden; es genüge, darauf aufmerksam zu machen. Es bestehe nämlich ein Unterschied zwischen einer Beweisführung mit logischer Schlußfolgerung und einem einfachen erinnernden Hinweis. Im ersten Fall werde etwas Verborgenes, gewissermaßen Verhülltes ans Licht gebracht, im zweiten Fall beurteile man Evidentes und Offensichtliches. Werden nämlich dem Menschen die Sinneswahrnehmungen genommen, so bleibt ihm nichts übrig, wovon sein Urteil ausgehen könnte. Die Sinnesorgane selber sind uns von der Natur gegeben; also muß die Natur selber darüber entscheiden, was ihr gemäß oder zuwider ist. Was aber erfaßt oder beurteilt sie denn im Hinblick darauf, was sie erstreben oder meiden soll, außer der Lust und dem Schmerz?

Einige von uns möchten allerdings dies noch genauer entwickeln. Sie sagen, es genüge nicht, daß man mit der Sinneswahrnehmung entscheide, was ein Gut oder ein Übel sei. Man könne auch mit der Vernunft und Überlegung einsehen, daß die Lust ihrer selbst wegen begehrenswert und der Schmerz um seiner selbst willen zu meiden sei. Deshalb erklären sie, unsere Seele verfüge über einen sozusagen naturgemäßen angeborenen Begriff davon, derart daß wir spüren, das eine müsse erstrebt, das andere gemieden werden. Wieder andere, denen auch ich zustimme, glauben, wir dürften uns nicht zu sehr auf unsere Sache verlassen, da mehrere Philosophen überaus viel darüber gesagt haben, warum weder die Lust zu den Gütern noch der Schmerz zu den Übeln zu zählen sei; sondern wir müßten uns selber um Beweise bemühen und sorgfältig argumentieren und unsere Lehre von Lust und Schmerz durch planmäßig gesammelte Begründungen absichern.

Damit ihr jedoch selbst einseht, woher der ganze Irrtum derer stammt, welche die Lust anklagen, den Schmerz dagegen preisen, möchte ich nun die gesamte Lehre offen darlegen und sie genau so erläutern, wie sie von jenem Entdecker der Wahrheit und gewissermaßen Baumeister des glückseligen Lebens gelehrt worden ist. Kein Mensch verachtet, haßt oder meidet die Lust als solche, sondern nur, insofern große Schmerzen auf denjenigen zukommen, der es nicht versteht, sie in vernünftiger Weise zu suchen. Auf der

nesciunt, neque porro quisquam est, qui dolorem ipsum, quia dolor sit, amet, consectetur, adipisci velit, sed quia non numquam eius modi tempora incidunt, ut labore et dolore magnam aliquam quaerat voluptatem. ut enim ad minima veniam, quis nostrum exercitationem ullam corporis suscipit laboriosam, nisi ut aliquid ex ea commodi consequatur? quis autem vel eum iure reprehenderit, qui in ea voluptate velit esse, quam nihil molestiae consequatur, vel illum, qui dolorem eum fugiat, quo voluptas nulla pariatur? at vero eos et accusamus et iusto odio dignissimos ducimus, qui blanditiis praesentium voluptatum deleniti atque corrupti, quos dolores et quas molestias excepturi sint, obcaecati cupiditate non provident, similique sunt in culpa, qui officia, ⟨e quibus magnae certaeque voluptates exoriuntur⟩, deserunt mollitia animi, id est laborum et dolorum fuga. et harum quidem rerum facilis est et expedita distinctio. nam libero tempore, cum soluta nobis est eligendi optio, cumque nihil impedit, quo minus id, quod maxime placeat, facere possimus, omnis voluptas assumenda est, omnis dolor repellendus. temporibus autem quibusdam et aut officiis debitis aut rerum necessitatibus saepe eveniet, ut et voluptates repudiandae sint et molestiae non recusandae. itaque earum rerum hic tenetur a sapiente delectus, ut aut reiciendis voluptatibus maiores alias consequatur aut perferendis doloribus asperiores repellat.

Hanc ego cum teneam sententiam, quid est cur verear, ne ad eam non possim accommodare Torquatos nostros? quos tu paulo ante cum memoriter, tum etiam erga nos amice et benivole collegisti, nec me tamen laudandis maioribus meis corrupisti nec segniorem ad respondendum reddidisti. quorum facta quem

andern Seite gibt es auch niemanden, der den Schmerz als solchen liebt, aufsucht, zu erlangen begehrt; dies tut er nur insofern, als mitunter Umstände eintreten, in denen man durch Anstrengung und Schmerz zu irgendeiner großen Lust zu gelangen hofft. Um mit Kleinigkeiten zu beginnen: Wer von uns würde sich wohl einem beschwerlichen Training unterziehen, wenn er nicht dadurch einen Gewinn erreichen wollte? Wer hätte umgekehrt das Recht, denjenigen zu tadeln, der eine Lust genießen möchte, auf die keine Unannehmlichkeit folgt, oder denjenigen, der einem Schmerz ausweicht, durch den keine Lust erzeugt wird? Dagegen klagen wir diejenigen an und glauben, daß sie unseren gerechten Zorn verdienen, die sich durch Verlockungen augenblicklicher Lust erweichen und verführen lassen und, von ihrem Begehren geblendet, nicht vorauszusehen vermögen, welchen Schmerzen und Unannehmlichkeiten sie entgegengehen. In einen ähnlichen Fehler verfallen auch diejenigen, die aus Weichlichkeit, also aus Angst vor Anstrengungen und Schmerzen, ihre Pflichten vernachlässigen, und nicht begreifen, daß sie nur durch Erfüllung ihrer Pflicht künftige größere Lust erlangen können. In diesen Fällen ist die Unterscheidung leicht und schnell durchzuführen. Wenn in einem günstigen Augenblick uns die Wahl völlig freisteht und nichts uns daran hindert, das zu tun, was uns am besten gefällt, dann haben wir das Recht, jede Lust zu genießen und jeden Schmerz abzuweisen. Unter gewissen Umständen wird es indessen öfters geschehen, daß wir im Blick auf Verpflichtungen und Notwendigkeiten auf die gegenwärtige Lust verzichten und gegenwärtige Unannehmlichkeiten in Kauf nehmen müssen. In solchen Fällen wird der Weise folgendermaßen entscheiden: Er wird auf bestimmte Lust verzichten, um andere, größere Lust zu erwerben; er wird auch Schmerzen auf sich nehmen, um andere, schlimmere Schmerzen zu vermeiden.

Wenn ich an dieser Regel festhalte, warum sollte ich dann Bedenken haben, sie auch auf unsere beiden Torquati anzuwenden? Du hast soeben in freundschaftlicher und liebenswürdiger Gesinnung dich recht genau an sie erinnert. Doch durch das Lob meiner Vorfahren hast du mich nicht etwa verführt und in meiner Entgegnung unsicher gemacht. Wie erklärst du denn, ich bitte

ad modum, quaeso, interpretaris? sicine eos censes aut in armatum hostem impetum fecisse aut in liberos atque in sanguinem suum tam crudelis fuisse, nihil ut de utilitatibus, nihil ut de commodis suis cogitarent? at id ne ferae quidem faciunt, ut ita ruant itaque turbent, ut earum motus et impetus quo pertineant non intellegamus, tu tam egregios viros censes tantas res gessisse sine causa? quae fuerit causa, mox videro; interea hoc tenebo, si ob aliquam causam ista, quae sine dubio praeclara sunt, fecerint, virtutem iis per se ipsam causam non fuisse. – Torquem detraxit hosti. – Et quidem se texit, ne interiret. – At magnum periculum adiit. – In oculis quidem exercitus. – Quid ex eo est consecutus? – Laudem et caritatem, quae sunt vitae sine metu degendae praesidia firmissima. – Filium morte multavit. – Si sine causa, nollem me ab eo ortum, tam inportuno tamque crudeli; sin, ut dolore suo sanciret militaris imperii disciplinam exercitumque in gravissimo bello animadversionis metu contineret, saluti prospexit civium, qua intellegebat contineri suam.

Atque haec ratio late patet. in quo enim maxime consuevit iactare vestra se oratio, tua praesertim, qui studiose antiqua persequeris, claris et fortibus viris commemorandis eorumque factis non emolumento aliquo, sed ipsius honestatis decore laudandis, id totum evertitur eo delectu rerum, quem modo dixi, constituto, ut aut voluptates omittantur maiorum voluptatum adipiscendarum causa aut dolores suscipiantur maiorum dolorum effugiendorum gratia.

Sed de clarorum hominum factis illustribus et gloriosis satis hoc loco dictum sit. erit enim iam de om-

dich, ihre Taten? Glaubst du wirklich, daß sie den Angriff auf einen bewaffneten Gegner unternommen haben und gegen ihre eigenen Kinder und ihr eigenes Blut so grausam gewesen sind, ohne dabei irgendwie an Nutzen und Gewinn für sich selbst zu denken? So handeln ja nicht einmal die wilden Tiere, daß sie einfach losstürmen und eine derartige Verwirrung anrichten, daß wir den Sinn ihrer Bewegungen und Angriffe gar nicht zu erkennen vermögen. Glaubst du wirklich, diese ausgezeichneten Männer hätten solche Taten ohne jeden Grund vollbracht? Welches dieser Grund war, wird sich bald zeigen. Eines will ich zunächst festhalten: Wenn sie die zweifellos großartigen Taten überhaupt aus irgendeinem Grunde vollbracht haben, so war dieser Grund nicht die Tugend an sich selbst. – Der eine hat dem Gegner seine Halskette entrissen. – Er hat sich immerhin geschützt, um nicht selber getötet zu werden. – Aber er begab sich in große Gefahr. – Gewiß, aber vor den Augen des ganzen Heeres. – Was hat er damit gewonnen? – Ruhm und Freundschaft, den sichersten Schutz eines Lebens ohne Furcht. – Er bestrafte seinen Sohn mit dem Tode. – Wenn er das ohne Grund getan hat, dann möchte ich nicht der Nachkomme eines so rücksichtslosen und hartherzigen Mannes sein. Tat er es aber, um den Respekt vor dem militärischen Kommando um den Preis seines Schmerzes aufrecht zu erhalten und das Heer in einem gefahrvollen Kriege durch Furcht vor Maßregelungen zu disziplinieren, so sorgte er für die Erhaltung des Staates, in der, wie er wußte, sein eigenes Wohl inbegriffen war.

Dieses Prinzip gilt weithin. Alles, worauf ihr in euren Reden so stolz seid, vor allem du in den deinigen, der du dich so sehr für die Geschichte interessierst, indem ihr berühmte Helden aufzählt und deren Taten preist, weil sie nicht im Hinblick auf einen Vorteil vollbracht worden seien, sondern nur um des Glanzes der Tugend willen, all das wird über den Haufen geworfen, wenn wir die Regel festhalten, die ich soeben nannte: daß man nämlich entweder auf bestimmte Genüsse verzichten wird, um größere zu erlangen, oder Schmerzen auf sich nimmt, um schlimmeren zu entgehen.

Von den herrlichen und ruhmvollen Taten großer Männer mag hier genug gesagt sein. Es wird nämlich bald der richtige Augen-

nium virtutum cursu ad voluptatem proprius disserendi locus. nunc autem explicabo, voluptas ipsa quae qualisque sit, ut tollatur error omnis imperitorum intellegaturque ea, quae voluptaria, delicata, mollis habeatur disciplina, quam gravis, quam continens, quam severa sit.

Non enim hanc solam sequimur, quae suavitate aliqua naturam ipsam movet et cum iucunditate quadam percipitur sensibus, sed maximam voluptatem illam habemus, quae percipitur omni dolore detracto. nam quoniam, cum privamur dolore, ipsa liberatione et vacuitate omnis molestiae gaudemus, omne autem id, quo gaudemus, voluptas est, ut omne, quo offendimur, dolor, doloris omnis privatio recte nominata est voluptas. ut enim, cum cibo et potione fames sitisque depulsa est, ipsa detractio molestiae consecutionem affert voluptatis, sic in omni re doloris amotio successionem efficit voluptatis. itaque non placuit Epicuro medium esse quiddam inter dolorem et voluptatem; illud enim ipsum, quod quibusdam medium videretur, cum omni dolore careret, non modo voluptatem esse, verum etiam summam voluptatem. quisquis enim sentit, quem ad modum sit affectus, eum necesse est aut in voluptate esse aut in dolore. omnis autem privatione doloris putat Epicurus terminari summam voluptatem, ut postea variari voluptas distinguique possit, augeri amplificarique non possit.

At etiam Athenis, ut e patre audiebam facete et urbane Stoicos irridente, statua est in Ceramico Chrysippi sedentis porrecta manu, quae manus significet illum in hac esse rogatiuncula delectatum: 'Numquidnam manus tua sic affecta, quem ad modum affecta nunc est, desiderat?' – Nihil sane. – 'At, si voluptas es-

blick eintreten, um zu zeigen, wie sämtliche Tugenden auf die Lust hinsteuern. Jetzt aber will ich erklären, was das Wesen und die Eigenart der Lust ist, um jeden Irrtum der Unwissenden zu beseitigen und klar zu machen, wie ernst, diszipliniert und streng jene Lehre ist, die die Leute für ausgelassen, schwächlich und weichlich halten.

Wir suchen nämlich nicht nur jene Lust, die als erste durch eine eigentümliche Süßigkeit unsere Natur in Bewegung setzt und von den Sinnesorganen mit einem gewissen Genusse aufgenommen wird; sondern für die größte Lust halten wie diejenige, die wir nach der Beseitigung jeglichen Schmerzes empfinden. Denn da wir gerade in dem Augenblick, in dem wir vom Schmerze befreit werden, uns über diese Befreiung und das Ende aller Beschwerden freuen, und da weiterhin jeder Akt der Freude Lust ist, ebenso wie jeder Akt des Mißbehagens Schmerz, so folgt, daß die Befreiung von jedem Schmerze mit Recht Lust genannt wird. Wie nämlich, wenn durch Essen und Trinken Hunger und Durst verschwinden, eben dieses Verschwinden des Lästigen die Lust zur Folge hat, genauso führt in jeder Situation die Beseitigung des Schmerzes zur Lust. Dementsprechend hat Epikur bestritten, daß es eine neutrale Mitte zwischen Schmerz und Lust gebe; vielmehr sei genau jener Zustand, den einige als einen mittleren bezeichnen, wenn nämlich jeder Schmerz fern sei, nicht bloß Lust, sondern sogar die höchste Lust. Jeder nämlich, der seine eigene Empfindung beobachtet, ist notwendigerweise entweder im Zustand der Lust oder im Schmerz. So lehrt Epikur, daß die höchste Lust zu definieren sei als Freiheit von jedem Schmerz und zwar derart, daß die Lust dann nicht mehr gemehrt und gesteigert werden könne, wohl aber Variationen und Unterschiede zulasse.

Es gibt ja auch in Athen, wie mir mein Vater erzählte, der sich witzig und elegant über die Stoiker lustig zu machen pflegte, im Kerameikos eine Statue des Chrysippos. Er sitzt da mit ausgestreckter Hand, und zwar soll diese Hand darauf hinweisen, daß er gerne folgende Frage stellte: „Wird deine Hand, wenn sie in der Verfassung ist, in der sie jetzt ist, irgend etwas begehren?" – „Sicherlich nicht." – „Aber wenn die Lust ein Gut wäre, würde

set bonum, desideraret.' – Ita credo. – 'Non est igitur voluptas bonum.' Hoc ne statuam quidem dicturam pater aiebat, sie loqui posset. conclusum est enim contra Cyrenaicos satis acute, nihil ad Epicurum. nam si ea sola voluptas esset, quae quasi titillaret sensus, ut ita dicam, et ad eos cum suavitate afflueret et illaberetur, nec manus esse contenta posset nec ulla pars vacuitate doloris sine iucundo motu voluptatis. sin autem summa voluptas est, ut Epicuro placet, nihil dolere, primum tibi recte, Chrysippe, concessum est nihil desiderare manum, cum ita esset affecta, secundum non recte, si voluptas esset bonum, fuisse desideraturam. idcirco enim non desideraret, quia, quod dolore caret, id in voluptate est.

Extremum autem esse bonorum voluptatem ex hoc facillime perspici potest: Constituamus aliquem magnis, multis, perpetuis fruentem et animo et corpore voluptatibus nullo dolore nec impediente nec inpendente, quem tandem hoc statu praestabiliorem aut magis expetendum possimus dicere? inesse enim necesse est in eo, qui ita sit affectus, et firmitatem animi nec mortem nec dolorem timentis, quod mors sensu careat, dolor in longinquitate levis, in gravitate brevis soleat esse, ut eius magnitudinem celeritas, diuturnitatem allevatio consoletur. ad ea cum accedit, ut neque divinum numen horreat nec praeteritas voluptates effluere patiatur earumque assidua recordatione laetetur, quid est, quod huc possit, quod melius sit, accedere?

Statue contra aliquem confectum tantis animi corporisque doloribus, quanti in hominem maximi cadere possunt, nulla spe proposita fore levius aliquando, nulla praeterea neque praesenti nec expectata voluptate, quid eo miserius dici aut fingi potest?

sie sie wohl begehren." – „Ich denke schon." – „Also ist die Lust kein Gut." Mein Vater pflegte zu sagen, daß dergleichen nicht einmal die Statue sagen würde, wenn sie reden könnte. Die Schlußfolgerung paßt auf die Kyrenaiker, keineswegs aber auf Epikur. Denn wenn nur dies Lust wäre, was gewissermaßen die Sinnesorgane kitzelt, um mich so auszudrücken, und mit Süßigkeit auf sie zuströmt und in sie hineinfließt, dann könnte weder die Hand noch irgendein anderer Körperteil mit der bloßen Freiheit vom Schmerz ohne irgendeine lustvoll angenehme Bewegung zufrieden sein. Wenn dagegen die Schmerzlosigkeit selbst, wie Epikur lehrt, die höchste Lust ist, dann wird man Chrysipp mit Recht das erste zugestehen, daß die Hand tatsächlich nichts begehrt, wenn sie in jener Verfassung ist, in der sie sich da befindet, das zweite dagegen nicht, daß sie die Lust begehren würde, wenn diese ein Gut wäre. Sie begehrt sie nicht, weil die Freiheit vom Schmerz selber schon Lust ist.

Daß die Lust das höchste Gut ist, läßt sich leicht an folgendem erkennen: Nehmen wir einmal an, jemand sei geistig und körperlich in großer, vielfältiger und dauernder Lust; kein Schmerz belästige ihn oder sei zu erwarten. Können wir einen Zustand nennen, der vorzüglicher und wünschenswerter wäre als dieser? Wer sich in diesem Zustand befindet, besitzt notwendigerweise auch die Festigkeit des Geistes, der weder Tod noch Schmerz fürchtet; denn der Tod ist ohne Empfindung, und ein lange dauernder Schmerz pflegt leicht, ein schwerer Schmerz kurz zu sein, derart, daß über die Größe des Schmerzes die Schnelligkeit des Vorübergehens, über die Dauer die Geringfügigkeit hinwegtröstet. Wenn erst noch dazukommt, daß ein Mensch in solcher Verfassung weder vor der Gottheit Angst hat, noch die vergangene Lust entschwinden läßt, sondern sich in unablässiger Erinnerung an ihr freut, was kann zu alledem noch Besseres hinzutreten?

Stelle diesem einen anderen gegenüber, der unter den größten Schmerzen des Geistes und Körpers leidet, die ein Mensch überhaupt aushalten kann, dazu ohne jede Hoffnung, daß es einmal leichter würde und ohne daß er eine gegenwärtige Lust empfinden, eine künftige erwarten oder sich an vergangene Lust erinnern könnte, was könnte man Elenderes nennen oder sich ausdenken?

Quodsi vita doloribus referta maxime fugienda est, summum profecto malum est vivere cum dolore, cui sententiae consentaneum est ultimum esse bonorum cum voluptate vivere.

Nec enim habet nostra mens quicquam, ubi consistat tamquam in extremo ⟨...⟩, omnesque et metus et aegritudines ad dolorem referuntur, nec praeterea est res ulla, quae sua natura aut sollicitare possit aut angere. praeterea et appetendi et refugiendi et omnino rerum gerendarum initia proficiscuntur aut a voluptate aut a dolore. quod cum ita sit, perspicuum est omnis rectas res atque laudabilis eo referri, ut cum voluptate vivatur. quoniam autem id est vel summum bonorum vel ultimum vel extremum – quod Graeci τέλος nominant –, quod ipsum nullam ad aliam rem, ad id autem res referuntur omnes, fatendum est summum esse bonum iucunde vivere.

Id qui in una virtute ponunt et splendore nominis capti quid natura postulet non intellegunt, errore maximo, si Epicurum audire voluerint, liberabuntur. istae enim vestrae eximiae pulchraeque virtutes nisi voluptatem efficerent, quis eas aut laudabilis aut expetendas arbitraretur? ut enim medicorum scientiam non ipsius artis, sed bonae valetudinis causa probamus, et gubernatoris ars, quia bene navigandi rationem habet, utilitate, non arte laudatur, sic sapientia, quae ars vivendi putanda est, non expeteretur, si nihil efficeret; nunc expetitur, quod est tamquam artifex conquirendae et comparandae voluptatis – quam autem ego dicam voluptatem, iam videtis, ne invidia verbi labefactetur oratio mea.

Nam cum ignoratione rerum bonarum et malarum maxime hominum vita vexetur, ob eumque errorem et voluptatibus maximis saepe priventur et durissimis

Wenn demnach ein mit Schmerzen gefülltes Leben unbedingt zu meiden ist, so ist ein Leben im Schmerz offensichtlich das größte Übel. Diesem Satze entspricht es, daß umgekehrt ein Leben in der Lust das höchste Gut ist.

Unser Geist kennt auch keinen anderen Punkt, an dem er wie an einer äußersten Grenze stehenbleiben könnte ⟨...⟩; jede Art von Furcht und Kummer bezieht sich auf den Schmerz, und außer ihm gibt es nichts, was seiner eigenen Natur nach beunruhigen und quälen könnte. Außerdem nimmt alles Erstreben und Meiden und überhaupt alles Handeln seinen Anfang bei Lust oder Schmerz. Da sich dies so verhält, ist es evident, daß jedes richtige und lobenswerte Tun darauf abzielt, in der Lust zu leben. Da weiterhin das höchste, letzte und äußerste Gut (was die Griechen τέλος nennen) genau dies ist, was sich selbst auf nichts anderes bezieht, während alle anderen Dinge sich auf es beziehen, so muß man eingestehen, daß lustvoll zu leben das höchste Gut sei.

Wer nun dieses höchste Gut ausschließlich in der Tugend sieht und sich durch den Glanz dieses Wortes blenden läßt und nicht begreift, was die Natur fordert, der wird vom größten Irrtum befreit werden, wenn er nur auf Epikur hören will. Wenn nämlich diese eure vortrefflichen und prächtigen Tugenden nicht Lust erzeugten, wer würde sie dann für lobenswert oder erstrebenswert halten? Wie wir nämlich an der Medizin nicht die Kunst als solche, sondern die Herstellung der Gesundheit schätzen, und ebenso an der Navigationskunst nicht die Kunst als solche loben, sondern ihre Nützlichkeit, da sie die Regeln der erfolgreichen Seefahrt kennt, so würden wir auch nicht die Weisheit, die als die Kunst des Lebens zu gelten hat, erstreben, wenn sie nichts außer sich selbst bewirkte. Sie wird aber erstrebt, weil sie sozusagen der Künstler ist, der die Lust aufzusuchen und zu verwirklichen weiß. Ihr habt dabei schon begriffen, was ich unter Lust verstehe, damit nicht meine Darlegung durch Mißverständnisse verwirrt werde.

Da nämlich das Leben der Menschen vor allem durch die Unkenntnis des Guten und Schlechten beunruhigt wird und die Menschen wegen dieser ihrer Unkenntnis sich oft der größten Lust berauben und sich von den härtesten Schmerzen der Seele

animi doloribus torqueantur, sapientia est adhibenda, quae et terroribus cupiditatibusque detractis et omnium falsarum opinionum temeritate derepta certissimam se nobis ducem praebeat ad voluptatem. sapientia enim est una, quae maestitiam pellat ex animis, quae nos exhorrescere metu non sinat. qua praeceptrice in tranquillitate vivi potest omnium cupiditatum ardore restincto. cupiditates enim sunt insatiabiles, quae non modo singulos homines, sed universas familias evertunt, totam etiam labefactant saepe rem publicam. ex cupiditatibus odia, discidia, discordiae, seditiones, bella nascuntur, nec eae se foris solum iactant nec tantum in alios caeco impetu incurrunt, sed intus etiam in animis inclusae inter se dissident atque discordant, ex quo vitam amarissimam necesse est effici, ut sapiens solus amputata circumcisaque inanitate omni et errore naturae finibus contentus sine aegritudine possit et sine metu vivere. quae est enim aut utilior aut ad bene vivendum aptior partitio quam illa, qua est usus Epicurus? qui unum genus posuit earum cupiditatum, quae essent et naturales et necessariae, alterum, quae naturales essent nec tamen necessariae, tertium, quae nec naturales nec necessariae. quarum ea ratio est, ut necessariae nec opera multa nec impensa expleantur; ne naturales quidem multa desiderant, propterea quod ipsa natura divitias, quibus contenta sit, et parabilis et terminatas habet; inanium autem cupiditatum nec modus ullus nec finis inveniri potest. quodsi vitam omnem perturbari videmus errore et inscientia, sapientiamque esse solam, quae nos a libidinum impetu et a formidinum terrore vindicet et ipsius fortunae modice ferre doceat iniurias et omnis monstret vias, quae ad quietem et ad tranquillitatem ferant, quid est cur dubitemus dicere

quälen lassen, muß man die Weisheit zu Hilfe rufen, die die Furcht und die Begierde zu beseitigen, die Unbedachtheit aller falschen Meinungen zu überwinden vermag und die sich uns als die sicherste Führerin zur Lust anbietet. Es gibt nur diese eine Weisheit, die fähig ist, den Kummer aus der Seele zu vertreiben, und uns daran hindert, in Furcht zu erstarren; gehorchen wir ihren Vorschriften, so können wir in Ruhe leben, nachdem der Brand aller Begierden gelöscht worden ist. Die Begierden nämlich sind unersättlich und ruinieren nicht nur die einzelnen Menschen, sondern auch ganze Familien und bringen oftmals sogar den Staat selbst ins Wanken. Aus den Begierden entstehen Haß, Feindschaft und Zwietracht, dann Aufstand und Krieg. Sie drängen nicht nur nach außen und stürzen sich in blindem Ansturm auf andere, sondern auch ins Innere der Seele eingeschlossen streiten und hadern sie miteinander.

Notwendigerweise ergibt sich daraus ein völlig verbittertes Leben. Nur der Weise, der alle Nichtigkeit der Begierden abgeschnitten und ringsum gestutzt hat, von jedem Irrtum befreit ist und sich innerhalb der von der Natur gesetzten Grenzen aufhält, ist fähig, ohne Kummer und Furcht zu leben. Welche Aufteilung ist teils nützlicher, teils einem guten Leben entsprechender als diejenige, die Epikur benutzt hat? Er setzte eine erste Art von Begierden an, die naturgemäß und notwendig sind, eine zweite von solchen, die naturgemäß, aber nicht notwendig sind, und eine dritte von denjenigen, die weder naturgemäß noch notwendig sind. Der Sinn der Aufteilung ist, daß die notwendigen Begierden ohne große Anstrengung und Ausgaben befriedigt werden können; auch die bloß naturgemäßen verlangen nicht viel, da die Natur selber die Reichtümer, die dem Menschen genügen, zur Verfügung stellt und umgrenzt hat. Bei den nichtigen Begierden dagegen läßt sich kein Maß und keine Grenze entdecken. Wenn wir nun sehen, wie unser ganzes Leben durch Irrtum und Unwissenheit in Verwirrung gebracht wird und nur die Weisheit in der Lage ist, uns vor dem Andrängen der Begierden und den Schrecknissen der Angst zu bewahren, uns zu lehren, den Schaden, den uns der Zufall selbst zufügt, maßvoll zu ertragen und uns schließlich alle Wege zu zeigen, die zu Ruhe und Frieden führen, wozu

et sapientiam propter voluptates expetendam et insipientiam propter molestias esse fugiendam?

Eademque ratione ne temperantiam quidem propter se expetendam esse dicemus, sed quia pacem animis afferat et eos quasi concordia quadam placet ac leniat. temperantia est enim, quae in rebus aut expetendis aut fugiendis ut rationem sequamur monet. nec enim satis est iudicare quid faciendum non faciendumve sit, sed stare etiam oportet in eo, quod sit iudicatum. plerique autem, quod tenere atque servare id, quod ipsi statuerunt, non possunt, victi et debilitati obiecta specie voluptatis tradunt se libidinibus constringendos nec quid eventurum sit provident ob eamque causam propter voluptatem et parvam et non necessariam et quae vel aliter pararetur et qua etiam carere possent sine dolore, tum in morbos gravis, tum in damna, tum in dedecora incurrunt, saepe etiam legum iudiciorumque poenis obligantur. qui autem ita frui volunt voluptatibus, ut nulli propter eas consequantur dolores, et qui suum iudicium retinent, ne voluptate victi faciant id, quod sentiant non esse faciendum, ii voluptatem maximam adipiscuntur praetermittenda voluptate. idem etiam dolorem saepe perpetiuntur, ne, si id non faciant, incidant in maiorem. ex quo intellegitur nec intemperantiam propter se esse fugiendam temperantiamque expetendam, non quia voluptates fugiat, sed quia maiores consequatur.

Eadem fortitudinis ratio reperietur. nam neque laborum perfunctio neque perpessio dolorum per se ipsa allicit nec patientia nec assiduitas nec vigiliae nec ea ipsa, quae laudatur, industria, ne fortitudo quidem,

sollten wir dann zögern zu erklären, daß die Weisheit um der Lust willen zu erstreben, die Unwissenheit ihrer schädlichen Folgen wegen zu meiden sei?

Nach demselben Prinzip werden wir auch behaupten, daß nicht einmal die Selbstzucht ihrer selbst wegen zu erstreben sei, sondern vielmehr darum, weil sie der Seele den Frieden zu bringen und sie durch eine Art von innerer Eintracht zu beruhigen und zu besänftigen vermag. Die Selbstzucht nämlich ist es, die uns ermahnt, bei allem Streben und Meiden der Vernunft zu folgen. Es genügt indessen nicht, ein richtiges Urteil darüber zu haben, was wir tun oder lassen sollen; wir müssen auch fest bei dem bleiben, wofür wir uns entschieden haben. Die meisten allerdings sind unfähig, das, was sie selbst beschlossen haben, festzuhalten und dabei zu bleiben. Sie lassen sich vielmehr durch einen Schein der Lust, der ihnen entgegentritt, überwältigen und schwach machen, liefern sich den Begierden aus, die sie einschnüren, und sehen nicht voraus, welche Folgen dies für sie haben wird. Aus eben diesem Grunde geraten sie wegen irgendeiner geringen und nicht notwendigen Lust, die man sich auf eine andere Weise verschaffen könnte oder auf die man sogar ohne Schmerzen zu verzichten vermöchte, in schwere Krankheiten, Vermögensverlust und Schande und verfallen schließlich oft den Sanktionen der Gesetze und des Gerichtes. Wer also die Lust so genießen will, daß aus ihr später keine Schmerzen folgen, und wer sein Urteil festhält und nicht, besiegt durch eine augenblickliche Lust, genau das tut, von dem er weiß, daß er es nicht tun dürfte, ein solcher erlangt die größte Lust durch den Verzicht auf Lust; er wird auch öfters Schmerzen aushalten, um nicht, wenn er dies nicht tut, in noch größere Schmerzen zu geraten. Daraus ergibt sich, daß weder die Zügellosigkeit etwa ihrer selbst wegen zu meiden, noch die Selbstzucht zu erstreben ist, weil sie die Lust meidet, sondern im Gegenteil, weil sie die größere Lust aufsucht.

Dasselbe Prinzip wird auch an der Tapferkeit sichtbar. Denn weder das Bewältigen von Anstrengungen noch das Erdulden von Schmerzen ist an sich anziehend und ebensowenig die Ausdauer, die Beharrlichkeit und die Nachtwachen, nicht einmal der vielgerühmte Fleiß oder gar die Tapferkeit selber; sondern wir

sed ista sequimur, ut sine cura metuque vivamus animumque et corpus, quantum efficere possimus, molestia liberemus.

Ut enim mortis metu omnis quietae vitae status perturbatur, et ut succumbere doloribus eosque humili animo inbecilloque ferre miserum est, ob eamque debilitatem animi multi parentes, multi amicos, non nulli patriam, plerique autem se ipsos penitus perdiderunt, sic robustus animus et excelsus omni est liber cura et angore, cum et mortem contemnit, qua qui affecti sunt in eadem causa sunt, qua ante quam nati, et ad dolores ita paratus est, ut meminerit maximos morte finiri, parvos multa habere intervalla requietis, mediocrium nos esse dominos, ut, si tolerabiles sint, feramus, si minus, animo aequo e vita, cum ea non placeat, tamquam e theatro exeamus. quibus rebus intellegitur nec timiditatem ignaviamque vituperari nec fortitudinem patientiamque laudari suo nomine, sed illas reici, quia dolorem pariant, has optari, quia voluptatem.

Iustitia restat, ut de omni virtute sit dictum. sed similia fere dici possunt. ut enim sapientiam, temperantiam, fortitudinem copulatas esse docui cum voluptate, ut ab ea nullo modo nec divelli nec distrahi possint, sic de iustitia iudicandum est, quae non modo numquam nocet cuiquam, sed contra semper ⟨impertit⟩ aliquid cum vi sua atque natura, quod tranquillat animos, tum spe nihil earum rerum defuturum, quas natura non depravata desiderat. ⟨et⟩ quem ad modum temeritas et libido et ignavia semper animum excruciant et semper sollicitant turbulentaeque sunt, sic ⟨inprobitas si⟩ cuius in mente consedit, hoc ipso,

50

halten uns an dies alles, um ohne Sorgen und Furcht zu leben und um Seele und Körper, soweit dies uns möglich ist, von Beschwerden zu befreien.

Wie nämlich durch die Todesfurcht die gesamte Verfassung eines ruhigen Lebens zerstört wird und wie es jammervoll ist, den Schmerzen zu erliegen und sie würdelos und schwächlich zu tragen, und wie aus eben einer solchen Schwächlichkeit der Seele viele Menschen ihre Eltern, viele ihre Freunde, einige ihr Vaterland und die meisten sich selbst zugrundegerichtet haben, so ist umgekehrt ein starker und überlegener Geist frei von jeder Sorge und Angst; er verachtet den Tod, weil die Toten in genau demselben Falle sind wie die noch nicht Geborenen, und er tritt den Schmerzen entgegen in der Gewißheit, daß die heftigsten Schmerzen mit dem Tode endigen, geringe Schmerzen jedoch lange Pausen der Ruhe gewähren, mittlere Schmerzen endlich so in unserer Gewalt sind, daß wir sie aushalten, wenn sie erträglich sind, und wenn sie dies nicht sind, daß wir dann gleichmütig das Leben verlassen, wenn es uns nicht mehr gefällt, so wie wir das Theater zu verlassen pflegen. Daraus ist zu ersehen, daß wir weder die Ängstlichkeit noch die Feigheit um ihrer selbst willen tadeln, noch Tapferkeit und Ausdauer um ihrer selbst willen loben; wir verwerfen jene, weil sie Schmerzen erzeugen, und wünschen uns diese, weil sie Lust verschaffen.

Es bleibt noch die Gerechtigkeit, um von allen Tugenden geredet zu haben. Von ihr gilt ungefähr Ähnliches. Wie ich nämlich dargelegt habe, daß Weisheit, Selbstzucht und Tapferkeit an die Lust gebunden sind, so daß sie auf keine Weise von ihr losgerissen oder abgetrennt werden können, genauso haben wir auch über die Gerechtigkeit zu urteilen. Nicht nur nimmt sie niemals einem Menschen etwas weg, sondern sie gibt ihm noch dazu, und zwar auf Grund ihres eigenen Wesens und ihrer Natur, da sie die Seele zu beruhigen vermag, und besonders auch mit der Hoffnung, es werde dem Menschen niemals etwas von dem fehlen, was die unverdorbene Natur begehrt. Genau wie die Unüberlegtheit, die Begierde und die Feigheit die Seele immer quälen, beunruhigen und verwirren, so bewirkt auch die Ungerechtigkeit, wenn sie sich in der Seele eines Menschen festgesetzt hat, gerade

quod adest, turbulenta est; si vero molita quippiam est, quamvis occulte fecerit, numquam tamen id confidet fore semper occultum. plerumque improborum facta primo suspicio insequitur, dein sermo atque fama, tum accusator, tum iudex; multi etiam, ut te consule, ipsi se indicaverunt. quodsi qui satis sibi contra hominum conscientiam saepti esse et muniti videntur, deorum tamen horrent easque ipsas sollicitudines, quibus eorum animi noctesque diesque exeduntur, a diis inmortalibus supplicii causa importari putant. quae autem tanta ex improbis factis ad minuendas vitae molestias accessio potest fieri, quanta ad augendas, cum conscientia factorum, tum poena legum odioque civium? et tamen in quibusdam neque pecuniae modus est neque honoris neque imperii nec libidinum, nec epularum nec reliquarum cupiditatum, quas nulla praeda umquam improbe parta minuit, ⟨sed⟩ potius inflammat, ut coërcendi magis quam dedocendi esse videantur.

Invitat igitur vera ratio bene sanos ad iustitiam, aequitatem, fidem, neque homini infanti aut inpotenti iniuste facta conducunt, qui nec facile efficere possit, quod conetur, nec optinere, si effecerit, et opes vel fortunae vel ingenii liberalitati magis conveniunt, qua qui utuntur, benivolentiam sibi conciliant et, quod aptissimum est ad quiete vivendum, caritatem, praesertim cum omnino nulla sit causa peccandi. quae enim cupiditates a natura proficiscuntur, facile explentur sine ulla iniuria, quae autem inanes sunt, iis parendum non est. nihil enim desiderabile concupiscunt, plusque in ipsa iniuria detrimenti est quam in iis

dadurch, daß sie anwesend ist, Verwirrung; wenn sie gar etwas angestellt hat, und sei es noch so geheim, so wird sie sich niemals darauf verlassen können, daß dies immer unentdeckt bleiben werde. Meistens erregen ungerechte Handlungen sogleich einen Verdacht, dann folgt das Gerede, folgen Gerüchte, dann der Ankläger, dann der Richter. Viele sogar haben, wie dies unter deinem Konsulat geschah, sich selbst angezeigt. Auch diejenigen, die annehmen, sie seien gegenüber der Mitwisserschaft der Menschen hinreichend abgesichert und geschützt, fürchten die Mitwisserschaft der Götter und meinen, daß gerade jene Unruhe, die Tag und Nacht an ihrer Seele zehrt, ihnen von den unsterblichen Göttern als Strafe auferlegt sei. Wie wenig tragen ungerechte Taten zur Minderung der Beschwerden des Lebens bei und wieviel zu deren Vermehrung, teils durch das Bewußtsein der Taten selber, teils durch die Angst vor der gesetzlichen Strafe und vor dem Hasse der Mitbürger? Trotzdem gibt es Leute, die kein Maß kennen im Streben nach Geld, Ehrenstellen, Macht, Ausschweifungen, üppigen Mahlzeiten und allen übrigen Genüssen, Begierden, die kein ungerechter Profit jemals gedämpft hat, sondern vielmehr noch mehr entflammt, so daß es scheint, solche Menschen seien nicht mehr der Belehrung, sondern nur noch der Züchtigung zugänglich.

So fordert denn die wahre Vernunft diejenigen, die gesunden Sinnes sind, zu Gerechtigkeit, Unparteilichkeit und Zuverlässigkeit auf. Einem Menschen, der nicht vernünftig zu reden und zu handeln vermag, nützen ungerechte Taten nichts, da er weder leicht verwirklichen kann, was er beabsichtigt, noch etwas festhalten, falls er es verwirklicht haben sollte. Die Leistungsfähigkeit eines Vermögens oder einer Begabung kommen eher in der Großzügigkeit zur Geltung; wer diese pflegt, verschafft sich Sympathien und das, was am sichersten ein ruhiges Leben ermöglicht, Freundschaften; vor allem, da ja gar kein Grund vorliegt, ungerecht zu handeln. Alle Begierden nämlich, die von der Natur ausgehen, lassen sich leicht und ohne unrechtes Handeln befriedigen; den nichtigen Begierden dagegen soll man überhaupt nicht nachgeben; sie erstreben nichts, was begehrenswert wäre, und der Schaden, den das Unrecht selber anrichtet, ist größer als der

rebus emolumenti, quae pariuntur iniuria. itaque ne iustitiam quidem recte quis dixerit per se ipsam optabilem, sed quia iucunditatis vel plurimum afferat. nam diligi et carum esse iucundum est propterea, quia tutiorem vitam et voluptatem pleniorem efficit. itaque non ob ea solum incommoda, quae eveniunt inprobis, fugiendam inprobitatem putamus, sed multo etiam magis, quod, cuius in animo versatur, numquam sinit eum respirare, numquam adquiescere.

Quodsi ne ipsarum quidem virtutum laus, in qua maxime ceterorum philosophorum exultat oratio, reperire exitum potest, nisi derigatur ad voluptatem, voluptas autem est sola, quae nos vocet ad se et alliciat suapte natura, non potest esse dubium, quin id sit summum atque extremum bonorum omnium, beateque vivere nihil aliud sit nisi cum voluptate vivere.

Huic certae stabilique sententiae quae sint coniuncta explicabo brevi. nullus in ipsis error est finibus bonorum et malorum, id est in voluptate aut in dolore, sed in his rebus peccant, cum e quibus haec efficiantur ignorant. animi autem voluptates et dolores nasci fatemur e corporis voluptatibus et doloribus – itaque concedo, quod modo dicebas, cadere causa, si qui e nostris aliter existimant, quos quidem video esse multos, sed imperitos –, quamquam autem et laetitiam nobis voluptas animi et molestiam dolor afferat, eorum tamen utrumque et ortum esse e corpore et ad corpus referri, nec ob eam causam non multo maiores esse et voluptates et dolores animi quam corporis. nam corpore nihil nisi praesens et quod adest sentire possumus, animo autem et praeterita et futura. ut enim aeque doleamus animo, cum corpore dolemus, fieri tamen permagna accessio potest, si aliquod aeter-

Nutzen von jenen Dingen, die man sich ungerechterweise verschafft hat. So dürfte man also nicht einmal von der Gerechtigkeit sagen, daß sie um ihrer selbst willen wünschbar sei, sondern nur darum, weil sie ein Höchstmaß an Lust verschafft. Geliebtwerden und Freunde haben ist lustvoll, weil dies das Leben sicherer und die Lust voller macht. Darum glauben wir, daß die Ungerechtigkeit nicht nur jener Beschwerden wegen, die den Ungerechten zustoßen, zu meiden sei, sondern noch viel mehr darum, weil sie diejenigen, in deren Seele sie sich umtreibt, niemals aufatmen, niemals Ruhe finden läßt.

Demnach kann nicht einmal das Lob der Tugend selber, in welchem sich vor allem die Rede der übrigen Philosophen mit Begeisterung ergeht, seine Begründung finden, wenn es nicht auf die Lust bezogen wird. Die Lust allein ist es, die uns ihrer eigenen Natur gemäß zu sich zu rufen und uns anzuziehen vermag. Also kann man nicht daran zweifeln, daß sie das höchste und äußerste aller Güter sei und daß die Glückseligkeit in nichts anderem bestehe als in einem Leben in der Lust.

Nun will ich kurz darlegen, was mit dieser ebenso richtigen wie unangreifbaren These noch in Verbindung steht. Es gibt keinen Irrtum beim Ansetzen des größten Guten und Übels als solchen, also bei Lust und Schmerz, sondern die Leute verfehlen sich nur dann, wenn sie nicht wissen, wie das eine und das andere zustande kommt. Wir behaupten, daß Lust und Schmerz der Seele von der Lust und dem Schmerz des Körpers her entstehen; insofern gebe ich dir zu, was du vorhin sagtest, daß diejenigen aus unserer Schule, die dies anders auffassen, eine unhaltbare These vertreten. Es ist mir allerdings bekannt, daß es ihrer viele gibt, aber nur solche, die nicht Bescheid wissen. Obschon die Lust der Seele uns Freude bereitet und der Schmerz Beschwerden, so hat doch beides am Körper begonnen und bezieht sich auf den Körper; trotzdem aber sind die Lust und der Schmerz der Seele bedeutend größer als die des Körpers. Denn am Körper können wir nur das Gegenwärtige und Anwesende empfinden, mit der Seele jedoch auch das Vergangene und Künftige. Selbst wenn wir nämlich an der Seele in gleicher Weise wie am Körper Schmerz empfinden, so kann doch der seelische Schmerz sehr viel stärker wer-

num et infinitum impendere malum nobis opinemur. quod idem licet transferre in voluptatem, ut ea maior sit, si nihil tale metuamus. iam illud quidem perspicuum est, maximam animi aut voluptatem aut molestiam plus aut ad beatam aut ad miseram vitam afferre momenti quam eorum utrumvis, si aeque diu sit in corpore.

Non placet autem detracta voluptate aegritudinem statim consequi, nisi in voluptatis locum dolor forte successerit, at contra gaudere nosmet omittendis doloribus, etiamsi voluptas ea, quae sensum moveat, nulla successerit, eoque intellegi potest quanta voluptas sit non dolere. sed ut iis bonis erigimur, quae expectamus, sic laetamur iis, quae recordamur. stulti autem malorum memoria torquentur, sapientes bona praeterita grata recordatione renovata delectant. est autem situm in nobis ut et adversa quasi perpetua oblivione obruamus et secunda iucunde ac suaviter meminerimus. sed cum ea, quae praeterierunt, acri animo et attento intuemur, tum fit ut aegritudo sequatur, si illa mala sint, laetitia, si bona.

O praeclaram beate vivendi et apertam et simplicem et directam viam! cum enim certe nihil homini possit melius esse quam vacare omni dolore et molestia perfruique maximis et animi et corporis voluptatibus, videtisne quam nihil praetermittatur quod vitam adiuvet, quo facilius id, quod propositum est, summum bonum consequamur? clamat Epicurus, is quem vos nimis voluptatibus esse deditum dicitis, non posse iucunde vivi, nisi sapienter, honeste iusteque vivatur, nec sapienter, honeste, iuste, nisi iucunde. neque enim civitas in seditione beata esse potest nec in discordia dominorum domus; quo minus animus a se ipse dissidens secumque discordans gustare partem ullam liquidae voluptatis et liberae potest. atqui pugnantibus et

den, wenn wir meinen, daß uns ein ewiges und endloses Übel droht. Dasselbe läßt sich auch auf die Lust übertragen, insofern sie größer wird, wenn wir nicht dergleichen fürchten. Damit ist auch dies evident geworden, daß die größte Lust und der größte Schmerz der Seele mehr zur Herstellung des glückseligen oder unseligen Lebens beiträgt als beides, wenn es gleich lang im Körper bleibt.

Wir glauben auch nicht, daß auf ein Abklingen der Lust sofort der Kummer folge, falls nicht etwa an die Stelle der Lust geradezu der Schmerz trete; dagegen freuen wir uns, wenn wir die Schmerzen überstanden haben, selbst wenn auf sie nicht jene Lust folgt, die die Sinnesorgane in Bewegung setzt; daraus kann man ersehen, eine wie große Lust es bereitet, keinen Schmerz zu empfinden. Wie uns jene Güter anspornen, die wir erhoffen, so freuen wir uns über diejenigen, an die wir uns erinnern. Die Toren freilich werden gequält durch die Erinnerung an ihre Leiden, die Weisen dagegen freuen sich, indem sie das vergangene Gute in dankbarer Erinnerung erneuern. Denn wir sind so veranlagt, daß wir das Widrige sozusagen in einem dauernden Vergessen begraben, an das Erfreuliche dagegen uns gerne und angenehm erinnern können. Wenn wir dagegen das, was vergangen ist, genau und aufmerksam betrachten, so entsteht Kummer, wenn jenes ein Übel war, Heiterkeit, wenn es ein Gut war.

Welch ein herrlicher, breiter, einfacher und kurzer Weg zum glückseligen Leben! Da es nämlich mit Sicherheit nichts Besseres für den Menschen geben kann als von allem Schmerz und allen Beschwerden frei zu sein und dauernd die größte Lust der Seele und des Körpers zu genießen, seht ihr nun, wie in dieser Lehre nichts versäumt wird, was dem Leben dazu verhelfen kann, jenes höchste Gut, das uns vor Augen steht, leichter zu erlangen? Jener Epikur, von dem ihr behauptet, er sei zu sehr der Lust ergeben, ruft laut, die Menschen könnten nicht lustvoll leben, ohne weise, edel und gerecht zu leben, noch auch weise, edel und gerecht, ohne lustvoll zu leben. Kein Staat kann im Bürgerkrieg glücklich sein, noch ein Haus, wenn die Herren sich streiten; um so weniger kann eine mit sich selbst uneinige und mit sich selbst streitende Seele irgendeinen Teil an reiner und freier Lust kosten. Wer

contrariis studiis consiliisque semper utens nihil quieti videre, nihil tranquilli potest.

Quodsi corporis gravioribus morbis vitae iucunditas impeditur, quanto magis animi morbis impediri necesse est! animi autem morbi sunt cupiditates inmensae et inanes divitiarum, gloriae, dominationis, libidinosarum etiam voluptatum, accedunt aegritudines, molestiae, maerores, qui exedunt animos conficiuntque curis hominum non intellegentium nihil dolendum esse animo, quod sit a dolore corporis praesenti futurove seiunctum. nec vero quisquam stultus non horum morborum aliquo laborat, nemo igitur stultus non miser. accedit etiam mors, quae quasi saxum Tantalo semper impendet, tum superstitio, qua qui est imbutus quietus esse numquam potest. praeterea bona praeterita non meminerunt, praesentibus non fruuntur, futura modo expectant, quae quia certa esse non possunt, conficiuntur et angore et metu maximeque cruciantur, cum sero sentiunt frustra se aut pecuniae studuisse aut imperiis aut opibus aut gloriae. nullas enim consequuntur voluptates, quarum potiendi spe inflammati multos labores magnosque susceperant.

Ecce autem alii minuti et angusti aut omnia semper desperantes aut malivoli, invidi, difficiles, lucifugi, maledici, morosi, alii autem etiam amatoriis levitatibus dediti, alii petulantes, alii audaces, protervi, idem intemperantes et ignavi, numquam in sententia permanentes, quas ob causas in eorum vita nulla est intercapedo molestiae. igitur neque stultorum quisquam beatus neque sapientium non beatus.

Multoque hoc melius nos veriusque quam Stoici. illi enim negant esse bonum quicquam nisi nescio quam illam umbram, quod appellant honestum non tam solido quam splendido nomine, virtutem autem

ERSTES BUCH

es mit Absichten und Plänen zu tun hat, die einander ständig bekämpfen und widersprechen, der vermag keine Ruhe und keinen Frieden zu Gesicht zu bekommen.

Wenn schon die Lust am Leben durch schwere Krankheiten des Körpers beeinträchtigt wird, um wieviel mehr wird sie notwendigerweise bedroht durch Krankheiten der Seele! Krankheiten der Seele sind die grenzenlosen und nichtigen Begierden nach Reichtum, Ruhm, Herrschaft und zügellosem Genuß. Es kommen dazu Kummer, Beschwerden, Traurigkeit, die die Seele zerfressen und diejenigen Menschen durch Sorgen zugrunde richten, die nicht begreifen, daß es keinen Schmerz der Seele gibt, der vom gegenwärtigen oder künftigen Schmerz des Körpers abtrennbar ist. Es gibt allerdings keinen Toren, der nicht an irgendeiner dieser Krankheiten leidet; also ist keiner unter ihnen nicht unselig. Es kommt dazu der Tod, der wie der Fels des Tantalos dauernd über uns hängt, dann der Aberglaube, der keinem, der einmal von ihm befallen wurde, die Ruhe läßt. Außerdem erinnern sich solche nicht an das vergangene Gute, genießen nicht das gegenwärtige, sondern erwarten nur das künftige; und da dieses nicht sicher sein kann, werden sie durch Sorge und Furcht bedrückt und vor allem dann gequält, wenn sie zu spät einsehen, daß sie sich vergebens um Geld, Macht, Besitz oder Ruhm bemüht haben. Sie erlangen nämlich nicht jene Lust, die sie brennend zu gewinnen hofften und um derentwillen sie große und vielfache Anstrengungen auf sich genommen haben.

Es gibt auch andere, unbedeutend, beschränkt und stets an allem verzweifelnd oder böswillig, neidisch, schwierig, lichtscheu, verleumderisch, mürrisch, andere wiederum Liebesaffären zugeneigt, nochmals andere leichtfertig, tollkühn und frech, ebensolche auch zügellos und feige, die niemals bei ihrer Überzeugung bleiben und deshalb in ihrem Leben keine Unterbrechung ihrer Beschwerden finden. So ist also keiner der Toren glückselig, keiner der Weisen nicht glückselig.

Dies lehren wir auf eine viel bessere und richtigere Weise als die Stoiker. Jene nämlich erklären, es gebe kein Gut außer jenem unbestimmten Schatten, den sie mit einem zwar nicht sinnvollen, wohl aber großartigen Wort das Edle nennen; sie behaupten, daß

nixam hoc honesto nullam requirere voluptatem atque ad beate vivendum se ipsa esse contentam.

Sed possunt haec quadam ratione dici non modo non repugnantibus, verum etiam approbantibus nobis. sic enim ab Epicuro sapiens semper beatus inducitur: finitas habet cupiditates, neglegit mortem, de diis inmortalibus sine ullo metu vera sentit, non dubitat, si ita melius sit, migrare de vita. his rebus instructus semper est in voluptate. neque enim tempus est ullum, quo non plus voluptatum habeat quam dolorum. nam et praeterita grate meminit et praesentibus ita potitur, ut animadvertat quanta sint ea quamque iucunda, neque pendet ex futuris, sed expectat illa, fruitur praesentibus ab iisque vitiis, quae paulo ante collegi, abest plurimum et, cum stultorum vitam cum sua comparat, magna afficitur voluptate. dolores autem si qui incurrunt, numquam vim tantam habent, ut non plus habeat sapiens, quod gaudeat, quam quod angatur. optime vero Epicurus, quod exiguam dixit fortunam intervenire sapienti maximasque ab eo et gravissimas res consilio ipsius et ratione administrari neque maiorem voluptatem ex infinito tempore aetatis percipi posse, quam ex hoc percipiatur, quod videamus esse finitum.

In dialectica autem vestra nullam existimavit esse nec ad melius vivendum nec ad commodius disserendum viam.

In physicis plurimum posuit. ea scientia et verborum vis et natura orationis et consequentium repugnantiumve ratio potest perspici. omnium autem rerum natura cognita levamur superstitione, liberamur mortis metu, non conturbamur ignoratione rerum, e qua ipsa horribiles existunt saepe formidines. denique etiam morati melius erimus, cum didicerimus quid

die auf das Edle gestützte Tugend nach keiner Lust begehre und sich selbst genug sei, um das glückselige Leben herzustellen.

Immerhin kann auch dies so formuliert werden, daß wir jener Meinung nicht nur nicht widersprechen, sondern sogar zustimmen. – So nämlich stellt Epikur den dauernd glückseligen Weisen vor: Seine Begierden sind begrenzt, er verachtet den Tod, über die unsterblichen Götter denkt er ohne jede Furcht die Wahrheit, und er zögert nicht, wenn es so besser sein sollte, das Leben zu verlassen. Wenn er mit diesen Grundsätzen ausgestattet ist, ist er dauernd in der Lust. Es gibt ja auch keine Situation, in der er nicht mehr Lust empfindet als Schmerz. Denn er erinnert sich mit Dank an das Vergangene, und mit dem Gegenwärtigen geht er so um, daß er darauf achtet, wie bedeutend es sei und wie lustvoll; er hängt nicht ab vom Künftigen, sondern erwartet es, genießt das Gegenwärtige und hält sich von jenen Fehlern, die ich kurz vorher aufgezählt habe, völlig fern; und wenn er das Leben der Toren mit dem seinigen vergleicht, spürt er eine große Lust. Schließlich haben die Schmerzen, die ihn vielleicht treffen könnten, niemals eine so große Kraft, daß der Weise nicht mehr Gründe besäße, sich zu freuen als solche, betrübt zu sein. Mit Recht also erklärt Epikur, daß dem Weisen der Zufall nur in geringem Maße in die Quere kommt und daß jener fähig sei, die größten und wichtigsten Dinge mit seiner eigenen Planung und Vernunft zu verwalten; ferner daß uns ein unbegrenzter Zeitraum nicht mehr Lust verschaffen könne als diejenige ist, die uns der begrenzte Zeitraum, den wir vor uns sehen, zu gewähren vermag.

In eurer Dialektik vermochte er keinen Weg zu entdecken, weder zum besseren Leben noch zum zweckmäßigeren Argumentieren.

In der Physik hat er viel erneuert. Denn mit Hilfe jener Wissenschaft lassen sich die Bedeutung der Worte, die Natur der Rede, die Regeln der Folgerichtigkeit und des Widerspruchs erkennen; wenn wir außerdem die Natur aller Dinge durchschaut haben, werden wir befreit vom Aberglauben, von der Todesfurcht und lassen uns nicht verwirren durch unsere Unwissenheit, aus der gerade oftmals fürchterliche Ängste entstehen; schließlich werden wir auch in unserem Verhalten besser, wenn

natura desideret. tum vero, si stabilem scientiam rerum tenebimus, servata illa, quae quasi delapsa de caelo est ad cognitionem omnium, regula, ad quam omnia iudicia rerum dirigentur, numquam ullius oratione victi sententia desistemus. nisi autem rerum natura perspecta erit, nullo modo poterimus sensuum iudicia defendere. quicquid porro animo cernimus, id omne oritur a sensibus; qui si omnes veri erunt, ut Epicuri ratio docet, tum denique poterit aliquid cognosci et percipi. quos qui tollunt et nihil posse percipi dicunt, ii remotis sensibus ne id ipsum quidem expedire possunt, quod disserunt. praeterea sublata cognitione et scientia tollitur omnis ratio et vitae degendae et rerum gerendarum.

Sic e physicis et fortitudo sumitur contra mortis timorem et constantia contra metum religionis et sedatio animi omnium rerum occultarum ignoratione sublata et moderatio natura cupiditatum ⟨perspecta⟩ generibusque earum explicatis, et, ut modo docui, cognitionis regula ⟨adhibita⟩ et iudicio ab eadem illa constituto veri a falso distinctio traditur.

Restat locus huic disputationi vel maxime necessarius de amicitia, quam, si voluptas summum sit bonum, affirmatis nullam omnino fore. de qua Epicurus quidem ita dicit, omnium rerum, quas ad beate vivendum sapientia comparaverit, nihil esse maius amicitia, nihil uberius, nihil iucundius. nec vero hoc oratione solum, sed multo magis vita et factis et moribus comprobavit. quod quam magnum sit fictae veterum fabulae declarant, in quibus tam multis tamque variis ab

wir zu verstehen gelernt haben, was die Natur begehrt. Dann schließlich, wenn wir dieses Wissen fest in der Hand behalten und bei jener Regel bleiben, die gewissermaßen vom Himmel heruntergefallen ist und uns die Erkenntnis aller Dinge erschließt und nach der wir unser ganzes Urteil über die Dinge richten können, dann wird uns keine Rede jemals besiegen und zur Preisgabe unserer Überzeugung zwingen können. Wenn wir nämlich nicht die Natur durchschaut haben, werden wir auch nicht in der Lage sein, das Urteil der Sinnesorgane zu verteidigen. Denn alles, was wir uns im Geist vorstellen, kommt von den Sinnen her; nur wenn diese alle zuverlässig sind, wie Epikur lehrt, kann überhaupt etwas erkannt und begriffen werden. Wer aber die Sinneswahrnehmungen bestreitet und erklärt, es könne nichts begriffen werden, der kann nach Ausschaltung der Sinne nicht einmal das richtig entwickeln, was er behauptet. Wenn weiterhin die Erkenntnis und die Wissenschaft aufgehoben sind, fällt jedes Prinzip der Lebensführung und des Handelns dahin.

So verschafft uns die Physik sowohl Tapferkeit gegen die Todesangst wie auch Festigkeit gegen die abergläubische Furcht; sie erzeugt eine Beruhigung der Seele, nachdem alle Unwissenheit hinsichtlich der unbekannten Dinge beseitigt ist. Ebenso führt sie zur Selbstzucht, nachdem die Natur der Begierden durchschaut ist und deren verschiedene Gattungen sichtbar geworden sind; schließlich wird uns, wie ich soeben gelehrt habe, auch die Unterscheidung von Wahr und Falsch durch die Anwendung jener Regel, und nachdem das Urteil auf eben dieser Regel begründet wurde, möglich gemacht.

Es bleibt noch ein für diese Untersuchung besonders unentbehrlicher Punkt, nämlich die Freundschaft, von der ihr behauptet, sie könne nicht bestehen, wenn die Lust das höchste Gut sei. Darüber sagt Epikur jedenfalls dies, daß unter allen Dingen, die die Weisheit für das glückselige Leben bereitgestellt hat, nichts größer, fruchtbarer und lustvoller sei als die Freundschaft. Dies hat er nicht nur in seinen Reden, sondern noch viel mehr durch sein Leben, seine Taten und seine Gesinnung bewiesen. Eine wie große Sache dies ist, zeigen die von den Alten erfundenen Geschichten, in denen, so alt und so verschiedenartig sie seit dem

ultima antiquitate repetitis tria vix amicorum paria reperiuntur, ut ad Orestem pervenias profectus a Theseo. at vero Epicurus una in domo, et ea quidem angusta, quam magnos quantaque amoris conspiratione consentientis tenuit amicorum greges! quod fit etiam nunc ab Epicureis. sed ad rem redeamus; de hominibus dici non necesse est.

 Tribus igitur modis video esse a nostris de amicitia disputatum. alii cum eas voluptates, quae ad amicos pertinerent, negarent esse per se ipsas tam expetendas, quam nostras expeteremus, quo loco videtur quibusdam stabilitas amicitiae vacillare, tuentur tamen eum locum seque facile, ut mihi videtur, expediunt. ut enim virtutes, de quibus ante dictum est, sic amicitiam negant posse a voluptate discedere. nam cum solitudo et vita sine amicis insidiarum et metus plena sit, ratio ipsa monet amicitias comparare, quibus partis confirmatur animus et a spe pariendarum voluptatum seiungi non potest. atque ut odia, invidiae, despicationes adversantur voluptatibus, sic amicitiae non modo fautrices fidelissimae, sed etiam effectrices sunt voluptatum tam amicis quam sibi, quibus non solum praesentibus fruuntur, sed etiam spe eriguntur consequentis ac posteri temporis. quod quia nullo modo sine amicitia firmam et perpetuam iucunditatem vitae tenere possumus neque vero ipsam amicitiam tueri, nisi aeque amicos et nosmet ipsos diligamus, idcirco et hoc ipsum efficitur in amicitia, et amicitia cum voluptate conectitur. nam et laetamur amicorum laetitia aeque atque nostra et pariter dolemus angoribus. quocirca eodem modo sapiens erit affectus erga amicum, quo in se ipsum, quosque labores propter suam voluptatem susceperit, eosdem suscipiet propter

frühesten Altertum auch sind, kaum drei Freundespaare gefunden werden, von Theseus beginnend bis zu Orestes. Welche Scharen von Freunden hat dagegen Epikur in einem einzigen kleinen Hause in größter Harmonie und Eintracht der Liebe um sich versammelt! So halten es auch heute noch die Epikureer. Doch nun komme ich zur Sache; von den Menschen braucht hier nicht geredet zu werden.

Ich stelle fest, daß unsere Schule die Freundschaft auf drei verschiedene Weisen aufgefaßt hat. Die einen erklären, daß die Lust, die sich auf Freunde bezieht, nicht in demselben Maße als solche zu erstreben sei, wie wir die auf uns selbst bezogene erstreben. Dazu meinen einige, es würde damit die Verläßlichkeit der Freundschaft erschüttert. Jene können indessen ihre Position behaupten und sich, wie mir scheint, leicht verteidigen. Sie erklären nämlich, daß sowohl die Tugend, von der vorhin die Rede war, wie auch die Freundschaft von der Lust nicht abgetrennt werden können. Da die Einsamkeit und ein Leben ohne Freunde voll von Bedrohungen und Ängsten ist, empfiehlt uns die Vernunft selber, uns Freundschaften zu verschaffen. Haben wir sie erlangt, so gewinnt die Seele ihre Sicherheit und läßt sich auch von der Hoffnung auf künftige Lust nicht abschneiden. Wie weiterhin Haß, Neid und Verachtung die Lust unmöglich machen, so begründet die Freundschaft nicht nur die Lust auf die zuverlässigste Weise, sondern erzeugt auch Lust für die Freunde, wie auch für den einzelnen selbst. Man genießt diese Lust nicht bloß, solange sie gegenwärtig ist, sondern wird auch bestärkt in der Hoffnung auf weitere Lust zu einer späteren Zeit. Da wir also auf keine Weise ein sicher und dauerhaft lustvolles Leben ohne Freunde festhalten und da wir die Freundschaft selbst nicht bewahren können, wenn wir die Freunde nicht genau gleich lieben wie uns selbst, so entsteht eben dies in der Freundschaft und wird die Freundschaft mit der Lust verknüpft. Denn wir freuen uns an der Freude der Freunde genauso wie an unserer eigenen und leiden gleich wie sie an ihrem Kummer. So wird denn auch der Weise sich dem Freunde gegenüber genau gleich verhalten wie sich selbst gegenüber; alle die Mühen, die er seiner eigenen Lust zuliebe auf sich nimmt, wird er auch um der Lust des Freundes willen auf sich

amici voluptatem. quaeque de virtutibus dicta sunt, quem ad modum eae semper voluptatibus inhaererent, eadem de amicitia dicenda sunt. praeclare enim Epicurus his paene verbis: 'Eadem', inquit, 'scientia confirmavit animum, ne quod aut sempiternum aut diuturnum timeret malum, quae perspexit in hoc ipso vitae spatio amicitiae praesidium esse firmissimum.'

Sunt autem quidam Epicurei timidiores paulo contra vestra convicia, sed tamen satis acuti, qui verentur ne, si amicitiam propter nostram voluptatem expetendam putemus, tota amicitia quasi claudicare videatur. itaque primos congressus copulationesque et consuetudinum instituendarum voluntates fieri propter voluptatem; cum autem usus progrediens familiaritatem effecerit, tum amorem efflorescere tantum, ut, etiamsi nulla sit utilitas ex amicitia, tamen ipsi amici propter se ipsos amentur. etenim si loca, si fana, si urbes, si gymnasia, si campum, si canes, si equos, si ludicra exercendi aut venandi consuetudine adamare solemus, quanto id in hominum consuetudine facilius fieri poterit et iustius?

Sunt autem, qui dicant foedus esse quoddam sapientium, ut ne minus [quidem] amicos quam se ipsos diligant. quod et posse fieri intellegimus et saepe etiam videmus, et perspicuum est nihil ad iucunde vivendum reperiri posse, quod coniunctione tali sit aptius.

Quibus ex omnibus iudicari potest non modo non impediri rationem amicitiae, si summum bonum in voluptate ponatur, sed sine hoc institutionem omnino amicitiae non posse reperiri.

Quapropter si ea, quae dixi, sole ipso illustriora et clariora sunt, si omnia [dixi] hausta e fonte naturae, si

nehmen. Alles, was über die Tugenden gesagt wurde, wie sie nämlich stets an die Lust gebunden sind, gilt auch von der Freundschaft. Vortrefflich ist, was Epikur ungefähr in folgenden Worten sagt: „Es ist dieselbe Überzeugung, die unsere Seele darin bestärkt, kein ewiges oder lange dauerndes Übel zu fürchten, und die auch eingesehen hat, daß in diesem begrenzten Zeitraum unseres Lebens der Schutz, den die Freundschaft gewährt, der sicherste ist."

Allerdings gibt es einige Epikureer, die euren Vorwürfen etwas allzu ängstlich begegnen, obschon sie selber recht klug sind. Sie fürchten, daß, wenn wir lehren, daß wir die Freundschaft um unserer eigenen Lust willen zu suchen hätten, dann die Freundschaft überhaupt gewissermaßen hinkend würde. Also erklären sie, daß zwar die ersten Kontakte und Verbindungen und der Wille, eine feste Beziehung anzuknüpfen, von unserer eigenen Lust ausgehe; wenn aber im Fortschreiten des Umganges eine Vertrautheit entstehe, so erblühe eine so große Liebe, daß wir die Freunde selber um ihrer selbst willen lieben, auch wenn uns die Freundschaft keinen Nutzen bringt. Wenn wir nämlich bestimmte Orte, Heiligtümer, Städte, Gymnasien, das Marsfeld, Hunde und Pferde aufgrund steten Umgangs zu lieben pflegen und ebenso die Unterhaltung am Sport und in der Jagd, um wieviel leichter und sinnvoller sollte sich dasselbe beim Umgang mit Menschen einstellen!

Endlich gibt es solche, die behaupten, die Weisen hätten eine Art von Vertrag untereinander geschlossen, die Freunde nicht weniger als sich selber zu lieben. Wir begreifen sehr wohl, daß dies geschehen kann und sehen auch, daß dies öfters geschieht. Jedenfalls ist es evident, daß zu einem lustvollen Leben kein geeigneterer Weg gefunden werden kann als eine solche Verbindung.

Aus alledem kann gefolgert werden, daß das Prinzip der Freundschaft nicht nur nicht gefährdet wird, wenn die Lust als das höchste Gut gilt, sondern daß vielmehr ohne diese Annahme die Freundschaft überhaupt nicht zustande kommen kann.

Wenn nun das, was ich gesagt habe, klarer und augenscheinlicher ist als die Sonne und wenn alles aus der Natur als seiner

tota oratio nostra omnem sibi fidem sensibus confirmat, id est incorruptis atque integris testibus, si infantes pueri, mutae etiam bestiae paene loquuntur magistra ac duce natura nihil esse prosperum nisi voluptatem, nihil asperum nisi dolorem, de quibus neque depravate iudicant neque corrupte, nonne ei maximam gratiam habere debemus, qui hac exaudita quasi voce naturae sic eam firme graviterque comprehenderit, ut omnes bene sanos in viam placatae, tranquillae, quietae, beatae vitae deduceret? qui quod tibi parum videtur eruditus, ea causa est, quod nullam eruditionem esse duxit, nisi quae beatae vitae disciplinam iuvaret. an ille tempus aut in poëtis evolvendis, ut ego et Triarius te hortatore facimus, consumeret, in quibus nulla solida utilitas omnisque puerilis est delectatio, aut se, ut Plato, in musicis, geometria, numeris, astris contereret, quae et a falsis initiis profecta vera esse non possunt et, si essent vera, nihil afferrent, quo iucundius, id est quo melius viveremus, eas ergo artes persequeretur, vivendi artem tantam tamque et operosam et perinde fructuosam relinqueret? non ergo Epicurus ineruditus, sed ii indocti, qui, quae pueros non didicisse turpe est, ea putant usque ad senectutem esse discenda.

Quae cum dixisset, Explicavi, inquit, sententiam meam, et eo quidem consilio, tuum iudicium ut cognoscerem, quae mihi [mea] facultas, ut id meo arbitratu facerem, ante hoc tempus numquam est data.

Quelle geschöpft ist und wenn meine ganze Rede zuverlässig auf dem Zeugnis der Sinnesorgane aufgebaut ist, also auf unverdorbenen und unbeeinflußten Zeugen, und wenn sogar die Säuglinge und die stummen Tiere unter der Anleitung und Führung der Natur beinahe sagen, es gebe nichts Erfreulicheres außer der Lust und nichts Widerwärtigeres außer dem Schmerz – und darüber urteilen sie unbefangen und unverdorben –, müssen wir dann nicht jenem den größten Dank schuldig sein, der gewissermaßen die Stimme der Natur gehört und sie so sicher und ernst in sich aufgenommen hat, um alle, deren Denken gesund ist, auf den Weg eines beruhigten, friedlichen, ruhevollen und glückseligen Lebens zu bringen? Wenn du ihm vorgeworfen hast, er sei zu wenig gebildet, so liegt dies daran, daß er nur das für Bildung hielt, was die Aneignung des glückseligen Lebens beförderte. Hätte er, wie ich und Triarius es auf deine Mahnung hin tun, seine Zeit auf das Lesen von Dichtern verschwenden sollen, bei denen kein wirklicher Nutzen zu finden ist, sondern nichts anderes als ein kindisches Vergnügen? Oder hätte er sich wie Platon im Studium der Musik, Geometrie, Arithmetik und Astronomie aufreiben sollen, die alle von falschen Voraussetzungen ausgehen und deshalb auch nicht wahr sein können, und selbst wenn sie wahr wären, nichts dazu beitrügen, daß wir lustvoller, also besser leben? Hätte er jene Künste ausüben, aber die Kunst des Lebens, die so groß, so schwierig und dabei so fruchtbar ist, vernachlässigen sollen? Es ist also nicht Epikur ungebildet, sondern unwissend sind diejenigen, die meinen, man müsse das, was für Kinder nicht gelernt zu haben unschicklich ist, bis ins hohe Alter hinein weiter lernen.

Nachdem er dies gesagt hatte, bemerkte er: So habe ich also meine Meinung dargelegt, und zwar in der Absicht, nun dein Urteil darüber kennenzulernen. Die Möglichkeit, dies so zu tun, wie ich es wünschte, ist mir vor dem heutigen Tage noch niemals geboten worden.

LIBER SECUNDUS

Hic cum uterque me intueretur seseque ad audiendum significarent paratos, Primum, inquam, deprecor, ne me tamquam philosophum putetis scholam vobis aliquam explicaturum, quod ne in ipsis quidem philosophis magnopere umquam probavi. quando enim Socrates, qui parens philosophiae iure dici potest, quicquam tale fecit? eorum erat iste mos, qui tum sophistae nominabantur, quorum e numero primus est ausus Leontinus Gorgias in conventu poscere quaestionem, id est iubere dicere, qua de re quis vellet audire. audax negotium, dicerem impudens, nisi hoc institutum postea translatum ad philosophos nostros esset. sed et illum, quem nominavi, et ceteros sophistas, ut e Platone intellegi potest, lusos videmus a Socrate. is enim percontando atque interrogando elicere solebat eorum opiniones, quibuscum disserebat, ut ad ea, quae ii respondissent, si quid videretur, diceret. qui mos cum a posterioribus non esset retentus, Arcesilas eum revocavit instituitque ut ii, qui se audire vellent, non de se quaererent, sed ipsi dicerent, quid sentirent; quod cum dixissent, ille contra. sed eum qui audiebant, quoad poterant, defendebant sententiam suam. apud ceteros autem philosophos, qui quaesivit aliquid, tacet; quod quidem iam fit etiam in Academia. ubi enim is, qui audire vult, ita dixit: 'Voluptas mihi videtur esse summum bonum', perpetua oratione contra disputatur, ut facile intellegi possit eos,

ZWEITES BUCH

Darauf blickten mich beide an und gaben zu verstehen, daß sie bereit seien, mich anzuhören. So begann ich: Vor allem bitte ich euch darum, von mir nicht zu erwarten, daß ich euch wie ein Philosoph eine Vorlesung halte, etwas, was ich auch bei den Philosophen selbst niemals besonders geschätzt habe. Denn hat jemals Sokrates, den man mit Recht den „Vater der Philosophie" nennen darf, irgend etwas dergleichen getan? Dies war vielmehr die Sitte jener Leute, die man damals Sophisten nannte; unter ihnen war Gorgias aus Leontinoi der erste, der es gewagt hat, eine Versammlung aufzufordern, ihm irgendeine Frage zu stellen, also ihm vorzuschreiben, worüber man etwas von ihm zu hören wünschte: ein kühnes Unternehmen, das ich unverschämt nennen würde, wenn diese Sitte nicht später von unseren Philosophen übernommen worden wäre. Allerdings sehen wir, daß sowohl jener, den ich soeben erwähnt habe, wie auch die übrigen Sophisten von Sokrates verspottet worden sind, wie man bei Platon nachlesen kann. Sokrates nämlich pflegte im Gespräch und durch Fragen die Meinung jener, mit denen er diskutierte, hervorzulocken, um dann die Gelegenheit zu haben, seine Ansicht über das, was sie gesagt hatten, zu äußern. Diese Sitte wurde von den Späteren nicht festgehalten; erst Arkesilaos erneuerte sie und richtete es so ein, daß diejenigen, die etwas von ihm hören wollten, nicht ihn befragten, sondern selber sagten, was ihre Meinung war. Nachdem jene gesprochen hatten, redete er dagegen; die anderen wiederum, die ihn hörten, verteidigten, so weit sie konnten, ihre These. Bei den übrigen Philosophen dagegen schweigt derjenige, der eine Frage gestellt hat. Dies geschieht heute sogar in der Akademie. Wenn nämlich derjenige, der etwas zu hören wünscht, die Behauptung aufstellt: „Die Lust scheint mir das höchste Gut zu sein", und dann in fortlaufender Rede dagegen Stellung genommen wird, dann wird es sofort klar, daß derjenige,

qui aliquid sibi videri dicant, non ipsos in ea sententia esse, sed audire velle contraria.

Nos commodius agamus. non enim solum Torquatus dixit quid sentiret, sed etiam cur. ego autem arbitror, quamquam admodum delectatus sum eius oratione perpetua, tamen commodius, cum in rebus singulis insistas et intellegas quid quisque concedat, quid abnuat, ex rebus concessis concludi quod velis et ad exitum perveniri. cum enim fertur quasi torrens oratio, quamvis multa cuiusque modi rapiat, nihil tamen teneas, nihil apprehendas, nusquam orationem rapidam coërceas.

Omnis autem in quaerendo, quae via quadam et ratione habetur, oratio praescribere primum debet ut quibusdam in formulis EA RES AGETUR, ut, inter quos disseritur, conveniat quid sit id, de quo disseratur. hoc positum in Phaedro a Platone probavit Epicurus sensitque in omni disputatione id fieri oportere. sed quod proximum fuit non vidit. negat enim definiri rem placere, sine quo fieri interdum non potest, ut inter eos, qui ambigunt, conveniat quid sit id, de quo agatur, velut in hoc ipso, de quo nunc disputamus. quaerimus enim finem bonorum. possumusne hic scire qualis sit, nisi contulerimus inter nos, cum finem bonorum dixerimus, quid finis, quid etiam sit ipsum bonum? atqui haec patefactio quasi rerum opertarum, cum quid quidque sit aperitur, definitio est. qua tu etiam inprudens utebare non numquam. nam hunc ipsum sive finem sive extremum sive ultimum definiebas id esse, quo omnia, quae recte fierent, referrentur neque id ipsum usquam referretur. praeclare hoc

der erklärt, etwas scheine ihm so und so zu sein, gar nicht seine wirkliche Meinung vertritt, sondern dies bloß sagt, um das Gegenteil zu hören.

Wir werden hier zweckmäßiger vorgehen. Denn Torquatus hat nicht nur dargelegt, was seine Überzeugung war, sondern auch die Gründe dafür genannt. Ich meinerseits habe zwar an seiner fortlaufenden Rede eine große Freude gehabt, glaube aber doch, es sei zweckmäßiger, jeden Punkt einzeln zu behandeln und zu prüfen, was ein jeder zugibt, was er ablehnt, um dann aus den Zugeständnissen zu folgern, worauf man hinaus will, und so zu einem Schluß zu gelangen. Wenn nämlich die Rede wie ein Strom dahinfließt, so reißt sie zwar vieles auf irgendeine Weise mit sich, doch vermag man nichts festzuhalten, nichts aufzunehmen und an keiner Stelle die rasche Rede zu bändigen.

Jede Untersuchung, die es mit einer Frage zu tun hat und nach einer bestimmten Methode voranschreiten will, muß zuerst bestimmen, wie es in einigen Formeln heißt: „Es handelt sich um folgendes", damit die Gesprächspartner sich darüber einigen können, welches der Gegenstand der Diskussion ist. Dies hat Platon im Phaidros festgesetzt und Epikur gebilligt; er hat begriffen, daß jede Diskussion so vorgehen müsse. Doch was der nächste Schritt ist, hat er nicht gesehen. Er erklärt nämlich Definitionen für überflüssig, obschon es ohne solche zuweilen gar nicht möglich ist, daß diejenigen, die diskutieren, sich darüber einigen, welches der Gegenstand sei, um den es sich handelt. Genau dies geschieht jetzt in unserem Falle. Wir fragen nämlich nach dem höchsten Gute. Können wir wissen, von welcher Art es sei, wenn wir uns nicht, nachdem wir vom Guten als unserem Ziele gesprochen haben, zuvor darüber verständigt haben, was unter dem Ziele und was unter dem Guten selbst zu verstehen sei? Gerade dies aber, die Enthüllung von sozusagen verhüllten Dingen, wenn sichtbar gemacht wird, was jedes einzelne ist, ist eine Definition. Selbst du hast, ohne es zu bemerken, einige Male davon Gebrauch gemacht. Denn eben dieses Ziel, mag man es das äußerste oder das letzte nennen, hast du definiert als dasjenige, auf das sich alles, was in richtiger Weise geschieht, beziehe, während es sich selbst auf nichts anderes beziehe. Dies ist völlig richtig. Viel-

quidem. bonum ipsum etiam quid esset, fortasse, si opus fuisset, definisses aut quod esset natura adpetendum aut quod prodesset aut quod iuvaret aut quod liberet modo. nunc idem, nisi molestum est, quoniam tibi non omnino displicet definire et id facis, cum vis, velim definias quid sit voluptas, de quo omnis haec quaestio est.

Quis, quaeso, inquit, est, qui quid sit voluptas nesciat, aut qui, quo magis id intellegat, definitionem aliquam desideret?

Me ipsum esse dicerem, inquam, nisi mihi viderer habere bene cognitam voluptatem et satis firme conceptam animo atque comprehensam. nunc autem dico ipsum Epicurum nescire et in eo nutare eumque, qui crebro dicat diligenter oportere exprimi quae vis subiecta sit vocibus, non intellegere interdum, quid sonet haec vox voluptatis, id est quae res huic voci subiciatur.

Tum ille ridens: Hoc vero, inquit, optimum, ut is, qui finem rerum expetendarum voluptatem esse dicat, id extremum, id ultimum bonorum, id ipsum quid et quale sit, nesciat!

Atqui, inquam, aut Epicurus quid sit voluptas aut omnes mortales, qui ubique sunt, nesciunt.

Quonam, inquit, modo?

Quia voluptatem hanc esse sentiunt omnes, quam sensus accipiens movetur et iucunditate quadam perfunditur.

Quid ergo? istam voluptatem, inquit, Epicurus ignorat?

Non semper, inquam; nam interdum nimis etiam novit, quippe qui testificetur ne intellegere quidem se posse ubi sit aut quod sit ullum bonum praeter illud, quod cibo et potione et aurium delectatione et ob-

leicht hättest du auch das Gute definiert, wenn es notwendig gewesen wäre, und hättest erklärt, es sei entweder das, was von Natur erstrebenswert sei, oder was förderlich sei oder was hilfreich sei oder schließlich einfach, was gefällt. Nun möchte ich dich in demselben Sinne bitten, wenn es dir nicht lästig ist und da du das Definieren nicht vollständig verwirfst und es selber zu tun pflegst, wenn es dir paßt, du möchtest definieren, was die Lust sei. Um sie bewegt sich ja unsere ganze Diskussion.

Darauf erwiderte er: Gibt es denn jemanden, ich bitte dich, der nicht weiß, was die Lust ist und der, um dies besser zu verstehen, einer Definition bedarf?

Ich würde mich selbst als einen solchen bezeichnen, sagte ich, wenn ich nicht der Meinung wäre, ich wüßte recht genau, was die Lust ist, und hätte dies hinlänglich verstanden und begriffen. Jetzt aber behaupte ich, Epikur selber wisse dies nicht und schwanke; er, der doch häufig erklärt, man müsse sorgfältig darauf achten, welche Sachen mit den Wörtern gemeint seien, scheint selbst gelegentlich nicht zu begreifen, was dies Wort Lust besagt, d. h., welche Sache mit diesem Worte gemeint ist.

Da antwortete er lachend: Dies wäre das Schönste, wenn derjenige, der die Lust das oberste Ziel allen Strebens nennt, also das äußerste und letzte Gut, selber nicht wissen sollte, was und von welcher Art sie sei.

Allerdings ist es so, bemerkte ich, daß entweder Epikur nicht weiß, was die Lust ist, oder daß alle Sterblichen auf der ganzen Welt dies nicht wissen.

Wieso denn? fragte er.

Weil alle Menschen dasjenige als Lust empfinden, was von den Sinnesorganen aufgenommen wird, sie in Bewegung bringt und mit einer Art von Süßigkeit durchströmt.

Und nun? glaubst du denn, antwortete er, daß Epikur diese Lust nicht kennt?

Durchaus nicht immer, sagte ich. Zuweilen kennt er sie nur allzugut, wenn er ausdrücklich versichert, er vermöge nicht einmal zu begreifen, wo es irgendein Gut gebe und welches ein Gut sein könne außer demjenigen, das wir durch Essen und Trinken,

scena voluptate capiatur. an haec ab eo non dicuntur?

Quasi vero me pudeat, inquit, istorum, aut non possim quem ad modum ea dicantur ostendere!

Ego vero non dubito, inquam, quin facile possis nec est quod te pudeat sapienti adsentiri, qui se unus, quod sciam, sapientem profiteri sit ausus. nam Metrodorum non puto ipsum professum, sed, cum appellaretur ab Epicuro, repudiare tantum beneficium noluisse; septem autem illi non suo, sed populorum suffragio omnium nominati sunt. verum hoc loco sumo verbis his eandem certe vim voluptatis Epicurum nosse quam ceteros. omnes enim iucundum motum, quo sensus hilaretur, Graece ἡδονήν, Latine voluptatem vocant.

Quid est igitur, inquit, quod requiras?
Dicam, inquam, et quidem discendi causa magis, quam quo te aut Epicurum reprehensum velim.

Ego quoque, inquit, didicerim libentius, si quid attuleris, quam te reprehenderim.
Tenesne igitur, inquam, Hieronymus Rhodius quid dicat esse summum bonum, quo putet omnia referri oportere?
Teneo, inquit, finem illi videri nihil dolere.

Quid? idem iste, inquam, de voluptate quid sentit?

Negat esse eam, inquit, propter se expetendam.

Aliud igitur esse censet gaudere, aliud non dolere.

durch den Genuß des Hörens und durch die Aphrodisia erfahren. Ist es nicht dies, was er sagt?

Als ob ich mich solcher Äußerungen zu schämen brauchte, erwiderte er, oder als ob ich nicht fähig wäre zu erläutern, wie dies gemeint ist.

Ich zweifle gar nicht daran, sagte ich, daß du dies mühelos zustande bringst und daß du keinen Grund hast, dich zu schämen, einem Weisen zuzustimmen, der als einziger, soweit ich weiß, sich selbst als einen Weisen zu bezeichnen gewagt hat. Metrodor jedenfalls, glaube ich, hat sich selbst nicht so genannt, sondern als er von Epikur als ein Weiser angeredet wurde, habe er lediglich eine so große Ehre nicht zurückweisen wollen. Jene Sieben freilich sind nicht auf Grund ihrer eigenen Meinung, sondern durch das übereinstimmende Urteil aller Völker „Weise" genannt worden. An diesem Punkte möchte ich indessen nur festhalten, daß mit jener Äußerung Epikur offensichtlich dem Worte Lust dieselbe Bedeutung beilegt wie alle übrigen Menschen. Alle nämlich nennen jene angenehme Bewegung, die die Sinnesorgane erheitert, auf Griechisch ἡδονή, auf Lateinisch „voluptas".

Was verlangst du denn noch? fragte er.

Ich werde es dir gleich sagen, betone aber, daß ich es mehr tue, um mich belehren zu lassen, als um an dir oder an Epikur Kritik zu üben.

Auch ich möchte, antwortete er, lieber etwas lernen, wenn du etwas beizubringen hast, als dich tadeln.

Nun also, sagte ich, erinnerst du dich an das, was Hieronymos von Rhodos für das höchste Gut erklärt, auf das sich nach seiner Meinung alles beziehen müsse?

Ich weiß es gewiß, sagte er. Er nennt als Ziel des Handelns die Schmerzlosigkeit.

Weißt du etwa auch, fuhr ich fort, was derselbe Mann über die Lust denkt?

Er behauptet, sie dürfe nicht um ihrer selbst willen erstrebt werden.

Also statuiert er, bemerkte ich, einen Unterschied zwischen der Lust und der Schmerzlosigkeit.

Et quidem, inquit, vehementer errat; nam, ut paulo ante docui, augendae voluptatis finis est doloris omnis amotio.

Non dolere, inquam, istud quam vim habeat postea videro; aliam vero vim voluptatis esse, aliam nihil dolendi, nisi valde pertinax fueris, concedas necesse est.

Atqui reperies, inquit, in hoc quidem pertinacem; dici enim nihil potest verius.

Estne, quaeso, inquam, sitienti in bibendo voluptas?

Quis istud possit, inquit, negare?

Eademne, quae restincta siti?

Immo alio genere; restincta enim sitis stabilitatem voluptatis habet, inquit, illa autem voluptas ipsius restinctionis in motu est.

Cur igitur, inquam, res tam dissimiles eodem nomine appellas?

Quid paulo ante, inquit, dixerim nonne meministi, cum omnis dolor detractus esset, variari, non augeri voluptatem?

Memini vero, inquam; sed tu istuc dixti bene Latine, parum plane. varietas enim Latinum verbum est, idque proprie quidem in disparibus coloribus dicitur, sed transfertur in multa disparia: varium poëma, varia oratio, varii mores, varia fortuna, voluptas etiam varia dici solet, cum percipitur e multis dissimilibus rebus dissimilis efficientibus voluptates. eam si varietatem diceres, intellegerem, ut etiam non dicente te intellego; ista varietas quae sit non satis perspicio, quod ais, cum dolore careamus, tum in summa voluptate nos esse, cum autem vescamur iis rebus, quae dulcem motum afferant sensibus, tum esse in

Gerade darin, erwiderte er, irrt er sich gewaltig. Denn wie ich kurz zuvor dargelegt habe, ist die Grenze der Steigerung der Lust die Beseitigung allen Schmerzes.

Nun, sagte ich, welchen Sinn diese Schmerzlosigkeit hat, werde ich später fragen. Jetzt aber mußt du zugeben, wenn du nicht allzu hartnäckig bist, daß der Sinn von „Lust" ein anderer ist als der Sinn von „Schmerzlosigkeit".

Ich werde allerdings, sagte er, in diesem Punkte hartnäckig bleiben. Es kann gar nichts Richtigeres geben als die These Epikurs.

Entsteht eine Lust, fragte ich, wenn man Durst gehabt hat und nachher trinkt?

Wer könnte dies bestreiten! sagte er.

Ist es dieselbe Lust, die sich einstellt, wenn der Durst gelöscht ist?

Nein, antwortete er, sie ist von einer anderen Art. Ist der Durst gelöscht, so entsteht eine ruhende Lust, während das Löschen des Durstes selber eine bewegte Lust erzeugt.

Warum bezeichnest du denn, erwiderte ich, so verschiedene Dinge mit demselben Namen?

Erinnerst du dich nicht daran, daß ich soeben gesagt habe, daß nach Beseitigung allen Schmerzes die Lust zwar variiert, aber nicht gesteigert werden könne?

Ich erinnere mich durchaus, sagte ich. Du hast dies recht gut auf Lateinisch gesagt, aber in der Sache nicht klar genug. „Varietas" ist ein lateinisches Wort und bezeichnet von Hause aus die Verschiedenheit von Farben, wird aber dann auch auf viele andere Verschiedenheiten übertragen. Man spricht von „variatio" bei einem Gedichte, einer Rede, bei wechselndem Charakter, wechselndem Glück. Man pflegt auch bei der Lust von „variatio" zu reden, wenn viele verschiedene Dinge verschiedene Arten von Lust erzeugen. Würdest du diese „varietas" meinen, so würde ich es verstehen, auch ohne daß du etwas darüber sagst. Doch ich begreife nicht, was jene „varietas" bedeuten soll, die du meinst, wenn du sagst, wir seien in der höchsten Lust, wenn wir keinen Schmerz empfinden; wenn wir dagegen jene Dinge genießen, die in den Sinnesorganen eine angenehme Bewegung erzeugen, so sei

motu voluptatem, qui faciat varietatem voluptatum, sed non augeri illam non dolendi voluptatem, quam cur voluptatem appelles nescio.

An potest, inquit ille, quicquam esse suavius quam nihil dolere?

Immo sit sane nihil melius, inquam – nondum enim id quaero –, num propterea idem voluptas est, quod, ut ita dicam, indolentia?

Plane idem, inquit, et maxima quidem, qua fieri nulla maior potest.

Quid dubitas igitur, inquam, summo bono a te ita constituto, ut id totum in non dolendo sit, id tenere unum, id tueri, id defendere? quid enim necesse est, tamquam meretricem in matronarum coetum, sic voluptatem in virtutum concilium adducere? invidiosum nomen est, infame, suspectum. itaque hoc frequenter dici solet a vobis, non intellegere nos, quam dicat Epicurus voluptatem. quod quidem mihi si quando dictum est – est autem dictum non parum saepe –, etsi satis clemens sum in disputando, tamen interdum soleo subirasci. egone non intellego, quid sit ἡδονή Graece, Latine voluptas? utram tandem linguam nescio? deinde qui fit, ut ego nesciam, sciant omnes, quicumque Epicurei esse voluerunt? quod vestri quidem vel optime disputant, nihil opus esse eum, qui philosophus futurus sit, scire litteras. itaque ut maiores nostri ab aratro adduxerunt Cincinnatum illum, ut dictator esset, sic vos de pagis omnibus colligitis bonos illos quidem viros, sed certe non pereruditos. ergo illi intellegunt quid Epicurus dicat, ego non intellego? ut scias me intellegere, primum idem esse dico voluptatem, quod ille ἡδονήν. et quidem saepe quaerimus verbum Latinum par Graeco et quod idem valeat; hic nihil fuit, quod quaereremus. nullum inveniri verbum potest, quod magis idem declaret Latine,

dies eine bewegte Lust; sie erzeugt eine „variatio" in den Formen der Lust, doch so, daß die Lust der Schmerzlosigkeit nicht gemehrt werde. Warum du diese Schmerzlosigkeit Lust nennst, verstehe ich nicht.

Gibt es denn, erwiderte er, irgend etwas Angenehmeres, als keinen Schmerz zu empfinden?

Es mag schon sein, sagte ich, daß es nichts Besseres gibt – danach frage ich noch nicht – aber ist darum die Lust dasselbe wie die Schmerzlosigkeit, also, um es so zu sagen, wie die „indolentia"?

Vollkommen dasselbe, erklärte er, und zwar ist sie eine so große Lust, wie es sie größer gar nicht geben kann.

Was zögerst du dann, wenn du das höchste Gut ausschließlich als Schmerzlosigkeit verstehst, nur dies allein festzuhalten, zu behaupten und zu verteidigen? Wozu ist es nötig, die Lust in die Versammlung der Tugenden einzuführen, wie eine Hetäre in eine Versammlung von Matronen? Der Name ist provozierend, hat einen schlechten Ruf und ist verdächtig. So pflegt ihr denn auch häufig zu sagen, wir würden nicht verstehen, welche Lust Epikur meint. Wenn man mir dies sagt – und das geschieht nicht allzu selten –, so pflege ich mich zuweilen zu ärgern, obschon ich in der Diskussion eher gutmütig bin. Soll ich denn nicht begreifen, was auf griechisch ἡδονή ist, auf lateinisch „voluptas"? Welche der beiden Sprachen verstehe ich denn nicht? Und außerdem, wie geschieht es, daß ich dies nicht weiß, aber alle jene es wissen, die je den Anspruch erhoben haben, Epikureer zu sein? Gewiß erklärt ihr vortrefflich, daß derjenige, der Philosoph werden möchte, nicht gebildet zu sein braucht. So wie unsere Vorfahren den Cincinnatus vom Pflug weggeholt haben, um ihn zum Diktator zu machen, so sammelt ihr aus allen Dörfern Leute, die gewiß brave Menschen sind, aber sicherlich nicht allzu gebildet. Jene werden es also verstehen, was Epikur sagt, ich dagegen nicht? Damit du aber einsiehst, daß ich sehr wohl verstehe, so erkläre ich erstens, daß „voluptas" dasselbe ist, was er ἡδονή nennt. Gewiß haben wir oftmals Mühe, für ein griechisches Wort ein lateinisches zu finden, das dieselbe Bedeutung hat. Hier war es nicht nötig zu suchen. Es gibt kein Wort, das auf lateinisch zutreffender dasselbe

quod Graece, quam declarat voluptas. huic verbo omnes, qui ubique sunt, qui Latine sciunt, duas res subiciunt, laetitiam in animo, commotionem suavem iucunditatis in corpore. nam et ille apud Trabeam 'voluptatem animi nimiam' laetitiam dicit eandem, quam ille Caecilianus, qui 'omnibus laetitiis laetum' esse se narrat. sed hoc interest, quod voluptas dicitur etiam in animo – vitiosa res, ut Stoici putant, qui eam sic definiunt: sublationem animi sine ratione opinantis se magno bono frui –, non dicitur laetitia nec gaudium in corpore. in eo autem voluptas omnium Latine loquentium more ponitur, cum percipitur ea, quae sensum aliquem moveat, iucunditas. hanc quoque iucunditatem, si vis, transfer in animum; iuvare enim in utroque dicitur, ex eoque iucundum, modo intellegas inter illum, qui dicat: 'Tanta laetitia auctus sum, ut nihil constet', et eum, qui: 'Nunc demum mihi animus ardet', quorum alter laetitia gestiat, alter dolore crucietur, esse illum medium: 'Quamquam haec inter nos nuper notitia admodum est', qui nec laetetur nec angatur, itemque inter eum, qui potiatur corporis expetitis voluptatibus, et eum, qui crucietur summis doloribus, esse eum, qui utroque careat.

Satisne igitur videor vim verborum tenere, an sum etiam nunc vel Graece loqui vel Latine docendus? et tamen vide, ne, si ego non intellegam quid Epicurus loquatur, cum Graece, ut videor, luculenter sciam, sit aliqua culpa eius, qui ita loquatur, ut non intellegatur. quod duobus modis sine reprehensione fit, si aut de industria facias, ut Heraclitus, 'cognomento qui σκοτεινός perhibetur, quia de natura nimis obscure

meint, wie auf griechisch, als „voluptas". Diesem Worte legen alle Menschen überall, soweit sie Lateinisch können, zwei Bedeutungen bei, Heiterkeit der Seele und eine angenehme Bewegung im Körper. Denn jener, der bei Trabea von einer „übergroßen Lust der Seele" spricht, meint dieselbe Heiterkeit wie der andere bei Caecilius, der erzählt, er sei „voll von allen Heiterkeiten". Dies macht allerdings einen Unterschied, daß man von der Lust auch bei der Seele spricht – eine verwerfliche Sache, wie die Stoiker behaupten, die die Lust folgendermaßen definieren: Sie sei eine Erregung der Seele, die ohne Vernunft meint, ein großes Gut zu genießen. – Man spricht aber nicht von Heiterkeit oder Freude beim Körper. Lust wird aber nach der Gewohnheit aller, die Latein sprechen, dort angenommen, wo etwas Angenehmes erfahren wird, das irgendeines der Sinnesorgane in Bewegung setzt. Übertrage dieses Angenehme, wenn du willst, auf die Seele; denn in beiden Fällen ist ein „iuvare" gemeint, von dem „iucundus" abgeleitet ist. Es kommt nur darauf an, daß du begreifst, daß zwischen jenem, der sagt: „Ich bin von einer solchen Heiterkeit erfüllt, daß ich nicht ruhig bleiben kann", und dem andern, der bekennt: „Jetzt erst brennt mir die Seele", von denen der eine vor Heiterkeit außer sich ist, der andere von Schmerz gefoltert wird, ein dritter in der Mitte steht: „Obschon diese unsere Bekanntschaft erst ziemlich frisch ist...", und der weder Heiterkeit noch Kummer empfindet. So muß denn auch zwischen jenem, der die erlesenste Lust genießt, die der Körper verlangen mag, und dem andern, der von den ärgsten Schmerzen gequält wird, ein dritter sein, der keines von beiden empfindet.

Mache ich dir jetzt endlich den Eindruck, den Sinn der Worte ausreichend zu verstehen, oder muß ich immer noch darüber belehrt werden, was griechisch oder lateinisch reden heißt? Überlege dir, ob es nicht so ist, daß ich zwar nicht verstehe, was Epikur sagt, obschon ich, wie ich glaube, genügend Griechisch kann, dies aber zum Teil die Schuld dessen ist, der so redet, daß man ihn nicht versteht. Dies kann man auf zwei Arten tun, ohne dafür getadelt werden zu müssen. Man tut es entweder absichtlich wie Heraklit, der, wie man sagt, „den Beinamen des Σκοτεινός hatte, weil er allzu dunkel über die Natur sprach", oder es ist die Dun-

memoravit', aut cum rerum obscuritas, non verborum, facit ut non intellegatur oratio, qualis est in Timaeo Platonis. Epicurus autem, ut opinor, nec non vult, si possit, plane et aperte loqui, nec de re obscura, ut physici, aut artificiosa, ut mathematici, sed de illustri et facili et iam in vulgus pervagata loquitur.

Quamquam non negatis nos intellegere quid sit voluptas, sed quid ille dicat. e quo efficitur, non ut nos non intellegamus quae vis sit istius verbi, sed ut ille suo more loquatur, nostrum neglegat. si enim idem dicit, quod Hieronymus, qui censet summum bonum esse sine ulla molestia vivere, cur mavult dicere voluptatem quam vacuitatem doloris, ut ille facit, qui quid dicat intellegit? sin autem voluptatem putat adiungendam eam, quae sit in motu – sic enim appellat hanc dulcem: 'in motu', illam nihil dolentis 'in stabilitate' –, quid tendit? cum efficere non possit ut cuiquam, qui ipse sibi notus sit, hoc est qui suam naturam sensumque perspexerit, vacuitas doloris et voluptas idem esse videatur. hoc est vim afferre, Torquate, sensibus, extorquere ex animis cognitiones verborum, quibus inbuti sumus. quis enim est, qui non videat haec esse in natura rerum tria? unum, cum in voluptate sumus, alterum, cum in dolore, tertium hoc, in quo nunc equidem sum, credo item vos, nec in dolore nec in voluptate; ut in voluptate sit, qui epuletur, in dolore, qui torqueatur. tu autem inter haec tantam multitudinem hominum interiectam non vides nec laetantium nec dolentium? 16

Non prorsus, inquit, omnisque, qui sine dolore sint, in voluptate, et ea quidem summa, esse dico. 17

Ergo in eadem voluptate eum, qui alteri misceat mulsum ipse non sitiens, et eum, qui illud sitiens bibat?

kelheit der Sache, nicht der Worte, die bewirkt, daß man die Rede nicht versteht, wie dies in Platons Timaios der Fall ist. Epikur dagegen möchte, wie ich vermute, sehr gerne klar und offen reden, soweit er es kann, und dies nicht bei einem dunklen Problem wie die Naturphilosophen, noch in einer komplizierten Frage wie die Mathematiker; er redet von einer bekannten, einfachen und schon längst jedermann geläufigen Sache.

Ihr bestreitet ja auch nicht, daß wir verstehen, was die Lust ist, sondern vielmehr, was er über die Lust sagt. Dies bedeutet nicht, daß wir nicht begreifen, was der Sinn jenes Wortes ist, sondern, daß er auf seine Weise spricht und unsere Weise mißachtet. Wenn er nämlich dasselbe meint wie Hieronymos, der lehrt, das höchste Gut sei, ohne Schmerzen zu leben, warum zieht er es vor, von der Lust zu sprechen, anstatt von der Schmerzlosigkeit, wie jener es tut, der weiß, was er sagt. Wenn er aber glaubt, jene Lust, die er die bewegte Lust nennt, beifügen zu müssen – die angenehme Lust nennt er nämlich die bewegte, die der Schmerzlosigkeit die ruhende –, was beabsichtigt er damit? Dies bringt er niemals zustande, daß irgend jemand, der sich selbst kennt, also seine eigene Natur und die der Sinnesorgane begriffen hat, glaubt, Schmerzlosigkeit und Lust seien dasselbe. Dies heißt den Sinnen Gewalt antun, Torquatus, und aus der Seele die Bedeutung der Worte, die uns vertraut ist, herausreißen. Gibt es jemanden, der nicht sieht, daß es in der Natur folgende drei Dinge gibt: den Zustand, in dem wir in der Lust sind, den zweiten, in dem wir Schmerzen empfinden, und den dritten, in welchem ich mich jedenfalls jetzt befinde, und, wie ich denke, auch ihr, nämlich weder im Schmerz noch in der Lust? Lust empfindet etwa der, der gut ißt, Schmerz, der gefoltert wird, und du siehst nicht, daß es dazwischen eine so große Menge von Menschen gibt, die weder Lust noch Schmerz empfinden?

Ich nehme dies durchaus nicht an, erwiderte er, und behaupte, daß alle, die in der Schmerzlosigkeit sind, auch in der Lust sind, und zwar in der höchsten Lust.

Dann befände sich, sagte ich, also in derselben Lust derjenige, der für einen anderen ein Getränk mischt, selber aber keinen Durst hat, und der andere, der durstig ist und das Getränk trinkt?

Tum ille: Finem, inquit, interrogandi, si videtur, quod quidem ego a principio ita me malle dixeram hoc ipsum providens, dialecticas captiones.

Rhetorice igitur, inquam, nos mavis quam dialectice disputare?

Quasi vero, inquit, perpetua oratio rhetorum solum, non etiam philosophorum sit.

Zenonis est, inquam, hoc Stoici. omnem vim loquendi, ut iam ante Aristoteles, in duas tributam esse partes, rhetoricam palmae, dialecticam pugni similem esse dicebat, quod latius loquerentur rhetores, dialectici autem compressius. obsequar igitur voluntati tuae dicamque, si potero, rhetorice, sed hac rhetorica philosophorum, non nostra illa forensi, quam necesse est, cum populariter loquatur, esse interdum paulo hebetiorem. sed dum dialecticam, Torquate, contemnit Epicurus, quae una continet omnem et perspiciendi quid in quaque re sit scientiam et iudicandi quale quidque sit et ratione ac via disputandi, ruit in dicendo, ut mihi quidem videtur, nec ea, quae docere vult, ulla arte distinguit, ut haec ipsa, quae modo loquebamur. 18

Summum a vobis bonum voluptas dicitur. aperiendum est igitur, quid sit voluptas; aliter enim explicari, quod quaeritur, non potest. quam si explicavisset, non tam haesitaret. aut enim eam voluptatem tueretur, quam Aristippus, id est, qua sensus dulciter ac iucunde movetur, quam etiam pecudes, si loqui possent, appellarent voluptatem, aut, si magis placeret suo more loqui, quam ut

    Omnes Danai atque Mycenenses,
    Attica pubes

reliquique Graeci, qui hoc anapaesto citantur, hoc non dolere solum voluptatis nomine appellaret, illud Aristippeum contemneret, aut, si utrumque probaret, ut probat, coniungeret doloris vacuitatem cum vo-

Bitte höre auf, mich zu fragen. Ich habe schon von Anfang an erklärt, ich zöge dies vor, da ich voraussah, daß es zu dialektischen Trugschlüssen kommen würde.

Du ziehst es also vor, bemerkte ich, daß wir rhetorisch diskutieren und nicht dialektisch.

Als ob eine fortlaufende Rede, sagte er, nur Sache der Rhetoren wäre und nicht auch der Philosophen.

Das ist die Lehre des Stoikers Zenon, der alles Reden, wie schon vor ihm Aristoteles, in zwei Teile unterschieden hat, und erklärte, die Rhetorik gleiche der flachen Hand, die Dialektik der geschlossenen Faust, da die Rhetoren breiter redeten, die Dialektiker konzentrierter. Ich will dir also deinen Willen tun und rhetorisch reden, wenn ich es kann, natürlich mit der Rhetorik der Philosophen, nicht mit meiner politischen Rhetorik, die notwendigerweise, wenn man vor dem Volk spricht, zuweilen etwas primitiv ist. Wenn nun aber, Torquatus, Epikur die Dialektik verachtet, die doch als einzige das gesamte Wissen darüber besitzt, sowohl festzustellen, was an jeder einzelnen Sache sei, wie auch zu beurteilen, von welcher Art jedes sei, und die auch methodisch zu diskutieren vermag, so bricht seine eigene Beweisführung zusammen, wie es mir jedenfalls scheint; er vermag nicht sachgerecht aufzugliedern, was er sagen will, so gerade das, worüber wir jetzt sprechen.

Ihr nennt die Lust das höchste Gut. Man muß also erläutern, was die Lust ist; denn anders läßt sich die Frage, die uns beschäftigt, nicht beantworten. Wenn er das getan hätte, so hätte er nicht so sehr geschwankt. Er hätte sich entweder an die Lust gehalten, die Aristipp meint, jene nämlich, durch die die Sinnesorgane süß und angenehm bewegt werden, jene also, die auch die Herdentiere, wenn sie reden könnten, Lust nennen würden; oder wenn er es vorzog, auf seine Weise zu reden, und nicht so wie

„Alle Danaer und Mykener und die Jugend Attikas"
und die übrigen Griechen, die in diesem Anapäst angeführt werden, so hätte er nur gerade die Schmerzlosigkeit als Lust bezeichnen und jene Lust Aristipps verwerfen sollen; oder schließlich, wenn er beides zuließ, wie er es tut, dann hätte er eben die Schmerzlosigkeit mit der Lust verbinden müssen und hätte dann

luptate et duobus ultimis uteretur. multi enim et magni philosophi haec ultima bonorum iuncta fecerunt, ut Aristoteles virtutis usum cum vitae perfectae prosperitate coniunxit, Callipho adiunxit ad honestatem voluptatem, Diodorus ad eandem honestatem addidit vacuitatem doloris. idem fecisset Epicurus, si sententiam hanc, quae nunc Hieronymi est, coniunxisset cum Aristippi vetere sententia. illi enim inter se dissentiunt. propterea singulis finibus utuntur et, cum uterque Graece egregie loquatur, nec Aristippus, qui voluptatem summum bonum dicit, in voluptate ponit non dolere, neque Hieronymus, qui summum bonum statuit non dolere, voluptatis nomine umquam utitur pro illa indolentia, quippe qui ne in expetendis quidem rebus numeret voluptatem. duae sunt enim res quoque, ne tu verba solum putes. unum est sine dolore esse, alterum cum voluptate. vos ex his tam dissimilibus rebus non modo nomen unum – nam id facilius paterer –, sed etiam rem unam ex duabus facere conamini, quod fieri nullo modo potest. hic, qui utrumque probat, ambobus debuit uti, sicut facit re, neque tamen dividit verbis. cum enim eam ipsam voluptatem, quam eodem nomine omnes appellamus, laudat locis plurimis, audet dicere ne suspicari quidem se ullum bonum seiunctum ab illo Aristippeo genere voluptatis. atque ibi hoc dicit, ubi omnis eius est oratio de summo bono. in alio vero libro, in quo breviter comprehensis gravissimis sententiis quasi oracula edidisse sapientiae dicitur, scribit his verbis, quae nota tibi profecto, Torquate, sunt – quis enim vestrum non edidicit Epicuri Κυρίας δόξας, id est quasi maxime ratas, quia gravissimae sint ad beate vivendum breviter enuntiatae sententiae? – animadverte igitur rectene hanc sententiam interpreter: 'Si ea, quae sunt luxuriosis efficientia voluptatum, liberarent eos deorum et mortis et doloris metu docerent-

zwei letzte Ziele angenommen. Viele und große Philosophen haben auf diese Weise zwei höchste Ziele miteinander verknüpft: Aristoteles hat die Übung der Tugend mit dem vollkommenen Gedeihen des äußeren Lebens verbunden. Kalliphon hat der Tugend die Lust beigeordnet, Diodor derselben Tugend die Schmerzlosigkeit. Dasselbe hätte Epikur getan, wenn er ausdrücklich die These, die neuerdings Hieronymos vertreten hat, mit der alten Lehre des Aristipp hätte verknüpfen wollen. Denn jene beiden Philosophen widersprechen einander, und darum hat jeder ein einziges Ziel genannt. Da beide ausgezeichnet griechisch können, hat weder Aristipp, der die Lust zum höchsten Gut erklärt, die Schmerzlosigkeit als Lust bezeichnet, noch Hieronymos, der als das höchste Gut die Schmerzlosigkeit festsetzte, jemals dieser Schmerzlosigkeit den Namen der Lust gegeben; er sagt ja, daß die Lust nicht einmal zu den erstrebenswerten Dingen gehöre. Es sind eben auch zwei Sachen, nicht nur zwei Worte, wie du meinst. Das eine ist, ohne Schmerzen, das andere, in der Lust zu leben. Ihr versucht aus diesen so verschiedenen Dingen nicht nur ein Wort zu machen – dies könnte ich noch leichter annehmen –, sondern eine einzige Sache, was völlig ausgeschlossen ist. Epikur, der beides für sich in Anspruch nimmt, hätte jedes für sich nehmen müssen, was er faktisch tut, ohne es doch in Worten auseinanderzuhalten. Wenn er nämlich diejenige Lust, die wir alle mit genau diesem Worte bezeichnen, an sehr vielen Stellen lobt, wagt er sogar zu sagen, er könne sich ein Gut, das abgetrennt sei von jener Lust, die Aristipp vertritt, nicht einmal vorstellen, und zwar sagt er das dort, wo er ausschließlich über das höchste Gut redet. In einem andern Buch, in welchem er seine wichtigsten Thesen in Kürze zusammenfaßt und von dem man sagt, er habe geradezu die Weisheit wie ein Orakel verkündet, schreibt er folgendes, was dir, Torquatus, natürlich bekannt ist – denn wer von euch hat nicht die Κύριαι δόξαι Epikurs, also sozusagen die Hauptlehren, auswendig gelernt, da es die knapp formulierten wichtigsten Richtlinien für das glückselige Leben sind? Also paß auf, ob ich diesen Satz richtig übersetze: „Wenn das, was die Lust der Schlemmer ausmacht, sie befreien könnte von der Angst vor den Göttern, vor dem Tode und vor dem Schmerz

que qui essent fines cupiditatum, nihil haberemus ⟨quod reprehenderemus⟩, cum undique complerentur voluptatibus nec haberent ulla ex parte aliquid aut dolens aut aegrum, id est autem malum.'

Hoc loco tenere se Triarius non potuit. Obsecro, inquit, Torquate, haec dicit Epicurus? Quod mihi quidem visus est, cum sciret, velle tamen confitentem audire Torquatum.

At ille non pertimuit saneque fidenter: Istis quidem ipsis verbis, inquit; sed quid sentiat, non videtis.

Si alia sentit, inquam, alia loquitur, numquam intellegam quid sentiat; sed plane dicit quod intellegit. idque si ita dicit, non esse reprehendendos luxuriosos, si sapientes sint, dicit absurde, similiter et si dicat non reprehendendos parricidas, si nec cupidi sint nec deos metuant nec mortem nec dolorem. et tamen quid attinet luxuriosis ullam exceptionem dari aut fingere aliquos, qui, cum luxuriose viverent, a summo philosopho non reprehenderentur eo nomine dumtaxat, cetera caverent? sed tamen nonne reprehenderes, Epicure, luxuriosos ob eam ipsam causam, quod ita viverent, ut persequerentur cuiusque modi voluptates, cum esset praesertim, ut ais tu, summa voluptas nihil dolere? atqui reperiemus asotos primum ita non religiosos, ut edint de patella, deinde ita mortem non timentes, ut illud in ore habeant ex Hymnide: 'Mihi sex menses satis sunt vitae, septimum Orco spondeo'. iam doloris medicamenta illa Epicurea tamquam de narthecio proment: 'Si gravis, brevis; sie longus, levis.' unum nescio, quo modo possit, si luxuriosus sit, finitas cupiditates habere. quid ergo attinet dicere: 'Nihil haberem, quod reprehenderem si finitas cupiditates haberent'? hoc est dicere: 'Non reprehenderem aso-

und sie über die Grenzen der Begierden belehren könnte, dann hätten wir keinen Grund, sie zu tadeln, da sie auf allen Seiten voll von Lust wären und nirgendwo etwas hätten, was sie schmerzte oder bekümmerte, also irgendein Übel."

In diesem Augenblick konnte Triarius sich nicht mehr zurückhalten und sagte: „Ich bitte dich, Torquatus, sagt Epikur dies tatsächlich?" Mir schien es freilich, er wisse es sehr wohl und wolle nur Torquatus dies ausdrücklich bestätigen hören. Jener zögerte denn auch nicht und erwiderte völlig selbstsicher:

Er sagt dies mit genau diesen Worten, aber ihr begreift nicht, was er damit meint.

Nun, bemerkte ich, wenn er anderes meint, als er sagt, werde ich niemals begreifen, was er meint. Aber er sagt ganz offen, wie er es meint. Wenn er dies nun so sagt, die Schlemmer seien nicht zu tadeln, wenn sie weise seien, dann sagt er etwas Absurdes, wie wenn er behaupten wollte, die Vatermörder seien nicht zu tadeln, wenn sie weder unbegrenzte Begierden hätten, noch die Götter, den Tod und die Schmerzen fürchteten. Aber worauf läuft es hinaus, den Schlemmern mildernde Umstände zuzubilligen oder sich Leute vorzustellen, die zwar ausschweifend leben, aber vom Meister der Philosophie deswegen nicht getadelt würden unter der Voraussetzung, daß sie die übrigen Bedingungen erfüllten? Müßtest du, Epikur, nicht die Schlemmer tadeln aus eben dem Grunde, weil sie leben, um jede beliebige Lust zu genießen, da ja, wie du sagst, die höchste Lust nur darin besteht, keinen Schmerz zu empfinden? In der Tat werden wir Schlemmer finden, die so wenig abergläubisch sind, daß sie Speise vom Opferteller zu sich nehmen und so wenig den Tod fürchten, daß sie jenen Vers aus der „Hymnis" stets im Munde führen: „Mir genügen sechs Monate zum Leben, den siebenten spende ich dem Orcus." Die Medikamente gegen den Schmerz werden sie sozusagen aus dem Arzneikästchen Epikurs entnehmen: „Wenn schwer, dann kurz; wenn lang, dann leicht." Nur das eine weiß ich nicht, wie er, wenn er ein Schlemmer ist, begrenzte Begierden haben kann. Worauf läuft es also hinaus, zu sagen: „Ich hätte nichts zu tadeln, wenn sie begrenzte Begierden hätten?" Das hieße einfach: „Ich würde die Schlemmer nicht tadeln, wenn sie keine Schlemmer

tos, si non essent asoti.' isto modo ne improbos quidem, si essent boni viri. hic homo severus luxuriam ipsam per se reprehendendam non putat, et hercule, Torquate, ut verum loquamur, si summum bonum voluptas est, rectissime non putat.

Noli enim mihi fingere asotos, ut soletis, qui in mensam vomant, et qui de conviviis auferantur crudique postridie se rursus ingurgitent, qui solem, ut aiunt, nec occidentem umquam viderint nec orientem, qui consumptis patrimoniis egeant. nemo nostrum istius generis asotos iucunde putat vivere. mundos, elegantis, optimis cocis, pistoribus, piscatu, aucupio, venatione, his omnibus exquisitis, vitantes cruditatem, quibus vinum defusum e pleno sit chrysizon, ut ait Lucilius, cui nihildum situlus et sacculus abstulerit, adhibentis ludos et quae sequuntur, illa quibus detractis clamat Epicurus se nescire quid sit bonum; adsint etiam formosi pueri, qui ministrent, respondeat his vestis, argentum, Corinthium, locus ipse, aedificium – hos ergo asotos bene quidem vivere aut beate numquam dixerim. ex quo efficitur, non ut voluptas ne sit voluptas, sed ut voluptas non sit summum bonum. nec ille, qui Diogenem Stoicum adolescens, post autem Panaetium audierat, Laelius, eo dictus est sapiens, quod non intellegeret quid suavissimum esset – nec enim sequitur, ut, cui cor sapiat, ei non sapiat palatus –, sed quia parvi id duceret.

O lapathe, ut iactare, nec es satis cognitu' qui sis!
In quo [cognitu] Laelius clamores σοφός ille solebat
Edere compellans gumias ex ordine nostros.

wären." Auf diese Weise würde man auch nicht die Schurken tadeln, wenn sie anständige Menschen wären. Also glaubt dieser strenge Mann, die Schlemmerei sei an sich nicht zu tadeln, und, beim Herakles, um die Wahrheit zu sagen, Torquatus, wenn die Lust das höchste Gut ist, hat er vollkommen Recht.

Beschreibe mir nun nicht solche Schlemmer, wie ihr das zu tun pflegt, die sich bei Tisch erbrechen, die vom Symposium weggetragen werden müssen und die am nächsten Tag noch mit vollem Magen sich wieder vollaufen lassen und die, wie man sagt, weder die untergehende noch die aufgehende Sonne jemals erblickt haben und die schließlich nach aufgezehrtem Erbe arm geworden sind. Niemand unter uns glaubt, daß Schlemmer von dieser Art lustvoll leben. Man stelle sich vielmehr jemanden vor, der gepflegt und elegant ist, die besten Köche und Bäcker zur Verfügung hat, dazu die Beute aus Fischfang, Vogelfang und Jagd, all das von ausgesuchter Qualität, der jede Übersättigung meidet, für den aus voller Karaffe goldfarbener Wein strömt, wie Lucilius sagt, dem weder das Faß oder der Filter etwas vom Duft weggenommen hat, der auch gerne spielt und was alles darauf folgt, nämlich das, von dem Epikur ausruft, er begreife nicht, was das Gute sei, wenn dies fehle; es mögen auch schöne Knaben dabei sein, die ihn bedienen, und die Kleidung, das Silbergeschirr, die korinthischen Vasen, der Ort selber und das Haus mögen dem entsprechen. Auch wenn einer so als Schlemmer lebt, würde ich niemals zugestehen, daß er gut oder glückselig lebe. Daraus ergibt sich nicht etwa, daß Lust nicht Lust wäre, sondern daß die Lust nicht das höchste Gut ist. Auch jener Laelius, der als junger Mensch den Stoiker Diogenes gehört hatte und später den Panaitios, ist nicht etwa darum ‚der Weise' genannt worden, weil er nicht wußte, was das Schmackhafteste sei – denn daraus, daß das Herz Geschmack hat, folgt keineswegs, daß nicht auch der Gaumen Geschmack haben kann –, sondern weil er dergleichen gering schätzte.

„O Sauerampfer, wie wirst du gepriesen, und doch ist es immer noch nicht genug bekannt, wer du bist! Wenn es dies zu essen gab, pflegte Laelius, der Weise, vor Begeisterung laut zu schreien und unsere Gourmands der Reihe nach zu beschimpfen."

praeclare Laelius, et recte σοφός, illudque vere:

> O Publi, o gurges, Galloni! es homo miser, inquit.
> Cenasti in vita numquam bene, cum omnia in ista
> Consumis squilla acupensere cum decimano.

is haec loquitur, qui in voluptate nihil ponens negat eum bene cenare, qui omnia ponat in voluptate, et tamen non negat libenter cenasse umquam Gallonium – mentiretur enim –, sed bene. ita graviter et severe voluptatem secrevit a bono. ex quo illud efficitur, qui bene cenent omnis libenter cenare, qui libenter, non continuo bene. semper Laelius bene. quid bene? dicet Lucilius: 'cocto, condito', sed cedo caput cenae: 'sermone bono', quid ex eo? 'si quaeris, libenter'.

Veniebat enim ad cenam, ut animo quieto satiaret desideria naturae. recte ergo is negat umquam bene cenasse Gallonium, recte miserum, cum praesertim in eo omne studium consumeret. quem libenter cenasse nemo negat. cur igitur non bene? quia, quod bene, id recte, frugaliter, honeste; ille porro [male] prave, nequiter, turpiter cenabat; non igitur ⟨bene.⟩ nec lapathi suavitatem acupenseri Galloni Laelius anteponebat, sed suavitatem ipsam neglegebat; quod non faceret, si in voluptate summum bonum poneret.

Semovenda est igitur voluptas, non solum ut recta sequamini, sed etiam ut loqui deceat frugaliter. possumusne ergo in vita summum bonum dicere, cum id ne in cena quidem posse videamur? Quo modo autem philosophus loquitur? 'Tria genera cupiditatum, naturales et necessariae, naturales et non necessariae, nec naturales nec necessariae.' primum divisit ineleganter; duo enim genera quae erant, fecit tria. hoc est non

Dies ist vortrefflich von Laelius und wahrhaft eines Weisen würdig; auch das folgende ist richtig:

„O Publius Gallonius, du Unersättlicher! Du bist ein elender Kerl, du hast in deinem Leben niemals wirklich gut gespeist: auf Krebse verschwendest du dein ganzes Geld und auf ungeheuer lange Hechte."

Das sagt jener, der auf die Lust keinen Wert legt und erklärt, einer, der alles an der Lust mißt, könne nicht gut speisen; er leugnet aber nicht, daß Gallonius mit Vergnügen gespeist habe – denn sonst würde er lügen –, sondern nur, daß er gut gespeist habe. So hat er also ernst und streng die Lust vom Guten abgesondert. Daraus ergibt sich, daß alle, die gut speisen, auch mit Genuß speisen, aber die, die mit Genuß speisen, nicht ohne weiteres gut. Laelius hat immer gut gespeist. Was heißt das, gut? Lucilius wird es sagen: „Gut gekocht und gut gewürzt." Aber was ist die Hauptsache beim Essen? „Bei gutem Gespräche." Und was folgt daraus? „Wenn du es wissen willst: daß man gerne speist."

Er pflegte nämlich zum Essen zu kommen, um beruhigten Gemütes die Bedürfnisse der Natur zu befriedigen. Mit Recht also leugnet er, daß Gallonius jemals gut gespeist habe, mit Recht nennt er ihn elend, da er seine ganze Anstrengung auf jene Dinge verschwendete. Niemand wird leugnen, daß er mit Vergnügen gespeist habe. Warum also nicht gut? Weil gut speisen, ordentlich, genügsam, anständig zu speisen bedeutet. Jener dagegen speiste unordentlich, hemmungslos, unanständig, also nicht gut. Laelius hat nicht etwa den Genuß des Sauerampfers dem Hecht des Gallonius vorgezogen; sondern ihm war der Genuß selber gleichgültig. So hätte er nicht gehandelt, wenn er die Lust für das höchste Gut gehalten hätte.

Wir müssen also von der Lust absehen nicht nur, um richtig handeln, sondern auch um schicklich reden zu können. Können wir etwa im Leben dasjenige als höchstes Gut bezeichnen, wo es aussieht, als wäre dies nicht einmal bei einem Essen möglich? Wie redet nun unser Philosoph?: „Es gibt drei Arten von Begierden: natürliche und notwendige, natürliche und nicht notwendige und solche, die weder natürlich noch notwendig sind." Fürs erste teilt er unkorrekt ein. Aus dem, was zwei Gattungen sind, macht er

dividere, sed frangere. qui haec didicerunt, quae ille contemnit, sic solent: 'Duo genera cupiditatum, naturales et inanes, naturalium duo, necessariae et non necessariae.' confecta res esset. vitiosum est enim in dividendo partem in genere numerare. sed hoc sane concedamus. contemnit enim disserendi elegantiam, confuse loquitur. gerendus est mos, modo recte sentiat. et quidem illud ipsum non nimium probo et tantum patior, philosophum loqui de cupiditatibus finiendis. an potest cupiditas finiri? tollenda est atque extrahenda radicitus. quis est enim, in quo sit cupiditas, quin recte cupidus dici possit? ergo et avarus erit, sed finite, et adulter, verum habebit modum, et luxuriosus eodem modo. qualis ista philosophia est, quae non interitum afferat pravitatis, sed sit contenta mediocritate vitiorum? quamquam in hac divisione rem ipsam prorsus probo, elegantiam desidero. appellet haec desideria naturae, cupiditatis nomen servet alio, ut eam, cum de avaritia, cum de intemperantia, cum de maximis vitiis loquetur, tamquam capitis accuset.

27

Sed haec quidem liberius ab eo dicuntur et saepius. quod equidem non reprehendo; est enim tanti philosophi tamque nobilis audacter sua decreta defendere. sed tamen ex eo, quod eam voluptatem, quam omnes gentes hoc nomine appellant, videtur amplexari saepe vehementius, in magnis interdum versatur angustiis, ut hominum conscientia remota nihil tam turpe sit, quod voluptatis causa non videatur esse facturus. deinde, ubi erubuit – vis enim est permagna naturae –, confugit illuc, ut neget accedere quicquam posse ad voluptatem nihil dolentis. at iste non dolendi status

28

drei. Dies heißt nicht einteilen, sondern zerbrechen. Diejenigen, die genau dies gelernt haben, was er verachtet, pflegen folgendermaßen einzuteilen: Es gibt zwei Gattungen von Begierden, natürliche und nichtige. Unter den natürlichen werden zwei Arten unterschieden: „notwendige und nicht-notwendige." Damit wäre diese Sache klargestellt. Es ist nämlich ein Fehler, beim Einteilen eine Art als Gattung zu behandeln. Doch wir wollen ihm dies zugestehen. Er verachtet ja die Korrektheit des Argumentierens und redet lieber durcheinander. Man wird ihn gewähren lassen, wenn er nur richtig denkt. Ich jedenfalls billige gerade dies nicht besonders, auch wenn ich es gelten lasse, daß der Philosoph von der Begrenzung der Begierden spricht. Können denn die Begierden begrenzt werden? Nein, sie müssen vielmehr beseitigt und mit der Wurzel ausgerissen werden. Gibt es jemanden, der Begierden hat und der nicht zu Recht begierig genannt werden kann? Ein solcher wird auch geizig sein, aber begrenzt, ein Ehebrecher, aber mit Maß, und ein Schlemmer desgleichen. Was ist dies für eine Philosophie, die die Schlechtigkeit nicht vernichten will, sondern sich mit maßvollen Fehlern zufriedengibt? Allerdings bin ich bei dieser Einteilung mit der Sache selbst durchaus einverstanden und vermisse nur die formale Korrektheit. Er soll, was er meint, Bedürfnisse der Natur nennen und den Begriff der Begierde für anderes aufsparen, um diese dann, wenn vom Geiz, von der Zügellosigkeit und von den anderen größten Lastern die Rede ist, gewissermaßen wegen eines Kapitalverbrechens anzuklagen.

Doch über diese Dinge spricht er sehr unbefangen und sehr oft. Tadeln will ich dies nicht. Es ziemt sich für einen so großen und so angesehenen Philosophen, unerschrocken seine Überzeugungen zu verteidigen. Allerdings bringt er sich zuweilen in große Schwierigkeiten, wenn er diejenige Lust, die alle Völker so nennen, so leidenschaftlich zu loben scheint, daß es aussieht, als gäbe es (wenn man von der Mitwisserschaft der Menschen absieht) nichts, was so gemein wäre, daß er es nicht der Lust wegen tun würde. Dann aber schämt er sich – denn die Macht der Natur ist sehr groß – und flüchtet sich zu der These, die Lust der Schmerzlosigkeit ertrage keine Steigerung. Dieser Zustand der Schmerz-

non vocatur voluptas. 'Non laboro', inquit, 'de nomine'. Quid, quod res alia tota est? 'Reperiam multos, vel innumerabilis potius, non tam curiosos nec tam molestos, quam vos estis, quibus, quid velim, facile persuadeam.' Quid ergo dubitamus, quin, si non dolere voluptas sit summa, non esse in voluptate dolor sit maximus? cur id non ita fit? 'Quia dolori non voluptas contraria est, sed doloris privatio.'

Hoc vero non videre, maximo argumento esse voluptatem illam, qua sublata neget se intellegere omnino quid sit bonum – eam autem ita persequitur: quae palato percipiatur, quae auribus; cetera addit, quae si appelles, honos praefandus sit – hoc igitur, quod solum bonum severus et gravis philosophus novit, idem non videt ne expetendum quidem esse, quod eam voluptatem hoc eodem auctore non desideremus, cum dolore careamus. quam haec sunt contraria! hic si definire, si dividere didicisset, si loquendi vim, si denique consuetudinem verborum teneret, numquam in tantas salebras incidisset. nunc vides, quid faciat. quam nemo umquam voluptatem appellavit, appellat; quae duo sunt, unum facit. hanc in motu voluptatem – sic enim has suaves et quasi dulces voluptates appellat – interdum ita extenuat, ut M'. Curium putes loqui, interdum ita laudat, ut quid praeterea sit bonum neget se posse ne suspicari quidem. quae iam oratio non a philosopho aliquo, sed a censore opprimenda est. non est enim vitium in oratione solum, sed etiam in moribus. luxuriam non reprehendit, modo sit vacua infinita cupiditate et timore. hoc loco discipulos quaerere videtur, ut, qui asoti esse velint, philosophi ante fiant.

losigkeit wird indessen von niemandem Lust genannt. Dazu erklärt Epikur: „Die Worte sind mir gleichgültig." Gewiß, aber wenn es sich um ganz verschiedene Sachen handelt? „Ich werde viele Leute finden oder besser gesagt, unzählige, die nicht so pedantisch und so zudringlich sind wie ihr, und die ich mühelos von allem überzeugen kann, was ich will." Nun also, was zögern wir zu erklären, wenn Schmerzlosigkeit die höchste Lust ist, dann sei die Lustlosigkeit der größte Schmerz? Warum sagt ihr das nicht? „Weil der Gegensatz zum Schmerz nicht die Lust ist, sondern die Schmerzlosigkeit."

Das folgende aber nicht zu bemerken, daß das stärkste Argument jene Lust ist, von der er erklärt, er begreife überhaupt nicht, was das Gute sei, wenn man sie ausschalte (er bestimmt sie nämlich folgendermaßen: Was man mit dem Gaumen wahrnimmt, mit den Ohren, und dann fügt er weiteres bei, das zu erwähnen man sich entschuldigen müßte) – genau dies also, was der strenge und ernste Philosoph als das einzige Gut kennt, von dem bemerkt er nicht, daß man es nicht einmal erstreben dürfe, da wir ja, nach demselben Philosophen, diese Lust gar nicht vermissen, wenn wir von Schmerzen frei sind. Wie widersprüchlich ist dies alles! Wenn er nur gelernt hätte, zu definieren und einzuteilen und wenn er sich an die Bedeutung der Worte und den allgemeinen Sprachgebrauch gehalten hätte, dann wäre er niemals in ein solches Gestrüpp geraten. Jetzt siehst du, wie er vorgeht: Er nennt Lust, was niemand zuvor so genannt hatte; aus zwei Dingen macht er eines; die bewegte Lust – so nennt er nämlich die angenehme und sozusagen süße Lustempfindung – verdünnt er zuweilen so, daß man meinen könnte, M'. Curius zu hören; zuweilen lobt er sie so, daß er behauptet, er könne sich nicht einmal vorstellen, was es sonst noch für ein Gut gebe. Eine solche Rede müßte nicht nur vom Philosophen, sondern geradezu vom Censor verboten werden; denn der Fehler steckt nicht nur in der Rede, sondern im Charakter. Er tadelt nicht die Schlemmerei, wenn sie sich nur von der unbegrenzten Begierde und von der Angst frei hält. An dieser Stelle scheint er Schüler im Auge zu haben, die zuvor Philosophen werden müssen, um nachher Schlemmer werden zu können.

A primo, ut opinor, animantium ortu petitur origo summi boni. 'Simul atque natum animal est, gaudet voluptate et eam appetit ut bonum, aspernatur dolorem ut malum.' De malis autem et bonis ⟨a pueris et⟩ ab iis animalibus, quae nondum depravata sint, ait optime iudicari. haec et tu ita posuisti, et verba vestra sunt. quam multa vitiosa! summum enim bonum et malum vagiens puer utra voluptate diiudicabit, stante an movente? quoniam, si dis placet, ab Epicuro loqui discimus. si stante, hoc natura videlicet vult, salvam esse se, quod concedimus; si movente, quod tamen dicitis, nulla turpis voluptas erit, quae praetermittenda sit, et simul non proficiscitur animal illud modo natum a summa voluptate, quae est a te posita in non dolendo.

31

Nec tamen argumentum hoc Epicurus a parvis petivit aut etiam a bestiis, quae putat esse specula naturae, ut diceret ab iis duce natura hanc voluptatem expeti nihil dolendi. nec enim haec movere potest appetitum animi, nec ullum habet ictum, quo pellat animum, status hic non dolendi, itaque in hoc eodem peccat Hieronymus. at ille pellit, qui permulcet sensum voluptate. itaque Epicurus semper hoc utitur, ut probet voluptatem natura expeti, quod ea voluptas, quae in motu sit, et parvos ad se alliciat et bestias, non illa stabilis, in qua tantum inest nihil dolere. qui igitur convenit ab alia voluptate dicere naturam proficisci, in alia summum bonum ponere?

32

Bestiarum vero nullum iudicium puto. quamvis enim depravatae non sint, pravae tamen esse possunt. ut bacillum aliud est inflexum et incurvatum de industria, aliud ita natum, sic ferarum natura non est illa quidem depravata mala disciplina, sed natura sua. nec

33

Nach dem Ursprung des höchsten Gutes wird, wie ich glaube, gleich bei der Geburt des Lebewesens gefragt. „Sobald ein Lebewesen geboren ist, freut es sich an der Lust und erstrebt sie als ein Gut und meidet den Schmerz als ein Übel." Er erklärt dazu, daß die Kinder und solche Lebewesen, die noch nicht verdorben sind, am besten über das Schlechte und das Gute zu urteilen vermögen. So hast du es selber formuliert und das sind eure Worte. Wieviel ist daran verkehrt! Nach welcher der beiden Arten von Lust, der ruhenden oder der bewegten, wird ein wimmernder Säugling über das höchste Gute oder Übel entscheiden? Wir müssen ja, so Gott will, bei Epikur sprechen lernen. Wenn nach der ruhenden, so will in der Tat die Natur gerade dies, nämlich sich selbst erhalten, womit wir einverstanden sind; wenn nach der bewegten, was ihr jedenfalls behauptet, dann gibt es keine noch so gemeine Lust, die ausgelassen werden dürfte; – außerdem geht das soeben geborene Lebewesen gar nicht von jener höchsten Lust aus, die du in die Schmerzlosigkeit gelegt hast.

Den Beweis dafür hat Epikur nicht bei den Säuglingen oder bei den Tieren gesucht, die er für den „Spiegel der Natur" hält; er hat nicht gelehrt, daß sie unter der Leitung der Natur nach der Lust der Schmerzlosigkeit streben. Diese kann nämlich das Streben der Seele gar nicht in Gang bringen; der Zustand der Schmerzlosigkeit hat nicht die Kraft, die Seele anzutreiben. Denselben Fehler macht auch Hieronymos. Nur jener Zustand treibt an, der die Sinnesorgane mit Lust erfüllt. Darum hält sich Epikur immer an jenen, um zu beweisen, daß die Lust von Natur aus erstrebt werde, weil nur die Lust, die in Bewegung ist, die Kinder und die Tiere an sich ziehen kann, nicht etwa die ruhende Lust, die ausschließlich aus Schmerzlosigkeit besteht. Wie paßt es aber zusammen, zu erklären, daß die Natur von der einen Lust ausgehe, daß aber das höchste Gut in einer anderen Lust bestehe?

Die Tiere besitzen nach meiner Meinung keine Urteilsfähigkeit. Auch wenn sie nicht verdorben sind, können sie doch entartet sein. So wie ein Stock durch Technik gebogen und gekrümmt werden kann und ein anderer von Natur so ist, so ist auch die Natur der wilden Tiere nicht durch schlechte Einflüsse verdorben, sondern durch ihr eigenes Wesen. Die Natur wiederum bringt

vero ut voluptatem expetat, natura movet infantem, sed tantum ut se ipse diligat, ut integrum se salvumque velit. omne enim animal, simul et ortum est, se ipsum et omnes partes suas diligit duasque, quae maximae sunt, in primis amplecitur, animum et corpus, deinde utriusque partes. nam sunt et in animo praecipua quaedam et in corpore, quae cum leviter agnovit, tum discernere incipit, ut ea, quae prima data sunt natura, appetat asperneturque contraria. in his primis naturalibus voluptas insit necne, magna quaestio est. nihil vero putare esse praeter voluptatem, non membra, non sensus, non ingenii motum, non integritatem corporis, non valitudinem [corporis], summae mihi videtur inscitiae.

Atque ab isto capite fluere necesse est omnem rationem bonorum et malorum. Polemoni et iam ante Aristoteli ea prima visa sunt, quae paulo ante dixi. ergo nata est sententia veterum Academicorum et Peripateticorum, ut finem bonorum dicerent secundum naturam vivere, id est virtute adhibita frui primis a natura datis. Callipho ad virtutem nihil adiunxit nisi voluptatem, Diodorus vacuitatem doloris ⟨...⟩ his omnibus, quos dixi, consequentes fines sunt bonorum, Aristippo simplex voluptas, Stoicis consentire naturae, quod esse volunt e virtute, id est honeste, vivere, quod ita interpretantur: vivere cum intellegentia rerum earum, quae natura evenirent, eligentem ea, quae essent secundum naturam, reicientemque contraria. ita tres sunt fines expertes honestatis, unus Aristippi [vel Epicuri], alter Hieronymi, Carneadi tertius, tres, in quibus honestas cum aliqua accessione, Polemonis, Calliphontis, Diodori, una simplex, cuius Zeno auc-

das Kind nicht in Bewegung, damit es Lust suche, sondern damit es sich selbst liebe, um unverletzt und heil bleiben zu können. Jedes Lebewesen nämlich liebt, sobald es geboren ist, sich selber und alle seine Glieder und schätzt vor allem die zwei Teile, die die wichtigsten sind, Seele und Körper, und dann die Teile des einen wie des anderen. Denn es gibt an der Seele bestimmte Vorzüge und ebenso am Körper. Diese spürt es zuerst nur unbestimmt, dann beginnt es sie zu unterscheiden derart, daß es das, was von der Natur ursprünglich gegeben ist, erstrebt und das Gegenteil abweist. Ob zu diesen ursprünglich naturgemäßen Dingen die Lust gehört oder nicht, ist ein schwieriges Problem. Dagegen zu behaupten, daß es außer der Lust nichts gebe, weder die Körperglieder noch die Sinnesorgane, noch die Tätigkeit des Geistes, noch die Unversehrtheit und Gesundheit des Körpers, dies scheint mir ein Zeichen der äußersten Ignoranz zu sein.

Aus dieser Quelle fließt notwendigerweise das gesamte System des Guten und Schlechten. Für Polemon und schon zuvor für Aristoteles war dasjenige das Ursprüngliche, was ich soeben erwähnt habe. Daraus entstand die Lehre der alten Akademie und der Peripatetiker, die als das höchste Ziel bestimmt haben, der Natur gemäß zu leben, d. h. die Tugend zu betätigen und die ursprünglich naturgemäßen Dinge zu genießen. Kalliphon hat der Tugend nichts anderes beigefügt als die Lust, Diodoros die Schmerzlosigkeit ⟨Hieronymos beschränkte sich ganz auf die Schmerzlosigkeit und Karneades auf die ursprünglichen naturgemäßen Dinge⟩. Alle diese, die ich angeführt habe, geben eine in sich folgerichtige Bestimmung des höchsten Gutes. Für Aristippos ist es einfach die Lust, für die Stoiker die Übereinstimmung mit der Natur, nämlich: „Gemäß der Tugend, also edel leben", was sie verstehen als: „Leben gemäß der Erfahrung in jenen Dingen, die sich von Natur ereignen, und dasjenige auswählen, was naturgemäß ist, und verwerfen, was naturwidrig ist." Demnach gibt es drei Ziele ohne Tugend, das erste dasjenige des Aristippos, das zweite des Hieronymos, das dritte des Karneades; sodann drei, bei denen die Tugend mit einem Zusatz ausgestattet ist: Polemon, Kalliphon und Diodoros; endlich ein einfaches Ziel, dessen Vertreter Zenon ist und das ausschließlich im Schicklichen,

tor, posita in decore tota, id est in honestate; nam
Pyrrho, Aristo, Erillus iam diu abiecti. reliqui sibi
constiterunt, ut extrema cum initiis convenirent, ut
Aristippo voluptas, Hieronymo doloris vacuitas,
Carneadi frui principiis naturalibus esset extremum.
Epicurus autem cum in prima commendatione volup-
tatem dixisset, si eam, quam Aristippus, idem tenere
debuit ultimum bonorum, quod ille; sin eam, quam
Hieronymus, ⟨ne⟩ fecisset idem, ut voluptatem illam
Aristippi in prima commendatione poneret.

Nam quod ait sensibus ipsis iudicari voluptatem
bonum esse, dolorem malum, plus tribuit sensibus,
quam nobis leges permittunt, ⟨cum⟩ privatarum li-
tium iudices sumus. nihil enim possumus iudicare,
nisi quod est nostri iudicii – in quo frustra iudices solent, cum sententiam pronuntiant, addere: 'si quid mei
iudicii est'; si enim non fuit eorum iudicii, nihilo magis hoc non addito illud est iudicatum –. quid iudicant
sensus? dulce amarum, leve asperum, prope longe,
stare movere, quadratum rotundum. ⟨....⟩ aequam
igitur pronuntiabit sententiam ratio adhibita primum
divinarum humanarumque rerum scientia, quae potest appellari rite sapientia, deinde adiunctis virtutibus, quas ratio rerum omnium dominas, tu voluptatum satellites et ministras esse voluisti.

Quarum adeo omnium sententia pronuntiabit primum de voluptate nihil esse ei loci, non modo ut sola
ponatur in summi boni sede, quam quaerimus, sed ne
illo quidem modo, ut ad honestatem applicetur. de
vacuitate doloris eadem sententia erit. reicietur etiam
Carneades, nec ulla de summo bono ratio aut voluptatis non dolendive particeps aut honestatis expers

also in der Tugend besteht; Pyrrhon nämlich, dann Ariston und Herillos sind schon längst überholt und abgetan. Alle übrigen bleiben konsequent und lassen den Ausgangspunkt mit dem Ziele übereinstimmen, so Aristippos mit der Lust, Hieronymos mit der Schmerzlosigkeit, Karneades mit dem Genuß der ursprünglichen naturgemäßen Dinge. Epikur nannte als das erste, womit der Mensch vertraut sei, die Lust. Hätte er nun jene Lust gemeint, die Aristippos lehrt, so hätte er sie auch als das höchste Ziel bezeichnen müssen, wie jener es tut; wenn aber die andere, die Hieronymos korrekterweise Schmerzlosigkeit nennt, dann hätte er niemals die Lust des Aristippos als die schon am Anfang dem Lebewesen vertraute bezeichnen dürfen.

Wenn er nämlich sagt, daß die Sinne selbst so urteilen, daß die Lust gut und der Schmerz verwerflich sei, so gesteht er der Kompetenz der Sinnesorgane mehr zu, als es unsere Gesetze erlauben, wenn wir Richter in privaten Angelegenheiten sind. Wir können nämlich nichts beurteilen außer dem, was in unserer Kompetenz liegt. Darum ist es auch überflüssig, daß die Richter, wenn sie ihr Urteil verkünden, beizufügen pflegen: „...soweit dies in meiner Kompetenz liegt". Würde nämlich die Angelegenheit nicht in den Bereich ihrer Kompetenz fallen, so wäre ihr Urteil auch ohne jenen Zusatz ungültig. Worüber nun können die Sinnesorgane urteilen? Über süß und bitter, glatt und rauh, Nähe und Ferne, Ruhe und Bewegung, viereckig und rund, nichts anderes. ⟨...⟩ Ein richtiges Urteil wird also nur die Vernunft fällen, die erstens die Wissenschaft von den göttlichen und menschlichen Dingen heranzieht, die man mit Recht »Weisheit« nennen darf, dann die Tugenden dazunimmt, die die Vernunft als Herrinnen aller Dinge versteht, du aber als Dienerinnen und Gehilfinnen der Lust.

Das einstimmige Urteil von ihnen allen lautet so, daß die Lust nicht nur kein Anrecht darauf habe, als einzige den Sitz jenes höchsten Gutes, das wir suchen, einzunehmen, sondern nicht einmal darauf, mit der Tugend verknüpft zu werden. Von der Schmerzlosigkeit wird genau dasselbe gelten. Man wird auch Karneades verwerfen und überhaupt keine Bestimmung des höchsten Gutes billigen, die entweder die Lust oder die Schmerzlosigkeit in sich schließt oder die die Tugend ausschließt. So wer-

probabitur. ita relinquet duas, de quibus etiam atque etiam consideret. aut enim statuet nihil esse bonum nisi honestum, nihil malum nisi turpe, cetera aut omnino nihil habere momenti aut tantum, ut nec expetenda nec fugienda, sed eligenda modo aut reicienda sint, aut anteponet eam, quam cum honestate ornatissimam, tum etiam ipsis initiis naturae et totius perfectione vitae locupletatam videbit. quod eo liquidius faciet, si perspexerit rerum inter eas verborumne sit controversia.

Huius ego nunc auctoritatem sequens idem faciam. quantum enim potero, minuam contentiones omnesque simplices sententias eorum, in quibus nulla inest virtutis adiunctio, omnino a philosophia semovendas putabo, primum Aristippi Cyrenaicorumque omnium, quos non est veritum in ea voluptate, quae maxima dulcedine sensum moveret, summum bonum ponere contemnentis istam vacuitatem doloris. hi non viderunt, ut ad cursum equum, ad arandum bovem, ad indagandum canem, sic hominem ad duas res, ut ait Aristoteles, ad intellegendum et agendum, esse natum quasi mortalem deum; contraque ut tardam aliquam et languidam pecudem ad pastum et ad procreandi voluptatem hoc divinum animal ortum esse voluerunt, quo nihil mihi videtur absurdius. atque haec contra Aristippum, qui eam voluptatem non modo summam, sed solam etiam ducit, quam omnes unam appellamus voluptatem. aliter autem vobis placet. sed ille, ut dixi, vitiose. nec enim figura corporis nec ratio excellens ingenii humani significat ad unam hanc rem natum hominem, ut frueretur voluptatibus.

Nec vero audiendus Hieronymus, cui summum bonum est idem, quod vos interdum vel potius nimium saepe dicitis, nihil dolere. non enim, si malum est dolor, carere eo malo satis est ad bene vivendum. hoc

den zwei Thesen übrigbleiben, die die Vernunft immer und immer wieder überdenken soll. Entweder wird sie festsetzen, daß es kein Gutes gibt außer der Tugend, kein Übel außer der Schlechtigkeit; das Übrige hat entweder gar kein Gewicht oder doch nur soviel, daß es weder erstrebt noch gemieden, sondern nur vorgezogen oder zurückgestellt werden wird. Oder aber sie wählt jene These, die, wie sie sieht, sowohl durch Tugend ausgezeichnet wie auch durch das Ursprüngliche und Naturgemäße und durch die Vollkommenheit des ganzes Lebens bereichert ist. Dies wird sie um so klarer machen können, wenn sie geprüft hat, ob sich diese zwei Thesen nur in den Formulierungen oder in den Sachen selbst voneinander unterscheiden.

Ich folge nun der Autorität dieser Vernunft und werde dasselbe tun. Soweit ich kann, werde ich die Streitpunkte reduzieren und alle einfachen Lehren derer, die die Tugend nicht dazunehmen, vollständig aus der Philosophie ausschließen: erstens diejenige des Aristippos und aller Kyrenaiker, die sich nicht gescheut haben, jene Lust, die die Sinne mit größter Süßigkeit erregt, als das höchste Gut zu bezeichnen, die Schmerzlosigkeit dagegen zu verachten. Diese haben nicht begriffen, daß, so wie das Pferd zum Rennen, das Rind zum Pflügen, der Hund zum Aufspüren geboren sind, ebenso der Mensch zu zwei Dingen, wie Aristoteles sagt, geboren ist, zum Erkennen und Handeln, gewissermaßen wie ein sterblicher Gott. Jene freilich haben gemeint, dieses göttliche Lebewesen sei wie ein schwerfälliges und langsames Herdentier, bloß zum Fressen und zur Lust der Fortpflanzung entstanden. Es gibt für mich keine absurdere Meinung als diese. Dies gegen Aristipp, der diese Lust, die wir alle als die einzige mit dem Worte Lust bezeichnen, nicht nur für die höchste, sondern sogar für die einzige hält. Ihr freilich habt eine andere Meinung. Aber er, wie gesagt, irrt sich. Denn weder die Gestalt des Körpers noch die Vernunftbegabtheit des Menschen deuten darauf hin, daß der Mensch ausschließlich dazu geboren sei, die Lust zu genießen.

Wir werden auch nicht auf Hieronymos hören, für den das höchste Gut genau das ist, was ihr zuweilen oder vielmehr allzu häufig nennt, nämlich die Schmerzlosigkeit. Denn auch wenn der Schmerz ein Übel ist, genügt es nicht, von diesem Übel frei zu

xerit potius Ennius: 'Nimium boni est, cui nihil est mali'. nos beatam vitam non depulsione mali, sed adeptione boni iudicemus, nec eam cessando, sive gaudentem, ut Aristippus, sive non dolentem, ut hic, sed agendo aliquid considerandove quaeramus.

Quae possunt eadem contra Carneadeum illud summum bonum dici, quod is non tam, ut probaret, protulit, quam ut Stoicis, quibuscum bellum gerebat, opponeret. id autem eius modi est, ut additum ad virtutem auctoritatem videatur habiturum et expleturum cumulate vitam beatam, de quo omnis haec quaestio est. nam qui ad virtutem adiungunt vel voluptatem, quam unam virtus minimi facit, vel vacuitatem doloris, quae etiamsi malo caret, tamen non est summum bonum, accessione utuntur non ita probabili, nec tamen, cur id tam parce tamque restricte faciant, intellego. quasi enim emendum eis sit, quod addant ad virtutem, primum vilissimas res addunt, dein singulas potius, quam omnia, quae prima natura approbavisset, ea cum honestate coniungerent. 42

Quae quod Aristoni et Pyrrhoni omnino visa sunt pro nihilo, ut inter optime valere et gravissime aegrotare nihil prorsus dicerent interesse, recte iam pridem contra eos desitum est disputari. dum enim in una virtute sic omnia esse voluerunt, ut eam rerum selectione expoliarent nec ei quicquam aut unde oriretur, darent, aut ubi niteretur, virtutem ipsam, quam amplexabantur, sustulerunt. Erillus autem ad scientiam omnia revocans unum quoddam bonum vidit, sed nec optimum nec quo vita gubernari possit. itaque hic 43

sein, um glückselig zu leben. Ennius mag dies gemeint haben: „Dem geht es gar zu gut, der nichts zu leiden hat." Wir freilich werden das glückselige Leben nicht in der Abwehr eines Übels, sondern nur in dem Erreichen eines Gutes erblicken, und dies nicht durch Tatenlosigkeit, sei es in der Lust, wie bei Aristipp, oder durch die Schmerzlosigkeit, wie beim anderen, sondern im Handeln und Erkennen aufsuchen.

Dasselbe kann auch gegen das höchste Gut des Karneades eingewandt werden. Er hat es allerdings nicht vorgebracht, um es zu begründen, sondern nur, um den Stoikern, mit denen er Krieg führte, entgegenzutreten. Dieses ist von solcher Art, daß es überzeugend wird wirken können, wenn es zur Tugend hinzugezählt und damit die ganze Fülle des glückseligen Lebens umfassen wird; und von diesem ist ja hier die Rede. Wer nämlich zur Tugend entweder die Lust hinzufügt, auf die gerade die Tugend nicht den geringsten Wert legt, oder die Schmerzlosigkeit, die zwar Freiheit von einem bestimmten Übel bedeutet, aber dennoch nicht das höchste Gut ist, der macht einen Zusatz, den man kaum billigen wird. Dabei verstehe ich nicht, warum sie so sparsam und zurückhaltend vorgehen, als ob sie das, was sie der Tugend beigeben wollten, teuer kaufen müßten und darum die billigsten Güter beigeben, und diese erst noch einzeln, anstatt daß sie alles, was die Natur ursprünglich als ihr gemäß anerkennt, mit der Tugend verknüpfen.

Wenn umgekehrt Ariston und Pyrrhon der Meinung waren, daß die naturgemäßen Dinge für nichts zu achten seien, derart, daß nach ihnen zwischen bester Gesundheit und schwerster Krankheit überhaupt kein Unterschied bestünde, so hat man mit Recht schon seit langem aufgehört, sich mit ihnen auseinanderzusetzen. Wenn sie nämlich alles auf die Tugend allein so konzentrierten, daß sie ihr die Möglichkeit der Wahl zwischen verschiedenen Dingen raubten und ihr weder einen Ausgangspunkt ließen, von dem her sie entstehen konnte, noch eine Basis, auf die sie sich zu stützen vermochte, haben sie die Tugend selbst, auf die ihnen alles ankam, beseitigt. Herillos endlich hat alles auf das Wissen bezogen und hat insofern ein bestimmtes Gut im Auge gehabt, aber nicht das höchste und nicht dasjenige, durch das ein

ipse iam pridem est reiectus; post enim Chrysippum
⟨contra eum⟩ non sane est disputatum.

Restatis igitur vos; nam cum Academicis incerta
luctatio est, qui nihil affirmant et quasi desperata cognitione certi id sequi volunt, quodcumque veri simile videatur. cum Epicuro autem hoc plus est negotii, quod e duplici genere voluptatis coniunctus est, quodque et ipse et amici eius et multi postea defensores eius sententiae fuerunt, et nescio quo modo, is qui auctoritatem minimam habet, maximam vim, populus cum illis facit. quos nisi redarguimus, omnis virtus, omne decus, omnis vera laus deserenda est. ita ceterorum sententiis semotis relinquitur non mihi cum Torquato, sed virtuti cum voluptate certatio. quam quidem certationem homo et acutus et diligens, Chrysippus, non contemnit totumque discrimen summi boni in earum comparatione positum putat. ego autem existimo, si honestum esse aliquid ostendero, quod sit ipsum vi sua propter seque expetendum, iacere vestra omnia. itaque eo, quale sit, breviter, ut tempus postulat, constituto accedam ad omnia tua, Torquate, nisi memoria forte defecerit. 44

Honestum igitur id intellegimus, quod tale est, ut detracta omni utilitate sine ullis praemiis fructibusve per se ipsum possit iure laudari. quod quale sit, non tam definitione, qua sum usus, intellegi potest, quamquam aliquantum potest, quam communi omnium iudicio et optimi cuiusque studiis atque factis, qui permulta ob eam unam causam faciunt, quia decet, quia rectum, quia honestum est, etsi nullum consecuturum emolumentum vident. homines enim, etsi aliis 45

ganzes Leben gelenkt werden könnte. So hat man denn auch seine Lehre schon seit langem verworfen. Nach Chrysipp hat sich niemand mehr mit ihr befaßt.

So bleibt also nur ihr übrig. Denn die Diskussion mit den Akademikern führt zu keinem Ziel, weil sie nichts sicher behaupten, gewissermaßen an der Möglichkeit eines sicheren Wissens verzweifeln und erklären, sie wollten sich nur an das halten, was jeweils plausibel erscheine. Mit Epikur hat man darum mehr Schwierigkeiten, weil sein höchstes Gut aus zwei Arten von Lust zusammengesetzt ist und weil er selber, seine Freunde und nachher viele andere diese Lehre verteidigt haben; auf irgendeine Weise besitzt er, der am wenigsten Autorität hat, den größten Einfluß, so daß sich das Volk auf seine Seite schlägt. Wenn wir diese Leute nicht widerlegen, wird man alle Tugend, alle Schicklichkeit, jedes echte Lob preisgeben müssen. Also lasse ich nun die Lehren der übrigen beiseite und wende mich nicht zu einem Kampf gegen Torquatus, sondern zu demjenigen der Tugend gegen die Lust. Diesen Kampf verachtet Chrysipp, ein scharfsinniger und sorgfältiger Denker, keineswegs, sondern glaubt, daß die ganze Entscheidung über das höchste Gut von dem Vergleich zwischen Tugend und Lust ausgehen müsse. Ich dagegen meine, daß eure ganze Lehre erledigt ist, wenn ich zeigen kann, daß die Tugend etwas ist, was wegen seines eigenen Wesens und um seiner selbst willen erstrebenswert sei. Ich will hier in aller Kürze, wie es der Anlaß fordert, darlegen, wie sich dies verhält, und dann alle deine Behauptungen, Torquatus, einzeln behandeln, falls mich nicht mein Gedächtnis im Stiche läßt.

Wir verstehen also unter der Tugend das, was so beschaffen ist, daß es unter Absehung von jeglichem Nutzen und ohne jeden Lohn oder Vorteil seiner selbst wegen lobenswert ist. Um was es sich da handelt, läßt sich weniger an der Definition, die ich verwendet habe, ablesen, obschon auch dies zu einem gewissen Grade möglich ist, als vielmehr am übereinstimmenden Urteil aller Menschen und an den Bestrebungen und Leistungen der Besten, die sehr vieles aus diesem einzigen Grunde tun, weil es sich schickt, weil es richtig und tugendhaft ist, auch wenn sie sehen, daß sie davon keinen Gewinn haben werden. Die Menschen näm-

multis, tamen hoc uno plurimum a bestiis differunt, quod rationem habent a natura datam mentemque acrem et vigentem celerrimeque multa simul agitantem et, ut ita dicam, sagacem, quae et causas rerum et consecutiones videat et similitudines transferat et disiuncta coniungat et cum praesentibus futura copulet omnemque complectatur vitae consequentis statum. eademque ratio fecit hominem hominum adpetentem cumque iis natura et sermone et usu congruentem, ut profectus a caritate domesticorum ac suorum serpat longius et se implicet primum civium, deinde omnium mortalium societate atque, ut ad Archytam scripsit Plato, non sibi se soli natum meminerit, sed patriae, sed suis, ut perexigua pars ipsi relinquatur. et quoniam eadem natura cupiditatem ingenuit homini veri videndi, quod facillime apparet, cum vacui curis etiam quid in caelo fiat scire avemus, his initiis inducti omnia vera diligimus, id est fidelia, simplicia, constantia, tum vana, falsa, fallentia odimus, ut fraudem, periurium, malitiam, iniuriam. eadem ratio habet in se quiddam amplum atque magnificum, ad imperandum magis quam ad parendum accomodatum, omnia humana non tolerabilia solum, sed etiam levia ducens, altum quiddam et excelsum, nihil timens, nemini cedens, semper invictum. atque his tribus generibus honestorum notatis quartum sequitur et in †eadem pulchritudine† et aptum ex illis tribus, in quo inest ordo et moderatio. cuius similitudine perspecta in formarum specie ac dignitate transitum est ad honestatem dictorum atque factorum. nam ex his tribus laudibus, quas ante dixi, et temeritatem reformidat et non audet cuiquam aut dicto protervo aut facto nocere veretur-

46

47

lich unterscheiden sich in vielen Dingen von den Tieren, vor allem aber in dem einen Punkt, daß sie als Gabe der Natur die Vernunft besitzen, einen scharfen und wachsamen Geist, der in der größten Schnelligkeit viele Dinge gleichzeitig behandeln kann und der gewissermaßen schlau ist; er vermag die Ursachen und Folgen der Erscheinungen zu erkennen, Ähnlichkeiten herzustellen, Getrenntes zu verbinden, mit dem Gegenwärtigen das Künftige zu verknüpfen und schließlich den gesamten Aufbau eines in sich folgerichtigen Lebens zu entwerfen. Dieselbe Vernunft hat den Menschen so eingerichtet, daß der einzelne den Umgang mit den andern sucht und mit ihnen durch Natur, Sprache und Sitte übereinstimmt. Er beginnt mit der Liebe zur Familie und zu den Seinigen, geht dann weiter und schafft zuerst eine Gemeinschaft mit seinen Mitbürgern, dann mit allen Sterblichen; er erinnert sich daran, wie Platon an Archytas geschrieben hat, daß er nicht für sich allein auf die Welt gekommen ist, sondern für sein Vaterland und für die Seinigen, derart, daß nur ein ganz geringer Teil für ihn selber übrigbleibt. Da dieselbe Natur den Menschen die Begierde eingegeben hat, die Wahrheit kennenzulernen, was am ehesten sichtbar wird, wenn wir frei von Sorgen sogar zu wissen wünschen, was am Himmel vor sich geht, so lieben wir von diesem Ausgangspunkt her alles Wahre, also Zuverlässige, Einfache, Beständige und hassen das Eitle, Falsche, Täuschende, wie den Betrug, den Meineid, die Boshaftigkeit, die Verleumdung. Dieselbe Vernunft hat in sich etwas Weiträumiges und Großartiges, geeignet eher zum Befehlen als zum Gehorchen: Sie hält alles Menschliche nicht nur für erträglich, sondern auch für belanglos; sie ist überlegen und erhaben, fürchtet nichts, gibt niemandem nach, ist stets unbesiegbar. Auf diese drei beschriebenen Gattungen der Tugend folgt die vierte, ebenso glänzend wie die übrigen und aus ihnen zusammengefügt. Sie repräsentiert Ordnung und Maß. Wir sehen ihr Abbild an der Schönheit und Würde der körperlichen Gestalten und gehen von dorther über zur Vollkommenheit der Worte und Taten. Denn im Hinblick auf die drei Vorzüge, die ich vorhin genannt habe, ist sie es, die die Unbedachtheit scheut, die es nicht wagt, jemandem mit einer verletzenden Rede oder Tat zu schaden, und die es auch ver-

que quicquam aut facere aut eloqui, quod parum virile videatur.

Habes undique expletam et perfectam, Torquate, formam honestatis, quae tota quattuor his virtutibus, quae a te quoque commemoratae sunt, continetur. hanc se tuus Epicurus omnino ignorare dicit quam aut qualem esse velint ii qui honestate summum bonum metiantur. si enim ad honestatem omnia referant neque in ea voluptatem dicant inesse, ait eos voce inani sonare – his enim ipsis verbis utitur – neque intellegere nec videre sub hanc vocem honestatis quae sit subicienda sententia. ut enim consuetudo loquitur, id solum dicitur honestum, quod est populari fama gloriosum. 'Quod', inquit, 'quamquam voluptatibus quibusdam est saepe iucundius, tamen expetitur propter voluptatem.' Videsne quam sit magna dissensio? philosophus nobilis, a quo non solum Graecia et Italia, sed etiam omnis barbaria commota est, honestum quid sit, si id non sit in voluptate, negat se intellegere, nisi forte illud, quod multitudinis rumore laudetur.

Ego autem hoc etiam turpe esse saepe iudico, et, si quando turpe non sit, tum esse non turpe, cum id a multitudine laudetur, quod sit ipsum per se rectum atque laudabile, non ob eam causam tamen illud dici esse honestum, quia laudetur a multis, sed quia tale sit, ut, vel si ignorarent id homines, vel si obmutuissent, sua tamen pulchritudine esset specieque laudabile. itaque idem natura victus, cui obsisti non potest, dicit alio loco id, quod a te etiam paulo ante dictum est, non posse iucunde vivi nisi etiam honeste. quid nunc 'honeste' dicit? idemne, quod iucunde? ergo ita: non posse honeste vivi, nisi honeste vivatur? an nisi populari fama? sine ea igitur iucunde negat posse

meidet, irgend etwas zu tun oder zu sagen, was zu wenig männlich aussehen könnte.

Da hast du, Torquatus, die von allen Seiten her vollständige und vollkommene Gestalt der Tugend, die sich in die vier Tugenden, die auch du erwähnt hast, aufgegliedert. Von jener Tugend sagt dein Epikur, er wisse überhaupt nicht, was und wie beschaffen sie nach der Meinung derjenigen sein könne, die das höchste Gut an der Tugend bemessen. Wenn nämlich alles auf die Tugend bezogen sein soll, und man erklärt, daß die Lust an ihr nicht beteiligt sei, so sagt er, dies seien nur „leere Töne"; er verwendet genau diese Worte. Er sagt auch, er könne weder verstehen noch sehen, was für einen Sinn man hinter diesem Wort „Tugend" zu suchen habe. „Folgt man nämlich der Gewohnheit, so heißt nur dies Tugend, was im Gerede der Leute rühmenswert ist. Auch wenn dies öfters angenehmer ist als bestimmte Formen der Lust," sagt er, „so wird es doch wegen der Lust erstrebt." Siehst du nun, wie groß die Meinungsverschiedenheit ist? Der vornehme Philosoph, der nicht nur Griechenland und Italien in Bewegung gebracht hat, sondern auch alle Barbarenländer, erklärt, er verstehe nicht, was die Tugend sei, wenn sie nicht in der Lust bestünde, außer etwa in dem, was im Gerede der Leute gelobt werde.

Ich meinerseits halte dies Gerede oftmals gerade für unschön, und wenn es einmal nicht unschön ist, so ist es dies nicht darum, weil die Sache von der Menge gelobt wird, sondern weil sie an sich selber lobenswert ist. Sie wird nicht etwa darum edel genannt, weil viele Leute sie loben, sondern weil sie so beschaffen ist, daß sie, auch wenn die Menschen nichts von ihr wüßten oder darüber schwiegen, dennoch wegen ihrer eigenen Schönheit und ihres eigenen Glanzes lobenswert wäre. So sagt denn auch derselbe Epikur, von der Natur überwältigt, der man nicht widerstehen kann, an einer anderen Stelle genau dies, was du kurz zuvor bemerkt hast, nämlich, daß man nicht lustvoll leben könne, ohne tugendhaft zu leben. Was nennt er nun „tugendhaft"? Etwa dasselbe wie „lustvoll"? Meinetwegen. Das hieße also, daß man nicht tugendhaft leben könne, ohne tugendhaft zu leben? Oder gilt dies nur, wenn man sich an das Gerede der Leute hält? Erklärt er also, daß man ohne dieses Gerede nicht lustvoll leben könne? Was gibt

⟨se⟩ vivere? quid turpius quam sapientis vitam ex insipientium sermone pendere? quid ergo hoc loco intellegit honestum? certe nihil nisi quod possit ipsum propter se iure laudari. nam si propter voluptatem, quae est ista laus, quae possit e macello peti? non is vir est, ut, cum honestatem eo loco habeat, ut sine ea iucunde neget posse vivi, illud honestum, quod populare sit, sentiat et sine eo neget iucunde vivi posse, aut quicquam aliud honestum intellegat, nisi quod sit rectum ipsumque per se sua vi, sua natura, sua sponte laudabile.

Itaque, Torquate, cum diceres clamare Epicurum non posse iucunde vivi, nisi honeste et sapienter et iuste viveretur, tu ipse mihi gloriari videbare. tanta vis inerat in verbis propter earum rerum, quae significabantur his verbis, dignitatem, ut altior fieres, ut interdum insisteres, ut nos intuens quasi testificarere laudari honestatem et iustitiam aliquando ab Epicuro. quam te decebat iis verbis uti, quibus si philosophi non uterentur, philosophia omnino non egeremus! istorum enim verborum amore, quae perraro appellantur ab Epicuro, sapientiae, fortitudinis, iustitiae, temperantiae, praestantissimis ingeniis homines se ad philosophiae studium contulerunt. 'Oculorum', inquit Plato, 'est in nobis sensus acerrimus, quibus sapientiam non cernimus. quam illa ardentis amores excitaret sui!' Cur tandem? an quod ita callida est, ut optime possit architectari voluptates? cur iustitia laudatur? aut unde est hoc contritum vetustate proverbium: 'quicum in tenebris'? hoc dictum in una re latissime patet, ut in omnibus factis re, non teste move-

es Unschöneres als die Lebensart des Weisen vom Gerede der Toren abhängen zu lassen? Was versteht er also an dieser Stelle unter dem Tugendhaften? Sicherlich nichts anderes als das, was mit Recht um seiner selber willen gelobt wird. Denn würde es der Lust wegen gelobt, was wäre dies für ein Lob, das man sich im Metzgerladen besorgen könnte? Es ist nicht so, daß er, wenn er von der Tugend feststellt, daß man ohne sie nicht lustvoll leben könne, diejenige Tugend meint, die die Leute darunter verstehen, und erklärt, daß man ohne diese nicht lustvoll zu leben vermöge; auch für ihn wird nichts anderes das Tugendhafte sein können als das, was richtig ist und was aus sich selbst, seiner Leistung, seiner Natur und seiner Absicht nach lobenswert ist.

So hast du mir denn auch selber, Torquatus, als du sagtest, Epikur verkünde laut, man könne nicht lustvoll leben, ohne edel, weise und gerecht zu leben, den Eindruck gemacht, du seist stolz auf diese Äußerung. Eine solche Kraft war in deinen Worten wegen des Ranges der Sache, die du mit diesen Worten bezeichnetest, daß du selber größer wurdest, zuweilen anhieltest, uns anschautest, als ob du uns nachdrücklich darauf aufmerksam machen wolltest, daß Epikur tatsächlich an gewissen Stellen die Tugend und die Gerechtigkeit lobt. Wie gut paßte es zu dir, mit jenen Worten zu reden: wenn die Philosophen selber sie nicht verwendeten, bräuchten wir die Philosophie überhaupt nicht. Denn gerade aus Liebe zu diesen Worten, die bei Epikur nur äußerst selten vorkommen, nämlich Weisheit, Tapferkeit, Gerechtigkeit, Selbstzucht, haben sich die begabtesten Menschen dem Studium der Philosophie zugewandt. „Die Augen, sagt Platon, sind unser schärfster Sinn, mit dem wir jedoch die Weisheit nicht zu erblicken vermögen; welche leidenschaftliche Liebe zu sich würde sie erregen, wenn wir sie zu sehen vermöchten." Warum denn dies? Etwa, weil sie schlau genug ist, um auf die geschickteste Weise Lust fabrizieren zu können? Warum wird die Gerechtigkeit gelobt? Oder woher geschieht es, daß schon seit alten Zeiten das Sprichwort geläufig ist: „Mit wem du im Dunkeln spielen kannst..."? Dieser Spruch betrifft eine bestimmte Situation, hat aber die weiteste Gültigkeit in dem Sinne, daß wir uns bei jedem Handeln durch die Sache selbst und nicht durch die Rücksicht auf

amur. sunt enim levia et perinfirma, quae dicebantur a 53
te, animi conscientia improbos excruciari, tum etiam
poenae timore, qua aut afficiantur aut semper sint in
metu ne afficiantur aliquando. non oportet timidum
aut inbecillo animo fingi non bonum illum virum,
qui, quicquid fecerit, ipse se cruciet omniaque formi-
det, sed omnia callide referentem ad utilitatem, acutum, versutum, veteratorem, facile ut excogitet quo
modo occulte, sine teste, sine ullo conscio fallat. an tu 54
me de L. Tubulo putas dicere? qui cum praetor quaestionem inter sicarios exercuisset, ita aperte cepit pecunias ob rem iudicandam, ut anno proximo P. Scaevola tribunus plebis ferret ad plebem vellentne de ea
re quaeri. quo plebiscito decreta a senatu est consuli
quaestio Cn. Caepioni. profectus in exilium Tubulus
statim nec respondere ausus; erat enim res aperta.

Non igitur de ⟨....⟩ improbo, sed ⟨de⟩ callido improbo quaerimus, qualis Q. Pompeius in foedere Nu-
mantino infitiando fuit, nec vero omnia timente, sed
primum qui animi conscientiam non curet, quam scilicet comprimere nihil est negotii. is enim, qui occul-
tus et tectus dicitur, tantum abest ut se indicet, perfi-
ciet etiam ut dolere alterius improbe facto videatur.
quid est enim aliud esse versutum? memini me adesse 55
P. Sextilio Rufo, cum is rem ad amicos ita deferret, se
esse heredem Q. Fadio Gallo, cuius in testamento
⟨....⟩ scriptum esset se ab eo rogatum ut omnis hereditas ad filiam perveniret. id Sextilius factum negabat. poterat autem inpune; quis enim redargueret?

Zeugen leiten lassen sollen. Kein Gewicht und nicht die geringste Bedeutung hat das, was du darüber gesagt hast, daß die Seele der Verbrecher durch ihre eigene innere Unruhe gequält würde, sodann durch die Angst vor einer Strafe, die die einen erleiden, die anderen aber befürchten, sie könnten irgendwann einmal später von ihr ereilt werden. Man darf sich nämlich einen solchen Schurken weder als schüchtern noch als schwächlich vorstellen noch als jemanden, der sich bei allen Taten, die er begangen hat, selber quält und überall Angst hat. Stelle dir vielmehr jemanden vor, der mit größter Schlauheit alles auf seinen eigenen Vorteil bezieht, scharfsinnig, gewandt und erfahren ist, so daß er sich leicht auszudenken vermag, wie er im Verborgenen ohne Zeugen und Mitwisser betrügen kann. Meinst du denn, ich rede von L. Tubulus? Als dieser als Praetor die Mordprozesse zu leiten hatte, hat er so offen Gelder entgegengenommen, die das Urteil beeinflussen sollten, daß im nächsten Jahre der Volkstribun P. Scaevola der Volksversammlung die Frage vorlegte, ob in dieser Angelegenheit eine Untersuchung gewünscht werde. Gemäß einem Volksbeschluß hat der Senat die Untersuchung dem Konsul Cn. Caepio übertragen. Tubulus ist sofort in die Verbannung gegangen und hat es nicht gewagt, sich zu stellen. Die Sache war allzu klar.

Wir fragen also nicht nach einem ⟨gewöhnlichen⟩, sondern einem schlauen Verbrecher, wie Q. Pompeius einer war, als er bestritt, mit den Numantinern einen Vertrag geschlossen zu haben. Wir fragen nicht nach einem Menschen, der dauernd Angst hat, sondern vor allem nach einem solchen, der sich um das schlechte Gewissen nicht kümmert, das zu unterdrücken ohne jede Anstrengung möglich ist. Dieser nämlich, von dem wir voraussetzen, daß er sich im Verborgenen zu halten versteht, denkt so wenig daran, sich selbst anzuzeigen, daß er es vielmehr fertigbringt, den Eindruck zu erwecken, als entrüste er sich selber über die Untaten eines anderen. Gewandtheit ist ja gar nichts anderes als eben dies. Ich erinnere mich, daß ich anwesend war, als P. Sextilius Rufus folgende Angelegenheit seinen Freunden unterbreitete: er sei der Erbe des Q. Fadius Gallus, in dessen Testament ⟨angeblich⟩ geschrieben stehe, er habe ihn, Sextilius, darum gebeten, sein gesamtes Erbe seiner Tochter zukommen zu lassen. Sex-

nemo nostrum credebat, eratque veri similius hunc mentiri, cuius interesset, quam illum, qui id se rogasse scripsisset, quod debuisset rogare. addebat etiam se in legem Voconiam iuratum contra eam facere non audere, nisi aliter amicis videretur. aderamus nos quidem adolescentes, sed multi amplissimi viri, quorum nemo censuit plus Fadiae dandum, quam posset ad eam lege Voconia pervenire. tenuit permagnam Sextilius hereditatem, unde, si secutus esset eorum sententiam, qui honesta et recta emolumentis omnibus et commodis anteponerent, nummum nullum attigisset. num igitur eum postea censes anxio animo aut sollicito fuisse? nihil minus, contraque illa hereditate dives ob eamque rem laetus. magni enim aestimabat pecuniam non modo non contra leges, sed etiam legibus partam.

Quae quidem vel cum periculo est quaerenda vobis; est enim effectrix multarum et magnarum voluptatum. ut igitur illis, qui, recta et honesta quae sunt, ea statuunt per se expetenda, adeunda sunt saepe pericula decoris honestatisque causa, sic vestris, qui omnia voluptate metiuntur, pericula adeunda sunt, ut adipiscantur magnas voluptates. si magna res, magna hereditas agetur, cum pecunia voluptates pariantur plurimae, idem erit Epicuro vestro faciendum, si suum finem bonorum sequi volet, quod Scipioni magna gloria proposita, si Hannibalem in Africam retraxisset. itaque quantum adiit periculum! ad honestatem enim ille omnem conatum suum referebat, non ad voluptatem. sic vester sapiens magno aliquo emolumento commotus †cum causat, si opus erit, dimicabit.

tilius erklärte, er sei niemals darum gebeten worden. Dies konnte er ohne Risiko behaupten. Denn wer hätte ihn widerlegen können? Keiner von uns glaubte ihm, denn es war viel wahrscheinlicher, daß derjenige lüge, der ein Interesse daran hatte, als der andere, der geschrieben hatte, er habe ihn pflichtgemäß darum gebeten. Sextilius fügte bei, er fühle sich strikte an die Lex Voconia gebunden und wage es nicht, gegen diese zu handeln, außer die Freunde seien anderer Meinung. Wir waren als junge Leute dabei anwesend, daneben aber auch viele hochangesehene Männer, von denen kein einziger der Ansicht war, man dürfe der Fadia mehr geben, als ihr nach der Lex Voconia zustehe. So gelangte Sextilius an eine überaus bedeutende Erbschaft. Hätte er sich an die Lehre jener gehalten, die die Tugend und das Recht dem Nutzen und dem Vorteil vorziehen, so hätte er nicht das Geringste bekommen. Glaubst du im Ernst, jener habe hinterher Unruhe oder ein schlechtes Gewissen gespürt? Nicht im mindesten: jene Erbschaft hatte ihn reich gemacht, und so lebte er vergnügt dahin. Denn er schätzte das Geld sehr hoch, um so mehr als er es ja nicht gegen das Gesetz, sondern vielmehr gesetzmäßig erworben hatte.

Dieses Geld ist etwas, was auch ihr erstreben müßt, sogar unter Gefahren; denn es vermag viele und große Lust zu verschaffen. Wie nämlich diejenigen, für die es feststeht, daß das Richtige und Tugendhafte um seiner selbst willen erstrebt werden soll, oftmals Gefahren auf sich nehmen müssen der Ehre und der Tugend wegen, so müssen eure Gesinnungsgenossen, die alles an der Lust abmessen, Gefahren auf sich nehmen, um große Lust zu gewinnen. Wenn es sich um eine große Sache, eine große Erbschaft handelt, so wird auch euer Epikur so vorgehen müssen, wenn er sein höchstes Gut erreichen will, da ja durch Geld sehr viele Arten von Lust erworben werden können; so handelte Scipio um des großen Ruhmes willen, den er vor sich sah, wenn es ihm gelingen sollte, Hannibal nach Afrika zurückzuwerfen. In wie viele Gefahren hat er sich begeben! Er bezog nämlich seine ganze Anstrengung auf die Tugend, nicht auf die Lust. Ebenso wird euer Weiser, wenn ihn irgendein großer Vorteil in Bewegung setzt, ohne Rücksicht kämpfen, wenn es nötig ist.

Occultum facinus esse potuerit, gaudebit; depre- 57
hensus omnem poenam contemnet. erit enim instructus ad mortem contemnendam, ad exilium, ad ipsum
etiam dolorem. quem quidem vos, cum improbis
poenam proponitis, inpetibilem facitis, cum sapientem semper boni plus habere vultis, tolerabilem.

Sed finge non solum callidum eum, qui aliquid improbe faciat, verum etiam praepotentem, ut M. Crassus fuit, qui tamen solebat uti suo bono, ut hodie est
noster Pompeius, cui recte facienti gratia est habenda;
esse enim quam vellet iniquus poterat inpune.

Quam multa vero iniuste fieri possunt, quae nemo
possit reprehendere! si te amicus tuus moriens roga- 58
verit, ut hereditatem reddas suae filiae, nec usquam id
scripserit, ut scripsit Fadius, nec cuiquam dixerit,
quid facies? tu quidem reddes; ipse Epicurus fortasse
redderet, ut Sextus Peducaeus, Sex. F., is qui hunc
nostrum reliquit effigiem et humanitatis et probitatis
suae filium, cum doctus, tum omnium vir optimus et
iustissimus, cum sciret nemo eum rogatum ⟨...⟩ a C.
Plotio, equite Romano splendido, Nursino, ultro ad
mulierem venit eique nihil opinanti viri mandatum
exposuit hereditatemque reddidit. sed ego ex te quaero, quoniam idem tu certe fecisses, nonne intellegas
eo maiorem vim esse naturae, quod ipsi vos, qui omnia ad vestrum commodum et, ut ipsi dicitis, ad voluptatem referatis, tamen ea faciatis, e quibus appareat non voluptatem vos, sed officium sequi, plusque
rectam naturam quam rationem pravam valere. si 59
scieris, inquit Carneades, aspidem occulte latere uspiam, et velle aliquem inprudentem super eam assi-
dere, cuius mors tibi emolumentum futura sit, im-

Kann das Verbrechen verborgen bleiben, so wird es ihn freuen; wird er ertappt, so wird er jede Strafe verachten. Er wird ja schon darüber belehrt sein, daß der Tod, die Verbannung und sogar der Schmerz zu verachten seien; ihr behauptet allerdings, daß der Schmerz unerträglich sei, wenn ihr von den Strafen der Bösewichter sprecht, dagegen erträglich, wenn ihr erklärt, der Weise habe immer mehr Gutes als Übles.

Aber stelle dir nun nicht nur einen Verbrecher vor, der schlau ist, sondern einen, der erst noch übermächtig ist, wie das M. Crassus war, der aber dabei nur von seinem Eigentum Gebrauch machte, wie dies heute unser Freund Pompeius tut, dem man dankbar sein muß, daß er korrekt handelt; er ist gerecht, obschon er ungestraft so ungerecht hätte sein können, wie er wollte.

Doch wie viele Ungerechtigkeiten können geschehen, die niemand zu tadeln vermag! Wenn dich dein Freund vor dem Tode gebeten haben sollte, du möchtest sein Erbe seiner Tochter übergeben, und er dies nirgendwo aufgeschrieben hat, wie dies Fadius geschrieben hatte, noch irgend jemandem sonst gesagt hat, was wirst du dann tun? Du jedenfalls wirst es ihr übergeben; vielleicht würde sogar Epikur es übergeben, wie Sextus Peducaeus, Sohn des Sextus, handelte, der uns seinen Sohn hinterlassen hat als Abbild seiner Liebenswürdigkeit und Anständigkeit und der selber gebildet war und gleichzeitig der beste und gerechteste aller Männer. Niemand wußte, daß ⟨vor seinem Tode⟩ C. Plotius, ein angesehener römischer Ritter aus Nursia, ihn um etwas gebeten hatte, und doch ging er aus freien Stücken zu der Witwe und eröffnete ihr, die nichts ahnte, den Auftrag ihres Mannes und übergab ihr die Erbschaft. Ich meinerseits frage dich nun, da du persönlich ohne Zweifel dasselbe getan hättest, ob du nicht einsiehst, wie groß die Macht der Natur ist, wo doch ihr selbst, obschon ihr alles auf euren Vorteil, und, wie ihr selbst sagt, auf die Lust bezieht, dennoch so handelt, daß es sichtbar wird, daß ihr nicht die Lust im Auge habt, sondern die Pflicht, und daß die Rechtlichkeit der Natur stärker ist als die Schlechtigkeit der Überlegung. „Wenn du zufällig wissen solltest", sagt Karneades, „daß irgendwo eine Giftschlange verborgen liegt und jemand, dessen Tod für dich vorteilhaft wäre, unvorsichtigerweise sich auf die

probe feceris, nisi monueris ne assidat, sed inpunite tamen; scisse enim te quis coarguere possit?

Sed nimis multa. perspicuum est enim, nisi aequitas, fides, iustitia proficiscantur a natura, et si omnia haec ad utilitatem referantur, virum bonum non posse reperiri; deque his rebus satis multa in nostris de re publica libris sunt dicta a Laelio.

Transfer idem ad modestiam vel temperantiam, quae est moderatio cupiditatum rationi oboediens. satisne ergo pudori consulat, si quis sine teste libidini pareat? an est aliquid per se ipsum flagitiosum, etiamsi nulla comitetur infamia? 60

Quid? fortes viri voluptatumne calculis subductis proelium ineunt, sanguinem pro patria profundunt, an quodam animi ardore atque impetu concitati? utrum tandem censes, Torquate, Imperiosum illum, si nostra verba audiret, tuamne de se orationem libentius auditurum fuisse an meam, cum ego dicerem nihil eum fecisse sua causa omniaque rei publicae, tu contra nihil nisi sua? si vero id etiam explanare velles apertiusque diceres nihil eum fecisse nisi voluptatis causa, quo modo eum tandem laturum fuisse existimas? esto, fecerit, si ita vis, Torquatus propter suas utilitates – malo enim dicere quam voluptates, in tanto praesertim viro –, num etiam eius collega P. Decius, princeps in ea familia consulatus, cum se devoverat et equo admisso in mediam aciem Latinorum irruebat, aliquid de voluptatibus suis cogitabat? ubi ut eam caperet aut quando? cum sciret confestim esse moriendum eamque mortem ardentiore studio peteret, quam Epicurus voluptatem petendam putat. 61

Stelle setzen will, wo sie liegt, dann wirst du verbrecherisch handeln, wenn du ihn nicht davor warnst, sich hinzusetzen, aber Strafe brauchst du nicht zu befürchten. Denn wer könnte dir nachweisen, daß du das gewußt hast?"

Aber genug davon; es ist offensichtlich, daß es einen anständigen Menschen gar nicht geben kann, wenn nicht Billigkeit, Zuverlässigkeit, Gerechtigkeit von der Natur ausgehen, sondern all dies nur auf den Nutzen bezogen wird. Über diese Dinge hat Laelius in unseren Büchern De re publica ziemlich viel gesagt.

Übertrage diese Überlegungen auf die Bescheidenheit oder Selbstzucht, die definiert wird als die Mäßigung in den Begierden unter der Herrschaft der Vernunft. Beherrscht sich derjenige genügend, der seinen Begierden freien Lauf läßt, wenn keine Zeugen vorhanden sind? Oder gibt es nicht Dinge, die als solche schändlich sind, auch wenn sie keinen schlechten Ruf zur Folge haben?

Werden weiterhin tapfere Männer erst, nachdem sie die verschiedenen Arten von Lust untereinander verrechnet haben, in die Schlacht ziehen und ihr Blut für das Vaterland vergießen, oder werden sie nicht vielmehr durch eine flammende Begeisterung angetrieben? Glaubst du denn, daß jener Torquatus Imperiosus, wenn er unsere Worte hörte, lieber deine Rede über ihn vernehmen würde als die meine, der ich behauptete, er habe nichts für sich selber und alles für den Staat getan, während du das Gegenteil erklärtest? Wenn du dies erst noch erläutern wolltest und offen darlegen würdest, er habe alles der Lust wegen getan, wie glaubst du, würde er eine solche Erläuterung entgegennehmen? Meinetwegen soll Torquatus seines eigenen Vorteils wegen so gehandelt haben, wenn du es so willst – ich rede nämlich lieber von Vorteil als von Lust, besonders bei einem so bedeutenden Manne –; hat etwa auch sein Kollege P. Decius (der als erster seiner Familie das Konsulat bekleidete), als er sich den unterirdischen Göttern geweiht hatte und mit freien Zügeln sein Pferd mitten in die Schlachtreihe der Latiner hineinjagte, irgendwie an seine Lust gedacht? Wo hätte er sie finden können oder wann? Er wußte ja, daß er sofort würde sterben müssen, und verlangte nach diesem Tod viel leidenschaftlicher als Epikur glaubt, nach der

quod quidem eius factum nisi esset iure laudatum, non esset imitatus quarto consulatu suo filius, neque porro ex eo natus cum Pyrrho bellum gerens consul cecidisset in proelio seque e continenti genere tertiam victimam rei publicae praebuisset.

Contineo me ab exemplis. Graecis hoc modicum est: Leonidas, Epaminondas, tres aliqui aut quattuor; ego si nostros colligere coepero, perficiam illud quidem, ut se virtuti tradat constringendam voluptas, sed dies me deficiet, et, ut Aulus Varius, qui est habitus iudex durior, dicere consessori solebat, cum datis testibus alii tamen citarentur: 'Aut hoc testium satis est, aut nescio, quid satis sit,' sic a me satis datum est testium. quid enim? te ipsum, dignissimum maioribus tuis, voluptasne induxit, ut adolescentulus eriperes P. Sullae consulatum? quem cum ad patrem tuum rettulisses, fortissimum virum, qualis ille vel consul vel civis cum semper, tum post consulatum fuit! quo quidem auctore nos ipsi ea gessimus, ut omnibus potius quam ipsis nobis consuluerimus. at quam pulchre ⟨tibi⟩ dicere videbare, cum ex altera parte ponebas cumulatum aliquem plurimis et maximis voluptatibus nullo nec praesenti nec futuro dolore, ex altera autem cruciatibus maximis toto corpere nulla nec adiuncta nec sperata voluptate, et quaerebas, quis aut hoc miserior aut superiore illo beatior; deinde concludebas summum malum esse dolorem, summum bonum voluptatem. 62 63

Lucius Thorius Balbus fuit, Lanuvinus, quem meminisse tu non potes. is ita vivebat, ut nulla tam exquisita posset inveniri voluptas, qua non abundaret. erat et cupidus voluptatum et eius generis intellegens et copiosus, ita non superstitiosus, ut illa plurima in

Lust verlangen zu sollen. Wenn diese Tat nicht mit Recht gelobt worden wäre, hätte nicht sein Sohn ihn in seinem vierten Konsulat nachgeahmt, und wäre nicht abermals dessen Sohn im Krieg gegen Pyrrhus als Konsul in der Schlacht gefallen und hätte sich so als dritter in einer und derselben Familie dem Staat zum Opfer gebracht.

Ich verzichte auf weitere Beispiele. Bei den Griechen gibt es wenige: Leonidas, Epaminondas, etwa drei oder vier: wenn ich anfangen würde, unsere Beispiele zusammenzustellen, würde ich es sicher zustandebringen, daß die Lust sich selbst als Gefangene der Tugend auslieferte; aber der Tag würde nicht ausreichen, und es würde gehen wie bei Aulus Varius, der im Ruf eines strengen Richters stand und der dem Beisitzer zu sagen pflegte, wenn nach vielen Zeugen immer noch andere aufgerufen werden sollten: „Das ist jetzt genug an Zeugen, oder ich weiß nicht mehr, was genug ist." So habe auch ich jetzt genügend Zeugen gebracht. Oder hat etwa dich, der du ein würdiger Nachfahr deiner Ahnen bist, die Lust dazu veranlaßt, daß du als ganz junger Mensch dem Publius Sulla das Konsulat entrissest? Du hast es deinem Vater verschafft, einem ausgezeichneten Manne – und was war dies für ein Mann – als Konsul und als Bürger jederzeit, und ganz besonders nach dem Konsulat! Er hat auch mich dazu bewogen, selbst so zu handeln, daß ich eher für alle andern sorge als für mich selber. Aber wie großartig kamst du dir vor, als du auf der einen Seite einen Menschen schildertest, der überhäuft war mit allen Arten größter Lust, frei von gegenwärtigem oder zu befürchtendem Schmerz, und auf der andern Seite jemanden, der bedrängt war durch die größten Qualen am ganzen Körper, ohne irgendeine Lust zu verspüren oder erhoffen zu können; du fragtest, wer unseliger sein könnte als dieser, glückseliger als jener, und folgertest schließlich, daß der Schmerz das größte Übel sei und die Lust das höchste Gut.

Es gab in Lanuvium einen L. Thorius Balbus, an den du dich nicht erinnern kannst. Dieser lebte so, daß es keine noch so erlesene Lust gab, von der er nicht die Fülle hatte. Er war begierig nach Lust und gleichzeitig in diesen Sachen klug und erfinderisch, außerdem so wenig abergläubisch, daß er die sehr zahlreichen Fest-

sua patria sacrificia et fana contemneret, ita non timidus ad mortem, ut in acie sit ob rem publicam interfectus. cupiditates non Epicuri divisione finiebat, sed sua satietate. habebat tamen rationem valitudinis: utebatur iis exercitationibus, ut ad cenam et sitiens et esuriens veniret, ⟨fruebatur⟩ eo cibo, qui et suavissimus esset et idem facillimus ad concoquendum, vino et ad voluptatem et ne noceret. cetera illa adhibebat, quibus demptis negat se Epicurus intellegere quid sit bonum. aberat omnis dolor, qui si adesset, nec molliter ferret et tamen medicis plus quam philosophis uteretur. color egregius, integra valitudo, summa gratia, vita denique conferta voluptatum omnium varietate. hunc vos beatum; ratio quidem vestra sic cogit. at ego quem huic anteponam non audeo dicere; dicet pro me ipsa virtus nec dubitabit isti vestro beato M. Regulum anteponere, quem quidem, cum sua voluntate, nulla vi coactus praeter fidem, quam dederat hosti, ex patria Karthaginem revertisset, tum ipsum, cum vigiliis et fame cruciaretur, clamat virtus beatiorem fuisse quam potantem in rosa Thorium. bella magna gesserat, bis consul fuerat, triumpharat nec tamen sua illa superiora tam magna neque tam praeclara ducebat quam illum ultimum casum, quem propter fidem constantiamque susceperat, qui nobis miserabilis videtur audientibus, illi perpetienti erat voluptarius. non enim hilaritate nec lascivia nec risu aut ioco, comite levitatis, saepe etiam tristes firmitate et constantia sunt beati. stuprata per vim Lucretia a regis filio testata civis se ipsa interemit. hic dolor populi Romani

tage und Heiligtümer in seiner Vaterstadt verachtete; außerdem fürchtete er so wenig den Tod, daß er in einer Schlacht für das Vaterland starb. Seine Begierde bemaß er nicht nach der Einteilung Epikurs, sondern nach seinem Bedürfnis. Er sorgte vernünftig für seine Gesundheit und strengte sich körperlich so weit an, daß er immer mit Hunger und Durst zum Essen kam. Er schätzte Speisen, die sowohl angenehm im Geschmack wie auch leicht verdaulich waren. Er genoß Wein, wie es ihn gelüstete, ohne daß er ihm schadete. Auch die übrigen Dinge, von denen Epikur erklärt, er wüßte nicht, was ein Gut sei, wenn sie fehlten, verschmähte er nicht. So empfand er niemals Schmerzen, und wenn sich einer einstellte, so ertrug er ihn standhaft, beschäftigte aber mehr die Ärzte als die Philosophen. Er hatte eine vorzügliche Gesichtsfarbe, tadellose Gesundheit, war überall beliebt und hatte schließlich ein Leben, das mit den verschiedensten Arten von Lust angefüllt war. Einen solchen nennt ihr glückselig, denn euer Prinzip zwingt euch dazu. Ich wage aber kaum zu sagen, wen ich ihm vorziehe; die Tugend selbst soll für mich sprechen, und sie wird nicht zögern, diesem euren glückseligen Menschen Marcus Regulus vorzuziehen. Von ihm erklärt die Tugend, als er freiwillig und durch nichts gezwungen außer durch das Versprechen, das er dem Feinde gegeben hatte, aus Rom nach Karthago zurückgekehrt war, daß gerade er, während er durch ständiges Wachen und Hunger gefoltert wurde, glückseliger gewesen sei als Thorius, der unter Rosen seinen Wein trank. Er hatte große Kriege geführt, war zweimal Konsul gewesen, hatte triumphiert und hielt doch seine früheren Taten nicht für so groß und so glänzend wie jenes Unheil, das er am Schluß seines Versprechens und seiner Zuverlässigkeit wegen auf sich genommen hatte. Für uns, die wir das hören, scheint dies jammervoll zu sein, für ihn, der dies erleiden mußte, war es eine Lust. Denn die glückseligen Menschen zeichnen sich nicht aus durch Heiterkeit und Lustigkeit und nicht durch Lachen und Scherze, die Begleiter der Leichtfertigkeit, sondern sind oft düster in ihrer Festigkeit und Beharrlichkeit. Lucretia ist vom Sohne des Königs vergewaltigt worden, hat die Bürger zu Zeugen gerufen und sich selbst getötet. Dieser Schmerz des römischen Volkes wurde unter der Veranlas-

duce et auctore Bruto causa civitati libertatis fuit, ob
eiusque mulieris memoriam primo anno et vir et pater
eius consul est factus. tenuis Lucius Verginius unus-
que de multis sexagesimo anno post libertatem recep-
tam virginem filiam sua manu occidit potius, quam ea
Ap. Claudii libidini, qui tum erat summo ⟨cum⟩ imperio, dederetur.

Aut haec tibi, Torquate, sunt vituperanda aut pa- 67
trocinium voluptatis repudiandum. quod autem pa-
trocinium aut quae ista causa est voluptatis, quae nec
testes ullos e claris viris ne laudatores poterit adhibere? ut enim nos ex annalium monimentis testes ex-
citamus eos, quorum omnis vita consumpta est in laboribus gloriosis, qui voluptatis nomen audire non
possent, sic in vestris disputationibus historia muta
est. numquam audivi in Epicuri schola Lycurgum,
Solonem, Miltiadem, Themistoclem, Epaminondam
nominari, qui in ore sunt ceterorum omnium philosophorum. nunc vero, quoniam haec nos etiam trac-
tare coepimus, suppeditabit nobis Atticus noster e
thesauris suis quos et quantos viros! nonne melius est 68
de his aliquid quam tantis voluminibus de Themista
loqui? sint ista Graecorum; quamquam ab iis philosophiam et omnes ingenuas disciplinas habemus; sed
tamen est aliquid, quod nobis non liceat, liceat illis.

Pugnant Stoici cum Peripateticis. alteri negant
quicquam esse bonum, nisi quod honestum sit, alteri
plurimum se et longe longeque plurimum tribuere
honestati, sed tamen et in corpore et extra esse quaedam bona. et certamen honestum et disputatio splendida! omnis est enim de virtutis dignitate contentio. at
cum tuis cum disseras, multa sunt audienda etiam de
obscenis voluptatibus, de quibus ab Epicuro saepis-
sime dicitur. non potes ergo ista tueri, Torquate, mihi 69
crede, si te ipse et tuas cogitationes et studia perspexe-

sung und Führung des Brutus der Anstoß zur Befreiung des Staates, und zum Andenken an jene Frau wurden im ersten Jahre sowohl ihr Gatte wie auch ihr Vater zu Konsuln gewählt. Ein bescheidener Bürger, L. Verginius, einer unter vielen, hat es vorgezogen, im sechzigsten Jahr nach dem Beginn der Freiheit eher seine Tochter mit eigener Hand zu töten, als sie der Begehrlichkeit des Appius Claudius, der damals die höchste Gewalt innehatte, auszuliefern.

Solche Taten mußt du, Torquatus, entweder verurteilen oder deine Parteinahme für die Lust aufgeben. Wie ist es aber möglich, die Lust zu verteidigen und zu rechtfertigen, wo sie in der Reihe der berühmten Männer weder Zeugen noch Lobredner anzuführen vermag? Während nämlich wir aus der Geschichte diejenigen als Zeugen aufrufen, deren ganzes Leben mit ruhmvollen Mühsalen angefüllt war und die den Namen der Lust nicht einmal hören konnten, so ist in euren Diskussionen die Geschichte stumm. Niemals habe ich in der Schule Epikurs von Lykurg, Solon, Miltiades, Themistokles, Epaminondas gehört, von denen doch alle übrigen Philosophen dauernd reden. Wie viele große Männer wird uns jetzt, da wir selbst begonnen haben, uns mit diesen Dingen zu beschäftigen, unser Freund Atticus aus seinen Schätzen liefern können! Ist es nicht besser, über diese etwas zu hören, als in soviel Büchern über Themista zu sprechen? So treiben es die Griechen; wir haben zwar von ihnen die Philosophie und alle höhere Bildung, aber es gibt doch Dinge, die uns nicht gestattet sind, wohl aber ihnen.

Die Stoiker und die Peripatetiker streiten miteinander. Die einen erklären, daß nur das gut sei, was edel sei; die andern sind bereit, der Tugend weitaus das größte Gewicht zuzubilligen, nehmen aber doch an, daß es auch Güter des Körpers und der äußeren Dinge gebe. Das ist eine ehrenvolle Diskussion und eine großartige Auseinandersetzung; denn alles dreht sich um den Rang der Tugend. Aber wenn du dich mit den Deinigen unterhältst, muß man manches anhören, sogar über die unzüchtige Lust, von der bei Epikur sehr häufig die Rede ist. Du kannst diese Meinungen nicht festhalten, glaube mir, Torquatus, wenn du dich selbst, deine Gedanken und Interessen ernst nimmst; du

ris; pudebit te, inquam, illius tabulae, quam Cleanthes sane commode verbis depingere solebat. iubebat eos, qui audiebant, secum ipsos cogitare pictam in tabula Voluptatem pulcherrimo vestitu et ornatu regali in solio sedentem, praesto esse Virtutes ut ancillulas, quae nihil aliud agerent, nullum suum officium ducerent, nisi ut Voluptati ministrarent et eam tantum ad aurem admonerent, si modo id pictura intellegi posset, ut caveret ne quid faceret inprudens, quod offenderet animos hominum, aut quicquam, e quo oriretur aliquis dolor. 'Nos quidem Virtutes sic natae sumus, ut tibi serviremus, aliud negotii nihil habemus.'

At negat Epicurus – hoc enim vestrum lumen est – quemquam, qui honeste non vivat, iucunde posse vivere. quasi ego id curem, quid ille aiat aut neget. illud quaero, quid ei, qui in voluptate summum bonum ponat, consentaneum sit dicere. quid affers, cur Thorius, cur †Chius† Postumus, cur omnium horum magister, Orata, non iucundissime vixerit? ipse negat, ut ante dixi, luxuriosorum vitam reprehendendam, nisi plane fatui sint, id est nisi aut cupiant aut metuant. quarum ambarum rerum cum medicinam pollicetur, luxuriae licentiam pollicetur. his enim rebus detractis negat se reperire in asotorum vita quod reprehendat.

Non igitur potestis voluptate omnia dirigentes aut tueri aut retinere virtutem. nam nec vir bonus ac iustus haberi debet qui, ne malum habeat, abstinet se ab iniuria. nosti, credo, illud: 'Nemo pius est, qui pietatem –'; Cave putes quicquam esse verius. nec enim, dum metuit, iustus est, certe, si metuere destiterit, non erit; non metuet autem, sive celare poterit, sive opibus magnis quicquid fecerit optinere, certeque

wirst dich schämen, sage ich, vor jenem Gemälde, das Kleanthes nicht ungeschickt zu beschreiben pflegte. Er forderte seine Hörer auf, mit ihm zusammen sich ein Gemälde vorzustellen, in welchem die Lust prächtig angekleidet und mit königlichem Schmuck auf einem Throne sitzt, und ihr die Tugenden als kleine Dienerinnen zur Verfügung stehen, und nichts anderes zu tun haben und für ihre Pflicht halten, als der Lust dienstbar zu sein und ihr zuzuflüstern (soweit dies in einem Gemälde dargestellt werden kann), sie möge darauf achten, nichts Unvorsichtiges zu tun, was die Leute schockieren könnte, oder etwas, aus dem später ein Schmerz entstehen müßte. „Wir Tugenden sind von Natur aus dazu bestimmt, dir zu dienen; eine andere Aufgabe haben wir nicht."

Aber Epikur, der doch euer Licht ist, behauptet, keiner könne lustvoll leben, der nicht tugendhaft lebt. Dabei ist es mir gleichgültig, was er behauptet oder bestreitet. Ich frage nur nach dem, was einer, der die Lust für das höchste Gut erklärt, konsequenterweise sagen muß. Warum sollten nach deiner Ansicht Thorius oder ⟨...⟩ Postumus oder der Lehrer von diesen allen, Orata, nicht äußerst lustvoll gelebt haben? Epikur selbst lehrt, wie ich vorhin gesagt habe, es sei das Leben der Schlemmer nicht zu tadeln, wenn sie nicht vollkommen stumpf sind, also weder Begierden noch Ängste hätten. Gegen diese beiden Dinge bietet er eine Arznei an und verspricht damit völlige Freiheit für die Schlemmer. Wenn nämlich dies beides ausgeschaltet ist, sehe er keinen Grund, das Leben der Schlemmer zu tadeln.

Ihr könnt also nicht alles unter die Leitung der Lust stellen und gleichzeitig die Tugend fordern oder bewahren. Denn es wird keiner als ein tugendhafter und gerechter Mensch gelten dürfen, der sich des Unrechtes nur enthält, damit es ihm nicht schlecht gehe. Du kennst doch, denke ich, den Satz: „Keiner ist fromm, der Frömmigkeit (nur aus Angst pflegt)"? Es müßte dir klar sein, daß es nichts Wahreres gibt. Denn niemand ist gerecht, solange er Angst hat, und wenn er aufhört, Angst zu haben, ist er es noch weniger. Er wird aber keine Angst haben, wenn er entweder im Verborgenen bleiben kann, oder wenn er so große Mittel hat, daß er durchsetzen kann, was er will; in jedem Fall wird er es vorzie-

malet existimari bonus vir, ut non sit, quam esse, ut non putetur. ita, quod certissimum est, pro vera certaque iustitia simulationem nobis iustitiae traditis praecipitisque quodam modo ut nostram stabilem conscientiam contemnamus, aliorum errantem opinionem aucupemur.

Quae dici eadem de ceteris virtutibus possunt, quarum omnium fundamenta vos in voluptate tamquam in aqua ponitis. quid enim? fortemne possumus dicere eundem illum Torquatum? – delector enim, quamquam te non possum, ut ais, corrumpere, delector, inquam, et familia vestra et nomine. et hercule mihi vir optimus nostrique amantissimus, Aulus Torquatus, versatur ante oculos, cuius quantum studium et quam insigne fuerit erga me temporibus illis, quae nota sunt omnibus, scire necesse est utrumque vestrum. quae mihi ipsi, qui volo et esse et haberi gratus, grata non essent, nisi eum perspicerem mea causa mihi amicum fuisse, non sua, nisi hoc dicis sua, quod interest omnium recte facere. si id dicis, vicimus. id enim volumus, id contendimus, ut officii fructus sit ipsum officium. hoc ille tuus non vult omnibusque ex rebus voluptatem quasi mercedem exigit. sed ad illum redeo. si voluptatis causa cum Gallo apud Anienem depugnavit provocatus et ex eius spoliis sibi et torquem et cognomen induit ullam aliam ob causam, nisi quod ei talia facta digna viro videbantur, fortem non puto. iam si pudor, si modestia, si pudicitia, si uno verbo temperantia poenae aut infamiae metu coërcebuntur, non sanctitate sua se tuebuntur, quod adulterium, quod stuprum, quae libido non se proripiet ac

hen, für einen gerechten Mann gehalten zu werden, obschon er es nicht ist, als wirklich gerecht sein und nicht dafür gehalten zu werden. Also ist es evident, daß ihr uns anstelle der wahren und sicheren Gerechtigkeit bloß eine Karikatur der Gerechtigkeit vorheuchelt und uns gewissermaßen empfehlt, unser unerschütterliches Gewissen zu verachten und uns statt dessen der schwankenden Meinung der anderen anzuschließen.

Dasselbe kann auch von den übrigen Tugenden gesagt werden, die ihr alle auf der Lust, also sozusagen auf Sand aufgebaut habt. Denn können wir unter diesen Voraussetzungen jenen vorhin erwähnten Torquatus noch tapfer nennen? – Ich habe nämlich Freude an eurer Familie und eurem Namen, ich habe Freude an euch, obschon ich dich damit, wie du sagst, nicht verführen kann. Es schwebt mir vor Augen jener treffliche und mit mir aufs engste befreundete Aulus Torquatus; wie groß und wie wertvoll mir sein Eifer in meiner Sache in jener Zeit gewesen ist, die alle kennen, das wißt ihr selbstverständlich beide. Diese Hilfe wäre mir selbst nicht willkommen, obschon ich dankbar sein und auch für dankbar gehalten werden möchte, wenn ich nicht begriffe, daß er um meiner selbst willen mein Freund war, und nicht etwa im eigenen Interesse; außer du siehst das eigene Interesse darin, daß jeder ein Interesse daran hat, richtig zu handeln. Wenn du das sagst, haben wir gewonnen. Denn genau das wollen und erstreben wir, daß nämlich der Lohn der Pflicht gerade in ihrer Erfüllung liegt. Dies meint indessen dein Lehrer nicht, sondern verlangt von allen Dingen die Lust wie einen Kaufpreis. Doch ich will zum alten Torquatus zurückkehren. Wenn er tatsächlich um der Lust willen, beim Anio vom Gallier herausgefordert, mit diesem bis zum Ende gekämpft und aus der Beute sich sowohl die Halskette wie auch den Beinamen angeeignet hat, und wenn er überhaupt aus irgendeinem anderen Grunde als aus dem einzigen, daß ihm eine solche Tat eines Mannes würdig zu sein schien, gehandelt hat, würde ich ihn nicht für tapfer erklären. Ebenso wenn Anstand, Bescheidenheit, Zucht, mit einem Worte, die Selbstbeherrschung nur aus Angst vor Strafe oder schlechtem Rufe ausgeübt werden und sich nicht durch ihre eigene Würde behaupten, welcher Ehebruch, welche Zuchtlosigkeit, welche Leidenschaft würde sich

proiciet aut occultatione proposita aut inpunitate aut
licentia? quid? illud, Torquate, quale tandem videtur, 74
te isto nomine, ingenio, gloria, quae facis, quae cogi-
tas, quae contendis quo referas, cuius rei causa perficere quae conaris velis, quid optimum denique in vita
iudices non audere in conventu dicere? quid enim mereri velis, iam cum magistratum inieris et in contio-
nem ascenderis – est enim tibi edicendum quae sis ob-
servaturus in iure dicendo, et fortasse etiam, si tibi erit
visum, aliquid de maioribus tuis et de te ipso dices
more maiorum –, quid merearis igitur, ut dicas te in
eo magistratu omnia voluptatis causa facturum esse,
teque nihil fecisse in vita nisi voluptatis causa? 'An
me', inquis, 'tam amentem putas, ut apud imperitos
isto modo loquar?' At tu eadem ista dic in iudicio aut,
si coronam times, dic in senatu. numquam facies. cur,
nisi quod turpis oratio est? mene ergo et Triarium
dignos existimas, apud quos turpiter loquare?

Verum esto: verbum ipsum voluptatis non habet 75
dignitatem, nec nos fortasse intellegimus. hoc enim
identidem dicitis, non intellegere nos quam dicatis
voluptatem. rem videlicet difficilem et obscuram. individua cum dicitis et intermundia, quae nec sunt ulla
nec possunt esse, intellegimus, voluptas, quae passe-
ribus omnibus nota est, a nobis intellegi non potest?
quid, si efficio ut fateare me non modo quid sit voluptas scire – est enim iucundus motus in sensu –, sed
etiam quid eam tu velis esse? tum enim eam ipsam vis,
quam modo ego dixi, et nomen inponis, in motu ut sit
et faciat aliquam varietatem, tum aliam quandam

nicht freien Lauf lassen, wenn man sicher wäre, daß es verborgen oder ungestraft bleibe oder erlaubt sei? Und schließlich, wie kommt es dir vor, Torquatus, daß du, Träger eines solchen Namens, solcher Begabung, solchen Ruhmes, all das, was du tust und denkst und strebst, auf etwas beziehst, um dessentwillen du das verwirklichen willst, was du in Gang bringst und das du als das Beste im Leben schätzest, daß du all dies in der Öffentlichkeit nicht zu sagen wagst? Wie wird man dir wohl begegnen, wenn du nun bald eine Magistratur bekleidest und vor der Öffentlichkeit eine Rede halten mußt – du wirst nämlich öffentlich bekanntgeben müssen, welche Grundsätze du bei der Rechtsprechung zu beachten gedenkst, und vielleicht auch, wenn es dir zweckmäßig erscheint, etwas der Tradition gemäß über deine Vorfahren sagen müssen und über dich selber –, wenn du erklärst, du wollest in diesem Amte alles der Lust wegen tun und daß du während deines ganzen Lebens alles nur der Lust wegen getan habest? Du wirst erwidern: „Hältst du mich für so wahnsinnig, daß ich vor Ungebildeten derart reden werde?" Aber sage dasselbe in einer Gerichtssitzung oder, wenn du das Publikum fürchtest, im Senat. Du wirst dies niemals tun. Warum? Weil du dich einer solchen Rede schämen würdest. Aber kommt es dir auf mich und Triarius so wenig an, daß du glaubst, dich vor uns nicht schämen zu müssen?

Meinetwegen möge es so sein: Das Wort Lust ist nicht vornehm, aber wir verstehen vielleicht nicht, was es bedeutet. Denn genau dies sagt ihr immer wieder, daß wir nicht begreifen, von was für einer Lust ihr sprecht. Als ob dies ein schwieriges und dunkles Problem wäre! Wenn ihr von Atomen und Zwischenwelten redet, die es gar nicht gibt noch geben kann, so verstehen wir, was ihr meint, aber was die Lust sei, die alle Spatzen kennen, das sollen wir nicht verstehen? Was geschieht, wenn ich dir nachweisen kann, daß ich nicht nur weiß, was die Lust ist – sie ist nämlich eine angenehme Bewegung in den Sinnesorganen –, sondern auch, was du unter Lust verstehst? Zuweilen nämlich meinst du genau diejenige, die ich soeben erwähnt habe, und charakterisierst sie als eine, die in Bewegung ist und gewisse Variationen zuläßt, zuweilen redest du von irgendeiner anderen höchsten Lust,

summam voluptatem, cui addi nihil possit; eam tum adesse, cum dolor omnis absit; eam stabilem appellas. sit sane ista voluptas. dic in quovis conventu te omnia facere, ne doleas, si ne hoc quidem satis ample, satis honeste dici putas, dic te omnia et in isto magistratu et in omni vita utilitatis tuae causa facturum, nihil nisi quod expediat, nihil denique nisi tua causa: quem clamorem contionis aut quam spem consulatus eius, qui tibi paratissimus est, futuram putas? eamne rationem igitur sequere, qua tecum ipse et cum tuis utare, profiteri et in medium proferre non audeas? at vero illa, quae Peripatetici, quae Stoici dicunt, semper tibi in ore sunt in iudiciis, in senatu. officium, aequitatem, dignitatem, fidem, recta, honesta, digna imperio, digna populo Romano, omnia pericula pro re publica, mori pro patria, haec cum loqueris, nos barones stupemus, tu videlicet tecum ipse rides. nam inter ista tam magnifica verba tamque praeclara non habet ullum voluptas locum, non modo illa, quam in motu esse dicitis, quam omnes urbani rustici, omnes, inquam, qui Latine loquuntur, voluptatem vocant, sed ne haec quidem stabilis, quam praeter vos nemo appellat voluptatem.

Vide igitur ne non debeas verbis nostris uti, sententiis tuis. quodsi vultum tibi, si incessum fingeres, quo gravior viderere, non esses tui similis; verba tu fingas et ea dicas, quae non sentias? aut etiam, ut vestitum, sic sententiam habeas aliam domesticam, aliam forensem, ut in fronte ostentatio sit, intus veritas occultetur? vide, quaeso, rectumne sit. mihi quidem eae verae videntur opiniones, quae honestae, quae laudabi-

die nicht mehr gemehrt werden kann. Sie sei dann da, wenn jeder Schmerz abwesend sei. Du nennst sie ruhende Lust. Meinetwegen gibt es auch diese Lust. Sage in jeder beliebigen Versammlung, du würdest alles tun, um keinen Schmerz zu empfinden; und wenn du auch diese Ausdrucksweise nicht für genügend großartig und schicklich hältst, dann sage, daß du alles in jener Magistratur und in deinem Leben deinem Nutzen zuliebe tun werdest: also nur das, was für dich zweckmäßig ist, nichts schließlich, was nicht in deinem Interesse wäre. Was glaubst du, mit welchem Geschrei diese Versammlung reagieren wird und welche Hoffnung du dann noch auf das Konsulat haben kannst, auf das du den besten Anspruch hast? Willst du also einem Prinzip folgen, das du für dich und die Deinigen annimmst, das du aber nicht wagen wirst, öffentlich zu bekennen und auszusprechen? Was du vor Gericht und im Senat stets im Munde führst, ist das, was die Peripatetiker und Stoiker lehren: die Pflicht, die Billigkeit, die Würde, die Zuverlässigkeit, das Richtige und Schickliche, das, was deines Amtes und des römischen Volkes würdig ist; man müsse für den Staat alle Gefahren auf sich nehmen und für das Vaterland sterben – wenn du dergleichen sagst, da staunen wir Dummköpfe, aber du wirst natürlich heimlich lachen. Denn inmitten so großartiger und prächtiger Worte hat die Lust überhaupt keinen Platz, weder jene, die ihr als bewegte Lust bezeichnet, die alle Leute in der Stadt und auf dem Lande, alle – ich betone es –, die lateinisch können, Lust nennen, noch jene andere, ruhende Lust, die außer euch niemand als Lust bezeichnet.

Ich glaube aber nicht, daß du unsere Worte verwenden, aber ihnen deine Bedeutung geben darfst. Wenn du einen anderen Gesichtsausdruck, einen anderen Gang annehmen wolltest, um bedeutender zu erscheinen, so wärest du dir selber nicht mehr ähnlich; du benutzest Wörter und sagst mit ihnen Dinge, die du selber nicht glaubst? Oder hältst du es mit deinen Überzeugungen wie mit deiner Kleidung, die eine zu Hause, die andere in der Öffentlichkeit, so daß das, was du nach außen zeigst, etwas ganz anderes ist, als was du als Wahrheit im Inneren versteckst? Meinst du wirklich, daß das richtig ist? Mir jedenfalls gilt nur dies als wahre Überzeugung, was schicklich, lobenswert, ehrenvoll ist

les, quae gloriosae, quae in senatu, quae apud populum, quae in omni coetu concilioque profitendae sint, ne id non pudeat sentire, quod pudeat dicere.

Amicitiae vero locus ubi esse potest aut quis amicus esse cuiquam, quem non ipsum amet propter ipsum? quid autem est amare, e quo nomen ductum amicitiae est, nisi velle bonis aliquem affici quam maximis, etiamsi ad se ex iis nihil redundet? 'Prodest', inquit, 'mihi eo esse animo.' Immo videri fortasse, esse enim, nisi eris, non potes. qui autem esse poteris, nisi te amor ipse ceperit? quod non subducta utilitatis ratione effici solet, sed ipsum a se oritur et sua sponte nascitur. 'At enim sequor utilitatem.' Manebit ergo amicitia tam diu, quam diu sequetur utilitas, et, si utilitas amicitiam constituet, tollet eadem. sed quid ages tandem, si utilitas ab amicitia, ut fit saepe, defecerit? relinquesne? quae ista amicitia est? retinebis? qui convenit? quid enim de amicitia statueris utilitatis causa expetenda vides. 'Ne in odium veniam, si amicum destitero tueri.' Primum cur ista res digna odio est, nisi quod est turpis? quodsi, ne quo incommodo afficiare, non relinques amicum, tamen, ne sine fructu alligatus sis, ut moriatur optabis. quid, si non modo utilitatem tibi nullam afferet, sed iacturae rei familiaris erunt faciendae, labores suscipiendi, adeundum vitae periculum? ne tum quidem te respicies et cogitabis sibi quemque natum esse et suis voluptatibus? vadem te ad mortem tyranno dabis pro amico, ut Pythago-

und was man im Senat, beim Volk und in jeder beliebigen Vereinigung und Gesellschaft bekennen darf, so daß man sich nicht zu schämen braucht, zu denken, was man sich schämte zu sagen.

Wo kann weiterhin ein Platz für die Freundschaft bestehen, und wie kann jemand befreundet sein mit jemandem, den er nicht um seiner selbst willen liebt? Denn was bedeutet lieben (amare), von dem der Begriff der Freundschaft (amicitia) abgeleitet ist, anderes als zu wünschen, daß es einem anderen so gut wie möglich gehe, auch wenn auf einen selber nichts davon zurückwirkt? Der Epikureer wird antworten: „Es nützt mir, in dieser Gesinnung zu sein." Vielleicht eher „den Eindruck zu erwecken, in dieser Gesinnung zu sein." Denn so sein, ohne daß du es wirklich bist, ist nicht möglich. Wie kannst du aber so sein, wenn dich nicht die Liebe selber ergriffen hat? Dies geschieht nicht, nachdem man sich seinen Nutzen ausgerechnet hat, sondern entsteht aus sich selber und spontan. „Aber mir liegt am Nutzen." Dann aber dauert die Freundschaft genauso lange, wie der Nutzen dauert, und wenn der Nutzen die Freundschaft begründet, so wird er sie auch wieder aufheben. Aber was wirst du dann tun, wenn der Nutzen die Freundschaft verläßt, wie dies oft geschieht? Wirst du dann auch die Freundschaft preisgeben? Was ist das für eine Freundschaft? Oder wirst du sie festhalten? Aber ist dies konsequent? Nun siehst du nämlich, was du über eine Freundschaft behauptet hast, die nur des Nutzens wegen erstrebt wird. „Ich will mich aber nicht verhaßt machen, wenn ich den Umgang mit dem Freunde aufgebe." Doch warum macht man sich erstens mit Recht damit verhaßt, außer weil eben die Sache selbst verwerflich ist? Wenn du aber den Freund nur darum nicht verläßt, damit du nicht in Unannehmlichkeiten gerätst, dann wirst du seinen Tod wünschen, um nicht ohne Gewinn angebunden zu sein. Wenn aber zweitens die Freundschaft dir nicht nur keinen Nutzen bringt, sondern du auch den Verlust des Vermögens, Mühseligkeiten oder sogar Lebensgefahr auf dich nehmen mußt? Wirst du auch dann nicht an dich denken und überlegen, daß jeder für sich selbst geboren ist und für seine eigene Lust? Wirst du dich als Bürgen für einen Freund bis zum Tode einem Tyrannen zur Verfügung stellen, wie jener Pythagoreer es dem sizilianischen Ty-

reus ille Siculo fecit tyranno? aut, Pylades cum sis, dices te esse Orestem, ut moriare pro amico? aut, si esses Orestes, Pyladem refelleres, te indicares et, si id non probares, quo minus ambo una necaremini non precarere? faceres tu quidem, Torquate, haec omnia; 80 nihil enim arbitror esse magna laude dignum, quod te praetermissurum credam aut mortis aut doloris metu. non quaeritur autem quid naturae tuae consentaneum sit, sed quid disciplinae. ratio ista, quam defendis, praecepta, quae didicisti, quae probas, funditus evertunt amicitiam, quamvis eam Epicurus, ut facit, in caelum efferat laudibus.

'At coluit ipse amicitias.' Quis, quaeso, illum negat et bonum virum et comem et humanum fuisse? de ingenio eius in his disputationibus, non de moribus quaeritur. sit ista in Graecorum levitate perversitas, qui maledictis insectantur eos, a quibus de veritate dissentiunt. sed quamvis comis in amicis tuendis fuerit, tamen, si haec vera sunt – nihil enim affirmo –, non satis acutus fuit. 'At multis se probavit.' Et quidem iure fortasse, sed tamen non gravissimum est testimonium multitudinis. in omni enim arte vel studio vel quavis scientia vel in ipsa virtute optimum quidque rarissimum est. ac mihi quidem, quod et ipse bonus vir fuit et multi Epicurei et fuerunt et hodie sunt et in amicitiis fideles et in omni vita constantes et graves nec voluptate, sed officio consilia moderantes, hoc videtur maior vis honestatis et minor voluptatis. ita enim vivunt quidam, ut eorum vita refellatur oratio. atque ut ceteri dicere existimantur melius quam facere, sic hi mihi videntur facere melius quam dicere. 81

rannen gegenüber getan hat? Oder wirst du, wenn du Pylades bist, erklären, du seiest Orestes, um für den Freund zu sterben? Oder, wenn du Orestes wärest, würdest du Pylades zurückweisen und dich selber anzeigen, und wenn dies erfolglos wäre, würdest du nicht darum bitten, daß ihr beide gleichzeitig sterben dürftet? Du, Torquatus, würdest sicher dies alles tun; denn ich bin überzeugt, daß es nichts wahrhaft Lobenswertes gibt, wovor du aus Angst vor dem Tode oder vor dem Schmerz zurückschrecken würdest. Ich frage eben auch nicht nach dem, was deinem Charakter, sondern nach dem, was deiner Lehre gemäß ist. Das Prinzip, das du verteidigst, die Vorschriften, die du gelernt hast und die du billigst, richten die Freundschaft vollständig zugrunde, obschon Epikur die Freundschaft, wie er es zu tun pflegt, mit Lob bis in den Himmel erhebt.

„Aber er hat selber Freundschaften gepflegt!" Gewiß, und wer wird, ich bitte dich, bestreiten, daß er ein anständiger, freundlicher und liebenswürdiger Mensch gewesen ist? Wir fragen jedoch in dieser Diskussion nach seiner Überzeugung, nicht nach seiner Persönlichkeit. Natürlich gibt es die leichtfertig schlechten Manieren der Griechen, die diejenigen mit Beschimpfungen verfolgen, mit denen sie hinsichtlich der Wahrheit nicht einverstanden sind. Obschon er in der Pflege der Freundschaft liebenswürdig war, so ist er doch, falls diese Dinge wahr sind – darüber wage ich nichts Sicheres zu sagen, – nicht besonders scharfsinnig gewesen. „Aber er hat sich vielen als guter Freund erwiesen." Vielleicht mit Recht. Aber auch das Zeugnis vieler Leute wiegt nicht besonders schwer. Denn bei jeder Kunst oder Beschäftigung oder Wissenschaft oder auch bei der Tugend selbst ist das Beste immer das Seltenste. Was mich angeht, so scheint mir gerade dies ein Beweis für die Macht der Tugend und die Ohnmacht der Lust zu sein, daß er selber ein anständiger Mann war und es viele Epikureer gab und auch heute gibt, die treue Freunde sind, beständig und ernst in ihrem Leben, und die ihr Handeln nicht nach der Lust, sondern nach der Pflicht richten. Es leben viele in der Weise, daß ihre Lehre durch ihr Leben widerlegt wird; und wenn man von den übrigen sagt, daß sie besser reden als handeln, so scheinen mir diese umgekehrt besser zu handeln als zu reden.

Sed haec nihil sane ad rem; illa videamus, quae a te de amicitia dicta sunt. e quibus unum mihi videbar ab ipso Epicuro dictum cognoscere, amicitiam a voluptate non posse divelli ob eamque rem colendam esse, quod, ⟨quoniam⟩ sine ea tuto et sine metu vivi non posset, ne iucunde quidem posset. satis est ad hoc responsum. 82

Attulisti aliud humanius horum recentiorum, numquam dictum ab ipso illo, quod sciam, primo utilitatis causa amicum expeti, cum autem usus accessisset, tum ipsum amari per se etiam omissa spe voluptatis. hoc etsi multimodis reprehendi potest, tamen accipio, quod dant. mihi enim satis est, ipsis non satis. nam aliquando posse recte fieri dicunt nulla expectata nec quaesita voluptate.

Posuisti etiam dicere alios foedus quoddam inter se facere sapientis, ut, quem ad modum sint in se ipsos animati, eodem modo sint erga amicos; id et fieri posse et saepe esse factum et ad voluptates percipiendas maxime pertinere. hoc foedus facere si potuerunt, faciant etiam illud, ut aequitatem, modestiam, virtutes omnes per se ipsas gratis diligant. 83

An vero, si fructibus et emolumentis et utilitatibus amicitias colemus, si nulla caritas erit, quae faciat amicitiam ipsam sua sponte, vi sua, ex se et propter se expetendam, dubium est, quin fundos et insulas amicis anteponamus?

Licet hic rursus ea commemores, quae optimis verbis ab Epicuro de laude amicitiae dicta sunt. non quaero, quid dicat, sed quid convenienter possit rationi et sententiae suae dicere. 'Utilitatis causa amicitia est quaesita.' Num igitur utiliorem tibi hunc Triarium putas esse posse, quam si tua sint Puteolis granaria? 84

Doch dies tut nichts zur Sache. Wir wollen jetzt prüfen, was du über die Freundschaft gesagt hast. Darunter ist eine Äußerung, in der ich glaube, einen Satz Epikurs selber zu erkennen: „Die Freundschaft könne von der Lust nicht abgetrennt werden und sei deshalb zu pflegen, weil man nicht einmal lustvoll leben könne, wenn man nicht in Sicherheit und ohne Furcht leben könne, was uns nur die Freundschaft verschaffe." Doch darauf habe ich schon genug geantwortet.

Du hast einen menschenfreundlichen Satz neuerer Epikureer angeführt, den er doch selber nie ausgesprochen hat, soweit ich weiß: Man sucht den Freund des Nutzens wegen, wenn aber die Gewöhnung dazu gekommen sei, dann würde man ihn auch seiner selbst wegen lieben, selbst ohne die Hoffnung auf Lust. Diesen Satz kann man auf viele Arten kritisieren, aber ich nehme doch an, was sie anbieten. Mir ist dies nämlich genug, ihnen allerdings nicht. Sie sagen sogar, man könne zuweilen richtig handeln, ganz ohne Lust zu erwarten oder zu suchen.

Du hast auch erwähnt, daß andere lehren, die Weisen würden untereinander einen Vertrag schließen, wonach sie den Freunden gegenüber genauso gesinnt sein würden wie sich selbst gegenüber. Dies könne geschehen und sei auch oft geschehen und trage zum Gewinn von Lust sehr viel bei. Nun, wenn sie schon einen solchen Vertrag schließen konnten, dann sollen sie auch gleich einen Vertrag darüber schließen, daß sie die Billigkeit, Bescheidenheit und alle Tugenden um ihrer selbst willen lieben.

Sollten wir nämlich die Freundschaft nur des Gewinnes, des Vorteils und des Nutzens wegen pflegen, wenn es nämlich keine Zuneigung gibt, die aus der Freundschaft etwas macht, was wir spontan wegen seines eigenen Ranges und um seiner selbst willen erstreben müssen, kann man dann bezweifeln, daß wir Landgüter und Renditenhäuser Freunden vorziehen werden?

Jetzt magst du wieder daran erinnern, was Epikur in vortrefflichen Worten zum Lobe der Freundschaft gesagt hat. Ich will aber nicht wissen, was er sagt, sondern was er in Übereinstimmung mit seinem Prinzip und seiner Lehre sagen muß. „Man pflegt die Freundschaft um des Nutzens willen." Glaubst du denn, dieser Triarius da könnte dir nützlicher sein als die Getreidesilos in Pu-

collige omnia, quae soletis: 'Praesidium amicorum.'
Satis est tibi in te, satis in legibus, satis in mediocribus
amicitiis praesidii. iam contemni non poteris. odium
autem et invidiam facile vitabis. ad eas enim res ab
Epicuro praecepta dantur. et tamen tantis vectigalibus ad liberalitatem utens etiam sine hac Pyladea amicitia multorum te benivolentia praeclare tuebere et
munies. 'At quicum ioca seria, ut dicitur, quicum arcana, quicum occulta omnia?' Tecum optime, deinde
etiam cum mediocri amico. sed fac ista esse non inportuna; quid ad utilitatem tantae pecuniae? vides igitur, si amicitiam sua caritate metiare, nihil esse praestantius, sin emolumento, summas familiaritates
praediorum fructuosorum mercede superari.

Me igitur ipsum ames oportet, non mea, si veri
amici futuri sumus.

Sed in rebus apertissimis nimium longi sumus. perfecto enim et concluso neque virtutibus neque amicitiis usquam locum esse, si ad voluptatem omnia referantur, nihil praeterea est magnopere dicendum. ac
tamen, ne cui loco non videatur esse responsum,
pauca etiam nunc dicam ad reliquam orationem tuam.
quoniam igitur omnis summa philosophiae ad beate
vivendum refertur, idque unum expetentes homines
se ad hoc studium contulerunt, beate autem vivere alii
in alio, vos in voluptate ponitis, item contra miseriam
omnem in dolore, id primum videamus, beate vivere
vestrum quale sit.

teoli, falls sie dir gehörten? Erwähne alles, was ihr dazu zu sagen pflegt: „Der Schutz, den die Freunde gewähren". Du hast genug Schutz an dir selber, an den Gesetzen, an durchschnittlichen Bekanntschaften; da wird man nicht mehr wagen, dich zu verachten. Du wirst auch leicht Haß und Mißgunst vermeiden können; Epikur gibt nämlich seine Empfehlungen in dieser Richtung. Wenn du deine riesigen Einkünfte zu großzügigen Geschenken verwendest, dann wird dich auch ohne eine Freundschaft von der Art des Pylades die Sympathie vieler Menschen aufs beste schützen und verteidigen. „Ich brauche aber jemanden, mit dem ich Heiteres und Ernstes teilen, wie man sagt, und dem ich alles Intime und Persönliche mitteilen kann." – Das kannst du dir selber am besten mitteilen, dann aber auch einem beliebigen Bekannten. Nehmen wir an, dies sei immerhin nicht unwichtig; in welcher Beziehung steht dies zum Nutzen eines großen Vermögens? Du siehst also, wenn man die Freundschaft an der Liebe bemißt, so gibt es nichts Schöneres, wenn nach dem Vorteil, dann sind die interessantesten Bekanntschaften weniger wert als die Einkünfte aus ertragreichen Landgütern.

Schließlich mußt du auch mich meiner selbst wegen lieben, nicht wegen meiner Stellung, wenn wir wahre Freunde werden sollen.

Aber ich habe mich schon viel zu lange bei Dingen aufgehalten, die offenkundig sind. Wenn nämlich endgültig festgestellt ist, daß weder für die Tugenden noch für die Freundschaft ein Raum frei bleibt, falls alles auf die Lust bezogen wird, so braucht nicht mehr viel beigefügt zu werden. Immerhin, um keine deiner Behauptungen ohne Antwort zu lassen, will ich doch noch etwas weniges über den Rest deines Vortrags sagen. Da nun anerkanntermaßen alles Philosophieren sich auf die Glückseligkeit bezieht und die Menschen sich nur darum der Philosophie gewidmet haben, um jene zu erlangen, und da nun andere Menschen die Glückseligkeit in anderen Dingen finden, ihr aber in der Lust und umgekehrt alle Unseligkeit im Schmerz, so müssen wir zuerst prüfen, wie eure Glückseligkeit beschaffen ist.

Atque hoc dabitis, ut opinor, si modo sit aliquid esse beatum, id oportere totum poni in potestate sapientis. nam si amitti vita beata potest, beata esse non potest. quis enim confidit semper sibi illud stabile et firmum permansurum, quod fragile et caducum sit? qui autem diffidet perpetuitati bonorum suorum, timeat necesse est, ne aliquando amissis illis sit miser. beatus autem esse in maximarum rerum timore nemo potest. nemo igitur esse beatus potest. neque enim in aliqua parte, sed in perpetuitate temporis vita beata dici solet, nec appellatur omnino vita, nisi confecta atque absoluta, nec potest quisquam alias beatus esse, alias miser; qui enim existimabit posse se miserum esse beatus non erit. nam cum suscepta semel est beata vita, tam permanet quam ipsa illa effectrix beatae vitae sapientia neque expectat ultimum tempus aetatis, quod Croeso scribit Herodotus praeceptum a Solone. at enim, quem ad modum tute dicebas, negat Epicurus diuturnitatem quidem temporis ad beate vivendum aliquid afferre, nec minorem voluptatem percipi in brevitate temporis, quam si illa sit sempiterna. haec dicuntur inconstantissime. cum enim summum bonum in voluptate ponat, negat infinito tempore aetatis voluptatem fieri maiorem quam finito atque modico.

Qui bonum omne in virtute ponit, is potest dicere perfici beatam vitam perfectione virtutis; negat enim summo bono afferre incrementum diem.

Qui autem voluptate vitam effici beatam putabit, qui sibi is conveniet, si negabit voluptatem crescere longinquitate? igitur ne dolorem quidem. an dolor longissimus quisque miserrimus, voluptatem non optabiliorem diuturnitas facit? quid est igitur, cur ita

Ich nehme an, ihr werdet zugestehen, daß die Glückseligkeit, wenn es sie überhaupt gibt, dem Weisen uneingeschränkt verfügbar sein muß. Wenn sie nämlich verlorengehen kann, kann sie keine Glückseligkeit sein. Doch wer wird sich darauf verlassen können, daß jenes ständig und ununterbrochen bei ihm verweilen wird, was doch zerbrechlich und hinfällig ist? Wer aber der Dauerhaftigkeit seiner Güter mißtraut, wird notwendigerweise fürchten müssen, daß er sie einmal verliert und damit unselig wird. Wer aber um die größten Güter Angst hat, kann nicht glückselig sein. Also kann überhaupt niemand glückselig sein. Denn vom glückseligen Leben pflegt man nicht für eine kurze Zeitspanne, sondern nur im Hinblick auf das ganze Leben zu sprechen. Man kann überhaupt vom Leben nur als von einem abgeschlossenen und vollendeten Ganzen reden. Niemand kann bald glückselig, bald unglückselig sein. Wer nämlich vermutet, er könne einmal unselig werden, wird nicht glückselig sein. Wer dagegen die Glückseligkeit einmal errungen hat, bei dem wird sie ebenso dauerhaft bleiben wie die Weisheit selbst, die die Glückseligkeit hervorbringt; er wird nicht das Ende seines Lebens abwarten, wie nach Herodots Bericht Solon dem Kroisos empfohlen hat. Allerdings bestreitet Epikur, wie du jedenfalls gesagt hast, daß die Dauer der Zeit irgend etwas zur Glückseligkeit beiträgt. Er erklärt, man empfinde nicht weniger Lust in einem kurzen Augenblick, als wenn sie ewig dauerte. Dies widerspricht sich vollständig. Obschon er nämlich das höchste Gut in der Lust erblickt, leugnet er, daß in einer unbegrenzten Zeitdauer die Lust größer werde als in einer begrenzten und beschränkten Zeit.

Wer das höchste Gut in der Tugend erblickt, ein solcher kann allerdings sagen, daß die Vollendung der Tugend gleichzeitig die Vollendung der Glückseligkeit sei. Er wird erklären, daß nicht einmal ein einziger Tag das höchste Gut vermehren könne.

Wer aber meint, die Lust mache die Glückseligkeit aus, wie kann der mit sich übereinstimmen, wenn er bestreitet, daß die Lust durch eine lange Dauer wächst? Das wird auch vom Schmerz gelten. Oder ist etwa ein sehr lange dauernder Schmerz am jammervollsten, während die Lust durch ihre Dauer nicht einmal erfreulicher wird? Woher kommt es denn, daß Epikur sei-

semper deum appellet Epicurus beatum et aeternum? dempta enim aeternitate nihilo beatior Iuppiter quam Epicurus; uterque enim summo bono fruitur, id est voluptate. 'At enim hic etiam dolore.' At eum nihili facit; ait enim se, si uratur, 'Quam hoc suave!' dicturum. qua igitur re ab deo vincitur, si aeternitate non vincitur? in qua quid est boni praeter summam voluptatem, et eam sempiternam? quid ergo attinet gloriose loqui, nisi constanter loquare? In voluptate corporis – addam, si vis, 'animi', dum ea ipsa, ut vultis, sit e corpore – situm est vivere beate. quid? istam voluptatem perpetuam quis potest praestare sapienti? nam quibus rebus efficiuntur voluptates, eae non sunt in potestate sapientis. non enim in ipsa sapientia positum est beatum esse, sed ⟨ut dixisti⟩ in iis rebus, quas sapientia comparat ad voluptatem. totum autem id externum est, et quod externum, id in casu est. ita fit beatae vitae domina fortuna, quam Epicurus ait exiguam intervenire sapienti.

Age, inquies, ista parva sunt. sapientem locupletat ipsa natura, cuius divitias Epicurus parabiles esse docuit. haec bene dicuntur, nec ego repugno, sed inter sese ipsa pugnant. negat enim tenuissimo victu, id est contemptissimis escis et potionibus, minorem voluptatem percipi quam rebus exquisitissimis ad epulandum. huic ego, si negaret quicquam interesse ad beate vivendum quali uteretur victu, concederem, laudarem etiam; verum enim diceret, idque Socratem, qui voluptatem nullo loco numerat, audio dicentem, cibi condimentum esse famem, potionis sitim. sed qui ad voluptatem omnia referens vivit ut Gallonius, loquitur ut Frugi ille Piso, non audio nec eum, quod sentiat, dicere existimo. naturales divitias dixit parabiles

nen Gott immer glückselig und ewig nennt? Nimmt man die Ewigkeit weg, so ist Jupiter keineswegs glücklicher als Epikur; denn beide genießen das höchste Gut, nämlich die Lust. „Aber Epikur leidet auch Schmerz." Doch dieser wird ihm gleichgültig sein. Er behauptet nämlich, auch wenn ihn das Feuer brenne, werde er sagen: „Wie ist dies süß!" Worin wird er also von Gott übertroffen, wenn nicht in der ewigen Dauer? In dieser gibt es freilich kein anderes Gut als die höchste Lust und diese eben ewig dauernd. Warum will man denn großartig reden, wenn man nicht konsequent zu reden versteht? „Die Glückseligkeit besteht in der Lust des Körpers" (ich kann beifügen, wenn du es willst, „und der Seele", obschon auch sie, wie ihr lehrt, vom Körper herkommt). Wer aber kann dem Weisen eine dauernde Lust verschaffen? Denn diejenigen Dinge, durch die Lust hervorgebracht wird, stehen nicht in der Macht des Weisen. Die Glückseligkeit ist ja nicht die Weisheit selber, sondern besteht, wie du erklärt hast, in denjenigen Dingen, die sich die Weisheit im Hinblick auf die Lust verschafft. Dies alles ist aber äußerlich, und was äußerlich ist, gehört dem Zufall an. So wird also der Zufall Herr über das glückselige Leben, jener Zufall, von dem Epikur sagt, er greife nur sparsam in das Leben des Weisen ein.

Du wirst erwidern, daß dies Kleinigkeiten sind. Denn die Natur selber versieht den Weisen mit allem Notwendigen, und Epikur hat gelehrt, daß ihre Reichtümer stets verfügbar seien. Dies ist trefflich gesagt; ich habe nichts dagegen, aber es widerspricht sich selbst. Er erklärt nämlich, daß man bei bescheidenster Nahrung, also mit dem billigsten Essen und Trinken, genau soviel Lust empfinde, wie wenn man die auserlesensten Gerichte vorgesetzt bekäme. Wenn nun Epikur behaupten wollte, es habe auf die Glückseligkeit keinerlei Einfluß, wie man sich ernähre, so wäre ich einverstanden; ich würde dies sogar loben. Denn er würde die Wahrheit sagen, und ich stelle fest, daß Sokrates, für den die Lust überhaupt nicht zählt, gesagt hat, die Würze des Essens sei der Hunger, diejenige des Trinkens der Durst. Wer aber alles auf die Lust bezieht und dabei lebt wie Gallonius, aber redet wie jener Piso Frugi, auf den höre ich nicht und bin überzeugt, daß er gar nicht sagt, was er wirklich empfindet. Er hat gesagt, die Reichtü-

esse, quod parvo esset natura contenta. certe, nisi voluptatem tanti aestimaretis. 'Non minor, inquit, voluptas percipitur ex vilissimis rebus quam ex pretiosissimis'. Hoc est non modo cor non habere, sed ne palatum quidem. qui enim voluptatem ipsam contemnunt, iis licet dicere se acupenserem maenae non anteponere. cui vero in voluptate summum bonum est, huic omnia sensu, non ratione sunt iudicanda, eaque dicenda optima, quae sint suavissima.

Verum esto; consequatur summas voluptates non modo parvo, sed per me nihilo, si potest; sit voluptas non minor in nasturcio illo, quo vesci Persas esse solitos scribit Xenophon, quam in Syracusanis mensis, quae a Platone graviter vituperantur; sit, inquam, tam facilis, quam vultis, comparatio voluptatis, quid de dolore dicemus? cuius tanta tormenta sunt, ut in iis beata vita, si modo dolor summum malum est, esse non possit. ipse enim Metrodorus, paene alter Epicurus, beatum esse describit his fere verbis: 'cum corpus bene constitutum sit et sit exploratum ita futurum.' an id exploratum cuiquam potest esse, quo modo se hoc habiturum sit corpus, non dico ad annum, sed ad vesperum? dolor ergo, id est summum malum, metuetur semper, etiamsi non aderit; iam enim adesse poterit. qui potest igitur habitare in beata vita summi mali metus? 'Traditur, inquit, ab Epicuro ratio neglegendi doloris'. Iam id ipsum absurdum, maximum malum neglegi. sed quae tandem ista ratio est? 'Maximus dolor, inquit, brevis est'. Primùm quid tu dicis breve? deinde dolorem quem maximum? quid enim? summus dolor plures dies manere non potest? vide,

92

93

mer der Natur seien verfügbar, da die Natur sich mit wenigem zufrieden gebe. Ganz sicher, wenn ihr nicht die Lust so hoch schätzen würdet. Er erwidert: „Man empfindet nicht geringere Lust bei den billigsten Speisen als bei den kostbarsten." Das bedeutet nicht nur keinen Verstand haben, sondern nicht einmal einen Gaumen. Wer nämlich die Lust als solche verwirft, der darf behaupten, er ziehe nicht einen Hecht einem Hering vor. Wer aber das höchste Gut in der Lust sieht, der muß alles nicht mit der Vernunft, sondern mit den Sinnesorganen beurteilen; und er wird notwendigerweise als das beste bezeichnen, was am besten schmeckt.

Meinetwegen soll er die höchste Lust nicht nur um weniges Geld, sondern von mir aus um gar nichts erwerben, wenn er kann. Meinetwegen soll die Lust an der Kresse, von der Xenophon sagt, die Perser pflegten sich von ihr zu ernähren, nicht geringer sein als an den reich gedeckten Tischen von Syrakus, die von Platon so eindrucksvoll verurteilt werden. Meinetwegen sei das Gewinnen von Lust so einfach, wie ihr behauptet; aber was sollen wir über den Schmerz sagen? Er kann solche Qualen erzeugen, daß sich in ihnen die Glückseligkeit, wenn nämlich der Schmerz das größte Übel ist, nicht zu behaupten vermag. Metrodoros selber, beinahe ein zweiter Epikur, beschreibt den Zustand der Glückseligkeit ungefähr folgendermaßen: „Wenn der Körper in guter Verfassung ist und man gewiß sein kann, daß es auch in Zukunft so sein werde." Doch wie kann irgend jemand gewiß sein, in welcher Verfassung sein Körper sein wird, ich will nicht sagen im nächsten Jahre, sondern allein schon am gleichen Abend? So wird man immer den Schmerz, also das größte Übel, fürchten, auch wenn er nicht da ist; er wird ja im nächsten Augenblick da sein können. Wie kann aber dann im glückseligen Leben die Angst vor dem größten Übel zu Hause sein? Man erwidert, Epikur habe das Rezept gegeben, wie man den Schmerz ignorieren könne. Doch schon dies ist absurd, daß das größte Übel ignoriert werden kann. Aber worin besteht das Rezept? „Der größte Schmerz", sagt er, „dauert nur kurz." Erstens, was nennst du kurz? Dann, was nennst du den größten Schmerz? Sollten wirklich die größten Schmerzen nicht mehrere Tage lang dauern kön-

ne etiam menses! nisi forte eum dicis, qui, simul atque arripuit, interficit. quis istum dolorem timet? illum mallem levares, quo optimum atque humanissimum virum, Cn. Octavium, Marci filium, familiarem meum, confici vidi, nec vero semel nec ad breve tempus, sed et saepe et plane diu. quos ille, di inmortales, cum omnes artus ardere viderentur, cruciatus perferebat! nec tamen miser esse, quia summum id malum non erat, tantum modo laboriosus videbatur; at miser, si in flagitiosa et vitiosa vita afflueret voluptatibus.

Quod autem magnum dolorem brevem, longinquum levem esse dicitis, id non intellego quale sit. video enim et magnos et eosdem bene longinquos dolores, quorum alia toleratio est verior, qua uti vos non potestis, qui honestatem ipsam per se non amatis. fortitudinis quaedam praecepta sunt ac paene leges, quae effeminari virum vetant in dolore. quam ob rem turpe putandum est, non dico dolere – nam id quidem est interdum necesse –, sed saxum illud Lemnium clamore Philocteteo funestare,

> Quod eiulatu, questu, gemitu, fremitibus
> Resonando mutum flebiles voces refert.

Huic Epicurus praecentet, si potest, cui
⟨E⟩ viperino morsu venae viscerum
Veneno inbutae taetros cruciatus cient!

Sic Epicurus: 'Philocteta, st! brevis dolor.' At iam decimum annum in spelunca iacet. 'Si longus, levis; dat enim intervalla et relaxat.' Primum non saepe, deinde quae est ista relaxatio, cum et praeteriti doloris memoria recens est et futuri atque inpendentis torquet timor? 'Moriatur', inquit. Fortasse id optimum, sed

nen? Vielleicht sogar Monate! Außer, du redest von demjenigen Schmerz, der jenen, den er ergriffen hat, sofort dahinrafft. Aber wer fürchtet einen solchen Schmerz? Mir wäre lieber, du würdest jenen Schmerz erleichtern, durch den, wie ich selber gesehen habe, Cn. Octavius, Sohn des Marcus, ein Freund von mir und ein ausgezeichneter und liebenswürdiger Mann, gefoltert wurde, und dies nicht ein Mal und nicht für kurze Zeit, sondern oft und sehr lange. Was erduldete er, bei den unsterblichen Göttern, für Qualen, als alle seine Glieder zu brennen schienen? Aber er machte nicht den Eindruck, unselig zu sein, da ja dies nicht das äußerste Übel war, wohl aber zu leiden; unselig wäre er gewesen, wenn er in einem verbrecherischen und lasterhaften Leben Lust in Fülle genossen hätte.

Wenn ihr aber sagt, daß ein großer Schmerz kurz, ein langer Schmerz leicht sei, so verstehe ich nicht, was ihr meint. Denn ich kenne große und recht lange dauernde Schmerzen, die man leichter erträgt auf einem andern Weg, den ihr nicht beschreiten könnt, da ihr die Tugend an sich selbst nicht schätzt. Es gibt bestimmte Vorschriften und beinahe Gesetze der Tapferkeit, die es einem Manne verbieten, sich im Schmerz weibisch zu benehmen. Darum muß man es für schimpflich halten, ich sage nicht, Schmerz zu empfinden (denn dies ist zuweilen unvermeidlich), wohl aber jenen Felsen auf Lemnos mit dem widerwärtigen Geschrei des Philoktetes zu erfüllen:

„Der stumme Fels widerhallt von Geheul, Klage, Jammern, Stöhnen und wirft zurück die Schreie und das Weinen."

Dem soll Epikur seinen Spruch vorsagen, „dem vom Biß der Schlange die Adern in seinem Innern, von Gift durchtränkt, grauenvolle Qualen erzeugen."

Da sagt Epikur: „Philoktet, paß auf, der Schmerz ist kurz." Aber er liegt schon zehn Jahre lang in seiner Höhle. „Wenn er lange dauert, ist er leicht, denn da gibt es Pausen und Erholungen." Erstens geschieht dies nicht oft, und zweitens, was ist dies für eine Erholung, wenn die Erinnerung an die überstandenen Schmerzen noch frisch ist und die Angst vor den kommenden und bevorstehenden Schmerzen bedrückt? Epikur erwidert: „Dann soll er eben sterben." Vielleicht wäre dies das beste, aber

ubi illud: 'Plus semper voluptatis'? Si enim ita est, vide ne facinus facias, cum mori suadeas. potius ergo illa dicantur: turpe esse, viri non esse debilitari dolore, frangi, succumbere. nam ista vestra: 'Si gravis, brevis; si longus, levis' dictata sunt. virtutis, magnitudinis animi, patientiae, fortitudinis fomentis dolor mitigari solet.

Audi, ne longe abeam, moriens quid dicat Epicurus, ut intellegas facta eius cum dictis discrepare: 'Epicurus Hermarcho salutem. Cum ageremus', inquit, 'vitae beatum et eundem supremum diem, scribebamus haec. tanti autem aderant vesicae et torminum morbi, ut nihil ad eorum magnitudinem posset accedere.' Miserum hominem! Si dolor summum malum est, dici aliter non potest. sed audiamus ipsum: 'Compensabatur', inquit, 'tamen cum his omnibus animi laetitia, quam capiebam memoria rationum inventorumque nostrorum. sed tu, ut dignum est tua erga me et philosophiam voluntate ab adolescentulo suscepta, fac ut Metrodori tueare liberos.' Non ego iam Epaminondae, non Leonidae mortem huius morti antepono, quorum alter cum vicisset Lacedaemonios apud Mantineam atque ipse gravi vulnere exanimari se videret, ut primum dispexit, quaesivit salvusne esset clipeus. cum salvum esse flentes sui respondissent, rogavit essentne fusi hostes. cum id quoque, ut cupiebat, audivisset, evelli iussit eam, qua erat transfixus, hastam. ita multo sanguine profuso in laetitia et in victoria est mortuus. Leonidas autem, rex Lacedaemoniorum, se in Thermopylis trecentosque eos, quos eduxerat Sparta, cum esset proposita aut fuga turpis aut gloriosa mors, opposuit hostibus. praeclarae mortes sunt imperatoriae; philosophi autem in suis lectulis plerumque moriuntur. refert tamen, quo modo.

96

97

wo bleibt dann der Satz: „Der Weise hat immer mehr an Lust."?
Wenn dies so ist, dann fürchte ich, du begehst ein Unrecht, wenn
du das Sterben empfiehlst. Man wird also eher folgendes sagen:
Es sei schmachvoll und eines Mannes unwürdig, sich durch den
Schmerz schwach machen, brechen zu lassen und ihm zu erliegen. Denn eure Sätze: „Wenn schwer, dann kurz; wenn lang,
dann leicht", sind nur auswendig gelernte Sprüche. Wirklich gelindert wird der Schmerz nur durch die Mittel der Tugend, Seelengröße, Standhaftigkeit und Tapferkeit.

Um nicht weiter abzuschweifen, will ich dir die letzten Worte
Epikurs vortragen, damit du einsiehst, wie sein Leben mit seiner
Lehre nicht übereinstimmt: „Epikur grüßt Hermarch. Ich
schreibe dies, während ich den glückseligsten und gleichzeitig
letzten Tag meines Lebens verbringe. Die Schmerzen des Blasenleidens und des Darmes sind so groß, daß sie nicht mehr größer
werden können." – Der arme Mann! Wenn der Schmerz das
größte Übel ist, kann er nicht anders reden. Aber hören wir ihn
selber weiter: „Aufgewogen wurde immerhin dies alles durch die
Heiterkeit der Seele, die ich empfinde in der Erinnerung an unsere Überlegungen und gemeinsamen Entdeckungen. Du aber,
sorge für die Kinder Metrodors, gemäß deiner Gesinnung, die du
von Jugend an mir und der Philosophie gegenüber bewährt hast."
Ich ziehe weder den Tod des Epaminondas noch den des Leonidas diesem Tode vor. Der eine hatte die Spartaner bei Mantinea
besiegt und sah, daß er eine tödliche Wunde empfangen hatte;
und sogleich blickte er um sich und fragte, ob sein Schild gerettet
sei. Seine Freunde antworteten unter Tränen, er sei gerettet. Darauf fragte er weiter, ob die Feinde geschlagen seien, und als er
auch dies vernommen hatte, wie er es hoffte, befahl er, den Speer,
der in der Wunde steckte, herauszuziehen. Und so starb er, nachdem er viel Blut verloren hatte, in Heiterkeit und im Siege. Leonidas wiederum, König der Spartaner, hat sich in den Thermopylen
zusammen mit den dreihundert, die er aus Sparta mit sich genommen hatte, dem Feinde entgegengestellt, als er nur die Wahl hatte
zwischen einer feigen Flucht und einem glorreichen Tode. Großartig ist der Tod der Feldherren; die Philosophen sterben dagegen
meistens in ihrem Bette. Es kommt allerdings darauf an, wie. Epi-

⟨beatus⟩ sibi videtur esse moriens. magna laus. 'Compensabatur', inquit, 'cum summis doloribus laetitia.' Audio equidem philosophi vocem, Epicure, sed quid tibi dicendum sit oblitus es. primum enim, si vera sunt ea, quorum recordatione te gaudere dicis, hoc est, si vera sunt tua scripta et inventa, gaudere non potes. nihil enim iam habes, quod ad corpus referas; est autem a te semper dictum nec gaudere quemquam nisi propter corpus nec dolere. 'Praeteritis', inquit, 'gaudeo.' Quibusnam praeteritis? si ad corpus pertinentibus, rationes tuas te video compensare cum istis doloribus, non memoriam corpore perceptarum voluptatum; sin autem ad animum, falsum est, quod negas animi ullum esse gaudium, quod non referatur ad corpus. cur deinde Metrodori liberos commendas? quid ⟨in⟩ isto egregio tuo officio et tanta fide – sic enim existimo – ad corpus refers?

Huc et illuc, Torquate, vos versetis licet, nihil in hac praeclara epistula scriptum ab Epicuro congruens et conveniens decretis eius reperietis. ita redarguitur ipse a sese, convincunturque scripta eius probitate ipsius ac moribus. nam ista commendatio puerorum, memoria et caritas amicitiae, summorum officiorum in extremo spiritu conservatio indicat innatam esse homini probitatem gratuitam, non invitatam voluptatibus nec praemiorum mercedibus evocatam. quod enim testimonium maius quaerimus, quae honesta et recta sint, ipsa esse optabilia per sese, cum videamus tanta officia morientis?

Sed ut epistulam laudandam arbitror eam, quam modo totidem fere verbis interpretatus sum, quamquam ea cum summa eius philosophia nullo modo congruebat, sic eiusdem testamentum non solum ⟨a⟩

kur hielt sich sterbend für glückselig. Das ist höchst lobenswert: „Die Heiterkeit hat die größten Schmerzen aufgewogen." Ich höre die Stimme des Philosophen, Epikur; aber du hast vergessen, was du hättest sagen müssen. Erstens nämlich, wenn das wahr ist, woran dich zu erinnern dir, wie du sagst, Freude bereitet, also, wenn deine Bücher und Lehren die Wahrheit enthalten, so kannst du keine Freude empfinden. Denn du hast ja schon nichts mehr, was du auf den Körper beziehen könntest; du hast aber immer wieder gesagt, niemand würde Lust oder Schmerz empfinden, außer in bezug auf den Körper. Er bemerkt weiter: „Ich freue mich über das Vergangene." Welches Vergangene? Wenn es sich auf den Körper bezieht, dann konstatiere ich, daß du deine Überlegungen aufwiegst gegen diese Schmerzen und nicht die Erinnerung an frühere körperliche Lust. Wenn es sich dagegen auf die Seele bezieht, so ist es falsch, da du sagst, es gebe keine Lust der Seele, die sich nicht auf den Körper bezieht. Und schließlich, warum sorgst du so für die Kinder Metrodors? Du erfüllst auf das schönste deine Pflicht und bewährst dich als treuer Freund (das glaube ich in der Tat), aber was hat dies mit dem Körper zu tun?

Da könnt ihr euch, Torquatus, hin- und herwenden, ihr werdet in diesem berühmten Brief nichts von Epikur geschrieben finden, was mit seinen eigenen Lehren übereinstimmt und zu ihnen paßt. So wird er durch sich selbst widerlegt, und gegen seine Schriften spricht seine Anständigkeit und sein Charakter. Denn diese Fürsorge für die Kinder, die liebevolle Erinnerung an die Freundschaft, die Beachtung aller Pflichten sogar im Augenblick des Todes zeigen an, daß eine spontane Redlichkeit dem Manne angeboren war, die sich nicht durch die Lust verführen und durch die Aussicht auf Lohn hervorrufen ließ. Was brauchen wir für ein größeres Zeugnis dafür, daß die Tugend und das Richtige an sich selbst erstrebenswert sind, wenn wir eine so große Gewissenhaftigkeit bei einem Sterbenden beobachten?

Doch so sehr ich diesen Brief für bewundernswert halte (den ich soeben beinahe wörtlich übersetzt habe), obschon er mit dem ganzen Sinne seiner Philosophie nicht übereinstimmt, so meine ich umgekehrt, daß sein Testament nicht nur mit der Würde eines

philosophi gravitate, sed etiam ab ipsius sententia iudico discrepare.

Scripsit enim et multis saepe verbis et breviter arteque in eo libro, quem modo nominavi, mortem nihil ad nos pertinere. quod enim dissolutum sit, id esse sine sensu, quod autem sine sensu sit, id nihil ad nos pertinere omnino. hoc ipsum elegantius poni meliusque potuit. nam quod ita positum est, quod dissolutum sit, id esse sine sensu, id eius modi est, ut non satis plane dicat quid sit dissolutum. sed tamen intellego quid velit. quaero autem quid sit, quod, cum dissolutione, id est morte, sensus omnis extinguatur, et cum reliqui nihil sit omnino, quod pertineat ad nos, tam accurate tamque diligenter caveat et sanciat ut Amynomachus et Timocrates, heredes sui, de Hermarchi sententia dent quod satis sit ad diem agendum natalem suum quotannis mense Gamelione itemque omnibus mensibus vicesimo die lunae dent ad eorum epulas, qui una secum philosophati sint, ut et sui et Metrodori memoria colatur. haec ego non possum dicere non esse hominis quamvis et belli et humani, sapientis vero nullo modo, physici praesertim, quem se ille esse vult, putare ullum esse cuiusquam diem natalem, quid? idemne potest esse dies saepius, qui semel fuit? certe non potest. an eiusdem modi? ne id quidem, nisi multa annorum intercesserint milia, ut omnium siderum eodem, unde profecta sint, fiat ad unum tempus reversio. nullus est igitur cuiusquam dies natalis. 'At habetur!' Et ego id scilicet nesciebam! sed ut sit, etiamne post mortem coletur? idque testamento cavebit is, qui nobis quasi oraculum ediderit nihil post mortem ad nos pertinere? haec non erant eius, qui innumerabilis mundos infinitasque regiones, quarum nulla esset ora, nulla extremitas, mente peragravisset. num quid tale De-

Philosophen, sondern auch mit seiner eigenen Lehre unvereinbar ist.

Er hat nämlich oftmals sehr ausführlich und außerdem ganz knapp und kurz in dem Buch, das ich vorhin nannte, davon gesprochen, daß der Tod uns nichts angehe: „Was nämlich aufgelöst sei, habe keine Empfindung, und was keine Empfindung habe, gehe uns überhaupt nichts an." Dies hätte eleganter und besser formuliert werden können. Denn wenn er sagt, „was aufgelöst sei, habe keine Empfindung", so wird es nicht klar genug, was dies ist, was aufgelöst ist. Immerhin verstehe ich, was er sagen will. Ich frage jedenfalls, woher es kommt, daß er, obschon jede Empfindung bei der Auflösung, also beim Tode, ausgelöscht wird und dann nicht das geringste übrigbleibt, was uns angeht, trotzdem so genau und sorgfältig vorschreibt, daß seine Erben Amynomachos und Timokrates, nach der Weisung des Hermarchos, ausreichend Geld zur Verfügung stellen sollen, damit sein Geburtstag alljährlich im Monat Gamelion gefeiert werde, und ebenso jeden Mondmonat am 20. Tag Geld für das gemeinsame Essen jener, die mit ihm zusammen philosophiert hätten, damit die Erinnerung an ihn und Metrodor gepflegt werde. Ich kann nur feststellen, daß diese Äußerung zwar einen gewiß gebildeten und liebenswürdigen Menschen verrät, aber keinen Weisen, vor allem keinen Naturphilosophen, der er doch sein will. Wie kann er meinen, daß es für irgend jemanden einen bestimmten Geburtstag gebe und daß dieser Tag, den es einmal gab, öfters wiederkehren wird, was gewiß nicht sein kann; oder vielleicht ein genau gleicher Tag? Auch dies nicht, selbst wenn viele Tausende von Jahren abgelaufen sein würden bis zu dem Augenblick, wo alle Gestirne gleichzeitig an denselben Ort zurückkehren werden, von dem sie ausgegangen sind. Es gibt also keinen wiederkehrenden Geburtstag. „Aber man feiert es so." Als ob ich dies nicht wüßte! Doch selbst, wenn man dies zugesteht, soll er auch noch nach dem Tode geehrt werden? Wird also derselbe Mann, der uns sozusagen als Orakelspruch verkündet hat, nach dem Tode gehe uns nichts etwas an, in seinem Testament gerade dafür sorgen? So hat jener nicht gedacht, der mit seinem Geist unzählige Welten und unendliche Räume, die keine Grenzen und kein

mocritus? ut alios omittam, hunc appello, quem ille
unum secutus est. quodsi dies notandus fuit, eumne 103
potius, quo natus, an eum, quo sapiens factus est?
'Non potuit, inquies, fieri sapiens, nisi natus esset'.
[et] Isto modo, ne si avia quidem eius nata non esset.
res tota, Torquate, non doctorum hominum, velle
post mortem epulis celebrari memoriam sui nominis.
quos quidem dies quem ad modum agatis et in quantam hominum facetorum urbanitatem incurratis, non
dico – nihil opus est litibus –; tantum dico, magis
fuisse vestrum agere Epicuri diem natalem, quam illius testamento cavere ut ageretur.

    Sed ut ad propositum – de dolore enim cum dicere- 104
mus, ad istam epistulam delati sumus –, nunc totum
illud concludi sic licet: qui in summo malo est, is tum,
cum in eo est, non est beatus; sapiens autem semper
beatus est et est aliquando in dolore; non est igitur
summum malum dolor.

    Iam illud quale tandem est, bona praeterita non ef-
fluere sapienti, mala meminisse non oportere? primum in nostrane potestate est, quid meminerimus?
Themistocles quidem, cum ei Simonides an quis alius
artem memoriae polliceretur, 'Oblivionis', inquit,
'mallem. nam memini etiam quae nolo, oblivisci non
possum quae volo.' Magno hic ingenio, sed res se ta- 105
men sic habet, ut nimis imperiosi philosophi sit vetare
meminisse. vide ne ista sint Manliana vestra aut maiora etiam, si imperes quod facere non possim.

    Quid, si etiam iucunda memoria est praeteritorum
malorum? ut proverbia non nulla veriora sint quam

Ende haben, durchwandert hat. Gibt es etwa dergleichen bei Demokrit? Um die anderen wegzulassen, erwähne ich nur diesen einen, dem er als einzigem gefolgt ist. Wenn schon ein Gedenktag zu feiern war, sollte man dann denjenigen feiern, an dem er geboren wurde, und nicht eher denjenigen, an dem er weise wurde? Du wirst antworten, daß er nicht weise hätte werden können, wenn er nicht geboren worden wäre. Sicherlich auch dann nicht, wenn seine Großmutter nicht geboren worden wäre. Die ganze Sache, Torquatus, ist unter dem Niveau gebildeter Menschen, daß nach ihrem Tode ihr Andenken durch eine Mahlzeit gefeiert werden soll. Wie ihr im übrigen diesen Tag zu begehen pflegt und wie ihr euch damit dem Spott geistreicher Menschen aussetzt, davon will ich nicht reden – ich mag nämlich nicht streiten –; ich behaupte nur, es sei eher eure Aufgabe gewesen, den Geburtstag Epikurs zu feiern, als seine Aufgabe, im Testament dafür zu sorgen, daß er gefeiert würde.

Doch um zum Thema zurückzukehren – denn als wir über den Schmerz diskutierten, sind wir auf jenen Brief geführt worden –, jetzt kann man den folgenden allgemeinen Schluß ziehen: Wer im größten Übel ist, ist, solange er sich darin befindet, nicht glückselig. Der Weise ist aber immer glückselig und erleidet zuweilen auch Schmerzen; also ist der Schmerz nicht das größte Übel.

Was bedeutet ferner dies, daß dem Weisen das vergangene Gute nicht entfließt, daß er aber an das vergangene Übel sich nicht zu erinnern braucht? Ist denn erstens die Erinnerung in unserer Macht? Themistokles jedenfalls erwiderte, als ihm Simonides oder irgendein anderer die Mnemotechnik beizubringen versprach: „Ich würde die Kunst des Vergessens vorziehen; denn ich erinnere mich auch an Dinge, an die ich mich nicht erinnern möchte; ich kann aber nicht vergessen, was ich vergessen will." Dies war ein großer Geist, aber die Sache verhält sich tatsächlich so, daß nur ein allzu autoritärer Philosoph uns verbieten kann, uns zu erinnern. Solche Befehle von euch sind Befehle nach Art des Manlius oder noch schlimmer, wenn du mir nämlich Dinge befiehlst, die ich nicht tun kann.

Außerdem, warum sollte die Erinnerung an vergangenes Übel nicht sogar angenehm sein? Da gibt es einige Sprichwörter, die

vestra dogmata. vulgo enim dicitur: 'Iucundi acti labores', nec male Euripides – concludam, si potero, Latine; Graecum enim hunc versum nostis omnes –: 'Suavis laborum est praeteritorum memoria.' Sed ad bona praeterita redeamus. quae si a vobis talia dicerentur, qualibus gravius Marius uti poterat, ut expulsus, egens, in palude demersus tropaeorum recordatione levaret dolorem suum, audirem et plane probarem. nec enim absolvi beata vita sapientis neque ad exitum perduci poterit, si prima quaeque bene ab eo consulta atque facta ipsius oblivione obruentur. sed vobis voluptatum perceptarum recordatio vitam beatam facit, et quidem corpore perceptarum. nam si quae sunt aliae, falsum est omnis animi voluptates esse e corporis societate. corporis autem voluptas si etiam praeterita delectat, non intellego, cur Aristoteles Sardanapalli epigramma tantopere derideat, in quo ille rex Syriae glorietur se omnis secum libidinum voluptates abstulisse. 'Quod enim ne vivus quidem, inquit, diutius sentire poterat, quam dum fruebatur, quo modo id potuit mortuo permanere?' Effluit igitur voluptas corporis et prima quaeque avolat saepiusque relinquit causam paenitendi quam recordandi. itaque beatior Africanus cum patria illo modo loquens: 'Desine, Roma, tuos hostes ⟨...⟩' reliquaque praeclare: 'Nam tibi moenimenta mei peperere labores.' Laboribus hic praeteritis gaudet, tu iubes voluptatibus, et hic se ad ea revocat, e quibus nihil umquam rettulerit ad corpus, tu totus haeres in corpore.

Illud autem ipsum qui optineri potest, quod dicitis, omnis animi et voluptates et dolores ad corporis voluptates ac dolores pertinere? nihilne te delectat um-

wahrer sind als eure Dogmen: „Überstandene Mühen sind süß", und nicht schlecht erklärt Euripides – ich will versuchen, es auf Latein zu sagen; denn den griechischen Vers kennt ihr alle –: „Süß ist die Erinnerung an vergangene Mühen." Aber kehren wir zu den vergangenen Gütern zurück. Wenn ihr darunter solche versteht, wie diejenigen, an die sich C. Marius mit größerem Gewicht halten konnte, um als Ausgestoßener, Mittelloser, in einem Sumpf Versteckter seinen Schmerz zu lindern durch die Erinnerung an seine früheren Triumphe, so würde ich dies gerne anhören und völlig billigen. Denn die Glückseligkeit des Weisen kann weder vollendet noch zum guten Ausgang gebracht werden, wenn all das, was er früher gut geplant und gut ausgeführt hat, durch das Vergessen verschüttet würde. Aber für euch macht die Erinnerung an genossene Lust das glückselige Leben aus, und zwar an körperlich genossene Lust. Wenn es nämlich andere Lust gibt, dann ist es falsch, daß jede Lust der Seele in der Gemeinschaft mit dem Körper entstehe. Wenn aber sogar die vergangene Lust des Körpers Freude macht, dann verstehe ich nicht, warum Aristoteles sich über das Grabepigramm des Sardanapal derart lustig macht, in welchem jener König Assyriens sich rühmt, alle seine Genüsse mit sich genommen zu haben. Wie konnte jener als Toter noch bewahren, sagt Aristoteles, was er sogar als Lebender nicht länger zu empfinden vermochte, als er es genoß? Also entfließt die Lust des Körpers und entweicht, kaum daß sie sich eingestellt hat, und hinterläßt öfters eher Reue als den Wunsch, sich zu erinnern. So ist denn Scipio Africanus glückseliger gewesen, als er mit seiner Vaterstadt sprach: „Höre auf, Roma, deine Feinde ⟨zu fürchten⟩!", und auch das nächste ist prächtig: „Denn meine Mühen haben dir Schutz verschafft." Dieser freut sich an den vergangenen Anstrengungen. Du dagegen forderst, daß er sich an vergangener Lust erfreue; jener versetzt sich in der Erinnerung zu solchen Gütern, von denen er kein einziges jemals auf den Körper bezog, du aber klebst vollständig am Körper.

Wie könnt ihr überhaupt beweisen, was ihr behauptet, nämlich daß jede Lust und jeder Schmerz der Seele sich auf Lust und Schmerz des Körpers beziehe? Macht dir denn wirklich gar

quam – video, quicum loquar –, te igitur, Torquate, ipsum per se nihil delectat? omitto dignitatem, honestatem, speciem ipsam virtutum, de quibus ante dictum est, haec leviora ponam: poëma, orationem cum aut scribis aut legis, cum omnium factorum, cum regionum conquiris historiam, signum, tabula, locus amoenus, ludi, venatio, villa Luculli – nam si 'tuam' dicerem, latebram haberes; ad corpus diceres pertinere –, sed ea, quae dixi, ad corpusne refers? an est aliquid, quod te sua sponte delectet? aut pertinacissimus fueris, si in eo perstiteris ad corpus ea, quae dixi, referri, aut deserueris totam Epicuri voluptatem, si negaveris.

Quod vero a te disputatum est maiores esse voluptates et dolores animi quam corporis, quia trium temporum particeps animus sit, corpore autem praesentia solum sentiantur, qui id probari potest, ut is, qui propter me aliquid gaudeat, plus quam ego ipse gaudeat? animo voluptas oritur ⟨ut dicis⟩, propter voluptatem corporis, et maior est animi voluptas quam corporis. ita fit, ut gratulator laetior sit quam is, cui gratulatur.

Sed, dum efficere vultis beatum sapientem, cum maximas animo voluptates percipiat omnibusque partibus maiores quam corpore, quid occurrat non videtis. animi enim quoque dolores percipiet omnibus partibus maiores quam corporis. ita miser sit aliquando necesse est is, quem vos beatum semper vultis esse, nec vero id, dum omnia ad voluptatem doloremque referetis, efficietis umquam.

Quare aliud aliquod, Torquate, hominis summum bonum reperiendum est, voluptatem bestiis concedamus, quibus vos de summo bono testibus uti soletis.

nichts Freude, Torquatus (denn an dich denke ich jetzt), und gibt es gar nichts, was dir um seiner selbst willen Freude bereitet? Ich will nicht von Würde, Tugend und der Schönheit der Tugenden reden, über die wir vorhin gesprochen haben. Ich denke an geringere Dinge. Wenn du ein Gedicht oder eine Rede verfaßt oder liest, wenn du dich über alle geschichtlichen Ereignisse oder über alle Weltgegenden zu informieren suchst, dann Statuen, Gemälde schätzt, eine schöne Landschaft, Sport, Jagd, die Villa des Lucullus – denn wenn ich deine Villa erwähnen wollte, hättest du eine Ausrede; du könntest behaupten, dies ginge deinen Körper an –, aber all das, was ich nannte, kannst du es auf den Körper beziehen? Oder gibt es etwas, was dich seiner selbst wegen erfreut? Entweder müßtest du äußerst verstockt sein und dabei bleiben, daß sich alles, was ich aufzählte, auf den Körper bezieht, oder du müßtest es bestreiten und damit die ganze Lust Epikurs preisgeben.

Wenn du weiterhin lehrst, daß Lust und Schmerz der Seele größer seien als die des Körpers, weil die Seele die drei Zeitstufen umfaßt, der Körper aber nur das Gegenwärtige empfindet, wie kann erwiesen werden, daß der, der wegen mir an einer Sache Freude hat, mehr Freude empfindet als ich selber? Die Lust entsteht in der Seele ⟨wie du sagst⟩ wegen der Lust des Körpers, und dabei ist die Lust der Seele größer als die des Körpers. Es folgt daraus, daß der, der jemand anderem Glück wünscht, mehr Heiterkeit empfindet als jener, dem er Glück wünscht.

Während ihr beweisen wollt, daß der Weise glückselig sei, wenn er in der Seele die größte Lust empfindet, und zwar eine solche, die in allen Teilen größer ist als die Lust des Körpers, bemerkt ihr da nicht, was sich daraus ergibt? Er wird nämlich auch die Schmerzen der Seele in allen Teilen stärker empfinden als diejenigen des Körpers. Dann ist notwendigerweise derjenige von Zeit zu Zeit unselig, von dem ihr behauptet, er sei immer glückselig. Genau dies werdet ihr niemals zustande bringen, wenn ihr alles auf Lust und Schmerz bezieht.

Also müssen wir das höchste Gut für den Menschen anderswo suchen, Torquatus, und die Lust den Tieren überlassen, die ihr als Zeugen für das höchste Gut anzurufen pflegt. Aber sogar die

quid, si etiam bestiae multa faciunt duce sua quaeque
natura partim indulgenter vel cum labore, ut in gi-
gnendo, in educando, perfacile ⟨ut⟩ appareat aliud
quiddam iis propositum, non voluptatem? partim
cursu et peragratione laetantur, congregatione aliae
coetum quodam modo civitatis imitantur; videmus in 110
quodam volucrium genere non nulla indicia pietatis,
cognitionem, memoriam, in multis etiam ⟨discendi
aliquid⟩ desideria videmus. ergo in bestiis erunt se-
creta e voluptate humanarum quaedam simulacra virtutum, in ipsis hominibus virtus nisi voluptatis causa
nulla erit? et homini, qui ceteris animantibus plurimum praestat, praecipue a natura nihil datum esse dicemus?

Nos vero, siquidem in voluptate sunt omnia, longe 111
multumque superamur a bestiis, quibus ipsa terra
fundit ex sese pastus varios atque abundantes nihil la-
borantibus, nobis autem aut vix aut ne vix quidem
suppetunt multo labore quaerentibus. nec tamen ullo
modo summum pecudis bonum et hominis idem mihi
videri potest. quid enim tanto opus est instrumento in
optimis artibus comparandis? quid tanto concursu
honestissimorum studiorum, tanto virtutum comi-
tatu, si ea nullam ad aliam rem nisi ad voluptatem
conquiruntur? ut, si Xerxes, cum tantis classibus tan- 112
tisque equestribus et pedestribus copiis Hellesponto
iuncto Athone perfosso mari ambulavisset terra navi-
gavisset, si, cum tanto impetu in Graeciam venisset,
causam quis ex eo quaereret tantarum copiarum tanti-
que belli, mel se auferre ex Hymetto voluisse diceret,
certe sine causa videretur tanta conatus, sic nos sapientem plurimis et gravissimis artibus atque virtuti-

Tiere tun vieles, jedes unter der Leitung seiner besonderen Natur, teilweise aus Pflichtgefühl und mit Mühen, wie das Gebären und Aufziehen der Jungen, so daß es offensichtlich wird, daß sie ein anderes Ziel haben als die Lust; teilweise freuen sie sich einfach am Laufen und Umherschweifen, andere wiederum sind gesellig und ahmen gewissermaßen die Gemeinschaft eines Staates nach. Wir sehen sogar in einer bestimmten Gattung von Vögeln gewisse Zeichen von Frömmigkeit, dann auch Wissen und Erinnerung, und bei vielen beobachten wir eine Begierde, ⟨etwas zu lernen⟩. Also gibt es bei den Tieren, abgetrennt von der Lust, bestimmte Abbilder der menschlichen Tugenden. Sollte dann beim Menschen selber die Tugend nur dazu vorhanden sein, der Lust zu dienen? Müssen wir annehmen, daß dem Menschen, der den übrigen Lebewesen hoch überlegen ist, von der Natur nichts Besonderes gegeben sein sollte?

Wenn sich alles auf die Lust beziehen sollte, werden wir weit übertroffen von den Tieren, denen die Erde selbst spontan verschiedene und reichliche Nahrung anbietet, ohne daß sie sich anstrengen müssen; uns dagegen steht kaum Genügendes oder nicht einmal dies zur Verfügung, auch wenn wir mit großer Mühe danach suchen. Trotzdem scheint mir unter keinen Umständen das höchste Gut des Herdenviehs und das des Menschen dasselbe zu sein. Wozu sollten wir nämlich sonst einen so großen Aufwand treiben, um uns Kunst und Wissenschaft anzueignen? Wozu ein solches Zusammenwirken der edelsten Studien in der Begleitung so vieler Tugenden, wenn dies alles zu nichts anderem dienen soll, als zur Erwerbung der Lust? Dies wäre dasselbe, wie wenn Xerxes, nachdem er mit seiner gewaltigen Flotte und mit seinem riesigen Heere aus Reitern und Fußsoldaten den Hellespont überbrückt, den Athos durchstoßen hätte, also „auf dem Meere zu Fuß marschiert und zu Land gesegelt wäre" und dann mit so großem Ansturm nach Griechenland gekommen wäre, auf die Frage, wozu er so viele Truppen gesammelt und einen so großen Krieg begonnen hätte, hätte antworten wollen, er habe Lust auf den Honig des Hymettos; da würde man sicher behaupten, daß dieser ganze Aufwand sinnlos sei. Es wäre nun dasselbe, wenn wir erklärten, daß der Weise, wohl versehen und ausgestat-

bus instructum et ornatum non, ut illum, maria pedibus peragrantem, classibus montes, sed omne caelum totamque cum universo mari terram mente complexum voluptatem petere si dicemus, mellis causa dicemus tanta molitum. ad altiora quaedam et magnificentiora, mihi crede, Torquate, nati sumus, nec id ex animi solum partibus, in quibus inest memoria rerum innumerabilium, in te quidem infinita, inest coniectura consequentium non multum a divinatione differens, inest moderator cupiditatis pudor, inest ad humanam societatem iustitiae fida custodia, inest in perpetiendis laboribus adeundisque periculis firma et stabilis doloris mortisque contemptio – ergo haec in animis, tu autem etiam membra ipsa sensusque considera, qui tibi, ut reliquae corporis partes, non comites solum virtutum, sed ministri etiam videbuntur. quid? si in ipso corpore multa voluptati praeponenda sunt, ut vires, valitudo, velocitas, pulchritudo, quid tandem in animis censes? in quibus doctissimi illi veteres inesse quiddam caeleste et divinum putaverunt.

Quodsi esset in voluptate summum bonum, ut dicitis, optabile esset maxima in voluptate nullo intervallo interiecto dies noctesque versari, cum omnes sensus dulcedine omni quasi perfusi moverentur. quis est autem dignus nomine hominis, qui unum diem totum velit esse in genere isto voluptatis? Cyrenaici quidem non recusant; vestri haec verecundius, illi fortasse constantius. sed lustremus animo non has maximas artis, quibus qui carebant inertes a maioribus nominabantur, sed quaero num existimes, non dico Homerum, Archilochum, Pindarum, sed Phidian, Polyclitum, Zeuxim ad voluptatem artes suas direxisse. ergo opifex plus sibi proponet ad formarum

tet mit unzähligen Wissenschaften und Tugenden, nicht etwa wie jener „das Meer zu Fuß und die Berge mit Schiffen durchqueren", sondern den ganzen Himmel und die ganze Erde zusammen mit dem ganzen Meer im Geiste erfassen wolle, nur, um Lust zu erlangen, daß er also dies alles bloß ins Werk gesetzt habe, um Honig zu genießen. Glaube mir, Torquatus, wir sind zu Höherem und Großartigerem geboren, und dies nicht nur auf der Seite der Seele, die sich an zahllose Dinge erinnern kann, und du sogar an unendlich viele; sie besitzt auch die Fähigkeit, aus dem Gegenwärtigen das Künftige zu erschließen, eine Fähigkeit, die von der Sehergabe kaum verschieden ist; sie hat auch die Selbstzucht, die die Begierden zügelt, ebenso die Gerechtigkeit als treue Hüterin der menschlichen Gemeinschaft; ebenso bewahrt sie angesichts von Mühsalen und Gefahren eine sichere und beständige Verachtung des Schmerzes und des Todes. Dies also findet sich alles in der Seele; du mußt aber auch die Körperglieder und die Sinnesorgane berücksichtigen, die sich dir, wie die übrigen Teile des Körpers, nicht nur als Begleiter, sondern auch als Diener der Tugenden erweisen werden. Gibt es nicht am Körper selbst viele Dinge, die der Lust vorzuziehen sind, wie Kraft, Gesundheit, Schnelligkeit und Schönheit? Wie wird es dann bei der Seele sein? Die gelehrtesten unter den alten Philosophen haben angenommen, daß in der Seele etwas Überirdisches und Göttliches wohne.

Wenn die Lust das höchste Gut wäre, wie ihr sagt, dann wäre es auch das Wünschbarste, sich ohne Unterbrechung Tag und Nacht in der größten Lust aufzuhalten, derart, daß alle Sinnesorgane, von aller Süßigkeit gewissermaßen durchflossen, ununterbrochen in Bewegung wären. Wer ist aber des Namens eines Menschen würdig, der auch nur einen einzigen Tag lang in dieser Art von Lust leben wollte? Die Kyrenaiker verschmähen dies nicht; ihr seid da zurückhaltender, jene aber vielleicht konsequenter. Wir wollen aber nun im Geiste nicht jene höchsten Tätigkeiten überschauen, von denen unsere Vorfahren sagten, diejenigen, die sie nicht pflegten, seien „tatenlos". Ich frage dich vielmehr, ob du wirklich glaubst, es hätten nicht etwa Homer, Archilochos und Pindar, sondern Phidias, Polyklet und Zeuxis ihre Kunst nur um der Lust willen ausgeübt? Wird sich ein Handwer-

quam civis excellens ad factorum pulchritudinem?

Quae autem est alia causa erroris tanti tam longe lateque diffusi, nisi quod is, qui voluptatem summum bonum esse decernit, non cum ea parte animi, ⟨in⟩ qua inest ratio atque consilium, sed cum cupiditate, id est cum animi levissima parte, deliberat? quaero enim de te, si sunt di, ut vos etiam putatis, qui possint esse beati, cum voluptates corpore percipere non possint, aut, si sine eo genere voluptatis beati sint, cur similem animi usum in sapiente esse nolitis.

Lege laudationes, Torquate, non eorum, qui sunt ab Homero laudati, non Cyri, non Agesilai, non Aristidi aut Themistocli, non Philippi aut Alexandri, lege nostrorum hominum, lege vestrae familiae; neminem videbis ita laudatum, ut artifex callidus comparandarum voluptatum diceretur. non elogia monimentorum id significant, velut hoc ad portam ⟨Capenam⟩: 'Hunc unum plurimae consentiunt gentes populi primarium fuisse virum.' Idne consensisse de Calatino plurimas gentis arbitramur, primarium populi fuisse, quod praestantissimus fuisset in conficiendis voluptatibus? ergo in iis adolescentibus bonam spem esse dicemus et magnam indolem, quos suis commodis inservituros et quicquid ipsis expediat facturos arbitrabimur? nonne videmus quanta perturbatio rerum omnium consequatur, quanta confusio? tollitur beneficium, tollitur gratia, quae sunt vincla concordiae. nec enim, cum tua causa cui commodes, beneficium illud habendum est, sed faeneratio, nec gratia deberi videtur ei, qui sua causa commodaverit. maximas vero virtutes iacere omnis necesse est voluptate dominante. sunt etiam turpitudines plurimae, quae, nisi

ker ein höheres Ziel stecken, wenn er schöne Gestalten schafft, als ein tüchtiger Bürger, wenn er schöne Taten vollbringt?

Was ist die Ursache eines so großen und so weit verbreiteten Irrtums außer dieser, daß derjenige, der beschließt, die Lust sei das höchste Gut, in seinen Überlegungen nicht von jenem Teil der Seele ausgeht, in dem Vernunft und Klugheit sitzen, sondern nur von der Begierde, also dem unbedeutendsten Teil der Seele? Ich frage dich nämlich auch: Wenn es Götter gibt, wie sogar ihr glaubt, wie können sie glückselig sein, da sie ja die körperliche Lust nicht zu genießen vermögen? Oder wenn sie auch ohne diese Art von Lust glückselig sind, warum laßt ihr eine ähnliche Tätigkeit der Seele nicht auch für den Weisen gelten?

Lies die Lobreden, Torquatus, nicht auf jene Männer, die Homer gepriesen hat, und nicht des Kyros, Agesilaos, nicht des Aristeides oder Themistokles, nicht Philipps oder Alexanders, sondern lies diejenigen unserer Leute, diejenigen aus deiner Familie. Du wirst keinen finden, der deswegen gelobt worden wäre, weil er sich im Verschaffen von Lust als besonders einfallsreich erwiesen hätte. Auch die Elogien auf Grabdenkmälern reden nicht davon, etwa dasjenige bei der Porta Capena: „Über ihn sind alle Nationen der Meinung, daß er allein der erste im Volke gewesen ist." Glauben wir denn, daß alle Nationen über Calatinus deswegen übereingestimmt haben, daß er der erste im Volk gewesen sei, weil er der erfolgreichste in der Zubereitung von Lust gewesen sei? Werden wir von bestimmten jungen Leuten sagen, daß wir Hoffnungen auf sie setzen und eine große Begabung erwarten, weil wir vermuten, daß sie ihren eigenen Vorteil bestens wahrnehmen und all das tun werden, was für sie nützlich sein könnte? Sehen wir denn nicht, welche Verwirrung aller Dinge daraus entsteht und welches Durcheinander? Man beseitigt die Großzügigkeit und die Dankbarkeit, die das Band der Eintracht bilden; denn dies ist gewiß keine Großzügigkeit, sondern Berechnung, wenn du in deinem eigenen Interesse einem anderen einen Gefallen tust; man ist auch demjenigen keine Dankbarkeit schuldig, der einem im eigenen Interesse einen Gefallen getan hat. So gehen die höchsten Tugenden zugrunde, wenn die Lust regiert. Umgekehrt gibt es viele schlechte Taten, von denen man, wenn die Tu-

honestas natura plurimum valeat, cur non cadant in sapientem non est facile defendere.

Ac ne plura complectar – sunt enim innumerabilia –, bene laudata virtus voluptatis aditus intercludat necesse est. quod iam a me expectare noli. tute introspice in mentem tuam ipse eamque omni cogitatione pertractans percontare ipse te perpetuisne malis voluptatibus perfruens in ea, quam saepe usurpabas, tranquillitate degere omnem aetatem sine dolore, adsumpto etiam illo, quod vos quidem adiungere soletis, sed fieri non potest, sine doloris metu, an, cum de omnibus gentibus optime mererere, cum opem indigentibus salutemque ferres, vel Herculis perpeti aerumnas. sic enim maiores nostri labores non fugiendos tristissimo tamen verbo aerumnas etiam in deo nominaverunt. elicerem ex te cogeremque, ut responderes, nisi vererer ne Herculem ipsum ea, quae pro salute gentium summo labore gessisset, voluptatis causa gessisse diceres.

Quae cum dixissem, Habeo, inquit Torquatus, ad quos ista referam, et, quamquam aliquid ipse poteram, tamen invenire malo paratiores.

Familiares nostros, credo, Sironem dicis et Philodemum, cum optimos viros, tum homines doctissimos.

Recte, inquit, intellegis.

Age sane, inquam. sed erat aequius Triarium aliquid de dissensione nostra iudicare.

Eiuro, inquit adridens, iniquum, hac quidem de re; tu enim ista lenius, hic Stoicorum more nos vexat.

gend nicht von Natur das größte Gewicht hat, nicht leicht beweisen kann, daß der Weise sie nicht tun darf.

Um nicht weiter auszuholen – man könnte nämlich noch zahllose Dinge nennen –, sei festgestellt, daß eine aufrichtig geschätzte Tugend notwendigerweise der Lust jeden Zugang versperrt. Erwarte von mir nicht, daß ich dir noch mehr Belege vorführe. Blicke vielmehr du selbst in dein eigenes Inneres, prüfe es mit der größten Aufmerksamkeit und überlege bei dir selbst, ob du es vorziehst, dauernde Lust zu genießen und dein ganzes Leben in jener Ruhe zu verbringen, die du so oft für dich in Anspruch genommen hast, ohne Schmerz und auch ohne Angst vor dem Schmerz, wie ihr es immer beizufügen pflegt, obschon dies nicht erreicht werden kann, oder ob du lieber dich um alle Völker verdient machen und den Bedrängten Hilfe und Rettung bringen willst, auch wenn du dabei alle „Mühsale des Herakles" zu erdulden hast. So haben nämlich unsere Vorfahren die Pflichten, die man nicht zurückweisen darf, mit dem schlimmen Wort „Mühsale" bezeichnet und dies sogar bei einem Gotte. Ich würde dich bedrängen und dich zwingen zu antworten, wenn ich nicht fürchten müßte, du würdest erwidern, daß auch Herakles die Taten, die er für das Heil der Menschheit unter größter Anstrengung vollbracht hat, um seiner Lust willen unternommen habe.

Nachdem ich das gesagt hatte, bemerkte Torquatus: „Ich habe Freunde, denen ich dies berichten werde, und obschon ich selber etwas dazu sagen könnte, ziehe ich es doch vor, auf andere zu warten, die besser vorbereitet sind."

„Ich nehme an, du meinst unsere Freunde Siron und Philodem, beide ausgezeichnete Männer und aufs beste gebildet."

„Richtig", sagte er.

„Nun, tue dies", antwortete ich, „aber es wäre korrekt, daß nun auch Triarius ein Urteil über unsere Meinungsverschiedenheit abgibt."

Torquatus lachte und sagte: „Ich bitte dich, dies wäre gerade unkorrekt, jedenfalls in dieser Sache; denn du bringst deine Einwände freundlich vor, aber er wird uns in der Art der Stoiker heftig angreifen."

Tum Triarius: Posthac quidem, inquit, audacius. nam haec ipsa mihi erunt in promptu, quae modo audivi, nec ante aggrediar, quam te ab istis, quos dicis, instructum videro.

Quae cum essent dicta, finem fecimus et ambulandi et disputandi.

Darauf Triarius: „Ich werde etwas später mit größerer Entschiedenheit reden. Denn im Augenblick könnte ich nur dasselbe erwidern, was ich soeben gehört habe; ich werde auch nicht eher eingreifen, als bis ich gesehen habe, daß du von jenen, die du erwähnt hast, mit neuen Argumenten versehen worden bist."

Nachdem wir dies gesagt hatten, hörten wir auf, auf und ab zu gehen und zu diskutieren.

LIBER TERTIUS

Voluptatem quidem, Brute, si ipsa pro se loquatur nec tam pertinaces habeat patronos, concessuram arbitror convictam superiore libro dignitati. etenim sit inpudens, si virtuti diutius repugnet, aut si honestis iucunda anteponat aut pluris esse contendat dulcedinem corporis ex eave natam laetitiam quam gravitatem animi atque constantiam. quare illam quidem dimittamus et suis se finibus tenere iubeamus, ne blanditiis eius inlecebrisque impediatur disputandi severitas. quaerendum est enim, ubi sit illud summum bonum, quod reperire volumus, quoniam et voluptas ab eo remota est, et eadem fere contra eos dici possunt, qui vacuitatem doloris finem bonorum esse voluerunt, nec vero ullum probetur ⟨oportet⟩ summum bonum, quod virtute careat, qua nihil potest esse praestantius. itaque quamquam in eo sermone, qui cum Torquato est habitus, non remissi fuimus, tamen haec acrior est cum Stoicis parata contentio. quae enim de voluptate dicuntur, ea nec acutissime nec abscondite disseruntur; neque enim qui defendunt eam versuti in disserendo sunt nec qui contra dicunt causam difficilem repellunt. ipse etiam dicit Epicurus ne argumentandum quidem esse de voluptate, quod sit positum iudicium eius in sensibus, ut commoneri nos satis sit, nihil attineat doceri. quare illa nobis simplex fuit in utramque partem disputatio. nec enim in Torquati sermone quicquam implicatum aut tortuosum fuit, nostraque, ut mihi videtur, dilucida oratio. Stoicorum autem non ignoras quam sit subtile vel spinosum potius disserendi genus, idque cum Graecis tum

1

2

3

DRITTES BUCH

Wenn die Lust ihre Sache selbst zu vertreten hätte und nicht so hartnäckige Anwälte hätte, so hätte sie, wie ich denke, Brutus, nun der Tugend nachgegeben und sich durch das vorangehende Buch für besiegt erklärt. Es wäre doch schamlos, sich noch länger der Tugend zu widersetzen, das Angenehme dem Edlen vorzuziehen oder schließlich die süße Empfindung des Körpers und die aus dieser entstehende Heiterkeit höher zu schätzen als den Ernst und die Festigkeit der Seele. Also wollen wir sie jetzt entlassen und sie nur auffordern, sich in ihren Grenzen zu halten, damit nicht durch ihre Schmeicheleien und Verführungen die Strenge der Diskussion gestört werde. Wir müssen also abermals fragen, wo jenes höchste Gut ist, das wir finden wollen, da ja nun die Lust ausgeschaltet ist und dasselbe auch gegen jene gesagt werden kann, die die Schmerzlosigkeit für das höchste Gut gehalten haben; wir werden überhaupt keine Bestimmung des höchsten Gutes annehmen, in der die Tugend fehlt, die doch das vollkommenste aller Güter ist. Obschon ich in der Diskussion mit Torquatus mich keineswegs habe gehenlassen, wird dennoch die bevorstehende Auseinandersetzung mit den Stoikern härter sein. Was man nämlich über die Lust sagt, ist weder besonders scharfsinnig noch besonders dunkel; denn auch diejenigen, die diese These verteidigen, sind in der Diskussion nicht gerade gewandt, und wer widerspricht, stößt auf keine großen Schwierigkeiten. Epikur sagt selber, es sei nicht nötig, für die Lust Beweise anzuführen, da ja das Urteil über sie bei den Sinnesorganen liege; es genüge also, uns aufmerksam zu machen, Belehrung sei überflüssig. So war denn die Auseinandersetzung nach beiden Richtungen hin einfach. Weder war an der Rede des Torquatus irgend etwas kompliziert oder verwickelt, und meine eigene Rede war, wie mir scheint, völlig klar. Du weißt aber selber sehr wohl, wie subtil oder geradezu dornig die Ausführungen der Stoiker sind; dies

magis nobis, quibus etiam verba parienda sunt inponendaque nova rebus novis nomina.

Quod quidem nemo mediocriter doctus mirabitur cogitans in omni arte, cuius usus vulgaris communisque non sit, multam novitatem nominum esse, cum constituantur earum rerum vocabula, quae in quaque arte versentur. itaque et dialectici et physici verbis utuntur iis, quae ipsi Graeciae nota non sint, geometrae vero et musici, grammatici etiam more quodam loquuntur suo. ipsae rhetorum artes, quae sunt totae forenses atque populares, verbis tamen in docendo quasi privatis utuntur ac suis.

Atque ut omittam has artis elegantes et ingenuas, ne opifices quidem tueri sua artificia possent, nisi vocabulis uterentur nobis incognitis, usitatis sibi. quin etiam agri cultura, quae abhorret ab omni politiore elegantia, tamen eas res, in quibus versatur, nominibus notavit novis. quo magis hoc philosopho faciendum est. ars est enim philosophia vitae, de qua disserens arripere verba de foro non potest.

Quamquam ex omnibus philosophis Stoici plurima novaverunt, Zenoque, eorum princeps, non tam rerum inventor fuit quam verborum novorum. quodsi in ea lingua, quam plerique uberiorem putant, concessum a Graecia est ut doctissimi homines de rebus non pervagatis inusitatis verbis uterentur, quanto id nobis magis est concedendum, qui ea nunc primum audemus attingere? et quoniam saepe diximus, et quidem cum aliqua querela non Graecorum modo, sed eorum etiam, qui se Graecos magis quam nostros haberi volunt, nos non modo non vinci a Graecis verborum copia, sed esse in ea etiam superiores, elaborandum est ut hoc non in nostris solum artibus, sed etiam

schon für die Griechen und noch viel mehr für uns; wir müssen neue Wörter schaffen und den neuen Gedanken neue Namen geben.

Allerdings wird niemand, der auch nur einigermaßen gebildet ist, sich darüber wundern, wenn er bedenkt, daß bei jeder Wissenschaft, die nicht allgemein bekannt ist und gepflegt wird, eine Menge neuer Wörter vorkommt, da für alle Gegenstände, um die es sich jeweils handelt, bestimmte Bezeichnungen festgesetzt werden müssen. So verwenden auch die Dialektiker und Physiker Begriffe, die selbst den Griechen nicht geläufig sind; ebenso reden die Geometer, Musiker und Grammatiker jeder auf seine Weise. Auch die rhetorischen Künste, die doch ganz dem Forum und dem Volke dienen, benützen beim Unterricht ihre eigene und besondere Terminologie.

Abgesehen von diesen gepflegten und vornehmen Tätigkeiten könnten selbst nicht einmal die Handwerker ihre Arbeit ordentlich verrichten, wenn sie nicht Fachworte verwendeten, die bei ihnen üblich, uns aber unbekannt sind. Sogar die Landwirtschaft, die doch mit höherer Bildung nichts zu tun hat, hat für die Dinge, mit denen sie umgeht, ihre eigenen Begriffe geschaffen. Um so eher muß dies die Philosophie tun. Denn die Philosophie ist die Wissenschaft vom Leben, und wer über sie spricht, kann sich nicht einfach der auf dem Forum üblichen Sprache bedienen.

Allerdings haben von allen Philosophen die Stoiker am meisten Neuerungen eingeführt, und Zenon, ihr Haupt, war nicht so sehr ein Entdecker neuer Sachen als vielmehr ein Erfinder neuer Wörter. Wenn es nun in jener Sprache, die die meisten Leute für reicher halten als die unsrige, auch von den Griechen zugestanden wurde, daß die gelehrtesten Männer in ungewohnten Bereichen bisher ungebräuchliche Wörter verwendeten, um wieviel eher muß man dies uns zubilligen, die wir als erste es wagen, solche Dinge zu behandeln? Ich habe zwar oft gesagt (nicht ohne Protest, nicht nur von Seiten der Griechen, sondern auch von Römern, die eher für Griechen gehalten als sie selbst sein wollen), daß wir an sprachlicher Fülle nicht nur von den Griechen nicht übertroffen würden, sondern ihnen sogar überlegen seien; um so mehr müssen wir uns anstrengen, diese Überlegenheit nicht nur

in illorum ipsorum adsequamur. quamquam ea verba, quibus instituto veterum utimur pro Latinis, ut ipsa philosophia, ut rhetorica, dialectica, grammatica, geometria, musica, quamquam Latine ea dici poterant, tamen, quoniam usu percepta sunt, nostra ducamus.

Atque haec quidem de rerum nominibus. de ipsis rebus autem saepenumero, Brute, vereor ne reprehendar, cum haec ad te scribam, qui cum in philosophia, tum in optimo genere philosophiae tantum processeris. quod si facerem quasi te erudiens, iure reprehenderer. sed ab eo plurimum absum neque, ut ea cognoscas, quae tibi notissima sunt, ad te mitto, sed quia facillime in nomine tuo adquiesco, et quia te habeo aequissimum eorum studiorum, quae mihi communia tecum sunt, existimatorem et iudicem.

Attendes igitur, ut soles, diligenter eamque controversiam diiudicabis, quae mihi fuit cum avunculo tuo, divino ac singulari viro. nam in Tusculano cum essem vellemque e bibliotheca pueri Luculli quibusdam libris uti, veni in eius villam, ut eos ipse, ut solebam, depromerem. quo cum venissem, M. Catonem, quem ibi esse nescieram, vidi in bibliotheca sedentem multis circumfusum Stoicorum libris. erat enim, ut scis, in eo aviditas legendi, nec satiari poterat, quippe qui ne reprehensionem quidem vulgi inanem reformidans in ipsa curia soleret legere saepe, dum senatus cogeretur, nihil operae rei publicae detrahens. quo magis tum in summo otio maximaque copia quasi helluari libris, si hoc verbo in tam clara re utendum est, videbatur. quod cum accidisset ut alter alterum necopinato vide-

in unseren eigenen Disziplinen, sondern auch in denen der Griechen selbst zu erreichen. Allerdings dürfen wir solche Worte, die wir nach dem Vorbild der Alten verwenden, als ob sie lateinische wären, wie Philosophie, Rhetorik, Dialektik, Grammatik, Geometrie, Musik (obschon dies alles auch auf Lateinisch hätte gesagt werden können), da sie nun einmal eingebürgert sind, als Worte unserer Sprache betrachten.

Soviel zur Terminologie. Was die Sachen selbst angeht, so fürchte ich immer wieder, Brutus, man würde mich tadeln, wenn ich dir eine solche Untersuchung widme, dir, der du in der Philosophie im allgemeinen und in ihrer wichtigsten Richtung so große Fortschritte gemacht hast. Der Tadel wäre berechtigt, wenn ich schriebe, als ob ich dich belehren wollte. Dies ist aber nicht im mindesten meine Absicht, und ich schicke dir diese Dinge, die dir vollständig bekannt sind, nicht, damit du sie kennenlernst, sondern weil mir dein Name am meisten Sicherheit verleiht und ich an dir denjenigen Freund habe, der die Studien, die wir beide gepflegt haben, am besten zu schätzen und am richtigsten zu beurteilen vermag.

Du wirst also, wie du immer zu tun pflegst, aufmerksam lesen, und mit Sorgfalt über jene Diskussion urteilen, die ich einmal mit deinem Oheim, einem bewundernswerten und einzigartigen Mann, geführt habe. Als ich nämlich in meiner Villa in Tusculum war und in der Bibliothek des jungen Lucullus einige Bücher einsehen wollte, begab ich mich dorthin, um sie mir selbst, wie ich zu tun pflegte, auszusuchen. Als ich dort ankam, fand ich Cato, von dem ich nicht wußte, daß er dort war, in der Bibliothek sitzend von einem Haufen stoischer Bücher rings umgeben. Denn er hatte, wie du weißt, einen solchen Hunger nach Büchern und konnte sich an ihnen nicht sättigen, so daß er, ohne die nichtige Kritik von Leuten zu fürchten, oftmals sogar in der Kurie zu lesen pflegte, so lange, bis der Senat versammelt war, freilich ohne damit seine Pflicht dem Staate gegenüber zu verletzen. Um so mehr schien er damals im tiefen Frieden und in der größten Behaglichkeit die Bücher geradezu zu verschlingen, wenn man bei einer so edlen Beschäftigung ein solches Wort verwenden darf. Wie es nun geschah, daß wir uns beide gegenseitig unerwartet er-

remus, surrexit statim. deinde prima illa, quae in congressu solemus: Quid tu, inquit, huc? a villa enim, credo, et: Si ibi te esse scissem, ad te ipse venissem.

Heri, inquam, ludis commissis ex urbe profectus veni ad vesperum. causa autem fuit huc veniendi ut quosdam hinc libros promerem. et quidem, Cato, hanc totam copiam iam Lucullo nostro notam esse oportebit; nam his libris eum malo quam reliquo ornatu villae delectari. est enim mihi magnae curae – quamquam hoc quidem proprium tuum munus est –, ut ita erudiatur, ut et patri et Caepioni nostro et tibi tam propinquo respondeat. laboro autem non sine causa; nam et avi eius memoria moveor – nec enim ignoras, quanti fecerim Caepionem, qui, ut opinio mea fert, in principibus iam esset, si viveret –, et Lucullus mihi versatur ante oculos, vir cum virtutibus omnibus excellens, tum mecum et amicitia et omni voluntate sententiaque coniunctus.

Praeclare, inquit, facis, cum et eorum memoriam tenes, quorum uterque tibi testamento liberos suos commendavit, et puerum diligis. quod autem meum munus dicis non equidem recuso, sed te adiungo socium. addo etiam illud, multa iam mihi dare signa puerum et †pudoris† et ingenii, sed aetatem vides. 9

Video equidem, inquam, sed tamen iam infici debet iis artibus, quas si, dum est tener, conbiberit, ad maiora veniet paratior.

Sic, et quidem diligentius saepiusque ista loquemur inter nos agemusque communiter. sed residamus, inquit, si placet. Itaque fecimus.

blickten, stand er sofort auf. Wir sagten zuerst einige Worte, wie man bei einer Begegnung zu tun pflegt, dann fragte er: „Wie kommst du hierher? Ich denke von deiner Villa", und er fügte bei: „Wenn ich gewußt hätte, daß du dort bist, wäre ich selbst zu dir gekommen."

Darauf erwiderte ich: „Ich habe gestern nach Abschluß der Ludi Romani die Stadt verlassen und bin am Abend in meiner Villa angelangt. Der Anlaß, hierher zu kommen, war der, daß ich mir hier einige Bücher holen wollte. Ich meine allerdings, Cato, daß diese ganze Masse auch unserem Lucullus wird vertraut werden müssen; denn mir liegt daran, daß er sich mehr an diesen Büchern erfreut als an der übrigen Ausstattung der Villa. Es ist mir eine große Sorge – obschon dies streng genommen deine Aufgabe ist –, daß er so erzogen wird, daß er seinem Vater und unserem Caepio, und dir, der du ihm so nahe stehst, gleichkommt. Dies beunruhigt mich nicht ohne Grund; denn die Erinnerung an seinen Großvater bewegt mich – du weißt ja, wie hoch ich Caepio geschätzt habe, der meiner Meinung nach jetzt schon zu den führenden Männern gehören würde, wenn er noch lebte –, und auch Lucullus steht mir vor Augen, ein Mann, ausgezeichnet in allen Tugenden und mit mir durch Freundschaft und in allen seinen Neigungen und Überzeugungen verbunden."

„Du hast recht", sagte er, „die Erinnerung an jene beiden zu pflegen, von denen jeder in seinem Testament dir seine Kinder ans Herz gelegt hat, und den jungen Mann zu lieben. Was du meine Aufgabe nennst, weise ich keineswegs zurück, möchte dich aber an ihr beteiligen. Ich füge noch bei, daß der Junge schon viele Anzeichen eines bescheidenen Charakters und guter Begabung aufweist, aber wie du siehst, ist er noch sehr jung."

„Ich sehe es in der Tat", sagte ich. „Aber man wird ihm doch schon jene Bildung beibringen müssen, ohne die er, wenn er sie nicht jetzt im zarten Alter in sich aufgenommen hat, für die größeren Aufgaben später nicht genügend vorbereitet sein wird."

„Ich bin einverstanden, und über diesen Punkt werden wir noch ausführlicher und öfters unter uns reden und dann gemeinsam handeln müssen. Aber jetzt wollen wir uns setzen, wenn es dir recht ist." So taten wir.

Tum ille: Tu autem cum ipse tantum librorum habeas, quos hic tandem requiris?

Commentarios quosdam, inquam, Aristotelios, quos hic sciebam esse, veni ut auferrem, quos legerem, dum essem otiosus; quod quidem nobis non saepe contingit.

Quam vellem, inquit, te ad Stoicos inclinavisses! erat enim, si cuiusquam, certe tuum nihil praeter virtutem in bonis ducere.

Vide, ne magis, inquam, tuum fuerit, cum re idem tibi, quod mihi, videretur, non nova te rebus ⟨notissimis⟩ nomina inponere. ratio enim nostra consentit, pugnat oratio.

Minime vero, inquit ille, consentit. quicquid enim praeter id, quod honestum sit, expetendum esse dixeris in bonisque numeraveris, et honestum ipsum quasi virtutis lumen extinxeris et virtutem penitus everteris.

Dicuntur ista, Cato, magnifice, inquam, sed videsne verborum gloriam tibi cum Pyrrhone et cum Aristone, qui omnia exaequant, esse communem? de quibus cupio scire quid sentias.

Egone quaeris, inquit, quid sentiam? quos bonos viros, fortes, iustos, moderatos aut audivimus in re publica ⟨nostra⟩ fuisse aut ipsi vidimus, qui sine ulla doctrina naturam ipsam secuti multa laudabilia fecerunt, eos melius a natura institutos fuisse, quam institui potuissent a philosophia, si ullam aliam probavissent praeter eam, quae nihil aliud in bonis haberet nisi honestum, nihil nisi turpe in malis; ceterae philosophorum disciplinae, omnino alia magis alia, sed tamen omnes, quae rem ullam virtutis expertem aut in bonis aut in malis numerent, eas non modo nihil adiuvare arbitror neque firmare, quo meliores simus, sed ipsam depravare naturam. nam nisi hoc optinea-

Darauf begann jener: „Aber welche Bücher suchst du denn hier, wo du doch selber so viele besitzest?"

„Ich suche einige Studien des Aristoteles", erwiderte ich, „von denen ich wußte, daß sie hier sind. So kam ich, sie zu holen, um sie zu lesen, solange ich Ruhe habe, was bei mir nicht oft der Fall ist."

„Wie sehr wünschte ich", sagte er, „daß du deine Sympathie den Stoikern zuwendetest. Denn wenn überhaupt jemand, so wärest du zu der Überzeugung verpflichtet, daß es außer der Tugend kein Gut gibt."

„Wäre es nicht vielmehr", antwortete ich, „deine Pflicht, da du in den Sachen selbst derselben Meinung bist wie ich, nicht den bekannten Dingen bloß neue Namen zu geben. Denn unsere Ansichten stimmen überein, nur unsere Worte sind verschieden."

„Sie stimmen keineswegs überein", sagte er, „denn wenn du auch nur irgend etwas außer der Tugend als erstrebenswert bezeichnest und zu den Gütern zählst, so wirst du das Edle selber, das sozusagen das Licht der Tugend ist, auslöschen und die Tugend vollständig umstürzen."

„Dies ist großartig gesagt, Cato; aber siehst du, daß du diese glänzende Formel mit Pyrrhon und Ariston, die alles nivellieren, gemeinsam hast? Es würde mich interessieren, zu erfahren, wie du über sie denkst."

„Du fragst mich, wie ich denke? Ich bin der Meinung, daß alle tüchtigen, tapferen, gerechten, bescheidenen Männer in unserem Staat, von denen wir gehört oder die wir selbst gesehen haben und die ohne irgendwelche Belehrung der Natur selbst gehorchten und viel Rühmenswertes geleistet haben, durch die Natur besser gebildet worden sind, als sie durch die Philosophie hätten gebildet werden können, wenn sie sich an irgendeine andere Philosophie angeschlossen hätten als an diejenige, die nur das Edle als gut anerkennt, nur das Gemeine als schlecht; alle andern philosophischen Systeme, die einen mehr, die anderen weniger, aber trotzdem alle, die irgendeine Sache, die mit der Tugend nichts zu tun hat, unter die Güter oder Übel rechnen, sind nicht nur keine Hilfe und keine Stärkung auf dem Weg, besser zu werden, sondern sie verderben geradezu die Natur. Wenn wir nicht beweisen,

tur, id solum bonum esse, quod honestum sit, nullo modo probari possit beatam vitam virtute effici. quod si ita sit, cur opera philosophiae sit danda nescio. si enim sapiens aliquis miser esse possit, ne ego istam gloriosam memorabilemque virtutem non magno aestimandam putem.

Quae adhuc, Cato, a te dicta sunt, eadem, inquam, dicere posses, si sequerere Pyrrhonem aut Aristonem. nec enim ignoras his istud honestum non summum modo, sed etiam, ut tu vis, solum bonum videri. quod si ita est, sequitur id ipsum, quod te velle video, omnes semper beatos esse sapientes. hosne igitur laudas et hanc eorum, inquam, sententiam sequi nos censes oportere?

Minime vero istorum quidem, inquit. cum enim virtutis hoc proprium sit, earum rerum, quae secundum naturam sint, habere delectum, qui omnia sic exaequaverunt, ut in utramque partem ita paria redderent, uti nulla selectione uterentur, hi virtutem ipsam sustulerunt.

Istud quidem, inquam, optime dicis, sed quaero nonne tibi faciendum idem sit nihil dicenti bonum, quod non rectum honestumque sit, reliquarum rerum discrimen omne tollenti.

Si quidem, inquit, tollerem, sed relinquo.

Quonam modo? inquam. si una virtus, unum istud, quod honestum appellas, rectum, laudabile, decorum – erit enim notius quale sit pluribus notatum vocabulis idem declarantibus –, id ergo, inquam, si solum est bonum, quid habebis praeterea, quod sequare? aut, si nihil malum, nisi quod turpe, inhonestum, indecorum, pravum, flagitiosum, foedum – ut hoc quoque pluribus nominibus insigne faciamus –, quid praeterea dices esse fugiendum?

Non ignoranti tibi, inquit, quid sim dicturus, sed aliquid, ut ego suspicor, ex mea brevi responsione ar-

daß nur das gut ist, was edel ist, wird auf keine Weise gefolgert werden können, daß die Tugend allein die Glückseligkeit verschafft. Wäre kein Beweis möglich, so würde ich nicht verstehen, wozu man sich überhaupt um die Philosophie bemühen sollte. Wenn nämlich irgendein Weiser unselig werden könnte, würde ich nicht einmal jene vielgerühmte und vielgenannte Tugend besonders hoch schätzen."

„Was du, Cato, bisher gesagt hast, hättest du auch als Anhänger des Pyrrhon oder Ariston sagen können. Denn du weißt genau, daß diese das Edle nicht nur für das höchste, sondern auch, wie du behauptest, für das einzige Gute halten. Wenn das so ist, dann folgt in der Tat, was du selbst anstrebst, daß alle Weisen dauernd glückselig sind. Billigst du also diese Philosophen und bist der Meinung, daß wir ihrer These folgen sollten?"

„Ganz sicher nicht", antwortete er. „Es ist nämlich die besondere Aufgabe der Tugend, aus den Dingen, die naturgemäß sind, die richtige Auswahl zu treffen. Wer aber alles derart nivelliert, daß die Gewichte auf beiden Seiten so völlig gleich verteilt sind, daß keine Wahl stattfinden kann, der beseitigt die Tugend selber."

„Dies ist ausgezeichnet formuliert. Aber mußt du nicht selber jener Ansicht beistimmen, wenn du sagst, nur das Rechte und Edle sei gut, und wenn du jede Differenzierung unter den übrigen Dingen beseitigst?"

„Gewiß, wenn ich sie beseitigte, aber ich tue das nicht; ich lasse sie bestehen."

„Wie denn? Wenn nur die Tugend allein, nur das, was du das Edle nennst, das Rechte, Lobenswerte und Schickliche – denn wir werden leichter begreifen, was gemeint ist, wenn wir dieselbe Sache mit mehreren Worten umschreiben –, wenn also nur das gut ist, wonach könntest du dich dann im übrigen richten? Und wiederum, wenn nichts schlecht ist, außer dem Gemeinen, Unedlen, Unschicklichen, Verdorbenen, Verwerflichen, Widerwärtigen – um auch dies mit mehreren Namen deutlich zu machen –, was gibt es dann noch, was zu meiden wäre?"

„Du weißt ja sehr wohl, was ich antworten werde, aber ich habe den Verdacht, daß du aus meinen kurzen Antworten einfach

ripere cupienti non respondebo ad singula, explicabo potius, quoniam otiosi sumus, nisi alienum putas, totam Zenonis Stoicorumque sententiam.

Minime id quidem, inquam, alienum, multumque ad ea, quae quaerimus, explicatio tua ista profecerit.

Experiamur igitur, inquit, etsi habet haec Stoicorum ratio difficilius quiddam et obscurius. nam cum in Graeco sermone haec ipsa quondam rerum nomina novarum ⟨nova ferenda esse⟩ non videbantur, quae nunc consuetudo diuturna trivit, quid censes in Latino fore?

Facillimum id quidem est, inquam. si enim Zenoni licuit, cum rem aliquam invenisset inusitatam, inauditum quoque ei rei nomen inponere, cur non liceat Catoni? nec tamen exprimi verbum e verbo necesse erit, ut interpretes indiserti solent, cum sit verbum, quod idem declaret, magis usitatum. equidem soleo etiam quod uno Graeci, si aliter non possum, idem pluribus verbis exponere. et tamen puto concedi nobis oportere ut Graeco verbo utamur, si quando minus occurret Latinum, ne hoc ephippiis et acratophoris potius quam proëgmenis et apoproëgmenis concedatur; quamquam haec quidem praeposita recte et reiecta dicere licebit.

Bene facis, inquit, quod me adiuvas, et istis quidem, quae modo dixisti, utar potius Latinis, in ceteris subvenies, si me haerentem videbis.

Sedulo, inquam, faciam. sed 'fortuna fortis...'; quare conare, quaeso. quid enim possumus hoc agere divinius?

Placet his, inquit, quorum ratio mihi probatur, simulatque natum sit animal – hinc enim est ordiendum –, ipsum sibi conciliari et commendari ad se con-

einzelnes herausreißen möchtest. Also werde ich auf keine Einzelheit mehr antworten, sondern, da wir ja Zeit haben und wenn du nichts anderes zu tun hast, die gesamte Lehre Zenons und der Stoiker vortragen."

„Ich habe gewiß nichts anderes zu tun, und dein Vortrag wird sicher viel zur Klärung der Frage, die uns beschäftigt, beitragen können."

„Gut, dies wollen wir nun erproben. Allerdings enthält das System der Stoiker manches Schwierige und Dunkle. Wenn nämlich schon im Griechischen diese neuen Begriffe für neue Sachen unträgbar erschienen und erst später sich durch die lange Gewohnheit eingebürgert haben, wie wird das, denkst du, erst im Lateinischen sein?"

„Dies wird sehr leicht gehen", sagte ich. „Wenn es nämlich dem Zenon verstattet war, als er eine ungewohnte Sache entdeckte, ihr auch einen bis dahin unbekannten Namen zu geben, warum sollte dasselbe nicht dem Cato erlaubt sein? Es wird ja nicht nötig sein, wörtlich zu übersetzen, wie dies die ungewandten Übersetzer tun, während schon ein Wort zur Verfügung steht, das denselben Sinn hat und gebräuchlicher ist. Ich selbst jedenfalls pflege öfters das, was in einem einzigen griechischen Wort gesagt wird, in mehreren Worten auf Latein auszudrücken, wenn es nicht anders geht. Außerdem glaube ich, daß es uns erlaubt sein muß, das griechische Wort zu verwenden, wenn uns kein lateinisches einfällt. Warum sollten wir nur von Ephippia und Akratophoroi reden und nicht von Proegmena und Apoproegmena, obschon man durchaus dies auch ‚Vorgezogenes‘ und ‚Zurückgesetztes‘ nennen könnte."

„Gut, daß du mir hilfst, und ich werde lieber diese lateinischen Ausdrücke benutzen, die du soeben genannt hast; in anderen Fällen wirst du mir beistehen, wenn du mich in Verlegenheit siehst."

„Mit Vergnügen werde ich das tun. Aber den Tapferen ⟨hilft⟩ das Glück, also fange nur an; denn was könnten wir Schöneres tun?"

„Diejenigen, deren Lehre ich vertrete, erklären, daß das Lebewesen, sobald es geboren sei – denn an diesem Punkte muß man beginnen –, sich mit sich selbst vertraut mache und darauf achte,

servandum et ad suum statum eaque, quae conservantia sint eius status, diligenda, alienari autem ab interitu iisque rebus, quae interitum videantur adferre. id ita esse sic probant, quod ante, quam voluptas aut dolor attigerit, salutaria appetant parvi aspernenturque contraria, quod non fieret, nisi statum suum diligerent, interitum timerent. fieri autem non posset ut appeterent aliquid, nisi sensum haberent sui eoque se diligerent. ex quo intellegi debet principium ductum esse a se diligendo. (in principiis autem naturalibus [diligendi sui] plerique Stoici non putant voluptatem esse ponendam. quibus ego vehementer adsentior, ne, si voluptatem natura posuisse in iis rebus videatur, quae primae appetuntur, multa turpia sequantur.)

Satis esse autem argumenti videtur quam ob rem illa, quae prima sunt adscita natura, diligamus, quod est nemo, quin, cum utrumvis liceat, aptas malit et integras omnis partis corporis quam, eodem usu, inminutas aut detortas habere.

Rerum autem cognitiones, quas vel comprehensiones vel perceptiones vel, si haec verba aut minus placent aut minus intelleguntur, καταλήψεις appellemus licet, eas igitur ipsas propter se adsciscendas arbitramur, quod habeant quiddam in se quasi complexum et continens veritatem.

Id autem in parvis intellegi potest, quos delectari videamus, etiamsi eorum nihil intersit, si quid ratione per se ipsi invenerint. artis etiam ipsas propter se adsumendas putamus, cum quia sit in iis aliquid dignum adsumptione, tum quod constent ex cognitionibus et contineant quiddam in se ratione constitutum et via.

sich und seine Verfassung zu bewahren, seine Verfassung und das, was diese Verfassung zu bewahren vermag, zu lieben und sich umgekehrt abzuwenden von dem, was mit der Zerstörung droht, und von den Dingen, die die Zerstörung herbeizuführen scheinen. Sie beweisen dies damit, daß die Kinder, schon bevor sie von Lust oder Schmerz berührt werden, das Heilsame erstreben und das Gegenteil meiden. Dies würden sie nicht tun, wenn sie nicht ihre Verfassung liebten und deren Zerstörung fürchteten. Es wäre außerdem nicht möglich, daß sie etwas erstrebten, wenn sie nicht ein Bewußtsein von sich selbst hätten und deshalb sich selbst liebten. Daraus muß man folgern, daß die Selbstliebe den Ausgangspunkt bildet. Die meisten Stoiker sind der Meinung, daß zu den naturgemäßen Grundlagen die Lust nicht gehört. Diesen stimme ich entschieden zu. Wenn man nämlich zugesteht, daß die Natur die Lust unter jene Dinge aufgenommen habe, die als erste erstrebt werden, so folgt daraus viel Anstößiges.

Ein hinreichender Beweis dafür, daß wir das, was die Natur uns als erstes anbietet, lieben, besteht darin, daß es niemanden gibt, der es, wenn er die Wahl hätte, nicht vorzieht, alle Teile seines Körpers ganz und unverletzt zu besitzen, als dieselben Teile in einem verkümmerten oder verdrehten Zustand zu haben, auch wenn die Gebrauchsfähigkeit dieselbe bleibt.

Was die Erkenntnis angeht, die wir ‚Begreifen' und ‚Erfassen' nennen können, oder wenn uns diese Worte nicht gefallen oder unverständlich sind, dann als καταλήψεις bezeichnen mögen, so sind wir der Meinung, daß gerade sie um ihrer selbst willen gesucht wird. Denn sie hat in sich selbst etwas in sich Geschlossenes, was die Wahrheit enthält.

Dies kann schon an den Kindern beobachtet werden, an denen wir sehen, wie sie sich freuen, wenn sie durch eigene Überlegung etwas herausgefunden haben, auch wenn dieses ihnen keinen Nutzen bereitet. Wir meinen auch, daß die Wissenschaften um ihrer selbst willen angeeignet werden sollen, teils weil an ihnen etwas ist, was der Aneignung würdig ist, teils weil sie aus Erkenntnissen bestehen und in sich etwas enthalten, was methodisch herausgearbeitet worden ist.

A falsa autem adsensione magis nos alienatos esse quam a ceteris rebus, quae sint contra naturam, arbitrantur.

Iam membrorum, id est partium corporis, alia videntur propter eorum usum a natura esse donata, ut manus, crura, pedes, ut ea, quae sunt intus in corpore, quorum utilitas quanta sit a medicis etiam disputatur, alia autem nullam ob utilitatem quasi ad quendam ornatum, ut cauda pavoni, plumae versicolores columbis, viris mammae atque barba. haec dicuntur fortasse ieiunius; sunt enim quasi prima elementa naturae, quibus ubertas orationis adhiberi vix potest, nec equidem eam cogito consectari. verum tamen cum de rebus grandioribus dicas, ipsae res verba rapiunt; ita fit cum gravior, tum etiam splendidior oratio.

Est, ut dicis, inquam. sed tamen omne, quod de re bona dilucide dicitur, mihi praeclare dici videtur. istius modi autem res dicere ornate velle puerile est, plane autem et perspicue expedire posse docti et intellegentis viri.

Progrediamur igitur, quoniam, inquit, ab his principiis naturae discessimus, quibus congruere debent quae sequuntur. sequitur autem haec prima divisio: aestimabile esse dicunt – sic enim, ut opinor, appellemus – id, quod aut ipsum secundum naturam sit aut tale quid efficiat, ut selectione dignum propterea sit, quod aliquod pondus habeat dignum aestimatione, quam illi ἀξίαν vocant, contraque inaestimabile, quod sit superiori contrarium. initiis igitur ita constitutis, ut ea, quae secundum naturam sunt, ipsa propter se sumenda sint contrariaque item reicienda, primum est officium – id enim appello καθῆκον –, ut se conservet in naturae statu, deinceps ut ea teneat, quae secundum naturam sint, pellatque contraria. qua inventa selectione et item reiectione sequitur deinceps cum officio selectio, deinde ea perpetua, tum ad extremum constans consentaneaque naturae, in qua pri-

Sie sind außerdem überzeugt, daß uns die falsche Zustimmung weniger gemäß ist als alle anderen Dinge, die naturwidrig sind.

Von den Gliedern, also den Teilen des Körpers, scheinen die einen uns des Gebrauches wegen von der Natur gegeben zu sein, wie die Hände, Beine, Füße und alle inneren Organe, deren Nützlichkeit auch von den Ärzten hervorgehoben wird, die anderen ohne jede Nützlichkeit, sozusagen als Schmuck, wie das Rad des Pfaus, das schillernde Gefieder der Tauben, die Brustwarzen und der Bart beim Manne. Dies klingt vielleicht etwas trocken. Es handelt sich eben um die Grundlagen der Natur, über die sich kaum in gewählter Rede sprechen läßt. Ich habe auch gar nicht die Absicht, so zu reden. Wenn man über bedeutendere Dinge spricht, dann reißt uns die Sache selbst mit, und dann wird die Rede gewichtiger wie auch großartiger."

„Es ist, wie du sagst", bemerkte ich. „Mir scheint allerdings alles, was über einen bedeutenden Gegenstand klar gesagt wird, auch gut gesagt zu sein. Dergleichen Dinge in anspruchsvollem Stil zu behandeln, ist kindisch, aber sie klar und einleuchtend darlegen zu können, beweist einen gebildeten und klugen Mann."

„Jetzt wollen wir weiterschreiten", sagte er, „da wir nun von jenen Grundlagen der Natur ausgegangen sind, mit denen das Nachfolgende übereinstimmen muß. Es folgt jetzt eine erste Einteilung: Sie nennen wertvoll (so wollen wir es bezeichnen, denke ich) das, was entweder selber naturgemäß ist oder etwas Derartiges bewirkt, daß es wert ist, vorgezogen zu werden, weil es eben ein Gewicht hat, das Wertschätzung verdient, was sie ἀξία nennen; umgekehrt ist dasjenige wertlos, was das Gegenteil des eben Genannten ist. Wenn wir nun diese Grundlage gelegt haben, daß das, was naturgemäß ist, um seiner selbst willen vorgezogen und das Umgekehrte dementsprechend zurückgesetzt werden muß, so wird es die erste Aufgabe des Menschen (so will ich καθῆκον wiedergeben), sich selbst in der naturgemäßen Verfassung zu bewahren, dann das festzuhalten, was naturgemäß ist, und das Gegenteil zurückzuweisen. Steht dieses Vorziehen und Zurücksetzen fest, so folgt das Vorziehen als Aufgabe, und zwar als ein dauerndes und schließlich als ein unbedingt konstantes und mit der Natur übereinstimmendes Vorziehen. An diesem

mum inesse incipit et intellegi, quid sit, quod vere bonum possit dici. prima est enim conciliatio hominis ad ea, quae sunt secundum naturam. simul autem cepit intellegentiam vel notionem potius, quam appellant ἔννοιαν illi, viditque rerum agendarum ordinem et, ut ita dicam, concordiam, multo eam pluris aestimavit quam omnia illa, quae prima dilexerat. atque ita cognitione et ratione collegit, ut statueret in eo collocatum summum illud hominis per se laudandum et expetendum bonum, quod cum positum sit in eo, quod ὁμολογίαν Stoici, nos appellemus convenientiam, si placet, – cum igitur in eo sit id bonum, quo omnia referenda sint, honeste facta ipsumque honestum, quod solum in bonis ducitur, quamquam post oritur, tamen id solum vi sua et dignitate expetendum est; eorum autem, quae sunt prima naturae, propter se nihil est expetendum. cum vero illa, quae officia esse dixi, proficiscantur ab initiis naturae, necesse est ea ad haec referri, ut recte dici possit omnia officia eo referri, ut adipiscamur principia naturae, nec tamen ut hoc sit bonorum ultimum, propterea quod non inest in primis naturae conciliationibus honesta actio; consequens enim est et post oritur, ut dixi. est tamen ea ⟨quoque⟩ secundum naturam multoque nos ad se expetendam magis hortatur quam superiora omnia.

Sed ex hoc primum error tollendus est, ne quis sequi existimet, ut duo sint ultima bonorum. etenim, si cui propositum sit conliniare hastam aliquo aut sagittam, [sicut nos ultimum in bonis dicimus] ⟨et conveniet⟩ illi facere omnia, quae possit, ut conliniet, huic in eius modi similitudine omnia sunt facienda, ut conliniet; et tamen, ut omnia faciat, quo propositum adsequatur, sit hoc quasi ultimum, quale nos summum in vita bonum dicimus, illud autem, ut feriat, quasi seligendum, non expetendum.

Punkte beginnt zum ersten Mal das zu erscheinen und erkennbar zu werden, was das wahrhaft Gute genannt werden kann. Die erste Vertrautheit des Menschen zielt nämlich nur auf das Naturgemäße. Sobald der Mensch aber die Einsicht erworben hat oder eher den Begriff, den jene ἔννοια nennen, und sobald er die innere Ordnung der Aufgaben und sozusagen ihre Harmonie erblickt hat, dann wird er diese viel höher schätzen als alles, was er am Anfang geliebt hat. Erkenntnis und Überlegung werden ihn an den Punkt führen, an dem er feststellt, daß dort das höchste Gut des Menschen sei, das um seiner selbst willen gelobt und erstrebt werden müsse. Es beruht in dem, was die Stoiker ὁμολογία nennen, wir etwa, wenn es dir so recht ist, ‚Übereinstimmung' nennen können. Darin liegt also jenes Gute, auf das alles bezogen werden muß, das tugendgemäße Handeln und die Tugend selbst. Sie allein wird als gut bezeichnet; und obschon es erst später entsteht, ist es doch das einzige, was seiner Bedeutung und seinem Rang nach erstrebenswert ist. Von dem, was das erste Naturgemäße ist, ist nichts um seiner selbst willen erstrebenswert. Da nun jenes, was ich Aufgaben nannte, vom ursprünglich Naturgemäßen ausgeht, so muß dieses sich in solcher Weise darauf beziehen, daß man mit Recht sagen kann, alle Aufgaben bezögen sich darauf, daß wir das ursprünglich Naturgemäße erlangen; allerdings nicht in der Weise, daß dies das höchste Gut wäre; denn in dem, was uns ursprünglich und naturgemäß vertraut ist, ist das edle Handeln nicht eingeschlossen. Es kommt erst hinterher und wird, wie ich sagte, erst später sichtbar. Dennoch ist auch dieses Spätere naturgemäß und fordert uns viel mehr dazu auf, es zu erstreben, als alles Frühere.

An dieser Stelle muß man einen ersten Irrtum beseitigen, als wären zwei höchste Güter zu erstreben. Es verhält sich so wie mit jemandem, der die Lanze oder einen Pfeil auf ein bestimmtes Ziel richtet; er wird alles tun, was er kann, um dieses Ziel anzuvisieren. Eben dies, daß er alles tut, was an ihm liegt, um das Ziel zu erreichen, ist das Höchste und entspricht dem, was wir im Leben das höchste Gut nennen; dieser Mensch muß entsprechend einem solchen Vergleich alles tun, um zu treffen; daß er das Ziel aber wirklich trifft, dies ist zwar vorzuziehen, aber nicht zu erstreben.

Cum autem omnia officia a principiis naturae proficiscantur, ab isdem necesse est proficisci ipsam sapientiam. sed quem ad modum saepe fit, ut is, qui commendatus sit alicui, pluris eum faciat, cui commendatus sit, quam illum, a quo, sic minime mirum est primo nos sapientiae commendari ab initiis naturae, post autem ipsam sapientiam nobis cariorem fieri, quam illa sint, a quibus ad hanc venerimus.

Atque ut membra nobis ita data sunt, ut ad quandam rationem vivendi data esse appareant, sic appetitio animi, quae ὁρμή Graece vocatur, non ad quodvis genus vitae, sed ad quandam formam vivendi videtur data, itemque et ratio et perfecta ratio.

Ut enim histrioni actio, saltatori motus non quivis, sed certus quidam est datus, sic vita agenda est certo genere quodam, non quolibet; quod genus conveniens consentaneumque dicimus. nec enim gubernationi aut medicinae similem sapientiam esse arbitramur, sed actioni illi potius, quam modo dixi, et saltationi, ut in ipsa insit, non foris petatur extremum, id est artis effectio. et tamen est etiam aliqua cum his ipsis artibus sapientiae dissimilitudo, propterea quod in illis quae recte facta sunt non continent tamen omnes partes, e quibus constant; quae autem nos aut recta aut recte facta dicamus, si placet, illi autem appellant κατορθώματα, omnes numeros virtutis continent. sola enim sapientia in se tota conversa est, quod idem in ceteris artibus non fit. [Inscite autem medicinae et gubernationis ultimum cum ultimo sapientiae comparatur] sapientia enim et animi magnitudinem complectitur, ut omnia, quae homini accidant, infra se esse iudicet, et iustitiam; quod idem ceteris artibus non contingit. tenere autem virtutes eas ipsas, quarum modo feci mentionem, nemo poterit, nisi statu-

Da nun alle Aufgaben vom ursprünglich Naturgemäßen ausgehen, so muß notwendigerweise von eben daher auch die Weisheit ausgehen. Doch wie es öfters vorkommt, daß ein Mensch, der jemandem empfohlen ist, denjenigen, dem er empfohlen ist, höher schätzt, als den andern, der ihn empfohlen hat, genauso ist es keineswegs erstaunlich, daß wir zunächst vom ursprünglich Naturgemäßen der Weisheit empfohlen werden, dann aber die Weisheit selbst sehr viel höher schätzen als das, was uns zu ihr hingeführt hat.

Wie ferner unsere Glieder uns offensichtlich im Hinblick auf eine bestimmte Lebensform gegeben sind, so ist auch das Streben der Seele, das auf Griechisch ὁρμή heißt, augenscheinlich uns nicht im Hinblick auf irgendeine beliebige Art von Leben, sondern auf eine ganz bestimmte Lebensform gegeben. Dasselbe gilt von der Vernunft und der vollkommenen Vernunft.

Wie nämlich der Schauspieler nicht beliebig, sondern in bestimmter Weise zu reagieren hat, der Tänzer sich nicht irgendwie, sondern in bestimmter Weise bewegen soll, so muß auch das Leben auf eine bestimmte, keineswegs beliebige Weise geführt werden. Diese Weise nennen wir die in sich übereinstimmende. Wir glauben nämlich nicht, daß die Weisheit der Steuermannskunst oder der Medizin ähnlich ist, sondern vielmehr jenem Agieren, das ich soeben erwähnte, und dem Tanze, wo der Zweck, die Verwirklichung der Kunst, nicht außerhalb ihrer, sondern in der Verwirklichung selbst liegt. Immerhin besteht auch zwischen diesen Künsten und der Weisheit ein Unterschied, sofern in ihnen das richtig Ausgeführte nicht alle Möglichkeiten verwirklicht, die in der Kunst liegen; was wir aber Richtiges und richtig Gehandeltes nennen wollen und was sie als κατορθώματα bezeichnen, das umfaßt die Totalität der Tugend. Denn nur die Weisheit allein ist ganz auf sich selbst bezogen, was bei den anderen Künsten nicht der Fall ist. Die Weisheit umfaßt nämlich auch die Seelengröße als die Fähigkeit, alles, was dem Menschen zustoßen kann, als unter sich stehend abzuweisen, und ebenso die Gerechtigkeit; genau dies ist bei den übrigen Künsten nicht der Fall. Niemand kann aber jene Tugenden selbst, die ich soeben erwähnt habe, festhalten, wenn er nicht überzeugt ist, daß es keinen Ge-

erit nihil esse, quod intersit aut differat aliud ab alio, praeter honesta et turpia.

Videamus nunc, quam sint praeclare illa his, quae iam posui, consequentia. cum enim hoc sit extremum – sentis enim, credo, me iam diu, quod τέλος Graeci dicant, id dicere tum extremum, tum ultimum, tum summum; licebit etiam finem pro extremo aut ultimo dicere –, cum igitur hoc sit extremum, congruenter naturae convenienterque vivere, necessario sequitur omnes sapientes semper feliciter, absolute, fortunate vivere, nulla re impediri, nulla prohiberi, nulla egere. 26

Quod autem continet non magis eam disciplinam, de qua loquor, quam vitam fortunasque nostras, id est ut, quod honestum sit, id solum bonum iudicemus, potest id quidem fuse et copiose et omnibus electissimis verbis gravissimisque sententiis rhetorice et augeri et ornari, sed consectaria me Stoicorum brevia et acuta delectant. concluduntur igitur eorum argumenta sic: Quod est bonum, omne laudabile est; quod autem laudabile est, omne est honestum; bonum igitur quod est, honestum est. satisne hoc conclusum videtur? certe; quod enim efficiebatur ex iis duobus, quae erant sumpta, in eo vides esse conclusum. duorum autem, e quibus effecta conclusio est, contra superius dici solet non omne bonum esse laudabile. nam quod laudabile sit honestum esse conceditur. illud autem perabsurdum, bonum esse aliquid, quod non expetendum sit, aut expetendum, quod non placens, aut, si id, non etiam diligendum; ergo et probandum; ita etiam laudabile; id autem honestum. ita fit, ut, quod bonum sit, id etiam honestum sit. deinde quaero, quis aut de misera vita possit gloriari aut de non beata. de sola igitur beata. ex quo efficitur gloriatione, ut ita dicam, dignam esse beatam vitam, quod non possit nisi honestae vitae iure contingere. ita fit, 27 28

gensatz und keinen Unterschied gibt außer demjenigen zwischen dem Edlen und dem Gemeinen.

Jetzt wollen wir zeigen, wie einleuchtend das Folgende sich aus dem ergibt, was ich soeben dargelegt habe. Da das Äußerste dies ist – ich denke, du hast schon begriffen, daß ich schon lange das, was die Griechen ‚τέλος' nennen, als das Äußerste, Letzte, Höchste bezeichne; wir können auch für dieses Äußerste und Letzte das Wort ‚Ziel' verwenden –, da nun das Äußerste dies ist, in Übereinstimmung und Harmonie mit der Natur zu leben, so folgt daraus notwendig, daß alle Weisen stets glücklich, unabhängig und glückgesegnet leben, durch nichts gestört, durch nichts gehindert werden und an nichts Mangel leiden.

Was aber nicht nur für die Lehre, von der ich spreche, sondern auch für das Leben und unser Schicksal die Grundlage bildet, ist dies, daß wir nur das, was edel ist, für gut halten; dies könnte ausführlich und weitschweifig und mit den erlesensten Ausdrücken und gewichtigsten Formeln rhetorisch ausgebaut und geschmückt werden; doch mir gefallen die knappen und scharfen Schlußfolgerungen der Stoiker. Sie schließen nämlich auf folgende Weise: ‚Alles, was gut ist, ist lobenswert; alles, was lobenswert ist, ist edel; also ist alles, was gut ist, auch edel.' Scheint dir dies hinreichend schlüssig zu sein? Sicherlich. Denn, was sich aus den ersten beiden Annahmen ergab, das führte zum Schluß. Von den beiden ersten Annahmen, die zur Schlußfolgerung führten, pflegt der erste Satz bestritten zu werden, daß nämlich nicht alles Gute lobenswert ist. Denn der zweite, daß alles Lobenswerte edel sei, wird angenommen. Das folgende allerdings wäre völlig absurd, daß es etwas Gutes gebe, was nicht erstrebenswert wäre; oder daß etwas erstrebenswert wäre, was nicht gefällt; oder daß etwas gefällt, was man nicht liebt. Dann aber wird man es auch billigen, und dann ist es schließlich auch lobenswert; dies aber ist das Edle. Daraus ergibt sich, daß das, was gut ist, auch edel ist. Weiterhin frage ich, ob jemand auf ein elendes oder doch nicht glückseliges Leben stolz sein könne. Offenbar kann man nur auf ein glückseliges Leben stolz sein. Daraus ergibt sich, daß das glückselige Leben sozusagen des Stolzes würdig ist. Das kann nur für das edle Leben zutreffen, also ist das edle Leben gleichzeitig

ut honesta vita beata vita sit. et quoniam is, cui contingit ut iure laudetur, habet insigne quiddam ad decus et ad gloriam, ut ob ea, quae tanta sint, beatus dici iure possit, idem de vita talis viri rectissime dicetur. ita, si beata vita honestate cernitur, quod honestum est, id bonum solum habendum est. quid vero? negarine ullo modo possit ⟨numquam⟩ quemquam stabili et firmo et magno animo, quem fortem virum dicimus, effici posse, nisi constitutum sit non esse malum dolorem? ut enim qui mortem in malis ponit non potest eam non timere, sic nemo ulla in re potest id, quod malum esse decreverit, non curare idque contemnere. quo posito et omnium adsensu adprobato illud adsumitur, eum, qui magno sit animo atque forti, omnia, quae cadere in hominem possint, despicere ac pro nihilo putare. quae cum ita sint, effectum est nihil esse malum, quod turpe non sit. atque iste vir altus et excellens, magno animo, vere fortis, infra se omnia humana ducens, is, inquam, quem efficere volumus, quem quaerimus, certe et confidere sibi debet ac suae vitae et actae et consequenti et bene de sese iudicare statuens nihil posse mali incidere sapienti. ex quo intellegitur idem illud, solum bonum esse, quod honestum sit, idque esse beate vivere: honeste, id est cum virtute, vivere.

Nec vero ignoro varias philosophorum fuisse sententias, eorum dico, qui summum bonum, quod ultimum appello, in animo ponerent. quae quamquam vitiose quidam secuti sunt, tamen non modo iis tribus, qui virtutem a summo bono segregaverunt, cum aut voluptatem aut vacuitatem doloris aut prima naturae in summis bonis ponerent, sed etiam alteris tribus, qui mancam fore putaverunt sine aliqua accessione virtutem ob eamque rem trium earum rerum,

das glückselige Leben. Da ferner derjenige, dem es zukommt, mit Recht gelobt zu werden, etwas an sich hat, was Ehre und Ruhm anzeigt, so daß er wegen dieser so bedeutenden Eigenschaften mit Recht glückselig genannt werden kann, so gilt dasselbe in vollem Umfang auch vom Leben eines solchen Mannes. Wenn also die Glückseligkeit in der Tugend beruht, so kann nur das Edle für das Gute gehalten werden. Kann außerdem auf irgendeine Weise bestritten werden, daß niemals jemand zu jener sicheren, festen und großgesinnten Verfassung gelangen kann, die wir Tapferkeit nennen, wenn es nicht feststeht, daß der Schmerz kein Übel ist? Wie nämlich einer, der den Tod zu den Übeln rechnet, unmöglich den Tod nicht fürchten kann, so kann überhaupt niemand in irgendeiner Sache sich um das, was er für ein Übel zu halten entschlossen ist, nicht kümmern und es verachten. Steht dies fest, und ist dies durch die Zustimmung aller gesichert, so wird man folgern, daß derjenige, der von großer und tapferer Gesinnung ist, alles, was dem Menschen zustoßen könnte, verachten und für nichts halten wird. Wenn das so ist, so hat sich ergeben, daß es außer der Schlechtigkeit kein Übel gibt. Jener Mann, der überlegen und hervorragend ist, großgesinnt und wahrhaft tapfer und der alles Menschliche unter sich läßt, jener also – ich wiederhole es –, den wir herstellen wollen, den wir suchen, er wird sicherlich Vertrauen in sich selbst haben müssen, in sein Leben, sowohl das vergangene wie das künftige. Er wird richtig über sich selbst urteilen, wenn er überzeugt ist, daß dem Weisen kein Übel zustoßen kann. Damit ergibt sich abermals dasselbe, daß nur das gut ist, was edel ist, und daß eben darin das glückselige Leben besteht: edel, also mit der Tugend zu leben.

Ich weiß allerdings, daß es unter den Philosophen verschiedene Meinungen gegeben hat, unter jenen nämlich, die das höchste Gut, das ich das letzte nenne, der Seele zuordnen. Einige haben dies mißverstanden. In jedem Falle ziehe ich diejenigen, die, auf welche Art auch immer, das höchste Gut in die Seele und die Tugend allein verlegen, nicht nur jenen drei vor, die die Tugend vollständig vom höchsten Gut abtrennen, wenn sie entweder die Lust oder die Schmerzlosigkeit oder das erste Naturgemäße als das höchste Gut erklären, sondern auch den anderen drei, die mein-

quas supra dixi, singuli singulas addiderunt, – his tamen omnibus eos antepono, cuicuimodi sunt, qui summum bonum in animo atque in virtute ⟨sola⟩ posuerunt. sed sunt tamen perabsurdi et ii, qui cum scientia vivere ultimum bonorum, et qui nullam rerum differentiam esse dixerunt, atque ita sapientem beatum fore, nihil aliud alii momento ullo anteponentem, ⟨et qui⟩, ut quidam Academici constituisse dicuntur, extremum bonorum et summum munus esse sapientis obsistere visis adsensusque suos firme sustinere. his singulis copiose responderi solet, sed quae perspicua sunt longa esse non debent. quid autem apertius quam, si selectio nulla sit ab iis rebus, quae contra naturam sint, earum rerum, quae sint secundum naturam, ⟨fore ut⟩ tollatur omnis ea, quae quaeratur laudeturque, prudentia?

Circumscriptis igitur iis sententiis, quas posui, et iis, si quae similes earum sunt, relinquitur ut summum bonum sit vivere scientiam adhibentem earum rerum, quae natura eveniant, seligentem quae secundum naturam et quae contra naturam sint reicientem, id est convenienter congruenterque naturae vivere.

Sed in ceteris artibus cum dicitur artificiose, posterum quodam modo et consequens putandum est, quod illi ἐπιγεννηματικόν appellant; cum autem in quo sapienter dicimus, id a primo rectissime dicitur. quicquid enim a sapientia proficiscitur, id continuo debet expletum esse omnibus suis partibus; in eo enim positum est id, quod dicimus esse expetendum. nam ut peccatum est patriam prodere, parentes violare, fana depeculari, quae sunt in effectu, sic timere, sic maerere, sic in libidine esse peccatum est etiam sine effectu. verum ut haec non in posteris et in consequentibus, sed in primis continuo peccata sunt, sic ea,

ten, die Tugend sei unvollständig ohne irgendeine Zutat, und die darum jeweils eines der drei soeben genannten Dinge zur Tugend hinzuzählten. Völlig absurd sind auch die Meinungen derjenigen, die das höchste Gut als ein auf dem Wissen begründetes Leben auffaßten, und derjenigen, die unter den Dingen keinen Unterschied gelten ließen und den Weisen dann für glückselig erklärten, wenn er in keinem Augenblick irgendein Ding einem anderen vorziehe, endlich auch derjenigen, die, wie man es von gewissen Akademikern sagt, das oberste Gute und die höchste Aufgabe der Weisen darin erblickten, den Eindrücken Widerstand zu leisten und beharrlich die Zustimmung zu verweigern. Man pflegt jedem einzelnen von diesen allen ausführlich zu antworten, doch über das, was evident ist, braucht man nicht lange zu reden. Was ist nämlich offensichtlicher als dies: Wenn man zwischen den Dingen, die naturwidrig sind, und denjenigen, die naturgemäß sind, keine Entscheidung zuläßt, dann hat die gesamte Tugend der Klugheit, die wir doch suchen und loben, keinen Sinn.

Nachdem also jene Thesen ausgeschaltet sind, die ich erwähnt habe, und ebenso diejenigen, die ihnen ähnlich sein mögen, so bleibt nur übrig, daß das höchste Gut darin besteht, zu leben gemäß der Erfahrung in jenen Dingen, die sich von Natur ereignen, und zwar in der Weise, daß man vorzieht, was naturgemäß ist, und zurückweist, was naturwidrig ist, was schließlich bedeutet: der Natur entsprechend und mit ihr in Übereinstimmung zu leben.

Wenn man in den übrigen Künsten von ‚kunstgerecht' spricht, so ist dies gewissermaßen sekundär und nachträglich, nämlich das, was die Stoiker ein ἐπιγεννηματικόν nennen. Wenn wir aber von etwas sagen, daß es ‚weise' sei, so gilt dies von Anfang an. Was nämlich von der Weisheit ausgeht, muß sogleich in allen seinen Teilen vollständig vorhanden sein; denn darauf beruht das, was wir als erstrebenswert bezeichnen. Wenn es ein Verbrechen ist, das Vaterland zu verraten, die Eltern zu beleidigen, die Heiligtümer zu plündern, und zwar ein Verbrechen, das in einer bestimmten Tat besteht, so ist das Sich-Fürchten, Traurig- oder Begehrlich-Sein verwerflich, auch ohne daß es zu einer Tat kommt. Dergleichen ist also nicht nachträglich und hinterher fehlerhaft, sondern ganz von vornherein; und genauso muß das, was von der

quae proficiscuntur a virtute, susceptione prima, non perfectione recta sunt iudicanda.

Bonum autem, quod in hoc sermone totiens usurpatum est, id etiam definitione explicatur. sed eorum definitiones paulum oppido inter se differunt et tamen eodem spectant. ego adsentior Diogeni, qui bonum definierit id, quod esset natura absolutum. id autem sequens illud etiam, quod prodesset – ὠφέλημα enim sic appellemus –, motum aut statum esse dixit e natura absoluto ⟨profectum⟩. cumque rerum notiones in animis fiant, si aut usu aliquid cognitum sit aut coniunctione aut similitudine aut collatione rationis, hoc quarto, quod extremum posui, boni notitia facta est. cum enim ab iis rebus, quae sunt secundum naturam, ascendit animus collatione rationis, tum ad notionem boni pervenit. hoc autem ipsum bonum non accessione neque crescendo aut cum ceteris comparando, sed propria vi sua et sentimus et appellamus bonum. ut enim mel, etsi dulcissimum est, suo tamen proprio genere saporis, non comparatione cum aliis dulce esse sentitur, sic bonum hoc, de quo agimus, est illud quidem plurimi aestimandum, sed ea aestimatio genere valet, non magnitudine. nam cum aestimatio, quae ἀξία dicitur, neque in bonis numerata sit nec rursus in malis, quantumcumque eo addideris, in suo genere manebit. alia est igitur propria aestimatio virtutis, quae genere, non crescendo valet. 33 34

Nec vero perturbationes animorum, quae vitam insipientium miseram acerbamque reddunt, quas Graeci πάθη appellant – poteram ego verbum ipsum interpretans morbos appellare, sed non conveniret ad omnia; quis enim misericordiam aut ipsam iracundiam morbum solet dicere? at illi dicunt πάθος. sit igi- 35

Tugend ausgeht, von Anfang an seiner Intention nach und nicht erst von der Vollendung her als richtig beurteilt werden.

Auch das Gute, von dem in dieser Diskussion schon so oft gesprochen worden ist, wird durch eine Definition erläutert. Allerdings weichen die Definitionen der verschiedenen Stoiker ein wenig voneinander ab, zielen aber doch alle auf dasselbe. Ich stimme Diogenes zu, der als das Gute dasjenige definierte, das von Natur vollkommen ist. Folgerichtig dazu hat er auch das, was nützt – so wollen wir das ὠφέλημα nennen –, bestimmt als eine Bewegung oder einen Zustand, der von dem von Natur Vollkommenen ausgeht. Wenn weiterhin die Begriffe der Dinge in der Seele so entstehen, daß entweder durch die Erfahrung etwas bekannt wird oder durch Kombination oder durch Ähnlichkeit oder endlich durch Schlußfolgerung, so hat sich der Begriff des Guten auf diese vierte Weise, die ich als die letzte genannt habe, gebildet. Wenn nämlich der Geist von den Dingen, die naturgemäß sind, mit Hilfe einer rationalen Schlußfolgerung aufsteigt, dann gelangt er zum Begriff des Guten. Dieses Gute selbst verstehen wir als gut und nennen es gut, nicht auf dem Wege einer Addition oder einer Steigerung oder durch einen Vergleich mit allem anderen, sondern auf Grund seiner ihm eigenen Qualität. Wie nämlich der Honig, der doch das Süßeste ist, aufgrund seines ihm eigenen Geschmackes und nicht durch Vergleich mit anderem als süß empfunden wird, so ist auch das Gute, von dem wir sprechen, zwar im höchsten Grade wertvoll, aber diese Wertschätzung gilt qualitativ und nicht quantitativ. Da nämlich jene Schätzung, die man ἀξία nennt, als solche weder zum Guten zu rechnen ist noch zum Schlechten, kann man ihr quantitativ so viel beifügen, wie man will, man wird doch in demselben Bereich verbleiben. Die der Tugend eigentümliche Wertschätzung beruht dagegen auf ihrer Qualität, nicht auf einer Steigerung.

Auch die Verwirrungen der Seele, die das Leben der Toren unselig und bitter machen und die die Griechen πάθη nennen – ich hätte das Wort selbst übersetzen und von Krankheiten reden können, doch hätte dies nicht auf alle Situationen gepaßt; denn wer nennt das Mitleid oder gar den Zorn eine Krankheit? Aber jene sprechen von πάθος. Das mag also Verwirrung heißen, mit

tur perturbatio, quae nomine ipso vitiosa declarari videtur – [nec eae perturbationes vi aliqua naturali moventur] omnesque eae sunt genere quattuor, partibus plures, aegritudo, formido, libido, quamque Stoici communi nomine corporis et animi ἡδονήν appellant, ego malo laetitiam appellare, quasi gestientis animi elationem voluptariam. perturbationes autem nulla naturae vi commoventur, omniaque ea sunt opiniones ac iudicia levitatis. itaque his sapiens semper vacabit.

Omne autem, quod honestum sit, id esse propter se expetendum commune nobis est cum multorum aliorum philosophorum sententiis. praeter enim tres disciplinas, quae virtutem a summo bono excludunt, ceteris omnibus philosophis haec est tuenda sententia, maxime tamen his [Stoicis], qui nihil aliud in bonorum numero nisi honestum esse voluerunt.

Sed haec quidem est perfacilis et perexpedita defensio. quis est enim, aut quis umquam fuit aut avaritia tam ardenti aut tam effrenatis cupiditatibus, ut eandem illam rem, quam adipisci scelere quovis velit, non multis partibus malit ad sese etiam omni inpunitate proposita sine facinore quam illo modo pervenire? quam vero utilitatem aut quem fructum petentes scire cupimus illa, quae occulta nobis sunt, quo modo moveantur quibusque de causis ea ⟨quae⟩ versantur in caelo? quis autem tam agrestibus institutis vivit, aut quis ⟨se⟩ contra studia naturae tam vehementer obduravit, ut a rebus cognitione dignis abhorreat easque sine voluptate aut utilitate aliqua non requirat et pro nihilo putet? aut quis est, qui maiorum, aut Africanorum aut eius, quem tu in ore semper habes, proavi mei, ceterorumque virorum fortium atque omni virtute praestantium facta, dicta, consilia cognoscens nulla animo afficiatur voluptate? quis autem honesta 36

37

38

einem Begriff, der als solcher schon anzeigt, daß es sich um einen Fehler handelt –, und alle insgesamt bestehen aus vier Gattungen und vielen Unterabteilungen: Trauer, Angst, Begierde und das, was die Stoiker mit einem gemeinsamen Namen für Körper und Seele ἡδονή nennen, ich aber lieber als Heiterkeit bezeichne, nämlich ‚die lustvolle Erhebung eines erregten Gemütes‘. Diese Verwirrungen werden nicht durch irgendeine Kraft der Natur in Bewegung gesetzt; sie sind vielmehr allesamt bloße Meinungen und leichtfertiges Urteil. Davon wird der Weise immer frei sein.

Daß alles, was tugendhaft ist, um seiner selbst willen erstrebt werden soll, ist eine Überzeugung, die wir mit vielen anderen Philosophen teilen. Denn außer jenen drei Systemen, die die Tugend aus dem höchsten Gute ausschließen, müssen alle Philosophen an dieser These festhalten, vor allem aber diejenigen, die zu den Gütern nichts anderes zählen wollen außer dem, was tugendgemäß ist.

Dabei ist diese These sehr leicht und mit wenigen Worten zu verteidigen. Denn gibt oder gab es jemals jemanden von so brennender Geldgier und so zügellosen Begehrlichkeiten, daß er es nicht bei weitem vorzöge, genau jene Dinge, die er auch um den Preis jeder erdenkbaren Untat erwerben würde, ohne ein Verbrechen zu erlangen, selbst wenn er jenes Verbrechen begehen könnte, ohne Strafe fürchten zu müssen? Welchen Nutzen oder welchen Gewinn erwarten wir, wenn wir das kennenlernen möchten, was uns verborgen ist, nämlich auf welche Weise und aus welchen Ursachen das, was sich am Himmel dreht, in Bewegung ist? Wer lebt außerdem in so unkultivierten Verhältnissen, oder wer hat sich gegen die Erforschung der Natur derart verhärtet, daß er alle Dinge, die des Wissens wert sind, von sich weist und sich nicht für sie interessiert, sondern sie für nichtig hält, falls sie ihm keine Lust oder keinen Nutzen verschaffen? Oder gibt es weiterhin jemanden, dessen Geist nicht Lust empfindet, wenn er die Taten, Worte und Pläne unserer Vorfahren, etwa der Africani, oder meines Urgroßvaters, dessen Namen du beständig im Munde führst, oder der übrigen tapferen und durch jede Art von Tugend ausgezeichneten Männer kennenlernt? Wird nicht jeder,

in familia institutus et educatus ingenue non ipsa turpitudine, etiamsi eum laesura non sit, offenditur? quis animo aequo videt eum, quem inpure ac flagitiose putet vivere? quis non odit sordidos, vanos, leves, futtiles? quid autem dici poterit, si turpitudinem non ipsam per se fugiendam esse statuemus, quo minus homines tenebras et solitudinem nacti nullo dedecore se abstineant, nisi eos per se foeditate sua turpitudo ipsa deterreat? innumerabilia dici possunt in hanc sententiam, sed non necesse est. nihil est enim, de quo minus dubitari possit, quam et honesta expetenda per se et eodem modo turpia per se esse fugienda.

Constituto autem illo, de quo ante diximus, quod honestum esset, id esse solum bonum, intellegi necesse est pluris id, quod honestum sit, aestimandum esse quam illa media, quae ex eo comparentur. stultitiam autem et timiditatem et iniustitiam et intemperantiam cum dicimus esse fugiendas propter eas res, quae ex ipsis eveniant, non ita dicimus, ut cum illo, quod positum est, solum id esse malum, quod turpe sit, haec pugnare videatur oratio, propterea quod ea non ad corporis incommodum referuntur, sed ad turpes actiones, quae oriuntur e vitiis. quas enim κακίας Graeci appellant, vitia malo quam malitias nominare. 39

Ne tu, inquam, Cato, verbis illustribus et id, quod vis, declarantibus! itaque mihi videris Latine docere philosophiam et ei quasi civitatem dare. quae quidem adhuc peregrinari Romae videbatur nec offerre sese nostris sermonibus, et ista maxime propter limatam quandam et rerum et verborum tenuitatem. scio enim esse quosdam, qui quavis lingua philosophari pos- 40

der in einer geachteten Familie aufgewachsen und dementsprechend erzogen worden ist, durch die Gemeinheit als solche abgestoßen, auch wenn sie ihn persönlich nicht trifft? Wer wird gleichmütig jemandem zusehen, von dem er annehmen muß, daß er einen unsauberen und schändlichen Lebenswandel führt? Wer haßt nicht die Schmierigen, die Eitlen, die Leichtsinnigen und die Gedankenlosen? Wenn wir nicht daran festhalten, daß die Schlechtigkeit als solche zu meiden ist, wie läßt sich dann verhindern, daß die Menschen, sobald sie die Dunkelheit und die Einsamkeit für sich haben, vor keinem Verbrechen zurückschrecken? Nur die Widerwärtigkeit der Schandtat als solche kann sie davon abhalten. Man könnte Unzähliges in diesem Sinne anführen, doch notwendig ist dies nicht. Es gibt nämlich nichts, was weniger zweifelhaft wäre als dies, daß die Tugend um ihrer selbst willen zu erstreben und die Schlechtigkeit ebenso um ihrer selbst willen zu meiden ist.

Nachdem wir nun festgestellt haben, was wir schon früher bemerkten, daß nämlich nur das Tugendhafte allein auch gut ist, müssen wir weiterhin folgern, daß das, was tugendhaft ist, höher geschätzt werden muß als jene mittleren Dinge, die vom Tugendhaften her zustande kommen. Wenn wir nämlich sagen, daß die Torheit, Feigheit, Ungerechtigkeit und Zügellosigkeit gemieden werden müssen wegen der Folgen, die sich aus ihnen ergeben, so verstehen wir dies nicht so, daß dieser Satz mit dem früher festgelegten Satze, daß nur das Gemeine ein Übel sei, im Widerspruch stünde. Denn jene Folgen beziehen sich nicht auf Schäden für den Körper, sondern auf die gemeinen Handlungen, die aus der Gemeinheit heraus entstehen. Ich ziehe es im übrigen vor, das, was die Griechen κακίαι nennen, ‚vitia‘ zu nennen, nicht ‚malitiae‘."

„Du sagst die Dinge wirklich ausgezeichnet mit klaren Worten, die genau anzeigen, was du sagen willst! So scheinst du mir tatsächlich auf lateinisch zu philosophieren und der Philosophie gewissermaßen Bürgerrecht zu geben. Sie schien sich nämlich bisher in Rom wie ein Ausländer aufzuhalten und sich nicht in unserer Sprache wiedergeben zu lassen, und dies vor allem wegen der ausgefeilten Präzision ihrer Gegenstände und Begriffe. Ich kenne allerdings Leute, die in jeder beliebigen Sprache philoso-

sint; nullis enim partitionibus, nullis definitionibus utuntur ipsique dicunt ea se modo probare, quibus natura tacita adsentiatur. itaque in rebus minime obscuris non multus est apud eos disserendi labor.

Quare attendo te studiose et, quaecumque rebus iis, de quibus hic sermo est, nomina inponis, memoriae mando; mihi enim erit isdem istis fortasse iam utendum. virtutibus igitur rectissime mihi videris et ad consuetudinem nostrae orationis vitia posuisse contraria. quod enim vituperabile est per se ipsum, id eo ipso vitium nominatum puto, vel etiam a vitio dictum vituperari. sin κακίαν malitiam dixisses, ad aliud nos unum certum vitium consuetudo Latina traduceret. nunc omni virtuti vitium contrario nomine opponitur.

Tum ille: His igitur ita positis, inquit, sequitur magna contentio, quam tractatam a Peripateticis mollius – est enim eorum consuetudo dicendi non satis acuta propter ignorationem dialecticae – Carneades tuus egregia quadam exercitatione in dialecticis summaque eloquentia rem in summum discrimen adduxit, propterea quod pugnare non destitit in omni hac quaestione, quae de bonis et malis appelletur, non esse rerum Stoicis cum Peripateticis controversiam, sed nominum. mihi autem nihil tam perspicuum videtur, quam has sententias eorum philosophorum re inter se magis quam verbis dissidere; maiorem multo inter Stoicos et Peripateticos rerum esse aio discrepantiam quam verborum, quippe cum Peripatetici omnia, quae ipsi bona appellant, pertinere dicant ad beate vivendum, nostri non ex omni, quod aestimatione aliqua dignum sit, compleri vitam beatam putent.

41

phieren könnten. Denn sie verwenden weder Einteilungen noch Definitionen und sagen selber, daß sie einfach das annehmen, dem die Natur stillschweigend zustimmt. So brauchen sie bei keineswegs schwierigen Problemen sich in der Darlegung nicht weiter anzustrengen.

Dir dagegen höre ich sorgfältig zu und merke mir alle die Begriffe, mit denen du die Sachen, von denen hier die Rede ist, bezeichnest. Denn vielleicht werde ich diese Begriffe gerade auch selbst einmal zu benutzen haben. So hast du denn auch mit vollem Recht, wie mir scheint, und im Sinne unserer Sprachgewohnheiten der Tugend, ‚virtus‘, die Schlechtigkeit, ‚vitium‘, gegenübergestellt. Denn was an sich verwerflich ist, das hat man, denke ich, eben darum ‚vitium‘ genannt, es sei denn, daß umgekehrt, das Verwerfen, ‚vituperari‘, von der Schlechtigkeit, ‚vitium‘, abgeleitet ist. Hättest du ‚kakia‘ mit ‚malitia‘ wiedergegeben, so hätte uns der lateinische Sprachgebrauch auf einen einzigen bestimmten Fehler hingewiesen. Jetzt aber steht der ‚virtus‘ im ganzen das ‚vitium‘ im ganzen gegenüber."

Darauf fuhr jener fort: „Nachdem dies festgelegt ist, folgt eine schwierige Diskussion, die von den Peripatetikern allzu läßlich geführt wird (denn ihr Argumentieren ist nicht scharf genug, weil sie die Dialektik nicht kennen); dagegen hat dein Karneades, der in der Dialektik vortrefflich geübt war und zugleich über eine glänzende Beredsamkeit verfügte, das entscheidende Problem formuliert. Er hörte nämlich nicht auf, in dieser ganzen Frage, die man die Frage nach dem Guten und Schlechten nennen kann, darauf zu bestehen, daß zwischen den Stoikern und Peripatetikern die Differenz nicht in den Sachen bestünde, sondern nur in der Terminologie. Mir allerdings scheint nichts evidenter zu sein als dies, daß die Thesen jener Philosophen sich weit eher in der Sache als in den Worten unterscheiden; ich behaupte, daß die Diskrepanz zwischen Stoikern und Peripatetikern viel mehr in der Sache liegt als in den Worten; denn die Peripatetiker behaupten, daß alles, was sie Güter nennen, zum glückseligen Leben beiträgt, während die Unsrigen der Meinung sind, daß nicht alles, was in irgendeinem Sinne schätzbar ist, zur Summe des glückseligen Lebens gehört.

An vero certius quicquam potest esse quam illorum ratione, qui dolorem in malis ponunt, non posse sapientem beatum esse, cum eculeo torqueatur? eorum autem, qui dolorem in malis non habent, ratio certe cogit ut in omnibus tormentis conservetur beata vita sapienti. etenim si dolores eosdem tolerabilius patiuntur qui excipiunt eos pro patria quam qui leviore de causa, opinio facit, non natura, vim doloris aut maiorem aut minorem. ne illud quidem est consentaneum, ut, si, cum tria genera bonorum sint, quae sententia est Peripateticorum, eo beatior quisque sit, quo sit corporis aut externis bonis plenior, ut hoc idem adprobandum sit nobis, ut, qui plura habeat ea, quae in corpore magni aestimantur, sit beatior. illi enim corporis commodis compleri vitam beatam putant, nostri nihil minus. nam cum ita placeat, ne eorum quidem bonorum, quae nos bona vere appellemus, frequentia beatiorem vitam fieri aut magis expetendam aut pluris aestimandam, certe minus ad beatam vitam pertinet multitudo corporis commodorum. etenim, si et sapere expetendum sit et valere, coniunctum utrumque magis expetendum sit quam sapere solum, neque tamen, si utrumque sit aestimatione dignum, pluris sit coniunctum quam sapere ipsum separatim. nam qui valitudinem aestimatione aliqua dignam iudicamus neque eam tamen in bonis ponimus, idem censemus nullam esse tantam aestimationem, ut ea virtuti anteponatur. quod idem Peripatetici non tenent, quibus dicendum est, quae et honesta actio sit et sine dolore, eam magis esse expetendam, quam si esset eadem actio cum dolore. nobis aliter videtur, recte secusne, postea; sed potestne rerum maior esse dissensio?

Kann irgend etwas sicherer sein als dies, daß nach den Voraussetzungen jener, die den Schmerz für ein Übel halten, der Weise nicht glückselig sein kann, wenn er auf die Folter gespannt wird? Dagegen zwingt die Voraussetzung der anderen, die den Schmerz für kein Übel halten, notwendig zur Folgerung, daß der Weise seine Glückseligkeit auch in allen Folterungen bewahrt. Auch wenn diejenigen, die für das Vaterland Schmerzen erleiden müssen, sie leichter tragen als andere, deren Schmerz eine weniger bedeutende Ursache hat, so ist es eine Sache der Auffassung und nicht der Natur, die bewirkt, daß der Schmerz mehr oder weniger heftig empfunden wird. Auch in dem Folgenden besteht keine Übereinstimmung zwischen uns, daß nach der Lehre der Peripatetiker, die drei Gattungen von Gütern annehmen, jeder um so mehr glückselig ist, als er mit körperlichen oder äußeren Gütern reicher ausgestattet ist, während wir keineswegs anzunehmen brauchen, daß derjenige, der mehr von dem hat, was am Körper schätzenswert ist, deswegen auch glückseliger ist. Jene nämlich meinen, daß durch die körperlichen Vorzüge die Glückseligkeit vervollständigt werde, wir dagegen glauben dies in keiner Weise. Wir vertreten ja auch die Lehre, daß nicht einmal die Menge derjenigen Güter, die wir wahrhaftig als Güter bezeichnen, das Leben glückseliger oder erstrebenswerter oder schätzbarer macht; um so weniger hat eine Menge körperlicher Vorzüge etwas mit der Glückseligkeit zu tun. Außerdem, wenn die Weisheit in gleichem Maße erstrebenswert wäre wie die Gesundheit, so müßte beides zusammen erstrebenswerter sein als die Weisheit allein. Wenn dagegen beides bloß wertvoll wäre, so wäre die Verbindung beider nicht mehr wert als die Weisheit für sich allein. Denn wir, die wir die Gesundheit für wertvoll halten, aber sie trotzdem nicht den erstrebenswerten Gütern zuzählen, wir sind auch der Überzeugung, daß es keine so große Wertschätzung geben kann, daß sie der Tugend vorgezogen werden dürfte. Die Peripatetiker halten an dieser Ansicht nicht fest; sie müssen erklären, daß eine tugendhafte Tat ohne Schmerzen erstrebenswerter sei als dieselbe Tat unter Schmerzen. Wir haben da eine andere Überzeugung, ob mit Recht oder nicht, wird später zu diskutieren sein. Aber kann es eine größere Meinungsverschiedenheit geben?

Ut enim obscuratur et offunditur luce solis lumen lucernae, et ut interit ⟨in⟩ magnitudine maris Aegaei stilla mellis, et ut in divitiis Croesi teruncii accessio et gradus unus in ea via, quae est hinc in Indiam, sic, cum sit is bonorum finis, quem Stoici dicunt, omnis ista rerum corporearum aestimatio splendore virtutis et magnitudine obscuretur et obruatur atque intereat necesse est. et quem ad modum oportunitas – sic enim appellemus εὐκαιρίαν – non fit maior productione temporis – habent enim suum modum, quae oportuna dicuntur –, sic recta effectio – κατόρθωσιν enim ita appello, quoniam rectum factum κατόρθωμα –, recta igitur effectio, item convenientia, denique ipsum bonum, quod in eo positum est, ut naturae consentiat, crescendi accessionem nullam habet. ut enim oportunitas illa, sic haec, de quibus dixi, non fiunt temporis productione maiora, ob eamque causam Stoicis non videtur optabilior nec magis expetenda beata vita, si sit longa, quam si brevis, utunturque simili: ut, si cothurni laus illa esset, ad pedem apte convenire, neque multi cothurni paucis anteponerentur nec maiores minoribus, sic, quorum omne bonum convenientia atque oportunitate finitur, nec plura paucioribus nec longinquiora brevioribus anteponent. nec vero satis acute dicunt ⟨Peripatetici⟩: si bona valitudo pluris aestimanda sit longa quam brevis, sapientiae quoque usus longissimus quisque sit plurimi. non intellegunt valitudinis aestimationem spatio iudicari, virtutis oportunitate, ut videantur qui

Wie nämlich das Licht einer Lampe völlig verdunkelt und verdeckt wird durch das Licht der Sonne und wie ein Tropfen Honig in der Weite des ägäischen Meeres vergeht und wie es im Reichtum des Kroisos nicht darauf ankommt, ob noch ein Dreier dazugezählt wird, und ebenso ein Schritt auf dem Wege von hier nach Indien nichts bedeutet, genauso verhält es sich nach der Lehre der Stoiker. Wenn dies das höchste Gut ist, was die Stoiker so nennen, dann wird notwendigerweise der gesamte Wert der körperlichen Dinge verdunkelt und verschüttet und vernichtet durch den Glanz und die Größe der Tugend. Genauso wie die Wahl des richtigen Augenblicks (so wollen wir εὐκαιρία umschreiben) nicht besser wird durch eine Verlängerung in der Zeit (denn das, was wir als im richtigen Augenblick geschehend nennen, hat sein eigenes Maß), genauso kann das richtige Handeln (ich verstehe darunter die κατόρθωσις, während das Ergebnis des richtigen Handelns κατόρθωμα heißt) und ebenso die innere Übereinstimmung und schließlich das Gute selbst, das gerade darin besteht, mit der Natur übereinzustimmen, kein Wachstum und keine Vermehrung zulassen. Denn wie jene Wahl des richtigen Augenblicks, so werden auch diese Dinge, die ich soeben nannte, durch Verlängerung in der Zeit nicht größer; darum halten die Stoiker das glückselige Leben nicht für wünschenswerter oder erstrebenswerter, wenn es länger dauert, als wenn es nur kurz dauert. Sie verwenden dazu folgendes Gleichnis: Wie die Vortrefflichkeit eines Schuhs darin besteht, dem Fuße völlig angepaßt zu sein derart, daß man nicht eine größere Anzahl von Schuhen einer geringeren Anzahl oder größere Schuhe kleineren Schuhen vorziehen wird, genauso wird man bei einem Gute, das vollständig durch innere Übereinstimmung und durch die Wahl des rechten Augenblicks bestimmt wird, nicht ein größeres Quantum einem geringeren oder ein länger dauerndes einem nur kurz dauernden vorziehen. Es stimmt auch nicht, was die Peripatetiker behaupten: Wenn eine lange dauernde Gesundheit wertvoller ist als eine kurze, so muß auch der längste Umgang mit der Weisheit der wertvollste sein. Sie begreifen nicht, daß der Wert der Gesundheit durch ihre Dauer bestimmt wird, derjenige der Tugend aber durch die Wahl des richtigen Augenblicks. Man könnte behaup-

illud dicant idem hoc esse dicturi, bonam mortem et bonum partum meliorem longum esse quam brevem. non vident alia brevitate pluris aestimari, alia diuturnitate. itaque consentaneum est his, quae dicta sunt, ratione illorum, qui illum bonorum finem, quod appellamus extremum, quod ultimum, crescere putent posse – isdem placere esse alium alio ⟨et meliorem⟩ et sapientiorem itemque alium magis alio vel peccare vel recte facere, quod nobis non licet dicere, qui crescere bonorum finem non putamus. ut enim qui demersi sunt in aqua nihilo magis respirare possunt, si non longe absunt a summo, ut iam iamque possint emergere, quam si etiam tum essent in profundo, nec catulus ille, qui iam adpropinquat ut videat, plus cernit quam is, qui modo est natus, item qui processit aliquantum ad virtutis habitum nihilo minus in miseria est quam ille, qui nihil processit.

48

Haec mirabilia videri intellego, sed cum certe superiora firma ac vera sint, his autem ea consentanea et consequentia, ne de horum quidem est veritate dubitandum. sed quamquam negant nec virtutes nec vitia crescere, tamen utrumque eorum fundi quodam modo et quasi dilatari putant.

Divitias autem Diogenes censet eam modo vim habere, ut quasi duces sint ad voluptatem et ad valitudinem bonam; sed, etiam uti ea contineant, non idem facere eas in virtute neque in ceteris artibus, ad quas esse dux pecunia potest, continere autem ⟨eas⟩ non potest. itaque, si voluptas aut si bona valitudo sit in bonis, divitias quoque in bonis esse ponendas, at, si sapientia bonum sit, non sequi ut etiam divitias bonum esse dicamus. neque ab ulla re, quae non sit in bonis, id, quod sit in bonis, contineri potest; ob eam-

49

ten, diejenigen, die jene These aufstellen, würden auch meinen, es sei besser, wenn ein guter Tod und eine gute Geburt länger dauert als kürzer. Sie begreifen nicht, daß bei einigem die Kürze höher geschätzt wird, bei anderem die lange Dauer. So ist es auch nur konsequent für diejenigen, die von jenem höchsten Gut, das wir das äußerste und letzte nennen, glauben, daß es gesteigert werden könne, anzunehmen, daß der eine besser und weiser sei als der andere, ebenso, daß der eine verkehrter oder richtiger handle als der andere; wir können dergleichen nicht sagen, die wir nicht annehmen, daß das höchste Gut steigerungsfähig sei. Wie nämlich diejenigen, die im Wasser versunken sind, genauso wenig atmen können, wenn sie sich nur wenig unter der Oberfläche befinden, so daß sie schon gleich aufzutauchen vermögen, wie diejenigen, die sich ganz in der Tiefe befinden, und wie das Hündchen, das schon nahe daran ist, sehen zu können, trotzdem nicht mehr sieht als das Neugeborene, so wird auch derjenige, der auf dem Weg zur Tugend einigermaßen vorangeschritten ist, nicht weniger in der Unseligkeit sein als der andere, der überhaupt keinen Fortschritt gemacht hat.

Das alles ist, wie ich wohl weiß, paradox. Da aber alles Frühere zuverlässig wahr ist und das soeben Gesagte notwendig aus ihm folgt, so wird man auch nicht an der Wahrheit dieser Sätze zweifeln dürfen. Immerhin, auch wenn sie leugnen, daß Tugenden und Schlechtigkeiten gesteigert werden können, so glauben sie doch, daß beides auf gewisse Weise sich auszubreiten und auszuweiten vermag.

Was den Reichtum angeht, so meint Diogenes, daß er nur die Fähigkeit habe, gewissermaßen zur Lust und zur Gesundheit hinzuführen. Aber selbst angenommen, er würde sie auch bewahren: Anders steht es bei der Tugend und den übrigen Leistungen, zu denen das Geld zwar hinzuführen, sie aber nicht zu bewahren vermag; wären nämlich Lust und Gesundheit Güter, so müßte auch der Reichtum zu den Gütern gezählt werden; wenn dagegen die Weisheit ein Gut ist, so folgt daraus nicht, daß wir auch den Reichtum für ein Gut zu halten haben. Es kann aber etwas, was zu den Gütern gehört, nicht bewahrt werden durch etwas anderes, das nicht zu ihnen gehört. Da nun die Erkenntnis

que causam, quia cognitiones comprehensionesque rerum, e quibus efficiuntur artes, adpetitionem ⟨boni⟩ movent, cum divitiae non sint in bonis, nulla ars divitiis contineri potest. quod si de artibus concedamus, virtutis tamen non sit eadem ratio, propterea quod haec plurimae commentationis et exercitationis indigeat, quod idem in artibus non sit, et quod virtus stabilitatem, firmitatem, constantiam totius vitae complectatur, nec haec eadem in artibus esse videamus.

Deinceps explicatur differentia rerum, quam si non ullam esse diceremus, confunderetur omnis vita, ut ab Aristone, neque ullum sapientiae munus aut opus inveniretur, cum inter res eas, quae ad vitam degendam pertinerent, nihil omnino interesset, neque ullum dilectum adhiberi oporteret. itaque cum esset satis constitutum id solum esse bonum, quod esset honestum, et id malum solum, quod turpe, tum inter illa, quae nihil valerent ad beate misereve vivendum, aliquid tamen, quod differret, esse voluerunt, ut essent eorum alia aestimabilia, alia contra, alia neutrum. quae autem aestimanda essent, eorum in aliis satis esse causae, quam ob rem quibusdam anteponerentur, ut in valitudine, ut in integritate sensuum, ut in doloris vacuitate, ut gloriae, divitiarum, similium rerum, alia autem non esse eius modi, itemque eorum, quae nulla aestimatione digna essent, partim satis habere causae, quam ob rem reicerentur, ut dolorem, morbum, sensuum amissionem, paupertatem, ignominiam, similia horum, partim non item. hinc est illud exortum, quod Zeno προηγμένον, contraque quod ἀποπροηγμένον nominavit, cum uteretur in lingua copiosa factis tamen nominibus ac novis, quod nobis in hac inopi lingua non conceditur; quamquam tu hanc copiosiorem etiam soles dicere.

und das Begreifen, aus denen sich die Wissenschaften ergeben, das Streben nach dem Guten in Gang bringen, so folgt daraus, daß der Reichtum, der nicht zu den Gütern gehört, auch keine Wissenschaft zu bewahren vermag. Wenn wir das für die Wissenschaften zugestehen, so dürfte dasselbe doch nicht für die Tugend gelten, weil diese viel Überlegung und Übung braucht, was bei den Wissenschaften so nicht der Fall ist, und weiterhin, weil die Tugend aus Festigkeit, Beharrlichkeit und Konsequenz im ganzen Leben besteht, was nun wiederum, wie wir sehen, bei den Wissenschaften nicht zutrifft.

Danach pflegt man die Differenzen in den Dingen zu erläutern. Wenn wir keine solchen Differenzen anerkennen würden, so würde das ganze Leben in Verwirrung geraten, wie dies bei Ariston geschieht. Die Weisheit hätte gar keine eigene Aufgabe oder Leistung, wenn unter den Dingen, die sich auf die Lebensführung beziehen, kein Unterschied bestünde und es nicht notwendig wäre, unter ihnen eine Auswahl zu treffen. Also haben die Stoiker, nachdem es einmal feststand, daß nur das Tugendhafte auch gut ist und nur das Gemeine auch schlecht, unter denjenigen Dingen, die zwar auf die Glückseligkeit oder Unseligkeit des Lebens keinen Einfluß haben, doch einen Unterschied gelten lassen in dem Sinne, daß bei ihnen das eine einen Wert darstellt, das andere einen Unwert, das dritte keines von beiden. Wo etwas wertvoll ist, gibt es solches, bei dem ein genügender Grund besteht, es anderem vorzuziehen, etwa im Falle der Gesundheit, der Unverletztheit der Sinnesorgane, der Schmerzlosigkeit, der Ehre, des Reichtums und ähnlicher Dinge. Ebenso wird es bei den Dingen, die unwertig sind, solche geben, bei denen ein genügender Grund besteht, sie zu vermeiden, wie Schmerz, Krankheit, Verlust der Sinnesorgane, Armut und Ehrlosigkeit und ähnliches; und demgegenüber wiederum anderes, bei dem ein solcher Grund nicht vorliegt. Das ist der Ursprung dessen, was Zenon auf der einen Seite προηγμένον, auf der anderen ἀποπροηγμένον genannt hat; er hat es sich geleistet, in einer schon reichhaltigen Sprache künstliche und neue Begriffe einzuführen, was uns bei unserer ärmlichen Sprache nicht gestattet ist; du allerdings pflegst zu behaupten, unsere Sprache sei sogar die reichere.

Sed non alienum est, quo facilius vis verbi intellegatur, rationem huius verbi faciendi Zenonis exponere. ut enim, inquit, nemo dicit in regia regem ipsum quasi productum esse ad dignitatem (id est enim προηγμένον), sed eos, qui in aliquo honore sunt, quorum ordo proxime accedit, ut secundus sit, ad regium principatum, sic in vita non ea, quae primo loco sunt, sed ea, quae secundum locum optinent, προηγμένα, id est producta, nominentur; quae vel ita appellemus – id erit verbum e verbo –vel promota et remota vel, ut dudum diximus, praeposita vel praecipua, et illa reiecta. re enim intellecta in verborum usu faciles esse debemus. quoniam autem omne, quod est bonum, primum locum tenere dicimus, necesse est nec bonum esse nec malum hoc, quod praepositum vel praecipuum nominamus. idque ita definimus; quod sit indifferens cum aestimatione mediocri; quod enim illi ἀδιάφορον dicunt, id mihi ita occurrit, ut indifferens dicerem. neque enim illud fieri poterat ullo modo, ut nihil relinqueretur in mediis, quod aut secundum naturam esset aut contra, nec, cum id relinqueretur, nihil in his poni, quod satis aestimabile esset, nec hoc posito non aliqua esse praeposita. recte igitur haec facta distinctio est, atque etiam ab iis, quo facilius res perspici possit, hoc simile ponitur: ut enim, inquiunt, si hoc fingamus esse quasi finem et ultimum, ita iacere talum, ut rectus adsistat, qui ita talus erit iactus, ut cadat rectus, praepositum quiddam habebit ad finem, qui aliter, contra, neque tamen illa praepositio tali ad eum, quem dixi, finem pertinebit, sic ea, quae sunt praeposita, referuntur illa quidem ad finem, sed ad eius vim naturamque nihil pertinent.

Sequitur illa divisio, ut bonorum alia sint ad illud ultimum pertinentia (sic enim appello, quae τελικά

Es wird aber nicht unzweckmäßig sein, den Grund für Zenons Wortschöpfungen darzulegen, damit wir die Bedeutung der Worte besser verstehen. Zenon erklärt nämlich: Wie niemand an einem Königssitz vom König selber sagen wird, daß er zu seiner Würde befördert worden sei (denn dies meint προηγμένον), sondern nur von denjenigen, denen ihr Rang verliehen worden ist, die ihm nahe kommen und ihm unmittelbar folgen, so sind auch im Leben nicht diejenigen Dinge, die an der Spitze stehen, die προηγμένα, sondern die anderen, die den zweiten Rang einnehmen und die zu diesem Range befördert sind. Wir werden dies entweder wörtlich als ‚befördert‘ oder ‚zurückgesetzt‘ bezeichnen oder wie schon früher als ‚Vorgezogenes, Hervorragendes‘ und das andere als ‚Verworfenes‘. Wenn wir nämlich die Sache begriffen haben, so brauchen wir in der Terminologie nicht pedantisch zu sein. Wenn wir ferner von allem, was gut ist, sagen, daß es den ersten Platz besetzt, so folgt notwendig, daß das, was wir ‚vorgezogen‘ und ‚befördert‘ genannt haben, weder gut noch schlecht ist. Und zwar definieren wir dies folgendermaßen: ‚etwas, das indifferent ist, mit begrenzter Werthaftigkeit‘; was nämlich jene ἀδιάφορον nennen, das möchte ich hier indifferent nennen. Es ist nämlich vollkommen unmöglich, in der Mitte nichts zu belassen, was entweder der Natur gemäß oder der Natur zuwider ist. Ebenso unmöglich ist es, bei dem, was man beläßt, nichts anzusetzen, was nicht einen gewissen Wert hat, endlich auch, wenn dies angesetzt ist, nicht zuzugeben, daß es Dinge gibt, die vorzuziehen sind. Diese Unterscheidung besteht also zu Recht. Damit die Sache klarer wird, verwenden sie folgendes Gleichnis: Wir nehmen einmal an, daß es gewissermaßen das höchste Ziel sei, den Würfel so zu werfen, daß er richtig dasteht. Ein Würfel, der so geworfen ist, daß er richtig fällt, hat im Blick auf das Ziel einen Vorzug – der Würfel, der nicht so geworfen ist, das Gegenteil. Aber jener Vorzug des so geworfenen Würfels hat mit dem Ziel, das ich nannte, als solchem nichts zu tun. Genauso bezieht sich im Handeln das Vorgezogene auf das Ziel, hat aber mit dem Rang und der Natur des Zieles selbst nichts zu schaffen.

Es folgt die weitere Einteilung, daß von den Gütern die einen sich auf das Ziel beziehen (so nenne ich diejenigen, die sie τελικά

dicuntur; nam hoc ipsum instituamus, ut placuit, pluribus verbis dicere, quod uno non poterimus, ut res intellegatur), alia autem efficientia, quae Graeci ποιητικά, alia utrumque. de pertinentibus nihil est bonum praeter actiones honestas, de efficientibus nihil praeter amicum, sed et pertinentem et efficientem sapientiam volunt esse. nam quia sapientia est conveniens actio, est ⟨in⟩ illo pertinenti genere, quod dixi; quod autem honestas actiones adfert et efficit, [id] efficiens dici potest.

Haec, quae praeposita dicimus, partim sunt per se ipsa praeposita, partim quod aliquid efficiunt, partim utrumque; per se, ut quidam habitus oris et vultus, ut status, ut motus, in quibus sunt et praeponenda quaedam et reicienda; alia ob eam rem praeposita dicentur, quod ex se aliquid efficiant, ut pecunia, alia autem ob utramque rem, ut integri sensus, ut bona valitudo. 56

De bona autem fama – quam enim appellant εὐδοξίαν, aptius est bonam famam hoc loco appellare quam gloriam – Chrysippus quidem et Diogenes detracta utilitate ne digitum quidem eius causa porrigendum esse dicebant; quibus ego vehementer assentior. qui autem post eos fuerunt, cum Carneadem sustinere non possent, hanc, quam dixi, bonam famam ipsam propter se praepositam et sumendam esse dixerunt, esseque hominis ingenui et liberaliter educati velle bene audire a parentibus, a propinquis, a bonis etiam viris, idque propter rem ipsam, non propter usum, dicuntque, ut liberis consultum velimus, etiamsi postumi futuri sint, propter ipsos, sic futurae post mortem famae tamen esse propter rem, etiam detracto usu, consulendum. 57

nennen; wir haben ja beschlossen, je nachdem in mehreren Worten auszudrücken, was wir mit einem Wort nicht wiedergeben können, nur damit die Sache selber klar wird), die anderen aber das Ziel hervorbringen (was die Griechen ποιητικά nennen), endlich nochmals andere, die beides tun. Von denjenigen, die sich auf das Ziel beziehen, ist nichts gut, außer dem guten Tun, von den Hervorbringenden nichts außer dem Freunde; sowohl auf das Ziel bezogen wie auch es hervorbringend nennen sie die Weisheit. Da nämlich die Weisheit eine in sich einstimmige Handlung ist, fällt sie in die Gattung des auf das Ziel Bezogenen, die ich nannte; da sie aber tugendhafte Handlungen hervorbringt und bewirkt, kann man sie bewirkend nennen.

Was wir Vorgezogenes nennen, ist teils wegen sich selbst vorgezogen, teils weil es anderes bewirkt, teils aus beiden Gründen. Wegen sich selber vorgezogen ist eine bestimmte Verfassung des Gesichtsausdrucks, bestimmte Haltungen und Bewegungen, bei denen es sowohl Vorzuziehendes wie auch zu Verwerfendes gibt; andere Dinge heißen vorgezogen, weil sie etwas bewirken, wie das Geld, andere wiederum leisten beides, wie etwa die Unverletztheit der Sinnesorgane oder die Gesundheit.

Was den guten Ruf angeht (was sie nämlich εὐδοξία nennen, wird man an dieser Stelle eher ‚guten Ruf' nennen als ‚Ruhm'), so haben Chrysipp und Diogenes erklärt, wenn er nicht irgendeinen Nutzen bringe, würden sie dem guten Ruf zuliebe keinen Finger rühren. Mit ihnen bin ich sehr entschieden einverstanden. Die späteren Stoiker aber konnten der Kritik des Karneades nicht mehr standhalten und haben gelehrt, daß eben jener gute Ruf seiner selbst wegen vorzuziehen und zu schätzen sei; es zeichne nämlich den gebildeten und den kultivierten Menschen aus, bei seinen Eltern, seinen Verwandten und den tüchtigen Männern in gutem Ruf stehen zu wollen, und dies eben wegen der Sache selbst, nicht bloß wegen des Nutzens. Wie wir – so sagen sie – für unsere Kinder zu sorgen bereit sind, selbst in dem Falle, daß sie nach unserem Tode geboren werden, und zwar um ihrer selbst willen, genauso wollen wir um unseren guten Ruf auch noch nach dem Tode besorgt sein, und zwar der Sache selbst wegen, unabhängig von jedem Nutzen.

Sed cum, quod honestum sit, id solum bonum esse 58
dicamus, consentaneum tamen est fungi officio, cum
id officium nec in bonis ponamus nec in malis. est
enim aliquid in his rebus probabile, et quidem ita, ut
eius ratio reddi possit, ergo ut etiam probabiliter acti
ratio reddi possit. est autem officium, quod ita factum est, ut eius facti probabilis ratio reddi possit. ex
quo intellegitur officium medium quiddam esse,
quod neque in bonis ponatur neque in contrariis.
quoniamque in iis rebus, quae neque in virtutibus
sunt neque in vitiis, est tamen quiddam, quod usui
possit esse, tollendum id non est. est autem eius generis actio quoque quaedam, et quidem talis, ut ratio
postulet agere aliquid et facere eorum. quod autem
ratione actum est, id officium appellamus. est igitur
officium eius generis, quod nec in bonis ponatur nec
in contrariis.

Atque perspicuum etiam illud est, in istis rebus me- 59
diis aliquid agere sapientem. iudicat igitur, cum agit,
officium illud esse. quod quoniam numquam fallitur
in iudicando, erit in mediis rebus officium. quod efficitur hac etiam conclusione rationis: quoniam enim
videmus esse quiddam, quod recte factum appellemus, id autem est perfectum officium, erit [autem]
etiam inchoatum, ut, si iuste depositum reddere in
recte factis sit, in officiis ponatur depositum reddere;
illo enim addito 'iuste' fit recte factum, per se autem
hoc ipsum reddere in officio ponitur. quoniamque
non dubium est quin in iis, quae media dicimus, sit
aliud sumendum, aliud reiciendum, quicquid ita fit
aut dicitur, omne officio continetur. ex quo intellegitur, quoniam se ipsi omnes natura diligant, tam insipientem quam sapientem sumpturum, quae secundum naturam sint, reiecturumque contraria. ita est
quoddam commune officium sapientis et insipientis,
ex quo efficitur versari in iis, quae media dicamus.

Obschon wir nur dasjenige für gut halten, was tugendgemäß ist, ist es dennoch folgerichtig, daß wir bestimmte Pflichten beobachten, wiewohl wir eine solche Pflicht weder zum Guten noch zum Schlechten zählen. Es gibt indessen in diesen Dingen etwas, das gebilligt und begründet werden kann, und zwar so, daß eine billigenswerte Tat auch begründet zu werden vermag. Die Pflicht ist ein Handeln, das so geschehen ist, daß es als Tat Billigung finden und begründet werden kann. Daraus ergibt sich, daß die Pflicht ein Mittleres ist und weder zum Guten noch zum Schlechten gehört. Da es weiterhin in denjenigen Dingen, die weder bei den Tugenden sind noch bei den Schlechtigkeiten, etwas gibt, was nützlich sein kann, so darf man dies nicht beseitigen. Es gib auch ein Handeln solcher Art, von dem die Vernunft fordert, in bestimmter Weise zu entscheiden und zu handeln; was der Vernunft gemäß getan ist, nennen wir auch Pflicht; also gehört die Pflicht zu den Dingen, die als solche weder zum Guten noch zum Schlechten gehören.

Es ist auch evident, daß der Weise in diesem mittleren Bereich tätig sein wird. Er urteilt also, wenn er handelt, daß dies seine Pflicht sei, und da er sich beim Urteilen niemals irrt, so wird die Pflicht zu den mittleren Dingen gehören. Dasselbe ergibt sich auch aus dieser Schlußfolgerung: Da wir feststellen, daß es eine vollkommene Tat gibt, die wir die vollkommene Pflichterfüllung nennen, so wird es auch eine unvollkommene geben; so ist es eine vollkommene Tat, auf gerechte Weise ein Depositum zurückzugeben, während die bloße Pflicht darin besteht, es zurückzugeben. Die vollkommene Tat entsteht durch den Zusatz ‚in gerechter Weise'; an sich selbst aber ist schon allein das Zurückgeben eine Pflicht. Da es demnach nicht zweifelhaft ist, daß wir bei den mittleren Dingen das eine vorzuziehen, das andere zurückzuweisen haben, so umfaßt die Pflicht alles, was in diesem Sinne getan oder gesagt wird. Daraus ist zu folgern, da ja alle Menschen von Natur sich selbst lieben, daß dann sowohl der Tor wie auch der Weise die Dinge bevorzugen wird, die naturgemäß sind, und das Gegenteil zurückweist. Es gibt also eine gemeinsame Pflicht für den Weisen und den Toren, was wiederum bedeutet, daß diese Pflicht sich in dem Bereich bewegt, den wir den mittleren nennen.

Sed cum ab his omnia proficiscantur officia, non sine causa dicitur ad ea referri omnes nostras cogitationes, in his et excessum e vita et in vita mansionem. in quo enim plura sunt quae secundum naturam sunt, huius officium est in vita manere; in quo autem aut sunt plura contraria aut fore videntur, huius officium est de vita excedere. ex quo apparet et sapientis esse aliquando officium excedere e vita, cum beatus sit, et stulti manere in vita, cum sit miser. nam bonum illud et malum, quod saepe iam dictum est, postea consequitur, prima autem illa naturae sive secunda sive contraria sub iudicium sapientis et dilectum cadunt, estque illa subiecta quasi materia sapientiae. itaque et manendi in vita et migrandi ratio omnis iis rebus, quas supra dixi, metienda. nam neque virtute retinetur ⟨ille⟩ in vita, nec iis, qui sine virtute sunt, mors est oppetenda. et saepe officium est sapientis desciscere a vita, cum sit beatissimus, si id oportune facere possit, quod est convenienter naturae. sic enim censent, oportunitatis esse beate vivere. itaque a sapientia praecipitur se ipsam, si usus sit, sapiens ut relinquat. quam ob rem cum vitiorum ista vis non sit, ut causam afferant mortis voluntariae, perspicuum est etiam stultorum, qui idem miseri sint, officium esse manere in vita, si sint in maiore parte rerum earum, quas secundum naturam esse dicimus. et quoniam excedens e vita et manens aeque miser est nec diuturnitas magis ei vitam fugiendam facit, non sine causa dicitur iis, qui pluribus naturalibus frui possint, esse in vita manendum.

Pertinere autem ad rem arbitrantur intellegi natura fieri ut liberi a parentibus amentur. a quo initio profectam communem humani generis societatem perse-

Da nun alle Pflichten von diesen Gesichtspunkten ausgehen, so erklärt man nicht ohne Grund, daß alle unsere Überlegungen sich auf sie zurückbeziehen, darunter auch die Frage nach dem Verlassen des Lebens und dem Verbleiben im Leben. Wer über mehr Dinge verfügt, die naturgemäß sind, der ist verpflichtet, im Leben zu bleiben. Bei wem aber das Gegenteil überwiegt oder vermutlich überwiegen wird, der hat die Pflicht, das Leben zu verlassen. Daraus ergibt sich, daß es zuweilen die Pflicht des Weisen ist, das Leben zu verlassen, obschon er glückselig ist, und die Pflicht des Toren, im Leben zu bleiben, obschon er unselig ist. Denn das Gute und Schlechte, von dem schon so oft die Rede war, folgt erst später. Die ersten naturgemäßen Dinge jedoch, die erfreulichen und die entgegengesetzten, fallen unter das Urteil des Weisen und sein Auswählen. Sie sind sozusagen das Material für die Weisheit. Also ist die Entscheidung über das Verbleiben im Leben oder Verlassen des Lebens ganz von den Dingen abhängig, die ich oben erwähnte. Weder ist die Tugend ein Grund, um im Leben zu verharren, noch müssen diejenigen, die ohne Tugend sind, den Tod aufsuchen. Oftmals ist es die Pflicht des Weisen, das Leben zu verlassen, obschon er glückselig ist, dann nämlich, wenn sich dazu der richtige Zeitpunkt bietet. Sie sind nämlich der Überzeugung, daß es die Sache der Einsicht in den richtigen Augenblick ist, glückselig zu leben, nämlich der Natur gemäß zu leben. Also schreibt uns die Weisheit vor, daß der Weise sogar sie selbst verlassen soll, wenn es so richtig ist. Da schließlich die Schlechtigkeit nicht die Fähigkeit hat, den Selbstmord zu motivieren, so wird es evident, daß auch die Toren, die doch unselig sind, die Pflicht haben, im Leben zu verharren, wenn sie nämlich zu einem überwiegenden Teil über diejenigen Dinge verfügen, die wir naturgemäße nennen. Da schließlich der Tor gleichermaßen unselig ist, ob er nun das Leben verläßt oder in ihm bleibt, so wird auch ein längeres solches Leben kein Grund sein, es aufzugeben; mit Recht sagt man, daß diejenigen, die eine Vielheit von naturgemäßen Dingen genießen können, im Leben bleiben sollen.

Sie sind auch der Überzeugung, man müsse begreifen, es sei naturgemäß, daß die Kinder von ihren Eltern geliebt werden; von diesem Ausgangspunkte her suchen wir die umfassende Gemein-

quimur. quod primum intellegi debet figura membrisque corporum, quae ipsa declarant procreandi a natura habitam esse rationem. neque vero haec inter se congruere possent, ut natura et procreari vellet et diligi procreatos non curaret. atque etiam in bestiis vis naturae perspici potest; quarum in fetu et in educatione laborem cum cernimus, naturae ipsius vocem videmur audire. quare ⟨ut⟩ perspicuum est natura nos a †dolore† abhorrere, sic apparet a natura ipsa, ut eos, quos genuerimus, amemus, inpelli. ex hoc nascitur ut etiam communis hominum inter homines naturalis sit commendatio, ut oporteat hominem ab homine ob id ipsum, quod homo sit, non alienum videri. ut enim in membris alia sunt tamquam sibi nata, ut oculi, ut aures, alia etiam ceterorum membrorum usum adiuvant, ut crura, ut manus, sic inmanes quaedam bestiae sibi solum natae sunt, at illa, quae in concha patula pina dicitur, isque, qui enat e concha, qui, quod eam custodit, pinoteres vocatur in eandemque cum se recepit includitur, ut videatur monuisse ut caveret, itemque formicae, apes, ciconiae aliorum etiam causa quaedam faciunt. multo haec coniunctius homines. itaque natura sumus apti ad coetus, concilia, civitates. mundum autem censent regi numine deorum, eumque esse quasi communem urbem et civitatem hominum et deorum, et unum quemque nostrum eius mundi esse partem; ex quo illud natura consequi, ut communem utilitatem nostrae anteponamus. ut enim leges omnium salutem singulorum saluti anteponunt, sic vir bonus et sapiens et legibus parens et civilis officii non ignarus utilitati omnium plus quam unius ali-

schaft des Menschengeschlechtes. Zunächst zeigt sich dies an der Gestalt und den Gliedern des Körpers, die selber beweisen, daß die Natur die Fortpflanzung eingeplant hat. Es wäre fernerhin ein unannehmbarer Widerspruch, daß die Natur zwar die Fortpflanzung wollte, aber nicht sich darum kümmerte, daß die Kinder dann auch geliebt würden. Diese Intention der Natur läßt sich sogar an den wilden Tieren beobachten. Wenn wir sehen, welche Mühe sie sich mit der Geburt und Aufzucht der Jungen machen, glauben wir die Stimme der Natur selber zu hören. Wie es schließlich evident ist, daß wir von Natur den Schmerz meiden, ⟨...⟩ so zeigt sich, daß wir durch die Natur selber dazu angetrieben werden, die Kinder zu lieben, die wir hervorgebracht haben. Daraus ergibt sich auch, daß es eine natürliche Vertrautheit aller Menschen untereinander gibt, derart, daß ein Mensch gerade darum, weil er ein Mensch ist, dem anderen Menschen nicht fremd zu sein scheint. Wie nämlich bei den Körpergliedern die einen für sich selber bestehen wie die Augen und Ohren, andere dagegen den Gebrauch der übrigen Glieder erleichtern, wie die Beine und Arme, so leben auch gewisse ungeheure Raubtiere für sich allein, während die sogenannte Steckmuschel und das Tier, das ‚Steckmuschelschützer' genannt wird, weil es die Muschel schützt, zusammenleben: Das Tier schwimmt aus der Muschel heraus und zieht sich immer wieder in sie zurück und wird dort eingeschlossen, so daß man den Eindruck hat, es habe die Muschel warnen wollen. Ebenso tun die Ameisen, Bienen und Störche vieles ihren Artgenossen zuliebe. Noch viel enger ist die Verbindung der Menschen untereinander. So sind wir von der Natur zum Zusammenleben, zur Vergesellschaftung und zur Staatenbildung bestimmt. Von der Welt lehren sie, daß sie durch die Götter verwaltet wird und daß sie sozusagen die gemeinsame Stadt und den gemeinsamen Staat der Menschen und Götter darstellt; jeder von uns ist ein Teil dieser Welt; daraus folgt naturgemäß, daß wir den Nutzen aller unserem eigenen Nutzen voranstellen sollen. Wie nämlich die Gesetze das Wohlergehen aller vor das Wohlergehen der einzelnen stellen, so wird nun auch der Tugendhafte, der Weise, der den Gesetzen Gehorsame und der mit seiner politischen Pflicht wohlvertraute Mensch mehr für das

cuius aut suae consulit. nec magis est vituperandus proditor patriae quam communis utilitatis aut salutis desertor propter suam utilitatem aut salutem. ex quo fit, ut laudandus is sit, qui mortem oppetat pro re publica, quod deceat cariorem nobis esse patriam quam nosmet ipsos. quoniamque illa vox inhumana et scelerata ducitur eorum, qui negant se recusare quo minus ipsis mortuis terrarum omnium deflagratio consequatur – quod vulgari quodam versu Graeco pronuntiari solet –, certe verum est etiam iis, qui aliquando futuri sint, esse propter ipsos consulendum. ex hac animorum affectione testamenta commendationesque morientium natae sunt. 65

Quodque nemo in summa solitudine vitam agere velit ne cum infinita quidem voluptatum abundantia, facile intellegitur nos ad coniunctionem congregationemque hominum et ad naturalem communitatem esse natos.

Inpellimur autem natura, ut prodesse velimus quam plurimis in primisque docendo rationibusque prudentiae tradendis. itaque non facile est invenire 66 qui quod sciat ipse non tradat alteri; ita non solum ad discendum propensi sumus, verum etiam ad docendum.

Atque ut tauris natura datum est ut pro vitulis contra leones summa vi impetuque contendant, sic ii, qui valent opibus atque id facere possunt, ut de Hercule et de Libero accepimus, ad servandum genus hominum natura incitantur. atque etiam Iovem cum Optimum et Maximum dicimus cumque eundem Salutarem, Hospitalem, Statorem, hoc intellegi volumus, salutem hominum in eius esse tutela. minime autem convenit, cum ipsi inter nos viles neglectique simus, postulare ut diis inmortalibus cari simus et ab iis diligamur.

Wohl aller als für dasjenige eines einzelnen oder gar nur das seinige sorgen. Darum ist auch der Vaterlandsverräter nicht verwerflicher als derjenige, der den Nutzen oder das Wohlergehen aller im Stich läßt wegen seines eigenen Nutzens und Wohlergehens. Umgekehrt muß derjenige gelobt werden, der für den Staat den Tod auf sich nimmt, da es sich schickt, daß uns das Vaterland teurer sei als wir selber. So hält man denn auch jene Äußerung für unmenschlich und verbrecherisch, in der einer erklärt, ‚es sei ihm durchaus recht, wenn nach seinem Tode die ganze Welt in Flammen aufginge'. Dies wird ja in einem allgemein bekannten griechischen Vers ausgedrückt. Demgegenüber ist es sicher richtig, daß wir für diejenigen, die später einmal leben werden, ihrer selbst wegen zu sorgen haben. Aus dieser Einstellung heraus sind die Testamente und die Empfehlungen von Todes wegen entstanden.

Da außerdem niemand in der völligen Einsamkeit sein Leben zu führen wünscht, nicht einmal in einer unendlichen Fülle an Lust, so ergibt sich leicht, daß wir zur Verbindung und Geselligkeit mit den Menschen und zu einer naturgemäßen Vergesellschaftung geboren sind.

Und zwar werden wir durch die Natur dazu angetrieben, so vielen Menschen als möglich zu nützen, vor allem dadurch, daß wir sie belehren und ihnen die Prinzipien der Klugheit übermitteln. So wird man nicht leicht jemanden finden, der nicht das, was er selber weiß, einem anderen mitteilen möchte; demnach sind wir nicht nur zum Lernen geeignet, sondern auch zum Belehren.

Auch den Stieren ist es von Natur gegeben, daß sie für die Kälber mit aller Kraft und Wucht gegen die Löwen kämpfen; ebenso werden diejenigen, die Kraft genug haben und dies leisten können, von Natur dazu angespornt, das Menschengeschlecht zu bewahren, wie uns dies von Herakles und Dionysos überliefert ist. Wenn wir unsererseits Iuppiter als den Mächtigsten und Größten bezeichnen und ebenso als den Hilfreichen, Gastlichen, dem zum Stehen Bringenden, so wollen wir damit ausdrücken, daß er das Heil der Menschen verwaltet. Es wäre aber im höchsten Grade unschicklich, wenn wir uns gegenseitig verachteten und vernachlässigten und zugleich von den Göttern verlangten, daß sie für uns sorgen und wir von ihnen geliebt werden.

Quem ad modum igitur membris utimur prius, quam didicimus, cuius ea causa utilitatis habeamus, sic inter nos natura ad civilem communitatem coniuncti et consociati sumus. quod ni ita se haberet, nec iustitiae ullus esset nec bonitati locus. sed quo modo hominum inter homines iuris esse vincula putant, sic homini nihil iuris esse cum bestiis. praeclare enim Chrysippus, cetera nata esse hominum causa et deorum, eos autem communitatis et societatis suae, ut bestiis homines uti ad utilitatem suam possint sine iniuria.

Quoniamque ea natura esset hominis, ut ei cum genere humano quasi civile ius intercederet, qui id conservaret, eum iustum, qui migraret, iniustum fore. sed quem ad modum, theatrum cum commune sit, recte tamen dici potest eius esse eum locum, quem quisque occuparit, sic in urbe mundove communi non adversatur ius, quo minus suum quidque cuiusque sit.

Cum autem ad tuendos conservandosque homines hominem natum esse videamus, consentaneum est huic naturae, ut sapiens velit gerere et administrare rem publicam atque, ut e natura vivat, uxorem adiungere et velle ex ea liberos. ne amores quidem sanctos a sapiente alienos esse arbitrantur. Cynicorum autem rationem atque vitam alii cadere in sapientem dicunt, si qui eius modi forte casus inciderit, ut id faciendum sit, alii nullo modo.

Ut vero conservetur omnis homini erga hominem societas coniunctio, caritas, et emolumenta et detrimenta, quae ὠφελήματα et βλάμματα appellant, communia esse voluerunt; quorum altera prosunt,

Wie wir unsere Körperglieder zuerst benutzen, noch bevor wir begriffen haben, zu welchem Nutzen sie uns gegeben sind, genauso sind wir von Natur zur politischen Gemeinschaft verbunden und vereinigt, längst bevor wir uns darauf besinnen, welchen Nutzen wir voneinander gegenseitig haben können. Wenn es sich nicht so verhielte, so hätten die Gerechtigkeit und die Großzügigkeit keinen Platz. Doch ebenso, wie sie daran festhalten, daß es zwischen den Menschen eine Rechtsordnung gibt, genauso gibt es, wie sie sagen, zwischen Mensch und Tier kein Rechtsverhältnis. Ausgezeichnet erklärt Chrysipp, daß alles andere um der Menschen und Götter willen entstanden sei und diese selbst um ihrer Gemeinschaft und Verbindung willen, was zur Folge hat, daß die Menschen sich der Tiere zu ihrem Nutzen bedienen können, ohne damit Unrecht zu tun.

Da es weiterhin die Natur des Menschen ist, daß er gewissermaßen ein politisches Rechtsverhältnis zum ganzen Menschengeschlecht hat, so wird eben derjenige, der es respektiert, als gerecht, der es verletzt, als ungerecht zu gelten haben. Wie ein Theaterraum allen Besuchern gemeinsam ist, aber doch jeder den Platz, den er einnimmt, als seinen eigenen bezeichnen darf, so widerspricht auch im Staat und in der Gemeinschaft der Welt das Recht nicht dem Anspruch des einzelnen auf sein besonderes Eigentum.

Da wir also sehen, daß der Mensch dazu geboren ist, für die Menschen zu sorgen und sie zu schützen, folgt notwendigerweise aus einer solchen Natur, daß der Weise bereit sein wird, den Staat zu verwalten und zu regieren; er wird auch, um der Natur zu genügen, eine Frau nehmen und mit ihr Kinder zeugen. Sie sind sogar der Meinung, daß der Weise einer edlen Erotik zugetan sein werde. Was die Prinzipien und die Lebensform der Kyniker angeht, so meinen die einen, daß der Weise ihnen folgen wird, wenn sich zufällig dies ergibt, so zu leben; andere erklären, daß dies vollständig abzulehnen sei.

Damit nun die Gemeinschaft, Verbindung und Zuneigung aller Menschen zu allen Menschen bewahrt bleibt, lehren sie, daß die Nützlichkeiten und Schädlichkeiten (die sie ὠφελήματα und βλάμματα nennen) allen gemeinsam seien; das eine nützt, das an-

nocent altera. neque solum ea communia, verum
etiam paria esse dixerunt. incommoda autem et commoda – ita enim εὐχρηστήματα et δυσχρηστήματα appello – communia esse voluerunt, paria noluerunt. illa enim, quae prosunt aut quae nocent, aut
bona sunt aut mala, quae sint paria necesse est. commoda autem et incommoda in eo genere sunt, quae
praeposita et reiecta diximus; ea possunt paria non
esse. sed emolumenta ⟨et detrimenta⟩ communia esse
dicuntur, recte autem facta et peccata non habentur
communia.

Amicitiam autem adhibendam esse censent, quia sit 70
ex eo genere, quae prosunt. quamquam autem in amicitia alii dicant aeque caram esse sapienti rationem
amici ac suam, alii autem sibi cuique cariorem suam,
tamen hi quoque posteriores fatentur alienum esse a
iustitia, ad quam nati esse videamur, detrahere quid
de aliquo, quod sibi adsumat. minime vero probatur
huic disciplinae, de qua loquor, aut iustitiam aut amicitiam propter utilitates adscisci aut probari. eaedem
enim utilitates poterunt eas labefactare atque perver-
tere. etenim nec iustitia nec amicitia esse omnino poterunt, nisi ipsae per se expetuntur.

Ius autem, quod ita dici appellarique possit, id esse 71
natura, alienumque esse a sapiente non modo iniuriam cui facere, verum etiam nocere. nec vero rectum est cum amicis aut bene meritis consociare aut
coniungere iniuriam, gravissimeque et verissime defenditur numquam aequitatem ab utilitate posse seiungi, et, quicquid aequum iustumque esset, id etiam
honestum vicissimque, quicquid esset honestum, id
iustum etiam atque aequum fore.

Ad easque virtutes, de quibus disputatum est, dia- 72
lecticam etiam adiungunt et physicam, easque ambas
virtutum nomine appellant, alteram, quod habeat ra-

dere schadet. Sie sagen aber nicht nur, daß dies gemeinsam sei, sondern auch, daß es überall gleich sei. Die Vorteile und Nachteile aber (so nenne ich die εὐχρηστήματα und δυσχρηστήματα) sind nach ihrer Lehre gemeinsam, aber nicht gleich. Denn das, was nützt oder schadet, ist entweder gut oder schlecht und darum notwendigerweise immer und überall gleich; das Vorteilhafte und Nachteilige gehört dagegen in den Bereich dessen, was wir ‚Vorgezogenes' und ‚Zurückgesetztes' nannten; diese Dinge können ungleich sein. Außerdem nennen sie die Nützlichkeiten und Schädlichkeiten gemeinsam, dagegen die richtigen und verkehrten Taten nicht.

Freundschaft soll nach ihrer Meinung gepflegt werden, weil sie zu der Gattung der nützlichen Dinge gehört. Allerdings sagen die einen, für den Weisen sei die Rücksicht auf den Freund ebenso wichtig wie diejenige auf sich selbst, andere dagegen, daß einem jeden die Rücksicht auf sich selbst wichtiger sei; doch auch diese zweiten geben zu, daß es der Gerechtigkeit, zu der wir geboren zu sein scheinen, widerspricht, dem anderen etwas zu entziehen, was man für sich selber beansprucht. Am entschiedensten verwirft diese Lehre, von der ich spreche, die These, man pflege oder billige die Gerechtigkeit oder die Freundschaft ihrer Vorteile wegen; denn genau diese selben Vorteile werden sie auch ins Wanken bringen oder umstürzen können. So können denn weder die Gerechtigkeit noch die Freundschaft Bestand haben, wenn sie nicht um ihrer selbst willen erstrebt werden.

Das, was man Recht nennen und als solches bezeichnen kann, besteht von Natur, und dem Weisen ist es fremd, nicht nur jemandem Unrecht anzutun, sondern auch nur zu schaden. Vollends ist es nicht richtig, sich mit Freunden oder Gönnern zusammenzutun, um gemeinsam Unrecht zu begehen. Auf das energischste und sinnvollste wird die These verteidigt, daß niemals die Billigkeit von der Nützlichkeit getrennt werden könne: Was immer billig und gerecht sei, sei auch tugendhaft, und umgekehrt sei alles, was tugendhaft sei, auch gerecht und billig.

An die Tugenden, über die wir gehandelt haben, schließen sie auch die Dialektik und die Naturphilosophie an. Beide bezeichnen sie als Tugenden, die eine darum, weil sie mit ihrer Methode

tionem, ne cui falso adsentiamur neve umquam captiosa probabilitate fallamur, eaque, quae de bonis et malis didicerimus, ut tenere tuerique possimus. nam sine hac arte quemvis arbitrantur a vero abduci fallique posse. recte igitur, si omnibus in rebus temeritas ignoratioque vitiosa est, ars ea, quae tollit haec, virtus nominata est. physicae quoque non sine causa tributus idem est honos, propterea quod, qui convenienter naturae victurus sit, ei proficiscendum est ab omni mundo atque ab eius procuratione. nec vero potest quisquam de bonis et malis vere iudicare nisi omni cognita ratione naturae et vitae etiam deorum, et utrum conveniat necne natura hominis cum universa. quaeque sunt vetera praecepta sapientium, qui iubent tempori parere et sequi deum et se noscere et nihil nimis, haec sine physicis quam vim habeant – et habent maximam – videre nemo potest. atque etiam ad iustitiam colendam, ad tuendas amicitias et reliquas caritates quid natura valeat haec una cognitio potest tradere. nec vero pietas adversus deos nec quanta iis gratia debeatur sine explicatione naturae intellegi potest.

Sed iam sentio me esse longius provectum, quam proposita ratio postularet. verum admirabilis compositio disciplinae incredibilisque rerum me traxit ordo; quem, per deos inmortales! nonne miraris? quid enim aut in natura, qua nihil est aptius, nihil descriptius, aut in operibus manu factis tam compositum tamque compactum et coagmentatum inveniri potest? quid

verhüten kann, daß wir falschen Meinungen zustimmen oder uns jemals durch sophistische Beweisführungen täuschen lassen; außerdem bewirkt sie, daß wir das, was wir über das Gute und Schlechte gelernt haben, auch festzuhalten und zu begründen vermögen. Die Stoiker sind nämlich überzeugt, daß ohne diese Kunst jeder Beliebige sich von der Wahrheit wegführen und betrügen lassen könne. Wenn nun in allen Dingen ein vorschnelles Urteil und die Unwissenheit verwerflich sind, so hat man auch mit Recht diejenige Kunst, die uns davor bewahrt, eine Tugend genannt. Derselbe Rang ist nicht ohne Grund auch der Naturphilosophie zugebilligt worden. Denn derjenige, der in Übereinstimmung mit der Natur leben will, muß notwendigerweise vom Hinblick auf den Kosmos im ganzen und auf dessen Verwaltung ausgehen. Niemand kann nämlich über das Gute und Schlechte richtig urteilen, wenn er nicht zuvor die gesamten Prinzipien der Natur und auch des Lebens der Götter kennengelernt hat und die Frage zu beantworten vermag, ob die Natur des Menschen mit derjenigen des Alls übereinstimmt oder nicht. Außerdem kann niemand ohne die Naturphilosophie einsehen, welchen Sinn die alten Sprüche der Weisen haben (und ihr Sinn ist überaus bedeutend), man müsse ‚dem richtigen Zeitpunkt gehorchen‘, ‚Gott nachfolgen‘ und ‚sich selbst erkennen‘ und ‚nichts im Übermaß tun‘. Es ist dasselbe Wissen, das allein uns lehren kann, was die Natur vermag, wenn es gilt, die Gerechtigkeit zu üben und die Freundschaft und die sonstigen menschlichen Beziehungen zu pflegen. Auch, was die Frömmigkeit den Göttern gegenüber bedeutet und wie dankbar wir ihnen zu sein verpflichtet sind, kann ohne die Einsicht in den Aufbau der Natur nicht begriffen werden.

Aber ich habe schon den Eindruck, daß ich viel ausführlicher geredet habe, als es die Sache selbst erfordert hätte. Allein der wunderbare Aufbau des ganzen Systems und seine unglaubliche Geschlossenheit haben mich mitgerissen. Bei den Göttern, bewunderst du sie denn nicht auch? Gibt es im Reiche der Natur, wo doch alles auf das beste miteinander verbunden und gegliedert ist, oder in den Werken der menschlichen Kunst irgend etwas, was derart großartig komponiert, zusammengefügt und koordi-

posterius priori non convenit? quid sequitur, quod non respondeat superiori? quid non sic aliud ex alio nectitur, ut, si ullam litteram moveris, labent omnia? nec tamen quicquam est, quod moveri possit. quam gravis vero, quam magnifica, quam constans conficitur persona sapientis! qui, cum ratio docuerit, quod honestum esset, id esse solum bonum, semper sit necesse est beatus vereque omnia ista nomina possideat, quae irrideri ab inperitis solent. rectius enim appellabitur rex quam Tarquinius, qui nec se nec suos regere potuit, rectius magister populi – is enim est dictator – quam Sulla, qui trium pestiferorum vitiorum, luxuriae, avaritiae, crudelitatis, magister fuit, rectius dives quam Crassus, qui nisi eguisset, numquam Euphraten nulla belli causa transire voluisset. recte eius omnia dicentur, qui scit uti solus omnibus, recte etiam pulcher appellabitur – animi enim liniamenta sunt pulchriora quam corporis –, recte solus liber nec dominationi cuiusquam parens nec oboediens cupiditati, recte invictus, cuius etiamsi corpus constringatur, animo tamen vincula inici nulla possint; nec expectet ullum tempus aetatis, uti tum denique iudicetur beatusne fuerit, cum extremum vitae diem morte confecerit, quod ille unus e septem sapientibus non sapienter Croesum monuit; nam si beatus umquam fuisset, beatam vitam usque ad illum a Cyro extructum rogum pertulisset. quod si ita est, ut neque quisquam nisi bonus vir ⟨sapiens⟩ et omnes boni beati sint, quid philosophia magis colendum aut quid est virtute divinius?

niert ist? Gibt es da ein Späteres, das nicht genau dem Früheren entspräche? Ist nicht alles mit allem so verknüpft, daß das Ganze zusammenstürzen würde, wenn man auch nur einen einzigen Buchstaben verschöbe? Und dabei gibt es gar nichts, was man verschieben könnte. Mit wieviel Ernst, Großartigkeit und Konsequenz wird da die Gestalt des Weisen konstruiert! Wenn ihn einmal die Vernunft darüber belehrt hat, daß das Tugendhafte allein gut sei, dann wird er notwendigerweise immer glückselig sein und in Wahrheit alle jene Titel besitzen, über die die Ungebildeten zu lachen pflegen. Mit viel größerem Recht wird er ‚König‘ genannt werden dürfen als Tarquinius, der weder sich selbst noch die Seinigen zu beherrschen vermochte, mit größerem Recht ‚Leiter des Volkes‘ – also ‚Dictator‘ – als Sulla, der der Leiter in drei zerstörerischen Lastern gewesen ist, der Schwelgerei, der Geldgier und der Grausamkeit, mit größerem Recht ‚reich‘ als Crassus, der, wenn er sich nicht so bedürftig gefühlt hätte, niemals die Absicht gehabt hätte, ohne jeden Kriegsgrund den Euphrat zu überschreiten; mit Recht sagt man, daß alles demjenigen gehöre, der als einziger sich aller Dinge richtig zu bedienen weiß. Mit Recht wird man ihn auch ‚schön‘ nennen (denn die Umrisse des Geistes sind schöner als diejenigen des Körpers), mit Recht auch ‚frei‘, da er weder einem Herrn gehorcht noch Knecht seiner Begierden ist. Mit Recht endlich heißt er ‚unbesiegbar‘; denn mag auch sein Körper festgebunden sein, so können doch dem Geiste keine Fesseln auferlegt werden. Er wird auch nicht den Zeitpunkt abwarten, in dem es schließlich festgestellt werden kann, ob er glückselig gewesen sei oder nicht, dann nämlich, wenn der letzte Tag seines Lebens mit dem Tode endet, so wie einer der Sieben Weisen in unweiser Art den Kroisos gewarnt hat. Wenn jener nämlich überhaupt glückselig gewesen war, dann hätte er seine Glückseligkeit bis zu dem von Kyros errichteten Scheiterhaufen bewahrt. Wenn es sich nun so verhält, daß nur der Tugendhafte weise ist und daß alle Tugendhaften glückselig sind, gibt es dann etwas, was man eher zu pflegen hätte als die Philosophie, oder was wäre göttlicher als die Tugend?"

LIBER QUARTUS

Quae cum dixisset, finem ille. ego autem: Ne tu, inquam, Cato, ista exposuisti, ut tam multa memoriter, ut tam obscura, dilucide. itaque aut omittamus contra omnino velle aliquid aut spatium sumamus ad cogitandum; tam enim diligenter, etiam si minus vere – nam nondum id quidem audeo dicere –, sed tam accurate non modo fundatam, verum etiam extructam disciplinam non est facile perdiscere.

Tum ille: Ain tandem? inquit, cum ego te hac nova lege videam eodem die accusatori respondere et tribus horis perorare, in hac me causa tempus dilaturum putas? quae tamen a te agetur non melior, quam illae sunt, quas interdum optines. quare istam quoque aggredere tractatam praesertim et ab aliis et a te ipso saepe, ut tibi deesse non possit oratio.

Tum ego: Non mehercule, inquam, soleo temere contra Stoicos, non quo illis admodum assentiar, sed pudore impedior; ita multa dicunt, quae vix intellegam.

Obscura, inquit, quaedam esse confiteor, nec tamen ab illis ita dicuntur de industria, sed inest in rebus ipsis obscuritas.

Cur igitur easdem res, inquam, Peripateticis dicentibus verbum nullum est, quod non intellegatur?

Easdemne res? inquit, an parum disserui non verbis

VIERTES BUCH

Nachdem er dies gesagt hatte, schloß er, worauf ich bemerkte: „Es ist bewundernswert, wie du diese Dinge dargelegt hast, so vieles mit solcher Genauigkeit, so Dunkles mit solcher Klarheit. Also möchte ich entweder überhaupt darauf verzichten, Einwendungen dagegen zu erheben, oder doch mir Zeit lassen, das Ganze zu überdenken. Es ist nicht leicht, sich eine Lehre einzuprägen, die so sorgfältig – wenn auch vielleicht nicht ganz richtig (darüber wage ich noch nichts zu sagen) – und so scharfsinnig nicht bloß begründet, sondern auch aufgebaut ist."

Darauf erwiderte jener: „Meinst du dies wirklich? Du, von dem ich selbst gesehen habe, wie du aufgrund des neuen Gesetzes noch am selben Tage dem Ankläger antwortetest und während drei Stunden redetest, glaubst du, daß ich in unserer jetzigen Sache eine Verschiebung dulden werde? Du wirst auch dann deine Sache nicht besser vertreten können, als du es bei jenen tust, bei denen du dich doch zuweilen durchzusetzen vermagst. Nimm also auch dieses Problem in Angriff; es ist ja auch schon von anderen und von dir selber öfters behandelt worden, so daß dir die Argumente nicht fehlen können."

Darauf ich: „Ich pflege wahrhaftig nicht leichtfertig gegen die Stoiker zu reden; nicht etwa, weil ich mit ihnen ganz einverstanden wäre, sondern weil ich mich geniere: Sie sagen so viele Dinge, die ich kaum verstehe."

„Gewiß gebe ich zu", sagte er, „daß einige Thesen dunkel sind, doch darin liegt nicht eine Absicht, sondern die Dunkelheit haftet an den Sachen selbst."

„Wie kommt es dann aber", erwiderte ich, „daß ich jedes Wort verstehe, wenn die Peripatetiker genau dasselbe sagen?"

„Ist es wirklich dasselbe? Habe ich nicht hinreichend dargelegt, daß die Stoiker von den Peripatetikern sich keineswegs nur

Stoicos a Peripateticis, sed universa re et tota sententia dissidere?

Atqui, inquam, Cato, si istud optinueris, traducas me ad te totum licebit.

Putabam equidem satis, inquit, me dixisse. quare ad ea primum, si videtur; sin aliud quid voles, postea.

Immo istud quidem, inquam, quo loco quidque, nisi iniquum postulo, arbitratu meo.

Ut placet, inquit. etsi enim illud erat aptius, aequum cuique concedere.

Existimo igitur, inquam, Cato, veteres illos Platonis auditores, Speusippum, Aristotelem, Xenocratem, deinde eorum, Polemonem, Theophrastum, satis et copiose et eleganter habuisse constitutam disciplinam, ut non esset causa Zenoni, cum Polemonem audisset, cur et ab eo ipso et a superioribus dissideret. quorum fuit haec institutio, in qua animadvertas velim quid mutandum putes nec expectes, dum ad omnia dicam, quae a te dicta sunt; universa enim illorum ratione cum tota vestra confligendum puto.

Qui cum viderent ita nos esse natos, ut et communiter ad eas virtutes apti essemus, quae notae illustresque sunt, iustitiam dico, temperantiam, ceteras generis eiusdem – quae omnes similes artium reliquarum materia tantum ad meliorem partem et tractatione differunt – easque ipsas virtutes viderent nos magnificentius appetere et ardentius ⟨cum, quot essent et quo modo definirentur, intelligeremus,⟩ habere etiam insitam quandam vel potius innatam cupiditatem scientiae natosque esse ad congregationem hominum et ad societatem communitatemque generis humani, eaque

in der Terminologie, sondern in der Sache selbst und in ihrer ganzen Lehre unterscheiden?"

„Nun", bemerkte ich, „wenn du, Cato, mir dies beweisen kannst, wirst du mich ganz auf deine Seite hinüberziehen."

„Ich glaube wirklich", erwiderte er, „daß ich genug gesagt hätte. Also wollen wir, wenn du einverstanden bist, diesen Punkt zuerst diskutieren. Wenn du noch etwas anderes behandeln möchtest, darüber später."

„Ich möchte aber auch das andere so diskutieren, wie es sich gerade gibt", sagte ich, „und zwar, wenn ich nicht zuviel verlange, nach meinem eigenen Gutdünken."

„Wie es dir recht ist", antwortete er; „mein Vorschlag wäre zwar zweckmäßiger gewesen, aber es schickt sich, jedem seinen Willen zu lassen."

„Ich bin nun der Überzeugung", begann ich, „daß jene alten Hörer Platons: Speusippos, Aristoteles, Xenokrates, dann deren Hörer Polemon und Theophrast eine so reich ausgebaute und gut formulierte Lehre entwickelt haben, daß gar kein Grund vorlag, weshalb Zenon, der doch Polemon gehört hatte, von diesem und von den Früheren hätte abfallen müssen. Was sie gelehrt haben, ist das Folgende, und ich bitte dich, die Punkte anzugeben, die nach deiner Meinung geändert werden mußten; warte aber nicht so lange, bis ich mich zu allem geäußert habe, was du dargelegt hast. Ich denke, daß die Gesamtheit ihres Systems mit der Gesamtheit des eurigen konfrontiert werden muß.

Sie haben also festgestellt, daß wir von Geburt alle zu jenen Tugenden begabt sind, die bekannt und anerkannt sind: Gerechtigkeit, Selbstzucht und alles andere dieser Art; diese sind mit den übrigen Kunstfertigkeiten vergleichbar und zeichnen sich vor ihnen nur durch ihren Gegenstand und ihre Methode aus. Sie sahen weiterhin, daß wir gerade diesen Tugenden mit größerer Begeisterung und Hingabe nachstreben, ⟨wenn wir sie nach Angabe und Begriff zu bestimmen vermögen⟩; ebenso, daß wir eine ursprüngliche oder, besser gesagt, angeborene Begierde nach Wissen besitzen, endlich, daß wir zur Geselligkeit mit den Menschen geboren sind und zur Gemeinschaft und Verbundenheit mit dem ganzen Menschengeschlecht; dies wird bei den begabtesten Na-

in maximis ingeniis maxime elucere, totam philosophiam tris in partis diviserunt, quam partitionem a Zenone esse retentam videmus. quarum cum una sit, qua mores conformari putantur, differo eam partem, quae quasi stirps est huius quaestionis. qui sit enim finis bonorum, mox, hoc loco tantum dico, a veteribus Peripateticis Academicisque, qui re consentientes vocabulis differebant, eum locum, quem civilem recte appellaturi videmur, Graeci πολιτικόν, graviter et copiose esse tractatum.

Quam multa illi de re publica scripserunt, quam multa de legibus! quam multa non solum praecepta in artibus, sed etiam exempla in orationibus bene dicendi reliquerunt! primum enim ipsa illa, quae subtiliter disserenda erant, polite apteque dixerunt tum definientes, tum partientes, ut vestri etiam; sed vos squalidius, illorum vides quam niteat oratio. deinde ea, quae requirebant orationem ornatam et gravem, quam magnifice sunt dicta ab illis, quam splendide! de iustitia, ⟨de temperantia,⟩ de fortitudine, de amicitia, de aetate degenda, de philosophia, de capessenda re publica, [de temperantia de fortitudine] hominum non spinas vellentium, ut Stoici, nec ossa nudantium, sed eorum, qui grandia ornate vellent, enucleate minora dicere. itaque quae sunt eorum consolationes, quae cohortationes, quae etiam monita et consilia scripta ad summos viros!

Erat enim apud eos, ut est rerum ipsarum natura, sic dicendi exercitatio duplex. nam, quicquid quaeritur, id habet aut generis ipsius sine personis temporibusque aut his adiunctis facti aut iuris aut nominis controversiam. ergo in utroque exercebantur, eaque

turen am glänzendsten sichtbar. So haben sie denn die gesamte Philosophie in drei Teile gegliedert, und wir konstatieren, daß Zenon diese Einteilung beibehalten hat. Was nun denjenigen Teil angeht, der, wie man annimmt, den Charakter bildet, so verschieben wir seine Behandlung, da er ja gewissermaßen das Kernstück unseres Problems bildet. Über die Frage, was das höchste Gut sei, reden wir also später. An dieser Stelle möchte ich nur hervorheben, daß die alten Peripatetiker und Akademiker, die, in der Sache übereinstimmend, nur in den Worten sich voneinander unterschieden, das Gebiet, das wir richtigerweise die Staatslehre nennen dürfen (die Griechen nennen es πολιτικόν), gewichtig und ausführlich behandelt haben.

Wie vieles haben sie über den Staat geschrieben, wie vieles über die Gesetze! Wie zahlreich sind nicht nur die theoretischen Vorschriften darüber, wie man gut reden könne, sondern auch die konkreten Beispiele in ihren eigenen Reden! Fürs erste haben sie gerade all das, was sorgfältig zu erörtern war, gepflegt und geschickt vorgetragen, Definitionen und Einteilungen vorgenommen, wie dies auch die eurigen tun; nur wirkt es bei euch kümmerlich – doch du weißt, wie elegant ihre Darlegungen sind. Wie großartig und glänzend haben sie über alles geredet, was einen schönen und anspruchsvollen Stil erfordert: über die Gerechtigkeit, die Selbstzucht, die Tapferkeit, die Freundschaft, die Lebensführung, die Philosophie und über das Problem der politischen Tätigkeit haben sie gesprochen nicht wie Leute, die Dornen auszupfen oder Knochen abnagen wie die Stoiker, sondern als Männer, die das Bedeutende schön, das weniger Bedeutende klar auszudrücken entschlossen sind. Was gibt es bei ihnen nicht an Trostschriften, an Mahnschriften, an Belehrungen und Ratschlägen für führende Persönlichkeiten!

Wie es die Natur der Sachen selbst fordert, führten sie zwei Arten von Übung im Reden durch. Denn bei jeder beliebigen Streitfrage handelt es sich entweder um das Problem als solches ohne Berücksichtigung der Personen und der Umstände, oder aber man berücksichtigt diese Dinge und fragt dann nach dem Tatbestand, der juristischen Einordnung und der besonderen Qualifikation. In beiden Gebieten führten sie Übungen durch, und eben

disciplina effecit tantam illorum utroque in genere dicendi copiam. totum genus hoc Zeno et qui ab eo sunt aut non potuerunt ⟨tueri⟩ aut noluerunt, certe reliquerunt. quamquam scripsit artem rhetoricam Cleanthes, Chrysippus etiam, sed sic, ut, si quis obmutescere concupierit, nihil aliud legere debeat.

Itaque vides, quo modo loquantur. nova verba fingunt, deserunt usitata.

†At quanta conantur! mundum hunc omnem oppidum esse nostrum! incendi igitur eos, qui audiunt, vides. quantam rem agas, ut Circeiis qui habitet totum hunc mundum suum municipium esse existimet?

Quid? ille incendat? restinguet citius, si ardentem acceperit.†

Ista ipsa, quae tu breviter: regem, dictatorem, divitem solum esse sapientem, a te quidem apte ac rotunde; quippe; habes enim a rhetoribus; illorum vero ista ipsa quam exilia de virtutis vi! quam tantam volunt esse, ut beatum per se efficere possit. pungunt quasi aculeis interrogatiunculis angustis, quibus etiam qui assentiuntur nihil commutantur animo et idem abeunt, qui venerant. res enim fortasse verae, certe graves, non ita tractantur, ut debent, sed aliquanto minutius.

Sequitur disserendi ratio cognitioque naturae; nam de summo bono mox, ut dixi, videbimus et ad id explicandum disputationem omnem conferemus. in his igitur partibus duabus nihil erat, quod Zeno commutare gestiret. res enim se praeclare habebat, et quidem in utraque parte. quid enim ab antiquis ex eo genere, quod ad disserendum valet, praetermissum est? qui et

dieses Vorgehen bewirkte, daß ihnen schließlich in beiden Arten des Argumentierens eine so große Fülle von Überlegungen zur Verfügung stand. Dieses ganze Gebiet haben Zenon und seine Nachfolger überhaupt nicht gepflegt, sei es, daß sie es nicht konnten oder daß sie es nicht wollten. Zwar haben Kleanthes und sogar Chrysippos eine Rhetorik verfaßt, doch so, daß man sie nur zu lesen braucht, wenn man für sein ganzes Leben verstummen will.

Du siehst ja, wie sie reden. Sie fabrizieren neue Wörter und geben die übliche Terminologie preis.

Aber wie großartig ist ihre Anstrengung! Sie erklären, daß diese ganze Welt unser Dorf sei. – Siehst du, eine wie glänzende Aussicht es ist, wenn der Einwohner von Circei überzeugt ist, die ganze Welt sei sein Städtchen? Dies muß doch diejenigen entflammen, die dies hören.

Wirklich? Wird er sie wirklich entflammen? Im Gegenteil, wenn sie entflammt zu ihm kommen, wird er ihr Feuer schnellstens auslöschen. –

Genau dies, was du kurz erwähntest, daß nur der Weise König, Diktator und reich sei, hast du selbst geschickt und geschmackvoll formuliert; natürlich, denn du hast dies bei den Rhetoren gelernt. Doch bei jenen anderen Stoikern, wie dürftig ist alles, was sie über die Kraft der Tugend sagen, von der sie doch behaupten, sie sei so groß, daß sie für sich allein den Menschen glückselig zu machen vermöge. Sie stechen zu mit spitzigen kleinen Fragen, durch die nicht einmal diejenigen, die ihnen zustimmen, innerlich geändert werden; sie gehen genau gleich weg, wie sie gekommen waren. Die Lehren selbst sind vielleicht richtig, sicherlich bedeutend; doch sie werden nicht so behandelt, wie sie behandelt werden sollten, sondern viel zu kleinlich.

Es folgt die Logik und die Naturphilosophie. Denn über das höchste Gut werden wir, wie ich schon sagte, etwas später reden und dann die ganze Diskussion auf diesen Punkt konzentrieren. In diesen beiden Teilen der Philosophie gab es für Zenon keinen Anlaß, irgend etwas ändern zu wollen. Die überkommene Lehre war vortrefflich aufgebaut, und zwar in beiden Fällen. Denn in allen Fragen, die die Argumentation angehen, haben die Alten

definierunt plurima et definiendi artes reliquerunt, quodque est definitioni adiunctum, ut res in partes dividatur, id et fit ab illis et quem ad modum fieri oporteat traditur; item de contrariis, a quibus ad genera formasque generum venerunt. iam argumenti ratione conclusi caput esse faciunt ea, quae perspicua dicunt, deinde ordinem sequuntur, tum, quid verum sit in singulis, extrema conclusio est. quanta autem ab illis varietas argumentorum ratione concludentium eorumque cum captiosis interrogationibus dissimilitudo! quid, quod plurimis locis quasi denuntiant, ut neque sensuum fidem sine ratione nec rationis ⟨sine⟩ sensibus exquiramus, atque ut eorum alterum ab altero ⟨ne⟩ separemus? quid? ea, quae dialectici nunc tradunt et docent, nonne ab illis instituta aut inventa sunt? de quibus etsi a Chrysippo maxime est elaboratum, tamen a Zenone minus multo quam ab antiquis; ab hoc autem quaedam non melius quam veteres, quaedam omnino relicta. cumque duae sint artes, quibus perfecte ratio et oratio compleatur, una inveniendi, altera disserendi, hanc posteriorem et Stoici et Peripatetici, priorem autem illi egregie tradiderunt, hi omnino ne attigerunt quidem. nam e quibus locis quasi thesauris argumenta depromerentur, vestri ne suspicati quidem sunt, superiores autem artificio et via tradiderunt. quae quidem res efficit, ne necesse sit isdem de rebus semper quasi dictata decantare neque a commentariolis suis discedere. nam qui sciet ubi quidque positum sit quaque eo veniat, is, etiamsi quid obrutum erit, poterit eruere semperque esse in disputando suus. quod etsi ingeniis magnis praediti quidam dicendi copiam sine ratione consequuntur, ars tamen est dux certior quam natura. aliud est enim poëtarum

nichts vergessen. Sie haben sehr viele Definitionen vorgetragen und Regeln für das richtige Definieren hinterlassen. Was weiterhin zur Definition gehört, nämlich die richtige Aufteilung der Sache, das haben sie ebenfalls getan und wiederum gelehrt, wie man dabei vorzugehen habe. Dasselbe gilt von den Gegensätzlichkeiten, von denen aus sie zu den Gattungen und Arten fortschritten. Sie lehren auch, daß das, was sie ‚evident‘ nennen, den Ausgangspunkt des Syllogismus bilde, gehen dann alles der Reihe nach durch und folgern schließlich auf das, was in jedem einzelnen Falle die Wahrheit ist. Wie zahlreich sind bei ihnen die Formen der Syllogismen, und wie klar wird der Gegensatz zu den sophistischen Fragestellungen herausgearbeitet! Wie energisch verkündigen sie an sehr vielen Stellen, daß wir weder den Sinnesorganen ohne die Vernunft noch der Vernunft ohne die Sinnesorgane trauen sollen, derart, daß wir das eine vom anderen nicht trennen dürfen. Ist nicht alles, was die Dialektiker heute überliefern und lehren, von ihnen aufgebaut worden? Chrysippos hat dies weitaus am ausführlichsten herausgearbeitet, Zenon hingegen viel weniger als die Alten; einiges hat er nicht besser behandelt als jene, anderes vollkommen vernachlässigt. Es gibt zwei Fragen, die alles Überlegen und Reden ausmachen: das Finden und das Beweisen. Über den zweiten Punkt haben sich die Stoiker wie die Peripatetiker geäußert, den ersten haben diese vortrefflich dargelegt, die anderen dagegen überhaupt nicht berührt. Die eurigen haben nicht einmal geahnt, aus welchen Gesichtspunkten wie aus einem Vorrate an Gedanken die Argumente herausentwickelt werden können; die Früheren dagegen haben dies technisch und methodisch durchgeführt. Wenn nämlich eine feste Methode besteht, sollte es nicht mehr notwendig sein, über dieselben Dinge dauernd gewissermaßen Formeln zu rezitieren und immer an seine Handbücher gebunden zu bleiben. Wer nämlich weiß, wo jedes zu finden ist und auf welchem Wege man dorthin gelangt, der wird auch das Versteckte ans Licht bringen können und immer sein eigener Herr sein. Gewiß gibt es Hochbegabte, die auch ohne Belehrung richtig zu argumentieren verstehen, aber im ganzen gesehen ist doch die Methode ein sichererer Führer als die Natur. Denn eines ist es, nach der Art der Dich-

more verba fundere, aliud ea, quae dicas, ratione et arte distinguere.

Similia dici possunt de explicatione naturae, qua et hi utuntur et vestri, neque vero ob duas modo causas, quo modo Epicuro videtur, ut pellatur mortis et religionis metus, sed etiam modestiam quandam cognitio rerum caelestium affert iis, qui videant quanta sit etiam apud deos moderatio, quantus ordo, et magnitudinem animi deorum opera et facta cernentibus, iustitiam etiam, cum cognitum habeas quod sit summi rectoris ac domini numen, quod consilium, quae voluntas; cuius ad naturam apta ratio vera illa et summa lex a philosophis dicitur. inest in eadem explicatione naturae insatiabilis quaedam e cognoscendis rebus voluptas, in qua una confectis rebus necessariis [vacui negotiis] honeste ac liberaliter possimus vivere. ergo in hac ratione tota de maximis fere rebus Stoici illos secuti sunt, ut et deos esse et quattuor ex rebus omnia constare dicerent. cum autem quaereretur res admodum difficilis, num quinta quaedam natura videretur esse, ex qua ratio et intellegentia oriretur, in quo etiam de animis cuius generis essent quaereretur, Zeno id dixit esse ignem, non nulla deinde aliter, sed ea pauca; de maxima autem re eodem modo, divina mente atque natura mundum universum et eius maximas partis administrari. materiam vero rerum et copiam apud hos exilem, apud illos uberrimam reperiemus. quam multa ab iis conquisita et collecta sunt de omnium animantium genere, ortu, membris, aetatibus! quam multa de rebus iis, quae gignuntur e terra! quam multae quamque de variis rebus et causae, cur quidque fiat, et demonstrationes, quem ad modum quidque fiat! qua ex omni copia plurima et certissima argumenta sumuntur ad cuiusque rei naturam expli-

ter seinen Worten freien Lauf zu lassen, ein anderes, das, was man sagen will, systematisch und methodisch zu gliedern.

Ähnliches läßt sich auch von der Naturphilosophie sagen, mit der sich die Peripatetiker und die Eurigen beschäftigen, allerdings nicht nur aus den zwei Gründen, die Epikur nennt, nämlich um die Angst vor dem Tode und vor dem Aberglauben zu vertreiben. Das Wissen von den Himmelserscheinungen führt vielmehr jene, die begreifen, wie groß bei den Göttern die Planmäßigkeit und Ordnung ist, zu einer gewissen Selbstzucht; es führt auch zur Großgesinntheit, wenn man die Werke und Leistungen der Götter betrachtet, endlich zur Gerechtigkeit, wenn man verstanden hat, welches das Walten des obersten Lenkers und Herrn ist, welches sein Plan und sein Wille. Das der Natur entsprechende Prinzip dieses Willens wird von den Philosophen das wahre und oberste Gesetz genannt. Diese selbe Erforschung der Natur erzeugt auch eine unersättliche Lust am Erkennen der Wirklichkeit, eine Lust, in der allein wir edel und großzügig leben können, nachdem wir das Notwendige erledigt haben. So sind denn auch in diesem ganzen Bereich die Stoiker jenen in den Hauptpunkten gefolgt und haben, wie sie, gelehrt, daß es Götter gebe und daß alles aus vier Elementen bestehe. Da sich hier ein ziemlich schwieriges Problem ergab, ob man nämlich eine fünfte Natur annehmen müsse, aus der die Vernunft und das Denken bestünden und womit auch die Frage nach der Beschaffenheit der Seele verknüpft war, so hat Zenon gelehrt, daß auch dies Feuer sei. Er hat auch sonst einiges geändert, aber nur weniges. In den entscheidenden Punkten hat er dieselbe Auffassung, daß nämlich die ganze Welt und ihre wichtigsten Teile durch einen göttlichen Geist und eine göttliche Natur verwaltet würden. Dabei haben sich die Stoiker nur über wenige Gebiete geäußert und auch da nur knapp, die anderen dagegen in der größten Ausführlichkeit. Wieviel haben sie zusammengesucht und gesammelt über die Gattungen, das Entstehen, die Teile und die Lebensalter aller Tiere, und wie vieles auch über die Pflanzen! Wie vielfach haben sie in jedem einzelnen Falle über die Ursachen gesprochen, aus denen jedes entsteht, und dargelegt, auf welche Weise es entsteht! Aus dieser ganzen Fülle lassen sich zahllose und zuverlässige

candam. ergo adhuc, quantum equidem intellego, causa non videtur fuisse mutandi nominis. non enim, si omnia non sequebatur, idcirco non erat ortus illinc. equidem etiam Epicurum, in physicis quidem, Democriteum puto. pauca mutat vel plura sane; at cum de plurimis eadem dicit, tum certe de maximis. quod idem cum vestri faciant, non satis magnam tribuunt inventoribus gratiam.

Sed haec hactenus. nunc videamus, quaeso, de summo bono, quod continet ⟨totam⟩ philosophiam, quid tandem attulerit, quam ob rem ab inventoribus tamquam a parentibus dissentiret. hoc igitur loco, quamquam a te, Cato, diligenter est explicatum, finis hic bonorum [qui continet philosophiam] et quis a Stoicis et quem ad modum diceretur, tamen ego quoque exponam, ut perspiciamus, si potuerimus, quidnam a Zenone novi sit allatum.

Cum enim superiores, e quibus planissime Polemo, secundum naturam vivere summum bonum esse dixissent, his verbis tria significari Stoici dicunt, unum eius modi, vivere adhibentem scientiam earum rerum, quae natura evenirent. hunc ipsum Zenonis aiunt esse finem declarantem illud, quod a te dictum est, convenienter naturae vivere. alterum significari idem, ut si diceretur officia media omnia aut pleraque servantem vivere. hoc sic expositum dissimile est superiori. illud enim rectum est – quod κατόρθωμα dicebas – contingitque sapienti soli, hoc autem inchoati cuiusdam officii est, non perfecti, quod cadere in non nullos insipientes potest. tertium autem omnibus aut maximis rebus iis, quae secundum naturam sint, fruentem vivere. hoc non est positum in nostra actione. completur enim et ex eo genere vitae, quod virtute fruitur, et ex iis rebus, quae sunt secundum naturam neque sunt in nostra potestate. sed hoc summum bo-

Hinweise auf die Natur jedes einzelnen Wesens entnehmen. So gab es denn in der Tat, soweit ich es verstehe, keinen Grund, mit einer neuen Schule zu beginnen. Denn auch wenn Zenon den Früheren nicht in allen Punkten folgte, so ging er doch von ihnen aus. So halte ich jedenfalls auch Epikur, zum mindesten in der Naturphilosophie, für einen Demokriteer. Er verändert weniges, meinetwegen sogar vieles; doch über die meisten Dinge, sicherlich über die wichtigsten sagt er dasselbe wie jener. Genau dies tun auch die Eurigen, sind indessen ihren Lehrern sehr wenig dankbar.

Darüber nur soviel. Jetzt wollen wir, wenn es dir recht ist, die Frage nach dem höchsten Gut prüfen, in der die ganze Philosophie enthalten ist, und feststellen, was Zenon Neues gebracht hat, das ihn berechtigte, von den Urhebern der Lehre wie von seinen eigenen Eltern abzufallen. Obschon nun dieser Punkt von dir, Cato, sorgfältig behandelt worden ist, welches das oberste Ziel sei, das die Stoiker annehmen und auf welche Weise sie es bestimmen, so will doch auch ich dasselbe darlegen, damit wir, wenn wir können, klarer erkennen, was Zenon Neues dazugetan hat.

Da nun die Früheren, unter ihnen Polemon am ausdrücklichsten, erklärt haben, das oberste Gute sei, der Natur gemäß zu leben, so führen die Stoiker aus, es seien damit drei verschiedene Dinge gemeint: Erstens könne als oberstes Gut bezeichnet werden, zu leben gemäß dem Wissen von jenen Dingen, die sich von Natur ereignen. Sie behaupten, dies sei die Bestimmung Zenons, die das erläutere, was du gesagt hast, nämlich, der Natur gemäß zu leben. In einem zweiten Sinne bedeute dies dasselbe, wie wenn man sagte, man lebe in der Beobachtung aller oder doch der meisten mittleren Pflichten. Diese Definition ist von der vorangehenden verschieden, denn jene zielt auf das richtige Handeln (was du κατόρθωμα nanntest), das nur den Weisen möglich ist; dieses ist eine annähernde, keine vollkommene Pflicht, also eine solche, die auch durch einige Toren erfüllt werden kann. Die dritte Bedeutung ist die, zu leben im Genuß aller oder doch der meisten Dinge, die naturgemäß sind. Dies steht nicht in unserer Gewalt; denn es setzt sich zusammen aus jener Lebensform, die sich an die Tugend hält, und aus den Dingen, die naturgemäß sind, aber nicht in unserer Gewalt sind. Dieses oberste Gute, das mit der

num, quod tertia significatione intellegitur, eaque vita, quae ex ⟨hoc⟩ summo bono degitur, quia coniuncta ei virtus est, in sapientem solum cadit, isque finis bonorum, ut ab ipsis Stoicis scriptum videmus, a Xenocrate atque ab Aristotele constitutus est. itaque ab iis constitutio illa prima naturae, a qua tu quoque ordiebare, his prope verbis exponitur:

Omnis natura vult esse conservatrix sui, ut et salva sit et in genere conservetur suo. ad hanc rem aiunt artis quoque requisitas, quae naturam adiuvarent in quibus ea numeretur in primis, quae est vivendi ars, ut tueatur, quod a natura datum sit, quod desit, adquirat. idemque diviserunt naturam hominis in animum et corpus. cumque eorum utrumque per se expetendum esse dixissent, virtutes quoque utriusque eorum per se expetendas esse dicebant; ⟨et⟩ cum animum infinita quadam laude anteponerent corpori, virtutes quoque animi bonis corporis anteponebant. sed cum sapientiam totius hominis custodem et procuratricem esse vellent, quae esset naturae comes et adiutrix, hoc sapientiae munus esse dicebant, ut, ⟨cum⟩ eum tueretur, qui constaret ex animo et corpore, in utroque iuvaret eum ac contineret. atque ita re simpliciter primo collocata reliqua subtilius persequentes corporis bona facilem quandam rationem habere censebant; de animi bonis accuratius exquirebant in primisque reperiebant inesse in iis iustitiae semina primique ex omnibus philosophis natura tributum esse docuerunt, ut ii, qui procreati essent, a procreatoribus amarentur, et, id quod temporum ordine antiquius est, ut coniugia virorum et uxorum natura coniuncta esse dicerent, qua ex stirpe orirentur amicitiae cognationum. atque ab his initiis profecti omnium virtutum et originem et progressionem persecuti sunt. ex quo magnitudo quoque animi existebat, qua facile posset repugnari obsistique fortunae, quod ma-

dritten Definition bezeichnet wird, und das Leben, das gemäß diesem obersten Gut geführt wird, ist nur dem Weisen zugänglich, da ja die Tugend darin eingeschlossen ist. Eben diese Bestimmung des Zieles ist, wie uns die Stoiker selber berichten, von Xenokrates und Aristoteles ausgearbeitet worden. So wird denn auch von diesen die ursprüngliche Verfassung der Natur, mit der ja auch du begonnen hast, etwa in folgender Weise beschrieben.

Jede Natur will sich selbst bewahren derart, daß sie unverletzt und in ihrer besonderen Art erhalten bleibt. Zu diesem Zweck sind, sagen sie, auch die Künste geschaffen worden, um die Natur zu unterstützen. In erster Linie gehört zu diesen das, was man die Kunst des Lebens nennt, die das bewahren soll, was die Natur gegeben, und dazuerwerben soll, was sie nicht gegeben hat. Ebenso haben sie die Natur des Menschen in Seele und Körper aufgegliedert; da sie lehrten, daß beides um seiner selbst willen zu erstreben sei, so folgerten sie, daß auch die optimale Leistungsfähigkeit beider um ihrer selbst willen zu erstreben sei; da sie außerdem die Seele an Rang unendlich über den Körper stellten, haben sie auch die Tugenden der Seele den Gütern des Körpers vorangestellt. Da sie weiterhin die Weisheit als Schützerin und Verwalterin des ganzen Menschen, nämlich als Begleiterin und Helferin der Natur verstanden, so bezeichneten sie auch dies als Aufgabe der Weisheit, daß sie zunächst den ganzen aus Seele und Körper bestehenden Menschen bewahre, dann auch ihn in beiden Teilen unterstütze und erhalte. Dies formulierten sie fürs erste ganz einfach. Das Nachfolgende untersuchten sie sorgfältiger und meinten, daß die Güter des Körpers verhältnismäßig leicht zu erfassen seien. Viel genauer nahmen sie es mit den Gütern der Seele und entdeckten vor allem in ihnen die Samen der Gerechtigkeit; als erste von allen Philosophen lehrten sie, es sei ein Werk der Natur, daß die Kinder von den Eltern geliebt würden. Der zeitlichen Folge nach gehe dem voraus, daß schon die Verbindung von Mann und Frau von Natur bestehe. Aus dieser Wurzel würden dann auch die verwandtschaftlichen Beziehungen erwachsen. Von diesen Ursprüngen ausgehend haben sie den Ausgangspunkt und das Fortschreiten aller Tugenden verfolgt. Von da her entstand auch die Seelengröße, die es ermöglicht, leicht dem Zufall

ximae res essent in potestate sapientis. varietates autem iniuriasque fortunae facile veterum philosophorum praeceptis instituta vita superabat.

Principiis autem a natura datis amplitudines quaedam bonorum excitabantur partim profectae a contemplatione rerum occultiorum, quod erat insitus menti cognitionis amor, e quo etiam rationis explicandae disserendique cupiditas consequebatur; quodque hoc solum animal natum est pudoris ac verecundiae particeps appetensque coniunctionum hominum ad societatem animadvertensque in omnibus rebus, quas ageret aut diceret, ut ne quid ab eo fieret nisi honeste ac decore, his initiis, ut ante dixi, ⟨et⟩ seminibus a natura datis temperantia, modestia, iustitia et omnis honestas perfecte absoluta est.

Habes, inquam, Cato, formam eorum, de quibus loquor, philosophorum. qua exposita scire cupio quae causa sit, cur Zeno ab hac antiqua constitutione desciverit, quidnam horum ab eo non sit probatum; quodne omnem naturam conservatricem sui dixerint, an quod omne animal ipsum sibi commendatum, ut se et salvum in suo genere et incolume vellet, an ⟨quod⟩, cum omnium artium finis is esset, quem natura maxime quaereret, idem statui debere de totius arte vitae, an quod, cum ex animo constaremus et corpore, et haec ipsa et eorum virtutes per se esse sumendas. an vero displicuit ea, quae tributa est animi virtutibus tanta praestantia? an quae de prudentia, de cognitione rerum, de coniunctione generis humani, quaeque ab eisdem de temperantia, de modestia, de magnitudine animi, de omni honestate dicuntur? fatebuntur Stoici haec omnia dicta esse praeclare, neque eam causam Zenoni desciscendi fuisse.

entgegenzutreten und Widerstand zu leisten, da die wichtigsten Dinge in der Macht des Weisen stünden. Die Wechselfälle und Widrigkeiten des Schicksals könnten leicht durch ein im Sinne der Vorschriften der alten Philosophen geführtes Leben überwunden werden.

Nachdem so die Natur ihre Prinzipien geliefert hatte, trat eine Erweiterung durch andere Güter hinzu, ausgehend teils von der Erforschung der verborgenen Dinge, da dem Geist die Liebe zum Wissen angeboren ist, woraus auch das Interesse an logischen Beweisführungen folgte; es kommt dazu, daß der Mensch als einziges Lebewesen des Schamgefühls und der ehrfürchtigen Scheu fähig ist, außerdem gesellige Verbindung mit anderen Menschen begehrt und schließlich darauf achtet, in allen Dingen, die man tut oder sagt, nichts zuzulassen, was nicht der Tugend und dem Anstand entspricht. Dies sind, wie ich zuvor sagte, die Ansatzpunkte und Samen, die die Natur uns gegeben hat und aus denen die vollkommene Selbstzucht, Bescheidenheit, Gerechtigkeit und überhaupt jede Tugend hervorgeht und vollendet wird.

Da hast du, Cato, den Umriß der Lehre jener Philosophen, von denen ich hier spreche. Im Hinblick darauf möchte ich nun wissen, was Zenon veranlaßt haben kann, von diesem System der Früheren abzufallen und welche Punkte daran er nicht gebilligt hat. Ist es die These, daß jede Natur sich selbst zu bewahren strebt oder daß jedes Lebewesen sich selbst derart vertraut ist, daß es je in seiner Art gesund und unverletzt sein möchte? oder daß das Ziel jeder Kunst genau das ist, was die Natur vor allem erstrebt und daß dies darum auch von der Kunst des Lebens gelten muß? oder daß wir, da wir aus Seele und Körper bestehen, sowohl diese selber schätzen wie auch ihre Vollkommenheit als solche anstreben sollen? oder mißfiel es ihm, daß den Tugenden der Seele ein so großer Vorrang zugebilligt wurde? Etwa all das, was über die Klugheit, die Wissenschaft, die Gemeinschaft des Menschengeschlechtes oder was über die Selbstzucht, Bescheidenheit, Seelengröße und jede Tugend gesagt wird? Die Stoiker werden eingestehen müssen, daß dies alles völlig richtig ist und daß hier kein Grund für Zenon vorlag, davon abzufallen.

Alia quaedam dicent, credo, magna antiquorum 20
esse peccata, quae ille veri investigandi cupidus nullo
modo ferre potuerit. quid enim perversius, quid intolerabilius, quid stultius quam bonam valitudinem,
quam dolorum omnium vacuitatem, quam integritatem oculorum reliquorumque sensuum ponere in bonis potius, quam dicerent nihil omnino inter eas res
iisque contrarias interesse? ea enim omnia, quae illi
bona dicerent, praeposita esse, non bona, itemque
illa, quae in corpore excellerent, stulte antiquos dixisse per se esse expetenda; sumenda potius quam expetenda. ea denique omni vita, quae in una virtute
consisteret, illam vitam, quae etiam ceteris rebus,
quae essent secundum naturam, abundaret, magis expetendam non esse sed magis sumendam. cumque
ipsa virtus efficiat ita beatam vitam, ut beatior esse
non possit, tamen quaedam deesse sapientibus tum,
cum sint beatissimi; itaque eos id agere, ut a se dolores, morbos, debilitates repellant.

O magnam vim ingenii causamque iustam, cur 21
nova existeret disciplina! perge porro. sequuntur
enim ea, quae tu scientissime complexus es, omnium
insipientiam, iniustitiam, alia vitia similia esse, omniaque peccata esse paria, eosque, qui natura doctrinaque longe ad virtutem processissent, nisi eam plane
consecuti essent, summe esse miseros, neque inter
eorum vitam et improbissimorum quicquam omnino
interesse, ut Plato, tantus ille vir, si sapiens non fuerit,
nihilo melius quam quivis improbissimus nec beatius
vixerit.

Haec videlicet est correctio philosophiae veteris et
emendatio, quae omnino aditum habere nullum potest in urbem, in forum, in curiam. quis enim ferre

Sie werden erklären, vermute ich, daß es andere große Fehler der Alten gibt, die Zenon, leidenschaftlich bemüht um die Entdeckung der Weisheit, unter keinen Umständen dulden konnte. Was ist nämlich monströser, unerträglicher und törichter als die Gesundheit, die völlige Schmerzfreiheit, die Unverletztheit der Augen und der übrigen Sinnesorgane zu den Gütern zu zählen, anstatt zu erklären, es bestünde zwischen diesen Dingen und ihrem Gegenteil kein Unterschied? Denn all das, was jene als Güter bezeichnen, sei bloß ‚Vorgezogenes‘, nicht Gutes. Ebenso hätten die Alten törichterweise das, was die körperlichen Vorzüge ausmache, als etwas um seiner selbst willen zu Erstrebendes bezeichnet; dies sei vielmehr nicht zu erstreben, sondern nur anzunehmen. Ebenso sei jenem Leben gegenüber, das auf der Tugend allein aufgebaut sei, das andere Leben, das auch die übrigen Dinge, die naturgemäß seien, im Überfluß besäße, nicht etwa erstrebenswerter, sondern bloß annehmbarer. Wenn endlich die Tugend die Glückseligkeit so hervorbringt, daß der Tugendhafte nicht noch glückseliger werden könne, so gebe es doch bestimmte Dinge, die den Weisen fehlten, selbst wenn sie vollkommen glückselig seien; darum seien sie auch bemüht, Schmerz, Krankheit, Invalidität zu vermeiden.

Ist das die überragende Einsicht und die hinreichende Ursache, um eine neue Lehre zu begründen? Und nun weiter: Es folgt nämlich das, was du äußerst scharfsinnig zusammengefaßt hast, nämlich daß die Torheit, die Ungerechtigkeit und die anderen Fehler aller Toren einander ähnlich seien; alle Verfehlungen sind gleich schwer, und diejenigen, die durch Natur und Belehrung schon weit zur Tugend hin fortgeschritten seien, seien dennoch vollkommen unselig, solange sie die Tugend nicht ganz erreicht hätten. Zwischen dem Leben solcher Menschen und den größten Schurken bestünde nicht der geringste Unterschied derart, daß sogar Platon, jener große Mann, wenn er nicht weise war, durchaus nicht besser oder glückseliger als jeder beliebige Schuft gelebt hat.

Dies ist allerdings eine Korrektur und Verbesserung der alten Philosophie, die in der Öffentlichkeit der Stadt, des Forums, der Kurie überhaupt keinen Platz hat. Wer nämlich könnte jemanden

posset ita loquentem eum, qui se auctorem vitae graviter et sapienter agendae profiteretur, nomina rerum commutantem, cumque idem sentiret quod omnes, quibus rebus eandem vim tribueret, alia nomina imponentem, verba modo mutantem, de opinionibus nihil detrahentem? patronusne causae in epilogo pro reo dicens negaret esse malum exilium, publicationem bonorum? haec reicienda esse, non fugienda? nec misericordem iudicem esse oportere? in contione autem si loqueretur, si Hannibal ad portas venisset murumque iaculo traiecisset, negaret esse in malis capi, venire, interfici, patriam amittere? an senatus, cum triumphum Africano decerneret, 'quod eius virtute' aut 'felicitate' ⟨....⟩ posset dicere, si neque virtus in ullo nisi in sapiente nec felicitas vere dici potest? quae est igitur ista philosophia, quae communi more in foro loquitur, in libellis suo? praesertim cum, quod illi suis verbis significent, in eo nihil novetur [de ipsis rebus nihil mutetur] eaedem res maneant alio modo.

Quid enim interest, divitias, opes, valitudinem bona dicas anne praeposita, cum ille, qui ista bona dicit, nihilo plus iis tribuat quam tu, qui eadem illa praeposita nominas? itaque homo in primis ingenuus et gravis, dignus illa familiaritate Scipionis et Laelii, Panaetius, cum ad Q. Tuberonem de dolore patiendo scriberet, quod esse caput debebat, si probari posset, nusquam posuit, non esse malum dolorem, sed quid esset et quale, quantumque in eo inesset alieni, deinde quae ratio esset perferendi; cuius quidem, quoniam

aushalten, der sich selbst als Lehrer in einem streng und weise zu führenden Leben anbietet, der die Begriffe einfach auswechselt, obschon er in der Sache derselben Meinung ist wie alle anderen, der also den Sachen selbst die gleiche Bedeutung beimißt, aber ihnen bloß andere Namen auferlegt, der nur die Terminologie ändert, aber die Überzeugungen unangetastet läßt? Kann jemand, der als Anwalt für einen Angeklagten spricht, im Epilog erklären, die Verbannung und die Konfiskation des Vermögens seien kein Übel? Dies sei zwar zurückzustellen, aber nicht zu meiden? Soll auch der Richter nicht Mitleid empfinden dürfen? Würde er in einer Ansprache an das Volk in dem Augenblick, da Hannibal vor die Tore Roms gekommen wäre und schon seine Lanze über die Mauer geschleudert hätte, behaupten, es sei kein Übel, gefangengenommen, verkauft, getötet zu werden und sein Vaterland zu verlieren? Oder dürfte der Senat, als er für den Africanus den Triumph beschloß, weil ‚durch seine Tüchtigkeit oder sein Glück‘ ⟨Rom gerettet worden sei⟩, so sprechen, da ja sowohl die ‚Tüchtigkeit‘ wie auch das ‚Glück‘ in Wirklichkeit nur vom Weisen ausgesagt werden dürften? Was ist dies schließlich für eine Philosophie, die auf dem Forum redet wie alle Leute und in ihren Büchern auf ihre besondere Weise? Besonders da in dem, was sie mit ihren Worten bezeichnen, nichts wirklich erneuert, an den Sachen selbst nichts geändert wird, die Dinge dieselben bleiben, nur anders gesagt werden?

Was kommt es nämlich darauf an, ob man Reichtum, Macht, Gesundheit als Güter bezeichnet oder als Vorgezogenes, wenn jener, der sie Güter nennt, ihnen in keiner Weise einen höheren Rang zubilligt als derjenige, der dieselben Dinge Vorgezogenes nennt? So hat denn auch jener ausgezeichnete und bedeutende Mann, würdig der Freundschaft eines Scipio und Laelius, Panaitios, als er für Q. Tubero ein Buch über das Ertragen des Schmerzes schrieb, niemals behauptet, der Schmerz sei kein Übel, obschon dies das Entscheidende gewesen wäre, wenn es hätte bewiesen werden können; er hat vielmehr untersucht, was der Schmerz sei und wie er sei und wieweit er dem Menschen etwas Fremdes sei und schließlich, nach welchem Prinzip man ihn aushalten könne. Dabei war er immerhin ein Stoiker, und gerade

Stoicus fuit, sententia condemnata mihi videtur esse inanitas ista verborum.

Sed ut propius ad ea, Cato, accedam, quae a te dicta sunt, pressius agamus eaque, quae modo dixisti, cum iis conferamus, quae tuis antepono. quae sunt igitur communia vobis cum antiquis, iis sic utamur quasi concessis; quae in controversiam veniunt, de iis, si placet, disseramus.

Mihi vero, inquit, placet agi subtilius et, ut ipse dixisti, pressius. quae enim adhuc protulisti, popularia sunt, ego autem a te elegantiora desidero.

A mene tu? inquam. sed tamen enitar et, si minus ⟨subtilia⟩ mihi occurrent, non fugiam ista popularia. sed primum positum sit nosmet ipsos commendatos esse nobis primamque ex natura hanc habere appetitionem, ut conservemus nosmet ipsos. hoc convenit; sequitur illud, ut animadvertamus qui simus ipsi, ut nos, quales oportet esse, servemus. sumus igitur homines. ex animo constamus et corpore, quae sunt cuiusdam modi, nosque oportet, ut prima appetitio naturalis postulat, haec diligere constituereque ex his finem illum summi boni atque ultimi. quem, si prima vera sunt, ita constitui necesse est: earum rerum, quae sint secundum naturam, quam plurima et quam maxima adipisci. hunc igitur finem illi tenuerunt, quodque ego pluribus verbis, illi brevius secundum naturam vivere, hoc iis bonorum videbatur extremum.

Age nunc isti doceant, vel tu potius – quis enim ista melius? –, quonam modo ab isdem principiis profecti efficiatis, ut honeste vivere – id est enim vel e virtute vel naturae congruenter vivere – summum bonum sit, et quonam modo aut quo loco corpus subito deserue-

seine These scheint mir jenes leere Spielen mit Worten widerlegt zu haben.

Um das aber, was du, Cato, dargelegt hast, näher zu untersuchen, wollen wir nun sorgfältiger vorgehen und das, was du gesagt hast, mit dem konfrontieren, was ich deiner These vorziehe. All das, worin ihr mit den Alten übereinstimmt, wollen wir als feststehend betrachten. Wir wollen uns also, wenn es dir recht ist, auf das konzentrierten, worüber wir verschiedener Meinung sind."

„Mir ist es recht", sagte er, „etwas genauer und, wie du selbst gesagt hast, sorgfältiger vorzugehen. Denn das, was du bisher vorgebracht hast, sind bloße Allgemeinheiten; ich erwarte aber von dir etwas anspruchsvollere Überlegungen."

„Du von mir?" erwiderte ich; „immerhin werde ich mir Mühe geben, und wenn mir nicht genug Subtilitäten einfallen, so werde ich auch vor den Allgemeinheiten keine Angst haben. Als erstes soll gelten, daß wir uns selbst vertraut sind und daß wir von Natur aus jenes erste Streben haben, uns selbst zu bewahren. Darüber sind wir einig. Die nächste Frage ist die, wer wir selber sind, die wir uns so bewahren sollen, wie wir sein müssen. Wir sind Menschen; wir bestehen aus Seele und Körper, die sich in einer bestimmten Verfassung befinden. Wir müssen also, wie dies das ursprüngliche Streben der Natur fordert, dies lieben und aus diesen Teilen das höchste Ziel und das oberste und äußerste Gute konstituieren. Wenn unser Ausgangspunkt bestehen bleibt, muß das Ziel notwendigerweise so bestimmt werden, daß wir von denjenigen Dingen, die naturgemäß sind, das meiste und größte zu erlangen suchen. Dies ist das Ziel, an dem jene festgehalten haben. Was ich in mehr Worten umschrieben habe, haben jene viel kürzer gesagt: Leben gemäß der Natur, und haben darin das höchste Gut gesehen.

Nun sollen diese Stoiker mir erklären, oder vielmehr du (denn wer könnte dies besser als du?), auf welche Weise ihr zwar von denselben Prinzipien ausgeht, dann aber zum Ergebnis kommt, daß das tugendhafte Leben allein (also entweder gemäß der Tugend oder in Übereinstimmung mit der Natur leben) das höchste Gut sei; und auf welche Weise und an welcher Stelle ihr plötzlich

ritis omniaque ea, quae, secundum naturam cum sint, absint a nostra potestate, ipsum denique officium. quaero igitur, quo modo hae tantae commendationes a natura profectae subito a sapientia relictae sint. quodsi non hominis summum bonum quaereremus, sed cuiusdam animantis, is autem esset nihil nisi animus – liceat enim fingere aliquid eius modi, quo verum facilius reperiamus –, tamen illi animo non esset hic vester finis. desideraret enim valitudinem, vacuitatem doloris, appeteret etiam conservationem sui earumque rerum custodiam finemque sibi constitueret secundum naturam vivere, quod est, ut dixi, habere ea, quae secundum naturam sint, vel omnia vel plurima et maxima.

Cuiuscumque enim modi animal constitueris, necesse est, etiamsi id sine corpore sit, ut fingimus, tamen esse in animo quaedam similia eorum, quae sunt in corpore, ut nullo modo, nisi ut exposui, constitui possit finis bonorum. Chrysippus autem exponens differentias animantium ait alias earum corpore excellere, alias autem animo, non nullas valere utraque re; deinde disputat, quod cuiusque generis animantium statui deceat extremum. cum autem hominem in eo genere posuisset, ut ei tribueret animi excellentiam, summum bonum id constituit, non ut excellere animus, sed ut nihil esse praeter animum videretur. uno autem modo in virtute sola summum bonum recte poneretur, si quod esset animal, quod totum ex mente constaret, id ipsum tamen sic, ut ea mens nihil haberet in se, quod esset secundum naturam, ut valitudo est. sed id ne cogitari quidem potest quale sit, ut non repugnet ipsum sibi.

den Körper preisgebt, und ebenso alles, was zwar der Natur gemäß, aber nicht in unserer Gewalt ist, und schließlich auch die gesamte Reihe der Pflichten. Ich frage also, auf welche Weise die Weisheit plötzlich all die großen von der Natur ausgehenden Empfehlungen fallen läßt. Selbst wenn wir nicht nach dem höchsten Gut des Menschen fragen würden, sondern nach demjenigen irgendeines anderen Lebewesens und dieses aus nichts anderem bestünde als aus der Seele (wir dürfen nämlich etwas dieser Art konstruieren, um leichter die Wahrheit zu erkennen), so würde sogar jene Seele sich nicht mit eurem höchsten Gute begnügen können. Denn auch sie bedürfte der Gesundheit, der Schmerzfreiheit und würde nach ihrer eigenen Erhaltung streben und nach der Sicherung jener Dinge und würde sich das Leben nach der Natur zum Ziele setzen, also, wie ich sagte, alles oder doch das meiste und größte von dem besitzen wollen, was naturgemäß ist.

Denn was für ein Lebewesen du immer konstruieren magst, so ist es doch notwendig, auch wenn es keinen Körper haben sollte, wie wir jetzt annehmen, daß es auch an der Seele Dinge gibt, die denjenigen ähnlich sind, die am Körper vorliegen; also kann das oberste Gute nur so, wie ich es dargelegt habe, bestimmt werden. Chrysippos macht folgende Unterscheidung unter den Lebewesen: Er sagt, daß die einen ihre Vorzüge ganz am Körper haben, die anderen ganz an der Seele, einige aber mit Vorzügen von beider Art ausgestattet sind. Danach fragt er, welches das Ziel für jede der verschiedenen Gattungen von Lebewesen sein soll. Da er nun den Menschen jener Gattung zuteilte, die sich nur durch die Vorzüge der Seele auszeichnet, so hat er das oberste Gut so bestimmt, daß der Mensch sich nicht etwa als Seele auszeichnen solle, sondern so, daß es scheint, der Mensch sei überhaupt nichts anderes als Seele. Nur auf eine einzige Weise könnte das höchste Gut als Tugend allein bestimmt werden, dann nämlich, wenn es ein Lebewesen gäbe, das ausschließlich aus Geist bestünde, und dies zwar so, daß dieser Geist nichts an sich hätte, was naturgemäß wäre, wie etwa die Gesundheit. Man könnte sich jedoch nicht einmal ausdenken, in welcher Weise dies möglich sein sollte, und zwar so, daß sich die These nicht selbst widerspricht.

Sin dicit obscurari quaedam nec apparere, quia valde parva sint, nos quoque concedimus; quod dicit Epicurus etiam de voluptate, quae minimae sint voluptates, eas obscurari saepe et obrui. sed non sunt in eo genere tantae commoditates corporis tamque productae temporibus tamque multae. itaque in quibus propter eorum exiguitatem obscuratio consequitur, saepe accidit, ut nihil interesse nostra fateamur, sint illa necne sint, ut in sole, quod a te dicebatur, lucernam adhibere nihil interest aut teruncium adicere Croesi pecuniae.

Quibus autem in rebus tanta obscuratio non fit, fieri tamen potest, ut id ipsum, quod interest, non sit magnum. ut ei, qui iucunde vixerit annos decem, si aeque vita iucunda menstrua addatur, quia momentum aliquod habeat ad iucundum accessio, bonum sit; si autem id non concedatur, non continuo vita beata tollitur.

Bona autem corporis huic sunt, quod posterius posui, similiora. habent enim accessionem dignam, in qua elaboretur, ut mihi in hoc Stoici iocari videantur interdum, cum ita dicant, si ad illam vitam, quae cum virtute degatur, ampulla aut strigilis accedat, sumpturum sapientem eam vitam potius, quo haec adiecta sint, nec beatiorem tamen ob eam causam fore. hoc simile tandem est? non risu potius quam oratione eiciendum? ampulla enim sit necne sit, quis non iure optimo irrideatur, si laboret?

At vero pravitate membrorum et cruciatu dolorum si quis quem levet, magnam ineat gratiam, nec si ille sapiens ad tortoris eculeum a tyranno ire cogatur, si-

Wenn sie dagegen erklären, bestimmte Dinge würden verdunkelt und nicht sichtbar werden, weil sie allzu unbedeutend seien, so können wir dem zustimmen. Dies sagt ja auch Epikur über die Lust, daß es minimale Lustempfindungen gebe, die oftmals verdunkelt und verschüttet würden. Aber die Vorzüge des Körpers sind so groß, erstrecken sich über eine lange Zeit und sind so zahlreich, daß sie nicht in jene Gruppe gehören. Dort, wo wegen der Geringfügigkeit eine Verdunkelung eintritt, geschieht es öfters, daß auch wir feststellen, es mache keinen Unterschied aus, ob solche Güter vorhanden sind oder nicht, wie etwa nach deinem Beispiel eine Lampe im Lichte der Sonne oder ein Dreier im Vermögen des Kroisos.

Auch in denjenigen Dingen, in denen keine so große Verdunkelung stattfindet, kann es geschehen, daß der Unterschied selbst nicht besonders groß ist. Wenn jemandem, der zehn Jahre angenehm gelebt hat, noch während eines Monats ein ebenso angenehmes Leben zugesetzt wird, so mag dies gut sein, weil diese Ergänzung des angenehmen Lebens doch einiges Gewicht hat; findet jedoch diese Ergänzung nicht statt, so bedeutet dies noch nicht die Aufhebung der Glückseligkeit.

Die körperlichen Güter sind dem zweiten Falle zuzurechnen. Sie geben immerhin etwas hinzu, um das es sich lohnt, sich zu bemühen. Die Stoiker dagegen scheinen nach meinem Eindruck sich über uns lustig zu machen, wenn sie sagen: ‚wenn zum tugendgemäßen Leben noch ein Parfümfläschchen oder eine Bürste dazukommen, so werde der Weise das Leben, in das diese Dinge eingeschlossen seien, zwar vorziehen, werde aber dennoch nicht aus diesem Grunde glückseliger sein'. So kann man überhaupt nicht vergleichen. Soll man dies nicht eher mit Lachen als mit einer Argumentation abfertigen? Wenn sich einer darum kümmert, ob er ein Parfümfläschchen hat oder nicht, wird man ihn darum nicht mit vollem Rechte auslachen?

Wenn dagegen jemand einem Menschen, der an Invalidität der Glieder oder an quälenden Schmerzen leidet, die Schmerzen etwas lindern könnte, würde man ihm sehr dankbar sein. Und wenn jener Weise vom Tyrannen gezwungen wird, sich den Folterungen des Henkers auszuliefern, wird er gewiß nicht densel-

milem habeat vultum et si ampullam perdidisset, sed ut magnum et difficile certamen iniens, cum sibi cum capitali adversario, dolore, depugnandum videret, excitaret omnes rationes fortitudinis ac patientiae, quarum praesidio iniret illud difficile, ut dixi, magnumque proelium.

Deinde non quaerimus, quid obscuretur aut intereat quia sit admodum parvum, sed quid tale sit, ut expleat summam. una voluptas e multis obscuratur in illa vita voluptaria, sed tamen ea, quamvis parva sit, pars est eius vitae, quae posita est in voluptate. nummus in Croesi divitiis obscuratur, pars est tamen divitiarum. quare obscurentur etiam haec, quae secundum naturam esse dicimus, in vita beata; sint modo partes vitae beatae.

Atqui si, ut convenire debet inter nos, est quaedam appetitio naturalis ea, quae secundum naturam sunt, appetens, eorum omnium est aliquae summa facienda. quo constituto tum licebit otiose ista quaerere, de magnitudine rerum, de excellentia, quanta in quoque sit ad beate vivendum, de istis ipsis obscurationibus, quae propter exiguitatem vix aut ne vix quidem appareant.

Quid, de quo nulla dissensio est? nemo enim est, qui aliter dixerit quin omnium naturarum simile esset id, ad quod omnia referrentur, quod est ultimum rerum appetendarum. omnis enim est natura diligens sui. quae est enim, quae se umquam deserat aut partem aliquam sui aut eius partis habitum aut vim aut ullius earum rerum, quae secundum naturam sunt, aut motum aut statum? quae autem natura suae primae institutionis oblita est? nulla profecto ⟨est⟩, quin suam vim retineat a primo ad extremum.

ben Gesichtsausdruck haben, wie wenn er sein Parfümfläschchen verloren hätte; er wird den Ausdruck eines Menschen haben, der weiß, daß er einem großen und schweren Gegner, dem Schmerz, im Kampf gegenübertritt. Er wird alle Kräfte der Tapferkeit und der Ausdauer aufbieten, um unter ihrem Schutz jenen schwierigen und, wie ich sagte, großen Kampf zu bestehen.

Außerdem fragen wir nicht nach dem, was verdunkelt und vernachlässigt werden kann, weil es ja so unbedeutend ist, sondern nach dem, was so ist, daß es zum Ganzen hinzukommt und es vollendet. Eine einzige Lust wird in der Fülle des lustvollen Lebens verdunkelt, aber so gering sie auch ist, ist sie doch ein Teil jenes Lebens, das auf die Lust aufgebaut ist. Ein Geldstück wird verdunkelt in den Reichtümern des Kroisos, aber es bleibt trotzdem ein Teil jenes Reichtums. So mögen auch jene Dinge, die wir als die naturgemäßen bezeichnen, im glückseligen Leben verdunkelt werden; sie werden aber trotzdem Teile des glückseligen Lebens sein.

Wenn es nun aber, worüber wir einig sein sollten, ein natürliches Streben nach den Dingen gibt, die naturgemäß sind, so muß man doch dies alles zu einer Summe zusammenzählen. Ist dies einmal geschehen, so wird man in Ruhe alle weiteren Fragen diskutieren können über das Gewicht des einzelnen und über seinen Rang und wieviel ein jedes zum glückseligen Leben beiträgt, auch über jene Verdunkelungen, die wegen ihrer Geringfügigkeit kaum oder nicht einmal kaum in Erscheinung treten.

Wie steht es weiterhin mit dem, worüber keine Meinungsverschiedenheit besteht? Jedermann wird wohl die Meinung vertreten, daß bei allen Naturen dasjenige, auf das sich alles bezieht und was das oberste Ziel allen Strebens ist, ein ähnliches ist. Jede Natur hat die Eigenschaft, sich selbst zu lieben. Denn könnte es eine Natur geben, die sich selbst jemals im Stich ließe oder irgendeinen Teil von sich oder die Verfassung oder die Fähigkeiten dieses Teils oder die Bewegung oder die Ruhe irgendeines der Dinge, die naturgemäß sind? Welche Natur endlich vergißt ihre ursprüngliche Einrichtung? Es gibt keine einzige, die nicht ihre besondere Fähigkeit von Anfang an bis zum Ende festhielte.

Quo modo igitur evenit, ut hominis natura sola esset, quae hominem relinqueret, quae oblivisceretur corporis, quae summum bonum non in toto homine, sed in parte hominis poneret?

Quo modo autem, quod ipsi etiam fatentur constatque inter omnis, conservabitur, ut simile sit omnium naturarum illud ultimum, de quo quaeritur? tum enim esset simile, si in ceteris quoque naturis id cuique esset ultimum, quod in quaque excelleret. tale enim visum est ultimum Stoicorum. quid dubitas igitur mutare principia naturae? quid enim dicis omne animal, simul atque sit ortum, applicatum esse ad se diligendum esseque in se conservando occupatum? quin potius ita dicis, omne animal applicatum esse ad id, quod in eo sit optimum, et in eius unius occupatum esse custodia, reliquasque naturas nihil aliud agere, nisi ut id conservent, quod in quaque optimum sit? quo modo autem optimum, si bonum praeterea nullum est? sin autem ⟨etiam⟩ reliqua appetenda sunt, cur, quod est ultimum rerum appetendarum, id non aut ex omnium earum aut ex plurimarum et maximarum appetitione concluditur? 33

34

Ut Phidias potest a primo instituere signum idque perficere, potest ab alio inchoatum accipere et absolvere, huic est sapientia similis; non enim ipsa genuit hominem, sed accepit a natura inchoatum. hanc ergo intuens debet institutum illud quasi signum absolvere. qualem igitur hominem natura inchoavit? et quod est munus, quod opus sapientiae? quid est, quod ab ea absolvi et perfici debeat? si est nihil in eo, quod perficiendum est, praeter motum ingenii quendam, id est rationem, necesse est huic ultimum esse ex virtute agere; rationis enim perfectio est virtus; si est 35

Wie kann es also geschehen, daß die Natur des Menschen die einzige ist, die den ganzen Menschen preisgibt, die den Körper vergißt und die das höchste Gut nicht für den ganzen Menschen, sondern nur für einen Teil des Menschen gelten läßt?

Wie kann auch das, was sie selber zugestehen und was allgemein angenommen wird, bewahrt bleiben, nämlich daß jenes oberste Ziel, nach dem wir fragen, bei allen Naturen ein ähnliches ist? Ähnlich wäre es nur dann, wenn auch bei den übrigen Naturen dasjenige jeweils das oberste wäre, was an jeder einzelnen das Hervorragendste und Eigentümlichste wäre. Denn so verstehen die Stoiker das oberste Ziel. Warum wagst du es nun, die Regeln der Natur selber zu verändern? Wozu sagst du, daß jedes Lebewesen, sobald es geboren ist, damit beschäftigt ist, sich selbst zu lieben, und darauf achtet, sich selbst zu bewahren? Weshalb sagst du nicht lieber, jedes Lebewesen sei nur mit dem beschäftigt, was an ihm das Beste ist, und achte nur darauf, es zu beschützen, und daß überhaupt alle übrigen Naturen auf nichts anderes konzentriert seien als darauf, zu bewahren, was an jeder von ihnen das Beste sei? Wie kann außerdem etwas das Beste sein, wenn es außer ihm nichts Gutes gibt? Wenn aber auch das übrige zu erstreben ist, warum wird dann nicht das letzte Ziel des Strebens zusammengefaßt aus dem vereinigten Streben nach allen Dingen oder doch nach den meisten und größten?

Wie Pheidias sowohl ein Standbild von Anfang an verfertigen und vollenden oder auch ein von einem anderen begonnenes übernehmen und zum Abschluß bringen konnte, so verhält es sich mit der Weisheit: Sie hat nicht den Menschen hervorgebracht, sondern ihn übernommen als einen, den die Natur begonnen hatte. Sie muß also auf die Natur hinblicken und deren Programm wie ein Standbild zu Ende führen. Wie hat nun die Natur den Menschen begonnen? Was ist das Geschäft und die Aufgabe der Weisheit? Was ist es, was sie abschließen und vollenden soll? Wenn es am Menschen nichts anderes gäbe, was vollendet werden muß, außer einer bestimmten Bewegung des Geistes, also außer der Vernunft, so würde er kein anderes Ziel haben, außer diesem, der Tugend gemäß zu handeln; denn die Vollendung der Vernunft ist die Tugend; wenn der Mensch nichts anderes wäre

nihil nisi corpus, summa erunt illa: valitudo, vacuitas doloris, pulchritudo, cetera. nunc de hominis summo bono quaeritur.

Quid igitur dubitamus in tota eius natura quaerere quid sit effectum? cum enim constet inter omnes omne officium munusque sapientiae in hominis cultu esse occupatum, alii – ne me existimes contra Stoicos solum dicere – eas sententias afferunt, ut summum bonum in eo genere ponant, quod sit extra nostram potestatem, tamquam de inanimo aliquo loquantur, alii contra, quasi corpus nullum sit hominis, ita praeter animum nihil curant, cum praesertim ipse quoque animus non inane nescio quid sit – neque enim id possum intellegere –, sed in quodam genere corporis, ut ne is quidem virtute una contentus sit, sed appetat vacuitatem doloris. quam ob rem utrique idem faciunt, ut si laevam partem neglegerent, dexteram tuerentur, aut ipsius animi, ut fecit Erillus, cognitionem amplexarentur, actionem relinquerent. eorum enim omnium multa praetermittentium, dum eligant aliquid, quod sequantur, quasi curta ⟨est⟩ sententia; at vero illa perfecta atque plena eorum, qui cum de hominis summo bono quaererent, nullam in eo neque animi neque corporis partem vacuam tutela reliquerunt. 36

Vos autem, Cato, quia virtus, ut omnes fatemur, altissimum locum in homine et maxime excellentem tenet, et quod eos, qui sapientes sunt, absolutos et perfectos putamus, aciem animorum nostrorum virtutis splendore praestringitis. in omni enim animante est summum aliquid atque optimum, ut in equis, in canibus, quibus tamen et dolore vacare opus est et valere; sic igitur in homine perfectio ista in eo potissimum, quod est optimum, id est in virtute, laudatur. 37

Itaque mihi non satis videmini considerare quod iter sit naturae quaeque progressio. non enim, quod

als Körper, so würde das Ganze aus folgendem bestehen: Gesundheit, Schmerzlosigkeit, Schönheit usw. Jetzt aber suchen wir das höchste Gut für den gesamten Menschen.

Warum zögern wir also zu fragen, was an seiner gesamten Natur zu leisten war? Es ist allgemein anerkannt, daß die gesamte Aufgabe und das Geschäft der Weisheit in der Bildung des Menschen besteht. Die einen (damit du nicht meinst, ich polemisiere nur gegen die Stoiker) tragen Thesen vor, aus denen sich ergibt, daß sie das höchste Gute in den Bereich verlegen, der unserer Macht entzogen ist; sie sprechen von ihm wie von einem seelenlosen Körper. Andere dagegen kümmern sich um nichts anderes als um die Seele, als ob der Mensch keinen Körper hätte; dabei ist die Seele selbst nicht irgendein Nichtiges (was dies sein könnte, vermag ich nicht zu begreifen), sondern es gehört zu ihr eine bestimmte Art von Körperlichkeit, so daß auch sie sich nicht mit der Tugend allein begnügen kann, sondern auch die Schmerzlosigkeit erstreben wird. Beide machen denselben Fehler, daß sie gewissermaßen die linke Seite vernachlässigen und nur die rechte berücksichtigen; oder sie bedenken nur wie Herillos das Erkennen der Seele und geben das Handeln preis. Alle diese lassen vieles beiseite und wählen nur ein einziges und vertreten gewissermaßen eine verstümmelte Lehre. Dagegen vollständig und lückenlos ist die Lehre derer, die in der Frage nach dem höchsten Gute des Menschen keinen einzigen Teil der Seele und des Körpers ohne Fürsorge gelassen haben.

Ihr dagegen, Cato, denkt nur daran, daß die Tugend, worüber wir alle einig sind, den höchsten und vollkommensten Rang im Menschen besitzt, und daß wir jene, die weise sind, für sich selbst genügend und vollkommen halten, und so blendet ihr die Augen unseres Geistes mit dem Glanze der Tugend. Bei jedem Lebewesen gibt es ein Höchstes und Bestes, auch bei den Pferden und Hunden; doch auch sie sind darauf angewiesen, ohne Schmerzen und gesund zu sein. In diesem Sinne wird auch am Menschen die Vollkommenheit gelobt vorzugsweise an dem, was an ihm das Beste ist, nämlich an der Tugend.

Ihr scheint mir in der Tat nicht hinreichend zu bedenken, welches der Weg und das Fortschreiten der Natur ist. Sie hält es näm-

facit in frugibus, ut, cum ad spicam perduxerit ab herba, relinquat et pro nihilo habeat herbam, idem facit in homine, cum eum ad rationis habitum perduxit. semper enim ita adsumit aliquid, ut ea, quae prima dederit, non deserat.

Itaque sensibus rationem adiunxit et ratione effecta sensus non reliquit. ut si cultura vitium, cuius hoc munus est, ut efficiat, ut vitis cum partibus suis omnibus quam optime se habeat –, sed sic intellegamus – licet enim, ut vos quoque soletis, fingere aliquid docendi causa –: si igitur illa cultura vitium in vite insit ipsa, cetera, credo, velit, quae ad colendam vitem attinebunt, sicut antea, se autem omnibus vitis partibus praeferat statuatque nihil esse melius in vite quam se. similiter sensus, cum accessit ad naturam, tuetur illam quidem, sed etiam se tuetur; cum autem assumpta ratio est, tanto in dominatu locatur, ut omnia illa prima naturae huius tutelae subiciantur. 38

Itaque non discedit ab eorum curatione, quibus praeposita vitam omnem debet gubernare, ⟨quod tam late patet⟩, ut mirari satis istorum inconstantiam non possim. naturalem enim appetitionem, quam vocant ὁρμήν, itemque officium, ipsam etiam virtutem tuentem volunt esse earum rerum, quae secundum naturam sunt. cum autem ad summum bonum volunt pervenire, transiliunt omnia et duo nobis opera pro uno relinquunt, ut alia sumamus, alia expetamus, potius quam uno fine utrumque concluderent. 39

At enim iam dicitis virtutem non posse constitui, si ea, quae extra virtutem sint, ad beate vivendum pertineant. quod totum contra est. introduci enim virtus 40

lich nicht so wie beim Korn, das sie vom Halme bis zur Ähre wachsen läßt, und dann den Halm preisgibt und für nichts achtet. Beim Menschen macht sie es anders, wenn sie ihn bis zum Besitze der Vernunft hat wachsen lassen: Sie gibt immer wieder etwas hinzu, doch so, daß sie das, womit sie begonnen hat, nicht im Stiche läßt.

So hat sie den Sinnesorganen die Vernunft beigefügt, aber die Sinnesorgane nicht fallen gelassen, nachdem sie die Vernunft vollendet hat. Wie die Kultur der Reben, deren Aufgabe es ist, zu bewirken, daß die Rebe mit all ihren Teilen in der besten Verfassung ist – wir wollen uns nun das Folgende ausdenken (wir dürfen nämlich auch, wie ihr es zu tun pflegt, der Beweisführung zuliebe etwas erfinden) –: Wenn nun die Rebe selbst über die Rebenkultur verfügte, so würde sie sicher, wie ich meine, alles erstreben, was zur Pflege der Rebe gehört, wie bisher, würde aber außerdem sich selbst als Ganzes allen ihren Teilen vorziehen und würde feststellen, daß an der Rebe nichts besser wäre als sie selbst. Wenn zu dieser ihrer Natur noch die Wahrnehmungsfähigkeit dazukäme, so würde sie die Natur zwar noch immer bewahren, gleichzeitig aber auch sich selbst und ihre Sinnesorgane. Sollte schließlich die Vernunft dazukommen, so würde diese derart die Herrschaft übernehmen, daß alle anderen naturgemäßen Dinge ihrer Fürsorge unterworfen sind.

Also verzichtet sie nicht auf die Pflege jener Dinge, denen sie vorgeordnet ist und deren ganzes Leben sie zu regieren hat. ⟨Dies ist so offensichtlich,⟩ daß ich mich nicht genug über die Inkonsequenz der Stoiker wundern kann. Sie behaupten doch, daß das natürliche Streben, das sie ὁρμή nennen, ebenso die Pflicht, ebenso endlich die Tugend, sich alle auf diejenigen Dinge beziehen, die naturgemäß sind. Wenn sie aber zum höchsten Gute vorstoßen wollen, überspringen sie alles und bieten uns zwei Aufgaben statt einer an, nämlich daß wir das eine annehmen, das andere erstreben, anstatt daß sie das Ganze auf ein einziges Ziel zulaufen lassen.

Ihr sagt nun, die Tugend könne keinen Bestand haben, wenn das, was außerhalb der Tugend ist, zur Glückseligkeit gehören sollte. Genau das Gegenteil ist wahr. Die Tugend kann gar nicht

nullo modo potest, nisi omnia, quae leget quaeque reiciet, unam referentur ad summam. nam si omnino ⟨omnia praeter animos⟩ neglegemus, in Aristonea vitia incidemus et peccata obliviscemurque quae virtuti ipsi principia dederimus; sin ea non neglegemus neque tamen ad finem summi boni referemus, non multum ab Erilli levitate aberrabimus. duarum enim vitarum nobis erunt instituta capienda. facit enim ille duo seiuncta ultima bonorum, quae ut essent vera, coniungi debuerunt; nunc ita separantur, ut disiuncta sint, quo nihil potest esse perversius. itaque contra est, ac dicitis; nam constitui virtus nullo modo potest, nisi ea, quae sunt prima naturae, ut ad summam pertinentia tenebit. quaesita enim virtus est, non quae relinqueret naturam, sed quae tueretur. at illa, ut vobis placet, partem quandam tuetur, reliquam deserit. 41

Atque ipsa hominis institutio si loqueretur, hoc diceret, primos suos quasi coeptus appetendi fuisse, ut se conservaret in ea natura, in qua ortus esset.

Nondum autem explanatum satis erat, quid maxime natura vellet. explanetur igitur. quid ergo aliud intellegetur nisi uti ne quae pars naturae neglegatur? in qua si nihil est praeter rationem, sit in una virtute finis bonorum; sin est etiam corpus, ista explanatio naturae nempe hoc effecerit, ut ea, quae ante explanationem tenebamus, relinquamus. ergo id est convenienter naturae vivere, a natura discedere.

Ut quidam philosophi, cum a sensibus profecti maiora quaedam et diviniora vidissent, sensus reliquerunt, sic isti, cum ex appetitione rerum ⟨quas na- 42

begründet werden, wenn nicht alles, was sie vorzieht und was sie zurückstellt, sich auf das eine Ganze bezieht. Wenn wir nämlich ⟨alles außer der Seele⟩ völlig vernachlässigen, fallen wir in die Fehler und Irrtümer des Ariston und vergessen, welche Prinzipien wir selbst der Tugend zugrunde gelegt haben. Wenn wir dies nicht vernachlässigen und es dennoch nicht auf das höchste Gute als sein Ziel beziehen, so sind wir von der Unüberlegtheit des Herillos nicht weit entfernt; denn dann müßten wir die Grundsätze für zwei Lebensformen aufstellen. Jener nimmt nämlich zwei untereinander verschiedene Güter an, die doch, wenn sie wirkliche Güter wären, miteinander verbunden werden müßten. Jetzt aber werden sie so getrennt, daß sie vollkommen voneinander verschieden sind, was völlig absurd ist. Also ist das Gegenteil von dem, was ihr behauptet, wahr. Die Tugend kann auf keine Weise konstituiert werden, wenn sie nicht das, was ursprünglich naturgemäß ist, festhält als etwas, was zum Ganzen beiträgt. Man hat nämlich nicht nach einer Tugend gesucht, die die Natur fahren läßt, sondern nach einer, die sie bewahrt. Aber die Tugend, die ihr meint, bewahrt nur einen Teil und läßt das übrige im Stiche.

Wenn die Einrichtung des Menschen selber sprechen könnte, würde sie erklären, die ersten Ansätze des Strebens hätten darauf gezielt, sich ganz als die Natur zu bewahren, als die sie entstanden war.

Vorhin ist noch nicht hinlänglich erläutert worden, was vor allem die Natur begehrt. Das muß also jetzt erklärt werden. Was anderes kann man darunter verstehen, als dies, daß kein Teil der Natur vernachlässigt werde? Wenn die Natur nichts anderes umfaßt als die Vernunft, so ist das höchste Gut die Tugend allein. Wenn sie auch den Körper umfaßt, sollte dann die Entfaltung der Natur nur dies bewirken, daß wir das aufgeben, was wir vor der Entfaltung festgehalten hatten? Wäre dies so, so würde das Leben in Übereinstimmung mit der Natur bedeuten, von der Natur abzuweichen.

Wie gewisse Philosophen von den Sinnesorganen ausgegangen waren und dann Größeres und Göttlicheres zu Gesicht bekamen und daraufhin die Sinnesorgane preisgaben, so haben auch diese,

tura proposuisset⟩ virtutis pulchritudinem aspexissent, omnia, quae praeter virtutem ipsam viderant, abiecerunt obliti naturam omnem appetendarum rerum ita late patere, ut a principiis permanaret ad fines, neque intellegunt se rerum illarum pulchrarum atque admirabilium fundamenta subducere.

Itaque mihi videntur omnes quidem illi errasse, qui finem bonorum ⟨nihil⟩ esse dixerunt ⟨nisi⟩ honeste vivere, sed alius alio magis, Pyrrho scilicet maxime, qui virtute constituta nihil omnino, quod appetendum sit, relinquat, deinde Aristo, qui nihil relinquere non est ausus, introduxit autem, quibus commotus sapiens appeteret aliquid, quodcumque in mentem incideret, et quodcumque tamquam occurreret. is hoc melior quam Pyrrho, quod aliquod genus appetendi dedit, deterior quam ceteri, quod penitus a natura recessit. Stoici autem, quod finem bonorum in una virtute ponunt, similes sunt illorum; quod autem principium officii quaerunt, melius quam Pyrrho; quod ea non occurrentia fingunt, vincunt Aristonem; quod autem ea, quae ad naturam accommodata et per se assumenda esse dicunt, non adiungunt ad finem bonorum, desciscunt a natura et quodam modo sunt non dissimiles Aristonis. ille enim occurrentia nescio quae comminiscebatur; hi autem ponunt illa quidem prima naturae, sed ea seiungunt a finibus et a summa bonorum; quae cum praeponunt, ut sit aliqua rerum selectio, naturam videntur sequi; cum autem negant ea quicquam ad beatam vitam pertinere, rursus naturam relinquunt. 43

Atque adhuc ea dixi, causa cur Zenoni non fuisset, quam ob rem a superiorum auctoritate discederet. nunc reliqua videamus, nisi aut ad haec, Cato, dicere aliquid vis aut nos iam longiores sumus. 44

nachdem sie von dem Streben ⟨nach den naturgemäßen Dingen⟩ ausgegangen waren und nun die Schönheit der Tugend erblickten, alles, was sie außer der Tugend selbst noch erblickt hatten, weggeworfen; sie haben vergessen, daß die gesamte Natur dessen, was wir erstreben, sich so weit erstreckt, daß sie von Anfang an bis zum Ende durchläuft. Sie verstehen nicht, daß sie gerade jenen schönen und wunderbaren Dingen die Fundamente entziehen.

So scheinen mir auch alle diejenigen zu irren, die in der Tugend allein das höchste Gut gesehen haben. Immerhin irren die einen mehr als die anderen, am meisten freilich Pyrrhon, der außer der Tugend überhaupt nichts übrigläßt, was erstrebenswert wäre; dann Ariston, der es nicht gewagt hat, nichts übrig zu lassen, dafür Dinge eingeführt hat, die den Weisen veranlassen, einfach das zu erstreben, was ihm gerade einfiel und was immer ihm sozusagen begegnete. Er ist also darin besser als Pyrrhon, daß er eine Art des Strebens gelten ließ, schlechter als die übrigen, da er sich vollständig von der Natur entfernte. Die Stoiker wiederum sind, sofern sie das höchste Gut in der Tugend allein erblicken, ähnlich wie jene beiden; sofern sie nach einem Prinzip der Pflicht fragen, sind sie besser als Pyrrhon; sofern sie als Pflicht nicht nur das beliebig Begegnende erfinden, übertreffen sie Ariston. Wenn sie endlich das, von dem sie selber sagen, daß es der Natur angepaßt und seiner selbst wegen anzunehmen sei, nicht mit dem obersten Gut verknüpfen, fallen sie von der Natur ab und sind gewissermaßen dem Ariston nicht unähnlich. Jener nämlich erfand irgendwelches Begegnendes, diese dagegen halten sich an die ursprünglich naturgemäßen Dinge, aber trennen sie vom Ziel und vom höchsten Gute. Immerhin, wenn sie jene Dinge vorziehen, damit überhaupt eine Wahl zustande komme, scheinen sie der Natur zu folgen; wenn sie dagegen erklären, dies habe nichts mit dem glückseligen Leben zu tun, verlassen sie wieder die Natur.

Bis dahin habe ich dargelegt, daß dies alles für Zenon kein Grund gewesen sein kann, von der Autorität des Früheren abzuweichen. Jetzt wollen wir das übrige prüfen, es sei denn, du möchtest, Cato, etwas dazu bemerken oder ich hätte schon zu lange geredet."

Neutrum vero, inquit ille. nam et a te perfici istam disputationem volo, nec tua mihi oratio longa videri potest.

Optime, inquam. quid enim mihi potest esse optatius quam cum Catone, omnium virtutum auctore, de virtutibus disputare?

Sed primum illud vide, gravissimam illam vestram sententiam, quae familiam ducit, honestum quod sit, id esse bonum solum honesteque vivere bonorum finem, communem fore vobis cum omnibus, qui in una virtute constituunt finem bonorum, quodque dicitis, informari non posse virtutem, si quicquam, nisi quod honestum sit, numeretur, idem dicetur ab illis, modo quos nominavi. mihi autem aequius videbatur Zenonem cum Polemone disceptantem, a quo quae essent principia naturae acceperat, a communibus initiis progredientem videre ubi primum insisteret et unde causa controversiae nasceretur, non stantem cum iis, qui ne dicerent quidem sua summa bona esse a natura profecta, uti isdem argumentis, quibus illi uterentur, isdemque sententiis. 45

Minime vero illud probo, quod, cum docuistis, ut vobis videmini, bonum solum esse, quod honestum sit, tum rursum dicitis initia proponi necesse esse apta et accommodata naturae, quorum ex selectione virtus possit existere. non enim in selectione virtus ponenda erat, ut id ipsum, quod erat bonorum ultimum, aliud aliquid adquireret. nam omnia, quae sumenda quaeque legenda aut optanda sunt, inesse debent in summa bonorum, ut is, qui eam adeptus sit, nihil praeterea desideret. videsne ut, quibus summa est in voluptate, perspicuum sit quid iis faciendum sit aut non faciendum? ut nemo dubitet, eorum omnia officia quo spectare, quid sequi, quid fugere debeant? sit hoc ulti- 46

„Ich will weder das eine noch das andere", sagte er, „ich möchte, daß du deine Darlegung abschließt, und es ist auch nicht die Rede davon, daß du zu lange gesprochen hast."

„Sehr schön", erwiderte ich, „was könnte mir wünschenswerter sein, als mit Cato, dem Inbegriff aller Tugenden, über die Tugend zu diskutieren?

Bedenke als erstes, ob euer entscheidender Lehrsatz, der alles übrige nach sich zieht, nämlich, daß das Tugendhafte allein auch gut sei und daß das höchste Gut also im tugendhaften Leben bestehe, euch nicht mit allen jenen gemeinsam ist, die das höchste Gut in der Tugend allein sehen? Und wenn ihr sagt, daß die Tugend keine Gestalt gewinnen könne, wenn irgend etwas zähle, was nicht das Tugendhafte sei, so wird auch dies von jenen gelehrt, die ich eben genannt habe. Ich hätte es für richtiger gehalten, wenn Zenon in der Diskussion mit Polemon, von dem er die Lehre vom ursprünglich Naturgemäßen übernommen hatte, zunächst einmal geprüft hätte, wieweit er vom gemeinsamen Ausgangspunkt ausgehen könne, wo er einhalten müsse und wo der Ansatz der Meinungsverschiedenheit bestehe, anstatt sich mit jenen zu verbinden, die nicht einmal behaupteten, daß ihr höchstes Gut von der Natur ausgehe und sich derselben Argumentation zu bedienen, die sie benutzten, und dieselben Thesen aufzustellen.

Ich billige es keineswegs, daß ihr einerseits, wie ihr glaubt, bewiesen habt, daß nur das Tugendhafte gut sei, dann doch wiederum erklärt, die ursprünglichen Gegebenheiten müßten der Natur angepaßt und entsprechend sein, damit in der Auswahl aus ihnen die Tugend entstehen könne. Man durfte nicht die Tugend als ein Auswählen verstehen, wenn man nicht wollte, daß das, was das höchste Gut sei, noch etwas anderes dazu zu erwerben hätte. Denn alles, was anzunehmen, vorzuziehen oder zu wünschen ist, muß im Ganzen der Güter eingeschlossen sein derart, daß derjenige, der sich dieses Ganze angeeignet hat, nichts weiter mehr begehrt. Siehst du, wie es für diejenigen, für die das Ganze in der Lust besteht, evident ist, was sie zu tun und nicht zu tun haben? Keiner von ihnen ist unsicher darüber, worauf alle Pflichten hinblicken, was sie erstreben, was sie vermeiden sollen. Nimm

mum bonorum, quod nunc a me defenditur; apparet statim, quae sint officia, quae actiones. vobis autem, quibus nihil est aliud propositum nisi rectum atque honestum, unde officii, unde agendi principium nascatur non reperietis. hoc igitur quaerentes omnes, et ii, qui quodcumque in mentem veniat aut quodcumque occurrat se sequi dicent, et vos ad naturam revertemini. quibus natura iure responderit non esse aequum aliunde finem beate vivendi, a se principia rei gerendae peti; esse enim unam rationem, qua et principia rerum agendarum et ultima bonorum continerentur; atque ut Aristonis esset explosa sententia dicentis nihil differre aliud ab alio, nec esse res ullas praeter virtutes et vitia, inter quas quicquam omnino interesset, sic errare Zenonem, qui nulla in re nisi in virtute aut vitio propensionem ne minimi quidem momenti ad summum bonum adipiscendum esse diceret et, cum ad beatam vitam nullum momentum cetera haberent, ad appetitionem tamen rerum esse in iis momenta diceret; quasi vero haec appetitio non ad summi boni adeptionem pertineret! quid autem minus consentaneum est quam quod aiunt cognito summo bono reverti se ad naturam, ut ex ea petant agendi principium, id est officii? non enim actionis aut officii ratio impellit ad ea, quae secundum naturam sunt, petenda, sed ab iis et appetitio et actio commovetur.

47

48

Nunc venio ad tua illa brevia, quae consectaria esse dicebas, et primum illud, quo nihil potest brevius: Bonum omne laudabile, laudabile autem honestum, bonum igitur omne honestum. O plumbeum pugionem! quis enim tibi primum illud concesserit? – quo quidem concesso nihil opus est secundo; si enim

an, dies, was ich jetzt vertrete, sei tatsächlich das höchste Gut. Es ist sofort klar, was zu tun ist und wie man handeln soll. Ihr dagegen, die ihr nichts anderes vor Augen habt als das Richtige und Tugendhafte, werdet den Ausgangspunkt nicht finden, von dem her das Prinzip der Pflicht und des Handelns abgeleitet werden könnte. Eben dieses suchen nun alle, sowohl diejenigen, die erklären, sie folgten dem, was ihnen gerade in den Sinn kommt und was ihnen gerade begegnet, wie auch ihr; ihr kehrt alle zur Natur zurück. Euch wird die Natur mit Recht antworten, es sei nicht richtig, anderswo den Inbegriff der Glückseligkeit zu suchen und bei ihr selber die Prinzipien des Handelns. Es sei nämlich ein einziger Grundsatz, der sowohl die Prinzipien des Handelns wie auch das oberste Gut umfaßt. Wie die Lehre Aristons erledigt sei, der behauptete, eines unterscheide sich nicht vom anderen, und es gebe außer Tugenden und Schlechtigkeiten nichts, bei dem Verschiedenheiten anzunehmen seien, so gehe auch Zenon in die Irre, der erklärte, außer in Tugend und Schlechtigkeit gebe es nichts, das auch nur in der geringsten Weise etwas mit dem Erlangen des höchsten Gutes zu schaffen habe; während aber alles übrige hinsichtlich des glückseligen Lebens ohne jedes Gewicht sei, so habe es dennoch ein genügendes Gewicht, um das Streben nach den Dingen hervorzurufen. Als ob dieses Streben nichts mit dem Erwerben des höchsten Gutes zu tun hätte! Was ist widerspruchsvoller als die Erklärung der Stoiker, man kehre zur Natur zurück, nachdem man das höchste Gut erkannt habe, um die Prinzipien des Handelns, also der Pflicht, bei der Natur zu holen? Es ist nämlich nicht die Sache des Handelns oder der Pflicht, uns dazu anzutreiben, das Naturgemäße zu erstreben, sondern es ist umgekehrt das Naturgemäße, das das Streben und Handeln in Gang bringt.

Jetzt komme ich zu dem, was du knappe Syllogismen genannt hast, zunächst zum ersten Punkt. Man kann es in der Tat nicht knapper formulieren: ‚Alles Gute ist lobenswert, alles Lobenswerte ist tugendgemäß, also ist alles Gute tugendgemäß.' Was ist dies für ein stumpfes Messer! Denn wer wird dir den ersten Punkt zugestehen? Wäre dieser einmal zugestanden, könnte man auf den zweiten verzichten; wenn nämlich alles Gute lobenswert ist,

omne bonum laudabile est, omne honestum est – quis 49
tibi ergo istud dabit praeter Pyrrhonem, Aristonem
eorumve similes, quos tu non probas? Aristoteles,
Xenocrates, tota illa familia non dabit, quippe qui valitudinem, vires, divitias, gloriam, multa alia bona
esse dicant, laudabilia non dicant. et hi quidem ita non
sola virtute finem bonorum contineri putant, ut rebus
tamen omnibus virtutem anteponant; quid censes eos
esse facturos, qui omnino virtutem a bonorum fine
segregaverunt, Epicurum, Hieronymum, illos etiam,
si qui Carneadeum finem tueri volunt? iam aut Calli- 50
pho aut Diodorus quo modo poterunt tibi istud concedere, qui ad honestatem aliud adiungant, quod ex
eodem genere non sit? placet igitur tibi, Cato, cum res
sumpseris non concessas, ex illis efficere, quod velis?

Iam ille sorites ⟨est⟩, quo nihil putatis esse vitio-
sius: quod bonum sit, id esse optabile, quod optabile,
id expetendum, quod expetendum, id laudabile,
deinde reliqui gradus. sed ego in hoc resisto; eodem
modo enim tibi nemo dabit, quod expetendum sit, id
esse laudabile.

Illud vero minime consectarium, sed in primis hebes, illorum scilicet, non tuum, gloriatione dignam
esse beatam vitam, quod non possit sine honestate
contingere, ut iure quisquam glorietur.

Dabit hoc Zenoni Polemo, etiam magister eius et 51
tota illa gens et reliqui, qui virtutem omnibus rebus
multo anteponentes adiungunt ei tamen aliquid
summo in bono finiendo. si enim virtus digna est gloriatione, ut est, tantumque praestat reliquis rebus, ut
dici vix possit, et beatus esse poterit virtute una prae-
ditus carens ceteris, nec tamen illud tibi concedetur,
praeter virtutem nihil in bonis esse ducendum. illi au-

ist es natürlich auch tugendgemäß. Wer wird dir indessen das erste zugestehen außer Pyrrhon, Ariston und ihresgleichen, denen du nicht zustimmst? Aristoteles, Xenokrates und jene ganze Gruppe wird dir dies nicht zubilligen; denn sie werden Gesundheit, Kraft, Reichtum, Ruhm und vieles andere anführen, was sie zwar gut, aber nicht lobenswert nennen. Sie glauben außerdem, daß das höchste Gut nicht ausschließlich auf die Tugend beschränkt sei, obschon sie die Tugend allen andern Dingen vorziehen; was meinst du, werden erst jene tun, die die Tugend gänzlich aus dem obersten Gute ausgeschlossen haben, Epikur, Hieronymos und auch jene, die das Ziel wie Karneades bestimmen möchten? Wie können dir auch Kalliphon oder Diodor dies zugestehen, die zur Tugend noch etwas anderes zusetzen, was nicht von derselben Art ist? Willst du wirklich, Cato, Thesen aufnehmen, die dir keiner zugesteht, und dann aus ihnen folgern, was dir paßt?

Das folgende ist einfach ein Kettenschluß von der Art, die ihr selbst theoretisch vollständig ablehnt: Was gut ist, ist wünschenswert, was wünschenswert, ist erstrebenswert, was erstrebenswert, ist lobenswert, und so fort in den weiteren Gliedern. Doch in diesem Punkte protestiere ich. Mit dieser Methode wirst du niemanden davon überzeugen können, was erstrebenswert sei, sei auch lobenswert.

Schließlich ist jenes überhaupt kein Syllogismus, sondern vollends naiv, natürlich bei ihnen, nicht bei dir: Das glückselige Leben ist rühmenswert, da es nur der Tugend zukommen kann, mit Recht rühmenswert zu sein.

Polemon wird dies gerne dem Zenon zugestehen, auch der Lehrer Polemons und jene ganze Gesellschaft und die übrigen, die die Tugend allen anderen Dingen voranstellen; aber auch sie fügen der Bestimmung des obersten Gutes noch anderes hinzu. Mag nämlich auch die Tugend rühmenswert sein, wie sie in der Tat ist, und mag sie auch den übrigen Dingen so überlegen sein, wie man es kaum sagen kann, und mag auch jemand glückselig sein, der ausschließlich mit der Tugend ausgestattet ist und sonst mit nichts anderem, so wird man dir trotz allem dies nicht zugestehen, daß es außer der Tugend kein anderes Gut gibt. Jene frei-

tem, quibus summum bonum sine virtute est, non dabunt fortasse vitam beatam habere, in quo iure possit gloriari, etsi illi quidem etiam voluptates faciunt interdum gloriosas. vides igitur te aut ea sumere, quae non concedantur, aut ea, quae etiam concessa te nihil iuvent. 52

Equidem in omnibus istis conclusionibus hoc putarem philosophia nobisque dignum, et maxime, cum summum bonum quaereremus, vitam nostram, consilia, voluntates, non verba corrigi. quis enim potest istis, quae te, ut ais, delectant, brevibus et acutis auditis de sententia decedere? nam cum expectant et avent audire cur dolor malum non sit, dicunt illi asperum esse dolere, molestum, odiosum, contra naturam, difficile toleratu, sed, quia nulla sit in dolore nec fraus nec improbitas nec malitia nec culpa nec turpitudo, non esse illud malum. haec qui audierit, ut ridere non curet, discedet tamen nihilo firmior ad dolorem ferendum, quam venerat. tu autem negas fortem esse quemquam posse, qui dolorem malum putet. cur fortior sit, si illud, quod tute concedis, asperum et vix ferendum putabit? ex rebus enim timiditas, non ex vocabulis nascitur. 53

Et ais, si una littera commota sit, fore tota ut labet disciplina. utrum igitur tibi litteram videor an totas paginas commovere? ut enim sit apud illos, id quod est a te laudatum, ordo rerum conservatus et omnia inter se apta et conexa – sic enim aiebas –, tamen persequi non debemus, si a falsis principiis profecta congruunt ipsa sibi et a proposito non aberrant. in prima igitur constitutione Zeno tuus a natura recessit, cumque summum bonum posuisset in ingenii praestantia, 54

lich, in deren höchstem Gut die Tugend nicht eingeschlossen ist, werden vielleicht nicht zugeben, daß das glückselige Leben etwas sei, dessen man sich mit Recht rühmen könne; allerdings nehmen auch sie zuweilen Arten der Lust an, deren man sich rühmen darf. Du siehst also, daß du von Annahmen ausgehst, die dir nicht zugestanden werden oder die dir auch nichts helfen, selbst wenn sie zugestanden würden.

Ich würde meinen, daß bei allen Schlußfolgerungen nur dies der Philosophie und unser selber würdig sei, und vor allem dort, wo nach dem höchsten Gute gefragt wird, daß es darauf ankomme, unser Leben und Planen und unseren Willen zu verändern, nicht nur die Begriffe. Wer nämlich wird sich, nachdem er jene knappen und scharfen Sätze, die dich, wie du sagst, erfreuen, gehört hat, von seiner Meinung abbringen lassen? Während nämlich die Menschen erwarten und hören möchten, warum der Schmerz kein Übel sei, erklären die Stoiker, Schmerz zu empfinden sei hart, mühselig, widerwärtig, gegen die Natur und schwer erträglich, doch weil der Schmerz kein Betrug, keine Unanständigkeit, keine Bosheit, kein Verbrechen und keine Schande sei, so sei er kein Übel. Wer dies hört, wird vielleicht nicht lachen, aber wenn er weggeht, wird er im Ertragen des Schmerzes nicht gefestigter sein als zuvor. Du bestreitest, daß jemand tapfer sein könne, der den Schmerz für ein Übel hält. Warum soll er tapferer sein, wenn er ihn, wie auch du zugibst, für hart und kaum zu ertragen hält? Die Ängstlichkeit entsteht nämlich aus der Wirklichkeit, nicht aus den Worten.

Du behauptest, wenn nur ein Buchstabe verschoben wäre, so würde das ganze System zusammenbrechen. Mache ich dir nun den Eindruck, nur einen Buchstaben oder nicht vielmehr ganze Seiten zu verschieben? Mag auch bei jenen (wie du gerühmt hast) die Ordnung des Ganzen festgehalten und alles mit allem aufs beste zusammengefügt sein (so sagtest du jedenfalls), so können wir dennoch kein Vertrauen haben, wenn die Lehren zwar mit sich selbst übereinstimmen und von ihrem Programm nicht abweichen, aber von falschen Voraussetzungen ausgegangen sind. Gleich bei der ersten Grundlegung hat dein Zenon die Natur verlassen. Er hat das höchste Gut in jener Vollkommenheit des Gei-

quam virtutem vocamus, nec quicquam aliud bonum esse dixisset, nisi quod esset honestum, nec virtutem posse constare, si in ceteris rebus esset quicquam, quod aliud alio melius esset aut peius, his propositis tenuit prorsus consequentia. recte dicis; negare non possum. sed ita falsa sunt ea, quae consequuntur, ut illa, e quibus haec nata sunt, vera esse non possint.

Docent enim nos, ut scis, dialectici, si ea, quae rem aliquam sequantur, falsa sint, falsam illam ipsam esse, quam sequantur. ita fit illa conclusio non solum vera, sed ita perspicua, ut dialectici ne rationem quidem reddi putent oportere: si illud, hoc; non autem hoc; igitur ne illud quidem. sic consequentibus vestris sublatis prima tolluntur. quae sequuntur igitur? omnes, qui non sint sapientes, aeque miseros esse, sapientes omnes summe beatos, recte facta omnia aequalia, omnia peccata paria; quae cum magnifice primo dici viderentur, considerata minus probabantur. sensus enim cuiusque et natura rerum atque ipsa veritas clamabat quodam modo non posse ⟨se⟩ adduci, ut inter eas res, quas Zeno exaequaret, nihil interesset. 55

Postea tuus ille Poenulus – scis enim Citieos, clientes tuos, e Phoenica profectos –, homo igitur acutus, causam non optinens repugnante natura verba versare coepit et primum rebus iis, quas nos bonas dicimus, concessit, ut haberentur aestimabiles et ad naturam accommodatae, faterique coepit sapienti, hoc est summe beato, commodius tamen esse si ea quoque habeat, quae bona non audet appellare, naturae accommodata esse concedit, negatque Platonem, si sapiens non sit, eadem esse in causa, qua tyrannum Dionysium; huic mori optimum esse propter desperatio- 56

stes gesehen, die wir Tugend nennen; er hat kein anderes Gut anerkannt als die Tugend und gefolgert, daß die Tugend keinen Bestand hätte, wenn in den übrigen Dingen das eine besser oder schlechter sei als das andere. Die Konsequenzen aus diesen Voraussetzungen hat er richtig gezogen. So ist es in der Tat; ich kann es nicht bestreiten. Aber die Konsequenzen selber sind so verkehrt, daß die Voraussetzungen, aus denen sie abgeleitet sind, nicht wahr sein können.

Du weißt, daß die Dialektiker den Satz vertreten, daß, wenn die Konsequenzen aus einer These falsch sind, die These selber, aus der die Konsequenzen gezogen werden, falsch sein muß. So entsteht jene Schlußfolgerung, die nicht bloß wahr ist, sondern so evident, daß die Dialektiker nicht einmal glauben, sie begründen zu müssen: ‚Wenn jenes, dann dies; dies trifft nicht zu; also auch jenes nicht.‘ So fallen mit euren Konsequenzen auch deren Voraussetzungen dahin. Welches sind diese Konsequenzen? Daß alle, die nicht weise sind, gleichermaßen unselig sind; daß alle Weisen in der vollkommenen Glückseligkeit sind; daß alle richtigen Handlungen einander ähnlich, alle Verfehlungen einander gleich sind. Auf den ersten Anblick sieht dies großartig aus; überlegt man es näher, so wird man weniger leicht zustimmen. Die Empfindung jedes einzelnen, die Natur der Dinge und die Wahrheit selbst werden gewissermaßen ausrufen, sie könnten unter keinen Umständen zugeben, daß unter jenen Dingen, die Zenon als völlig gleich behandelt habe, kein Unterschied bestehe.

Daraufhin hat dein Phönizier (du weißt ja, daß die Leute von Kition, deine Klienten, aus Phönizien eingewandert sind), ein scharfsinniger Mann, der sich gegen den Widerstand der Natur nicht zu helfen wußte, begonnen, die Worte hin und her zu wenden und hat als erster jenen Dingen, die wir als gut bezeichnen, zugestanden, daß sie für schätzenswert und der Natur angepaßt gehalten werden dürften; er begann auch zuzugeben, daß es für den Weisen, also den vollkommen Glückseligen, zweckmäßiger sei, auch jenes zu besitzen, was er nicht gut zu nennen wagt, aber es als der Natur angepaßt gelten läßt. Er bestreitet ferner, daß Platon, wenn er nicht weise war, in derselben Lage gewesen sei wie der Tyrann Dionysios. Für diesen wäre es das beste, zu sterben,

nem sapientiae, illi propter spem vivere. peccata autem partim esse tolerabilia, partim nullo modo, propterea quod alia peccata plures, alia pauciores quasi numeros officii praeterirent. iam insipientes alios ita esse, ut nullo modo ad sapientiam possent pervenire, alios, qui possent, si id egissent, sapientiam consequi. hic loquebatur aliter atque omnes, sentiebat idem, quod ceteri. nec vero minoris aestimanda ducebat ea, quae ipse bona negaret esse, quam illi, qui ea bona esse dicebant. quid igitur voluit sibi, qui illa mutaverit? saltem aliquid de pondere detraxisset et paulo minoris aestimavisset ea quam Peripatetici, ut sentire quoque aliud, non solum dicere videretur. quid? de ipsa beata vita, ad quam omnia referuntur, quae dicitis? negatis eam esse, quae expleta sit omnibus iis rebus, quas natura desideret, totamque eam in una virtute ponitis; cumque omnis controversia aut de re soleat aut de nomine esse, utraque earum nascitur, si aut res ignoratur aut erratur in nomine. quorum si neutrum est, opera danda est, ut verbis utamur quam usitatissimis et quam maxime aptis, id est rem declarantibus. num igitur dubium est, quin, si in re ipsa nihil peccatur a superioribus, verbis illi commodius utantur? videamus igitur sententias eorum, tum ad verba redeamus.

Dicunt appetitionem animi moveri, cum aliquid ei secundum naturam esse videatur, omniaque, quae secundum naturam sint, aestimatione aliqua digna eaque pro eo, quantum in quoque sit ponderis, esse aestimanda.

Quaeque secundum naturam sint, partim nihil habere in sese eius appetitionis, de qua saepe iam diximus, quae nec honesta nec laudabilia dicantur, par-

weil er keine Hoffnung haben konnte, die Weisheit zu erwerben. Für den anderen wäre es wegen eben dieser Hoffnung das beste zu leben. Er erklärte auch, daß die Verfehlungen teils erträglich, teils unerträglich seien, weil sie, je nachdem, die einen mehr, die anderen weniger zahlreiche Teile der Pflicht vernachlässigten. Endlich befänden sich die Toren entweder in der Verfassung, daß sie auf keinem Wege zur Weisheit gelangen könnten, andere dagegen wären fähig, die Weisheit zu erwerben, wenn sie sich darum bemühten. So redete Zenon anders als alle andern, meinte aber doch dasselbe wie sie. Denn er hielt diejenigen Dinge, die er selbst nicht als gut anerkannte, für nicht weniger schätzbar, als es die anderen tun, die lehrten, daß jene gut seien. Was war also seine Absicht, als er bloß die Begriffe veränderte? Er hätte doch wenigstens ihr Gewicht etwas vermindern und sie etwas geringer einschätzen können, als es die Peripatetiker tun, damit es sichtbar würde, daß er auch anders dachte, nicht nur anders redete. Was sagt ihr nun über die Glückseligkeit selbst, auf die sich alles bezieht? Ihr bestreitet, daß sie aus der Gesamtheit aller jener Dinge bestehe, die die Natur begehrt; ihr verlegt sie vielmehr in die Tugend allein. Nun pflegt jede Meinungsverschiedenheit sich entweder auf eine Sache oder auf ihren Namen zu beziehen; sie entsteht in beiden Punkten, wenn man entweder die Sache nicht kennt oder sich im Namen verfehlt. Wenn aber keines von beidem der Fall ist, so muß man darauf achten, daß man die gebräuchlichsten und passendsten, also die Sache selbst am klarsten bezeichnenden Worte wählt. Kann es nun bezweifelt werden, daß die Früheren unter der Voraussetzung, daß sie in der Sache selbst keinen Fehler begangen haben, auch eine zweckmäßigere Terminologie verwendeten? Wir wollen nun ihre Lehre prüfen und dann zu ihrer Terminologie zurückkehren.

Sie lehren, daß das Streben der Seele in Gang gebracht werde, wenn ihr etwas Naturgemäßes vor Augen trete. Alles, was naturgemäß sei, verdiene eine gewisse Schätzung und solle geschätzt werden je nach dem Gewichte, das dem einzelnen zukomme.

Was naturgemäß sei, von dem erzeuge einiges keinerlei Streben in dem Sinne, von dem schon oft die Rede war; das seien die Dinge, die weder tugendgemäß noch lobenswert hießen. Anderes

tim, quae voluptatem moveant in omni animante, sed in homine rationem etiam. ex ea quae sint apta, ea honesta, ea pulchra, ea laudabilia, illa autem superiora naturalia nominantur, quae coniuncta cum honestis vitam beatam perficiunt et absolvunt. omnium autem eorum commodorum, quibus non illi plus tribuunt, qui illa bona esse dicunt, quam Zeno, qui negat, longe praestantissimum esse, quod honestum esset atque laudabile. sed si duo honesta proposita sint, alterum cum valitudine, alterum cum morbo, non esse dubium, ad utrum eorum natura nos ipsa deductura sit. sed tamen tantam vim esse honestatis, tantumque eam rebus omnibus praestare et excellere, ut nullis nec suppliciis nec praemiis demoveri possit ex eo, quod rectum esse decreverit; omniaque, quae dura, difficilia, adversa videantur, ea virtutibus iis, quibus a natura essemus ornati, opteri posse, non faciles illas quidem ⟨res⟩ nec contemnendas – quid enim esset in virtute tantum? –, sed ut hoc iudicaremus, non esse in iis partem maximam positam beate aut secus vivendi. ad summam ea, quae Zeno aestimanda et sumenda et apta naturae esse dixit, eadem illi bona appellant, vitam autem beatam [illi] eam, quae constaret ex iis rebus, quas dixi, aut plurimis aut gravissimis. Zeno autem, quod suam, quod propriam speciem habeat, cur appetendum sit, id solum bonum appellat, beatam autem vitam eam solam, quae cum virtute degatur.

Si de re disceptari oportet, nulla mihi tecum, Cato, potest esse dissensio, nihil est enim, de quo aliter tu sentias atque ego, modo commutatis verbis ipsas res conferamus. nec hoc ille non vidit, sed verborum magnificentia est et gloria delectatus. qui si ea, quae

setze bei jedem Lebewesen das Begehren nach Lust in Bewegung, beim Menschen auch die Vernunft. Unter diesen Dingen werde das, was der Vernunft entspricht, als tugendhaft, schön und lobenswert bezeichnet, das andere aber als bloß naturgemäß; dieses vervollständige und vollende das glückselige Leben zusammen mit dem Tugendhaften. Über alles Zweckmäßige hinaus, dem jene, die es gut nennen, keinen größeren Wert beilegen als Zenon, der bestreitet, daß es gut sei, sei weitaus das Hervorragendste das, was tugendgemäß und lobenswert sei. Wenn uns nun zwei tugendgemäße Verhaltensweisen zur Wahl stehen, die eine mit Gesundheit, die andere mit Krankheit, so bestehe kein Zweifel, welche zu wählen uns die Natur selbst anleite. Immerhin sei die Kraft der Tugend so groß und rage sie so sehr über alle andern Dinge hinaus, daß sie durch keine Strafen oder Belohnungen an dem irre gemacht werden könne, was sie als das Richtige erkannt und angenommen habe.

Alles, was uns hart, schwer und widrig zu sein scheine, könne durch die Tugenden, mit denen wir von der Natur ausgestattet wurden, niedergedrückt werden. Nicht etwa, daß man jene Dinge leichtfertig verachten dürfte (denn was wäre sonst die Leistung der Tugend?), aber doch in dem Sinne, daß es nicht auf sie entscheidend ankomme, ob wir glückselig leben oder im Gegenteil. Zusammengefaßt nennen jene das, was Zenon schätzenswert und annehmbar und der Natur angepaßt nannte, gut; und das glückselige Leben bestehe aus den Dingen, die ich nannte, entweder allen oder doch den meisten und den wichtigsten. Zenon dagegen nennt gut ausschließlich das, was auf Grund seiner eigenen und besonderen Gestalt erstrebenswert ist, und das glückselige Leben ist für ihn ausschließlich dasjenige, das in der Tugend geführt wird.

Wenn wir uns nun über die Sache selbst unterhalten wollen, so kann es zwischen uns, Cato, keine Meinungsverschiedenheit geben. Es gibt nämlich keinen Punkt, über den du anders denkst als ich; es kommt nur darauf an, die Terminologie beiseite zu lassen und von den Sachen selbst zu reden. Dies hat ja auch schon Zenon gesehen, aber er hat sich durch den Glanz und die Großartigkeit der Worte verführen lassen. Wenn er wirklich so dächte, wie

dicit, ita sentiret, ut verba significant, quid inter eum et vel Pyrrhonem vel Aristonem interesset? sin autem eos non probabat, quid attinuit cum iis, quibuscum re concinebat, verbis discrepare? quid, si reviviscant 61 Platonis illi et deinceps qui eorum auditores fuerunt, et tecum ita loquantur; 'Nos cum te, M. Cato, studiosissimum philosophiae, iustissimum virum, optimum iudicem, religiosissimum testem, audiremus, admirati sumus, quid esset cur nobis Stoicos anteferres, qui de rebus bonis et malis sentirent ea, quae ab hoc Polemone Zeno cognoverat, nominibus uterentur iis, quae prima specie admirationem, re explicata risum moverent. tu autem, si tibi illa probabantur, cur non propriis verbis ea tenebas? sin te auctoritas commovebat, nobisne omnibus et Platoni ipsi nescio quem illum anteponebas? praesertim cum in re publica princeps esse velles ad eamque tuendam cum summa tua dignitate maxime a nobis ornari atque instrui posses. ⟨a⟩ nobis enim ista quaesita, a nobis descripta, notata, praecepta sunt, omniumque rerum publicarum rectionis genera, status, mutationes, leges etiam et instituta ac mores civitatum perscripsimus. eloquentiae vero, quae et principibus maximo ornamento est, et qua te audimus valere plurimum, quantum tibi ex monumentis nostris addidisses!' Ea cum dixissent, quid tandem talibus viris responderes?

Rogarem te, inquit, ut diceres pro me tu idem, qui 62 illis orationem dictavisses, vel potius paulum loci mihi, ut iis responderem, dares, nisi et te audire nunc mallem et istis tamen alio tempore responsurus essem, tum scilicet, cum tibi.

seine Worte lauten, wie würde er sich dann von Pyrrhon oder Ariston unterscheiden? Wenn er aber mit ihnen nicht einverstanden war, was hat ihn dann veranlaßt, sich in den Worten von denjenigen abzugrenzen, mit denen er doch in der Sache einig war? Was würden wohl die Schüler Platons und dann auch deren Schüler zu dir sagen, wenn sie wiederaufleben würden?: ‚Als wir dich, Cato, den begeisterten Liebhaber der Philosophie, den gerechtesten Menschen, den besten Richter, den zuverlässigsten Zeugen anhörten, haben wir uns darüber gewundert, warum eigentlich du die Stoiker uns vorziehst, die hinsichtlich des Guten und Schlechten genau das lehrten, was Zenon bei unserem Polemon kennengelernt hatte, dann aber Begriffe verwendeten, die auf den ersten Anblick Bewunderung erzeugen, bei näherer Prüfung jedoch Lachen hervorrufen. Wenn du mit jenen Lehren übereinstimmtest, warum hieltest du dann dies nicht mit den entsprechenden Begriffen fest? Wenn dir die Autorität etwas bedeutete, warum hast du denn uns allen und Platon selber jenen Zenon vorgezogen, den niemand kennt? Vor allem, da du ja Staatsmann zu sein beanspruchst; und wenn du den Staat mit dem ganzen Gewicht deines Ranges zu verteidigen suchtest, so konnten gerade wir dich mit richtigen Gedanken und Ratschlägen versehen. Denn wir sind es, die diese Dinge erforscht, beschrieben und charakterisiert, dann aus ihnen Vorschriften abgeleitet haben; wir haben alle die verschiedenen Formen der Staatsführung, ihren Aufbau und ihre Veränderungen, dann auch die Gesetze, Einrichtungen und Lebensformen der einzelnen Staaten beschrieben. Was ferner die Redekunst angeht, in der sich vor allem die Staatsmänner auszeichnen müssen und in der du, wie wir gehört haben, Hervorragendes leistest, was könntest du nicht alles aus unseren Schriften dazulernen!' Wenn sie derartiges gesagt hätten, was hättest du solchen Männern antworten können?"

„Ich würde dich bitten", sagte er, „daß du für mich antwortest, der du ja selbst ihnen ihre Rede in den Mund gelegt hast; oder du müßtest mir ein wenig Zeit lassen, um ihnen zu antworten. Ich möchte allerdings jetzt lieber dich anhören und jenen dann zu einem anderen Zeitpunkt antworten, dann nämlich, wenn ich auch dir antworten werde."

Atque, si verum respondere velles, Cato, haec erant dicenda, non eos tibi non probatos, tantis ingeniis homines tantaque auctoritate, sed te animadvertisse, quas res illi propter antiquitatem parum vidissent, eas a Stoicis esse perspectas, eisdemque de rebus hos cum acutius disseruisse, tum sensisse gravius et fortius, quippe qui primum valitudinem bonam expetendam negent esse, eligendam dicant, nec quia bonum sit valere, sed quia sit non nihilo aestimandum – neque tamen pluris [quam] illis videtur, qui illud non dubitant bonum dicere –; hoc vero te ferre non potuisse, quod antiqui illi quasi barbati, ut nos de nostris solemus dicere, crediderint, eius, qui honeste viveret, si idem etiam bene valeret, bene audiret, copiosus esset, optabiliorem fore vitam melioremque et magis expetendam quam illius, qui aeque vir bonus 'multis modis' esset, ut Ennii Alcmaeo, 'circumventus morbo, exilio atque inopia'. illi igitur antiqui non tam acute optabiliorem illam vitam putant, praestantiorem, beatiorem, Stoici autem tantum modo praeponendam in seligendo, non quo beatior ea vita sit, sed quod ad naturam accommodatior. 63

Et, qui sapientes non sint, omnes aeque esse miseros, Stoici hoc videlicet viderunt, illos autem id fugerat superiores, qui ⟨non⟩ arbitrabantur homines sceleribus ⟨turpissimis⟩ et parricidiis inquinatos nihilo miseriores esse quam eos, qui, cum caste et integre viverent, nondum perfectam illam sapientiam essent consecuti. atque hoc loco similitudines eas, quibus illi 64 uti solent, dissimillimas proferebas. quis enim ignorat, si plures ex alto emergere velint, propius fore eos quidem ad respirandum, qui ad summam iam aquam adpropinquent, sed nihilo magis respirare posse quam eos, qui sint in profundo? nihil igitur adiuvat

"Nun, Cato, wenn du ihnen eine ehrliche Antwort geben wolltest, so müßtest du sagen, es handle sich nicht darum, daß du mit ihnen, Menschen von solcher Begabung und solcher Autorität, nicht einverstanden wärest; du hättest nur festgestellt, daß sie, weil sie einer alten Zeit angehörten, bestimmte Dinge noch nicht richtig erfaßt hätten; die Stoiker hätten dies durchschaut und genau dieselben Probleme scharfsinniger behandelt und auch energischer durchdacht. Sie sind es ja, die erstens bestreiten, daß die Gesundheit zu erstreben sei; sie sei bloß vorzuziehen, und zwar weil die Gesundheit nicht ein Gut sei, aber doch einigermaßen schätzbar. Dabei bedeutet dies nicht, daß jene, die die Gesundheit gut zu nennen nicht zögern, sie darum etwa höher einschätzen; du hättest nur nicht annehmen können, daß die Früheren sozusagen altväterisch, wie wir von den Römern zu sagen pflegen, gemeint hätten, daß derjenige, der tugendhaft lebt, dann, wenn er auch gesund ist, einen guten Ruf hat und Vermögen besitzt, ein erfreulicheres, besseres und erstrebenswerteres Leben führt, als jener andere, der genauso tugendhaft ist, aber wie der Alkmeon des Ennius ‚auf vielerlei Weisen von Krankheit, Verbannung und Armut umzingelt ist'. Jene Alten also haben etwas unüberlegt ein solches Leben für wünschenswerter, bedeutender und glückseliger gehalten, die Stoiker dagegen nur für ein solches, das bei der Wahl vorzuziehen sei, nicht weil es glückseliger, sondern nur, weil es der Natur angepaßter sei.

Auch daß diejenigen, die nicht weise sind, alle insgesamt gleichmäßig unselig sind, haben erst die Stoiker erkannt; die Früheren dagegen haben nicht gemerkt, daß die Menschen, die sich mit den schändlichsten Verbrechen und Missetaten besudelt haben, in keiner Weise unseliger seien als jene anderen, die zwar anständig und untadelig lebten, aber noch nicht die vollkommene Weisheit erlangt hätten. An dieser Stelle hast du die Vergleiche angebracht, die die Stoiker zu benutzen pflegen und die die Sache überhaupt nicht treffen. Denn wem ist es unbekannt, daß, wenn mehrere Leute aus der Tiefe des Meeres auftauchen wollten, diejenigen, die schon nahe an der Oberfläche sind, näher daran sind, atmen zu können, aber trotzdem noch genauso wenig zu atmen vermögen wie diejenigen, die noch in der Tiefe sind? Es nützt also

procedere et progredi in virtute, quo minus miserrimus sit, ante quam ad eam pervenerit, quoniam in aqua nihil adiuvat, et, quoniam catuli, qui iam dispecturi sunt, caeci aeque et ii, qui modo nati, Platonem quoque necesse est, quoniam nondum videbat sapientiam, aeque caecum animo ac Phalarim fuisse?

Ista similia non sunt, Cato, in quibus quamvis multum processeris tamen illud in eadem causa est, a quo abesse velis, donec evaseris; nec enim ille respirat, ante quam emersit, et catuli aeque caeci, prius quam dispexerunt, ac si ita futuri semper essent. illa sunt similia: hebes acies est cuipiam oculorum, corpore alius senescit; hi curatione adhibita levantur in dies, valet alter plus cotidie, alter videt. his similes sunt omnes, qui virtuti student; levantur vitiis, levantur erroribus, nisi forte censes Ti. Gracchum patrem ⟨non⟩ beatiorem fuisse quam filium, cum alter stabilire rem publicam studuerit, alter evertere. nec tamen ille erat sapiens – quis enim hoc aut quando aut ubi aut unde? –; sed quia studebat laudi et dignitati, multum in virtute processerat. conferam avum tuum Drusum cum C. Graccho, eius fere aequali? quae hic rei publicae vulnera inponebat, eadem ille sanabat. si nihil est, quod tam miseros faciat quam inpietas et scelus, ut iam omnes insipientes sint miseri, quod profecto sunt, non est tamen aeque miser, qui patriae consulit, et is, qui illam extinctam cupit. levatio igitur vitiorum magna fit in iis, qui habent ad virtutem progressionis aliquantum. vestri autem progressionem ad virtutem 65

66

67

offenbar nichts, in der Tugend voranzuschreiten und Fortschritte zu machen, da man genauso unselig bleibt, bevor man zur Tugend selbst gelangt ist; wie auch im Wasser das Aufsteigen nichts nützt und wie auch die kleinen Hündchen unmittelbar vor dem Sehendwerden noch genauso blind sind wie die neugeborenen; dann ist eben auch Platon, da er noch nicht die Weisheit zu sehen vermochte, im Geiste genauso blind wie Phalaris.

Solche Vergleiche passen nicht: magst du noch so sehr fortgeschritten sein, so bleibt doch der Zustand, von dem du dich entfernen willst, genau derselbe, bis zu dem Augenblick, wo du ihm wirklich entronnen bist. Denn jener kann nicht atmen, bevor er aufgetaucht ist, und die Hündchen sind unveränderlich blind, bevor sie sehend geworden sind, als ob sie immer blind bleiben müßten. Zutreffende Vergleiche sind vielmehr die folgenden: Der eine hat schwache Augen, der andere einen kranken Körper. Beiden geht es bei der Behandlung von Tag zu Tag besser, der eine wird täglich gesünder, der andere sieht täglich besser. Mit solchen Menschen sind alle diejenigen zu vergleichen, die sich um die Tugend bemühen. Sie werden allmählich von ihren Fehlern und Irrtümern befreit, außer du wärest der Meinung, der Vater Tiberius Gracchus sei nicht glückseliger gewesen als der Sohn, obschon der eine den Staat festigen, der andere ihn zerstören wollte. Dabei war der Vater Gracchus keineswegs weise. Denn wer ist eigentlich weise, wann gab es einen solchen, wo und woher? Doch weil er sich um ein lobenswertes und ehrenhaftes Handeln bemühte, hatte er große Fortschritte in der Tugend gemacht. Soll ich deinen Großvater Drusus mit C. Gracchus vergleichen, der ungefähr sein Altersgenosse war? Eben jene Wunden, die jener dem Staate geschlagen hatte, hat dieser geheilt. Wenn es nichts gibt, was die Menschen unselig macht außer Ruchlosigkeit und Verbrechen derart, daß alle Toren unselig sind, was sie in der Tat sind, so ist trotzdem derjenige, der für sein Vaterland sorgt, nicht ebenso unselig wie der andere, der es auslöschen möchte. Es gibt also eine bedeutende Besserung von der Schlechtigkeit weg bei denjenigen, die einen gewissen Fortschritt auf die Tugend hin machen. Die Eurigen allerdings geben zu, daß es einen Fortschritt zur Tugend hin gibt, bestreiten aber, daß es

fieri aiunt, levationem vitiorum fieri negant. at quo utantur homines acuti argumento ad probandum, operae pretium est considerare. Quarum, inquit, artium summae crescere possunt, earum etiam contrariorum summa poterit augeri; ad virtutis autem summam accedere nihil potest; ne vitia quidem igitur crescere poterunt, quae sunt virtutum contraria. Utrum igitur tandem perspicuisne dubia aperiuntur, an dubiis perspicua tolluntur? atqui hoc perspicuum est, vitia alia [in] aliis esse maiora, illud dubium, ad id, quod summum bonum dicitis, ecquaenam possit fieri accessio. vos autem cum perspicuis dubia debeatis illustrare, dubiis perspicua conamini tollere. itaque rursus eadem ratione, qua sum paulo ante usus, haerebitis. si enim propterea vitia alia aliis maiora non sunt, quia ne ad finem quidem bonorum eum, quem vos facitis, quicquam potest accedere, quoniam perspicuum est vitia non esse omnium paria, finis bonorum vobis mutandus est. teneamus enim illud necesse est, cum consequens aliquod falsum sit, illud, cuius id consequens sit, non posse esse verum.

Quae est igitur causa istarum angustiarum? gloriosa ostentatio in constituendo summo bono. cum enim, quod honestum sit, id solum bonum esse confirmatur, tollitur cura valitudinis, diligentia rei familiaris, administratio rei publicae, ordo gerendorum negotiorum, officia vitae, ipsum denique illud honestum, in quo uno vultis esse omnia, deserendum est. quae diligentissime contra Aristonem dicuntur a Chrysippo. ex ea difficultate illae 'fallaciloquae', ut ait Accius, 'malitiae' natae sunt. quod enim sapientia, pedem ubi poneret, non habebat sublatis officiis omnibus, officia autem tollebantur dilectu omni et discrimine

eine Besserung von der Schlechtigkeit weg geben könne. Es lohnt sich indessen zu prüfen, welches Argument jene scharfsinnigen Menschen anführen, um dies zu beweisen: ‚Dort, wo das Ganze einer Kunst gesteigert werden kann, da kann auch das Ganze des Gegenteils gemehrt werden; zum Ganzen der Tugend kann jedoch nichts dazukommen, also können auch die Schlechtigkeiten nicht anwachsen, die ja das Gegenteil der Tugenden sind.‘ Wird nun durch eine solche Überlegung das Unklare durch das Evidente erhellt oder nicht vielmehr das Evidente durch das Unklare aufgehoben? Dies ist doch evident, daß von den Schlechtigkeiten die einen größer, die andern geringer sind. Unklar ist dagegen, ob das, was ihr das höchste Gut nennt, eine Vermehrung zu erfahren vermag. Eure Aufgabe wäre es, das Unklare durch das Evidente ins Licht zu bringen; dabei versucht ihr durch das Unklare das Evidente zu beseitigen. So werdet ihr in derselben Beweisführung stecken bleiben, die ich soeben benutzt habe. Wenn nämlich die Schlechtigkeiten nicht größer oder geringer sein können, weil nicht einmal zum höchsten Gute, wie ihr es versteht, etwas dazukommen kann, und wenn es umgekehrt evident ist, daß die Schlechtigkeiten bei allen Menschen nicht gleich sind, so müßt ihr eben die Bestimmung des höchsten Gutes ändern. Wir müssen an der Regel festhalten, daß dort, wo eine Schlußfolgerung falsch ist, auch die Voraussetzungen, aus denen die Schlußfolgerung gezogen wurde, nicht richtig sein können.

Was ist denn die Ursache all dieser Bedrängnisse? Die Eitelkeit in der Bestimmung des höchsten Gutes. Wenn man nämlich an dem Satz festhält, daß nur das Tugendhafte auch gut sei, so verliert damit die Sorge für die Gesundheit ihren Sinn, ebenso die Verwaltung des Vermögens, die Tätigkeit im Staate, allgemein überhaupt die Ordnung in den Geschäften, die Verpflichtungen im Leben, zu guter Letzt die Tugend selber, die preisgegeben wird, obschon ihr alles auf sie konzentriert. Das hat Chrysipp in sorgfältigster Beweisführung gegen Ariston dargelegt. Aus einer solchen Schwierigkeit sind jene ‚bösartigen Sophismen‘ entstanden, wie Accius sagt. Wenn nämlich die Weisheit keinen Ort fand, wo sie Fuß fassen konnte, nachdem alle Pflichten weggeschafft worden waren, und wenn die Pflichten beseitigt wurden,

remoto, quae esse ⟨non⟩ poterant rebus omnibus sic
exaequatis, ut inter eas nihil interesset, ex his angustiis
ista evaserunt deteriora quam Aristonis. illa tamen
simplicia, vestra versuta. roges enim Aristonem, bo-
nane ei videantur haec: vacuitas doloris, divitiae, valitudo; neget. quid? quae contraria sunt his, malane?
nihilo magis. Zenonem roges; respondeat totidem
verbis. admirantes quaeramus ab utroque, quonam
modo vitam agere possimus, si nihil interesse nostra
putemus, valeamus aegrine simus, vacemus an crucie-
mur dolore, frigus, famem propulsare possimus
necne possimus. Vives, inquit Aristo, magnifice atque
praeclare, quod erit cumque visum ages, numquam
angere, numquam cupies, numquam timebis. Quid
Zeno? portenta haec esse dicit, neque ea ratione ulla 70
modo posse vivi; se dicere inter honestum et turpe nimium quantum, nescio quid inmensum, inter ceteras
res nihil omnino interesse. idem adhuc; audi reliqua 71
et risum contine, si potes: Media illa, inquit, inter
quae nihil interest, tamen eius modi sunt, ut eorum
alia eligenda sint, alia reicienda, alia omnino negle-
genda, hoc est, ut eorum alia velis, alia nolis, alia non
cures.

At modo dixeras nihil in istis rebus esse, quod interesset. – Et nunc idem dico, inquiet, sed ad virtutes
et ad vitia nihil interesse. – Quis istud, quaeso, nescie-
bat? verum audiamus. – Ista, inquit, quae dixisti, va- 72
lere, locupletem esse, non dolere, bona non dico, sed
dicam Graece προηγμένα, Latine autem producta –
sed praeposita aut praecipua malo, sit tolerabilius et

da jede Auswahl und Unterscheidung ausgeschlossen wurde, da es dergleichen gar nicht geben konnte, wenn alles auf solche Weise gleichgemacht war, daß kein Unterschied bestehen blieb, in diesen Bedrängnissen ergab sich eine schlimmere Situation als bei Ariston. Bei Ariston sind die Dinge einfach, bei euch verdreht. Du magst Ariston fragen, ob ihm die Schmerzlosigkeit, der Reichtum, die Gesundheit Güter zu sein scheinen. Er wird antworten: ‚Nein.' Ist dann etwa das Gegenteil davon ein Übel? ‚Genausowenig.' – Frage Zenon; er wird genau gleich antworten. Wir werden daraufhin voll Verwunderung beide fragen, wie wir denn unser Leben führen können, wenn es uns nicht darauf ankommen soll, ob wir gesund oder krank sind, von Schmerzen frei oder von Schmerzen geplagt sind, ob wir uns gegen Kälte und Hunger wehren können oder nicht. Ariston wird antworten: ‚Du wirst großartig und glänzend leben, du wirst tun, was dir jedes Mal gerade einfällt, und so wirst du niemals Schmerz, Begierde oder Angst empfinden.' Und nun Zenon? Er sagt, daß dies monströs sei und daß man mit diesem Prinzip auf keine Weise werde leben können. Er behaupt, zwischen der Tugend und der Schlechtigkeit sei ein überaus großer, irgendwie unendlicher Gegensatz, während bei den übrigen Dingen überhaupt kein Unterschied bestehe. So weit also sagt er dasselbe. Und nun höre das übrige und versuche, nicht zu lachen, wenn du kannst: ‚Jenes Mittlere, wo kein Unterschied besteht, sei doch von solcher Art, daß man das eine vorziehen, das andere zurücksetzen müsse, anderes wiederum völlig vernachlässigen dürfe. Man werde also das eine wollen, das andere nicht wollen und sich um abermals anderes nicht kümmern.' –

Aber du hast doch soeben gesagt, es gebe in diesen Dingen überhaupt nichts, was einen Unterschied ausmache. – ‚Dasselbe sage ich auch jetzt noch, aber ich behaupte, daß es nur in bezug auf Tugend und Schlechtigkeit keinen Unterschied ausmache.' Nun, ich bitte dich, wer hat dies nicht gewußt? Aber wir wollen weiter hören. ‚Das, was du erwähntest, Gesundheit, Reichtum, Schmerzlosigkeit, nenne ich nicht Güter, sondern auf Griechisch προηγμένα, auf lateinisch producta (Vorgezogenes), aber ich ziehe praeposita (Vorangestelltes) und praecipua (Vorrangiges)

mollius –; illa autem, morbum, egestatem, dolorem, non appello mala, sed, si libet, reiectanea. itaque illa non dico me expetere, sed legere, nec optare, sed sumere, contraria autem non fugere, sed quasi secernere.'

Quid ait Aristoteles reliquique Platonis alumni? se omnia, quae secundum naturam sint, bona appellare, quae autem contra, mala.

Videsne igitur Zenonem tuum cum Aristone verbis concinere, re dissidere, cum Aristotele et illis re consentire, verbis discrepare? cur igitur, cum de re conveniat, non malumus usitate loqui? aut doceat paratiorem me ad contemnendam pecuniam fore, si illam in rebus praepositis quam si in bonis duxero, fortioremque in patiendo dolore, si eum asperum et difficilem perpessu et contra naturam esse quam si malum dixero. facete M. Piso, familiaris noster, et alia multa et hoc loco Stoicos irridebat: 'Quid enim?' aiebat. 'Bonum negas esse divitias, praepositum esse dicis? quid adiuvas? avaritiamne minuis? quo modo? si verbum sequimur, primum longius verbum praepositum quam bonum'. – Nihil ad rem! – 'Ne sit sane; at certe gravius. nam bonum ex quo appellatum sit, nescio, praepositum ex eo credo, quod praeponatur aliis. id mihi magnum videtur.' Itaque dicebat plus tribui divitiis a Zenone, qui eas in praepositis poneret, quam ab Aristotele, qui bonum esse divitias fateretur, sed neque magnum bonum et prae rectis honestisque contemnendum ac despiciendum nec magnopere expetendum, omninoque de istis omnibus verbis a Zenone mutatis ita disputabat, et, quae bona negarentur

73

vor, damit der Ausdruck erträglicher und weniger hart sei. Das andere dagegen, Krankheit, Armut, Schmerz, nenne ich nicht Übel, sondern, wenn man so sagen kann, ‚Zurückgesetztes'. Dementsprechend rede ich nicht von Erstreben, sondern von Auswählen, nicht von Wünschen, sondern von Annehmen, und als Gegenteil nicht vom Meiden, sondern sozusagen vom Ausscheiden.'

Was sagen nun Aristoteles und die übrigen Schüler Platons? Sie nennen einfach alles, was naturgemäß ist, gut, was das Gegenteil ist, schlecht.

Siehst du nun, wie dein Zenon mit Ariston in den Worten übereinstimmt und in der Sache abweicht, dem Aristoteles und den anderen in der Sache zustimmt und nur in den Worten abweicht? Warum wollen wir nicht, da wir ja in der Sache einig sind, auch dem Sprachgebrauch gemäß reden? Zenon müßte mich schon davon überzeugen, daß ich leichter bereit bin, das Geld zu verachten, wenn ich es nur zu den vorgezogenen Dingen rechne und nicht zu den Gütern, und daß ich den Schmerz tapferer ertrage, wenn ich ihn für hart und beschwerlich, also für naturwidrig halte, als wenn ich ihn ein Übel nenne. Unser Freund Marcus Piso hat sich vielfach und auch in diesem Punkte über die Stoiker geistreich lustig gemacht. Er pflegte zu fragen: ‚Wenn du erklärst, der Reichtum sei kein Gut, sondern bloß ein Vorzuziehendes, wem hilfst du damit? Minderst du damit die Geldgier? Auf welche Weise? Wenn wir schon bei den Worten bleiben, so ist Vorgezogen ein längeres Wort als Gut.' – Das tut doch nichts zur Sache. – ‚Gewiß nicht, aber es ist ein gewichtigeres Wort. Denn ich weiß nicht, woher das Gute seinen Namen hat, das Vorgezogene dagegen offenbar daher, daß es anderem ausdrücklich vorgezogen wird, und dies scheint mir wichtig zu sein.' Also erklärte er, daß Zenon, der den Reichtum zum Vorgezogenen rechnete, ihn höher schätzte als Aristoteles, der den Reichtum für ein Gut erklärte, aber für ein keineswegs großes Gut, dem Rechten und Tugendhaften gegenüber zu verachten und gering zu schätzen und nicht übermäßig zu erstreben; ganz allgemein hat er sich über alle diese von Zenon abgeänderten Begriffe so geäußert, daß er sagte, wenn jener bestreite, daß das eine gut, das andere schlecht sei, so

ab eo esse et quae mala, illa laetioribus nominibus appellari ab eo quam a nobis, haec tristioribus. Piso igitur hoc modo, vir optimus tuique, ut scis, amantissimus. nos paucis ad haec additis finem faciamus aliquando; longum est enim ad omnia respondere, quae a te dicta sunt.

Nam ex eisdem verborum praestrigiis et regna nata vobis sunt et imperia et divitiae, et tantae quidem, ut omnia, quae ubique sint, sapientis esse dicatis. solum praeterea formosum, solum liberum, solum civem, ⟨stultos⟩ omnia contraria, quos etiam insanos esse vultis. haec παράδοξα illi, nos admirabilia dicamus. quid autem habent admirationis, cum prope accesseris? conferam tecum, quam cuique verbo rem subicias; nulla erit controversia.

74

Omnia peccata paria dicitis. non ego tecum iam ita iocabor, ut isdem his de rebus, cum L. Murenam te accusante defenderem. apud imperitos tum illa dicta sunt, aliquid etiam coronae datum; nunc agendum est subtilius. Peccata paria. – Quonam modo? – Quia nec honesto quicquam honestius nec turpi turpius. – Perge porro; nam de isto magna dissensio est. illa argumenta propria videamus, cur omnia sint paria peccata. – Ut, inquit, in fidibus pluribus, nisi nulla earum ⟨non⟩ ita contenta nervis sit, ut concentum servare possit, omnes aeque incontentae sint, sic peccata, quia discrepant, aeque discrepant; paria sunt igitur. – Hic ambiguo ludimur. aeque enim contingit omnibus fidibus, ut incontentae sint, illud non continuo, ut aeque incontentae. collatio igitur ista te nihil iuvat. nec enim, omnes avaritias si aeque avaritias esse dixe-

75

werde das eine von ihm nur mit anziehenderen Begriffen umschrieben als von uns, das andere mit abstoßenderen. So weit Piso, ein trefflicher Mann, der dich, wie du weißt, hoch schätzt. Ich will nur noch wenig beifügen, um endlich zu einem Schluß zu kommen. Es wäre zu weitläufig, auf alles zu antworten, was du gesagt hast.

Denn dieselben Kunststücke mit Worten sind der Ausgangspunkt eurer Königtümer, eurer Herrschaften und Reichtümer, die so groß sind, weil ihr behauptet, daß alles, was sich irgendwo befindet, dem Weisen gehört. Er soll ja auch als einziger schön, frei und ein Bürger sein; die Toren sind von alledem das Gegenteil; ihr behauptet ja sogar, daß sie wahnsinnig sind. Das ist das, was ihr παράδοξα nennt und wir ‚admirabilia‘ (Bewundernswertes). Doch was ist an dem bewundernswert, wenn man es näher betrachtet? Ich will mit dir zusammen untersuchen, welche Sache du mit jedem dieser Worte meinst. Es wird sich zeigen, daß wir uns gar nicht widersprechen.

Ihr sagt, daß alle Verfehlungen gleich seien. Ich will jetzt nicht mit dir meinen Scherz treiben, so wie ich es in eben diesem Punkte getan habe, als ich den Lucius Murena gegen deine Anklage verteidigte. Damals sprach ich vor Laien, und man mußte auch dem Publikum etwas bieten. Jetzt müssen wir sorgfältiger argumentieren. Also die Verfehlungen sind gleich. Was heißt dies? Offenbar, daß es nichts Tugendhafteres als das Tugendhafte geben kann noch etwas Schlechteres als das Schlechte. Nun weiter: Jetzt entsteht nämlich eine große Meinungsverschiedenheit. Doch wir wollen die besonderen Argumente prüfen, weshalb alle Verfehlungen gleich sein sollen: ‚Wie bei mehreren Musikinstrumenten, wenn die Saiten bei keinem so angezogen sind, daß es den Zusammenklang bewahren kann, alle Saiten gleichmäßig verstimmt sind, genauso weichen die Verfehlungen, insofern sie abweichen, gleichmäßig ab. Also sind sie gleich.‘ Hier lassen wir uns durch eine Zweideutigkeit täuschen. Es gilt in der Tat gleichmäßig für alle Instrumente, daß sie verstimmt sind, aber daraus folgt keineswegs unmittelbar, daß sie alle gleichmäßig verstimmt seien. Dieser Vergleich nützt dir also nichts. Denn auch wenn wir erklären, daß jede Geldgier in gleicher Weise Geldgier sei, so heißt dies

rimus, sequetur, ut etiam aequas esse dicamus. ecce aliud simile dissimile. Ut enim, inquit, gubernator aeque peccat, si palearum navem evertit et si auri, item aeque peccat, qui parentem et qui servum iniuria verberat. – Hoc ⟨est⟩ non videre, cuius generis onus navis vehat, id ad gubernatoris artem nil pertinere. itaque aurum paleamne portet, ad bene aut ad male gubernandum nihil interesse; at quid inter parentem et servulum intersit, intellegi et potest et debet. ergo in gubernando nihil, in officio plurimum interest, quo in genere peccetur. et si in ipsa gubernatione neglegentia est navis eversa, maius est peccatum in auro quam in palea. omnibus enim artibus volumus attributam esse eam, quae communis appellatur prudentia, quam omnes, qui cuique artificio praesunt, debent habere. ita nec hoc quidem modo paria peccata sunt.

Urgent tamen et nihil remittunt. Quoniam, inquiunt, omne peccatum inbecillitatis et inconstantiae est, haec autem vitia in omnibus stultis aeque magna sunt, necesse est paria esse peccata. Quasi vero aut concedatur in omnibus stultis aeque magna esse vitia, et eadem inbecillitate et inconstantia L. Tubulum fuisse, qua illum, cuius is condemnatus est rogatione, P. Scaevolam, et quasi nihil inter res quoque ipsas, in quibus peccatur, intersit, ut, quo hae maiores minoresve sint, eo, quae peccentur in his rebus, aut maiora sint aut minora. itaque – iam enim concludatur oratio – hoc uno vitio maxime mihi premi videntur tui Stoici, quod se posse putant duas contrarias sententias optinere. quid enim est tam repugnans quam eundem dicere, quod honestum sit, solum id bonum esse, qui

nicht, daß alle Arten von Geldgier die gleichen seien. Dazu kommt ein anderer falscher Vergleich: ‚Wie nämlich der Schiffskapitän denselben Kunstfehler macht, wenn er ein Schiff voll mit Stroh oder wenn er ein Schiff voll von Gold untergehen läßt, genauso verfehlt sich in derselben Weise der, der mit Unrecht den eigenen Vater oder der, der einen Sklaven schlägt.' Da ist es offensichtlich, daß es mit der Navigationskunst gar nichts zu tun hat, was für eine Ladung das Schiff führt. In der Tat macht es im Blick auf diese Kunst nichts aus, ob das Schiff Stroh oder Gold transportiert. Aber daß ein Unterschied zwischen dem Vater und einem Sklaven besteht, dies einzusehen ist möglich und notwendig. Also bedeutet es für die Navigation nichts, bei der Pflichterfüllung Entscheidendes, in welcher Situation man sich verfehlt. Und selbst dann, wenn bei der Fahrt das Schiff durch Nachlässigkeit zugrunde geht, ist der Fehler größer, wenn es sich um Gold, als wenn es sich um Stroh handelt. Denn bei jeder Kunst muß nach unserer Überzeugung auch das beteiligt sein, was man die allgemeine Klugheit nennt, über die alle verfügen müssen, die es mit irgendeiner Kunstfertigkeit zu tun haben. Also sind auch unter diesem Gesichtspunkt die Verfehlungen nicht gleich.

Aber sie beharren darauf und geben nicht nach. Sie erklären: ‚Da jede Verfehlung auf Schwäche und Inkonsequenz beruht und diese Schlechtigkeiten bei allen Toren gleich groß sind, so müssen notwendigerweise auch die Verfehlungen gleich sein.' Als ob jemand bereit wäre zuzugeben, daß die Schlechtigkeiten bei allen Toren gleich groß seien und daß die Schwäche und Inkonsequenz des Lucius Tubulus genau dieselbe gewesen sei als diejenige des Publius Scaevola, auf dessen Intervention hin er verurteilt wurde; und als ob es keinen Unterschied gebe unter den Sachen selbst, an denen man sich verfehlt. Vielmehr je größer oder geringer diese sind, desto größer oder geringer sind auch die Verfehlungen, die mit ihnen zusammenhängen. Doch jetzt will ich endlich zum Schluß kommen und habe den Eindruck, daß deine Stoiker vor allem durch diesen einen Fehler in Schwierigkeiten geraten: Sie glauben, zwei entgegengesetzte Thesen gleichzeitig vertreten zu können. Denn was ist widersprüchlicher als einesteils zu sagen, daß das Tugendhafte allein gut sei, und andererseits zu behaup-

dicat appetitionem rerum ad vivendum accommodatarum ⟨a⟩ natura ⟨esse⟩ profectam? ita cum ea volunt retinere, quae superiori sententiae conveniunt, in Aristonem incidunt; cum id fugiunt, re eadem defendunt, quae Peripatetici, verba tenent mordicus. quae rursus dum sibi evelli ex ordine nolunt, horridiores evadunt, asperiores, duriores et oratione et moribus.

Quam illorum tristitiam atque asperitatem fugiens Panaetius nec acerbitatem sententiarum nec disserendi spinas probavit fuitque in altero genere mitior, in altero illustrior semperque habuit in ore Platonem, Aristototelem, Xenocratem, Theophrastum, Dicaearchum, ut ipsius scripta declarant. quos quidem tibi studiose et diligenter tractandos magnopere censeo. sed quoniam et advesperascit et mihi ad villam revertendum est, nunc quidem hactenus; verum hoc idem saepe faciamus. 79

Nos vero, inquit ille; nam quid possumus facere melius? et hanc quidem primam exigam a te operam, ut audias me quae a te dicta sunt refellentem. sed memento te, quae nos sentiamus, omnia probare, nisi quod verbis aliter utamur, mihi autem vestrorum nihil probari. 80

Scrupulum, inquam, abeunti; sed videbimus.

Quae cum essent dicta, discessimus.

ten, daß das Streben nach den an die Bedürfnisse des Lebens angepaßten Dingen von der Natur ausgehe? Wenn sie festhalten wollen, was mit dem ersten Satz übereinstimmt, fallen sie auf die Lehre des Ariston zurück. Wenn sie dies vermeiden wollen, verteidigen sie in der Sache denselben Standpunkt wie die Peripatetiker, bleiben aber verbissen bei ihrer Terminologie. Da sie weiterhin nicht wollen, daß diese aus ihrem System herausgerissen werde, werden sie fanatischer, unduldsamer und härter in ihren Reden wie in ihrer Lebensführung.

Panaitios hat eben diese ihre finstere und unliebenswürdige Art vermieden und hat weder die Härte ihrer Lehren noch die Dornigkeit ihrer Argumentation gebilligt; er war in der einen Richtung nachsichtiger, in der anderen klarer. Stets hat er sich auf Platon, Aristoteles, Xenokrates, Theophrast und Dikaiarch berufen, wie man aus seinen eigenen Büchern ersehen kann. Ich empfehle dir dringend, diese Bücher aufmerksam und sorgfältig zu lesen. – Aber nun wird es Abend, und ich muß zu meiner Villa zurückkehren. Also wollen wir hier abbrechen. Doch solche Gespräche wollen wir öfters führen."

„Dies wollen wir. Denn was könnten wir Besseres tun?" erwiderte er. „Doch von dir erwarte ich in erster Linie, daß du dich anstrengst, mich anzuhören, wenn ich das, was du gesagt hast, widerlege. Vergiß nicht, daß du alles billigst, was wir lehren, außer daß wir die Worte anders verwenden, daß dagegen ich keiner von euren Lehren zustimmen kann."

„Es bleibt mir ein Stachel beim Weggehen", sagte ich, „doch darüber später einmal."

Nachdem wir dies gesagt hatten, trennten wir uns.

LIBER QUINTUS

Cum audissem Antiochum, Brute, ut solebam, cum M. Pisone in eo gymnasio, quod Ptolomaeum vocatur, unaque nobiscum Q. frater et T. Pomponius Luciusque Cicero, frater noster cognatione patruelis, amore germanus, constituimus inter nos ut ambulationem postmeridianam conficeremus in Academia, maxime quod is locus ab omni turba id temporis vacuus esset. itaque ad tempus ad Pisonem omnes. inde sermone vario sex illa a Dipylo stadia confecimus. cum autem venissemus in Academiae non sine causa nobilitata spatia, solitudo erat ea, quam volueramus. tum Piso: Naturane nobis hoc, inquit, datum dicam an errore quodam, ut, cum ea loca videamus, in quibus memoria dignos viros acceperimus multum esse versatos, magis moveamur, quam si quando eorum ipsorum aut facta audiamus aut scriptum aliquod legamus? velut ego nunc moveor. venit enim mihi Platonis in mentem, quem accepimus primum hic disputare solitum; cuius etiam illi hortuli propinqui non memoriam solum mihi afferunt, sed ipsum videntur in conspectu meo ponere. hic Speusippus, hic Xenocrates, hic eius auditor Polemo, cuius illa ipsa sessio fuit, quam videmus. equidem etiam curiam nostram – Hostiliam dico, non hanc novam, quae minor mihi esse videtur, posteaquam est maior – solebam intuens Scipionem, Catonem, Laelium, nostrum vero in primis avum revocare; tanta vis admonitionis inest in locis, ut non sine causa ex iis memoriae ducta sit disciplina.

FÜNFTES BUCH

In der Zeit, in der ich in jenem Gymnasium, das das Ptolemäische heißt, Antiochos zu hören pflegte, zusammen mit Marcus Piso, und mit uns zusammen auch mein Bruder Quintus war, dazu Titus Pomponius und mein Vetter von Vaters Seite, Lucius Cicero, an Vertrautheit wie ein Bruder, da beschlossen wir einmal, Brutus, den nachmittäglichen Spaziergang in der Akademie zu machen, vor allem, weil dieser Ort in jener Tageszeit völlig frei von Leuten ist. So haben wir uns alle zur verabredeten Zeit zu Piso begeben. Von da haben wir in verschiedenen Gesprächen die sechs Stadien vom Dipylon-Tor hinter uns gebracht; und nachdem wir zu den nicht ohne Grund berühmten Anlagen der Akademie gekommen waren, fanden wir jene Stille vor, die wir gewünscht hatten. Da bemerkte Piso: „Ist es Natur oder irgendeine Einbildung, daß wir, wenn wir an solche Orte gelangen, von denen uns berichtet wird, daß bedeutende Männer sich lange dort aufgehalten haben, stärker bewegt werden, als wenn wir einfach etwas über ihre Taten hören oder etwas von ihnen Geschriebenes lesen? So bin auch ich jetzt bewegt. Denn Platon kommt mir in den Sinn, von dem wir wissen, daß er als erster hier seine Gespräche geführt hat. Sein kleiner Garten ist in der Nähe und bringt nicht nur ihn mir in Erinnerung, sondern macht, daß ich ihn geradezu vor mir sehe. Hier wirkten Speusipp, hier Xenokrates, hier dessen Schüler Polemon, dessen Sessel noch derselbe ist, den wir hier sehen. Ich persönlich pflegte auch, wenn ich unsere Kurie in Rom betrachtete (die Hostilia meine ich, nicht die neue, die mir kleiner zu sein scheint, nachdem sie größer geworden ist), an Scipio, Cato, Laelius und vor allem an meinen Großvater zu denken. So groß ist die Kraft der Vergegenwärtigung an solchen Orten, daß man nicht ohne Grund von ihnen die Mnemotechnik abgeleitet hat."

Tum Quintus: Est plane, Piso, ut dicis, inquit. nam me ipsum huc modo venientem convertebat ad sese Coloneus ille locus, cuius incola Sophocles ob oculos versabatur, quem scis quam admirer quamque eo delecter. me quidem ad altiorem memoriam Oedipodis huc venientis et illo mollissimo carmine quaenam essent ipsa haec loca requirentis species quaedam commovit, inaniter scilicet, sed commovit tamen.

Tum Pomponius: At ego, quem vos ut deditum Epicuro insectari soletis, sum multum equidem cum Phaedro, quem unice diligo, ut scitis, in Epicuri hortis, quos modo praeteribamus, sed veteris proverbii admonitu vivorum memini, nec tamen Epicuri licet oblivisci, si cupiam, cuius imaginem non modo in tabulis nostri familiares, sed etiam in poculis et in anulis habent.

Hic ego: Pomponius quidem, inquam, noster iocari videtur, et fortasse suo iure. ita enim se Athenis collocavit, ut sit paene unus ex Atticis, ut id etiam cognomen videatur habiturus. ego autem tibi, Piso, assentior usu hoc venire, ut acrius aliquanto et attentius de claris viris locorum admonitu cogitemus. scis enim me quodam tempore Metapontum venisse tecum neque ad hospitem ante devertisse, quam Pythagorae ipsum illum locum, ubi vitam ediderat, sedemque viderim. hoc autem tempore, etsi multa in omni parte Athenarum sunt in ipsis locis indicia summorum virorum, tamen ego illa moveor exhedra. modo enim fuit Carneadis, quem videre videor – est enim nota imago –, a sedeque ipsa tanta ingenii magnitudine orbata desiderari illam vocem puto.

Tum Piso: Quoniam igitur aliquid omnes, quid Lucius noster? inquit. an eum locum libenter invisit, ubi Demosthenes et Aeschines inter se decertare soliti sunt? suo enim quisque studio maxime ducitur.

Darauf erwiderte Quintus: „Es ist ganz so, wie du sagst, Piso. Denn wie ich soeben hier vorbei kam, zog der Ort Kolonos meine Aufmerksamkeit auf sich; sein Bewohner Sophokles schwebte mir vor Augen, und du weißt, wie sehr ich ihn bewundere und wie sehr er mich erfreut. Weiter zurück hat mich auch die Vorstellung von Oedipus, wie er hierher kam und in jenen wundervollen Versen fragte, was hier für ein Ort sei, bewegt. Gewiß ohne Grund, aber bewegt hat es mich trotzdem." Pomponius wiederum sagte: „Ich meinerseits, den ihr als einen Anhänger Epikurs immer wieder anzugreifen pflegt, halte mich häufig mit Phaidros, den ich, wie ihr wißt, wie keinen anderen schätze, in den Gärten Epikurs auf, an denen wir vor kurzem vorbeigangen sind. Allerdings will ich im Sinne des alten Sprichwortes mich an die Lebenden halten; dennoch darf ich nicht Epikur vergessen, selbst wenn ich es möchte, dessen Porträt unsere Freunde nicht nur auf Gemälden besitzen, sondern auch auf Trinkbechern und Fingerringen."

„Unser Pomponius scheint sich lustig zu machen", sagte ich, „und dies vielleicht mit Recht. Er hat sich so sehr in Athen angesiedelt, daß er beinahe schon zu den Attikern gehört und vermutlich dies sogar als seinen Beinamen führen wird. Ich stimme dir bei, Piso, daß es so zu gehen pflegt. Wir denken zuweilen intensiver und aufmerksamer an berühmte Männer, wenn uns ein bestimmter Ort an sie erinnert. Du weißt ja, daß ich früher einmal mit dir zusammen nach Metapont gekommen und nicht eher bei unserem Gastfreund abgestiegen bin, bevor ich den Ort gesehen hatte, wo Pythagoras gestorben ist und gewohnt hat. Im jetzigen Augenblick bin ich vor allem durch jenen Saal berührt, obschon es ja in ganz Athen viele Orte gibt, die auf hochberühmte Männer hinweisen. Dies war noch vor kurzem der Hörsaal des Karneades. Ich glaube ihn vor mir zu sehen. Sein Porträt ist ja bekannt, und es kommt mir vor, als ob der Sessel, der jetzt von jenem gewaltigen Geiste verlassen ist, sich nach seiner Stimme sehne."

Darauf Piso: „Nun, da wir ja alle etwas beigetragen haben, wie steht es mit unserem Lucius? Er hat wohl gerne den Ort besucht, wo Demosthenes und Aischines gegeneinander zu reden pflegten. Denn jeder läßt sich von dem leiten, was er am meisten liebt."

Et ille, cum erubuisset: Noli, inquit, ex me quaerere, qui in Phalericum etiam descenderim, quo in loco ad fluctum aiunt declamare solitum Demosthenem, ut fremitum assuesceret voce vincere. modo etiam paulum ad dexteram de via declinavi, ut ad Pericli sepulcrum accederem. quamquam id quidem infinitum est in hac urbe; quacumque enim ingredimur, in aliqua historia vestigium ponimus.

Tum Piso: Atqui, Cicero, inquit, ista studia, si ad imitandos summos viros spectant, ingeniosorum sunt; sin tantum modo ad indicia veteris memoriae cognoscenda, curiosorum. te autem hortamur omnes, currentem quidem, ut spero, ut eos, quos novisse vis, imitari etiam velis. 6

Hic ego: Etsi facit hic quidem, inquam, Piso, ut vides, ea, quae praecipis, tamen mihi grata hortatio tua est.

Tum ille amicissime, ut solebat: Nos vero, inquit, omnes omnia ad huius adolescentiam conferamus, in primisque ut aliquid suorum studiorum philosophiae quoque impertiat, vel ut te imitetur, quem amat, vel ut illud ipsum, quod studet, facere possit ornatius. sed utrum hortandus es nobis, Luci, inquit, an etiam tua sponte propensus es? mihi quidem Antiochum, quem audis, satis belle videris attendere.

Tum ille timide vel potius verecunde: Facio, inquit, equidem, sed audistine modo de Carneade? rapior illuc, revocat autem Antiochus, nec est praeterea, quem audiamus.

Tum Piso: Etsi hoc, inquit, fortasse non poterit sic abire, cum hic assit – me autem dicebat –, tamen audebo te ab hac Academia nova ad veterem illam vo- 7

Jener errötete und sagte: „Stelle mir diese Frage nicht, der ich sogar bis zum Phaleron hinabspaziert bin und dort an der Küste den Ort aufgesucht habe, wo Demosthenes, wie man sagt, zu deklamieren pflegte, um mit seiner Stimme das Wellengetöse zu übertönen. Soeben bin ich auch von unserem Wege ein wenig nach rechts abgebogen, um das Grabmal des Perikles zu sehen. Doch dergleichen gibt es in unendlichen Mengen in dieser Stadt; wohin wir auch gehen, trifft unser Fuß auf irgendeine Spur der Vergangenheit."

„Nun, Cicero", sagte Piso, „solche Studien, wenn sie darauf angelegt sind, große Männer nachzuahmen, verraten eine gute Begabung. Wenn es sich freilich nur darum handelt, Denkmäler des Altertums kennenzulernen, ist das eine Sache der bloßen Neugier. So ermahnen wir dich also alle, – ohne daß es nötig ist, wie ich hoffe –, daß du dich entschließest, diejenigen, die du kennenlernen möchtest, auch nachzuahmen."

Darauf bemerkte ich: „Obschon er, wie du siehst, in der Tat das tut, was du, Piso, ihm nahelegst, ist mir deine Mahnung doch willkommen."

Da fügte er auf die freundschaftlichste Art, wie er zu tun pflegte, hinzu: „Wir werden alle alles zum Nutzen dieses jungen Mannes beitragen, vor allem in dem Sinne, daß er auch einen Teil seiner Studien der Philosophie widmet, teils um dich nachzuahmen, den er liebt, und teils, damit er gerade das, was ihn interessiert, von einer umfassenderen Bildung her treiben kann. Aber müssen wir dich, Lucius, noch dazu auffordern, oder hast du schon spontan eine Neigung zu diesen Dingen? Ich jedenfalls habe den Eindruck, daß du bei Antiochos, den du hörst, recht viel lernst."

Darauf erwiderte er ängstlich oder vielmehr bescheiden: „In der Tat tue ich dieses, aber hast du gehört, was soeben über Karneades gesagt wurde? Mich reißt es zu jenem hin, Antiochos aber ruft mich zurück, und sonst ist keiner da, den ich hören möchte."

Nun Piso: „Vielleicht wird dies nicht ohne Schwierigkeiten abgehen, da er ja hier ist (und damit meinte er mich); dennoch wage ich es, dich von dieser Neuen Akademie weg zur Alten zurück-

care, in qua, ut dicere Antiochum audiebas, non ii soli numerantur, qui Academici vocantur, Speusippus, Xenocrates, Polemo, Crantor ceterique, sed etiam Peripatetici veteres, quorum princeps Aristoteles, quem excepto Platone haud scio an recte dixerim principem philosophorum. ad eos igitur converte te, quaeso. ex eorum enim scriptis et institutis cum omnis doctrina liberalis, omnis historia, omnis sermo elegans sumi potest, tum varietas est tanta artium, ut nemo sine eo instrumento ad ullam rem illustriorem satis ornatus possit accedere. ab his oratores, ab his imperatores ac rerum publicarum principes extiterunt. ut ad minora veniam, mathematici, poëtae, musici, medici denique ex hac tamquam omnium artificum officina profecti sunt.

Atque ego: Scis me, inquam, istud idem sentire, Piso, sed a te oportune facta mentio est. studet enim meus audire Cicero quaenam sit istius veteris, quam commemoras, Academiae de finibus bonorum Peripateticorumque sententia. censemus autem facillime te id explanare posse, quod et Staseam Neapolitanum multos annos habueris apud te et complures iam menses Athenis haec ipsa te ex Antiocho videamus exquirere.

Et ille ridens: Age, age, inquit, – satis enim scite me nostri sermonis principium esse voluisti – exponamus adolescenti, si quae forte possumus. dat enim id nobis solitudo, quod si qui deus diceret, numquam putarem me in Academia tamquam philosophum disputaturum. sed ne, dum huic obsequor, vobis molestus sim.

Mihi, inquam, qui te id ipsum rogavi?

Tum, Quintus et Pomponius cum idem se velle dixissent, Piso exorsus est. cuius oratio attende, quaeso, Brute, satisne videatur Antiochi complexa esse sen-

zurufen, zu der, wie du von Antiochos gehört hast, nicht nur diejenigen zu zählen sind, die man Akademiker nennt, nämlich Speusipp, Xenokrates, Polemon, Krantor und die übrigen, sondern auch die alten Peripatetiker, deren Haupt Aristoteles ich gerne, abgesehen von Platon, an die Spitze aller Philosophen stellen möchte. Ich möchte dich also bitten, dich ihnen zuzuwenden. Denn aus ihren Büchern und Veranstaltungen läßt sich jede allgemeine Bildung, jedes geschichtliche Wissen, jeder gepflegte Stil entnehmen. Sie haben in so vielen verschiedenen Wissenschaften gearbeitet, daß niemand, ohne ihre Leistungen zu benutzen, irgendeine bedeutendere Aufgabe wird in Angriff nehmen können. Von ihnen sind Redner, Feldherren und große Politiker ausgegangen; und um Geringeres zu erwähnen, so kommen auch die Mathematiker, Dichter, Musiker, sogar die Mediziner von dort her wie aus einer Produktionsstätte sämtlicher Wissenschaften."

„Du weißt, Piso", sagte ich, „daß ich darüber genau gleich denke wie du, aber du hast diese Dinge jetzt im richtigen Augenblick erwähnt. Denn mein junger Cicero möchte gerade erfahren, welches die Meinung der alten Akademie, die du soeben erwähnt hast, und der Peripatetiker über das höchste Gut sei. Ich bin überzeugt, daß du dies am leichtesten wirst darlegen können, da du ja während vieler Jahre Staseas aus Neapel bei dir im Hause gehabt hast und weil ich sehe, daß du schon seit mehreren Monaten hier in Athen dies mit Antiochos zu diskutieren pflegst."

Darauf entgegnete er lachend: „Nun also, da du so raffiniert mir den Beginn unseres Gespräches zugespielt hast, so will ich jetzt die Sache dem jungen Manne vorführen, wenn ich dazu in der Lage bin. Die Einsamkeit gibt dazu eine günstige Gelegenheit. Allerdings, auch wenn es mir ein Gott vorausgesagt hätte, hätte ich niemals geglaubt, ich würde einmal in der Akademie wie ein Philosoph auftreten. Ich möchte jedoch dadurch, daß ich ihm einen Gefallen tun will, nicht euch anderen lästig fallen."

„Mir sicherlich nicht", bemerkte ich, „der ich dich ja ausdrücklich gebeten habe."

Quintus und Pomponius erklärten sich auch einverstanden, und so begann Piso. Prüfe nun, Brutus, aufmerkam, ob seine Rede korrekt die Lehre des Antiochos wiedergibt, von der ich ja

tentiam, quam tibi, qui fratrem eius Aristum frequenter audieris, maxime probatam existimo.

Sic est igitur locutus: Quantus ornatus in Peripateticorum disciplina sit satis est a me, ut brevissime potuit, paulo ante dictum. sed est forma eius disciplinae, sicut fere ceterarum, triplex: una pars est naturae, disserendi altera, vivendi tertia. natura sic ab iis investigata est, ut nulla pars caelo, mari, terra, ut poëtice loquar, praetermissa sit; quin etiam, cum de rerum initiis omnique mundo locuti essent, ut multa non modo probabili argumentatione, sed etiam necessaria mathematicorum ratione concluderent, maximam materiam ex rebus per se investigatis ad rerum occultarum cognitionem attulerunt. persecutus est Aristoteles animantium omnium ortus, victus, figuras, Theophrastus autem stirpium naturas omniumque fere rerum, quae e terra gignerentur, causas atque rationes; qua ex cognitione facilior facta est investigatio rerum occultissimarum. disserendique ab isdem non dialectice solum, sed etiam oratorie praecepta sunt tradita; ab Aristoteleque principe de singulis rebus in utramque partem dicendi exercitatio est instituta, ut non contra omnia semper, sicut Arcesilas, diceret, et tamen ut in omnibus rebus, quicquid ex utraque parte dici posset, expromeret. cum autem tertia pars bene vivendi praecepta quaereret, ea quoque est ab isdem non solum ad privatae vitae rationem, sed etiam ad rerum publicarum rectionem relata. omnium fere civitatum non Graeciae solum, sed etiam barbariae ab Aristotele mores, instituta, disciplinas, a Theophrasto leges etiam cognovimus. cumque uterque eorum docuisset qualem in re publica principem ⟨esse⟩ conveniret, pluribus praeterea conscripsisset qui esset optimus rei publicae status, hoc amplius Theophrastus: quae essent in re publica rerum inclinationes et momenta temporum, quibus esset moderandum, ut-

weiß, daß du, der du öfters Aristos, den Bruder des Antiochos, gehört hast, sie mehr als die andern billigst.

So begann er also: „Wie reich die Lehre der Peripatetiker ausgestattet ist, habe ich soeben in aller Kürze dargelegt. Der Aufbau der Lehre ist, wie bei den meisten anderen, ein dreifacher. Der erste Teil gilt der Naturphilosophie, der zweite der Logik, der dritte der Lebenskunst. Die Natur haben sie so erforscht, daß kein Teil ‚am Himmel, auf dem Meere, auf der Erde', um poetisch zu reden, vernachlässigt wurde. Wenn sie von den Ursprüngen und der Gesamtheit der Welt redeten und viele Thesen nicht nur auf Wahrscheinlichkeitsgründen, sondern auch auf zwingenden mathematischen Beweisen aufbauten, so haben sie auf diese Weise die Möglichkeit eröffnet, aus den von ihnen erforschten Gebieten zur Kenntnis der noch unerforschten Dinge weiterzuschreiten. Aristoteles hat das Entstehen, die Lebensart, die Gestalten sämtlicher Tiere erforscht, Theophrast wiederum die Natur der Pflanzen und die Ursachen und Prinzipien fast aller Wesen, die aus der Erde emporwachsen. Die Kenntnis dieser Verhältnisse hat das Weiterforschen nach den dunkelsten Problemen erleichtert. Was die Logik angeht, so haben sie Vorschriften nicht nur in der Methode der Dialektik, sondern auch in der Rhetorik entwickelt. Aristoteles hat als erster Übungen veranstaltet, in denen einzelne Probleme nach beiden Seiten hin durchdiskutiert wurden; er hat also nicht einfach gegen alle Thesen diskutiert, wie später Arkesilaos, sondern vielmehr so, daß in jedem einzelnen Falle zum Ausdruck kam, was nach beiden Seiten hin gesagt werden konnte. Der dritte Teil umfaßt die Regeln des guten Lebens: Hier haben sie nicht nur nach den Prinzipien des Privatlebens, sondern auch nach denjenigen der Staatsführung gefragt. Aristoteles hat die Sitten, Einrichtungen und Kulturen nahezu aller Staaten nicht nur Griechenlands, sondern auch der Barbarenländer beschrieben, Theophrast auch die Gesetze gesammelt. Beide haben sich darüber geäußert, wie der wahre Staatsmann sein müsse, und haben außerdem ausführlich darüber geschrieben, welches die beste Staatsform sei. Theophrast hat darüber hinaus noch gefragt, welches die Veränderungen und kritischen Augenblicke in einem Staate seien, deren man Herr werden müsse, wie

cumque res postularet. vitae autem degendae ratio maxime quidem illis placuit quieta, in contemplatione et cognitione posita rerum, quae quia deorum erat vitae simillima, sapiente visa est dignissima. atque his de rebus et splendida est eorum et illustris oratio.

De summo autem bono, quia duo genera librorum sunt, unum populariter scriptum, quod ἐξωτερικόν appellabant, alterum limatius, quod in commentariis reliquerunt, non semper idem dicere videntur, nec in summa tamen ipsa aut varietas est ulla apud hos quidem, quos nominavi, aut inter ipsos dissensio. sed cum beata vita quaeratur idque sit unum, quod philosophia spectare et sequi debeat, sitne ea tota sita in potestate sapientis an possit aut labefactari aut eripi rebus adversis, in eo non numquam variari inter eos et dubitari videtur. quod maxime efficit Theophrasti de beata vita liber, in quo multum admodum fortunae datur. quod si ita se habeat, non possit beatam praestare vitam sapientia. haec mihi videtur delicatior, ut ita dicam, molliorque ratio, quam virtutis vis gravitasque postulat. quare teneamus Aristotelem et eius filium Nicomachum, cuius accurate scripti de moribus libri dicuntur illi quidem esse Aristoteli, sed non video, cur non potuerit patri similis esse filius. Theophrastum tamen adhibeamus ad pleraque, dum modo plus in virtute teneamus, quam ille tenuit, firmitatis et roboris. simus igitur contenti his. namque horum posteri meliores illi quidem mea sententia quam reliquarum philosophi disciplinarum, sed ita degenerant, ut ipsi ex se nati esse videantur. primum Theophrasti, Strato, physicum se voluit; in quo etsi est magnus, tamen nova pleraque et perpauca de moribus. huius, Lyco, oratione locuples, rebus ipsis

es die jeweilige Situation erfordere. Was die Lebensführung angeht, so zogen sie das Leben in der Ruhe vor, beschäftigt mit der Betrachtung und Erforschung der Dinge. Da dieses Leben demjenigen der Götter am ähnlichsten sei, sei es auch dasjenige, das des Weisen am würdigsten sei. Über diese Dinge haben sie brillant und klar gesprochen.

Was nun das höchste Gut angeht, so gibt es bei ihnen zwei Gattungen von Büchern, die eine für das große Publikum verfaßt, die sie ἐξωτερικόν nannten, die andere, strenger aufgebaut, in den Abhandlungen, die sie hinterlassen haben. Da scheinen sie nicht immer dasselbe zu lehren; doch im Ganzen gibt es bei ihnen kein Schwanken, und auch unter den beiden, die ich soeben nannte, gibt es keinen Widerspruch. Allerdings scheint es einige Meinungsdifferenzen und Unsicherheiten zu geben hinsichtlich der Frage nach dem glückseligen Leben, die ja die entscheidende Frage ist, der die Philosophie nachzugehen hat: Steht dieses glückselige Leben ganz in der Macht der Weisen, oder kann es durch Widrigkeiten gefährdet werden oder zugrunde gehen? Schuld daran ist vor allem das Buch Theophrasts über die Glückseligkeit, in welchem dem Zufall sehr viel zugestanden wird. Wenn dies gilt, so ist die Weisheit nicht fähig, das glückselige Leben zu schaffen. Das scheint mir eine Meinung zu sein, die schwächlicher und sozusagen weichlicher ist, als es die Kraft und die Würde der Tugend zuzugeben vermag. Also halten wir uns an Aristoteles und dessen Sohn Nikomachos, dessen sorgfältig aufgebaute Bücher über die Ethik zwar dem Aristoteles zugeschrieben werden, aber ich sehe nicht ein, warum nicht der Sohn dem Vater hätte ähnlich sein können. Zur Hauptsache freilich wollen wir Theophrast folgen, wenn wir nur der Festigkeit und Stärke der Tugend mehr zubilligen, als er es getan hat. Mit diesen beiden wollen wir uns also begnügen. Denn ihre Nachfolger sind (jedenfalls meiner Meinung nach) besser als die Philosophen der übrigen Schulen, aber weichen derart von ihrer eigenen Tradition ab, daß sie wie Autodidakten wirken. Als erster hat Straton, Schüler Theophrasts, sich selber als Naturphilosophen bezeichnet; als solcher ist er zwar bedeutend, doch das meiste sind Neuerungen, und über die Ethik bringt er nur sehr weniges. Dessen Schüler

ieiunior. concinnus deinde et elegans huius, Aristo, sed ea, quae desideratur a magno philosopho, gravitas, in eo non fuit; scripta sane et multa et polita, sed nescio quo pacto auctoritatem oratio non habet. praetereo multos, in his doctum hominem et suavem, Hieronymum, quem iam cur Peripateticum appellem nescio. summum enim bonum exposuit vacuitatem doloris; qui autem de summo bono dissentit de tota philosophiae ratione dissentit. Critolaus imitari voluit antiquos, et quidem est gravitate proximus, et redundat oratio, ac tamen ⟨ne⟩ is quidem in patriis institutis manet. Diodorus, eius auditor, adiungit ad honestatem vacuitatem doloris. hic quoque suus est de summoque bono dissentiens dici vere Peripateticus non potest. antiquorum autem sententiam Antiochus noster mihi videtur persequi diligentissime, quam eandem Aristoteli fuisse et Polemonis docet.

Facit igitur Lucius noster prudenter, qui audire de summo bono potissimum velit; hoc enim constituto in philosophia constituta sunt omnia. nam ceteris in rebus sive praetermissum sive ignoratum est quippiam, non plus incommodi est, quam quanti quaeque earum rerum est, in quibus neglectum est aliquid. summum autem bonum si ignoretur, vivendi rationem ignorari necesse est, ex quo tantus error consequitur, ut quem in portum se recipiant scire non possint. cognitis autem rerum finibus, cum intellegitur, quid sit et bonorum extremum et malorum, inventa vitae via est conformatioque omnium officiorum, cum quaeritur, quo quodque referatur; ex quo, id quod omnes expetunt, beate vivendi ratio inveniri et

Lykon hat einen reichen und gepflegten Stil; in der Sache dagegen ist er eher dürftig. Ariston nach ihm schreibt knapp und elegant, aber es fehlt ihm der Ernst, den man doch vor allem von einem großen Philosophen erwartet. Er hat gewiß viel und sorgfältig geschrieben, aber auf irgendeine Weise fehlt seinem Vortrag die Überzeugungskraft. Viele andere übergehe ich, unter ihnen Hieronymos, einen gelehrten und liebenswürdigen Menschen, doch sehe ich nicht, warum ich ihn einen Peripatetiker nennen soll. Er hat nämlich als das höchste Gut die Schmerzlosigkeit bezeichnet. Wer aber im Punkte des höchsten Gutes von seiner Schule abweicht, der hat mit ihrem gesamten philosophischen Prinzip nichts mehr zu tun. Kritolaos wollte sich an das Vorbild der Alten halten und kommt ihnen an philosophischem Ernst ganz nahe, sein Stil zeichnet sich durch Fülle aus, doch auch er bleibt nicht in der Tradition seiner Schule. Sein Hörer Diodoros fügt der Tugend die Schmerzlosigkeit hinzu; auch dieser ist ein reiner Autodidakt und weicht in seinem Ansatz des höchsten Gutes so sehr vom Peripatos ab, daß er dieser Schule eigentlich nicht zugezählt werden kann. Unser Freund Antiochos dagegen scheint mir auf das sorgfältigste die Lehre der Alten zu bewahren; er vertritt die These, daß Aristoteles und Polemon dasselbe gelehrt hätten.

Unser Lucius handelt also verständig, wenn er vor allem über das höchste Gut belehrt werden möchte. Steht nämlich dieses fest, so steht auch alles andere in der Philosophie fest. Wenn nämlich bei den übrigen Problemen irgend etwas übersehen oder vergessen wird, so beschränkt sich der Schaden vollständig auf den Punkt, in dem etwas versäumt worden ist. Wenn man dagegen in der Unwissenheit des höchsten Gutes verbleibt, so folgt notwendigerweise, daß man das Prinzip der Lebensführung nicht kennt, und dies führt zu einer so großen Verwirrung, daß man schließlich nicht mehr weiß, in welchen Hafen man sich retten kann. Kennt man dagegen das Ziel des Handelns, indem man begreift, worin das äußerste Gut und Übel besteht, dann hat man auch die Richtlinien für das Leben gefunden und das System aller Pflichten, wenn man nämlich die Frage stellt, worauf alles einzelne zu beziehen sei. Von da her kann die Glückseligkeit, nach der alle streben, im Prinzip begriffen und auch erworben werden. Aller-

comparari potest. quod quoniam in quo sit magna dissensio est, Carneadea nobis adhibenda divisio est, qua noster Antiochus libenter uti solet. ille igitur vidit, non modo quot fuissent adhuc philosophorum de summo bono, sed quot omnino esse possent sententiae. negabat igitur ullam esse artem, quae ipsa a se proficisceretur; etenim semper illud extra est, quod arte comprehenditur. nihil opus est exemplis hoc facere longius. est enim perspicuum nullam artem ipsam in se versari, sed esse aliud artem ipsam, aliud quod propositum sit arti. quoniam igitur, ut medicina valitudinis, navigationis gubernatio, sic vivendi ars est prudentia, necesse est eam quoque ab aliqua re esse constitutam et profectam. constitit autem fere inter omnes id, in quo prudentia versaretur et quod assequi vellet, aptum et accommodatum naturae esse oportere et tale, ut ipsum per se invitaret et alliceret appetitum animi, quem ὁρμὴν Graeci vocant. quid autem sit, quod ita moveat itaque a natura in primo ortu appetatur, non constat, deque eo est inter philosophos, cum summum bonum exquiritur, omnis dissensio. totius enim quaestionis eius, quae habetur de finibus bonorum et malorum, cum quaeritur, in his quid sit extremum et ultimum, fons reperiendus est, in quo sint prima invitamenta naturae; quo invento omnis ab eo quasi capite de summo bono et malo disputatio ducitur. 17

‘

Voluptatis alii primum appetitum putant et primam depulsionem doloris. vacuitatem doloris alii censent primum ascitam et primum declinatum dolorem. ab iis alii, quae prima secundum naturam nominant, proficiscuntur, in quibus numerant incolumitatem conservationemque omnium ⟨corporis⟩ partium, valitudinem, sensus integros, doloris vacuitatem, vi- 18

dings besteht die größte Meinungsverschiedenheit darüber, wo sie zu finden sei. Wir werden also die Einteilung des Karneades beiziehen, auf die sich unser Freund Antiochos gerne beruft. Karneades nämlich stellte fest nicht nur, wie viele Meinungen der Philosophen bisher geäußert worden waren, sondern auch, wie viele überhaupt möglich seien. Er erklärte, es gebe keine Kunst, die sich nur mit sich selber befasse. Immer ist nämlich dasjenige, was der Gegenstand der Kunst ist, außerhalb der Kunst selber. Wir brauchen dies nicht lange durch Beispiele zu belegen. Es ist nämlich evident, daß keine Kunst sich selber zum Gegenstand habe, sondern immer ist die Kunst als solche von ihrem Gegenstande verschieden. Wie nun die Medizin die Kunst ist, die Gesundheit zu verschaffen, die Navigation die Kunst, das Schiff zu lenken, so ist die Klugheit die Kunst des Lebens, und als solche hat sie notwendigerweise etwas Bestimmtes zu ihrem Ausgangspunkt und Gegenstand. So ziemlich alle sind sich nun darüber einig, daß das, womit sich die Klugheit befaßt und was sie erstrebt, der Natur angemessen und angepaßt sein muß. Es muß so sein, daß es aus sich selbst das Streben der Seele, das die Griechen ὁρμή nennen, aktiviert und anzieht. Was aber das sei, was auf diese Weise die Bewegung in Gang bringt und von der Natur gleich bei der Geburt angestrebt wird, eben dies steht nicht fest, und gerade dies konstituiert bei den Philosophen, sobald man nach dem höchsten Gute fragt, alle Meinungsverschiedenheiten. Also muß man die Quelle der gesamten Frage aufsuchen, die sich auf den Umkreis des Guten und Schlechten bezieht, wenn man nämlich fragt, was hier das Letzte und Äußerste sei, nämlich den Ort, an dem sich die Anziehungskraft findet, die die Natur als erste spürt. Hat man ihn gefunden, so läßt sich von ihm her wie von einem Ursprung die ganze Diskussion über das höchste Gute und Schlechte ableiten.

Die einen beginnen mit dem Streben nach Lust und dem Abweisen des Schmerzes; andere beziehen das erste Streben auf die Schmerzlosigkeit und das erste Meiden auf den Schmerz. Andere wiederum gehen von dem aus, was sie das erste Naturgemäße nennen und zählen dazu die unverletzte Erhaltung aller Teile des Körpers: Gesundheit, intakte Sinnesorgane, Schmerzlosigkeit,

ris, pulchritudinem, cetera generis eiusdem, quorum similia sunt prima in animis quasi virtutum igniculi et semina. ex his tribus cum unum aliquid sit, quo primum natura moveatur vel ad appetendum vel ad repellendum, nec quicquam omnino praeter haec tria possit esse, necesse est omnino officium aut fugiendi aut sequendi ⟨ita⟩ ad eorum aliquid referri, ut illa prudentia, quam artem vitae esse diximus, in earum trium rerum aliqua versetur, a qua totius vitae ducat exordium. ex eo autem, quod statuerit esse, quo primum 19 natura moveatur, existet recti etiam ratio atque honesti, quae cum uno aliquo ex tribus illis congruere possit, ut aut id honestum sit, facere omnia [aut] voluptatis causa, etiam si eam non consequare, aut non dolendi, etiam si id assequi nequeas, aut eorum, quae secundum naturam sunt, adipiscendi, etiam si nihil consequare. ita fit ut, quanta differentia est in principiis naturalibus, tanta sit in finibus bonorum malorumque dissimilitudo. alii rursum isdem a principiis omne officium referent aut ad voluptatem aut ad non dolendum aut ad prima illa secundum naturam optinenda. expositis iam igitur sex de summo bono sententiis 20 trium proximarum hi principes: voluptatis Aristippus, non dolendi Hieronymus, fruendi rebus iis, quas primas secundum naturam esse diximus, Carneades non ille quidem auctor, sed defensor disserendi causa fuit. superiores tres erant, quae esse possent, quarum est una sola defensa, eaque vehementer. nam voluptatis causa facere omnia, cum, etiamsi nihil consequamur, tamen ipsum illud consilium ita faciendi per se expetendum et honestum et solum bonum sit, nemo dixit. ne vitationem quidem doloris ipsam per se quisquam in rebus expetendis putavit, nisi etiam evitare posset. at vero facere omnia, ut adipiscamur, quae secundum naturam sint, etiam si ea non assequamur, id

Körperkraft, Schönheit und anderes dergleichen; analog dazu sind die Ansätze in der Seele sozusagen die ersten Funken und Samen der Tugenden. Unter diesen drei Möglichkeiten muß es eine geben, die von Anfang an die Natur in Bewegung bringt, so daß sie erstrebt oder abweist, und außer diesen dreien kann es nichts anderes geben. Also muß die Pflicht, dieses zu erstreben, jenes zu meiden, sich auf eine dieser Möglichkeiten beziehen, derart, daß jene Klugheit, die wir die Kunst des Lebens genannt haben, sich mit einem der drei Dinge befaßt und von da her die Grundlage für die gesamte Lebensführung schafft. Hat man nämlich festgestellt, was primär die Natur in Bewegung setzt, dann ergibt sich auch das Prinzip des Richtigen und Guten. Dieses wird dann mit einer der drei Möglichkeiten in Übereinstimmung sein können, derart, daß es gut ist, alles um der Lust willen zu tun, auch wenn man sie nicht erreicht, oder um der Schmerzlosigkeit willen, auch wenn man sie nicht zu erlangen vermag, oder um zu erreichen, was das Naturgemäße ist, auch wenn man nicht zum Ziele kommt. Dies bedeutet, daß der Unterschied in den naturgegebenen Ausgangspunkten dem Unterschied im äußersten Guten oder Schlechten entspricht. Andere endlich nehmen denselben Ausgangspunkt und beziehen alle Pflicht entweder auf das Erlangen von Lust oder von Schmerzlosigkeit oder der ersten naturgemäßen Dinge. Unter diesen sechs Thesen über das höchste Gut haben die drei zuletzt genannten folgende Vertreter: Die Lust lehrt Aristippos, die Schmerzlosigkeit lehrt Hieronymos, und Karneades hat sich für den Genuß jener Dinge ausgesprochen, die wir die ersten naturgemäßen Dinge nannten, nicht um diese These ernsthaft zu behaupten, sondern um sie im Interesse der Diskussion zu verteidigen. Es bleiben unter den vorhandenen Möglichkeiten die drei zuerst genannten. Unter ihnen hat nur eine ihre leidenschaftlichen Verteidiger gefunden. Niemand hat nämlich behauptet, man solle die Lust erstreben, und zwar auch dann, wenn man sie nicht erreiche; allein schon der Vorsatz, im Blick auf sie zu handeln, sei an sich erstrebenswert und edel und das allein Gute. Ebenso hat niemand gemeint, die Schmerzlosigkeit sei als solche erstrebenswert, selbst wenn sie nicht zu verwirklichen sei. Dagegen alles zu tun, um zu erreichen, was naturgemäß sei, auch wenn

esse et honestum et solum per se expetendum et solum bonum Stoici dicunt.

Sex igitur hae sunt simplices de summo bonorum malorumque sententiae, duae sine patrono, quattuor defensae. iunctae autem et duplices expositiones summi boni tres omnino fuerunt, nec vero plures, si penitus rerum naturam videas, esse potuerunt. nam aut voluptas adiungi potest ad honestatem, ut Calliphonti Dinomachoque placuit, aut doloris vacuitas, ut Diodoro, aut prima naturae, ut antiquis, quos eosdem Academicos et Peripateticos nominavimus. sed quoniam non possunt omnia simul dici, haec in praesentia nota esse debebunt, voluptatem semovendam esse, quando ad maiora quaedam, ut iam apparebit, nati sumus. de vacuitate doloris eadem fere dici solent, quae de voluptate. [Quando igitur et de voluptate cum Torquato et de honestate, in qua una omne bonum poneretur, cum Catone est disputatum, primum, quae contra voluptatem dicta sunt, eadem fere cadunt contra vacuitatem doloris] nec vero alia sunt quaerenda contra Carneadeam illam sententiam. quocumque enim modo summum bonum sic exponitur, ut id vacet honestate, nec officia nec virtutes in ea ratione nec amicitiae constare possunt. coniunctio autem cum honestate vel voluptatis vel non dolendi id ipsum honestum, quod amplecti vult, id efficit turpe. ad eas enim res referre, quae agas, quarum una, si quis malo careat, in summo eum bono dicat esse, altera versetur in levissima parte naturae, obscurantis est omnem splendorem honestatis, ne dicam inquinantis. restant Stoici, qui cum a Peripateticis et Academicis omnia transtulissent, nominibus aliis easdem res secuti sunt. hos contra singulos dici est melius. sed nunc, quod agimus; de illis, cum volemus. Democriti autem securitas, quae est animi tamquam tranquilli-

wir es nicht erlangen, das bezeichnen die Stoiker als das Edle und das allein Erstrebenswerte und allein Gute.

Dies sind also die sechs einfachen Thesen hinsichtlich des höchsten Gutes und Übels. Zwei haben keine Vertreter, die vier übrigen haben jede ihren Verteidiger. An kombinierten und zweiteiligen Thesen über das höchste Gut gibt es nur drei, und es konnte auch niemals mehr als drei geben, wenn man die Sache selbst genau betrachtet. Es kann nämlich die Lust mit der Tugend verknüpft werden, wie dies Kalliphon und Deinomachos lehrten, oder auch die Schmerzlosigkeit, wie Diodor meinte, oder endlich die ersten naturgemäßen Dinge, wie es die Alten vertraten, die wir sowohl Akademiker wie auch Peripatetiker genannt haben. Wir können allerdings nicht gleichzeitig von allem reden; also halten wir gegenwärtig nur dies fest, daß die Lust ausgeschaltet werden muß, da wir ja, wie es sich gleich zeigen wird, zu Höherem geboren sind. Was von der Lust gilt, gilt mehr oder weniger auch von der Schmerzlosigkeit. Wir brauchen auch keine anderen Argumente gegen die erwähnte These des Karneades zu suchen. Wie immer man nämlich das höchste Gut bestimmt, tut man dies so, daß die Tugend unberücksichtigt bleibt. So können auf einer solchen Grundlage weder die Pflichten noch die Tugenden, noch die Freundschaft Bestand haben. Kombiniert man aber mit der Tugend, sei es die Lust oder die Schmerzlosigkeit, so wird gerade dadurch die Tugend selbst, auf die es ankommt, beeinträchtigt. Wenn man nämlich alles, was man tut, auf ein derartiges Ganzes bezieht, von dem die eine Hälfte beharrt, daß derjenige, der in keinem Übel ist, sogleich auch das höchste Gut besitzt, die andere Hälfte dagegen sich auf den bedeutungslosesten Teil der Natur bezieht, so ergibt sich daraus eine völlige Verdunkelung der Tugend, um nicht zu sagen eine Beschmutzung. Es bleiben also die Stoiker, die ihrerseits alles von den Peripatetikern und Akademikern übernommen und dieselbe Sache nur mit anderen Worten ausgedrückt haben. Es wäre an sich das beste, jeden einzelnen von den anderen gesondert zu widerlegen, doch bleiben wir jetzt bei unserer gegenwärtigen Aufgabe. Von dem andern werden wir sprechen, wenn es uns einmal paßt. Was die ‚Sorglosigkeit' Demokrits angeht, die eine Art Ruhe der Seele ist, die man ‚Euthy-

tas, quam appellant εὐθυμίαν, eo separanda fuit ab hac disputatione, quia [ista animi tranquillitas] ea ipsa est beata vita; quaerimus autem, non quae sit, sed unde sit.

Iam explosae eiectaeque sententiae Pyrrhonis, Aristonis, Erilli quod in hunc orbem, quem circumscripsimus, incidere non possunt, adhibendae omnino non fuerunt. nam cum omnis haec quaestio de finibus et quasi de extremis bonorum et malorum ab eo proficiscatur, quod diximus naturae esse aptum et accommodatum, quodque ipsum per se primum appetatur, hoc totum et ii tollunt, qui in rebus iis, in quibus nihil [quod non] aut honestum aut turpe sit, negant esse ullam causam, cur aliud alii anteponatur, nec inter eas res quicquam omnino putant interesse, et Erillus, si ita sensit, nihil esse bonum praeter scientiam, omnem consilii capiendi causam inventionemque officii sustulit. sic exclusis sententiis reliquorum cum praeterea nulla esse possit, haec antiquorum valeat necesse est. ergo instituto veterum, quo etiam Stoici utuntur, hinc capiamus exordium.

Omne animal se ipsum diligit ac, simul et ortum est, id agit, se ut conservet, quod hic ei primus ad omnem vitam tuendam appetitus a natura datur, [se ut conservet] atque ita sit affectum, ut optime secundum naturam affectum esse possit. 24

Hanc initio institutionem confusam habet et incertam, ut tantum modo se tueatur, qualecumque sit, sed nec quid sit nec quid possit nec quid ipsius natura sit intellegit. cum autem processit paulum et quatenus quicquid se attingat ad seque pertineat perspicere coepit, tum sensim incipit progredi seseque agnoscere et

mia' nennt, so hat sie mit unserer Diskussion nichts zu tun, weil in dieser Ruhe der Seele gerade die Glückseligkeit selbst besteht. Wir fragen aber nicht danach, was die Glückseligkeit sei, sondern woraus sie entsteht.

Die Lehren des Pyrrhon, des Ariston und Herillos sind bereits erledigt und widerlegt und brauchen ohnehin überhaupt nicht beachtet zu werden, weil sie in den Kreis, den wir umrissen haben, gar nicht hineingehören können. Denn unsere ganze Frage nach dem Ziel des Handelns und gewissermaßen nach den Grenzen des Guten und Übeln geht von dem aus, was wir als ‚der Natur entsprechend und angepaßt' bezeichnet haben und was als solches das Streben in Gang bringt. Dieses Ganze wird gegenstandslos, erstens bei denjenigen, die dort, wo das Gute und das Schlechte selber nicht im Spiele sind, erklären, es gebe überhaupt keinen zureichenden Grund, eines dem andern vorzuziehen, und es bestehe unter jenen Dingen überhaupt kein Unterschied; zweitens auch bei Herillos, der, wenn er wirklich überzeugt war, daß es außer der Wissenschaft kein Gutes gebe, jede Möglichkeit, sich im Handeln zu entscheiden und die gebotene Pflicht zu erkennen, beseitigte. Auf diese Weise haben wir also alle Thesen neben derjenigen der Alten ausgeschlossen, und da es außerdem keine andere geben kann, so bleibt also diese als einzige bestehen. Also werden wir im Sinne der Lehre der Alten, die auch die Stoiker zugrunde legen, folgendermaßen beginnen.

Jedes Lebewesen liebt sich selbst und bemüht sich sofort von seiner Geburt an darum, sich selbst zu erhalten. Denn die Natur hat ihm gerade dieses Bestreben gegeben, in dem Sinne nämlich, daß das Lebewesen sich selbst erhält und sich in denjenigen Zustand bringt, in dem es sich optimal der Natur gemäß befinden kann.

Diese Haltung hat es zuerst auf eine verworrene und unbestimmte Weise; es begehrt lediglich, sich selbst zu bewahren, wie immer es beschaffen ist, und vermag noch nicht zu begreifen, weder was es selber ist, noch was es leisten kann, noch was seine Natur ist. Dann aber beginnt es, Fortschritte zu machen und klarer zu erkennen, inwiefern jede einzelne Sache es angeht und es berührt. Schließlich schreitet es weiter bis zu einem bestimmten

intellegere quam ob causam habeat eum, quem diximus, animi appetitum coeptatque et ea, quae naturae sentit apta, appetere et propulsare contraria. ergo omni animali illud, quod appetit, positum est in eo, quod naturae est accommodatum. ita finis bonorum existit secundum naturam vivere sic affectum, ut optime affici possit ad naturamque accommodatissime. quoniam autem sua cuiusque animantis natura est, necesse est finem quoque omnium hunc esse, ut natura expleatur – nihil enim prohibet quaedam esse et inter se animalibus reliquis et cum bestiis homini communia, quoniam omnium est natura communis –, sed extrema illa et summa, quae quaerimus, inter animalium genera distincta et dispertita sint et sua cuique propria et ad id apta, quod cuiusque natura desideret. quare cum dicimus omnibus animalibus extremum esse secundum naturam vivere, non ita accipiendum est, quasi dicamus unum esse omnium extremum, sed ut omnium artium recte dici potest commune esse, ut in aliqua scientia versentur, scientiam autem suam cuiusque artis esse, sic commune animalium omnium secundum naturam vivere, sed naturas esse diversas, ut aliud equo sit e natura, aliud bovi, aliud homini.

Et tamen in omnibus est summa communis, et quidem non solum in animalibus, sed etiam in rebus omnibus iis, quas natura alit, auget, tuetur, in quibus videmus ea, quae gignuntur e terra, multa quodam modo efficere ipsa sibi per se, quae ad vivendum crescendumque valeant, ut ⟨in⟩ suo genere perveniant ad extremum; ut iam liceat una comprehensione omnia complecti non dubitantemque dicere omnem naturam esse servatricem sui idque habere propositum quasi finem et extremum, se ut custodiat quam in op-

Punkte, wo es sich selbst erkennt und begreift, aus welcher Ursache es eben jenes seelische Bestreben, das wir erwähnt haben, besitzt. Es fängt an, das zu erstreben, von dem es versteht, daß es seiner Natur gemäß ist, und das Gegenteil abzuweisen. So ist also für jedes Lebewesen das, was es erstrebt, begründet in dem, was seiner Natur angepaßt ist. Dementsprechend wird es zum höchsten Gute, nach der Natur zu leben in dem Sinne, daß es sich optimal und der Natur in höchstem Grade entsprechend zu verhalten vermag. Allerdings hat jedes Lebewesen seine besondere Natur. Demnach muß das gemeinsame Ziel für alle sein, die Natur zur Vollendung zu bringen. – Nichts hindert nämlich, daß bestimmte Dinge allen Lebewesen überhaupt, insbesondere den Tieren und Menschen gemeinsam sind, da sie ja alle eine gemeinsame Natur besitzen –. Aber jene Grenze und jenes Höchste, das wir suchen, ist für jede Gattung von Lebewesen ein Besonderes und anderes, für jede ein ihr Eigentümliches und entsprechend dem, was die besondere Natur jeder Gattung verlangt. Wenn wir also sagen, daß es das Höchste für alle Lebewesen sei, ,der Natur gemäß zu leben', so darf man dies nicht so verstehen, als ob wir behaupten wollten, das Höchste sei für alle eines und dasselbe; wie man nämlich bei allen Fachbereichen sagen kann, daß es ihnen gemeinsam ist, sich auf die Wissenschaft zu stützen, obschon jeder Fachbereich sich auf seine eigene Wissenschaft beruft, so gilt auch, daß es allen Lebewesen gemeinsam ist, nach der Natur zu leben, doch so, daß die Verschiedenheit der Naturen berücksichtigt werden muß: Naturgemäß ist für das Pferd etwas anderes als für das Rind oder für den Menschen.

Dennoch gibt es für alle ein gemeinsames Höchstes und zwar nicht nur bei den Tieren, sondern auch bei den Pflanzen, die die Natur aufzieht, wachsen läßt und beschützt. Wir sehen auch bei den aus der Erde hervorsprießenden Lebewesen, wie viele unter ihnen auf gewisse Weise selbständig das bewirken, was sie zum Leben und Wachsen brauchen, um je in ihrer Gattung zum Höchsten zu gelangen. So dürfen wir in einer einzigen Formel alles zusammenfassen und ohne Zögern erklären, „daß jede Natur sich selbst erhalten will, und dies sozusagen als höchstes Ziel sich vorgenommen hat, sich selbst in dem der eigenen Gattung gemä-

timo sui generis statu; ut necesse sit omnium rerum, quae natura vigeant, similem esse finem, non eundem. ex quo intellegi debet homini id esse in bonis ultimum, secundum naturam vivere, quod ita interpretemur: vivere ex hominis natura undique perfecta et nihil requirente. haec igitur nobis explicanda sunt, sed si enodatius, vos ignoscetis. huius enim aetati et huic nunc haec primum fortasse audienti servire debemus.

Ita prorsus, inquam; etsi ea quidem, quae adhuc dixisti, quamvis ad aetatem recte isto modo dicerentur.

Exposita igitur, inquit, terminatione rerum expetendarum cur ista se res ita habeat, ut dixi, deinceps demonstrandum est. quam ob rem ordiamur ab eo, quod primum posui, quod idem reapse primum est, ut intellegamus omne animal se ipsum diligere. quod quamquam dubitationem non habet – est enim infixum in ipsa natura comprehenditur⟨que⟩ suis cuiusque sensibus sic, ut, contra si quis dicere velit, non audiatur –, tamen, ne quid praetermittamus, rationes quoque, cur hoc ita sit, afferendas puto. etsi qui potest intellegi aut cogitari esse aliquod animal, quod se oderit? res enim concurrent contrariae. nam cum appetitus ille animi aliquid ad se trahere coeperit consulto, quod sibi obsit, quia sit sibi inimicus, cum id sua causa faciet, et oderit se et simul diliget, quod fieri non potest. necesseque est aeque, si quis sibi ipsi inimicus est, eum quae bona sunt mala putare, bona contra quae mala, et quae appetenda fugere, quae fugienda appetere, quae sine dubio vitae est eversio. neque enim, si non nulli reperiuntur, qui aut laqueos aut alia exitia quaerant aut ut ille apud Terentium, qui

ßen optimalen Zustand zu erhalten." Also gilt für alle Wesen, denen die Natur ihre Lebenskraft verliehen hat, daß das höchste Ziel ein ähnliches, aber nicht dasselbe sei. Daraus muß man schließlich folgern, daß für den Menschen dies das oberste Gut ist, gemäß der Natur zu leben, was wir folgendermaßen zu verstehen haben: zu leben im Sinne einer in jeder Richtung vollkommenen und von Mängeln freien menschlichen Natur. Das haben wir nun zu erläutern. Wenn ich dies etwas umständlich mache, so werdet ihr mir verzeihen. Denn wir müssen auf das Alter des Lucius und auf die Tatsache, daß er vielleicht von diesen Dingen heute zum ersten Male hört, Rücksicht nehmen.

„Ganz gewiß", sagte ich, „obschon das, was du bisher gesagt hast und wie du es gesagt hast, jedem Alter angemessen sein würde."

Nachdem wir nun, fuhr er fort, die Grenzen der Dinge, die zu erstreben sind, dargelegt haben, muß jetzt nachgewiesen werden, warum sich dies so verhält. So wollen wir denn bei dem Punkte beginnen, den ich als ersten angesetzt habe und der in der Tat der erste ist: Wir müssen erkennen, daß jedes Lebewesen sich selber liebt. Daran kann nicht gezweifelt werden (denn dies ist in der Natur selber befestigt, und jedes Lebewesen hat dies in seiner Empfindung so stark begriffen, daß man denjenigen, der dagegen reden möchte, gar nicht anhören will); trotzdem halte ich es für nützlich, damit wir nichts versäumen, auch Gründe dafür anzubringen, weshalb es sich so verhält. Ist es denn möglich, sich irgendein Lebewesen auszudenken oder vorzustellen, das sich selber haßt? Dies läuft nämlich auf einen Widerspruch hinaus. Wenn jenes seelische Streben absichtlich etwas an sich zu ziehen sucht, was ihm schadet, und zwar weil es sein eigener Feind ist, und dies dabei trotzdem um seiner selbst willen tut, so wird dieses Lebewesen gleichzeitig sich hassen und sich lieben, was ausgeschlossen ist. Es ist ja auch notwendig, daß derjenige, der sein eigener Feind ist, all das, was gut ist, für schlecht hält und umgekehrt, und ebenso alles was erstrebenswert ist, meidet, und umgekehrt erstrebt, was er meiden sollte. Dies ist ohne Zweifel eine Zerstörung des Lebens. Auch wenn es solche gibt, die nach dem Strick oder nach irgendeiner anderen Todesart verlangen, oder,

'decrevit tantisper se minus iniuriae suo nato facere', ut ait ipse, 'dum fiat miser', inimicus ipse sibi putandus est. sed alii dolore moventur, alii cupiditate, iracundia etiam multi efferuntur et, cum in mala scientes inruunt, tum se optime sibi consulere arbitrantur. itaque dicunt nec dubitant: 'mihi sic usus est, tibi ut opus est facto, fac'.

Et qui ipsi sibi bellum indixissent, cruciari dies, noctes torqueri vellent, nec vero sese ipsi accusarent ob eam causam, quod se male suis rebus consuluisse dicerent. eorum enim est haec querela, qui sibi cari sunt seseque diligunt. quare, quotienscumque dicetur male quis de se mereri sibique esse inimicus atque hostis, vitam denique fugere, intellegatur aliquam subesse eius modi causam, ut ex eo ipso intellegi possit sibi quemque esse carum. nec vero id satis est, neminem esse, qui ipse se oderit, sed illud quoque intellegendum est, neminem esse, qui, quo modo se habeat, nihil sua censeat interesse. tolletur enim appetitus animi, si, ut in iis rebus, inter quas nihil interest, neutram in partem propensiores sumus, item in nobismet ipsis quem ad modum affecti simus nihil nostra arbitrabimur interesse.

Atque etiam illud si qui dicere velit, perabsurdum sit, ita diligi a sese quemque, ut ea vis diligendi ad aliam rem quampiam referatur, non ad eum ipsum, qui sese diligat.

Hoc cum in amicitiis, cum in officiis, cum in virtutibus dicitur, quomodocumque dicitur, intellegi tamen quid dicatur potest, in nobismet autem ipsis ⟨ne⟩ intellegi quidem, ⟨ut⟩ propter aliam quampiam rem,

wie jener bei Terenz, der „beschlossen hat, er tue seinem Sohne ein wenig weniger Unrecht an", wie er sagt, „wenn er selber leidet", auch einen solchen darf man nicht für einen Feind seiner selbst halten. Vielmehr werden die einen durch einen Schmerz getrieben, andere durch eine Begierde, wieder andere lassen sich oftmals durch den Zorn hinreißen, und wenn sie sich wissentlich ins Unglück stürzen, glauben sie gerade am besten für sich selbst zu sorgen. Darum sagen sie auch ohne jedes Zögern: „Ich bin es eben so gewohnt, und du magst handeln, wie du es für dich für nötig hältst".

Auch wenn solche Menschen sich selbst geradezu den Krieg erklären würden, und wünschten bei Tag gekreuzigt und bei Nacht gefoltert zu werden, so würden sie sich doch nicht selbst anklagen und zugestehen, daß sie schlecht für ihre eigenen Angelegenheiten gesorgt hätten. So klagen nämlich nur solche, die um sich selbst besorgt sind und sich selbst lieben. So oft also auch immer von jemandem gesagt wird, er habe unverdient schlecht an sich selbst gehandelt, er sei sein eigener Gegner und Feind und er wolle dem Leben entfliehen, so wird man annehmen müssen, es stecke irgendein Motiv dahinter, an dem sich wahrnehmen ließe, daß ein jeder um sich selbst besorgt ist. Außerdem genügt es nicht zu behaupten, es gebe niemanden, der sich selber haßt, sondern man muß auch einsehen, daß es niemanden gibt, der nicht überzeugt ist, es gehe ihn etwas an, in welcher Lage er sei. Denn es würde jedes seelische Streben aufgehoben, wenn es sich bei uns selbst so verhielte, wie bei den Dingen, bei denen es keinen Unterschied macht und wir keinen Anlaß haben, das eine dem anderen gegenüber zu bevorzugen. Bei uns würde dies bedeuten, daß es uns gleichgültig wäre, in welcher Verfassung wir uns befinden.

Völlig absurd wäre auch die Behauptung, die einer aufstellen könnte, jeder würde sich selbst auf diese Weise lieben, daß die Liebe sich auf irgend etwas anderes bezöge und nicht auf denjenigen selbst, der sich liebt.

Wenn man dies in bezug auf die Freundschaft, die Pflichten, die Tugenden sagt, so kann man dies immerhin verstehen, mag es bedeuten, was immer es wolle; wo es sich aber um uns selber handelt, kann man nicht einmal begreifen, was es heißen soll, daß wir

verbi gratia propter voluptatem, nos amemus; propter nos enim illam, non propter eam nosmet ipsos diligimus.

Quamquam quid est, quod magis perspicuum sit, ⟨quam⟩ non modo carum sibi quemque, verum etiam vehementer carum esse? quis est enim aut quotus quisque, cui, mors cum adpropinquet, non 'refugiat timido sanguen atque exalbescat metu'? etsi hoc quidem est in vitio, dissolutionem naturae tam valde perhorrescere – quod item est reprehendendum in dolore –, sed quia fere sic afficiuntur omnes, satis argumenti est ab interitu naturam abhorrere; idque quo magis quidam ita faciunt, ut iure etiam reprehendantur, hoc magis intellegendum est haec ipsa nimia in quibusdam futura non fuisse, nisi quaedam essent modica natura. nec vero dico eorum metum mortis, qui, quia privari se vitae bonis arbitrentur, aut quia quasdam post mortem formidines extimescant, aut si metuant, ne cum dolore moriantur, idcirco mortem fugiant; in parvis enim saepe, qui nihil eorum cogitant, si quando iis ludentes minamur praecipitaturos alicunde, extimescunt. quin etiam 'ferae', inquit Pacuvius, 'quibus abest ad praecavendum intellegendi astutia', iniecto terrore mortis 'horrescunt'. quis autem de ipso sapiente aliter existimat, quin, etiam cum decreverit esse moriendum, tamen discessu a suis atque ipsa relinquenda luce moveatur? maxime autem in hoc quidem genere vis est perspicua naturae, cum et mendicitatem multi perpetiantur, ut vivant, et angantur adpropinquatione mortis confecti homines senectute et ea perferant, quae Philoctetam videmus in fabulis. qui cum cruciaretur non ferendis doloribus, propagabat tamen vitam aucupio, 'sagittarum ⟨ictu⟩ configebat tardus celeres, stans volantis', ut apud Accium est,

31

32

FÜNFTES BUCH

uns selbst einer andern Sache wegen, beispielshalber der Lust wegen, lieben. Wir lieben nämlich jene wegen uns, und nicht uns wegen jener.

Gibt es außerdem etwas, was mehr evident sein könnte, als dies, daß jeder einzelne sich selber nicht nur liebt, sondern sogar leidenschaftlich liebt? Denn gibt es irgendwo jemanden, bei dem nicht, wenn der Tod naht, „vor Angst das Blut entweicht und er vor Schrecken blaß wird"? Gewiß ist es ein Fehler, vor der Auflösung der Natur ein solches Entsetzen zu empfinden (dies wird man auch dem Schmerz gegenüber tadeln); da aber so ziemlich alle Menschen sich so verhalten, so beweist dies hinlänglich, daß die Natur vor ihrem Untergang ein Schaudern empfindet. Je mehr bestimmte Menschen diesem Schmerz so sehr nachgeben, daß sie mit Recht getadelt werden, desto offensichtlicher ist es, daß es bei ihnen eine derartige Übertreibung nicht hätte geben können, wenn es sich nicht in einem gewissen Maße um eine Sache der Natur handelte. Dabei denke ich nicht an die Todesangst jener Menschen, die den Tod darum fliehen, weil sie meinen, sie würden durch ihn der Güter des Lebens beraubt, oder weil sie vor bestimmten Schrecknissen nach dem Tode Angst haben, oder weil sie fürchten, unter Schmerzen sterben zu müssen. Denn auch kleine Kinder, die noch nicht auf derartige Gedanken kommen, geraten in Angst, wenn wir ihnen im Spiele damit drohen, sie von einer Höhe hinunter zu stürzen. Ja sogar „die wilden Tiere, denen", wie Pacuvius sagt, „die Schlauheit des Verstandes fehlt, um sich vorzusehen, erschaudern" angesichts des Todesschreckens. Wer wird anders urteilen über den Weisen selber, der, auch wenn er zum Tode entschlossen ist, dennoch durch den Abschied von den Seinigen und vom Sonnenlicht bedrückt wird? In diesem Bereich jedenfalls ist die Macht der Natur am evidentesten, wenn viele sogar die äußerste Armut ertragen, nur um weiter zu leben, und wenn selbst gebrochene Greise beim Nahen des Todes in Ängste geraten, und wenn schließlich die Menschen all das aushalten, was wir den Philoktet in der Tragödie aushalten sehen. Er wurde von unerträglichen Schmerzen gefoltert, aber fristete dennoch sein Leben durch Vogelfang „mit Pfeilen erlegte er, der Langsame, die schnellen Vögel, stehend die Fliegenden", wie

pennarumque contextu corpori tegumenta faciebat. de hominum genere aut omnino de animalium loquor, cum arborum et stirpium eadem paene natura sit? sive enim, ut doctissimis viris visum est, maior aliqua causa atque divinior hanc vim ingenuit, sive hoc ita fit fortuito, videmus ea, quae terra gignit, corticibus et radicibus valida servari, quod contingit animalibus sensuum distributione et quadam compactione membrorum. qua quidem de re quamquam assentior iis, qui haec omnia regi natura putant, quae si natura neglegat, ipsa esse non possit, tamen concedo, ut, qui de hoc dissentiunt, existiment, quod velint, ac vel hoc intellegant, si quando naturam hominis dicam, hominem dicere me; nihil enim hoc differt. nam prius a se poterit quisque discedere quam appetitum earum rerum, quae sibi conducant, amittere. iure igitur gravissimi philosophi initium summi boni a natura petiverunt et illum appetitum rerum ad naturam accommodatarum ingeneratum putaverunt omnibus, quia continentur ea commendatione naturae, qua se ipsi diligunt.

Deinceps videndum est, quoniam satis apertum est sibi quemque natura esse carum, quae sit hominis natura. id est enim, de quo quaerimus. atqui perspicuum est hominem e corpore animoque constare, cum primae sint animi partes, secundae corporis. deinde id quoque videmus, et ita figuratum corpus, ut excellat aliis, animumque ita constitutum, ut et sensibus instructus sit et habeat praestantiam mentis, cui tota hominis natura pareat, in qua sit mirabilis quaedam vis rationis et cognitionis et scientiae virtutumque omnium. iam quae corporis sunt, ea nec auctoritatem

bei Accius zu lesen ist, und aus einem Gewebe von Federn verfertigte er Bekleidung für seinen Körper. Ich habe bisher über Menschen und über Tiere im allgemeinen gesprochen; aber die Natur der Bäume und Sträucher ist so ziemlich dieselbe. Mag dies nun auf eine höhere und göttliche Ursache zurückgehen, wie dies die gelehrtesten Philosophen geglaubt haben, oder geschieht dies von selbst, jedenfalls sehen wir, daß dasjenige, was die Erde hervorbringt, durch Rinden und durch Wurzeln kräftig erhalten wird, genauso wie dies bei den Tieren durch die Anordnung der Sinnesorgane und durch eine Art von Zusammenwirken der Körperglieder geschieht. Obschon ich in dieser Sache jenen Philosophen zustimme, die überzeugt sind, all das werde durch die Natur verwaltet, derart, daß es gar nicht zu existieren vermöchte, wenn die Natur es vernachlässigte, so gebe ich doch zu, daß diejenigen, die anderer Meinung sind, glauben mögen, was sie wollen. Immerhin sollen sie beachten, daß ich, wenn ich von der Natur des Menschen rede, den Menschen überhaupt meine; dies macht nämlich keinen Unterschied. Denn eher könnte einer sich selbst preisgeben als das Begehren nach den Dingen, die ihm förderlich sind, verlieren. Mit Recht also haben die bedeutendsten Philosophen den Ursprung des höchsten Gutes bei der Natur gesucht und erklärt, daß jenes Streben nach den der Natur angepaßten Dingen allen Wesen angeboren sei, da sie jener Einrichtung der Natur, der gemäß sie sich selbst lieben, ihren Bestand verdanken.

Da es nun hinlänglich klar ist, daß jedermann von Natur sich selbst liebt, so müssen wir jetzt die Frage stellen, welches die besondere Natur des Menschen sei. Dies ist es nämlich, wonach wir fragen. Evident ist es, daß der Mensch aus Körper und Seele besteht, und zwar hat die Seele den ersten Rang, der Körper den zweiten. Weiterhin konstatieren wir auch, daß unser Körper so gestaltet ist, daß er allen anderen Lebewesen überlegen ist; die Seele wiederum ist so eingerichtet, daß sie sowohl über die Sinnesorgane verfügt und außerdem eine hervorragende Vernunft besitzt, der die gesamte Natur des Menschen gehorcht und die sich durch eine bewundernswerte Kraft des Denkens, Erkennens, der Wissenschaft und aller Tugenden auszeichnet. Alles, was nun den Körper angeht, ist einerseits an Gewicht mit den

cum animi partibus comparandam et cognitionem habent faciliorem. itaque ab his ordiamur.

Corporis igitur nostri partes totaque figura et forma et statura quam apta ad naturam sit, apparet, neque est dubium, quin frons, oculi, aures et reliquae partes quales propriae sint hominis intellegatur. sed certe opus est ea valere et vigere et naturales motus ususque habere, ut nec absit quid eorum nec aegrum debilitatumve sit; id enim natura desiderat. est autem etiam actio quaedam corporis, quae motus et status naturae congruentis tenet; in quibus si peccetur distortione et depravatione quadam aut motu statuve deformi, ut si aut manibus ingrediatur quis aut non ante, sed retro, fugere plane se ipse et hominem ex homine exuens naturam odisse videatur. quam ob rem etiam sessiones quaedam et flexi fractique motus, quales protervorum hominum aut mollium esse solent, contra naturam sunt, ut, etiamsi animi vitio id eveniat, tamen in corpore immutari hominis natura videatur. itaque e contrario moderati aequabilesque habitus, affectiones ususque corporis apti esse ad naturam videntur.

Iam vero animus non esse solum, sed etiam cuiusdam modi debet esse, ut et omnis partis suas habeat incolumis et de virtutibus nulla desit. atque in sensibus est sua cuiusque virtus, ut ne quid impediat quo minus suo sensus quisque munere fungatur in iis rebus celeriter expediteque percipiendis, quae subiectae sunt sensibus.

Animi autem et eius animi partis, quae princeps est, quaeque mens nominatur, plures sunt virtutes, sed duo prima genera, unum earum, quae ingenerantur suapte natura appellanturque non voluntariae, alte-

Teilen der Seele nicht vergleichbar und kann andererseits leichter untersucht werden. Also wollen wir damit beginnen.

Wie die Teile unseres Körpers, die gesamte Gestalt, das Aussehen und die Haltung der Natur angepaßt sind, ist deutlich. Man kann nicht daran zweifeln, daß die Stirn, die Augen, Ohren und die übrigen Teile in ihrer dem Menschen zukommenden Eigenart begriffen werden können. Allerdings kommt es darauf an, daß sie auch gesund und kräftig sind, und ihre natürlichen Bewegungen und Funktionen ausüben können; es darf ihnen an nichts fehlen; es darf nichts krank oder schwach sein. Dies ist es nämlich, was die Natur verlangt. Es gibt auch bestimmte Körperbewegungen und Haltungen, die der Natur entsprechen. Wenn jemand darin einen Fehler begeht, durch Verdrehung oder Verrenkung oder durch eine häßliche Bewegung oder Haltung, etwa wenn er auf den Händen, oder wenn er nicht vorwärts, sondern rückwärts geht, so erweckt er durchaus den Eindruck, daß er sich selber verleugnen und den Menschen ausziehen wolle, also die Natur hasse. Darum sind auch bestimmte Arten des Sitzens, und allzu weiche und abgehackte Bewegungen, wie sie bei haltlosen und weichlichen Menschen zu sein pflegen, gegen die Natur; auch wenn ein seelischer Defekt die Ursache ist, so scheint in diesem Falle die Natur des Menschen doch am Körper am sichtbarsten verändert zu werden. Im Gegensatz dazu scheinen maßvolle und gleichmäßige Haltungen, Bewegungen und Aktionen des Körpers der Natur gemäß zu sein.

Weiterhin muß die Seele nicht nur existieren, sondern auch in einer bestimmten Beschaffenheit existieren, derart nämlich, daß alle ihre Teile unverletzt bleiben und von ihren Vorzügen keiner fehlt. Jedes der Sinnesorgane hat seinen eigenen Vorzug, der bewirkt, daß er, wenn er nicht gehindert wird, seine Aufgabe zu erfüllen, rasch und ungestört diejenigen Objekte aufzunehmen vermag, die sich den Sinnesorganen bieten.

Die Seele selbst und derjenige ihrer Teile, der der beherrschende ist und der Geist genannt wird, hat eine Mehrzahl von Vorzügen. Unterschieden werden vor allem zwei Gruppen: die eine besteht aus Vorzügen, die von Natur dem Menschen eingeboren sind und nicht willensmäßig genannt werden, die andere

rum autem earum, quae in voluntate positae magis proprio nomine appellari solent, quarum est excellens in animorum laude praestantia. prioris generis est docilitas, memoria; quae fere omnia appellantur uno ingenii nomine, easque virtutes qui habent, ingeniosi vocantur. alterum autem genus est magnarum verarumque virtutum, quas appellamus voluntarias, ut prudentiam, temperantiam, fortitudinem, iustitiam et reliquas eiusdem generis.

Et summatim quidem haec erant de corpore animoque dicenda, quibus quasi informatum est quid hominis natura postulet. ex quo perspicuum est, quoniam ipsi a nobis diligamur omniaque et in animo et in corpore perfecta velimus esse, ea nobis ipsa cara esse propter se et in iis esse ad bene vivendum momenta maxima. nam cui proposita sit conservatio sui, necesse est huic partes quoque sui caras esse carioresque, quo perfectiores sint et magis in suo genere laudabiles. ea enim vita expetitur, quae sit animi corporisque expleta virtutibus, in eoque summum bonum poni necesse est, quandoquidem id tale esse debet, ut rerum expetendarum sit extremum. quo cognito dubitari non potest, quin, cum ipsi homines sibi sint per se et sua sponte cari, partes quoque et corporis et animi et earum rerum, quae sunt in utriusque motu et statu, sua caritate colantur et per se ipsae appetantur. quibus expositis facilis est coniectura ea maxime esse expetenda ex nostris, quae plurimum habent dignitatis, ut optimae cuiusque partis, quae per se expetatur, virtus sit expetenda maxime. ita fiet, ut animi virtus corporis virtuti anteponatur animique virtutes non voluntarias vincant virtutes voluntariae, quae quidem

umfaßt diejenigen Vorzüge, die unserem Willen zur Verfügung stehen und in besonderem Sinn Tugenden genannt werden und unter den Vorzügen der Seele mehr als alles andere gelobt zu werden pflegen. Zur ersten Gruppe gehören die leichte Auffassungsgabe und das gute Gedächtnis; diese alle werden mit einem Worte Begabung genannt, und wer sie besitzt, heißt begabt. Die andere Gruppe dagegen umfaßt die großen und wahren Tugenden, die wir auf den freien Willen gründen, wie die Klugheit, Selbstzucht, Tapferkeit, Gerechtigkeit und alles andere dergleichen.

Dies war summarisch über den Körper und die Seele zu bemerken, woraus sich gewissermaßen die Form dessen ergibt, was die Natur des Menschen im Ganzen fordert. Da wir nun anerkanntermaßen uns selber lieben und danach streben, daß alles am Körper und an der Seele vollkommen sei, so ist es auch evident, daß eben diese Dinge um ihrer selbst willen uns lieb sind und daß es im höchsten Grade auf sie ankommt, wenn nach dem vollkommenen Leben gefragt wird. Wer sich nämlich die Bewahrung seiner selbst zum Ziel gesetzt hat, dem müssen notwendigerweise auch die Teile seiner Person lieb sein und zwar um so mehr, je vollkommener und je in ihrer Art lobenswerter sie sind. Wir suchen ja nach demjenigen Leben, das vollständig erfüllt ist von den Vorzügen der Seele und des Körpers; darin muß auch notwendigerweise das höchste Gut liegen, da dieses ja so beschaffen sein muß, daß es die Gesamtheit der zu erstrebenden Dinge umfaßt. Haben wir dies eingesehen, so kann kein Zweifel darüber bestehen, daß nicht nur die Menschen überhaupt sich selbst spontan lieben, sondern auch daß die Teile des Körpers und der Seele und alles dessen, was die Bewegung und die Ruhe des einen wie des andern angeht, mit der entsprechenden Liebe gepflegt und um ihrer selbst willen angestrebt werden müssen. Ist dies klargelegt, so dürfen wir mühelos folgern, daß unter unseren Vorzügen diejenigen am meisten zu erstreben sind, die an Rang am höchsten stehen, derart, daß nicht nur der jeweils vollkommenste Teil als solcher zu erstreben ist, sondern auch seine vollkommene Leistung. Es ergibt sich, daß die Vorzüglichkeit der Seele der Vorzüglichkeit des Körpers vorgezogen werden muß und daß den Vorzügen, die nicht dem Willen zugeordnet sind, diejenigen vorgezo-

proprie virtutes appellantur multumque excellunt, propterea quod ex ratione gignuntur, qua nihil est in homine divinius. etenim omnium rerum, quas et creat natura et tuetur, quae aut sine animo sunt aut ⟨non⟩ multo secus, earum summum bonum in corpore est, ut non inscite illud dictum videatur in sue, animum illi pecudi datum pro sale, ne putisceret. sunt autem bestiae quaedam, in quibus inest aliqud simile virtutis, ut in leonibus, ut in canibus, in equis, in quibus non corporum solum, ut in suibus, sed etiam animorum aliqua ex parte motus quosdam videmus. in homine autem summa omnis animi est et in animo rationis, ex qua virtus est, quae rationis absolutio definitur, quam etiam atque etiam explicandam putant.

Earum etiam rerum, quas terra gignit, educatio quaedam et perfectio est non dissimilis animantium. itaque et 'vivere' vitem et 'mori' dicimus arboremque et 'novellam' et 'vetulam' et 'vigere' et 'senescere'. ex quo non est alienum, ut animantibus, sic illis et apta quaedam ad naturam putare et aliena earumque augendarum et alendarum quandam cultricem ⟨vim⟩ esse, quae sit scientia atque ars agricolarum, quae circumcidat, amputet, erigat, extollat, adminiculet, ut, quo natura ferat, eo possint ire, ut ipsae vites, si loqui possint, ita se tractandas tuendasque esse fateantur. et nunc quidem quod eam tuetur, ut de vite potissimum loquar, est id extrinsecus; in ipsa enim parum magna vis inest, ut quam optima se habere possit, si nulla cul-

gen werden, die auf unserem Willen beruhen und darum im eigentlichen Sinne Tugenden heißen und ihren eigenen Rang besitzen, weil sie aus der Vernunft hervorgehen, also aus dem, was am Menschen das Göttlichste ist. Alle jene Wesen nämlich, die die Natur sowohl hervorbringt als auch beschützt und die entweder gar keine Seele besitzen oder doch beinahe keine, haben ihr höchstes Gut im Körper, so daß man jenen Ausspruch recht witzig finden kann, der erklärt, dem Schweine sei die Seele gegeben wie das Salz, damit es nicht verfaule. Daneben gibt es allerdings auch einige Tiere, an denen etwas der Tugend Ähnliches zu erkennen ist, etwa bei den Löwen, Hunden, Pferden, bei denen wir nicht nur die Bewegungen des Körpers beobachten können, wie beim Schweine, sondern zu einem gewissen Teile auch die Bewegungen der Seelen. Beim Menschen dagegen beruht das Ganze auf der Seele und in der Seele auf der Vernunft, aus der die Tugend entspringt, die man als eine Vollendung der Vernunft definiert; sie ist es, was die Philosophen immer und immer wieder glauben erläutern zu müssen.

Selbst jene Wesen, die aus der Erde hervorwachsen, haben eine Art von Entwicklung und Vervollkommnung, die derjenigen der Tiere nicht unähnlich ist. So sagen wir auch, daß die Rebe „lebe und sterbe"; wir reden von einem „jungen" und einem „alten" Baume und stellen fest, daß er entweder „kräftig" ist oder schon „altersschwach". Darum ist es nicht abwegig, genau wie bei den Tieren anzunehmen, daß auch für die Pflanzen bestimmte Dinge ihrer Natur zuträglich oder schädlich sind. Es gibt auch ein Verfahren, ihr Wachstum zu fördern und sie zu ernähren, das man die Wissenschaft und die Kunst der Landwirtschaft nennt. Sie kümmert sich darum, die Pflanzen zu beschneiden, zu stutzen, aufzurichten, gerade und aufwärts zu richten und zu stützen, damit sie den Weg gehen können, den ihnen ihre Natur weist. Die Rebe selber würde, wenn sie reden könnte, erklären, sie wünsche auf solche Weise behandelt und gepflegt zu werden. Faktisch befindet sich dasjenige, das sie pflegt, um weiterhin beim Beispiel der Rebe zu bleiben, außerhalb der Pflanze. Denn diese selbst hat nicht genügend Kraft, um sich selbst in den optimalen Zustand zu bringen, falls nicht eine systematische Pflege dazukommt. Würde

tura adhibeatur. at vero si ad vitem sensus accesserit, 40
ut appetitum quendam habeat et per se ipsa moveatur,
quid facturam putas? an ⟨non⟩ ea, quae per vinitorem
antea consequebatur, per se ipsa curabit? sed videsne
accessuram ei curam, ut sensus quoque suos eorumque omnem appetitum et si qua sint adiuncta ei membra tueatur? sic ad illa, quae semper habuit, iunget ea,
quae postea accesserint, nec eundem finem habebit,
quem cultor eius habebat, sed volet secundum eam
naturam, quae postea ei adiuncta erit, vivere. ita similis erit ei finis boni, atque antea fuerat, neque idem tamen; non enim iam stirpis bonum quaeret, sed animalis. quid, si non sensus modo ei sit datus, verum etiam
animus hominis? non necesse est et illa pristina manere, ut tuenda sint, et haec multo esse cariora, quae
accesserint, animique optimam quamque partem carissimam ⟨esse⟩, in eaque expletione naturae summi
boni finem consistere, cum longe multumque praestet mens atque ratio? sic, quod est extremum omnium appetendorum atque ductum a prima commendatione naturae, ⟨....⟩ multis gradibus adscendit, ut
ad summum perveniret, quod cumulatur ex integritate corporis et ex mentis ratione perfecta.

Cum igitur ea sit, quam exposui, forma naturae, si, 41
ut initio dixi, simul atque ortus esset, se quisque cognosceret iudicareque posset quae vis et totius esset naturae et partium singularum, continuo videret quid
esset hoc, quod quaerimus, omnium rerum, quas expetimus, summum et ultimum nec ulla in re peccare

jedoch die Rebe selbst mit Sinnenorganen ausgestattet, also auch ein Streben besitzen und sich bewegen können, was glaubst du, würde sie tun? Würde sie nicht selber für diejenige Pflege sorgen, die ihr zuvor durch den Weinbauern zuteil geworden war? Würdest du außerdem nicht bemerken, daß dann eine weitere Fürsorge dazukäme, natürlich diejenige, daß die Pflanze ihre eigenen Sinnesorgane, das diesen eigentümliche Streben und die diesem Streben dienenden Körperglieder zu schützen bemüht wäre? So würde sie den Eigenschaften, die sie von vornherein immer schon hatte, die andern hinzufügen, die später dazugetreten wären; sie würde nicht mehr dasselbe Ziel verfolgen, das der Weinbauer im Auge gehabt hätte, sondern ihr Streben würde sich darauf richten, derjenigen Natur gemäß zu leben, die später dazugekommen wäre. So wäre das höchste Gut für sie dem früheren, das sie als Pflanze verfolgte, ähnlich, aber nicht mehr dasselbe. Es würde sich nämlich nicht mehr um das Gute für eine Pflanze, sondern um dasjenige für ein Tier handeln. Was geschähe schließlich, wenn ihr nicht nur die Sinnesorgane verliehen würden, sondern auch die Seele eines Menschen? Wäre es nicht notwendig, daß das Frühere bestehen bliebe und bewahrt werden müßte, aber das Spätere, was dazukam, weit mehr geliebt würde, und zwar am meisten der jeweils beste Teil der Seele? Würde nicht die Vollendung dieses Teiles das höchste Gute für seine ganze Natur ausmachen, da ja Geist und Vernunft an Rang weit über allem anderen stehen? So ergibt sich ein Aufstieg in vielen Graden von der ersten Anpassung der Natur an bis hinauf zum höchsten Gegenstand allen Strebens, der dann erreicht wird, wenn die Unverletztheit des Körpers und die vollendete Tätigkeit des Geistes zusammentreten.

Dies ist nun, so wie ich es dargelegt habe, der Umriß der Natur. Wenn es nun, wie ich eingangs sagte, der Fall wäre, daß das Lebewesen gleich bei seiner Geburt sich selbst erkennen und darüber urteilen könnte, welches die Fähigkeiten sowohl seiner ganzen Natur wie auch der einzelnen Teile wären, dann vermöchte es auch sofort zu begreifen, was dasjenige ist, nach dem wir hier fragen, nämlich das letzte und höchste Ziel alles unseres Strebens, und dann könnte es in keiner Weise mehr einen Fehler begehen.

posset. nunc vero a primo quidem mirabiliter occulta natura est nec perspici nec cognosci potest. progredientibus autem aetatibus sensim tardeve potius quasi ⟨....⟩ nosmet ipsos cognoscimus. itaque prima illa commendatio, quae a natura nostri facta est nobis, incerta et obscura est, primusque appetitus ille animi tantum agit, ut salvi atque integri esse possimus. cum autem dispicere coepimus et sentire quid simus et quid ⟨ab⟩ animantibus ceteris differamus, tum ea sequi incipimus, ad quae nati sumus. quam similitudinem videmus in bestiis, quae primo, in quo loco natae sunt, ex eo se non commovent, deinde suo quaeque appetitu movetur. serpere anguiculos, nare anaticulas, evolare merulas, cornibus uti videmus boves, nepas aculeis, suam denique cuique naturam esse ad ⟨....⟩ vivendum ducem. quae similitudo in genere etiam humano apparet. parvi enim primo ortu sic iacent, tamquam omnino sine animo sint. cum autem paulum firmitatis accessit, et animo utuntur et sensibus coniunturque, ut sese erigant, et manibus utuntur et eos agnoscunt, a quibus educantur. deinde aequalibus delectantur libenterque se cum iis congregant dantque se ad ludendum fabellarumque auditione ducuntur deque eo, quod ipsis superat, aliis gratificari volunt animadvertuntque ea, quae domi fiunt, curiosius incipiuntque commentari aliquid et discere et eorum, quos vident, volunt non ignorare nomina; quibusque rebus cum aequalibus decertant, si vicerunt, efferunt se laetitia, victi debilitantur animosque demittunt. quorum sine causa fieri nihil putandum est. est enim natura sic generata vis hominis, ut ad omnem virtutem percipiendam facta videatur, ob eamque causam parvi virtutum simulacris, quarum in se habent semina, sine doctrina moventur; sunt enim

42

43

Jetzt aber bleibt am Anfang die Natur auf eine erstaunliche Weise verborgen und kann weder durchschaut noch begriffen werden. Erst mit fortschreitendem Alter beginnen wir allmählich und langsam gewissermaßen wie ⟨...⟩ uns selbst kennenzulernen. So ist denn die erste Anpassung, die unsere Natur für uns vollzogen hat, eine unbestimmte und dunkle; und jenes erste Streben der Seele richtet sich bloß darauf, daß wir gesund und unverletzt bleiben; sobald wir aber zu unterscheiden und einzusehen vermögen, was wir sind und worin wir uns von den übrigen Lebewesen unterscheiden, beginnen wir auch, uns auf das hinzubewegen, für das wir geboren sind. Ähnliches beobachten wir an den Tieren, die anfangs sich an dem Ort, an dem sie geboren wurden, überhaupt nicht rühren, dann aber jedes durch sein eigenes Streben in Gang gebracht wird. Dann fangen die jungen Schlangen an zu kriechen, die Entchen zu schwimmen, die Amseln davonzufliegen; wir sehen, wie die Rinder ihre Hörner gebrauchen, die Skorpione ihre Stacheln; und so wird für ein jedes die eigene Natur die Führerin zu ⟨einem optimal ausgestatteten⟩ Leben. Diesen Vergleich kann man auch auf die Menschen anwenden. Die Säuglinge liegen bei der Geburt da, wie wenn sie noch völlig unbeseelt wären. Wenn sie zu etwas größerer Festigkeit gelangt sind, beginnen ihre Seele und Sinnesorgane zu arbeiten; sie versuchen sich aufzurichten, benützen ihre Hände und erkennen diejenigen, die für sie sorgen. Später vergnügen sie sich mit ihren Altersgenossen und freuen sich, mit ihnen zusammenzusein, sind bereit, zu spielen und Geschichten anzuhören, und schenken gerne anderen von dem, was sie selber zuviel haben. Sie beobachten auch mit Neugierde, was zuhause vorgeht, und fangen an zu überlegen, zu lernen und wollen auch die Namen derer, die sie sehen, kennen. Wenn sie sich mit Altersgenossen in irgendeiner Sache messen, so freuen sie sich übermäßig, wenn sie gewinnen, und werden niedergeschlagen und betrübt, wenn sie verlieren. Man darf mit Sicherheit annehmen, daß nichts davon ohne Ursache zustande kommt. Der Mensch hat nämlich von Natur die angeborene Fähigkeit, für alle Tugenden, wie sich zeigt, aufnahmebereit zu sein. Darum werden die Kinder, ohne Belehrung erhalten zu haben, durch Abbildungen der Tugenden, deren Keime sie in sich besit-

prima elementa naturae, quibus auctis virtutis quasi germen efficitur. nam cum ita nati factique simus, ut et agendi aliquid et diligendi aliquos et liberalitatis et referendae gratiae principia in nobis contineremus atque ad scientiam, prudentiam, fortitudinem aptos animos haberemus a contrariisque rebus alienos, non sine causa eas, quas dixi, in pueris virtutum quasi scintillas videmus, e quibus accendi philosophi ratio debet, ut eam quasi deum ducem subsequens ad naturae perveniat extremum.

Nam, ut saepe iam dixi, in infirma aetate inbecillaque mente vis naturae quasi per caliginem cernitur; cum autem progrediens confirmatur animus, agnoscit ille quidem naturae vim, sed ita, ut progredi possit longius, per se sit tantum inchoata.

Intrandum est igitur in rerum naturam et penitus quid ea postulet pervidendum; aliter enim nosmet ipsos nosse non possumus. quod praeceptum quia maius erat, quam ut ab homine videretur, idcirco assignatum est deo. iubet igitur nos Pythius Apollo noscere nosmet ipsos. cognitio autem haec est una nostri, ut vim corporis animique norimus sequamurque eam vitam, quae rebus iis ipsis perfruatur. quoniam autem is animi appetitus a principio fuit, ut ea, quae dixi, quam perfectissima natura haberemus, confitendum est, cum id adepti simus, quod appetitum sit, in eo quasi in ultimo consistere naturam, atque id esse summum bonum; quod certe universum sua sponte ipsum expeti et propter se necesse est, quoniam ante demonstratum est etiam singulas eius partes esse per se expetendas. in enumerandis autem corporis commo-

zen, in Bewegung versetzt. Dies sind nämlich die Grundlagen der Natur, durch deren Entwicklung gewissermaßen der Keim der Tugend erzeugt wird. Denn da wir so geboren und eingerichtet sind, daß wir die Prinzipien des Handelns, des Liebens, der Großzügigkeit und der Dankbarkeit in uns besitzen, und da unsere Seele aufnahmefähig ist für das Wissen, die Klugheit und die Tapferkeit, das Gegenteil davon aber ablehnt, so dürfen wir nicht ohne Ursache gewissermaßen jene Funken der Tugend, von denen ich gesprochen habe, schon bei den Kindern wahrnehmen. Aus diesen Funken soll die Vernunft des Philosophen sich entzünden, damit er ihr wie einem Gotte folgen und bis zur Vollendung der Natur gelangen kann.

Denn, wie ich schon oft gesagt habe, es kann das noch zarte Alter und der noch schwache Geist die Kraft der Natur nur sozusagen durch einen Nebel hindurch erblicken. Wenn aber im Zuge der Entwicklung die Seele sich gefestigt hat, dann erkennt sie immerhin diese Kraft der Natur, aber doch in der Weise, daß sie sich weiter entwickeln kann, an sich selbst aber nur in Ansätzen vorhanden ist.

Jetzt müssen wir also ins Innere der Natur eintreten und ganz zu begreifen suchen, was sie von uns fordert. Es gibt keinen andern Weg, uns selber kennenzulernen. Dieses Gebot hat immer für so erhaben gegolten, daß man es nicht einem Menschen, sondern einem Gotte zuschreiben wollte. Also befiehlt uns der Pythische Apollon, uns selber zu kennen. Diese Erkenntnis unser selbst besteht in dem einen Punkte, die Fähigkeiten des Körpers und der Seele zu begreifen und uns jener Lebensform zuzuwenden, die das eine wie das andere zu nutzen versteht. Da nun von Anfang an das Streben der Seele darauf geht, das, was ich soeben erwähnt habe, im vollkommensten Zustand seiner Natur zu besitzen, so müssen wir auch gestehen, daß eben diese Natur, wenn wir einmal erreicht haben, was wir erstrebten, gewissermaßen an ihrem Endpunkt stehen bleiben wird, und daß eben dies das höchste Gut sei. Notwendigerweise muß dies als Ganzes spontan und um seiner selbst willen erstrebt werden, da ja auch, wie ich schon gezeigt habe, alle einzelnen Teile um ihrer selbst willen erstrebt werden müssen. Sollte nun jemand einwenden, wir hätten

dis si quis praetermissam a nobis voluptatem putabit, in aliud tempus ea quaestio differatur. utrum enim sit voluptas in iis rebus, quas primas secundum naturam esse diximus, necne sit ad id, quod agimus, nihil interest. si enim, ut mihi quidem videtur, non explet bona naturae voluptas, iure praetermissa est; sin autem est in illis, quod quidam volunt, nihil impedit hanc nostram comprehensionem summi boni. quae enim constituta sunt prima naturae, ad ea si voluptas accesserit, unum aliquod accesserit commodum corporis neque eam constitutionem summi boni, quae est proposita, mutaverit.

Et adhuc quidem ita nobis progressa ratio est, ut ea duceretur omnis a prima commendatione naturae. nunc autem aliud iam argumentandi sequamur genus, ut non solum quia nos diligamus, sed quia cuiusque partis naturae et in corpore et in animo sua quaeque vis sit, idcirco in his rebus summe nostra sponte moveamur. atque ut a corpore ordiar, videsne ut, si quae in membris prava aut debilitata aut inminuta sint, occultent homines? ut etiam contendant et elaborent, si efficere possint, ut aut non appareat corporis vitium aut quam minimum appareat? multosque etiam dolores curationis causa perferant, ut, si ipse usus membrorum non modo non maior, verum etiam minor futurus sit, eorum tamen species ad naturam revertatur? etenim, cum omnes natura totos se expetendos putent, nec id ob aliam rem, sed propter ipsos, necesse est eius etiam partis propter se expeti, quod universum propter se expetatur. quid? in motu et in statu corporis nihil inest, quod animadvertendum esse ipsa natura iudicet? quem ad modum quis ambulet, sedeat, qui ductus oris, qui vultus in quoque sit? nihilne

unter den Gütern des Körpers die Lust übergangen, so ist dies eine Frage, die auf einen andern Zeitpunkt verschoben werden soll. Es kommt nämlich nicht darauf an, ob nun die Lust zu den Dingen gehört, die wir als das ursprünglich Naturgemäße bezeichnet haben, oder ob sie nicht dazu gehört. Wenn die Lust nichts zur Vollendung der naturgemäßen Güter beiträgt, wie mir jedenfalls scheint, so haben wir sie mit Recht beiseite gelassen. Gehört sie indessen dazu, wie einige glauben, so stört dies unseren Begriff des höchsten Gutes in keiner Weise. Ist einmal konstituiert, was ursprünglich die Natur ausmacht, so bedeutet die Zufügung der Lust nur, daß ein weiteres körperliches Gut dazutritt; damit wird aber die Bestimmung des höchsten Gutes, wie wir sie vorgeschlagen haben, in keiner Weise modifiziert.

Bisher haben wir das Prinzip in der Weise entwickelt, daß es vollständig von der ersten Neigung unserer Natur abgeleitet wurde. Jetzt wollen wir auf eine andere Art argumentieren und davon ausgehen, daß wir uns in diesen Dingen mit vollendeter Spontaneität bewegen, nicht nur weil wir uns selber lieben, sondern auch, weil jeder Teil der Natur als Seele und als Körper seine bestimmte Fähigkeit besitzt. Um mit dem Körper zu beginnen, bemerkst du nicht, wie die Menschen zu verstecken suchen, was an ihren Körpergliedern häßlich, invalid oder verkürzt ist? Sie bemühen sich und strengen sich an, damit, wenn es möglich ist, der Schaden am Körper entweder gar nicht oder doch so wenig wie möglich sichtbar wird. Sie halten auch viele Schmerzen aus, um den Fehler zu heilen, in der Absicht, daß, selbst wenn dadurch die Gebrauchsfähigkeit der Glieder nicht größer, sondern geringer wird, doch das äußere Aussehen zum natürlichen Zustand zurückkehrt. Wenn demnach alle Menschen von Natur sich als ein Ganzes zu erhalten streben, und dies nicht zu anderweitigen Zwecken, sondern als Selbstzweck, dann strebt man notwendigerweise auch nach der Erhaltung der einzelnen Teile, da man ja die Erhaltung des Ganzen um seiner selbst willen begehrt. Gibt es nicht auch bei der Bewegung und Ruhe des Körpers bestimmte Dinge, auf die zu achten die Natur selbst uns auffordert? Kommt es nicht darauf an, wie einer schreitet, wie er sitzt, welchen Gesichtsausdruck, welche Miene er jeweils hat?

est in his rebus, quod dignum libero aut indignum
esse ducamus? nonne odio multos dignos putamus,
qui quodam motu aut statu videntur naturae legem et
modum contempsisse? et quoniam haec deducuntur
de corpore, quid est cur non recte pulchritudo etiam
ipsa propter se expetenda ducatur? nam si pravitatem
inminutionemque corporis propter se fugiendam putamus, cur non etiam, ac fortasse magis, propter se
formae dignitatem sequamur? et si turpitudinem fu-
gimus in statu et motu corporis, quid est cur pulchritudinem non sequamur? atque etiam valitudinem, vires, vacuitatem doloris non propter utilitatem solum,
sed etiam ipsas propter se expetemus. quoniam enim
natura suis omnibus expleri partibus vult, hunc statum corporis per se ipsum expetit, qui est maxime e
natura, quae tota perturbatur, si aut aegrum corpus
est aut dolet aut caret viribus.

Videamus animi partes, quarum est conspectus il- 48
lustrior; quae quo sunt excelsiores, eo dant clariora
indicia naturae. tantus est igitur innatus in nobis cognitionis amor et scientiae, ut nemo dubitare possit
quin ad eas res hominum natura nullo emolumento
invitata rapiatur. videmusne ut pueri ne verberibus
quidem a contemplandis rebus perquirendisque de-
terreantur? ut pulsi recurrant? ut aliquid scire se gaudeant? ut id aliis narrare gestiant? ut pompa, ludis atque eius modi spectaculis teneantur ob eamque rem
vel famem et sitim perferant? quid vero? qui ingenuis
studiis atque artibus delectantur, nonne videmus eos
nec valitudinis nec rei familiaris habere rationem om-

Gibt es in diesem Bereiche nichts, was eines Gebildeten entweder würdig oder unwürdig ist? Halten wir nicht viele Leute für hassenswert, weil sie den Eindruck erwecken, sich durch ihre Bewegungen und Haltungen über das Gesetz und die Ordnung der Natur hinwegzusetzen? Und wenn dies alles sich auf den Körper bezieht, warum sollten wir dann nicht mit Recht auch die Schönheit als etwas betrachten, das um seiner selbst willen zu erstreben sei? Wenn wir nämlich überzeugt sind, daß die Häßlichkeit und die Invalidität des Körpers als solche zu meiden sind, warum werden wir uns dann nicht auch und vielleicht noch mehr um die Vollkommenheit der ganzen Gestalt bemühen? Wenn wir Würdelosigkeit in Haltung und Bewegung des Körpers ablehnen, warum sollten wir dann nicht nach der Schönheit streben? Ebenso werden wir die Gesundheit, die Kraft und die Schmerzlosigkeit nicht nur wünschen, weil sie nützlich sind, sondern auch um ihrer selbst willen. Da nämlich die Natur in allen ihren Teilen zur Vollendung gelangen will, so strebt sie auch jene Haltung des Körpers als solche an, die am meisten der Natur entspricht; diese gerät gänzlich in Verwirrung, wenn der Körper krank ist oder Schmerz empfindet oder der Kraft ermangelt.

Jetzt wollen wir die Teile der Seele betrachten, bei denen die Übersicht eine klarere ist. Je höher an Rang sie sind, desto deutlichere Hinweise auf die Natur des Menschen liefern sie. Fürs erste ist uns eine so große Liebe zur Kenntnis und zum Wissen eingeboren, daß niemand daran zweifeln kann, daß die menschliche Natur durch diese Dinge angezogen wird, auch wenn daraus kein Vorteil entsteht. Wir sehen ja, wie schon die Kinder nicht einmal durch Schläge davon abgehalten werden können, Dinge zu betrachten und zu erforschen. Werden sie weggescheucht, so laufen sie wieder zurück. Sie freuen sich, wenn sie etwas wissen, sind begierig, es andern mitzuteilen, werden gefesselt durch einen Festzug, durch Darbietungen im Theater und andere derartige Schauspiele und sind bereit, diesen Dingen zuliebe auch Hunger und Durst zu ertragen. Und wie weiter? Sehen wir nicht, wie diejenigen, die sich an den höheren Wissenschaften und Künsten erfreuen, weder auf ihre Gesundheit noch auf ihr Vermögen Rücksicht nehmen und alles ertragen, weil sie

niaque perpeti ipsa cognitione et scientia captos et
cum maximis curis et laboribus compensare ea, quam
ex discendo capiant, voluptatem? ⟨ut⟩ mihi quidem
Homerus huius modi quiddam vidisse videatur in iis,
quae de Sirenum cantibus finxerit. neque enim vocum
suavitate videntur aut novitate quadam et varietate
cantandi revocare eos solitae, qui praetervehebantur,
sed quia multa se scire profitebantur, ut homines ad
earum saxa discendi cupiditate adhaerescerent. ita
enim invitant Ulixem – nam verti, ut quaedam Ho-
meri, sic istum ipsum locum –:

> O decus Argolicum, quin puppim flectis, Ulixes,
> Auribus ut nostros possis agnoscere cantus!
> Nam nemo haec umquam est transvectus caerula
>   cursu,
> Quin prius adstiterit vocum dulcedine captus,
> Post variis avido satiatus pectore musis
> Doctior ad patrias lapsus pervenerit oras.
> Nos grave certamen belli clademque tenemus,
> Graecia quam Troiae divino numine vexit,
> Omniaque e latis rerum vestigia terris.

Vidit Homerus probari fabulam non posse, si can-
tiunculis tantus irretitus vir teneretur; scientiam pol-
licentur, quam non erat mirum sapientiae cupido patria esse cariorem.

Atque omnia quidem scire, cuiuscumque modi
sint, cupere curiosorum, duci vero maiorum rerum
contemplatione ad cupiditatem scientiae summorum
virorum est putandum. quem enim ardorem studii
censetis fuisse in Archimede, qui dum in pulvere
quaedam describit attentius, ne patriam ⟨quidem⟩
captam esse senserit? quantum Aristoxeni ingenium

durch das Erkennen und die Wissenschaft selber so gefesselt sind, und wie sie um den Preis der größten Schwierigkeiten und Anstrengungen jene Lust erkaufen, die ihnen das Lernen verschafft? Mir jedenfalls scheint Homer etwas von dieser Art gemeint zu haben, an jener Stelle, die er vom Gesang der Sirenen gedichtet hat. Denn es ist klar, daß sie diejenigen, die an ihnen vorbeifuhren, nicht durch die Süßigkeit ihrer Stimme oder durch die Eigenart und Vielfalt ihrer Sangeskunst anzulocken pflegten; sondern dadurch, daß sie verkündeten, sie wüßten vieles, bewirkten sie, daß die Menschen sich an ihre Felsen anklammerten aus lauter Begierde nach Erkenntnis. So nämlich laden sie Odysseus ein – denn ich habe einige Verse Homers übersetzt, darunter auch gerade diese Stelle –:

„Du Stolz der Argiver, warum wendest du nicht das Schiff, Odysseus, damit du mit deinen Ohren unseren Gesang vernehmen kannst? Denn niemand ist bisher auf der Fahrt durch das blaue Meer hier vorbeigekommen, der nicht stehenblieb, verzaubert durch die Süßigkeit unserer Stimmen und dann, nachdem sich sein gieriges Herz am bunten Gesang gesättigt hat, reicher an Wissen sich umwandte und an die Gestade seines Vaterlandes gelangte. Wir wissen vom furchtbaren Kriege und von der Niederlage, die durch das Walten der Götter Griechenland über Troja gebracht hat. Wir wissen auch von allen Spuren, die das Geschehen auf der weiten Erde hinterlassen hat".

Homer hat begriffen, daß seine Erzählung nicht geglaubt werden würde, wenn ein so bedeutender Held bloß durch irgendwelche Liedchen gefesselt worden wäre. Die Sirenen versprechen das Wissen, und da war es nicht merkwürdig, daß dieses Wissen dem nach Weisheit Begierigen lieber war als das Vaterland.

Alles wissen zu wollen, worum immer es sich auch handeln mag, ist bloß ein Zeichen der Neugierde; doch durch die Betrachtung großer Dinge zur Begierde nach Wissen überhaupt hingeführt zu werden, ist eine Eigenschaft der bedeutendsten Männer. Welche Leidenschaft des Forschens, glaubt ihr, lebte in Archimedes, der nicht einmal bemerkte, daß seine Vaterstadt in die Hand der Feinde geraten war, während er ganz darauf konzentriert war, geometrische Figuren in den Sand zu zeichnen? Welch

consumptum videmus in musicis? quo studio Aristophanem putamus aetatem in litteris duxisse? quid de Pythagora? quid de Platone aut de Democrito loquar? a quibus propter discendi cupiditatem videmus ultimas terras esse peragratas. quae qui non vident, nihil umquam magnum ac cognitione dignum amaverunt.

Atque hoc loco, qui propter animi voluptates coli dicunt ea studia, quae dixi, non intellegunt idcirco esse ea propter se expetenda, quod nulla utilitate obiecta delectentur animi atque ipsa scientia, etiamsi incommodatura sit, gaudeant. sed quid attinet de rebus tam apertis plura requirere? ipsi enim quaeramus a nobis stellarum motus contemplationesque rerum caelestium eorumque omnium, quae naturae obscuritate occultantur, cognitiones quem ad modum nos moveant, et quid historia delectet, quam solemus persequi usque ad extremum, ⟨cum⟩ praetermissa repetimus, inchoata persequimur. nec vero sum nescius esse utilitatem in historia, non modo voluptatem. quid, cum fictas fabulas, e quibus utilitas nulla elici potest, cum voluptate legimus? quid, cum volumus nomina eorum, qui quid gesserint, nota nobis esse, parentes, patriam, multa praeterea minime necessaria? quid, quod homines infima fortuna, nulla spe rerum gerendarum, opifices denique delectantur historia? maximeque eos videre possumus res gestas audire et legere velle, qui a spe gerendi absunt confecti senectute. quocirca intellegi necesse est in ipsis rebus, quae discuntur et cognoscuntur, invitamenta inesse, quibus ad discendum cognoscendumque moveamur. ac veteres quidem philosophi in beatorum insulis fingunt qualis futura sit vita sapientium, quos cura omni liberatos, nullum necessarium vitae cultum aut para-

große Begabung hat Aristoxenos auf die Musikwissenschaft verwandt? Wie groß war der Eifer, der Aristophanes dazu veranlaßte, sein Leben mit der Philologie zu verbringen? Was soll ich schließlich von Pythagoras, von Platon und Demokrit sagen, von denen wir lesen, daß sie aus Begierde nach Wissen die fernsten Länder aufgesucht haben? Wer dies nicht bewundert, hat niemals etwas Großes und Wissenswertes geliebt.

Wer nun an diesem Punkte behauptet, diese Studien, von denen ich soeben gesprochen habe, würden um der Lust der Seele willen betrieben, der begreift nicht, daß man gerade deshalb um ihrer selbst willen nach ihnen strebt, weil die Seele sich an ihnen erfreut, ohne an irgendeinen Nutzen zu denken, und die Wissenschaft selber liebt, auch wenn sie uns in Schwierigkeiten bringt. Doch wozu fragen wir noch mehr nach Dingen, die derart offenkundig sind? Wir wollen uns selbst befragen, wie sehr uns die Bewegungen der Sterne, die Betrachtung der Himmelsphänomene und das Erforschen all jener Dinge, die in der Dunkelheit der Natur verborgen sind, interessieren; wie sehr uns die Geschichte erfreut, die wir bis in alle Einzelheiten zu verfolgen pflegen, dem Übersehenen nachgehen und das bloß Angefangene zu vervollständigen suchen. Ich weiß allerdings, daß die Geschichte nicht bloß Vergnügen, sondern auch Nutzen mit sich bringt. Doch wie steht es, wenn wir erfundene Geschichten, aus denen keinerlei Nutzen gewonnen werden kann, mit Genuß lesen? Was bedeutet es, wenn wir die Namen jener kennenlernen wollen, die etwas geleistet haben, ihre Eltern, ihr Vaterland und vieles andere, das zu wissen keineswegs notwendig ist? Was bedeutet es weiterhin, wenn Menschen geringsten Standes, die keine Aussicht haben, jemals politisch tätig sein zu können, und wenn auch Handwerker an der Geschichte ihre Freude haben? Wir können auch beobachten, daß diejenigen am meisten über geschichtliche Taten hören und lesen wollen, die so alt sind, daß für sie eine politische Tätigkeit ausgeschlossen ist. Man muß daraus folgern, daß die Gegenstände selbst, die wir kennenlernen, uns zum Lernen und Erkennen stimulieren. Die alten Philosophen jedenfalls haben sich vorgestellt, wie das Leben der Weisen auf den Inseln der Seligen sein würde, wenn sie, von jeder Sorge befreit, durch keine Bedürfnisse

tum requirentis, nihil aliud esse acturos putant, nisi ut omne tempus inquirendo ac discendo in naturae cognitione consumant.

Nos autem non solum beatae vitae istam esse oblectationem videmus, sed etiam levamentum miseriarum. itaque multi, cum in potestate essent hostium aut tyrannorum, multi in custodia, multi in exilio dolorem suum doctrinae studiis levaverunt. princeps 54 huius civitatis Phalereus Demetrius cum patria pulsus esset iniuria, ad Ptolomaeum se regem Alexandream contulit. qui cum in hac ipsa philosophia, ad quam te hortamur, excelleret Theophrastique esset auditor, multa praeclara in illo calamitoso otio scripsit non ad usum aliquem suum, quo erat orbatus, sed animi cultus ille erat ei quasi quidam humanitatis cibus. equidem e Cn. Aufidio, praetorio, erudito homine, oculis capto, saepe audiebam, cum se lucis magis quam utilitatis desiderio moveri diceret. somnum denique nobis, nisi requietem corporibus et medicinam quandam laboris afferret, contra naturam putaremus datum; aufert enim sensus actionemque tollit omnem. itaque si aut requietem natura non quaereret aut eam posset alia quadam ratione consequi, facile pateremur, qui etiam nunc agendi aliquid discendique causa prope contra naturam vigilias suscipere soleamus.

Sunt autem etiam clariora vel plane perspicua mini- 55 meque dubitanda indicia naturae, maxime scilicet in homine, sed in omni animali, ut appetat animus aliquid agere semper neque ulla condicione quietem sempiternam possit pati. facile est hoc cernere in primis puerorum aetatulis. quamquam enim vereor, ne nimius in hoc genere videar, tamen omnes veteres

des Lebens festgehalten, nichts anderes tun würden als ihre ganze Zeit auf das Forschen und Lernen in der Wissenschaft der Natur zu verwenden.

Wir konstatieren außerdem, daß dies nicht nur eine schöne Beschäftigung im glückseligen Leben ist, sondern auch Trost im Unglück. Viele nämlich, die in der Gewalt der Feinde oder von Tyrannen waren, viele im Gefängnis oder in der Verbannung haben sich ihren Schmerz durch wissenschaftliche Studien erleichtert. Demetrios von Phaleron, der einmal Regent dieser Stadt gewesen ist, wurde zu Unrecht aus seinem Vaterland verbannt und begab sich nach Alexandrien zum König Ptolemaios, und da er gerade mit derjenigen Philosophie, zu der wir dich einladen wollen, völlig vertraut war und ein Hörer Theophrasts gewesen war, so hat er in jener unglückseligen Muße viele treffliche Bücher geschrieben, nicht etwa zu einem praktischen Gebrauche, der ihm verweigert war; sondern die Pflege des Geistes war ihm gewissermaßen eine Art von Nahrung, die ihm seine Bildung verschaffte. Ich persönlich habe von Cn. Aufidius, einem ehemaligen Praetor, der sehr gebildet war und schließlich erblindete, öfters gehört, er bedaure an seiner Blindheit mehr den Verlust des Lichtes als den Schaden für das praktische Leben. Wir würden schließlich auch meinen, daß der Schlaf etwas Naturwidriges sei, wenn er uns nicht die Ruhe für unseren Körper und eine Erholung von unseren Anstrengungen brächte. Er schneidet die Sinneswahrnehmungen ab und macht jede Tätigkeit unmöglich. Wenn also unsere Natur nicht der Ruhe bedürfte, oder wir diese auf einem anderen Wege erlangen könnten, so würden wir leicht auf den Schlaf verzichten, da wir ja auch jetzt, wenn wir etwas unternehmen oder lernen wollen, gegen die Natur die Nächte hindurch zu wachen pflegen.

Es gibt außerdem noch klarere oder vielmehr völlig evidente und unbezweifelbare Anzeichen der Natur, vor allem natürlich am Menschen, aber auch an jedem Lebewesen dafür, daß die Seele ununterbrochen tätig zu sein wünscht und unter keinen Umständen eine dauernde Ruhe auszuhalten vermag. Man erkennt dies leicht am frühesten Kindesalter. Ich fürchte allerdings, dieses Argument zu häufig zu verwenden, doch wenden sich alle alten Phi-

philosophi, maxime nostri, ad incunabula accedunt, quod in pueritia facillime se arbitrantur naturae voluntatem posse cognoscere. videmus igitur ut conquiescere ne infantes quidem possint. cum vero paulum processerunt, lusionibus vel laboriosis delectantur, ut ne verberibus quidem deterreri possint, eaque cupiditas agendi aliquid adolescit una cum aetatibus. itaque, ne si iucundissimis quidem nos somniis usuros putemus, Endymionis somnum nobis velimus dari, idque si accidat, mortis instar putemus. quin 56 etiam inertissimos homines nescio qua singulari segnitia praeditos videmus tamen et corpore et animo moveri semper et, cum re nulla impediantur necessaria, aut alveolum poscere aut quaerere quempiam ludum aut sermonem aliquem requirere, cumque non habeant ingenuas ex doctrina oblectationes, circulos aliquos et sessiunculas consectari. quin ne bestiae quidem, quas delectationis causa concludimus, cum copiosius alantur, quam si essent liberae, facile patiuntur sese contineri motusque solutos et vagos a natura sibi tributos requirunt. itaque ut quisque optime na- 57 tus institutusque est, esse omnino nolit in vita, si gerendis negotiis orbatus possit paratissimis vesci voluptatibus. nam aut privatim aliquid gerere malunt aut, qui altiore animo sunt, capesssunt rem publicam honoribus imperiisque adipiscendis ⟨operam dant⟩ aut totos se ad studia doctrinae conferunt. qua in vita tantum abest ut voluptates consectentur, etiam curas, sollicitudines, vigilias perferunt optimaque parte hominis, quae in nobis divina ducenda est, ingenii et mentis acie fruuntur nec voluptatem requirentes nec fugientes laborem. nec vero intermittunt aut admira-

losophen und besonders diejenigen unserer Schule mit Vorliebe dem Säuglingsalter zu, weil sie überzeugt sind, daß in diesem Alter die Intentionen der Natur am leichtesten erkennbar seien. So sehen wir denn auch, wie nicht einmal die kleinen Kinder ruhig zu bleiben vermögen. Haben sie einige Fortschritte gemacht, so vergnügen sie sich an Spielen, und zwar sogar an mühsamen, und können nicht einmal durch Schläge davon abgeschreckt werden. Dasselbe Bedürfnis nach Tätigkeit wächst mit den Jahren. So möchten wir nicht einmal dann, wenn uns die angenehmsten Träume geschenkt würden, im Schlafe des Endymion leben, und wenn wir dies müßten, würde uns dies vorkommen wie ein Tod. So sehen wir auch, daß selbst die trägsten Menschen und solche, die auf das äußerste schwerfällig sind, doch an Körper und Seele sich immer in Bewegung befinden; wenn sie nicht gerade durch eine notwendige Tätigkeit festgehalten werden, verlangen sie nach dem Würfelspiel oder suchen irgendwelche Unterhaltung oder möchten Konversation machen, und wenn ihnen die Wissenschaft keine edleren Genüsse verschafft, suchen sie irgendwelche Gesellschaften und Geselligkeiten auf. Auch die wilden Tiere, die wir zu unserem Vergnügen in Käfigen halten, lieben es keineswegs, gefangen zu sein, obschon sie reichlicher gefüttert werden, als dies auf freier Wildbahn möglich wäre, sondern verlangen nach freier und ungebundener Bewegung, wie die Natur sie ihnen verliehen hat. So wird denn gerade derjenige, der an Begabung und Erziehung am meisten hervorragt, überhaupt nicht leben wollen, wenn er keine Tätigkeit ausüben dürfte, sondern sich nur an allen denkbaren Genüssen zu erfreuen hätte. Solche Menschen wollen entweder im Privatleben etwas unternehmen oder, wenn sie nach Höherem streben, begeben sie sich in die Politik und bemühen sich um Auszeichnung und Magistraturen oder widmen sich ganz der wissenschaftlichen Forschung. In einem solchen Leben denken sie so wenig an Lust, daß sie vielmehr Sorgen und Beunruhigungen und Nachtwachen auf sich nehmen. Sie sind tätig in dem besten Teil des Menschen, den wir für göttlich halten müssen, nämlich in der Anstrengung des Geistes und der Vernunft, suchen weder Lust, noch meiden sie die Schwierigkeiten. Sie hören auch nicht auf, weder in der Bewunderung jener

tionem earum rerum, quae sunt ab antiquis repertae, aut investigationem novarum. quo studio cum satiari non possint, omnium ceterarum rerum obliti nihil abiectum, nihil humile cogitant; tantaque est vis talibus in studiis, ut eos etiam, qui sibi alios proposuerunt fines bonorum, quos utilitate aut voluptate dirigunt, tamen in rebus quaerendis explicandisque naturis aetates conterere videamus.

Ergo hoc quidem apparet, nos ad agendum esse natos. actionum autem genera plura, ut obscurentur etiam minora maioribus; maximae autem sunt primum, ut mihi quidem videtur et iis, quorum nunc in ratione versamur, consideratio cognitioque rerum caelestium et earum, quas a natura occultatas et latentes indagare ratio potest, deinde rerum publicarum administratio aut administrandi scientia, tum prudens, temperata, fortis, iusta ratio reliquaeque virtutes et actiones virtutibus congruentes, quae uno verbo complexi omnia honesta dicimus. 58

Ad quorum et cognitionem et usum iam corroborati natura ipsa praeeunte deducimur. omnium enim rerum principia parva sunt, sed suis progressionibus usa augentur, nec sine causa; in primo enim ortu inest teneritas ac mollitia quaedam, ut nec res videre optimas nec agere possint. virtutis enim beataeque vitae, quae duo maxime expetenda sunt, serius lumen apparet, multo etiam serius, ut plane qualia sint intellegantur. praeclare enim Plato: 'Beatum, cui etiam in senectute contigerit, ut sapientiam verasque opiniones assequi possit!' Quare, quoniam de primis naturae commodis satis dictum est, nunc de maioribus consequentibusque videamus.

Dinge, die die Alten entdeckt haben, noch in der Erforschung neuer Probleme. In diesem Bemühen sind sie unersättlich, vergessen alles übrige und halten sich mit ihren Gedanken niemals bei vulgären und unansehnlichen Dingen auf. Derartige Studien haben ein solches Gewicht, daß wir beobachten können, wie auch solche, die sich ganz andere Ziele des Handelns vorgenommen haben und an den Nutzen oder die Lust denken, dennoch ihr ganzes Leben mit der Erforschung der Dinge und der Erläuterung der Natur zubringen.

Demnach ist klar, daß wir zum Handeln geboren sind. Allerdings gibt es verschiedene Arten von Tätigkeiten, und die geringeren werden durch die bedeutenderen verdunkelt. Am bedeutendsten sind erstens, wie es mir jedenfalls scheint wie auch denjenigen, deren Lehre wir jetzt darstellen, die Betrachtung und Erforschung der Himmelserscheinungen und all der Dinge, die die Natur verborgen hat und uns unbekannt sind und die von der Vernunft ans Licht gebracht werden können. Dazu kommt die Verwaltung des Staates oder die politische Wissenschaft, endlich drittens die Prinzipien der Klugheit, Selbstzucht, Tapferkeit und Gerechtigkeit und die übrigen Tugenden und die den Tugenden entsprechenden Tätigkeiten, die wir in einem Wort zusammengefaßt insgesamt „tugendgemäß" nennen.

Sie zu erkennen und auszuüben werden wir mit der Zeit befähigt, nachdem uns die Natur selber den Weg gewiesen hat. Die Anfänge aller Dinge sind klein, aber im Zuge des Fortschrittes werden sie bedeutender und dies aus gutem Grund; denn dem Ursprung ist eine gewisse Zerbrechlichkeit und Weichheit eigen, so daß man die wichtigsten Dinge weder zu sehen noch zu tun vermag. Erst viel später wird das Licht der Tugend und des glückseligen Lebens (also der zwei Dinge, die vor allem andern zu erstreben sind) sichtbar, und noch sehr viel später begreifen wir vollständig, was sie bedeuten. Vortrefflich sagt Platon: „Glückselig der, der es noch im Greisenalter erreichte, zur Weisheit und zu den richtigen Überzeugungen zu gelangen!" Da wir nun von den ersten Anlagen der Natur genügend gesprochen haben, wollen wir jetzt uns den größeren und aus ihnen sich ergebenden Dingen zuwenden.

Natura igitur corpus quidem hominis sic et genuit 59
et formavit, ut alia in primo ortu perficeret, alia progrediente aetate fingeret neque sane multum adiumentis externis et adventiciis uteretur. animum autem reliquis rebus ita perfecit, ut corpus; sensibus enim ornavit ad res percipiendas idoneis, ut nihil aut non multum adiumento ullo ad suam confirmationem indigerent; quod autem in homine praestantissimum atque optimum est, id deseruit. etsi dedit talem mentem, quae omnem virtutem accipere posst, ingenuitque sine doctrina notitias parvas rerum maximarum et quasi instituit docere et induxit in ea, quae ⟨....⟩ inerant, tamquam elementa virtutis. sed virtu- 60
tem ipsam inchoavit, nihil amplius. itaque nostrum est – quod nostrum dico, artis est – ad ea principia, quae accepimus, consequentia exquirere, quoad sit id, quod volumus, effectum. quod quidem pluris est haud paulo magisque ipsum propter se expetendum quam aut sensus aut corporis ea ⟨bona⟩, quae diximus, quibus tantum praestat mentis excellens perfectio, ut vix cogitari possit quid intersit. itaque omnis honos, omnis admiratio, omne studium ad virtutem et ad eas actiones, quae virtuti sunt consentaneae, refertur, eaque omnia, quae aut ita in animis sunt aut ita geruntur, uno nomine honesta dicuntur. quorum omnium quae sint notitiae, quae quidem significentur rerum vocabulis, quaeque cuiusque vis et natura sit mox videbimus.

Hoc autem loco tantum explicemus haec honesta, 61
quae dico, praeterquam quod nosmet ipsos diligamus, praeterea suapte natura per se esse expetenda. indicant pueri, in quibus ut in speculis natura cerni-

Die Natur hat den Körper des Menschen so geschaffen und gebildet, daß sie einiges gleich bei der Geburt vollendete, anderes erst im Fortschreiten des Alters gestaltete, doch ohne sich allzusehr äußerer und von außen dazukommender Hilfsmittel zu bedienen. Die Seele hat sie in den meisten Dingen so vollendet wie den Körper – sie hat sie mit Sinnesorganen ausgestattet, geeignet um die Gegenstände wahrzunehmen, derart, daß sie nichts oder doch nicht viel an Hilfe zu ihrer Vervollkommnung brauchten. Was aber am Menschen das vollkommenste und beste ist, das hat sie sich selbst überlassen. Sie hat allerdings dem Menschen eine Vernunft solcher Art verliehen, daß sie alle Tugenden aufzunehmen fähig ist. Sie hat auch ohne Belehrung den Menschen mit den ersten Begriffen der wichtigsten Dinge ausgestattet, hat ihn gewissermaßen auch unterwiesen und in das eingeführt, was schon in ihm drin war, nämlich die Elemente der Tugend. Zur Tugend selber hat sie nur die Ansätze geliefert, mehr nicht. Daher ist es unsere Aufgabe – und wenn ich sage: unsere Aufgabe, so meine ich die Aufgabe der Wissenschaft –, aus denjenigen Prinzipien, die wir empfangen haben, die Konsequenzen zu ziehen, bis dasjenige zustande kommt, was wir wollen. Dies ist freilich erheblich mehr wert und im höheren Grade um seiner selbst willen zu erstreben als die Leistungen der Sinnesorgane oder des Körpers, von denen wir gesprochen haben; die Vollkommenheit des Geistes ragt so weit über sie hinaus, daß man kaum ausdenken kann, wie groß der Abstand ist. So wird denn jede Anerkennung, jede Bewunderung, jede Bemühung der Tugend gelten und denjenigen Tätigkeiten, die der Tugend entsprechen; alles, was auf solche Weise in der Seele ist oder auf solche Weise getan wird, heißt mit einem einzigen Namen „tugendgemäß". Welches die Begriffe von alledem sind und welcher jedem einzelnen davon als Bezeichnung zukommt, und schließlich, welches die Leistung und die Natur jedes einzelnen ist, werden wir gleich darzulegen haben.

An dieser Stelle wollen wir nur festhalten, daß dieses Tugendgemäße, das ich meine, abgesehen davon, daß wir uns selbst lieben, auch auf Grund seiner eigenen Natur um seiner selbst willen erstrebt werden soll. Das zeigen die Kinder, an denen wir wie in

tur. quanta studia decertantium sunt! quanta ipsa certamina! ut illi efferuntur laetitia, cum vicerunt! ut pudet victos! ut se accusari nolunt! quam cupiunt laudari! quos illi labores non perferunt, ut aequalium principes sint! quae memoria est in iis bene merentium, quae referendae gratiae cupiditas! atque ea in optima quaque indole maxime apparent, in qua haec honesta, quae intellegimus, a natura tamquam adumbrantur. sed haec in pueris; expressa vero in iis aetatibus, quae iam confirmatae sunt. quis est tam dissimilis homini, qui non moveatur et offensione turpitudinis et comprobatione honestatis? quis est, qui non oderit libidinosam, protervam adolescentiam? quis contra in illa aetate pudorem, constantiam, etiamsi sua nihil intersit, non tamen diligat? quis Pullum Numitorium Fregellanum, proditorem, quamquam rei publicae nostrae profuit, non odit? quis ⟨suae⟩ urbis conservatorem Codrum, quis Erechthei filias non maxime laudat? cui Tubuli nomen odio non est? quis Aristidem non mortuum diligit? an obliviscimur, quantopere in audiendo in legendoque moveamur, cum pie, cum amice, cum magno animo aliquid factum cognoscimus? quid loquor de nobis, qui ad laudem et ad decus nati, suscepti, instituti summus? 62

63

Qui clamores vulgi atque imperitorum excitantur in theatris, cum illa dicuntur: 'Ego sum Orestes', contraque ab altero: 'Immo enimvero ego sum, inquam, Orestes!' cum autem etiam exitus ab utroque datur conturbato errantique regi, ambo ergo se una necari cum precantur, quotiens hoc agitur, ecquandone nisi admirationibus maximis? nemo est igitur, quin hanc affectionem animi probet atque laudet, qua non modo utilitas nulla quaeritur, sed contra utilitatem

FÜNFTES BUCH 373

einem Spiegel die Natur erblicken können. Mit welcher Leidenschaft wetteifern sie miteinander! Wie groß ist ihr Wettstreit selber! Wie sind sie außer sich vor Freude, wenn sie gesiegt haben, wie schämen sie sich, wenn sie sich haben besiegen lassen! Wie ärgert es sie, wenn man ihnen Vorwürfe macht, wie begierig sind sie gelobt zu werden! Welche Anstrengungen halten sie aus, um unter ihren Altersgenossen die ersten zu sein. Wie sehr erinnern sie sich an ihre Wohltäter, und wie gerne sind sie zur Dankbarkeit bereit! All dies wird bei den größten Begabungen am meisten sichtbar, an denen jenes Tugendgemäße, wie wir es verstehen, gewissermaßen im Umriß von der Natur vorgezeichnet wird. So ist es bei den Kindern; völlig ausgebildet ist es in jenem Alter, das schon seine Festigkeit erlangt hat. Wer ist dem Menschen derart unähnlich, daß er nicht an einem niederträchtigen Betragen Anstoß nähme und durch die Bewährung der Tugend ergriffen würde? Wer haßt nicht eine zuchtlose und unverschämte Jugend? Wer schätzt nicht umgekehrt an jenem Alter die Bescheidenheit, die Festigkeit, auch dort, wo es ihn persönlich nicht berührt? Wer haßt nicht den Pullus Numitorius aus Fregellae, den Verräter, obschon er durch seinen Verrat unserem Staate nützlich war? Wer lobt nicht den Kodros, den Retter dieser Stadt, oder die Töchter des Erechtheus? Wem ist der Name Tubulus nicht zuwider? Wer liebt nicht Aristeides, obschon er schon lange tot ist? Vergessen wir etwa, wie sehr es uns beim Zuhören oder Lesen bewegt, wenn wir erfahren, daß eine Tat aus Kindesliebe, aus Freundschaft und in vornehmer Gesinnung vollbracht worden ist? Was soll ich von uns selber sprechen, die wir zu Ruhm und Ehre geboren, auferzogen und gebildet worden sind?

Welche Beifallsstürme erheben sich im Theater, auch bei dem gewöhnlichen und ungebildeten Volke, wenn sie hören: „Ich bin Orestes", und von der andern Seite: „Nein, ich bin es, sag' ich dir." Und wenn dann beide dem bestürzten und verwirrten König einen Ausweg vorschlagen und darum bitten, er solle sie beide gleichzeitig töten lassen, findet diese Szene, so oft sie aufgeführt wird, nicht die größte Bewunderung? Es gibt also niemanden, der eine solche Gesinnung nicht billigt und lobt, eine Gesinnung, die nicht nur auf keinen Nutzen bedacht ist, sondern in der auch ge-

etiam conservatur fides. talibus exemplis non fictae 64
solum fabulae, verum etiam historiae refertae sunt, et
quidem maxime nostrae. nos enim ad sacra Idaea acci-
pienda optimum virum delegimus, nos tutores misi-
mus regibus, nostri imperatores pro salute patriae sua
capita voverunt, nostri consules regem inimicissi-
mum moenibus iam adpropinquantem monuerunt, a
veneno ut caveret, nostra in re publica [Lucretia] et
quae per vim oblatum stuprum voluntaria morte lu-
eret inventa est et qui interficeret filiam, ne stupraré-
tur. quae quidem omnia et innumerabilia praeterea
quis est quin intellegat et eos qui fecerint dignitatis
splendore ductos immemores fuisse utilitatum sua-
rum nosque, cum ea laudemus, nulla alia re nisi honestate duci? quibus rebus expositis breviter – ne enim
sum copiam, quam potui, quia dubitatio in re nulla
erat, persecutus – sed his rebus concluditur profecto
et virtutes omnes et honestum illud, quod ex iis oritur
et in iis haeret, per se esse expetendum.

In omni autem honesto, de quo loquimur, nihil est 65
tam illustre nec quod latius pateat quam coniunctio
inter homines hominum et quasi quaedam societas et
communicatio utilitatum et ipsa caritas generis humani. quae nata a primo satu, quod a procreatoribus
nati diliguntur et tota domus coniugio et stirpe con-
iungitur, serpit sensim foras, cognationibus primum,
tum affinitatibus, deinde amicitiis, post vicinitatibus,
tum civibus et iis, qui publice socii atque amici sunt,
deinde totius complexu gentis humanae. quae animi

gen den eigenen Nutzen die Freundestreue gewahrt wird. Von Beispielen solcher Art sind nicht nur die Dichtungen, sondern auch die Geschichtsbücher voll, und vor allem bei uns. Wir nämlich haben den besten Mann delegiert, um die Heiligtümer der Göttin vom Ida entgegenzunehmen. Wir haben vielen Königen einen Rechtsbeistand zur Verfügung gestellt; unsere Feldherren waren es, die für die Rettung des Vaterlandes ihr Leben den Göttern aufgeopfert haben. Unsere Konsuln haben den König, der als Todfeind schon unseren Mauern sich näherte, darauf aufmerksam gemacht, er möge sich vor einem Giftanschlag hüten. In unserem Staate fand sich sowohl eine Frau, die die Schmach der Vergewaltigung durch den Freitod tilgte, wie auch ein Mann, der seine eigene Tochter tötete, damit sie nicht vergewaltigt würde. Wer wird nicht bei all diesen und unzähligen anderen Beispielen beachten, daß diejenigen, die, vom Glanze der Tugend geführt, ihre Taten vollbracht haben, ohne an ihren Nutzen zu denken, und daß auch wir, die wir dies loben, durch nichts anderes als durch die Tugend geleitet werden? Dies habe ich in aller Kürze dargelegt – denn ich habe nicht die Fülle der Belege, die ich hätte beibringen können, vorgetragen, da die Sache selbst evident ist –, doch aus dem Gesagten kann offensichtlich erschlossen werden, daß sowohl alle Tugenden, wie auch jenes Tugendgemäße, das aus ihnen erwächst und an ihnen hängt, um seiner selbst willen zu erstreben sei.

Unter all dem Tugendgemäßen, von dem wir sprechen, hat nichts ein solches Ansehen und einen so weiten Umkreis, wie die Verbindung der Menschen untereinander, das Streben nach dem allgemeinen und gemeinsamen Nutzen und schließlich die Liebe zum Menschengeschlecht überhaupt. Sie beginnt gleich bei der Geburt, sofern die Nachkommen von den Eltern geliebt werden und die ganze Familie durch die Ehe und die Nachkommenschaft zusammengehalten wird. Sie dehnt sich allmählich über den Bereich des Hauses hinaus aus, ergreift zuerst die weitere Verwandtschaft, dann die Bekannten, dann die Freunde, dann die Nachbarn und auch alle Mitbürger und diejenigen, die politisch die Verbündeten und Freunde des Staates sind und zuletzt die Gesamtheit des Menschengeschlechtes. Diese Haltung, die einem

affectio suum cuique tribuens atque hanc, quam dico, societatem coniunctionis humanae munifice et aeque tuens iustitia dicitur, cui sunt adiunctae pietas, bonitas, liberalitas, benignitas, comitas, quaeque sunt generis eiusdem. atque haec ita iustitiae propria sunt, ut sint virtutum reliquarum communia. nam cum sic hominis natura generata sit, ut habeat quiddam ingenitum quasi civile atque populare, quod Graeci πολιτικόν vocant, quicquid aget quaeque virtus, id a communitate et ea, quam exposui, caritate ac societate humana non abhorrebit, vicissimque iustitia, ut ipsa se fundet in ceteras virtutes, sic illas expetet. servari enim iustitia nisi a forti viro, nisi a sapiente non potest.

Qualis est igitur omnis haec, quam dico, conspiratio consensusque virtutum, tale est illud ipsum honestum, quandoquidem honestum aut ipsa virtus est aut res gesta virtute; quibus rebus vita consentiens virtutibusque respondens recta et honesta et constans et naturae congruens existimari potest. atque haec coniunctio confusioque virtutum tamen a philosophis ratione quadam distinguitur. nam cum ita copulatae conexaeque sint, ut omnes omnium participes sint nec alia ab alia possit separari, tamen proprium suum cuiusque munus est, ut fortitudo in laboribus periculisque cernatur, temperantia in praetermittendis voluptatibus, prudentia in dilectu bonorum et malorum, iustitia in suo cuique tribuendo.

Quando igitur inest in omni virtute cura quaedam quasi foras spectans aliosque appetens atque complectens, existit illud, ut amici, ut fratres, ut propin-

jeden das Seinige zubilligt und eben jene Gemeinschaft unter den Menschen großzügig und gleichmäßig bewahrt, heißt Gerechtigkeit. An sie angeschlossen sind die Frömmigkeit, die Güte, die Großzügigkeit, das Wohlwollen, die Liebenswürdigkeit und alles, was sonst noch dazugehört. Dies alles ist in dieser Weise der Gerechtigkeit eigentümlich, daß es auch allen übrigen Tugenden gemeinsam ist. Da nämlich der Mensch von Natur so geschaffen ist, daß ihm die Bindung an das Gesellschaftliche und Staatliche, das die Griechen das Politische nennen, angeboren ist, so wird auch die Tätigkeit jeder einzelnen Tugend der Gemeinschaft und jener Menschenliebe, von der ich gesprochen habe, und der menschlichen Gesellschaft nicht fremd sein; umgekehrt wird die Gerechtigkeit sowohl sich selber in die übrigen Tugenden ergießen, wie auch die Gegenwart jener Tugenden fordern. Denn nur der Tugendhafte, nur der Weise vermag die Gerechtigkeit zu bewahren.

Wie nun dieses ganze Zusammenwirken und diese Übereinstimmung der Tugenden, die ich meine, sich verhält, so verhält sich auch das Tugendgemäße selbst, sofern nämlich das Tugendgemäße selber identisch ist mit der Tugend oder mit der durch die Tugend geleisteten Tat. Ein Leben, das mit diesen Dingen in Einklang steht und den Tugenden entspricht, kann als ein richtiges, tugendgemäßes, gefestigtes und mit der Natur übereinstimmendes begriffen werden. Diese Verbindung und Vermischung aller Tugenden wird immerhin von den Philosophen nach einem bestimmten Prinzip aufgegliedert. Obschon nämlich alle Tugenden so miteinander verknüpft und verflochten sind, daß alle an allen teilhaben und keine von einer andern getrennt werden kann, so hat trotzdem jede einzelne ihre besondere Aufgabe: Die Tapferkeit bewährt sich in Anstrengungen und Gefahren, die Selbstzucht in Verzicht auf Lust, die Klugheit in der richtigen Entscheidung zwischen Gutem und Schlechtem, die Gerechtigkeit darin, daß sie jedem das Seinige zuteilt.

Da weiterhin jede Tugend auch mit einer Fürsorge verbunden ist, die gewissermaßen nach außen blickt und sich um die andern Menschen kümmert und sie mitumfaßt, so ergibt sich auch dies, daß die Freunde, die Geschwister, Verwandten, Bekannten, Mit-

qui, ut affines, ut cives, ut omnes denique – quoniam unam societatem hominum esse volumus – propter se expetendi sint. atqui eorum nihil est eius generis, ut sit in fine atque extremo bonorum.

Ita fit, ut duo genera propter se expetendorum reperiantur, unum, quod est in iis, in quibus completur illud extremum, quae sunt aut animi aut corporis; haec autem, quae sunt extrinsecus, id est quae neque in animo insunt neque in corpore, ut amici, ut parentes, ut liberi, ut propinqui, ut ipsa patria, sunt illa quidem sua sponte cara, sed eodem in genere, quo illa, non sunt. nec vero umquam summum bonum assequi quisquam posset, si omnia illa, quae sunt extra, quamquam expetenda, summo bono continerentur. 68

Quo modo igitur, inquies, verum esse poterit omnia referri ad summum bonum, si amicitiae, si propinquitates, si reliqua externa summo bono non continentur? Hac videlicet ratione, quod ea, quae externa sunt, iis tuemur officiis, quae oriuntur a suo cuiusque genere virtutis. nam et amici cultus et parentis ei, qui officio fungitur, in eo ipso prodest, quod ita fungi officio in recte factis est, quae sunt orta ⟨a⟩ virtutibus. 69

Quae quidem sapientes sequuntur duce natura tanquam videntes; non perfecti autem homines et tamen ingeniis excellentibus praediti excitantur saepe gloria, quae habet speciem honestatis et similitudinem. quodsi ipsam honestatem undique perfectam atque absolutam, rem unam praeclarissimam omnium maximeque laudandam, penitus viderent, quonam gaudio complerentur, cum tantopere eius adumbrata opinione laetentur? quem enim deditum voluptatibus, quem cupiditatum incendiis inflammatum in iis potiendis, quae acerrime concupivisset, tanta laetitia perfundi arbitramur, quanta aut superiorem Africanum Hannibale victo aut posteriorem Karthagine 70

bürger und schließlich alle Menschen – da wir ja nach einer Gemeinschaft aller Menschen streben – um ihrer selbst willen zu schätzen sind. Dennoch ist nichts davon solcher Art, daß es selbst zum höchsten und obersten Gut zu zählen wäre.

So gibt es also zwei Gattungen von Dingen, die um ihrer selbst willen zu erstreben sind: Die eine umfaßt all das, wodurch das Höchste ein Ganzes wird, die Güter der Seele und die des Körpers. Das andere dagegen ist das, was draußen ist, also weder in der Seele noch im Körper, wie die Freunde, die Eltern, die Kinder und Verwandten, auch das Vaterland; all dies liebt man zwar auch um seiner selbst willen; es gehört aber nicht zu derselben Gattung wie das Vorige. Niemand könnte nämlich jemals das höchste Gut erreichen, wenn all das Äußere, so erstrebenswert es auch ist, in diesem höchsten Gute eingeschlossen wäre.

Nun wirst du einwenden: „Wie kann es denn wahr sein, daß alles sich auf das höchste Gut bezieht, wenn die Freundschaft, die Verwandtschaft und alles übrige Äußere im höchsten Gute nicht enthalten sind?" Dies ist insofern möglich, als gegenüber dem, was das Äußere ist, jene Pflichten gelten, die sich je aus einer besonderen Tugend ergeben. Denn die Fürsorge für den Freund oder die Eltern ist für den, der dieser Pflicht genügt, darin förderlich, daß die Pflichterfüllung selbst zum richtigen Handeln gehört, das von der Tugend ausgeht.

Diese Pflicht beobachten die Weisen gewissermaßen unter der Führung der Natur selber. Jene Menschen aber, die nicht vollkommen sind und dennoch über eine hervorragende Begabung verfügen, lassen sich häufig durch den Ruhm anspornen, da dieser die Gestalt der Tugend hat und ihr ähnlich ist. Wenn diese Menschen die Tugend selber in ihrer Vollkommenheit und Vollendung, das herrlichste und lobenswerteste von allen Dingen, zu Gesicht bekommen könnten, welche Freude würden sie da empfinden, wenn sie sich schon so sehr an dem guten Rufe als an ihrem Abbild erfreuen? Denn war wohl jemand, der der Lust ergeben und der entflammt war vom Brande der Begierden nach dem Besitz jener Dinge, die er auf das leidenschaftlichste begehrte, von so tiefer Freude erfüllt, wie sie der ältere Africanus nach dem Sieg über Hannibal oder der jüngere nach der Zerstörung Kar-

eversa? quem Tiberina descensio festo illo die tanto gaudio affecit, quanto L. Paullum, cum regem Persem captum adduceret, eodem flumine invectio?

Age nunc, Luci noster, extrue animo altitudinem excellentiamque virtutum: iam non dubitabis, quin earum compotes homines magno animo erectoque viventes semper sint beati, qui omnis motus fortunae mutationesque rerum et temporum levis et inbecillos fore intellegant, si in virtutis certamen venerint. illa enim, quae sunt a nobis bona corporis numerata, complent ea quidem beatissimam vitam, sed ita, ut sine illis possit beata vita existere. ita enim parvae et exiguae sunt istae accessiones bonorum, ut, quem ad modum stellae in radiis solis, sic istae in virtutum splendore ne cernantur quidem. 71

Atque hoc ut vere dicitur, parva esse ad beate vivendum momenta ista corporis commodorum, sic nimis violentum est nulla esse dicere; qui enim sic disputant, obliti mihi videntur, quae ipsi fecerint principia naturae. tribuendum est igitur his aliquid, dum modo quantum tribuendum sit intellegas. est enim philosophi non tam gloriosa quam vera quaerentis nec pro nihilo putare ea, quae secundum naturam illi ipsi gloriosi esse fatebantur, et videre ⟨esse⟩ tantam vim virtutis tantamque, ut ita dicam, auctoritatem honestatis, ut reliqua non illa quidem nulla, sed ita parva sint, ut nulla esse videantur. haec est nec omnia spernentis praeter virtutem et virtutem ipsam suis laudibus amplificantis oratio, denique haec est undique completa et perfecta explicatio summi boni. 72

Hinc ceteri particulas arripere conati suam quisque videri voluit afferre sententiam. saepe ab Aristotele, a 73

thagos empfand? Wer war bei der Fahrt den Tiber hinunter an jenem festlichen Tage so heiter gestimmt wie Lucius Paullus als er den Tiber hinauffuhr und den König Perseus als Gefangenen mit sich führte?

Nun also, Lucius, stell dir vor Augen die Erhabenheit und den Rang der Tugenden. Du wirst nicht daran zweifeln, daß die Menschen, die sie besitzen und die in hoher und stolzer Gesinnung leben, immer glückselig sind; sie begreifen, daß alle Launen des Zufalls, alle Veränderungen der Umstände und Zeiten geringfügig und unbedeutend sein würden, wenn sie mit der Tugend konfrontiert würden. Dasjenige nämlich, was wir die Güter des Körpers genannt haben, vervollständigt zwar das Leben zur vollkommenen Glückseligkeit, aber nur so, daß die Glückseligkeit überhaupt auch ohne sie zu bestehen vermag. Denn diese Zutaten an Gütern sind so klein und geringfügig, daß sie im Glanz der Tugenden ebenso wenig sichtbar werden wie die Sterne in den Strahlen der Sonne.

Immerhin, so wahr es ist, daß diese körperlichen Vorzüge für das glückselige Leben wenig ins Gewicht fallen, so wäre es doch zu gewalttätig, wollte man behaupten, sie hätten überhaupt kein Gewicht. Wer dieses behauptet, scheint mir vergessen zu haben, was sie selbst als Prinzipien der Natur zugrunde gelegt haben. Also muß man ihnen eine gewisse Bedeutung zubilligen, die Frage ist nur, eine wie große. Es zeichnet nämlich den Philosophen aus, der nicht das Eindrucksvolle, sondern das Wahre sucht, daß er nicht das für belanglos hält, was sogar jene, die das Eindrucksvolle lieben, als naturgemäß bezeichnet haben, und daß er umgekehrt die Kraft der Tugend und sozusagen die Autorität des Tugendgemäßen so hoch einschätzt, daß das übrige zwar nicht ganz zu nichts wird, aber doch so gering ist, daß es nichts zu sein scheint. Er wird also weder alles verachten außer der Tugend und wird umgekehrt die Tugend selber im höchstem Lobe auszeichnen, und eben dies ist die in jener Hinsicht vollständige und vollkommene Beschreibung des höchsten Guten.

Von daher haben die übrigen Philosophen je einen Teil an sich zu reißen gesucht, und hat jeder behauptet, er trage seine eigene Lehre vor. So haben erstens Aristoteles und Theophrast das Wis-

Theophrasto mirabiliter est laudata per se ipsa rerum scientia; hoc uno captus Erillus scientiam summum bonum esse defendit nec rem ullam aliam per se expetendam. multa sunt dicta ab antiquis de contemnendis ac despiciendis rebus humanis; hoc unum Aristo tenuit: praeter vitia atque virtutes negavit rem esse ullam aut fugiendam aut expetendam. positum est a nostris in iis esse rebus, quae secundum naturam essent, non dolere; hoc Hieronymus summum bonum esse dixit. at vero Callipho et post eum Diodorus, cum alter voluptatem adamavisset, alter vacuitatem doloris, neuter honestate carere potuit, quae est a nostris laudata maxime. quin etiam ipsi voluptarii deverticula quaerunt et virtutes habent in ore totos dies voluptatemque primo dumtaxat expeti dicunt, deinde consuetudine quasi alteram quandam naturam effici, qua inpulsi multa faciant nullam quaerentes voluptatem. Stoici restant. ei quidem non unam aliquam aut alteram ⟨rem⟩ a nobis, sed totam ad se nostram philosophiam transtulerunt; atque ut reliqui fures earum rerum, quas ceperunt, signa commutant, sic illi, ut sententiis nostris pro suis uterentur, nomina tamquam rerum notas mutaverunt. ita relinquitur sola haec disciplina digna studiosis ingenuarum artium, digna eruditis, digna claris viris, digna principibus, digna regibus.

74

Quae cum dixisset paulumque institisset, Quid est? inquit; satisne vobis videor pro meo iure in vestris auribus commentatus?

75

Et ego: Tu vero, inquam, Piso, ut saepe alias, sic hodie ita nosse ista visus es, ut, si tui nobis potestas saepius fieret, non multum Graecis supplicandum putarem. quod quidem eo probavi magis, quia me-

sen von den Dingen als solches oft auf das höchste gelobt; Herillos hat sich durch diese eine These verführen lassen und behauptet, das höchste Gut sei das Wissen, und es gebe nichts anderes, was um seinetwillen erstrebenswert sei. Vieles haben die Alten gesagt über die Verachtung und Vernachlässigung der menschlichen Angelegenheiten. Diesen Punkt allein hat Ariston festgehalten. Er meinte, außer Tugenden und Laster gebe es nichts, was man zu erstreben und zu meiden habe. Unsere Schule hat zu den Dingen, die naturgemäß sind, auch die Schmerzlosigkeit gerechnet. Gerade sie hat Hieronymos zum höchsten Gut erklärt. Es folgten Kalliphon und nach ihm Diodor, von denen der eine die Lust, der andere die Schmerzlosigkeit schätzte; doch keiner von beiden wollte auf die Tugend verzichten, die unsere Schule aufs höchste lobt. Sogar die Freunde der Lust suchen irgendeinen Ausweg und reden den ganzen Tag von den Tugenden und lehren, daß in der Tat am Anfang nur die Lust erstrebt werde, später aber durch die Gewöhnung gewissermaßen eine zweite Natur entstehe, die die Menschen zu vielen Handlungen veranlasse, die nichts mit der Lust zu tun hätten. Es bleiben die Stoiker. Diese haben nicht nur den einen oder andern Punkt, sondern unsere ganze Philosophie für sich beansprucht; und wie auch sonst die Diebe, wenn sie etwas gestohlen haben, die Marken der Gegenstände verändern, so haben auch jene, um unsere Lehren als die ihrigen ausgeben zu können, die Bezeichnungen der Dinge verändert, wie man Marken verändert. So bleibt also schließlich nur unsere Lehre übrig als eine würdige Aufgabe derer, die sich der Bildung und den Wissenschaften widmen wollen, würdig auch jener, die nach Ruhm begierig sind, würdig der Staatsmänner, würdig der Könige."

Nachdem er dies gesagt hatte, hielt er einen Augenblick inne und sagte dann: „Glaubt ihr nun, daß ich hinlänglich von meinem Rechte Gebrauch gemacht und eure Ohren in Anspruch genommen habe?"

Darauf ich: „Du hast uns, Piso, schon oftmals und auch heute mit deinem Wissen den Eindruck gemacht, daß wir, wenn wir ganz über dich verfügen könnten, kaum mehr auf die Griechen angewiesen wären. Ich habe deine Rede um so mehr gebilligt, als

mini Staseam Neapolitanum, doctorem illum tuum, nobilem sane Peripateticum, aliquanto ista secus dicere solitum, assentientem iis, qui multum in fortuna secunda aut adversa, multum in bonis aut malis corporis ponerent.

Est, ut dicis, inquit; sed haec ab Antiocho, familiari nostro, dicuntur multo melius et fortius, quam a Stasea dicebantur. quamquam ego non quaero, quid tibi a me probatum sit, sed huic Ciceroni nostro, quem discipulum cupio a te abducere.

Tum Lucius: Mihi vero ista valde probata sunt, quod item fratri puto.

Tum mihi Piso: Quid ergo? inquit, dasne adolescenti veniam? an eum discere ea mavis, quae cum plane perdidicerit, nihil sciat?

Ego vero isti, inquam, permitto. sed nonne meministi licere mihi ista probare, quae sunt a te dicta? quis enim potest ea, quae probabilia videantur ei, non probare?

An vero, inquit, quisquam potest probare, quod perceptum, quod comprehensum, quod cognitum non habet?

Non est ista, inquam, Piso, magna dissensio. nihil enim est aliud, quam ob rem mihi percipi nihil posse videatur, nisi quod percipiendi vis ita definitur a Stoicis, ut negent quicquam posse percipi nisi tale verum, quale falsum esse non possit. itaque haec cum illis est dissensio, cum Peripateticis nulla sane. sed haec omittamus; habent enim et bene longam et satis litigiosam disputationem. illud mihi a te nimium festinanter dictum videtur, sapientis omnis esse semper beatos; nescio quo modo praetervolavit oratio. quod nisi ita efficitur, quae Theophrastus de fortuna, de dolore, de cruciatu corporis dixit, cum quibus coniungi vitam

ich mich erinnere, daß Staseas von Neapel, dein Lehrer und in der Tat ein angesehener Peripatetiker, diese Dinge etwas anders zu sagen pflegte, da er sich an diejenigen anschloß, die ein großes Gewicht auf äußeres Glück oder Unglück und auf die gute oder schlechte Verfassung des Körpers legen."

„Es ist so, wie du sagst", erwiderte er, „doch dieser Punkt wird von unserem Freunde Antiochos viel besser und energischer behandelt, als Staseas zu tun pflegte. Aber mich interessiert es schließlich nicht, was du an meiner Darlegung billigst, sondern vielmehr wie unser Cicero darüber denkt, den ich dir als Schüler abspenstig machen möchte."

Darauf sagte Lucius: „Mir gefällt dies alles sehr, und dasselbe nehme ich auch von meinem Vetter an."

Nun fragte mich Piso: „Wie steht es nun, gibst du dem Jungen die Erlaubnis, sich an mich anzuschließen? Oder ziehst du es vor, daß er das lernt, was darauf hinausläuft, daß er, wenn er das Ganze bis zu Ende ausgelernt hat, überhaupt nichts mehr weiß?"

„Ich gebe ihm sicher die Erlaubnis", sagte ich; „aber erinnerst du dich nicht daran, daß ich die völlige Freiheit habe, das zu billigen, was du gesagt hast? Denn wer könnte das nicht billigen, was er für plausibel hält?"

„Kann aber", erwiderte er, „jemand das billigen, was er nicht verstanden, begriffen und wirklich erkannt hat?"

„Das macht keinen großen Unterschied, Piso; denn wenn ich der Meinung bin, es könne nichts begriffen werden, so nur darum, weil die Stoiker das Begreifen so definieren: „Es könne nur dies als begriffen gelten, was in der Weise wahr ist, daß es unmöglich falsch sein könne." Darin also unterscheiden wir uns von den Stoikern, doch den Peripatetikern gegenüber besteht keine solche Schwierigkeit. Diese Frage wollen wir indessen auf sich beruhen lassen; denn sie bedarf einer ziemlich langwierigen und mühsamen Untersuchung. Dagegen habe ich den Eindruck, du habest allzu flüchtig die These ausgesprochen, alle Weisen seien immer glückselig. Dein Vortrag ist irgendwie darüber hinweggeglitten. Wenn diese These nicht strikte bewiesen wird, dann fürchte ich, daß all das wahr ist, was Theophrast über den Zufall, über den Schmerz und die Folterungen des Körpers sagt, Dinge,

beatam nullo modo posse putavit, vereor, ne vera sint. nam illud vehementer repugnat, eundem beatum esse et multis malis oppressum. haec quo modo conveniant, non sane intellego.

Utrum igitur tibi non placet, inquit, virtutisne tantam esse vim, ut ad beate vivendum se ipsa contenta sit? an, si id probas, fieri ita posse negas, ut ii, qui virtutis compotes sint, etiam malis quibusdam affecti beati sint?

Ego vero volo in virtute vim esse quam maximam; sed quanta sit alias; nunc tantum possitne esse tanta, si quicquam extra virtutem habeatur in bonis.

Atqui, inquit, si Stoicis concedis ut virtus sola, si adsit, vitam efficiat beatam, concedis etiam Peripateticis. quae enim mala illi non audent appellare, aspera autem et incommoda et reicienda et aliena naturae esse concedunt, ea nos mala dicimus, sed exigua et paene minima. quare si potest esse beatus is, qui est in asperis reiciendisque rebus, potest is quoque esse, qui est in parvis malis.

Et ego: Piso, inquam, si est quisquam, qui acute in causis videre soleat quae res agatur, is es profecto tu. quare attende, quaeso. nam adhuc, meo fortasse vitio, quid ego quaeram non perspicis.

Istic sum, inquit, expectoque quid ad id, quod quaerebam, respondeas.

Respondebo me non quaerere, inquam, hoc tempore quid virtus efficere possit, sed quid constanter dicatur, quid ipsum a se dissentiat.

Quo igitur, inquit, modo?

mit denen nach seiner Überzeugung das glückselige Leben sich auf keine Weise verknüpfen läßt. Dies ist nämlich ein krasser Widerspruch, daß ein und derselbe Mensch sowohl glückselig wie auch durch viele Übel bedrängt sein könne. Wie dies beides zusammenzugehen vermag, verstehe ich überhaupt nicht."

„Was ist es eigentlich, was dich stört?" fragte er, „entweder, daß die Tugend allein stark genug sei, so daß das glückselige Leben sich mit ihr begnügen könne? Oder, wenn du dies billigst, bestreitest du, daß diejenigen, die die Tugend besitzen, glückselig sind, selbst wenn sie von irgendwelchen Übeln bedrückt werden?"

„Ich möchte der Tugend soviel Kraft als nur möglich zubilligen. Wie groß diese sein mag, wollen wir ein anderes Mal diskutieren. Jetzt haben wir nur zu fragen, ob sie groß genug zu sein vermag unter der Voraussetzung, daß etwas außer der Tugend für ein Gut gehalten werde."

„Immerhin", sagte er, „wenn du den Stoikern zugibst, daß die Tugend dort, wo sie gegenwärtig ist, für sich allein das glückselige Leben schafft, dann mußt du dies auch den Peripatetikern zugestehen. Der Unterschied ist nur der, daß jene es nicht wagen, bestimmte Dinge als Übel zu bezeichnen, aber ohne weiteres bereit sind, sie hart, beschwerlich, abstoßend und naturwidrig zu nennen; wir dagegen bezeichnen sie als Übel, allerdings als geringe und beinahe bedeutungslose. Wenn nun derjenige glückselig sein kann, der sich in harten und abstoßenden Situationen befindet, dann kann es auch der, der in geringen Übeln ist."

Da bemerkte ich: „Wenn es überhaupt jemanden gibt, der in Gerichtsfällen sofort zu erkennen pflegt, um welche Sache es sich handelt, dann bist sicher du es, Piso. Darum paß jetzt gut auf, ich bitte dich. Denn du hast, vielleicht durch meine eigene Schuld, noch nicht durchschaut, worauf meine Frage zielt."

„Ich bin bereit", sagte er, „und erwarte deine Antwort auf die Frage, die ich stellte."

„Ich antworte", sagte ich, „daß ich im jetzigen Augenblick nicht danach frage, was die Tugend zu leisten vermag, sondern was in dieser Sache konsequent und was widersprüchlich ist."

„Inwiefern?" fragte er.

Quia, cum a Zenone, inquam, hoc magnifice tamquam ex oraculo editur: 'Virtus ad beate vivendum se ipsa contenta est', ⟨et⟩ Quare? inquit, respondet: 'Quia, nisi quod honestum est, nullum est aliud bonum.' Non quaero iam verumne sit; illud dico, ea, quae dicat, praeclare inter se cohaerere. dixerit hoc idem Epicurus, semper beatum esse sapientem – quod quidem solet ebullire non numquam –, quem quidem, cum summis doloribus conficiatur, ait dicturum: 'Quam suave est! quam nihil curo!'; non pugnem cum homine, cur tantum habeat in natura boni; illud urgueam, non intellegere eum quid sibi dicendum sit, cum dolorem summum malum esse dixerit. eadem nunc mea adversum te oratio est. dicis eadem omnia et bona et mala, quae quidem dicunt ii, qui numquam philosophum pictum, ut dicitur, viderunt: valitudinem, vires, staturam, formam, integritatem unguiculorum omnium ⟨bona⟩, deformitatem, morbum, debilitatem mala. iam illa externa parce tu quidem; sed haec cum corporis bona sint, eorum conficientia certe in bonis numerabis, amicos, liberos, propinquos, divitias, honores, opes, ⟨in malis contraria⟩. contra hoc attende me nihil dicere, ⟨illud dicere⟩, si ista mala sunt, in quae potest incidere sapiens, sapientem esse non esse ad beate vivendum satis.

Immo vero, inquit, ad beatissime vivendum parum est, ad beate vero satis.

Animadverti, inquam, te isto modo paulo ante ponere, et scio ab Antiocho nostro dici sic solere; sed quid minus probandum quam esse aliquem beatum nec satis beatum? quod autem satis est, eo quicquid accessit, nimium est; et nemo nimium beatus est; ita nemo beato beatior.

„Zenon verkündet", erwiderte ich, „großartig wie einen Orakelspruch: ‚Die Tugend genügt sich selbst zum glückseligen Leben.' Und wenn ich nach der Begründung frage, so erwidert er: ‚Es gibt nämlich kein anderes Gutes als das Tugendgemäße.' Ich kümmere mich jetzt nicht darum, ob dies richtig ist. Ich stelle nur fest, daß das, was er sagt, tadellos mit sich selbst übereinstimmt." Epikur könnte vielleicht dasselbe sagen, daß der Weise immer glückselig sei – zuweilen sprudelt er dies tatsächlich so heraus –; wenn er nämlich erklärt, der Weise werde, selbst wenn er von den ärgsten Schmerzen gequält werde, sagen: ‚Wie angenehm ist dies doch! Wie wenig kümmere ich mich darum!' Mit ihm mag ich nicht darüber streiten, warum er in der Natur so viel des Guten annimmt. Darauf jedoch muß ich insistieren, daß er nicht versteht, was er konsequenterweise sagen müßte, wenn er den Schmerz als das höchste Übel bezeichnet hat. Genau denselben Einwand habe ich nun gegen dich. Du nennst all das Güter und Übel, was auch diejenigen so bezeichnen, die niemals, wie man zu sagen pflegt, auch nur das Bild eines Philosophen gesehen haben: Gesundheit, Kraft, Wohlgestalt, Schönheit, gut gepflegte Fingernägel sind für dich Güter, Häßlichkeit, Krankheit, Schwäche sind Übel. Von den äußeren Gütern redest du sparsam. Wenn aber jenes die Güter des Körpers sind, so wirst du sicherlich auch das, was sie ergänzt, zu den Gütern rechnen, Freunde, Kinder, Verwandte, Reichtum, Ehrenstellen, Macht, und zu den Übeln das Gegenteil. Gegen all dies sage ich nichts, ich behaupte nur, daß, wenn dies Übel sind, die den Weisen befallen können, dann genügt es zum glückseligen Leben nicht, weise zu sein."

„Gewiß", erwiderte er, „zur vollkommenen Glückseligkeit ist es nicht genug, wohl aber zur Glückseligkeit überhaupt."

„Ich habe es bemerkt", sagte ich, „daß du dies vor kurzem so formuliert hast, und ich weiß, daß unser Antiochos sich so zu äußern pflegt. Aber gibt es etwas Unwahrscheinlicheres als die Behauptung, jemand sei glückselig, aber nicht genügend glückselig? Wenn etwas genügt, so ist alles, was dazutritt, zuviel. Niemand aber ist zu sehr glückselig. Also kann nicht der eine glückseliger sein als der andere."

Ergo, inquit, tibi Q. Metellus, qui tris filios consules vidit, e quibus unum etiam et censorem et triumphantem, quartum autem praetorem, eosque salvos reliquit et tris filias nuptas, cum ipse consul, censor, etiam augur fuisset ⟨et⟩ triumphasset, ut sapiens fuerit, nonne beatior quam, ut item sapiens fuerit, qui in potestate hostium vigiliis et inedia necatus est, Regulus? 82

Quid me istud rogas? inquam. Stoicos roga. 83
Quid igitur, inquit, eos responsuros putas?
Nihilo beatiorem esse Metellum quam Regulum.
Inde igitur, inquit, ordiendum est.

Tamen a proposito, inquam, aberramus. non enim quaero quid verum, sed quid cuique dicendum sit. utinam quidem dicerent alium alio beatiorem! iam ruinas videres. in virtute enim sola et in ipso honesto cum sit bonum positum, cumque nec virtus, ut placet illis, nec honestum crescat, idque bonum solum sit, quo qui potiatur, necesse est beatus sit, cum id augeri non possit, in quo uno positum est beatum esse, qui potest esse quisquam alius alio beatior? videsne, ut haec concinant? et hercule – fatendum est enim, quod sentio – mirabilis est apud illos contextus rerum. respondent extrema primis, media utrisque, omnia omnibus. quid sequatur, quid repugnet, vident. ut in geometria, prima si dederis, danda sunt omnia. concede nihil esse bonum, nisi quod honestum sit: concedendum est in virtute ⟨esse⟩ positam beatam vitam. vide rursus retro: dato hoc dandum erit illud. quod 84 vestri non item. 'Tria genera bonorum'; proclivi currit

„Ist also für dich", fragte er, „Quintus Metellus, der drei Söhne das Konsulat erlangen sah, unter ihnen auch einen, der Censor wurde und einen Triumph feierte, einen vierten hatte, der Praetor wurde, und sie alle bei seinem Tode gesund zurückließ, dazu auch drei gut verheiratete Töchter, während er selber Konsul gewesen war, Censor, sogar Augur, und einen Triumph erhalten hatte, ist also dieser Metellus nicht glückseliger als (unter der Voraussetzung, daß beide weise waren) jener Regulus, der in die Gewalt der Feinde fiel und durch ständiges Wachen und Hungern zum Tode gebracht wurde?"

„Warum fragst du dies mich?", sagte ich. „Frage die Stoiker."

„Was denkst du, daß sie antworten werden?"

„Metellus sei um nichts glückseliger gewesen als Regulus."

„Also müssen wir", sagte er, „bei diesem Punkte beginnen."

„Aber dann entfernen wir uns wieder von unserem Gegenstand", sagte ich. „Denn ich will durchaus nicht wissen, was wahr ist, sondern, was ein jeder sagen muß, wenn er konsequent bleiben will. Wenn sie nur gesagt hätten, der eine sei glückseliger als der andere, hättest du sofort die Katastrophe bemerkt. Wenn nämlich das Gute ausschließlich in der Tugend und im Tugendgemäßen allein besteht und wenn weiterhin nach der Lehre der Stoiker weder die Tugend noch das Tugendgemäße wachsen können und wenn dies allein das Gute ist, das denjenigen, der es erwirbt, glückselig macht, und wenn endlich dasjenige, das allein die Glückseligkeit begründet, nicht gemehrt werden kann, wie kann dann der eine glückseliger sein als der andere? Siehst du, wie vortrefflich dies zusammenstimmt? Und wahrhaftig – ich will offen sagen, was ich denke – der innere Zusammenhang jener Lehren ist einfach bewundernswert. Ende, Mitte und Anfang passen zusammen und ebenso alles mit allem. Sie sehen genau, was konsequent ist und was nicht. Es ist wie in der Geometrie: Sind die ersten Schritte zugestanden, so folgt aus ihnen alles übrige. Wenn du zugibst, daß es kein Gutes gibt außer dem Tugendgemäßen, so mußt du auch zugeben, daß die Glückseligkeit ganz auf der Tugend beruht, und umgekehrt: Gilt das zweite, so gilt auch das erste. Bei euch Peripatetikern ist dies nicht der Fall. „Es gibt drei

oratio. venit ad extremum; haeret in salebra. cupit enim dicere nihil posse ad beatam vitam deesse sapienti. honesta oratio, Socratica, Platonis etiam. Audeo dicere, inquit. Non potes, nisi retexueris illa. paupertas si malum est, mendicus beatus esse nemo potest, quamvis sit sapiens. at Zeno eum non beatum modo, sed etiam divitem dicere ausus est. dolere malum est: in crucem qui agitur, beatus esse non potest. bonum liberi: misera orbitas. bonum patria: miserum exilium. bonum valitudo: miser morbus. bonum integritas corporis: misera debilitas. bonum incolumis acies: misera caecitas. quae si potest singula consolando levare, universa quo modo sustinebit? sit enim idem caecus, debilis, morbo gravissimo affectus, exul, orbus, egens, torqueatur eculeo: quem hunc appellas, Zeno? Beatum, inquit. Etiam beatissimum? Quippe, inquiet, cum tam docuerim gradus istam rem non habere quam virtutem, in qua sit ipsum etiam beatum. Tibi hoc incredibile, quod beatissimum. quid? tuum credibile? si enim ad populum me vocas, eum, qui ita sit affectus, beatum esse numquam probabis; si ad prudentes, alterum fortasse dubitabunt, sitne tantum in virtute, ut ea praediti vel in Phalaridis tauro beati sint, alterum non dubitabunt, quin et Stoici convenientia sibi dicant et vos repugnantia.

Theophrasti igitur, inquit, tibi liber ille placet de beata vita?

Tamen aberramus a proposito, et, ne longius, prorsus, inquam, Piso, si ista mala sunt, placet.

Arten von Gütern", sagt ihr. Schon ist der Gedanke auf der schiefen Bahn, und wenn er zu Ende gelangt ist, bleibt er im Gestrüpp hängen. Er möchte nämlich zum Schlusse gelangen, dem Weisen fehle nichts zur Glückseligkeit. Eine achtbare These, sokratisch und sogar platonisch." – „In der Tat wage ich dies zu behaupten", sagt nun der Peripatetiker. – „Das kannst du gar nicht, wenn du nicht die erste Behauptung widerrufst: Wenn die Armut ein Übel ist, so kann kein Bettler glückselig sein, auch wenn er weise ist. Zenon allerdings hat zu behaupten gewagt, er sei nicht nur weise, sondern auch reich. Schmerz empfinden ist ein Übel. Also kann der, der ans Kreuz geheftet wird, nicht glückselig sein. Ein Gut sind Kinder, also ist Kinderlosigkeit ein Übel. Ein Gut ist das Vaterland, also ist die Verbannung ein Übel. Ein Gut ist die Gesundheit, also die Krankheit ein Übel. Ein Gut ist die Unversehrtheit des Körpers, ein Übel also die Schwäche. Ein Gut ist die Schärfe des Auges, die Blindheit also ein Übel. Jedes einzelne dieser Übel kann man durch Trostgründe leichter machen, aber wie wird der Weise alle diese Übel zusammen aushalten können? Da ist dann derselbe Mensch blind, schwach, schwer krank, verbannt, kinderlos, arm und außerdem auf die Folter gespannt. Was hältst du von einem solchen, Zenon? „Er ist glückselig", wird er erwidern. „Auch vollkommen glückselig?" „Gewiß, wird er antworten, da ich ja ausdrücklich gelehrt habe, daß diese Sache ebensowenig verschiedene Grade besitzt wie die Tugend, auf der ja gerade die Glückseligkeit beruht." Kommt es dir unglaubhaft vor, daß ein solcher Mensch vollkommen glückselig sei? Ist denn deine These glaubhafter? Wenn du mich an das Volk verweisest, wirst du niemals beweisen können, daß der, der solches leidet, glückselig ist. Wenn ich mich an die Gebildeten halten soll, so werden sie vielleicht am einen zweifeln, ob die Tugend tatsächlich eine solche Kraft besitzt, daß derjenige, der sie hat, sogar im Stier des Phalaris glückselig ist; das andere dagegen werden sie nicht bezweifeln, daß die Stoiker konsequent sind und ihr nicht."

„Bist du mit dem Buche Theophrasts über die Glückseligkeit einverstanden?" fragte er.

„Wir kommen schon wieder vom Thema ab", erwiderte ich, „aber um die Diskussion nicht in die Länge zu ziehen, sage ich

Nonne igitur tibi videntur, inquit, mala?

Id quaeris, inquam, in quo, utrum respondero, verses te huc atque illuc necesse est.

Quo tandem modo? inquit.

Quia, si mala sunt, is, qui erit in iis, beatus non erit; si mala non sunt, iacet omnis ratio Peripateticorum.

Et ille ridens: Video, inquit, quid agas; ne discipulum abducam, times.

Tu vero, inquam, ducas licet, si sequetur; erit enim mecum, si tecum erit.

Audi igitur, inquit, Luci; tecum enim mihi instituenda oratio est. omnis auctoritas philosophiae, ut ait Theophrastus, consistit in beata vita comparanda; beate enim vivendi cupiditate incensi omnes sumus. hoc mihi cum tuo fratre convenit. quare hoc videndum est, possitne nobis hoc ratio philosophorum dare. pollicetur certe. nisi enim id faceret, cur Plato Aegyptum peragravit, ut a sacerdotibus barbaris numeros et caelestia acciperet? cur post Tarentum ad Archytam? cur ad reliquos Pythagoreos, Echecratem, Timaeum, Arionem Locros, ut, cum Socratem expressisset, adiungeret Pythagoreorum disciplinam eaque, quae Socrates repudiabat, addisceret? cur ipse Pythagoras et Aegyptum lustravit et Persarum magos adiit? cur tantas regiones barbarorum pedibus obiit, tot maria transmisit? cur haec eadem Democritus? qui – vere falsone, quaerere mittimus – dicitur oculis se privasse; certe, ut quam minime animus a cogitationibus abduceretur, patrimonium neglexit, agros

dir, Piso, daß ich einverstanden bin, wenn tatsächlich all das ein Übel ist, was er ein Übel nennt."

„Scheint dir dies nicht tatsächlich ein Übel zu sein?"

„Du stellst genau die Frage, bei der du, wie immer ich antworte, in Verlegenheit geraten wirst."

„Inwiefern?" fragte er.

„Wenn nämlich jene Dinge Übel sind", erklärte ich, "dann kann derjenige, der von ihnen befallen ist, nicht glückselig sein. Wenn sie aber keine Übel sind, so ist die gesamte Theorie der Peripatetiker ruiniert."

Darauf erwiderte er lachend: „Ich sehe schon, was du im Sinne hast. Du hast Angst, daß ich dir deinen Schüler entführe!"

„Du magst ihn ruhig entführen, wenn er dir zu folgen bereit ist. Denn wenn er bei dir ist, wird er ebensosehr bei mir sein."

„Also hör nun zu, Lucius", begann er. „Denn nun wird sich meine Rede an dich wenden. Der Sinn der ganzen Philosophie besteht, wie Theophrast sagt, im Erlangen der Glückseligkeit. Denn von der Begierde nach dem glückseligen Leben sind wir alle entflammt. Soweit bin ich mit deinem Vetter einverstanden. Also haben wir zu prüfen, ob uns das Programm der Philosophen dies zu verschaffen vermag. Sicherlich verspricht es uns dies. Wenn nämlich nicht dies in Aussicht stünde, wozu hätte dann Platon wohl Ägypten bereist, um bei den Priestern der Barbaren Arithmetik und Astronomie zu lernen? Wozu begab er sich später nach Tarent zu Archytas? Warum zu den übrigen Pythagoreern, zu Echekrates, Timaios und Arion nach Lokri, um mit der Lehre des Sokrates, über die er geschrieben hatte, auch die Wissenschaft der Pythagoreer zu verbinden, und das dazuzulernen, was Sokrates verworfen hatte. Warum hat schon Pythagoras selbst sowohl Ägypten bereist, als auch die persischen Magier aufgesucht? Warum hat er so große Barbarenländer zu Fuß durchwandert und ist über so viele Meere gefahren? Warum hat Demokrit dasselbe getan? Von ihm wird sogar erzählt – ich lasse es dahingestellt sein, ob mit Recht oder Unrecht –, er habe sich selbst geblendet. Sicherlich, damit der Geist so wenig als möglich vom Denken abgelenkt würde. Er hat auch sein väterliches Erbe ver-

deseruit incultos, quid quaerens aliud nisi vitam beatam? quam si etiam in rerum cognitione ponebat, tamen ex illa investigatione naturae consequi volebat, bono ut esset animo. id enim ille summum bonum εὐθυμίαν et saepe ἀθαμβίαν appellat, id est animum terrore liberum. sed haec etsi praeclare, nondum tamen perpolita. pauca enim, neque ea ipsa enucleate, ab hoc de virtute quidem dicta. post enim haec in hac urbe primum a Socrate quaeri coepta, deinde in hunc locum delata sunt, nec dubitatum, quin in virtute omnis ut bene, sic etiam beate vivendi spes poneretur. quae cum Zeno didicisset a nostris, ut in actionibus praescribi solet, 'DE EADEM RE [FECIT] ALIO MODO'. hoc tu nunc in illo probas. scilicet vocabulis rerum mutatis inconstantiae crimen ille effugit, nos effugere non possumus! ille Metelli vitam negat beatiorem quam Reguli, praeponendam tamen, nec magis expetendam, sed magis sumendam et, si optio esset, eligendam Metelli, Reguli reiciendam; ego, quam ille praeponendam et magis eligendam, beatiorem hanc appello nec ullo minimo momento plus ei vitae tribuo quam Stoici. quid interest, nisi quod ego res notas notis verbis appello, illi nomina nova quaerunt, quibus idem dicant? ita, quem ad modum in senatu semper est aliquis, qui interpretem postulet, sic isti nobis cum interprete audiendi sunt. bonum appello quicquid secundum naturam est, quod contra malum, nec ego solus, sed tu etiam, Chrysippe, in foro, domi; in schola desinis. quid ergo? aliter homines, aliter philosophos loqui putas oportere? quanti

nachlässigt, seine Felder unbearbeitet gelassen, doch wohl nur, weil es ihm ausschließlich auf das glückselige Leben ankam. Obschon er die Glückseligkeit in der Erkenntnis suchte, wollte er dennoch durch seine Naturforschung nichts anderes als die Ruhe des Gemütes erreichen. Als das höchste Gute nämlich bezeichnet er die εὐθυμία (Wohlgemutheit) und häufig die ἀθαμβία (das über-nichts-sich-Wundern), also die Befreiung des Geistes von der Angst. Dies alles ist zwar vortrefflich gesagt, aber noch nicht völlig durchgearbeitet. Er sagt ja auch über die Tugend selbst weniges und auch dies nur summarisch. Nachher hat in dieser Stadt selbst Sokrates als erster begonnen, nach diesen Dingen zu fragen, und später wurde an diesem Orte weiterdiskutiert. Niemand zweifelte daran, daß alle Hoffnung auf das gute und glückselige Leben auf der Tugend beruhe. Dies hat nun Zenon in unserer Schule gelernt und hat dann, wie die Formel bei den Prozessen zu lauten pflegt, ‚dieselbe Sache auf eine andere Weise‘ vorgetragen. Genau dies schätzest du bei ihm: als ob er dem Vorwurf der Widersprüchlichkeit durch die Veränderung der Terminologie entgehen könnte, wir dagegen nicht. Er erklärt, das Leben des Metellus sei nicht glückseliger als dasjenige des Regulus, wohl aber vorzuziehen; es sei nicht begehrenswerter, wohl aber empfehlenswerter, und wenn man frei wäre zu wählen, würde man das Leben des Metellus vorziehen, dasjenige des Regulus zurückstellen. Ich meinerseits nenne nun eben das Leben, von dem jener sagt, es sei vorzuziehen und empfehlenswerter, auch ein glückseligeres und lege ihm nicht im geringsten ein größeres Gewicht bei als die Stoiker. Worin besteht also der Unterschied, wenn nicht einfach darin, daß ich bekannte Dinge mit bekannten Namen bezeichne, sie aber neue Namen suchen, um dasselbe zu sagen? Wie es im Senat immer jemanden gibt, der einen Kommentar verlangt, so können offenbar auch wir die Stoiker nur mit Hilfe von Kommentaren verstehen. Ich nenne alles ein Gut, was naturgemäß ist, und was dagegen ist, ein Übel; und dies tue nicht ich allein, sondern auch du, Chrysippos, in der Öffentlichkeit und bei dir zu Hause; bloß in der Schule hörst du damit auf. Doch was heißt dies? Glaubst du, die Philosophen müßten auf eine andere Weise reden als die übrigen Menschen? Welches Gewicht ein jedes hat,

quidque sit aliter docti et indocti, sed cum constiterit inter doctos quanti res quaeque sit – si homines essent, usitate loquerentur –, dum res maneant, verba fingant arbitratu suo.

Sed venio ad inconstantiae crimen, ne saepius dicas me aberrare; quam tu ponis in verbis, ego positam in re putabam. si satis erit hoc perceptum, in quo adiutores Stoicos optimos habemus, tantam vim esse virtutis, ut omnia, si ex altera parte ponantur, ne appareant quidem, cum omnia, quae illi commoda certe dicunt esse et sumenda et eligenda et praeposita – quae ita definiunt, ut satis magno aestimanda sint –, haec igitur cum ego tot nominibus a Stoicis appellata, partim novis et commenticiis, ut ista 'producta' et 'reducta', partim idem significantibus – quid enim interest, expetas an eligas? mihi quidem etiam lautius videtur, quod eligitur, et ad quod dilectus adhibetur –, sed, cum ego ista omnia bona dixero, tantum refert quam magna dicam, cum expetenda, quam valde. sin autem nec expetenda ego magis quam tu eligenda, nec illa pluris aestimanda ego, qui bona, quam tu, producta qui appellas, omnia ista necesse est obscurari nec apparere et in virtutis tamquam in solis radios incurrere.

'At enim, qua in vita est aliquid mali, ea beata esse non potest'. Ne seges quidem igitur spicis uberibus et crebris, si avenam uspiam videris, nec mercatura

darüber denken die Gebildeten anders als die Ungebildeten. Wenn es aber einmal unter den Gebildeten feststeht, welches Gewicht jede einzelne Sache hat: wären sie Menschen, so würden sie reden wie es gebräuchlich ist. Mögen sie Worte erfinden nach ihrem Belieben, wenn nur die Sachen unverändert bestehen bleiben.

Jetzt komme ich zum Vorwurf der Widersprüchlichkeit, damit du nicht wieder behaupten kannst, ich würde vom Thema abschweifen. Du siehst den Widerspruch in den Worten, ich glaubte, es handle sich um einen Widerspruch in den Sachen. Haben wir dies ausreichend begriffen (und darin sind uns die Stoiker die besten Bundesgenossen), daß das Gewicht der Tugend so groß ist, daß alles übrige, wenn es auf die andere Waagschale gelegt würde, nicht einmal bemerkt werden könnte; wenn nun alles, was diese förderlich nennen und empfehlenswert und wünschenswert und vorzuziehen (dies definieren sie als etwas, das einen ausreichenden Wert besitzt), wenn ich nun dies alles, was die Stoiker mit so vielen Begriffen umschreiben, teils mit neuen und erfundenen, wie jenes ‚Vorgezogene' und ‚Zurückgesetzte', teils mit bekannten und das gleiche bedeutenden Begriffen (denn worin besteht der Unterschied, ob ich etwas erstrebe oder auswähle? Mir jedenfalls scheint es eleganter zu sein, daran zu denken, daß etwas gewählt wird und eine Auswahl stattfindet), – aber wenn ich nun dies alles als Güter bezeichne, so kommt es ausschließlich darauf an, als wie große Güter ich sie ansehe; und wenn ich dies erstrebenswert nenne, ist es nur wichtig zu wissen, wie erstrebenswert. Wenn ich nun dieselben Dinge nicht für mehr erstrebenswert halte als du für wählenswert, und ich jenes, was ich ein Gut nenne, nicht höher schätze als du, der du dasselbe als ein Vorgezogenes bezeichnest, dann bedeutet dies, daß all das verdunkelt wird und überhaupt nicht in Erscheinung tritt und sich in den Strahlen der Tugend verliert wie in den Strahlen der Sonne."

„Immerhin kann ein Leben, an dem sich irgendein Übel befindet, nicht glückselig sein." Nun, dann wirst du auch ein mit reichem und dichtem Getreide überwachsenes Feld nicht schätzen, wenn du irgendwo ein Unkraut bemerkst, noch auch ein Ge-

quaestuosa, si in maximis lucris paulum aliquid
damni contraxerit. an hoc usque quaque, aliter in
vita? et non ex maxima parte de tota iudicabis? an dubium est, quin virtus ita maximam partem optineat in
rebus humanis, ut reliquas obruat? audebo igitur cetera, quae secundum naturam sint, bona appellare nec
fraudare suo vetere nomine neque iam aliquod potius
novum exquirere, virtutis autem amplitudinem quasi
in altera librae lance ponere. terram, mihi crede, ea 92
lanx et maria deprimet. semper enim ex eo, quod maximas partes continet latissimeque funditur, tota res
appellatur. dicimus aliquem hilare vivere; ergo, si semel tristior effectus est, hilara vita amissa est? at hoc
in eo M. Crasso, quem semel ait in vita risisse Lucilius, non contigit, ut ea re minus ἀγέλαστος, ut ait
idem, vocaretur. Polycratem Samium felicem appellabant. nihil acciderat ei, quod nollet, nisi quod anu-
lum, quo delectabatur, in mari abiecerat. ergo infelix
una molestia, felix rursus, cum is ipse anulus in prae-
cordiis piscis inventus est? ille vero, si insipiens –
quod certe, quoniam tyrannus –, numquam beatus; si
sapiens, ne tum quidem miser, cum ab Oroete, praetore Darei, in crucem actus est. 'At multis malis affectus'. Quis negat? sed ea mala virtutis magnitudine ob-
ruebantur.

An ne hoc quidem Peripateticis concedis, ut dicant 93
omnium bonorum virorum, id est sapientium omnibusque virtutibus ornatorum, vitam omnibus partibus plus habere semper boni quam mali? quis hoc dicit? Stoici scilicet. Minime; sed isti ipsi, qui voluptate
et dolore omnia metiuntur, nonne clamant sapienti

schäft für vorteilhaft halten, wenn bei größtem Gewinn an einem Posten ein Verlust entstanden ist. Oder gilt dies überall, nur nicht im Leben? Wirst du nicht ein ganzes Leben nach seinem überwiegenden Charakter beurteilen? Kann man daran zweifeln, daß in den menschlichen Verhältnissen die Tugend so sehr den größten Platz einnimmt, daß sie alles übrige zudeckt? Ich wage es also, alles übrige, was naturgemäß ist, als Güter zu bezeichnen und es nicht um seinen alten Namen zu betrügen und irgendeinen neuen Namen zu erfinden, während ich doch das ganze Gewicht der Tugend auf die andere Waagschale lege. Glaube mir, diese Waagschale wird schwerer wiegen als Erde und Meer. Denn immer wird das Ganze einer Sache nach dem benannt, was den größten Teil ausmacht und was sich am weitesten erstreckt. Zum Beispiel sprechen wir von jemandem, der ein fröhliches Leben führt. Wenn er zufällig einmal traurig geworden ist, hat er dann die ganze Fröhlichkeit des Lebens verloren? Jedenfalls paßt dies nicht auf Marcus Crassus, von dem Lucilius erzählt, er habe ein einziges Mal in seinem Leben gelacht. Dies hat nicht gehindert, daß er, wie derselbe berichtet, ἀγέλαστος (der zum Lachen Unfähige) genannt wurde. Den Samier Polykrates nannte man glücklich. Es ist ihm niemals etwas Widerwärtiges zugestoßen außer dem einen, daß er seinen Ring, den er besonders liebte, ins Meer geworfen hatte. Also wäre er unselig durch dieses eine Mißgeschick und dann wieder glücklich, als genau jener Ring in den Eingeweiden eines Fisches gefunden wurde? Wenn er nun im Sinne der Stoa ein Tor war (dies war er sicherlich, da er ja ein Tyrann war), so war er niemals glückselig. War er dagegen ein Weiser, so wurde er sogar dann nicht unselig, als er von Oroites, dem Statthalter des Dareios, ans Kreuz geschlagen wurde. ‚Immerhin hat er Schreckliches erleiden müssen.' Wer bestreitet dies? Doch jene Übel wurden zugedeckt durch die Größe seiner Tugend.

Wirst du nicht einmal darin den Peripatetikern zustimmen, wenn sie erklären, daß das Leben aller tugendhaften Menschen, also der Weisen und derer, die durch alle Tugenden ausgezeichnet sind, stets in allen Teilen mehr Gutes als Übles hat? Wer sagt dies? Doch wohl die Stoiker. Keineswegs, sondern jene, die alles an der Lust und dem Schmerze messen. Rufen sie nicht laut, daß

plus semper adesse quod velit quam quod nolit? cum tantum igitur in virtute ponant ii, qui fatentur se virtutis causa, nisi ea voluptatem faceret, ne manum quidem versuros fuisse, quid facere nos oportet, qui quamvis minimam animi praestantiam omnibus bonis corporis anteire dicamus, ut ea ne in conspectu quidem relinquantur? quis est enim, qui hoc cadere in sapientem dicere audeat, ut, si fieri possit, virtutem in perpetuum abiciat, ut dolore omni liberetur? quis nostrum dixerit, quos non pudet ea, quae Stoici aspera dicunt, mala dicere, melius esse turpiter aliquid facere cum voluptate quam honeste cum dolore? nobis Heracleotes ille Dionysius flagitiose descivisse videtur a Stoicis propter oculorum dolorem. quasi vero hoc didicisset a Zenone, non dolere, cum doleret! illud audierat nec tamen didicerat, malum illud non esse, quia turpe non esset, et esse ferendum viro. hic si Peripateticus fuisset, permansisset, credo, in sententia, qui dolorem malum dicunt esse, de asperitate autem eius fortiter ferenda praecipiunt eadem, quae Stoici. Et quidem Arcesilas tuus, etsi fuit in disserendo pertinacior, tamen noster fuit; erat enim Polemonis. is cum arderet podagrae doloribus visitassetque hominem Charmides Epicureus perfamiliaris et tristis exiret, Mane, quaeso, inquit, Charmide noster; nihil illinc huc pervenit. ostendit pedes et pectus. ac tamen hic mallet non dolere.

94

Haec igitur est nostra ratio, quae tibi videtur inconstans, cum propter virtutis caelestem quandam et divinam tantamque praestantiam, ut, ubi virtus sit resque magnae ⟨et⟩ summe laudabiles virtute gestae, ibi esse miseria et aerumna non possit, tamen labor pos-

95

dem Weisen immer mehr geschehe von dem, was er will, als von dem, was er nicht will? Wenn nun sogar jene der Tugend ein solches Gewicht beilegen, die im übrigen gestehen, „sie würden um der Tugend willen nicht einmal die Hand umdrehen, wenn sie nicht Lust erzeugte", was sollen dann wir tun, die wir lehren, daß auch der geringste Vorzug des Geistes alle Güter des Körpers aufwiege, derart, daß sie ihm gegenüber überhaupt nicht mehr in Erscheinung treten? Wer würde auch zu behaupten wagen, der Weise sei imstande, sogar die Tugend für immer von sich zu werfen, wenn dies geschehen könnte, nur um von allem Schmerz befreit zu werden? Wer von den Unsrigen, die sich nicht schämen, Übel zu nennen, was die Stoiker als beschwerlich bezeichnen, könnte je gesagt haben, es sei besser, auf schändliche Weise, aber mit Lust, etwas zu tun, als auf tugendgemäße Weise, aber mit Schmerzen? Wir sind der Meinung, daß jener Dionysios von Herakleia auf eine beschämende Weise wegen seines Augenleidens von den Stoikern abgefallen ist. Hätte er doch nur bei Zenon gelernt, daß der Schmerz, den er empfand, gar kein Schmerz sei. Er hatte jenes bloß gehört, aber nicht gelernt, daß das, was nicht tugendwidrig sei, auch kein Schmerz sein könne. Wenn er ein Peripatetiker gewesen wäre, wäre er, glaube ich, in der Schule verblieben; denn jene nennen den Schmerz ein Übel, geben aber genau dieselben Vorschriften wie die Stoiker, wie seine Härte tapfer ertragen werden müsse. Auch dein Arkesilaos war zwar in der Diskussion allzu hartnäckig, gehörte aber im übrigen durchaus zu den Unsrigen; er war ja Schüler Polemons. Als ihn die Schmerzen der Podagra brannten und ihn der Epikureer Charmides, ein sehr guter Freund, besuchte und traurig wieder weggehen wollte, sagte er: „Bleib doch, lieber Charmides, denn von dort gelangt nichts hierher", und dabei zeigte er auf seine Beine und auf seine Brust. Doch auch er hätte es vorgezogen, keinen Schmerz zu leiden.

Dies ist also unsere Lehre, die du für widersprüchlich hältst. Im Hinblick auf den himmlischen und göttlichen Rang der Tugend und auf ihr Gewicht, das so groß ist, daß dort, wo die Tugend zu Hause ist und durch die Tugend Großes und in höchstem Maße Rühmenswertes geleistet wird, Unseligkeit und Jammer

sit, possit molestia, non dubitem dicere omnes sapientes esse semper beatos, sed tamen fieri posse, ut sit alius alio beatior.

Atqui iste locus est, Piso, tibi etiam atque etiam confirmandus, inquam; quem si tenueris, non modo meum Ciceronem, sed etiam me ipsum abducas licebit.

Tum Quintus: Mihi quidem, inquit, satis hoc confirmatum videtur, laetorque eam philosophiam, cuius antea supellectilem pluris aestimabam quam possessiones reliquarum – ita mihi dives videbatur, ut ab ea petere possem, quicquid in studiis nostris concupissem –, hanc igitur laetor etiam acutiorem repertam quam ceteras, quod quidam ei deesse dicebant.

Non quam nostram quidem, inquit Pomponius iocans; sed mehercule pergrata mihi ⟨fuit⟩ oratio tua. quae enim dici Latine posse non arbitrabar, ea dicta sunt a te verbis aptis nec minus plane quam dicuntur a Graecis. Sed tempus est, si videtur, et recta quidem ad me.

Quod cum ille dixisset et satis disputatum videretur, in oppidum ad Pomponium perreximus omnes.

nicht bestehen können, wohl aber Anstrengung und Mühsal, zögere ich nicht zu erklären, daß alle Weisen immer glückselig sind, allerdings so, daß der eine glückseliger sein kann als der andere."

„Diese These ist es", sagte ich, „die du, Piso, immer und immer wieder wirst beweisen müssen; wenn dir dies gelingt, wirst du nicht nur meinen Cicero, sondern auch mich selbst entführen dürfen."

Darauf bemerkte Quintus: „Für mich jedenfalls genügt dieser Beweis. Ich freue mich jedenfalls, daß diese Philosophie, deren Handwerkszeug ich schon bisher höher schätzte als die Besitzungen der übrigen Philosophie – jene schien mir nämlich so reich ausgestattet, daß ich bei ihr all das holen konnte, was auch immer ich für meine Studien nötig hatte –, ich freue mich also, daß sich diese Philosophie auch als scharfsinniger erwiesen hat als die übrigen, obschon einige dies bestritten haben."

„Scharfsinniger als unsere Philosophie ist die peripatetische sicher nicht", sagte Pomponius scherzend. „Aber ich habe in der Tat deine Rede mit größtem Genuß angehört. Du hast nämlich das, von dem ich nicht glaubte, daß es auf Latein gesagt werden könnte, mit den richtigen Worten formuliert und genauso klar wie die Griechen. Aber es ist Zeit, abzubrechen, und wenn es euch recht ist, gehen wir nun geradewegs zu mir."

Nachdem jener das gesagt hatte und wir den Eindruck hatten, genug diskutiert zu haben, begaben wir uns alle in das Städtchen zu Pomponius.

KOMMENTAR

Vorbemerkung

Nach Ciceros Überzeugung ist die Frage nach dem einen Ziel und Zweck allen menschlichen Handelns sowohl der Ausgangspunkt wie auch der Endpunkt der philosophischen Ethik. So enthält denn auch De finibus in der angemessenen römischen Abbreviatur und Umformung die grundlegende Diskussion über die Ethik der Epikureer, der Stoiker und der Peripatetiker im ganzen. Das Werk unterscheidet sich damit einerseits von den Paradoxa Stoicorum, den Tusculanae disputationes, dem Cato und dem Laelius, die sich mit bestimmten ethischen Sonderproblemen befassen, und andererseits von De officiis, das ein Handbuch der Orientierung in allen Fragen des praktischen Lebens sein will.

Dann aber wird gerade De finibus nur verständlich, wenn man sich zu jedem einzelnen Punkte die historischen und die spekulativen Voraussetzungen und Implikationen einigermaßen klar zu machen vermag. Dies versucht der Kommentar zu leisten, der eben aus diesem Grunde verhältnismäßig umfangreich geworden ist. Es ließ sich auch nicht vermeiden, immer wieder Ciceros Äußerungen mit anderen Texten in Beziehung zu setzen. Allerdings wurde da eine strenge Auswahl getroffen; sonst hätte der Kommentar den vierfachen Umfang erhalten.

Von diesen anderen Texten sind die wichtigsten in der „Bibliothek der Alten Welt" leicht zugänglich: das gesamte Œuvre Platons, die Hauptwerke des Aristoteles, eine Auswahl aus epikureischen und stoischen Texten. Darüber hinaus wird verwiesen besonders auf: Diogenes Laertius, Philosophiegeschichte in zehn Büchern (am besten die Ausgabe von R. D. Hicks in der „Loeb Library" mit englischer Übersetzung); H. Usener, Epicurea (immer noch die einzige leidlich vollständige Sammlung der Reste der epikureischen Lehre); H. von Arnim, Stoicorum Veterum Fragmenta, abgekürzt SVF (nicht ohne schwere Mängel, aber die einzige vollständige Textsammlung, die wir besitzen); H. Diels und W. Kranz, Die Fragmente der Vorsokratiker, abgekürzt VS (ergänzungsbedürftig, aber immer noch unentbehrlich; die wichtigsten Texte in deutscher Übersetzung);

G. Giannantoni, Socraticorum Reliquiae, 4 Bände; F. Wehrli, Die Schule des Aristoteles (die Sammlung aller – meist dürftigen – Reste der Lehren des nacharistotelischen Peripatos mit Ausnahme von Theophrast). Wichtig sind schließlich einmal die peripatetischen und stoischen Texte in der Exzerptsammlung des Iohannes Stobaios aus dem späten 5. Jhd. n. Chr., hsg. von K. Wachsmuth und O. Hense, sowie die philosophischen Schriften Plutarchs, vor allem seine Streitschriften gegen Epikur und Chrysipp, die, wie Ciceros Werk, stark von Karneades beeinflußt sind; das Ganze herausgegeben von einem Editoren-Team in der Bibliotheca Teubneriana, in deutscher Übersetzung nur weniges, das meiste aber englisch („Loeb Library") und neuestens französisch („Collection des Universités de France").

ERSTES BUCH

1 Psychologisch geschickt beginnt Cicero nicht mit den zwei Fragen, die traditionell jede Vorrede zu beantworten hat (Welches ist der Gegenstand? Welches ist das Interesse und die Bedeutung des Gegenstandes?), sondern fängt sofort und ausdrücklich die Kritik auf, der seine philosophische Arbeit schon begegnet ist und noch begegnen wird. Vier Punkte werden aufgeführt, beginnend mit dem Allgemeinsten, endend mit Persönlichem: (1) Man soll überhaupt nicht philosophieren. (2) Wenn man es schon tut, dann nur mit Maß. (3) Wenn nur mit Maß, dann lieber in griechischen Originalen als in lateinischen Übersetzungen. (4) Wenn schon lateinische Übersetzungen, dann hat Cicero selbst Wichtigeres zu tun, als solche Übersetzungen anzufertigen. – Erst im Kontext des vierten Punktes beantwortet er die Fragen: (a) Welches ist der Gegenstand dieses Werkes? (b) Welches ist seine Bedeutung für den Leser?

Die Einwände (1) und (2) lassen sich bis zur griechischen Diskussion über den Wert der Philosophie im 5. Jhd. v. Chr. zurückverfolgen. In Platons Gorgias 484C–486D erklärt der Gegner des Sokrates, man solle (1) nicht philosophieren, weil das philosophische Grübeln den Menschen unfähig mache, politisch tätig zu sein; und wenn man schon philosophiere, so solle man es (2) nur bis zu einem gewissen Grade tun, nämlich sich die Philosophie als ein Stück der allgemeinen Bildung in der Jugend aneignen, später jedoch sich den wichtigeren Aufgaben des praktischen Lebens widmen (vgl. Xenophon Mem. 4,7; Aristoteles Pol. 1337b15ff; 1340b40 ff; Nik. Ethik 1094b1).

Bei Platon im Theät. 172–177 ist die naturphilosophische Theoria mit politischer Aktivität unvereinbar; bei Cicero 2,74–77 ist es das Lustprinzip Epikurs, in 4,22 der Tugendbegriff der Stoa. Nur die Ethik des Peripatos ist in der Öffentlichkeit ebenso gut vertretbar wie in der Schule (vgl. 4,61). Davon abgesehen betont Cicero, daß man sich der Philosophie erst widmen dürfe, nachdem man seine politische Pflicht getan habe (vgl. 1, 10; 2,46; 3,7; auch Platon, Staat 540AB).

2–3 Zum ersten Einwand verweist Cicero auf seinen „Hortensius". Dort hatte der Politiker Hortensius die Philosophie grundsätzlich abgelehnt; ihn meint Cicero, wenn er betont, die Gegner der Philosophie seien nicht ungebildet, es sei also nicht Ignoranz, sondern bewußte Stellungnahme. Er verweist auf den Erfolg seines etwa ein Jahr zuvor publizierten Dialoges, jedenfalls bei denjenigen Lesern, die die nötige Kompetenz mitbringen; daß es auch ungünstige Urteile gab, wird stillschweigend zugestanden. Er will jedoch nicht sagen, die dort für die Philosophie vorgetragenen Argumente seien ergänzungsbedürftig. Er geht vielmehr davon aus, daß es die Aufgabe des „Hortensius" war, zum Philosophieren überhaupt hinzuführen, nicht aber eine bestimmte Philosophie zu empfehlen. Daß man sich jedoch nicht mit dem bloßen Hinführen begnügen dürfe, war nach Xen. Mem. 1,4,1 (vgl. Ps.-Platon Kleitophon 408DE) schon gegen Sokrates behauptet worden. So verpflichtet gerade der „Hortensius" selbst zum Eintreten in die Sache der Philosophie selbst. – Die Widerlegung des zweiten Einwandes ist unübersichtlich und etwas unklar. Die Ursache ist zu erraten: als Sokratiker müßte Cicero zugestehen, daß es für das ganze Leben nichts Wichtigeres geben könne, als unaufhörlich zu philosophieren. Doch so weit kann er nicht gehen. Er hat immer daran festgehalten, daß es die erste Pflicht des Römers sei, sich für die Res publica einzusetzen; nur diejenige Zeit, die der Staat nicht beanspruche, dürfe man für anderweitige Interessen aufwenden. Dann aber behält der zweite Einwand recht. – Diese Schwierigkeit sucht er, so gut es geht, zu überspielen. Drei Punkte werden genannt. Nur der erste (a) begegnet dem Einwand frontal. Die Aufgabe der Philosophie ist eine unendliche; ihr Grenzen zu setzen, wäre so gewalttätig, daß es besser wäre, sich überhaupt nicht auf sie einzulassen. Doch wenn man es tut, so zeigt sich, daß sie um so fesselnder wird, je länger man sich mit ihr befaßt. Anders gesagt, die Philosophie ist die einzige Tätigkeit, bei der die Empfehlung, maßzuhalten und nicht zuviel oder zuwenig zu tun, sinnlos ist. Zu (b) deutet Cicero ein erstes Mal an, daß er per-

sönlich jener philosophischen Richtung angehört, zu der er sich in den „Academici" ausdrücklich bekannt hatte. Es ist die aporetische Akademie, die im Sinne von Platon Apol. 23A überzeugt ist, daß der Mensch zum Wissen nie gelangen könne, wohl aber unablässig nach ihm streben müsse. Doch auch darüber ist sich Cicero klar, daß von einer uneingeschränkten Aporetik her ein Werk wie das vorliegende nicht geschrieben werden könnte; keine Ethik kommt ohne Dogmatik aus (vgl. unten 2,43; 3,31). So läßt er geschickt beide Möglichkeiten offen: kann man das Wissen erreichen, so gilt es nicht nur, es zu erwerben, sondern auch, mit dem Erworbenen praktisch nutzbringend umzugehen. Kann man es nicht erreichen, so bleibt die Verpflichtung, es so lange zu suchen, bis man es (vielleicht einmal) erreicht haben wird. Das Stichwort, man dürfe im Suchen nicht müde werden, veranlaßt Cicero, einen dritten Punkt (c) anzuschließen, der eigentlich zur Widerlegung des vierten Einwandes gehört. Cicero arbeitet an der Philosophie. Macht ihm die Arbeit Freude, so wäre es unpassend, ihn daran zu hindern; würde sie ihm Mühe bereiten, so dürfte man dies nur kritisieren, wenn es sich um eine subalterne, seines Niveaus unwürdige Arbeit handelte; dies bekräftigt die Anspielung auf Terenz Heaut. 17.

4–10A Der dritte Einwand ist weit ausführlicher behandelt, weil sich Cicero da persönlich engagiert fühlt. Rom hat seit dem Beginn des 3. Jhd. v. Chr. seinen Ehrgeiz darein gesetzt, sich die griechische Literatur systematisch anzueignen, um dem Griechentum im ganzen kulturell ebenbürtig gegenübertreten zu können. Dies gelingt zuerst in der Dichtkunst, dann in der Redekunst; nun ist es Zeit, die Philosophie anzuschließen, und Cicero versteht sich als denjenigen, der faktisch als erster durch seine Arbeit die griechische Philosophie in Rom heimisch gemacht hat. Ich gehe hier seine Argumente als solche durch und verweise für die literaturgeschichtlichen Data auf das Namensverzeichnis.

1. Es ist „sokratischer Stil", wenn Cicero erklärt: Wer die Übersetzungen von Tragödien und Komödien schätzt, muß erst recht die Übersetzungen philosophischer Werke schätzen. Eine leise Verachtung jener Dichtungen ist spürbar, und daß die Philosophie gegen sie ausgespielt wird, verwundert nicht. 2. Als Römer hat man die patriotische Pflicht, selbst schlechte Übersetzungen ins Latein zur Kenntnis zu nehmen. 3. Cicero selbst übersetzt nie sklavisch, sondern leistet aus eigenem zweierlei: er wählt aus, was ihm wichtig zu sein scheint, und gruppiert so, wie er es für zweckmäßig hält. Zu verstehen ist dies von der keineswegs leichten Aufgabe her, die im allgemei-

nen überaus umfangreichen und schulmäßig pedantisch aufgebauten Bücher der griechischen philosophischen Zeitgenossen nicht nur auf das Wesentliche zu kürzen, sondern auch für den römischen Interessenten lesbar zu machen. Nicht selten sind (auch in De fin.) nur noch Reihen von Stichworten übrig geblieben, die als solche übersichtlich sind, deren inneren Zusammenhang und deren problemgeschichtliche Voraussetzungen wir aber erraten müssen. 4. Cicero gesteht zu, daß er philosophisch nichts Eigenes zu bringen hat. Doch gerade darin kann er sich auf die Griechen selber berufen, bei denen in jeder Philosophenschule die Späteren nur mit anderen Worten wiederholen, was die Archegeten schon gelehrt hatten (worin sich natürlich die philosophische Orthodoxie dokumentiert). Genannt werden drei Schulen: in der Stoa ist Chrysipp der Archeget, an den sich die Späteren halten (für Panaitios stimmt dies mit 4,79 nicht überein; überraschend ist auch die Nennung des Poseidonios, der in wichtigen Punkten ein Gegner Chrysipps gewesen ist); für den Peripatos wird Theophrast als der Schüler vorgestellt, der bloß wiederholt, was Aristoteles schon behandelt hatte (impliziert ist, daß die Nachfolger Theophrasts bis auf Ciceros eigene Zeit überhaupt nicht zählen vgl. 5, 13–14. Andererseits deutet Cicero in 5,12 selber an, daß sich Theophrasts Ethik mit derjenigen des Aristoteles nicht völlig deckt). In der Schule Epikurs ist die Autorität der Archegeten Epikur, Metrodor, Hermarch unbestritten. Als einzige der großen Schulen fehlt die Akademie, deren Geschichte durch mehrere Brüche gekennzeichnet ist. 5. Selbst wenn Cicero wörtlich übersetzte, wäre dies ein Verdienst. Doch er betont, daß er dies nur ausnahmsweise getan hat. 6. Er ist sich seiner Leistung so sehr bewußt, daß er keinen Leser zu scheuen braucht. Dies leitet zu einem Kompliment an Brutus als Kenner der griechischen Philosophie über, was die Widmung des Werkes einigermaßen motiviert, dann zu einem hübschen Zitat aus Lucilius, dessen Pointe uns freilich entgeht. Daß die Leute von Consentia (Cosenza) wenig gebildet waren, glaubt man; doch daß die Bewohner der alten Griechenstadt Tarent oder gar Siziliens ungebildeter gewesen sein sollen als der uns kaum bekannte Persius, dann Scipio Aemilianus und Rutilius, erstaunt. Das ganze wirkt als Korrektur einer Äußerung in De rep., von Plinius hist. nat. praef. 7 zitiert. 7. Unerwartet, aber absichtsvoll ist ein Abschnitt beigefügt, der zu verstehen gibt, daß Cicero nicht ganz der erste ist, der griechische Philosophie in lateinischer Sprache vorträgt. Freilich sind die anderen verächtliche Vertreter einer verächtlichen Richtung. Wer dies ist, verraten Acad. 1,5–6; Tusc. disp. 1,6; 2,7; 4,6–7: die Epikureer Amafinius

und Rabirius, die Cicero zweifellos als eine ärgerliche Konkurrenz empfunden hat, sowohl, weil sie ihm den Ruhm, als erster Philosophie in lateinischer Sprache zu bieten, streitig machen, wie auch, weil ihre Bücher einen erstaunlichen Erfolg gehabt haben müssen (Tusc. disp. 4,7; vgl. auch De fin. 2,44; 49). Die Bedeutung dieser Leute herunterzuspielen, fällt ihm insofern nicht schwer, als er sich auf die leidenschaftliche Verachtung, mit der vor allem die Stoiker Epikur bekämpften, berufen kann. Doch vermeidet er bewußt jede ausdrückliche Erwähnung Epikurs, dies weniger mit Rücksicht auf seinen epikureischen Freund Atticus, als im Hinblick auf seine eigene spätere Versicherung, er habe sich alle Mühe gegeben, die Lehre objektiv zu beschreiben (1,13 und 16). Hätte er schon hier verkündet, wie wenig er diese Lehre schätzt, wären die späteren Äußerungen unglaubwürdig geworden.

Zu 9 gilt Ähnliches. Um die Gräkomanie bestimmter Römer zu verspotten, zitiert er Verse des Lucilius, die den Besuch des Praetors Q. Mucius Scaevola in Athen 120 v. Chr. schildern. Dieser trifft dort T. Albucius, einen Römer, der nicht nur Epikureer war (was Cicero wiederum verschweigt), sondern auch sich so sehr in Athen eingelebt hatte, daß er aus Snobismus nur noch griechisch sprach; so begrüßt ihn Scaevola auf griechisch. Die Situation ist freilich sonderbar. Denn daß ein römischer Magistrat, wenn auch im Auslande, sich dazu herbeiläßt, einen römischen Bürger auf griechisch anzureden, ist für den Magistraten bedenklicher als für den Angeredeten; siebzig Jahre früher (191 v. Chr.) hat der ältere Cato eine Rede vor dem Volke von Athen als Militärtribun auf lateinisch gehalten, obschon er selbstverständlich persönlich griechisch konnte (Frg. 20 Malc., Plut. Cato maior 12,5). Andererseits hat T. Pomponius, Ciceros engster Freund, Athen so sehr als seine zweite Heimat empfunden, daß er deswegen (vgl. 5,4) den Beinamen „Atticus" erhielt. So ist sein Fall von demjenigen des Albucius nur wenig verschieden. – Das Beispiel einer derart würdelosen Bevorzugung des Griechischen gibt Cicero schließlich Gelegenheit zu einer paradoxen Pointe: das Latein ist nicht nur nicht ärmer als das Griechische (vgl. Lucr. 1,139 u. a.), sondern reicher. Allerdings hat (a) die lateinische Literatur bisher nur Redner und Dichter aufzuweisen; die Historiker stehen auf anderer Ebene, und Philosophen gab es bisher nicht. Außerdem hat (b) Rom keine eigenständige literarische Tradition. Alles beginnt mit der Nachahmung der Griechen. So mußten die Römer (c) warten, bis die Griechen soweit waren, ihrerseits nachahmenswerte Leistungen hervorzubringen. Damit wird den Griechen sozusagen die Schuld in die Schuhe gescho-

ben daran, daß die lateinische Literatur nicht schon im 7. Jhd. v. Chr. begonnen hat. Daß allerdings nach dem Tod des Euripides nochmals 150 Jahre vergingen, bis die Römer zum Zuge kamen, ist ein weiteres Problem.

10B–12 Die Abwehr des vierten Einwandes beginnt mit der Erklärung, Cicero habe seine politische Pflicht getan, und so könne er zur Aufgabe übergehen, die Römer auch gebildeter zu machen. Die zwei Aufgaben werden kommentarlos nebeneinander gestellt. Es ist vielsagend, daß an dieser Stelle über die besondere geschichtliche Situation, in der zwischen Mitte März und Anfang Juli 45 v. Chr. De fin. geschrieben wurde, kein Wort fällt: weder über den Tod der Tochter im Februar 45, noch über die Diktatur Caesars, die in jenen Monaten ihrem Höhepunkt entgegentrieb. Cicero ist durch den Diktator aus jeder politischen Tätigkeit ausgeschlossen und hätte sich zu einer tödlichen Ohnmacht verurteilt gesehen, hätte er nicht versucht, die politische Frustration durch intensive schriftstellerische Aktivität zu überspielen. Er redet sich ein, daß er dieselbe Pflicht erfüllt wie früher, nur mit andern Mitteln und auf einem anderen Felde. – Cicero war nicht der Mann, über solche Dinge zu schweigen, wenn er hätte reden können. Doch der politische Druck wird im Sommer 45 so stark gewesen sein, daß er wie der Adressat Brutus (der politisch mindestens so exponiert war wie er) sich einer Gefahr ausgesetzt hätten, die sie nicht auf sich nehmen wollten. Wir wissen nicht, wie weit Cicero damals schon in die Vorbereitungen zur Ermordung des Diktators eingeweiht war. Bezeichnenderweise erfahren wir auch nicht, welche anderen Gegenstände Cicero denn hätte behandeln sollen, etwa ein Geschichtswerk oder eine Darstellung des Ius civile. Auch darüber wollte er nichts sagen. Statt dessen betont er erstens, wie viele (nichtphilosophische) Bücher er schon publiziert hat, und zweitens, daß seine jetzige philosophische Arbeit bedeutender sei als alles andere; immerhin ist seine Feststellung „nulla his esse potiora" erstaunlich dürftig. Er will seine politischen Reden nicht allzu sehr hinter die philosophischen Werke zurückfallen lassen.

So kommen wir endlich zur Frage nach dem vorliegenden Werke. Sein Gegenstand ist das Ziel allen Handelns (zur Formel vgl. 1,29; 42; 3,26; 48 auch SVF 3,2 und schon Aristoteles Nik. Ethik 1094a 18–22). Dieses Ziel ist in der Natur verankert, also durch jene Instanz garantiert, die der Mensch nicht geschichtlich aufbaut, sondern als eine gegebene, nicht weiter hinterfragbare immer schon vorfindet. Dabei ist die Pointe offenbar die, daß in der formalen Bestimmung des Zieles allen Handelns sämtliche Philosophen untereinander übereinstim-

men, doch daß der größte Dissensus herrscht darüber, worin das Ziel konkret zu bestehen habe (vgl. dazu Aristoteles Nik. Ethik 1095a 17–28). Es bleibt die Frage, welche unter den verschiedenen Meinungen der Wahrheit am nächsten komme; der Superlativ „verissimum" schränkt im Sinne der akademischen Aporetik ein: es kann sich nicht darum handeln, die Wahrheit schlechthin zu finden, sondern nur das, was ihr am nächsten kommen mag. – Es folgt, wie schon in 4, eine Argumentation „sokratischen Typs": wen juristische Spezialprobleme interessieren, den müßten erst recht die entscheidenden Probleme der Philosophie beschäftigen. Dazu wird eine Diskussion über eine hochspezialisierte Rechtsfrage zitiert (Muß das im Jahre X geborene Kind einer Sklavin unter den Jahreserträgnissen jenes Haushaltes aufgeführt werden, dem die Sklavin angehört?), an der die Juristen M'. Manilius (Konsul 149), P. Mucius Scaevola (Konsul 133) und M. Junius Brutus (nicht sicher identifizierbar und mit dem Adressaten des Werkes offensichtlich nicht näher verwandt) sich beteiligten. Es ist wenig wahrscheinlich, daß jeder der drei Juristen eine Sonderschrift über dieses Problem verfaßt hat. Also war es eine Darstellung, die alle drei gemeinsam, doch wohl in einem Dialoge vorführte. Das kann entweder ein Gedicht des schon mehrfach zitierten Lucilius oder ein Essay des M. Terentius Varro gewesen sein. Die Formulierung Ciceros erweckt den Eindruck, es handle sich um einen den Lesern wohlbekannten Text. Leicht ironisch ist die Bemerkung, solche Dinge seien, weil praktisch nützlich, „leichter zu verkaufen", doch die Philosophie habe ungleich mehr Gewicht. – Der Schluß der Vorrede präzisiert mit akademischer Nuance, es komme nicht darauf an, die Lehre vorzuführen, die er selber am meisten billige, sondern jedes einzelne System zuverlässig darzustellen (so daß jeder Leser frei wählen kann, was ihm zusagt).

13–16 Cicero will mit der verständlichsten, darum auch am meisten verbreiteten (vom Erfolg der epikureischen Lehre spricht er öfters: 2,44; 49. vgl. Kleomedes II, 1 und die erstaunliche Stelle Numenios Frg. 24 ed. Des Places) Doktrin beginnen: in der Sache abwertend, vom Standpunkt eines Autors, der dem Leser den Einstieg in die Probleme erleichtern will, sinnvoll. Nachdrücklich betont er seine Objektivität, wieder in akademischer Perspektive: nicht Werben für ein bestimmtes System, sondern Darstellung der Wege, auf denen man vielleicht der Wahrheit näher kommen kann.

Dann die Szenerie in großen Zügen, sehr römisch. Bei Platon ist nichts Vergleichbares zu finden, ob bei Aristoteles, wissen wir nicht: Cicero ist in seiner Villa in Cumae, zwei jüngere Freunde machen

ihm einen Höflichkeits- und Freundschaftsbesuch. Auf L. Manlius Torquatus muß die Wahl gefallen sein, weil er einer alten patrizischen Familie entstammte und außerdem Epikureer war, was indessen weder seinen Vater, der auch Epikureer gewesen sein muß (vgl. 1,39), noch ihn selber davon abgehalten hatte, die politische Laufbahn im Sinne der Familientradition zu ergreifen. Der Vater war Konsul 65 und Gesinnungsgenosse Ciceros, der Sohn wurde 49 Praetor (vgl. 2,74). Im Bürgerkrieg gehörte er zur Senatspartei und fiel 47 im Kampfe gegen Caesar (Bell. Afr. 96). Cicero Brutus 265 nennt ihn zusammen mit Triarius. Auch dieser, Stoiker nach 2,119, ist im Kampfe gegen Caesar gefallen. Ein Brief Ciceros an Atticus (12,28 vom April 45) teilt beiläufig mit, daß er Vormund der Kinder des Triarius war.

Daß beide gleich zu Anfang von De fin. als Freunde Ciceros auftreten, kann man als ein diskretes politisches Bekenntnis auffassen, obschon Cicero jede präzisere Anspielung vermeidet.

Triarius kommt nur spärlich zu Worte. Die Stoa soll eben in Buch I/II noch nicht in Erscheinung treten. Ihr berufener Repräsentant ist in III und IV Cato. Neben ihm hat kein anderer Stoiker Platz. Andererseits wollte Cicero vermeiden, daß sich Buch I und II wie dann III und IV als ein reines Tête-à-tête entwickle. So hat er dem ersten Gespräch Triarius als dritten Partner beigegeben.

Da wir uns in kultivierter römischer Gesellschaft befinden, wird mit einer unverbindlichen Unterhaltung über Literatur begonnen. Vorbereitet werden damit immerhin 1,25 und 72. Die Tagespolitik fällt als Gesprächsgegenstand völlig weg.

Torquatus geht nun davon aus, daß Cicero zwar Epikur nicht schätzt, aber zu einer Diskussion über Epikur bereit ist. Als Akademiker ist er philosophisch nicht festgelegt (vgl. Lucullus 7-9) wie andere, die Epikur hassen (etwa die Stoiker). Torquatus selbst ist allerdings dogmatischer Epikureer. Bezeichnenderweise rühmt er sofort von Epikur, er habe (a) als einziger die Wahrheit erkannt, (b) die Menschen vom Irrtum befreit, (c) endgültig und erschöpfend alles gelehrt, was der Mensch zur Eudaimonia brauche. Mit dem Pathos dieses Bekenntnisses wird man Lucr. 1,66ff.; 3,1ff.; 5,3ff., z. T. auch Lukian, Alexandros 47 vergleichen. Es handelt sich also nicht um eine Wissenschaft, die Informationen übermittelt, sondern um Philosophie als missionarische Aufgabe, dem Menschen jene unerschütterliche Gewißheit anzubieten, ohne die er den Frieden seiner Seele nicht finden kann. Dies erinnert von weitem an Heraklit und Empedokles, über sie hinaus vielleicht an die Mysterienkulte; man wird bedenken, wie unbekümmert sich Platon die Programmatik der Eleusinischen

Mysterien im „Phaidon" und anderswo zunutze gemacht hat. Der Anspruch, den Irrtum zu überwinden, wird in unserem Buche immer wieder geltend gemacht: 32, 37, 42, 43, 46, 55. In den Darstellungen der Stoa und des Peripatos fehlt er vollständig.

Geschickt äußert Torquatus die Cicero und Triarius einbeziehende Vermutung, die Abneigung ziele nicht auf die Sache, sondern nur auf die Form. Der Stil Epikurs gilt als ungepflegt, was bei ihm auf die Überzeugung (die er mit Platon Apol. 17A ff. teilt) zurückgeht, daß die schmucklos, aber exakt formulierte Wahrheit für sich allein ausreichen sollte, den Adressaten zu gewinnen, vgl. Diog. Laert. 10,13. Wie 3,3 zeigt, hat auch die Stoa ähnlich gedacht, beide im Widerspruch gegen die künstlerisch anspruchsvollen Darstellungen Platons, dann auch des Aristoteles und Theophrast, von deren Stil wir allerdings fast nur durch das hohe Lob Ciceros etwas wissen (vgl. Diog. Laert. 10,13; Gellius noct. Att. 2,9,4). Cicero widerspricht mit der urbanen Gerechtigkeit des Aporetikers. Seine Gegnerschaft gilt der Sache, doch rechnet er konziliant damit, daß er sich irren könne (dazu Ter. Phormio 454). Darauf zieht sich Torquatus auf eine zweite Linie der Vermutung zurück, Cicero sei vielleicht nicht ausreichend informiert. Dieser bekräftigt dokumentarisch-biographisch, was er schon 13 gesagt hatte. Epikurs Lehren kennt er durch Phaidros und Zenon, die er wohl im selben Jahre 79 v. Chr. in Athen gehört hatte, in dem er, wie 5,1 berichtet, zusammen mit seinem Freund Piso die Vorlesungen des Antiochos besucht hatte. Es ist auch die einzige Stelle in I/II, in der Cicero auf Atticus zu sprechen kommt (2,67 hat mit Philosophie nichts zu tun). Der Bericht über die Haltung des Atticus zu den zwei Epikureern soll deutlich den Hinweis auf die prinzipiellen Differenzen zwischen Cicero und Atticus neutralisieren. So beginnt zunächst Cicero sein Exposé.

Seine Unparteilichkeit ist gesichert. Erst später wird das Problem entstehen, wie auf eine in der Tat bewundernswert objektive Darstellung der epikureischen Ethik (1,29–72) eine z. T. grob unsachliche Kritik im 2. Buch hat folgen können. – Während später in 3,10–11 und in 5,6 sehr rasch auf den einen entscheidenden Streitpunkt hingewiesen wird, beginnt Cicero hier zunächst mit einer kritischen Übersicht über die gesamte Philosophie Epikurs in ihren drei Teilen (1,17–26). So wird auch später die Ethik ergänzt durch Dialektik und Physik (1,63–64; 3,72–73); die peripatetische Lehre wird ähnlich in 4,4–13 ein erstes Mal (Ethik, Logik, Physik) und in 5,9–11 ein zweites Mal (Physik, Logik, Ethik) summarisch dargestellt. Der Leser soll nicht vergessen, daß die Frage nach der Eudaimonia zwar der wich-

tigste Teil der Philosophie ist (vgl. 2,51; 86; 5,12; 86 aus Theophrasts Werk „Über die Eudaimonia"), daß sie aber eingebettet bleibt in ein philosophisches Gesamtsystem.

17 Epikur wird sich seiner Leistung in der Naturphilosophie entweder in der Einleitung zu den 37 Büchern „Über die Natur" (dem weitaus umfangreichsten seiner Werke) oder in einem Briefe gerühmt haben. Unverkennbar ist die polemische Spitze gegen die Sokratik, die die Naturphilosophie als ethisch irrelevant verworfen hatte (vgl. Xenophon, Mem. 1,1,11–16, Diog. Laert. 2,92; 6,103–104, behutsamer Platon Apol. 19B–D). Allerdings hat Epikur selber in Kyr. Dox. 11–13 in sokratischer Weise die naturphilosophische Forschung dem ethischen Imperativ subordiniert.

Epikurs Abhängigkeit von Demokrit (vgl. 4,13) ist vielfach hervorgehoben worden. Er selbst scheint sie am Anfang seiner Laufbahn anerkannt, später energisch bestritten zu haben (Plutarch, Mor. 1108E ff.), deutlich in der Absicht, sich selbst ähnlich wie Sokrates als „Autodidakt" in der Philosophie zu stilisieren. Die Formel, Epikur habe das wenige, was er gegenüber Demokrit geändert habe, nicht verbessert, sondern verschlechtert, ist vergleichbar mit der Kritik an der Stoa bes. 4,19–20. Wie dort Akademie und Peripatos gegen den Stoiker Zenon ausgespielt werden, so hier Demokrit gegen Epikur. Ganz allgemein ist es eine bei Cicero konstatierbare Taktik, Demokrit auf Kosten Epikurs als großen Philosophen zu preisen; vgl. u. a. 5,50 und 87–88, Tusc. disp. 1,22; 4,44; 5,66; 5,115.

Aus Demokrits Lehre werden vier Punkte herausgegriffen: 1. Die Atome; daß Cicero das griechische Wort übersetzt, zeigt, daß es seinen Lesern noch nicht vertraut ist. 2. Das unbegrenzte Leere, das im Gegensatz zum kugelförmig geschlossenen und organisierten Raume der Kosmologie Platons und des Aristoteles natürlich keinen Mittelpunkt hat. 3. Im leeren Raum verflechten sich die Atome zu den uns sichtbaren Gebilden; wichtig ist, daß die Atome selber nicht sichtbar sind und konsequenterweise auch keine mit unsern fünf Sinnen wahrnehmbaren Qualitäten besitzen. 4. Die Bewegung der Atome ist ewig, womit sich Epikur auf die Seite des Aristoteles stellt (für den die Bewegung des Kosmos ewig ist) gegen Anaxagoras und Platon, die einen Beginn der Bewegung angenommen hatten; schon Demokrit dürfte in diesem Sinne gegen Anaxagoras polemisiert haben.

18 Kritik an Epikur und Demokrit gemeinsam. Für beide orientiert sich das kosmische Geschehen am Modell des biologischen Werdens und Wachsens, während für Platon und seine Erben das Modell des technischen Verfertigens gilt; da ist es eine schaffende Kraft, die die

Materie gestaltet. Schon Aristoteles ist durch dieses Modell zu dem falschen Schluß verführt worden, die Naturphilosophen hätten bloß von der Materie gesprochen und die Frage nach der Kraft übersehen (Metaphysik 983b6–984a16). Es folgt die Kritik an den Abweichungen Epikurs von Demokrit: 1. Epikur ersetzt unter dem Einfluß des Aristoteles (Vom Himmel Buch 4) die Beliebigkeit der Atombewegungen bei Demokrit durch den senkrechten Fall. Atomverflechtungen zu sichtbaren Körpern kommen nur zustande, wenn die Bahnen der Atome sich kreuzen. Dazu genügt im Ursprung die Abweichung eines einzigen Atoms vom senkrechten Falle (vgl. Cicero De fato 22 und 46, Lukrez 2,216–293). Dagegen wird eingewandt: (a) daß die Abweichung ohne Ursache erfolgt; dabei übersieht Cicero (oder seine Vorlage, vgl. Plut. mor. 1015C), daß es Epikur gerade darauf ankommt, die universale Determination allen Geschehens durch mindestens ein einziges ursachloses, also nicht determiniertes, also freies Ereignis zu durchbrechen, (b) daß gefolgert werden muß, entweder würden alle Atome gleichmäßig abweichen, womit nichts gewonnen wäre, oder die Atome würden in zwei Arten zerfallen, solche, die abweichen, und solche, die nicht abweichen. Eine solche Differenzierung wäre vom Begriff der Atome her nicht zu begründen. Endlich bliebe (c) die Verwandlung beliebig ungeordneter Atombewegungen in die geordnete Bewegung unseres Kosmos (nämlich die Gestirnbewegungen im supralunaren Raume) unbegreiflich.

20 2. Nach Epikur (und Demokrit) sind die Atome, ihrem Namen entsprechend, unteilbare Körperchen. Für Demokrit sind sie unteilbar, weil sie nicht-dimensionierte, unveränderliche Seinspartikel sind. Aristoteles hat eingewandt, daß aus undimensionierten Punkten keine dimensionierten Körper entstehen können und daß jeder dimensionierte Körper potentiell unbegrenzt teilbar ist. Dagegen hat sich wieder Epikur geholfen mit der Erklärung, die Atome seien physisch so hart, daß sie nicht geteilt werden könnten (gegen Epikur Sphairos SVF 1,620).

Polyainos hat unter Epikurs Einfluß seine geometrischen Studien aufgegeben. Das war aus Briefen Epikurs an ihn zu entnehmen (vgl. Seneca Ep. Luc. 18,9) oder auch aus eigenen Schriften des Polyainos. Epikur hat das ganze Quadrivium der mathematischen Wissenschaften verworfen: 1,72. Argumentiert hat er vermutlich teils wie Protagoras, daß die theoretische Geometrie praktisch unbrauchbar sei (Aristoteles, Metaphysik 997b34–998a4), teils wie Aristippos, daß die mathematischen Wissenschaften nichts dazu beitrügen, den Menschen ethisch besser zu machen (Aristoteles a.a.O. 996a29–b1).

3. Die Größe der Sonne. Demokrit scheint sie mathematisch berechnet zu haben, Epikur geht davon aus, daß unter den vielen angebotenen astronomischen Theorien jede genau so wahrscheinlich sei wie jede andere, so daß nichts anderes übrig bleibe, als sich an den Augenschein zu halten. Damit kommt er einer These des alten Heraklit nahe (VS 22 B 3). Wichtiger wird ihm gewesen sein, den theologischen Folgerungen, die man seit Platon aus der perfekten mathematischen Ordnung der Gestirnwelt zu ziehen pflegte, den Boden zu entziehen. Dazu Epikur Epist. 2,91, Lukrez 5,564–574.

21 Eine § 17 ergänzende Liste von Lehren, die Demokrit und Epikur gemeinsam sind; genau dieselbe Liste nochmals De nat. deor. 1,72: 1. Atome, 2. Leeres, 3. Die Bilder, die sich von den Gegenständen ablösen und unmittelbar die Sinneswahrnehmung, mittelbar das von der Sinneswahrnehmung ausgehende Denken in Gang bringen (De nat. deor. 1,107–108, Doxogr. Graeci Aetius 4,8,10) 4. Die Unbegrenztheit (der Zahl der Atome und der Größe des Leeren) 5. Die unbegrenzt vielen Welten: die These im Ansatz schon bei Anaximander (VS 12 A 10,11,14), dann bei Demokrit weiter ausgebaut (VS 68 A 40,82,84, dazu Cicero, Luc. 55). Epikur insistiert noch mehr als Demokrit auf der Beliebigkeit des Entstehens und Vergehens, der Dauer und der Gestaltungen der Welten (Cicero, De nat. deor. 1,67, dann Doxogr. Graeci Aetius 2,1,3; 2,1,8; 2,2,3; 2,7,3). Bei ihm ergänzt die Polemik gegen die platonische und aristotelische Lehre von der einen, vollkommenen, ewigen und durch die Gottheit aufs beste verwalteten Welt die auf Demokrit zurückgehende Tradition.

Zum Vorwurf gegen Epikur vgl. 4,13, wo der Undank Epikurs gegen seinen Lehrer mit demjenigen der Stoiker gegen ihre Lehrer in Parallele gesetzt wird. Da spricht wohl derselbe Autor, der gegen Epikur und die Stoa die Solidarität zwischen Aristoteles und Xenokrates (4,15; 4,49) und allgemein zwischen dem alten Peripatos und der alten Akademie (4,3; 5 u. a.) betont hat.

Bemerkenswert ist, daß vom Verhältnis zwischen Epikur und dem Sokratiker Aristippos mit keinem Wort die Rede ist. In 1,23 wird Aristipp diskret gegen Epikur ausgespielt, doch von einer Stellungnahme Epikurs selber gegenüber Aristippos ist nichts zu erkennen; vgl. dazu den Kommentar zu 1,55–57.

22 Seit Aristoteles wird darüber diskutiert, ob die Logik ein autonomer Teil der Philosophie ist oder einfach die Methode entwickelt, nach der im Bereich der Naturphilosophie wissenschaftlich argumentiert wird. Cicero folgt hier der vulgaten Dreiteilung der Philosophie, ohne zu berücksichtigen, daß Epikur diese Dreiteilung gar nicht

anerkannt, sondern seine Logik als „Kanonik" in die Physik eingeordnet hat. Dem entspricht denn auch 1,63–64. Hier bleibt es (a) bei einer globalen Ablehnung der platonisch-aristotelischen Logik und (b) einer Skizze der Erkenntnistheorie. Genannt sind die drei fundamentalen Operationen: Horismos (vgl. Luc. 17), Dihairesis, Syllogismos, dann die zwei Waffen im Streitgespräch: Auflösen der Fangschlüsse und die Sonderung der verschiedenen Bedeutungen mehrdeutiger Worte und Wendungen. Den Hintergrund bilden Texte wie Platons „Euthydemos" und die „Sophistischen Widerlegungen" des Aristoteles.

In der Erkenntnistheorie geht Epikur von demselben Axiom aus wie Aristoteles: die reine Wahrnehmung eines dem Organ zugeordneten Gegenstandes ist unfehlbar (Aristoteles, Von der Seele 418a11–15, 427b12, 430b29); so De nat. deor. 1,70, Luc. 79; 101.

23 Zwischen § 22 und 23 ist ein Stück Text ausgefallen, der die Übersicht über die Ethik als den dritten Teil der Philosophie einleitete.

Begonnen wird damit, daß Lust/Schmerz der Maßstab des Handelns sind, der auf die Zustimmung der Natur als der letzten nicht mehr hinterfragbaren Instanz rechnen kann. Alles Handeln bezieht sich auf Lust/Schmerz, weil nur sie das Handeln überhaupt in Gang bringen (vgl. § 41,54). Aristoteles urteilt ähnlich in der Nik. Ethik 1104b8–16. – Dann wird gegen Epikur Aristippos ausgespielt; wie dies gemeint ist, klärt sich erst 2,18 und bes. 2,35: Aristippos ist konsequent, weil er eine und dieselbe Art von Lust zum Ursprung und Ziel des Handelns macht, Epikur nicht, weil die Lust, mit der das Handeln beginnt, eine andere ist als diejenige, die das schließliche Ziel des Handelns ist.

Damit geht der Bericht in die Polemik über. Doch auch der Gegner Epikurs und des Aristippos kann nichts anderes als seinerseits sich auf die Natur berufen, die den Menschen geschaffen hat.

Sie hat ihn zu „Höherem" geschaffen. Was das heißt, zeigt sich erst 2,40 und 113.

Es folgen konkrete Beispiele dafür, daß der Mensch nicht die Lust erstrebt, sondern anderes: zunächst aus der ethisch-politischen Praxis, dann aus der in Wissenschaft und Dichtung gegliederten Theoria. Cicero mag griechische Beispiele, die er vorfand, durch römische ersetzt haben. – Wirkungsvoll ist der Kontrast zwischen dem gegenwärtigen Torquatus, der wie sein Vater (39) Epikureer ist, und den strengen Vorfahren: T. Manlius Torquatus Imperiosus Konsul 347 v. Chr. (Zweikampf mit dem Gallier), 344,340 Schlacht am Flusse

Veseris. Dazu Liv. 7,9,6–10,14 und 8,3,8–12,4. – Die Quelle Ciceros kennen wir nicht, Cato?

24 Dann T. Manlius Torquatus, Konsul 165 v. Chr., und sein Sohn, der nach der Adoption D. Iunius Silanus hieß, Praetor in demselben Jahre, Verwalter des zwei Jahre zuvor eroberten Makedonien. Dazu Livius Epitome 54; Val. Max. 5,8,3. Ciceros Quelle vielleicht Polybios. Bemerkenswert ist, daß der Vater, trotz der Adoption des Sohnes durch einen anderen, die volle patria potestas behält und daß so kurz nach der Eroberung eine makedonische Gesandtschaft die Freiheit hat, sich über die römische Verwaltung zu beschweren. Cicero erwähnt nicht, daß der Sohn aus Verzweiflung über das Urteil des Vaters Selbstmord beging. Am Schluß spielt Cicero deutlich auf seine eigene Leistung als Konsul an (vgl. 51). Für Cicero schließt eine Ethik der Tugend die Preisgabe des eigenen Interesses zugunsten desjenigen der Gesellschaft und des Staates in sich, wozu eine Ethik der Lust nicht fähig ist.

25 Triarius wird einbezogen, obschon diesem als Stoiker keine Inkonsequenz vorgeworfen werden kann (vgl. 72; 2,107). Ciceros eigenes Interesse an der Geschichte: 36; 2,67–68.

Wenn in 23–24 die „Virtus" gegen die „Voluptas" gestellt war, so hier die rein seelische gegen die auf den Körper bezogene „Voluptas". Die ethische Bindung der seelischen an die körperliche „Voluptas" entspricht der erkenntnistheoret. Bindung des Denkens an die Wahrnehmung. – Der Text ist zerstört und nicht sicher herstellbar; was sachlich gemeint ist, ergibt sich aus 55: eine autonome geistige Lust ist ebensowenig möglich wie ein autonomes Erkennen (im Sinne Platons). – Zum unvergleichlichen Erfolg der epikureischen Schule vgl. 2,44; 49. – Befremdlich ist die These, die Leute seien gefesselt, weil sie meinten, Tugend als solche würde Freude bereiten; wir erwarten eher das Gegenteil. Das Problem ist die Interpretation der vieldeutigen Kyr. Dox. 5: ist die Tugend Voraussetzung der Lust oder umgekehrt? Die Meinung der Leute scheint Aristoteles Nik. Ethik 1174b31–33 nahe zu kommen: zur tugendgemäßen Tätigkeit kommt die Lust notwendigerweise hinzu. Die Kritik vermischt zwei Gesichtspunkte: epikureisch ist (a) die Lust als Zweck, die Tugend als Mittel (42B-54) und (b) auch die geistige Lust vom Körper ausgehend.

26 Dazu 20. Epikur vernachlässigt die mathemat. Wissenschaften, die zur Bildung gehören, und hält andere (Polyainos) davon ab. Freilich hat auch die Stoa diese Wissenschaften nicht gepflegt; anders der Peripatos (5,50), von dessen Standpunkt aus Cicero hier spricht.

Dann die römische Höflichkeit, die sich nicht vordrängen, sondern den jüngeren Partner ermutigen will.

Triarius resümiert, ohne seinen eigenen Standpunkt zu erkennen zu geben: 1. Epikur ist überaus leicht verständlich, vgl. 13,16. 2. In der Physik fast ganz von Demokrit abhängig, vgl. 17–21. 3. Hat keine Logik, vgl. 22. 4. In der Ethik verfehlt und Aristippos unterlegen, vgl. 23. Anders als dort scheint eine Abhängigkeit von Aristippos, parallel zur Abhängigkeit von Demokrit, gemeint zu sein. Dies zu behaupten lag nahe, so Plutarch mor. 1089A, Eusebios Praep. Evang. 14,18,31 und 14,20,13 aus unbekannter Quelle. Die ernsthafte Historie kennt keine solche Beziehung (s. 21, wo Demokrit ausdrücklich das einzige Vorbild Epikurs genannt wird), sondern nur umfangreiche Kontroversen (s. zu 39 und 55–57). 5. Epikur ist ungebildet. Daß die Stoiker diesen Vorwurf ausdrücklich erhoben haben, zeigt De divin. 2,103.

27 Scharf wird die Simplizität Epikurs ironisiert (vgl. 2,15; 3,40), als Gegensatz zur übermäßigen Kompliziertheit der Stoa (vgl. 4,1–2). – Dann erinnert Cicero psychologisch geschickt an die Spielregeln, an die sich jede philosophische Diskussion halten muß; sie mögen schon vor Cicero systematisch bes. aus den Dialogen Platons abgeleitet worden sein.

28 Die Zustimmung des Torquatus zu den methodischen Bemerkungen Ciceros kontrastiert mit seinem Widerspruch in der Sache. Als der Jüngere möchte er nicht lästig werden und will dem Älteren auch die Wahl des Diskussionspunktes überlassen; der Ältere wiederum gibt dem Jüngeren ausdrücklich freie Hand (etwas anders 4,2). Dieser konzentriert sich auf das Problem der Lust, betont, daß er der Tradition folge und ist zuversichtlich, Cicero überzeugen zu können; dieses starke Selbstvertrauen charakterisiert den Epikureer (ironisiert in De nat. deor. 1,18) im Gegensatz zur Behutsamkeit und Bereitschaft des Akademikers, sich belehren zu lassen. So entspricht denn auch epikureischem (wie stoischem) Denken der dogmatische Vortrag, nicht das sokratische Gespräch (vgl. 2,17).

29 Torquatus hält sich zunächst ausdrücklich, dann möglicherweise bis zu 57 an Epikurs ethische Hauptschrift „Über das Ziel des Handelns" („Peri Telous"); am Rande sei notiert, daß das Schriftenverzeichnis keinen Titel „Über die Lust" („Peri Hedones") kennt. Der scheinbare Hinweis bei Cicero De div. 2,59 geht auf unseren Titel „Peri Telous". Mit Nachdruck wird methodisches Vorgehen erfordert, d. h. daß der Gegenstand nach Wesen und Qualität bestimmt werden muß. Nach 2,3–4 scheint Epikur merkwürdigerweise sich dafür auf Platons Phaidros 237B7–D3 berufen zu haben: zu Beginn sei-

ner ersten Rede über den Eros betont Sokrates, es komme darauf an, sich über Wesen und Qualität des Gegenstandes zu einigen; allerdings wird die Forderung nach Definition des Gegenstandes schon in De rep. 1,38 und später wieder in De off. 1,7 erhoben. – Gegenstand ist das Ziel des Handelns (griech. Telos). Eine Definition wird gegeben, die die Zustimmung aller Philosophen besitzt; dazu schon 1,11, dann 1,42; 2,5; 3,26; 3,48. Epikur scheint auch erklärt zu haben, der Begriff „Telos" in dem von ihm gemeinten Sinne komme zum ersten Male bei Homer, Odyssee 9,5–11 vor (Schol. z. St., Seneca Ep. Luc. 88,5, Stob. Ecl. II,43 Wachsm.) und die von ihm gemeinte Lust sei die des Phäakenlebens bei Homer (Frg. 229 Us. und Stob. Ecl. II,47,3 Wachsm.). – Wenn der Lust als dem höchsten Gute der Schmerz als das schlimmste Übel gegenübergestellt wird, so entspricht dies genau dem Titel von Ciceros ganzem Werke. Einen Gegensatz von vergleichbarer Struktur kennt weder die stoische noch die peripatetische Ethik.

30 Die Argumentation verwendet drei Momente: 1. Übereinstimmung aller Lebewesen, Tiere und Menschen, sofern Lust/Schmerz Phänomene der Lebendigkeit schlechthin sind. Erst in einer späteren Phase des Lebens trennen sich die Menschen von den Tieren. 2. Lust/Schmerz werden von Geburt an empfunden. Impliziert ist die These, daß nur unmittelbar nach der Geburt die Natur des Lebewesens unverfälscht sichtbar ist, d. h. noch bevor der depravierende Einfluß der Kultur eingesetzt hat. Da versteckt sich ein Mißtrauen gegen die Kultur, das Platon und Aristoteles fremd ist (Ebenso kulturfeindlich, aber gegen Epikur orientiert ist Chrysippos SVF 3, 228.229, 233–235, und aus anderer Quelle Cicero De legg. 1,31–32; 47); dagegen erinnert an beide die etwas pedantische Aufgliederung von Erstreben-Genießen der Lust, Fliehen und Verabscheuen des Schmerzes. 3. Lust ist von Hause aus ein Werk der fünf Sinne, allgemein der Wahrnehmung. Insofern partizipiert sie an der Evidenz und Unfehlbarkeit der Sinneswahrnehmung, vgl. 22. – Erst die Polemik berücksichtigt ein 4. Moment: Wenn Epikur eine bewegt-bewegende und eine ruhende Lust unterscheidet, so liegt es auf der Hand, daß das Handeln von Tier und Kind nur durch die bewegt-bewegende Lust in Gang gebracht werden kann (vgl. 2,31–32). – Ein eigentümliches Problem stellt die Tatsache, daß Stoa (3,16) und Peripatos (2,33 und 5,24) ihre Ethik ebenfalls mit der ersten Regung des neugeborenen Lebewesens beginnen (daß in diesen beiden Fällen Lust/Schmerz durch den Selbsterhaltungstrieb ersetzt werden, ist eine andere Frage).

Man darf vermuten, daß die epikureische These (die schon für Aristippos bezeugt ist: Diog. Laert. 2,88) die ursprüngliche ist (vgl. Aristoteles Nik. Ethik 1105a1–3). Sie dürfte durch den Peripatos Theophrasts, der vor allem die biologische Entwicklung des Menschen von der Geburt bis zum Erwachsensein herausarbeiten wollte, umgeformt worden sein. Der alten Stoa dagegen sind, soweit wir sehen, die biologischen Kategorien fremd. So ist wahrscheinlich der ganze Abschnitt 3,16–19 peripatetisch überarbeitet.

Erläutert wird die Evidenz an Beispielen des Tastens, Sehens, Schmeckens (schon bei Demokrit drei privilegierte Sinnesorgane). Dann wird theoretisch zwischen dem Syllogismus, der Verborgenes erschließt, und dem Aufmerksam-machen auf evident Sichtbares unterschieden. Dies ist ein Stück Erkenntnistheorie (vgl. 22), wie auch das nachfolgende (mit lückenhaftem Text): Die Sinnesorgane sind die Basis allen Urteilens (vgl. Kyr. Dox. 23,24) und konstituieren die ursprüngliche Natur des Menschen; so ist das Urteil der Sinne das Urteil der Natur selber.

31 Da der Mensch aus Körper und Geist besteht (55,56), so muß (a) zum Urteil der Sinnesorgane auch dasjenige des Geistes treten. Es gibt also den dem Menschen von Geburt an eigenen Vorbegriff („Prolepsis") von Lust/Schmerz. Außerdem ist (b) die Evidenz der Sinne nicht stark genug, um den philosophischen Gegner zu widerlegen. Also läßt sich eine auch das Denken befriedigende Begründung der Lehre nicht vermeiden (Evidenz besitzen allerdings auch die Elementarbegriffe, Epikur, Ep. 1,38). – Nach Cicero stammen diese beiden Erwägungen nicht von Epikur selbst. Dies würde indessen zur Folgerung zwingen, daß der größere Teil des Buches nicht Epikur selbst gehört. Doch davon kann keine Rede sein. Im ganzen Text 32–53 wird argumentiert und gegen Irrmeinungen polemisiert. Ein Rückzug auf die bloße Evidenz, so wichtig sie prinzipiell für Epikur ist, findet nirgends statt. Cicero hat da etwas mißverstanden; beide Erwägungen müssen auf Epikur zurückgehen. – Im Luc. 17–18 liegt eine Erörterung vor, die unserem Text so nahe steht, daß ein Zusammenhang vermutet werden muß (gemeinsame Abhängigkeit von Aristoteles, für den die Evidenz, „Enargeia", beinahe so wichtig war wie für Epikur?).

32 Methodisch müßte nun zuerst 37–39 folgen, die Bestimmung von Wesen und Qualität der Lust. Begonnen wird jedoch mit einer Doktrin, die gegen das übliche Vorurteil feststellt, daß alle Lust als solche gut und erstrebenswert ist. Epikur wird eingeführt als Entdecker der Wahrheit (ein Anspruch „vorsokratischen" Stiles, Aristoteles

jedenfalls völlig fremd) und als Architekt der Glückseligkeit. Das „quasi" zeigt an, daß es sich um eine ungewöhnliche griechische Metapher handelt. Nun spricht Aristoteles in der Einleitung seiner ersten Abhandlung über die Lust davon, daß „der Philosoph der Architekt des Lebenszieles" ist (Nik. Ethik 1152b2). Da hängt Epikur direkt von Aristoteles ab, nicht vom Text der Nik. Ethik, sondern wohl vom (uns verlorenen) Dialog „Über die Lust". – Die nachfolgende Theorie ist für uns zuerst in Platons Protagoras 351B3–357C1 dargelegt, dann in Platons Phaidon 68D2–69B8 heftig bekämpft worden, ohne daß wir ihren Schöpfer zu nennen vermögen. Sie beruht auf 4 Thesen: (1) Die Lust als solche ist uneingeschränkt gut, der Schmerz ein Übel, (2) Lust und Schmerz können mehr oder weniger intensiv sein, und zwar so, daß die Intensitäten meßbar und kommensurabel werden, (3) Für den Menschen gibt es nicht nur Gegenwärtiges, sondern auch Erinnerung an Vergangenes, Erwartung von Künftigem, (4) So wie Gegenstände im Raume auf große Distanz hin kleiner erscheinen, als sie aus der Nähe gesehen wirklich sind, so scheinen auch die Intensitäten von Lust/Schmerz auf größerer zeitlicher Distanz hin geringer zu sein, als sie im gegenwärtigen Augenblick wirklich sind. – Da endlich alles Gegenwärtige Folgen hat, die von ihm selber verschieden oder gar ihm entgegengesetzt sein können (gegenwärtige Lust kann künftigen Schmerz zur Folge haben), so hängt alles daran, gegenwärtige Lust/Schmerz und künftige Lust/Schmerz richtig miteinander zu verrechnen, d. h. vor allem sich nicht durch gegenwärtige Lust dazu verführen zu lassen, mit künftigem Schmerz zu wenig oder gar nicht zu rechnen (vgl. Epikur, Ep. 3, 129).

Die Stoa hat dagegen bestritten, daß das Gute von ihm selber verschiedene oder gar entgegengesetzte Ursachen und Folgen haben könne (vgl. SVF 3, 151.152). Hier liegt ein in sich geschlossenes System vor, dessen einzige schwache Stelle die ist, nach welchem Maßstab man die Intensitäten bestimmen wird: Wie verhalten sich vor allem körperliche Lust/Schmerz zu seelischer Lust/Schmerz? Wo ist die größere Intensität (vgl. 55–56)? Genügt es etwa, die Intensität des Schmerzes ausschließlich am Verlust der Gesundheit, des Vermögens, des guten Rufes zu messen (vgl. 1,47)? –

33 Zwei komplementäre Fälle werden flüchtig vorgeführt: (a) Gegenwärtige Lust verführt zum Mißachten künftigen Schmerzes; (b) Gegenwärtiger Schmerz verführt dazu, künftige größere Lust zu vergessen. – In (a) wird zum ersten Mal der für Epikur charakteristische Gegensatz von Lust und Begierde („cupiditas"), den Platon und Aristoteles noch nicht kennen, angedeutet. Die Lust hat ihre bestimmten

Grenzen, die in 37–38 festgelegt werden; die Begierde ist ihrer Natur nach grenzenlos. In (b) bleibt unbestimmt, was unter „officia" zu verstehen ist, offenbar mühsame gesellschaftlich-politische Verpflichtungen, die die größere Lust der Anerkennung und des Ruhmes zur Folge haben können. – In dem „nihil impedit" steckt der aristotelische Gedanke, daß Lust sich dort einstellt, wo wir frei sind, eine durch keine äußeren Umstände gehinderte Tätigkeit zu entfalten (Nik. Ethik 1154b9–25). Was bei Aristoteles die äußeren Umstände sind, ist bei Epikur die Erwägung, gegenwärtige Lust könne größeren Schmerz, bzw. gegenwärtiger Schmerz größere Lust zur Folge haben. Fällt diese Erwägung hinweg, so darf man bedingungslos jede Lust suchen, jeden Schmerz meiden (ein hübsches Beispiel aus einem Brief Epikurs Frg. 181 Us.).

34–35 Illustration mit dem schon in 23 berührten Beispiel. Epikur wird sich mit den allgemeinen Thesen begnügt haben: (a) Es gibt kein Handeln ohne ein Interesse des Handelnden an seinem Handeln; (b) Auch die Tiere handeln nie ohne Ursache und Absicht; (c) Tugend als Selbstzweck impliziert den völligen Verzicht auf persönliches Interesse; doch ohne ein solches Interesse kommt überhaupt kein Handeln zustande. – Das Beispiel beschreibt das persönliche Verhalten des Torquatus, der vom Interesse an seinem Überleben und an der Anerkennung seiner Mitbürger geleitet war. Dazu wird eine Kombination von Kyr. Dox. 14 und 28 zitiert.

Heikler ist der Fall der Hinrichtung des Sohnes: Diese war notwendig zur Disziplinierung des Heeres, also zur Gewinnung des Sieges, also zur Rettung des römischen Staates, an der auch der Vater Torquatus interessiert war. Daß damit der Vater das eigene Überleben demjenigen des Sohnes vorzog, wird nicht erwähnt. Cicero hätte allerdings beifügen können, daß der Verzicht auf Bestrafung des Sohnes die Niederlage des Heeres und damit den Untergang des römischen Staates und damit auch den Tod von Vater und Sohn hätte zur Folge haben können. Noch heikler wäre indessen der erst in 2,60–61 angeführte Fall der drei Decii gewesen, die in der Schlacht selbst den Tod suchten und fanden, bei denen also das Interesse am eigenen Überleben demjenigen am Überleben der Angehörigen und des Staates völlig aufgeopfert wurde. Ein solches Ausspielen des Interesses am Staat gegen das Interesse des Individuums an sich selber wäre kaum mehr epikureisch zu nennen (der Satz Gnomol. Vatic. Nr. 56: „Der Weise leidet nicht mehr, wenn er selbst gefoltert wird, als wenn sein Freund gefoltert wird" ist anders gemeint).

36 Allgemein fällt die Stilisierung der röm. Geschichte auf Helden-

taten, die nicht um eines Lohnes, sondern nur um der Tugend willen begangen werden, in sich zusammen, wenn klar ist, daß kein Handeln ohne persönliches Interesse zustande kommt, d. h., daß immer eine Verrechnung von Lust und Schmerz stattfindet.

37 Zunächst der Hinweis, daß die Unterordnung der Tugenden, hier bes. der Tapferkeit, unter die Lust später (42B–54) behandelt wird. – Dann erst gelangen wir zur Fundamentalfrage nach Wesen und Qualität der Lust. Geschickt und eindrucksvoll verbindet Epikur da zwei Doktrinen, die in Platons „Philebos" noch getrennt behandelt und diskutiert werden; beide dürften sophistischen Ursprungs sein. I. Das Leben aller Lebewesen pendelt fortwährend zwischen Entbehrung und Erfüllung, und in unserer unvollkommenen Welt ist der Zustand der Entbehrung und des Mangels sozusagen der Ausgangspunkt. Alles Handeln bezweckt, aus dem naturwidrigen Zustand der Entbehrung (des Schmerzes) in den Zustand der erfüllten Naturgemäßheit zurückzukehren. „Lust" ist nichts anderes als der begrenzte Prozeß, der aus dem Naturwidrigen zum Naturgemäßen hinüberführt. Platon folgert nun, daß nur der vollendete naturgemäße Zustand „gut" sei, während der zu diesem Zustand führende Prozeß gerade nicht „gut" genannt werden könne (Philebos 31D–35D und 53C–54D). Epikur interpretiert anders: für ihn ist der die Naturgemäßheit wiederherstellende Prozeß Lust und gut, und der in der Naturgemäßheit ruhende vollkommene Zustand ebenfalls gut und Lust, allerdings Lust einer anderen Art (Daß die Lehre in der Schrift „Peri Telous" vorkam, sagt Diog. Laert. 10, 136 ausdrücklich; daher wird auch unsere Stelle stammen). II. Auch die zweite, ergänzende Doktrin geht davon aus, daß sich der Mensch zumeist im Zustand der Entbehrung und des Schmerzes aufhält. Mehr als die Befreiung vom Schmerze kann der Mensch gar nicht erreichen, und so wird die vollkommene Lust nichts anderes sein als die Freiheit von jedem Schmerz. Diese These wird von Platon im „Staate" 583C–586B und im „Philebos" 43D–44B auffallend scharf bekämpft. Bei Epikur, der sie bewußt gegen Platon vertreten haben wird, kommt noch dies dazu: Ontologisch sind Schmerz/Lust Bewegungen (vgl. Diog. Laert. 2,86). Ranghöher ist der Zustand der Ruhe, der aber nicht wie bei Aristippos (Diog. Laert. 2,89) ein Zustand des Schlafes ist, sondern gerade der höchsten Lust (bemerkenswert nahe kommt dem SVF 3, 111). Er ist auch nicht wie bei Platon Phil. 21DE, 32E–33B, 42D–43C ein Zustand jenseits von Schmerz und Lust, sondern als Freiheit von Schmerz reine Lust. – So ist Lust sowohl das Freiwerden wie auch das Freisein von Schmerz. – Das Paradebeispiel ist wie

schon bei Platon a.O 31E–32A die Ernährung: Hunger ist Schmerz, Essen ist Lust und Sattsein ist ebenfalls Lust. In der Lust der endgültigen Ruhe treffen sich die Ataraxia (Ep. 3, 128) und die Lust selber (a.a.O. 128, 129).

38 Einen neutralen Zwischenzustand zwischen Schmerz und Lust gibt es für Epikur nicht. Gäbe es ihn, so könnte man ihn gar nicht wahrnehmen; denn alles, was wir wahrnehmen und empfinden, ist Schmerz oder Lust. Soll also ein Zwischenzustand überhaupt wahrnehmbar sein, wie dies Platon annimmt (Phil. 33D–34A, 43A–C, 51 B), so muß er Lust oder Schmerz sein. – Dazu kommt, daß eine als Wahrnehmung des vollkommen naturgemäßen Zustandes begriffene Lust notwendigerweise begrenzt ist; denn für jedes Lebewesen ist der naturgemäße Zustand ein bestimmter und begrenzter. Er kann zwar, wie die hier zitierte Kyr. Dox. 18 lehrt, variiert, aber nicht gesteigert werden. (Merkwürdig nahe kommt dem 3,48, dann SVF 3,92.) Dies gestattet also die zu 33 schon erwähnte scharfe Antithese von begrenzter Lust und unbegrenztem Begehren, das als solches wiederum naturwidrig ist (vgl. 43–44 u.a.). – Auffallend bleibt im ganzen nur, daß ausschließlich von der Befreiung und der Freiheit vom Schmerz die Rede ist, nicht aber vom Verlieren der Lust. Anders als bei Aristippos (Diog. Laert. 2,90) steht der Schmerzlosigkeit keine Lustlosigkeit gegenüber. Es gibt eben jenseits der Schmerzlosigkeit keine naturgemäße Lust mehr, sondern nur ein naturwidriges Begehren (was der von Platon Phil. 44B–45E knapp skizzierten Lehre nahe kommt). Geht die Lust der Wiederherstellung der Natur oder diejenige der wiederhergestellten Natur verloren, so bleibt nur der Schmerz. Für Platon dagegen kommt es auf die reine Lust der Theoria der ewigen Dinge jenseits aller Schmerzlosigkeit an („Staat" 584D, 586A), was Epikur verwirft. Es entsteht bei diesem ein System, das ältere Doktrinen, die schon Platon kennt und meistenteils ablehnt, zu einem neuen, kohärenten Ganzen scharfsinnig umarbeitet.

39 Die Erzählung lockert den Vortrag auf. Zu folgern ist, daß schon der Vater des Sprechers Epikureer war, der Sprecher selber aber Athen nicht kennt. Kopien der Statue des Chrysippos sind erhalten. Die Pointe ist diese: Wenn es das Wesen des Guten und der Lust wäre, von allen Wesen ununterbrochen erstrebt zu werden, so wäre eine Hand, die nichts erstrebt, entweder tot, oder man müßte mit einem Guten und einer Lust rechnen, deren Wesen sich nicht darin erschöpfte, von allen Lebewesen erstrebt zu werden (was auf eine restriktive Interpretation von Aristoteles Nik. Ethik 1094a1–3 und 1172b9–15 hinausliefe). D.h., wenn die Eudaimonia nur aus der be-

wegenden, die Sinne erregenden Lust hervorginge, könnte eine ruhende Hand niemals zufrieden sein. Ist jedoch nach Epikur gerade die Ruhe, die nichts erstrebt, sondern sich selbst genügt, die vollkommenste Lust, dann hat eine solche Hand die Eudaimonia.

40–41 Es folgen wiederum zur Auflockerung die beiden Porträts dessen, der die vollkommene Lust besitzt, und dessen, der unter dem vollkommenen Schmerze leidet. Formales Vorbild und zugleich das Gegenstück, das überspielt werden soll, ist Platon „Staat" 360A–361D: Hier der Ungerechte, der alle Ehren des Gerechten empfängt, dort der Gerechte, der wie ein Verbrecher behandelt wird. – Ciceros Vorlage wird schematisch Punkt gegen Punkt gesetzt haben (vgl. aber auch Epikur Ep. 3, 133); Cicero selber will eine pedantische Aufzählung möglichst vermeiden. Dem urspr. Zusammenhang gemäß sind die einzelnen Punkte: 1. große Lust, 2. viel Lust, 3. dauernde Lust, 4. Lust an Seele und Körper, 5. fortdauernde Erinnerung an die vergangene Lust, 6. zuversichtliche Hoffnung auf kommende Lust, 7. kein bevorstehender Schmerz, 8. kein gegenwärtiger Schmerz, 9. keine Angst vor dem Tode, 10. keine Angst vor Schmerzen, 11. keine Angst vor den Göttern. – Das positive Porträt läßt Nr. 6 weg, das negative Nr. 2, 3, 5, 9, 10, 11. – Gegen Platon Phil. 21A–D implizieren Nr. 4, 5, 6, 9, 10, 11, daß damit nicht die Lust (und der Schmerz) des Tieres gemeint sind, sondern des Menschen. Wichtig ist, daß die Realität von Tod und Schmerz nicht bestritten, aber philosophisch neutralisiert wird (durch Kyr. Doxai Nr. 2,3). Daß man sich nur an vergangene Lust erinnern und die Erinnerung an vergangenen Schmerz eliminieren soll und kann, lehrt 57. Nr. 11 setzt Kyr. Doxai Nr. 1 voraus und dazu die Theologie, die Cicero auf De nat. deor. 1,43–56 verspart.

41B–42A Es folgen drei grundsätzliche Bemerkungen, in Ciceros Verkürzung zu wenig voneinander geschieden: (1) Wie der Prozeß des Erkennens hinter die Wahrnehmung als letzten Ausgangspunkt nicht zurückgehen kann, so endet beim Prozeß des Handelns der Regreß von (Hoffnung und Freude bzw.) Furcht und Kummer bei der körperlichen Empfindung von (Lust und) Schmerz. (2) Wie im Bereich des Wissens die Wahrnehmung sich von Anfang an mit Evidenz aufdrängt (vgl. 30), so drängen sich im Bereich des Handelns (Lust und) Schmerz mit Evidenz als einzige Antriebe allen Handelns auf. (3) Wenn also der Ausgangspunkt allen Handelns als Erstreben und Meiden Lust und Schmerz sind (dazu Aristoteles Nik. Ethik 1104b8–16), dann ist auch der Zielpunkt derselbe, also wiederum die Lust; denn Anfang und Ende müssen einander entsprechen. Was der

Text verschweigt, ist, daß bei Epikur die Lust des Anfangs und die des Endes nicht dieselbe ist (so erst 2,31–32), was von 2,6 an Gegenstand der Kritik wird. – Hier wird einfach die Definition des Telos von 29 wiederholt.

42 B Übergang zur Analyse der Kardinaltugenden (43–54). Polemik gegen die wirklichkeitsfremde Rhetorik der Stoa (vgl. 61). Dieselbe Polemik auch beim peripatet. Gegner der Stoa: 3,11; 4,37; 60; 68. – Epikur als Befreier vom Irrtum vgl. 14; 32; 37. Wo Aristoteles philosophisch-wissenschaftlich informieren will, will Epikur zur richtigen Lebensführung bekehren. – Hauptthese ist, daß man die Tugend nur erstrebt, weil sie Lust erzeugt (vgl. Aristoteles, Nik. Ethik 1154a1–7). Formaler Beweis: (a) Tugend ist Weisheit; (b) Weisheit ist „Lebenskunst", d.h. Technik der Lebensführung; (c) Zweck der Technik ist nicht sie selbst, sondern das von ihr selber verschiedene Produkt; (d) Das Produkt der Technik der Lebensführung ist die Lust. – Das Substrat des Beweises ist platonisch (bes. „Staat" 341C–342E) und aristotelisch (Nik. Ethik 1097b24–33). Nächstverwandt ist Karneades 5,16; bestritten wird der Beweis durch die Stoa 3,24, überall mit den „sokratischen" Beispielen des Arztes u. des Schiffskapitäns.

43–44 Als erste Tugend wird Weisheit-Klugheit („Sophía", „Phrónesis") 43–46 untersucht; ihr steht die Unwissenheit (die sokratische „Amathía") gegenüber. Ihre Leistung wird in Stichworten skizziert. Sie ist personalisiert als Führerin und Lehrerin. Ihr Werk ist die Lust, die mit der seelischen Ruhe geglichen wird („Hesychía" und „Ataraxía"), die ihrerseits die positive Seite der Schmerzlosigkeit (37) darstellt. Ihr stehen gegenüber die Furcht (vor den Göttern; vgl. 41 und Kyr. Dox. 11,12,13), der Kummer und als Gegenstück zur Furcht die von der Lust scharf unterschiedene Begierde („Epithymía"). – Zur Unersättlichkeit der Begierden vgl. Solon Frg. 1,71ff. D., Platon Gorg. 493C, Phil. 27E, Aristoteles Nik. Ethik. 1119b8, Pol. 1256b32, 1257b23f., 1267b1. – Breit werden ihre katastrophalen Folgen geschildert, zunächst nach außen (einzelner - Staat, bzw. Hass-Krieg), dann nach innen der Kampf der gegensätzlichen Begierden in der Seele (vgl. Aristoteles Nik. Ethik 1166b19–22). Dies ist für Epikur grundsätzlich wichtig: daß richtiges und falsches Handeln nicht nur gesellschaftlich, sondern auch innerlich für den einzelnen ihre Folgen haben, schafft ein Gleichgewicht, das Epikur selber nicht immer beachtet hat; er scheint zuweilen zu meinen, daß man das Falsche nur aus Furcht vor Strafe und Schande nicht tue und nicht tun solle (vgl. Kyr. Doxai 34,35). Bei Cicero dagegen kommt entschieden zum Ausdruck, daß neben jene Furcht auch die innere Unruhe und Zerrissen-

heit tritt. – Der Weise dagegen hält das leere Meinen („Kenodoxía")
unter Kontrolle (das Bild vom Beschneiden der Pflanzen, das freilich
zu implizieren scheint, daß man das Meinen nicht ausrotten, sondern
nur „stutzen" soll). Er bleibt in den Grenzen der Natur, womit zum
ersten Mal die epikureische Teleologie angesprochen ist: die Natur
selbst hat alles bereitgestellt, was der Mensch braucht (2,90; 91), um
in schmerzfreier Ruhe zu leben. Wie die Lust der Schmerzlosigkeit
selber begrenzt ist (38), so sind auch die äußeren Güter, die diese Lust
verschaffen, begrenzt (bes. Kyr. Dox. 15, dann Frg. 469 Us.). Werk
der Weisheit ist demnach die auf der Freiheit von Kummer, Furcht
und Begierde beruhende Lust.

45–46 Zitat von Kyr. Doxai 29 (vgl. Epist. 3, 127). Der Begriff des
„Notwendigen" („Anankaion") ist schon bei Platon u. Aristoteles
verwendet, um jene Formen von Lust zu bestimmen, die nicht umgangen werden können, weil ohne sie der Mensch physisch nicht zu
leben vermag, also Essen, Trinken (und Aphrodisia). Die Unterscheidung zwischen einfachen und kulturell anspruchsvollen (und darum
problematischen) Befriedigungen dieser Bedürfnisse bei Aristoteles
Nik. Ethik 1118b8–27. Nichtig sind (nach einem antiken Kommentar
zu Kyr. Dox. 29) bestimmte „rein kulturelle" Begierden nach politischen Ehrungen: Verleihung von Ehrenkränzen und Errichtung von
Statuen. Der Text, nächst 32/33 und 37/38 für Epikurs Ethik der
wichtigste, auch Tusc. disp. 5,93; Seneca De vita beata 13,4; Comm.
Anon. in Arist. Eth. Nic. CAG vol. 20, p. 171.23 ff.; Plutarch mor.
989 B ff. – In der Verkürzung durch Cicero ist der Unterschied zwischen der ersten und zweiten Gruppe verwischt. Geschlossen wird
mit dem Zitat von Kyr. Doxai 15. Unklar bleibt, was diese Maximen
speziell mit der Tugend der Weisheit zu tun haben. Möglicherweise
hat sich Cicero den (auch von den Griechen nicht immer beachteten)
Unterschied von Weisheit („Sophía") und Besonnenheit („Sophrosýne") nicht genügend klargemacht. – Eine etwas pedantische Kritik
an Kyr. Doxai 29 in 2,26–27. – Der Schluß rekapituliert. Der Ruhe
(43) tritt die Verwirrung gegenüber. Dann wiederum erscheint die
Überwindung von Begierde und Angst, und neu als Umschreibung
der Freiheit von Kummer das maßvolle Ertragen von Unglück; denn
der Einfluß der „fortuna" („Tyche") läßt sich nicht wegdisputieren
wie in der Stoa. Epikur kommt da vielmehr Aristoteles Nik. Ethik
1100 b 30–1101 a 6 nahe. Ziel ist wiederum die Ruhe, die hier ohne nähere Erläuterung mit der Lust identifiziert wird; es handelt sich eben
durchwegs um die unbewegte Lust der Schmerzlosigkeit (37).

47 Es folgt die Besonnenheit-Selbstzucht („Sophrosýne") 47–48.

Am Anfang gleich die Folgen für das Innere des Menschen. Der Zerrissenheit (44) steht die innere Eintracht gegenüber (vgl. Aristoteles Nik. Ethik 1166a13). Dies aus gutem Grunde, denn der gesamte Abschnitt wird, ohne daß Cicero es deutlich macht, beherrscht durch den Hinblick auf die Doktrin 32–33: Unbesonnenheit besteht darin, die Doktrin im Prinzip anzuerkennen, sie dann aber dem Druck gegenwärtiger, scheinbar großer Lust aufzuopfern. Man gibt einer Lust nach, die viel geringer ist als der später zu erwartende Schmerz, und auf die man, wenn sie nicht notwendig ist, verzichten kann, oder die man, wenn sie notwendig ist, auf gefahrlose Weise befriedigen soll. Gedacht ist augenscheinlich an die von Antisthenes Diog. Laert. 6,4 angedeutete, von Horaz Serm. 1,2, 58 ff. breit ausgemalte Situation: Das sexuelle Bedürfnis soll man problemlos im Bordell befriedigen, nicht jedoch durch Verführung von Ehefrauen gerichtliche Verfolgung auf sich laden. – Traditionell ist die Dreizahl der Schädigungen durch zügellose Erotik: Verlust der Gesundheit, des Vermögens, des guten Rufes.

48 Die positive Leistung der Besonnenheit ist demnach das sorgfältige Verrechnen von Lust und Schmerz (was Platon, Phaidon 68E–69A auf das schärfste ablehnt). Dies läuft auf das Paradoxon hinaus, daß die Besonnenheit gerade nicht den Verzicht auf jede Lust fordert, sondern die Gewinnung größerer Lust ermöglicht.

49 Die Behandlung der Tapferkeit ist zweigeteilt: 1. Man betätigt die Tapferkeit und ihre Äquivalente nicht als Selbstzweck, sondern um soweit als möglich, Mühsale und Ängste abzuwehren. Eine Beziehung zu 35 ist deutlich. Tapferkeit ist primär Verteidigung gegen Gefahr. Freilich können niemals alle Gefahren abgewehrt werden. 2. Das ergibt den zweiten Teil. Tapferkeit ist auch das vernünftige und würdige Verhalten dem Unvermeidlichen, also dem Tode und dem Schmerze gegenüber. Unwürdiges, feiges Verhalten zerstört wiederum (a) die innere Ruhe und führt (b) in äußere Katastrophen; gedacht ist an Folterungen, unter deren Druck man Familien, Freunde, Vaterland verrät, schließlich auch sich selber preisgibt. Dagegen stehen die Maximen Epikurs, wobei beachtlich ist, daß (anders als in 40) Kyr. Doxai 2 und 4 nicht wörtlich, sondern in einer Variante angeführt werden. In Kyr. Dox. 2 kommt der Gedanke dazu, daß der Zustand nach dem Tode genau demjenigen entspricht, der vor der Geburt war (vgl. Lukrez 3,832–842); in Kyr. Dox. 4 die Erwägung, daß es uns freisteht, bei unerträglichen Schmerzen freiwillig aus dem Leben zu scheiden, wie man am Ende eines Schauspiels das Theater verläßt. Der Vergleich hat eine lange Geschichte: potentiell angelegt bei

Platon Phileb. 50B, wirksam noch in den letzten Worten des Augustus (Suet. Aug. 99,1). Die kriegerische Tapferkeit, die bei Aristoteles Nik. Ethik 3,9–12 im Vordergrund steht, ist für Epikur bestenfalls ein Aspekt unter anderen.

50 Die Gerechtigkeit ist am ausführlichsten behandelt (50–53), begreiflich, da hier Platons „Staat" und der umfangreiche Dialog des Aristoteles „Über die Gerechtigkeit" zu widerlegen waren. In Rechnung zu stellen ist außerdem, daß Cicero De rep. 3 das Gesamtproblem der Gerechtigkeit durchdiskutiert hatte. Daß unser Text auf das dort Gesagte Rücksicht nimmt, ist anzunehmen; in 2,52–59 ist dies evident, und Cicero zitiert dort auch ausdrücklich sein früheres Werk. – (a) Gerechtigkeit schadet nie, sondern nützt immer. Das entscheidende Stichwort ist „schaden" („blaptein"), vgl. Kyr. Doxai 31,32,33; von Epikur wohl absichtlich als der umfassendere, präzisere und neutralere Begriff an die Stelle des „Unrecht-tun" („adikein") gesetzt, das Aristoteles Pol. 1280a34–40 in einem vergleichbaren Zusammenhang verwendet; hinter beiden Texten dürfte eine ältere sophistische Theorie stecken. (b) Gerechtigkeit schafft innere Ruhe, so wie die Ungerechtigkeit Unruhe schafft, dazu Kyr. Doxai 17. Nach außen bewirkt die Gerechtigkeit Zuversicht; denn, wie 53 ergänzend erklärt, kann der Mensch mühelos auf Ungerechtigkeit verzichten, da die Natur dem Menschen alles, was er für das Überleben und die Erlangung der Lust der Schmerzlosigkeit braucht, leicht zugänglich zur Verfügung hält (vgl. Kyr. Doxai 15), so daß er niemals andere Menschen zu schädigen braucht, um seine naturgemäßen Bedürfnisse zu befriedigen. So kann der Gerechte immer darauf rechnen, daß er zu seinem Rechte kommt (vgl. SVF 1, 297). Umgekehrt ist die Folge der Ungerechtigkeit die stete Angst, durch Gesellschaft und Staat bestraft zu werden, dazu Kyr. Doxai 35. Diese Angst kann so weit gehen, daß der Ungerechte sich selbst dem Richter anzeigt; derartige Fälle müssen im Konsulatsjahr Ciceros 63 v. Chr. vorgekommen sein. Daß es sich im besondern um P. Cornelius Lentulus Sura handelt, ist möglich. Allerdings hat sich dieser nur unter dem Druck der Indizienbeweise zu einem Geständnis entschlossen, vgl. Cicero Cat. 3,10–12; Sallust. Cat. 47.2. Andere Fälle sind uns unbekannt.

51 Wichtig ist die Erklärung, daß es sich letztlich um mehr als eine primitive Angst vor Bestrafung handelt. Sie bleibt erhalten, auch wo keine Bestrafung zu fürchten ist, und konkretisiert sich zur Irrmeinung, die Götter schickten die dauernde Angst als Strafe (dazu Kyr. Doxai 1). Faktisch gelangen wir da zum Phänomen des schlechten Gewissens. Epikur kennt so gut wie Platon das Problem, daß gerech-

tes Handeln sinnvollerweise die Anerkennung der Gesellschaft findet, was den Handelnden dazu verführen kann, nur um der Anerkennung durch die Gesellschaft willen gerecht zu handeln. Er betont nicht weniger als Platon, daß die Leistung der Gerechtigkeit wesentlich nicht im Beifall der Gesellschaft besteht, sondern in der Ruhe der Seele selbst. – Es folgt das Kalkül, daß die Vorteile der Ungerechtigkeit weit geringer sind als die Nachteile, die teils das schlechte Gewissen, teils Strafe und Haß der Gesellschaft mit sich bringen.

Etwas unmotiviert kommen sodann die unersättlichen Begierden zur Sprache, vgl. 43–44, hier mit dem Schema Reichtum-Macht-Genuß in den drei Teilen Aphrodisia, Essen, Trinken, später nochmals 59. Gebändigt wird die Unersättlichkeit (die mit dem naturgemäßen Streben nach Lust nichts zu tun hat, dagegen der stoischen Definition des Affektes nahe kommt, vgl. SVF 1, 205–207) nicht durch Überredung, sondern nur durch Zwang, auch dies eine traditionelle Alternative.

52 Der Abschnitt ist entweder durch grobe Verkürzung oder durch Interpolation gestört. Gemeint scheint, daß dem törichten Ungerechten nichts gelingt, während der kluge Gerechte seine Mittel so einzusetzen weiß, daß er sich Sympathien verschafft, die ihrerseits die Grundlagen eines ruhigen und gesicherten Lebens sind vgl. 68 und Kyr. Doxai 28.

53 Es folgt die Ergänzung zu 50: Man braucht nicht Unrecht zu tun, denn was wir brauchen, bietet uns die Natur an, ohne daß wir Unrecht zu tun gezwungen wären; und was wir nur durch Ungerechtigkeit erlangen können, sind Dinge, die wir nicht brauchen, eine interessante teleologische Koinzidenz von Bedürfnissen, Angebot der Natur und gerechtem Handeln. – Ziel der Gerechtigkeit ist also (im Äußeren) die Sympathie der andern Menschen, die Sicherheit und Lust verschafft; wichtiger ist, daß sie (im Inneren) die Ruhe der Seele herstellt. So gelangt Epikur, eindeutiger als Platon im „Staat" 367A–E, 612A–614A, zu einem Gleichgewicht zwischen dem Erfolg in der Gesellschaft und der Leistung der Gerechtigkeit für den einzelnen allein. 2,52–59 wird zeigen, daß diese Position nur angreifbar wird, wenn man das zweite Moment rücksichtslos bagatellisiert.

54 Starker Abschluß: Zweck der Tugenden ist die Herstellung der Lust, und dem entspricht, daß nur das Verlangen nach Lust das Handeln in Gang setzen kann; dazu 41–42. Dann ist die Lust zugleich das Gute, nach dem schlechthin jedes Handeln strebt (dies ist auch der Hintergrund von Aristoteles Nik. Ethik 1094a1–3, vgl. 1172b9–15).

55 Es folgt eine Reihe von Ergänzungen: (1) Einen Unterschied

zwischen wahrer/wirklicher und scheinbarer Lust, die man untereinander verwechseln könnte, gibt es nicht. Die im gegenwärtigen Augenblick empfundene Lust ist „unfehlbar" wie die Wahrnehmung des hier und jetzt gegenwärtigen Gegenstandes (vgl. 1,22). Der Irrtum steckt in der falschen Meinung über das, woraus Lust entsteht; dazu Platon Phil. 36CD, 37E–38A. (2) Die Lust des Körpers (konkret also der fünf Sinne; vgl. 30) ist der Ausgangs- und Bezugspunkt aller Lust der Seele. Die Erfahrung der Lust läuft parallel mit der Erkenntnis der Wahrheit, die denselben Weg von der physischen Wahrnehmung bis zum geistigen Begreifen nimmt. Eine autonome Lust der Seele gibt es also nicht, so wenig wie ein von den Sinnesdata unabhängiges Begreifen. So schon 1,25. (3) Trotzdem ist die Lust der Seele weit größer als die des Körpers. Denn der Körper nimmt nur das Gegenwärtige wahr, die Seele dagegen nimmt auch Vergangenes und Künftiges dazu (vgl. Platon, Phil. 32C, 33C–35D). Der Konfiguration, daß das seiner Entstehung nach Spätere dem Range nach das Höhere ist, werden wir bei der Stoa wieder begegnen; vgl. 3,21; 23. (4) Belegt wird dies durch ein drastisches Beispiel: Im gegenwärtigen Augenblick mögen seelischer und körperlicher Schmerz gleich groß sein. Nimmt man aber dazu, daß nur die Seele mit einer in der Zukunft auf sie zukommenden Ewigkeit des Leidens rechnen kann, so wird durch diese Perspektive der Schmerz der Seele unvergleichlich viel größer. Bei der Lust freilich haben wir eine unerwartete Wendung. Zu erwarten wäre, daß sie unvergleichlich gemehrt würde durch den Ausblick auf eine ewige Seligkeit; doch Cicero sagt umgekehrt, daß die Lust dann größer wird, wenn wir wissen, daß kein Fortleben in einer schrecklichen Unterwelt zu befürchten ist. Es stellt sich also die nicht befriedigend lösbare Frage, warum bei Epikur das Leben nach dem Tode immer nur als ein Leben voller Schrecken, und niemals als ein solches der seligen Gemeinschaft mit den Göttern (vgl. etwa Platon, Phaidon 69C, 81A) geschildert wird. Hat er besondere, uns nicht mehr bekannte Gründe gehabt, diese zweite Möglichkeit von vornherein auszuschließen? (5) Die Konsequenz aus dem Gesagten ist evident: Auch wenn die Lust der Seele und die des Körpers gleich lange dauern, trägt diejenige der Seele wesentlich mehr zur Eudaimonie bei. (6) Verständlich wird dieser Punkt (vgl. dazu 2,28) nur, wenn man von dem Satze ausgeht, daß es zwar zwei Arten der Lust gibt (37), nicht aber zwei Arten des Schmerzes. So führt das Aufhören des Schmerzes zur Schmerzlosigkeit, während das Aufhören der (bewegten) Lust entweder zur Schmerzlosigkeit oder zum Schmerz führen kann. Lust und Schmerz sind nicht symmetrisch miteinander konfrontiert.

Schmerzlosigkeit ist die höchste Lust; das Ende der Lust ist nicht eine neutrale Lustlosigkeit, die es nicht gibt, sondern Schmerzlosigkeit oder Schmerz. (7) Der Weise erwartet für die Zukunft Lust und hat die Fähigkeit, seine Erinnerung auf vergangene Lust zu beschränken und vergangenen Schmerz (dem er wie jeder Mensch ausgesetzt ist) zu vergessen. Der Tor wird durch die Erinnerung an vergangenen Schmerz (der auch vergangene Fehlkalkulationen im Sinne von 32–33 in sich schließt) gequält und kann nur künftigen Schmerz erwarten. Ergänzen wir so, so kommt Epikur ganz nahe an Aristoteles Nik. Ethik 9,4 heran; vgl. bes. 1166 a23–26 und 1166 b 13–17. – Der letzte Satz scheint ergänzend zu empfehlen, daß man vergangene Lust scharf und aufmerksam ins Auge fasse, dagegen vergangenen Schmerz übersehe, d.h. so, wie wir es in der Hand haben, einen Gegenstand im Raume zu fixieren oder nicht, so haben wir es auch in der Hand, ein vergangenes Geschehen aufmerksam in Erinnerung zu bringen oder nicht. – Verwandt mit der gesamten Reihe der Nachträge 55–57A sind Diog. Laert. 10,136–137 und 2,86–91. Da werden die Lehrdifferenzen zwischen Epikur und Aristippos bzw. den Kyrenaikern aufgezählt. Unser Abschnitt als solcher ist nicht polemisch orientiert. In der Schriftenliste Diog. Laert. 10,27–28 figurieren zwar Schriften gegen die Megariker und gegen die Naturphilosophen, auch solche, die sich mit bestimmten Lehren Demokrits auseinandersetzen (vgl. 17–26 und bes. 28), aber kein Titel, der sich thematisch eindeutig auf die Kyrenaiker beziehen ließe. Umgekehrt ist Epikur die Abhängigkeit von Demokrit häufig, diejenige von den Kyrenaikern nur selten vorgehalten worden. Man könnte auch fragen, wer das größere Interesse gehabt haben mag, sich vom Konkurrenten zu distanzieren, Epikur oder die Kyrenaiker. Hier begnügen wir uns mit der Feststellung, daß die Folgerungen, die 55–57A aus den fundamentalen Thesen zieht, auch völlig unabhängig vom Hinblick auf die Kyrenaiker gezogen werden konnten und mußten.

57B Starker Abschluß mit dem weit verbreiteten Bild des Weges, der leicht, gerade und kurz sein soll, das Gegenteil platonischer Dialektik und aristotelischer Aporetik. Bezeichnend auch die Stilisierung Epikurs zum Prediger. Dazu Rückverweis auf 40 und, etwas unerwartet, Kyr. Doxai 5 (vgl. Diog. Laert. 10,132; später öfters zitiert: De fin. 2,49; 51; 70. vgl. Tusc. disp. 5,26), wo Lust und Tugend als gegenseitige „Condicio sine qua non" aneinander gebunden werden, also spürbar anders als 54, wo die Lust der Zweck und die Tugend das Mittel ist. Doch hat auch Aristoteles die Relation von Lust und Eudaimonia verschieden bestimmt (Nik. Ethik 10,3–5).

58 Neueinsatz mit Rückbezug auf 43–44. Der Parallelismus von Seele und Staat ist das tragende Motiv von Platons „Staat", nur gilt dort das Interesse der Gerechtigkeit, hier der Eintracht, was in die Nähe der Stoa führt (vgl. 3,21). Bei Platon weist die Gerechtigkeit über sich hinaus auf die Idee des Guten, bei Epikur garantiert die Eintracht die Seelenruhe.

59–60 Sprung zum Bilde der Krankheit (dazu Frg. 220,221 Us.); zur Gegenüberstellung von Körper und Seele 55–56. Dann Liste der Krankheiten der Seele: (a) Begierden, vgl. 51, (b) Kummer (vgl. 55) und Tod mit altem Vergleich aus dem Mythos (c) Angst, dazu 41,51, später 62. Der theologische Hintergrund wird im Blick auf De nat. deor. konsequent ausgeklammert. (d) Keine dankbare Erinnerung (vgl. etwa Gnomol. Vatic. 75) und töricht unerfüllbare Hoffnungen auf die Zukunft (vgl. Kyr. Doxai 7). Es wird freilich nirgends präzisiert, inwiefern sich die Hoffnungen der Weisen von denen der Toren unterscheiden.

61 Eine merkwürdige Liste „kleiner" Charakterfehler, deren Zusammenhang untereinander und mit der Lehre Epikurs kaum wahrnehmbar ist; vgl. etwa Theophrasts Charaktere. – Dann eine allgemeine Schlußfolgerung, wie sie auch die Stoa gezogen hat: jeder Tor ist unselig, jeder Weise selig. Dazu werden zwei Hauptthesen der Stoa kritisch angeführt: 1. Es gibt kein Gutes („Agathon") außer dem Edlen („Kalon") (Diog. Laert. 7,101), als „Schatten" bezeichnet, weil es im Gegensatz zur Lust keine in der Natur des Menschen verankerte Evidenz besitzt. 2. Die an das Edle gebundene Tugend genügt zur Eudaimonia, bedarf also der Lust nicht (Diog. Laert. 7,127). Eigentümlich und wichtig ist es, daß genau diese beiden Thesen auch vom Peripatos verworfen werden (Diog. Laert. 5,30). Da sind also Epikur und Peripatos im Kampfe gegen die Stoa verbündet. – Daß die Stoa sich durch die großen Worte hat blenden lassen, bemerkte schon 42 und wiederholt der Peripatos in 3,11; 4,37; 60; 68.

62–63A Der erste Satz kann nur bedeuten, daß die These, der Weise sei immer glückselig, von der Stoa wie von Epikur vertreten wird – womit sie beide vom Peripatos abweichen: vgl. 5,71; 81 und schon Aristoteles Nik. Ethik 1101a6–21. Ciceros Vorlage hat wohl ausführlicher von Epikurs Nähe zuerst zum Peripatos, dann zur Stoa gesprochen. – Zur Begründung folgt ein abschließendes Porträt des epikureischen Weisen, das das bisher Gesagte zusammenfaßt und ergänzt: (1) Seine Begierden sind begrenzt: vgl. 53 gegen 43–45. (2) Er fürchtet die Götter nicht: vgl. 41. (3) Er ist unter Umständen bereit, das Leben zu verlassen: vgl. 49. (4) Er hat immer mehr Lust als Schmerz: vgl.

Kyr. Doxai 16. Dieser Formel stimmt ausdrücklich auch der Peripatos zu, vgl. 5,93. (5) Er hat zu Vergangenheit, Gegenwart und Zukunft das richtige Verhältnis, anders als der Tor: 60. (6) Der Vergleich seines Lebens mit dem des Toren verschafft dem Weisen Lust (dazu z.T. Demokrit VS 68 B 191). Dann wird Nr. 4 wiederholt und das Ganze wirkungsvoll geschlossen mit dem Zitat von Kyr. Doxai 16 und 19: 16 stellt mit einer an den Peripatos erinnernden Behutsamkeit fest, daß der Weise die meisten Schwierigkeiten zu bewältigen vermag, und 19 berührt die von Aristoteles (vgl. Nik. Ethik 1096b3–5 und 1098a18–20) wie von der Stoa (vgl. SVF 3,54) uneinheitlich beantwortete Frage, ob die Eudaimonia durch die zeitliche Dauer beeinflußt wird oder nicht. Die Entscheidung Epikurs ist natürlich erzwungen durch seine These, daß es nach dem Tode nicht nur kein ewiges Leiden in der Unterwelt (vgl. 55), sondern auch keine ewige Seligkeit geben kann.

Damit endet die Darstellung der epikureischen Ethik im ganzen.

63B–64 Ganz knapp wird zum zweiten Teil der Philosophie und damit zu Ciceros Bemerkungen in 22 Stellung genommen. Die Logik wird auf Dialektik reduziert, und zwar wie sie von der Stoa vertreten wird (vgl. 3,72), obschon Cicero selber keineswegs Stoiker ist, also sich nicht betroffen zu fühlen braucht. Bemerkt wird, (a) daß sie ethisch nichts leistet, was eine Kritik sokratischen Typs ist (dazu die Kyrenaiker Diog. Laert. 2,92); (b) daß sie als Methode der Argumentation untauglich ist. Begründet wird dies nicht, vermutlich weil davon schon in den Academici libri 3 und 4 ausführlich die Rede gewesen war. Nicht erwähnt wird die Rhetorik. Daß Epikurs Urteil über sie dem Platons nahekam, deuten Frg. 51,54 Us. und Quint. 2,17,15 an.

Von Epikurs Schätzung der Physik sprach schon 17. Die Begründung ist allerdings höchst eigentümlich. Begonnen wird mit der epikureischen „Logik": Bedeutung der Worte („Phonai"), der Sprache („Logos"), dann die Lehre von (innerer) Übereinstimmung und Widerspruch; allgemein pflegt der Kritiker Epikurs, der Stoa und des Peripatos immer wieder darauf hinzuweisen, daß deren Lehren sich selbst widersprechen; das griechische Denken hat diese Form der Kritik immer geschätzt, weil sie es erlaubt, die Position des Gegners zu zerstören, ohne sich mit einer eigenen Position exponieren zu müssen. – Die nächsten Sätze haben es mit der Naturphilosophie im eigentlichen Sinne zu tun: die Kenntnis der Natur befreit vom Aberglauben (sofern nämlich die Theologie zur Naturphilosophie gehört und die Wahrheit über Wesen, Ort und Lebensform der Götter lehrt) und von der Todesangst (sofern sie die Wahrheit über die Natur des

Menschen im allgemeinen und der Seele im besonderen lehrt). Anders gesehen, befreit sie (a) als Theoria von der Angst vor dem Rätselhaften, wobei an Himmelserscheinungen wie Donner, Blitz, Finsternisse gedacht ist, (b) in der Praxis von den Begierden, sofern sie die teleologische Koordination der legitimen menschlichen Bedürfnisse und der Natur, die alles zur Verfügung hält, was die Bedürfnisse befriedigt, sichtbar macht. – Nun erst wird der Bezirk der „Logik" als Kanonik abgegrenzt, mit auffallendem Vergleich, der die dogmatische Zuverlässigkeit betonen soll (ähnlich De nat. deor. 1,43; Plut. mor. 1118A). Daß Epikurs Theorie mit derjenigen Demokrits eng zusammenhängt, zeigt das Komikerzitat bei Athen. 102B. Daher auch die Selbstsicherheit des Epikureers wie schon 28. Die Erkenntnistheorie entspricht dem in 22 Gesagten und kommt derjenigen des Aristoteles nahe: die jeweilige Wahrnehmung ist unfehlbar, und die Wahrnehmung im ganzen Ausgangspunkt allen Wissens (ausführliche Begründung bei Diog. Laert. 10,31–32). Dazu Anspielungen auf Kyr. Doxai 23,24. – Danach Rückkehr zur Naturphilosophie, die (letztlich in sokratischem Sinne) auf die ethische Praxis hin interpretiert wird. Faktisch wird das soeben Gesagte wiederholt: Befreiung von Aberglauben (vgl. Kyr. Doxai 1) und Todesangst (Kyr. Doxai 2), dann (a) Überwindung beunruhigender Unwissenheit und (b) Einsicht in den Gegensatz legitimer Bedürfnisse und illegitimer Begierden. Offenbar hat Cicero diese Gruppe von zweimal zwei Leistungen der Naturphilosophie schon in seiner Vorlage vorgefunden. – Der Schluß kehrt zur Kanonik zurück. So ist der ganze Abschnitt, wohl um Pedanterie zu vermeiden, in A–B–A–B–A gegliedert (zur Eingliederung der Logik-Kanonik in die Physik vgl. Frg. 242 Us.).

65 Einleitung des in sich geschlossenen Abschnitts über die Freundschaft. Sie hat schon bei Platon („Lysis", „Symposion"), dann bei Aristoteles (Nik. Ethik 8 und 9) eine Sonderstellung. Begründet ist diese zuerst damit, daß dort, wo die im Familienverband institutionalisierten Formen menschlicher Beziehung ihre Bedeutung verlieren (so im Athen des 5., 4. Jhd. v. Chr.), die nicht institutionalisierbare Freundschaft um so wichtiger wird. Bei Aristoteles tritt außerdem die objektivierbare Relation der Gerechtigkeit, die den Staatsbürger mit seinen institutionellen Rechten und Pflichten angeht, neben die Freundschaft als die existenzielle Bindung der einzelnen aneinander (vgl. etwa Nik. Ethik 8,11–13). Für Epikur schließlich verdrängt die im privaten Raume tätige Figur des Freundes vollständig die Figur des dem politischen Raume angehörenden Staatsbürgers (vgl. 2,80; 84). – Beachtlich ist, daß Epikurs Lehre vom Staate, seinem

Ursprung und seiner Funktion in unserem Text nirgends berührt wird; vermutlich hatte Cicero schon in De re publica ausführlich davon gesprochen.

Begonnen wird hier mit Kyr. Doxai 27 und dann die Rolle der Freundschaft in Epikurs persönlichem Leben erwähnt; verglichen wird mit den drei mythischen Freundespaaren (vgl. Luc. 115): Theseus-Peirithoos, Achilleus-Patroklos, Orestes-Pylades. Zeugnis von Epikurs Freundschaftskult ist sein umfangreicher Briefwechsel, in einigen Resten noch erhalten.

66–68 Vorgeführt werden drei Theorien über die Freundschaft, von denen nach Ciceros Darstellung nur die erste Epikur selber angehört. – Ausgangspunkt der ersten Theorie ist die schon Aristoteles (Nik. Ethik 9,9), später der Stoa (vgl. 3,70) geläufige Antinomie zwischen der Selbstgenügsamkeit des vollkommenen Weisen, der auf nichts und niemanden angewiesen ist, und der Tatsache, daß auch der Weise unter Menschen lebt und auf die nur in der Freundschaft zu verwirklichenden Tugenden nicht verzichten kann. So statuiert Epikur einen Zweitakt, der mit der Abfolge der beiden Formen der Lust vergleichbar ist: Zuerst ist der Mensch ausschließlich auf seine Selbstbehauptung und Sicherheit bedacht, ohne die keine Lust entsteht, und wird die Freundschaft nur als Schutz vor Gefahren und seiner eigenen Sicherheit zuliebe pflegen, und dies für die Gegenwart wie auch als Hoffnung für die Zukunft. Später aber wird es klar, daß dauerhafte Freundschaft nur auf der Basis der vollen Gegenseitigkeit möglich ist. So wird schließlich der Weise den Freund lieben wie sich selbst und damit in einem Zuge die eigene Lust wie diejenige des Freundes verwirklichen. Er wird also um künftiger Lust des Freundes willen in der Gegenwart (vgl. 32–33) dieselben Schmerzen auf sich nehmen wie für sich selbst. So ist der Beginn der Freundschaft der Nutzen, und am Ende ist sie um ihrer selbst willen zu erstreben (Gnomol. Vatic. 23; vgl. 56). Geschlossen wird mit Kyr. Doxai 28.

69 Die zweite Theorie unterscheidet sich nur unwesentlich von der ersten, falls Cicero ihren Sinn korrekt wiedergegeben hat.

Freundschaft sucht man zuerst in der Erwartung, daß der Partner mir Lust verschafft. Später liebt man den Freund um seiner selbst willen und ohne diese Erwartung, wie man ja auch Orte, Tiere und Aktivitäten liebt aus bloßer Neigung und ohne Erwartung einer Gegenleistung. Die Motivierung der Freundesliebe ist also eine andere als in der ersten Theorie. Die Liste ist insofern interessant, als Griechisches („Gymnasia" und Turnen) und Römisches („campus" scil. Martius, Jagd) nebeneinander gerückt sind.

70 Die dritte Theorie versteht sich offenbar als ein Gegenstück zu dem Vertrag, durch den nach Kyr. Doxai 31,32,33 der jeweilige Gehalt der Gerechtigkeit festgelegt wird. Dem Vertrag darüber, einander nicht schädigen zu wollen, steht der Vertrag zur Seite, den Freund nicht weniger als sich selbst lieben zu wollen. – In allen drei Theorien ist die Freundschaft fest an die Lust zunächst des einen, dann beider Partner gebunden.

71 A Der Epilog hebt zunächst an der Lehre hervor (1) die Evidenz, (2) ihre Herkunft aus der nicht hinterfragbaren Natur selbst, nämlich (3) ihre Begründetheit durch die Sinneswahrnehmung und (4) durch das Zeugnis der Kinder und Tiere. Dies führt zum Dank an den Schöpfer der Lehre, der damit zum Verkündiger der Wahrheit wird in einer Weise, wie es weder Aristoteles noch Zenon der Stoiker jemals gewesen sind. Das Ziel der Lehre wird in vier Begriffen umschrieben, die den Nachdruck gerade nicht so sehr auf die Lust legen, sondern darauf, daß es nicht um ein Leben praktisch-politischer oder technisch-erfinderischer Tätigkeit geht, sondern um einen Verzicht auf Tätigkeit, in welchem der spekulativ begründete Rangunterschied von Ruhe (die Wahrheit des Parmenides) und Bewegtheit (das Meinen des Parmenides) zusammengeht mit der sehr griechischen Überzeugung, daß Tätigkeit sich nicht lohnt, weil man doch nie weiß, wie es herauskommt. Vorläufer Epikurs ist Demokrit VS 68 B 3 und 191, sowie A 167 und in unserem Texte 5,23 (in anderem Kontext auch Xenophon Mem. 1,1,8).

71 B–72 Nicht ungewandt ist die Antwort auf den Vorwurf 26 (vgl. 20) ganz auf den Schluß aufgespart. Der Vorwurf mangelnder Bildung wird massiv sokratisch abgewehrt mit dem lapidaren Satz, Bildung sei nur das, was zur Eudaimonia beiträgt (der Gegner – ev. Poseidonios – freilich erklärt, der sokratische Satz diene nur als Entschuldigung und Vorwand Frg. 227 Us.). Damit fällt (1) die Beschäftigung mit den Dichtern dahin (vgl. 25); für unseren Geschmack eher taktlos wird bemerkt, Cicero habe dazu aufgefordert, doch mehr als eine nutzlose Kinderei sei sie nicht. Verworfen wird (2) das von Platon „Staat" 524D–531C hochgeschätzte mathematische Quadrivium (in derselben Richtung wohl auch Zenon SVF 1, 259 und Ariston SVF 1, 349.350). Begründet wird dies damit, daß es (a) auf falschen Voraussetzungen beruht, womit die zu 20 erwähnte These des Protagoras gemeint sein dürfte, (b) zu unserer ethischen Eudaimonia nichts beiträgt; dies war, wie schon zu 20 bemerkt, die These des Aristippos (wohl auch des Antisthenes).

Gegen diese „artes" („technai") wird die „ars vivendi" („techne peri ton bion") ausgespielt (zu dieser vgl. 42), die viel anstrengender ist als die Befassung mit Dichtung und viel fruchtbarer als die Mathematik (vgl. Frg. 229a,b Us.). – Das Ende ist eine Polemik, die darum überrascht, weil sie genau den Standpunkt des Kallikles in Platons Gorg. 485AB wiedergibt: die Bildungsgegenstände werden nicht einfach verworfen; vielmehr soll sich die Jugend ihnen zuwenden, doch im reiferen Alter hat man anderes, Wichtigeres und Nützlicheres zu tun. Dies wiederum entspricht dem zweiten Punkt der Kritik an der Philosophie, mit der sich Cicero gleich zu Beginn seines Werkes (1–3) auseinandersetzt. Vermutlich ist nicht Platons Dialog die Quelle, sondern ein Traktat der Sophistenzeit, den Platon wie Epikur benutzt haben werden (vgl. auch Platons „Staat" 487CD).

Der letzte Satz leitet zur Stellungnahme Ciceros im nächsten Buch über, doch sonderbar bleibt die Bemerkung, es sei das erste Mal, daß der Sprecher seine Überzeugung frei, also ungehindert habe äußern können. Dies soll offenbar als Kompliment an Cicero gelten, der als erster, obschon er Gegner Epikurs (vgl. 14) ist, ruhig zugehört und nicht, wie die andern Gegner, den Epikureer durch Ausbrüche des Hasses terrorisiert habe. Das Gespräch fällt in eine Zeit, in der die Lehre Epikurs zwar einen ungeheuren Erfolg hatte, gleichzeitig aber zum Gegenstand bösartigster Polemik geworden war.

ZWEITES BUCH

1–2 Cicero kennt seine Stellung als Römer und Konsular und beeilt sich, sich von der griechischen Schulphilosophie zu distanzieren (vgl. 1,1–3). Der junge Torquatus hat einen Lehrvortrag gehalten; Cicero kann sich dies nicht leisten. – Es folgt eine Übersicht über die Geschichte des Stils des Philosophierens: 1. Der reine sophistische Lehrvortrag, wie er aus Platon bekannt ist (Protag. 328D, Gorg. 447A–C). 2. Dazu bei Gorgias die Methode, sich beliebige Fragen stellen zu lassen und auf sie zu antworten (Gorg. 447C–448A). Nicht uninteressant ist es, zu bedenken, daß die Stoa den Begriff des Sophisten völlig umgewertet hat (SVF 3,686; 693). 3. Dagegen Sokrates, der selber fragt, die Antworten der Partner provoziert und diese widerlegt (ohne sich auf eine eigene Ansicht festzulegen). 4. Platon und seine Nachfolger geben die sokratische Methode zugunsten eines umfassenden Dogmatismus preis (dazu vgl. Academici 1,17–18). 5. Arkesilaos nimmt die sokratische Methode wieder auf: Der Partner äußert

seine Meinung, der Philosoph widerlegt und der Partner repliziert.
6. Die in Ciceros eigener Zeit in der Akademie übliche Methode reduziert dies: Der Partner stellt eine These auf, nicht als seine eigene Meinung, sondern nur, damit die Gegenthese sich entfalten kann (so verfährt Cicero selber in Tusc. disp.).

3 A Hier will Cicero wie Arkesilaos vorgehen: Der Partner hat seine Meinung geäußert, die nun widerlegt werden soll, freilich gemäß den ersten Worten in § 1 nicht durch einen zweiten Lehrvortrag, sondern in dialogischer Prüfung der einzelnen Punkte.

3 B–5 Konziliant wird an 1,29 angeknüpft, unter Berufung sowohl auf eine Formel der römischen Jurisprudenz wie auch auf Platon, Phaidr. 237B–D. Auf die Übereinstimmung mit Epikur folgt die Kritik im Sinne von 1,22: Er versäumt das Definieren, ohne das kein methodisches Vorgehen möglich ist. Allerdings ist der Partner selber inkonsequent. Er hat in 1,29 (vgl. 42) selber das Ziel des Handelns definiert, hätte auch den Begriff des Guten definieren können (was voraussetzt, daß eine solche Definition bei Epikur in der 1,29 gemeinten Schrift tatsächlich vorkam). Vier Definitionen werden zur Wahl gestellt, offenbar in einer Antiklimax (vgl. Platon „Staat" 336D und die Stoa SVF 1,557; 3,73; 75; 86; 87; 208). Was fehlt und nachgeholt werden muß, ist eine Definition der Lust.

6–8 A Es folgt ein dialogisches Spiel: (1) Was Lust sei, ist nach 1,30 evident und bedarf keiner Definition. (2) Cicero bedarf ihrer nicht, wohl aber paradoxerweise Epikur (dazu Zitat aus der Kanonik Frg. 257 Us., vgl. 1,63). (3) Entweder gilt die Definition Epikurs oder der allgemein anerkannte Begriff. (4) Allgemein anerkannt ist die Bestimmung als die die Sinnesorgane angenehm bewegende Lust, d. h. der erste Lustbegriff von 1,37. Betont wird, daß diese Lust die Sinne allein angeht (was von der ruhenden Lust nicht gilt): dazu ein Zitat wohl aus dem Anfangsteil der in 1,29 ff. herangezogenen Schrift. Cicero bringt dieses Zitat sehr häufig an (s. Frg. 67 Us.), freilich mit einem vermutlich von Epikur selber verschuldeten Mißverständnis. Der Satz will nicht mehr geben als ein Gegenstück zur Erkenntnistheorie von 1,64: So wie alles geistige Begreifen von den Sinnesdata ausgeht, so geht auch alle geistige Lust von den Lustempfindungen der Sinne aus; und zwar scheint Epikur vier der fünf Sinne ausdrücklich erwähnt zu haben (daß der von Platon wie von Aristippos besonders hoch geschätzte Geruchssinn fehlt, ist vielleicht kein Zufall). Cicero, und wohl schon seine Vorlage, versteht dies so, daß es außer der Lust der vier Sinne überhaupt kein anderes Gutes („Agathon", mit Spitze gegen Platon) geben könne. Der Partner nimmt diese Interpre-

tation an und erklärt, daß er sich ihrer nicht schäme. Dieses Stichwort kehrt in 2,69: 77 (vgl. 2,21) wieder und weist zurück auf die Rolle des entsprechenden griech. Stichwortes in Platons Gorg. 461B, 474C, 482DE, 494C–E. Das Problem ist überall, wieweit eine kühne These der Entrüstung der anerkannten Sittlichkeit standzuhalten vermag. – Cicero schiebt eine biograph. Anmerkung ein: Provokativ gegen den platonischen Sokrates hat Epikur sich selber „weise" („sophós") genannt, desgleichen seinen nächsten Freund Metrodoros (vgl. Plut. mor. 1100A). Ihnen werden die Sieben Weisen gegenübergestellt; wenn Cicero behauptet, sie seien durch den Consensus der ganzen Menschheit für weise erklärt worden, so schließt er die Version aus, wonach sie ihren Ehrennamen dem Gotte Apollon verdanken. – Römisch ist es, wie auf die heftige Polemik die höfliche gegenseitige Versicherung folgt, man sei bereit, sich belehren zu lassen.

8–10 Beginn der ernsthaften Diskussion mit der fast nur aus Cicero bekannten (und ihm aus der Divisio Carneadea 5,16–23 geläufigen) Lehre des Peripatetikers Hieronymos v. Rhodos, Ende 3. Jhd. v. Chr. (Frg. 8–18 Wehrli). Dieser unterscheidet scharf zwischen der Schmerzlosigkeit, die man erstreben, und der Lust, die man nicht erstreben soll (vgl. Platon, Phil. 44B–45E). Genau diese Unterscheidung verwirft Epikur (vgl. 1,37, dazu Kyr. Doxai 3,18): dazu das Paradebeispiel Durst – Trinken (vgl. Platon, Phil. 31E–32A. Aristoteles Nik. Ethik 1173b13–15), wo für Epikur der Prozeß des Trinkens die bewegt/bewegende Lust auslöst und der Zustand, in dem der Durst gelöscht ist, die ruhende Lust. Der Gegner nimmt daran Anstoß, daß zwei völlig verschiedene Phänomene denselben Namen „Lust" erhalten; denn trotz Kyr. Doxai 18 (wo griech. „poikíllesthai" mit lat. „variari" wiedergegeben wird) handelt es sich nicht um Varianten derselben Sache, sondern um zwei verschiedene Sachen: Schmerzlosigkeit ist nicht Lust.

11–17A Der Diskussionsstil wird festgehalten dadurch, daß scheinbar verschiedene Überlegungen durcheinander laufen. Wir gruppieren: (1) Es wäre sinnvoll gewesen, den belasteten Begriff der „Lust" überhaupt fallen zu lassen und sich mit der Schmerzlosigkeit zu begnügen. (2) Bleibt man beim Begriff der Lust, so ist man verpflichtet, sich an den anerkannten Sprachgebrauch zu halten. Cicero ersetzt hier die griech. Belege für den Gebrauch von „Hedone" durch lat. Belege aus der römischen Komödie für „Voluptas", von der er etwas verwegen (etwa durch Varro beeinflußt?) behauptet, der Sinn von „Voluptas" entspreche ganz genau demjenigen von „Hedone". (3) Legitim ist ein schwer verständlicher, dunkler Sprachgebrauch

nur in zwei Fällen: (a) wenn man absichtlich dunkel redet; Beispiel Heraklit mit einem höchst eigentümlichen Zitat aus einer römischen Komödie, die wir nicht kennen; oder (b) wenn der Gegenstand selber übermäßig schwer verständlich zu machen ist (vgl. 4,2); Beispiel der platonische Dialog „Timaios"; dazu werden die zwei Komponenten des „Timaios" aufgeführt: Gegenstände, die ihrer Natur nach dem Menschen kaum zugänglich sind (Naturphilosophie), oder solche, die methodisch hochspezialisiert sind (Mathematik). Epikurs Lehre gehört in keine dieser Kategorien. (4) Seine Interpretation des Begriffs „Lust" ist also willkürlich und beweist nur seine Unbildung (vgl. 1,26 und 71–72). Dazu paßt sein Grundsatz, daß die Philosophie jedermann, also auch Menschen ohne jede spezifische Vorbildung zugänglich sein soll (vgl. Frg. 227a Us. Die Stoa hat allerdings ähnlich gedacht – SVF 3,253). Cicero bringt dazu die Geschichte von L. Quinctius Cincinnatus, Dictator im Jahr 458 v. Chr. (aus Cato? vgl. Liv. 3,26,8; Plinius, nat. hist. 18,20). (5) Eingelegt ist einmal die stoische Definition der „Lust" als eine unvernünftige, letztlich naturwidrige (vgl. dazu auch Platon Phil. 44B–45E) Erregung der Seele (s. SVF 3,400–406), dann sachlich wichtiger der Hinweis, daß es zwischen Lust und Schmerz einen neutralen Zwischenzustand geben muß, gleichmäßig frei von Lust und Schmerz. Für eine mit der Lust identifizierbare Schmerzlosigkeit ist da kein Platz (so schon Platon, „Staat" 583C–584A, Phil 43D–44A). Das wird illustriert einmal mit zwei Zitaten aus einer röm. Komödie, dann mit dem 2,9 nahestehenden Beispiel: Kann man sagen, daß derjenige, der, ohne selber durstig zu sein, einem Durstigen zu trinken gibt, dieselbe Lust empfindet wie dieser? Das Beispiel supponiert, daß von der Situation dessen, der den Durst gelöscht hat und darum befriedigt ist, diejenige unterschieden werden muß, in der einer überhaupt nicht durstig war und darum von vornherein zufrieden ist. Es wäre die Frage, wie Epikur diese zweite Situation einordnet. – Doch an dieser Stelle will der Partner das Gespräch abbrechen.

17B–18A Dies zieht eine methodische Überlegung nach sich, die 1–3 ergänzt. Leise boshaft konfrontiert Cicero Rhetorik und Dialektik, wie dies implicite schon in 2,3 geschehen war; boshaft ist auch, daß er die Distinktion auf Zenon, den Todfeind Epikurs, zurückführt (dazu SVF 1,75). Dem steht immerhin gegenüber, daß Zenon von Aristoteles abhängig ist, was auf eine Beziehung anspielt, die später im 4. Buch ausgiebig zu Worte kommt. Desgleichen wird dem Partner konzediert, daß es neben der politischen auch eine philosophische Rhetorik gibt. Den Schluß bildet wiederum eine Verteidigung

und Charakterisierung der von Epikur 1,63 verworfenen Dialektik. Sie beantwortet die Fragen nach dem Wesen und der Qualität jeder Sache (vgl. 1,29) und nach den Regeln der Diskussionskunst. Epikur seinerseits versäumt das Distinguieren (1,22), was sich nun rächt.

18B–20A In einem Neubeginn wird insinuiert, daß nur das Fehlen einer Definition der Lust Epikur dazu geführt hat, daß er sich zwischen den drei sinnvollen Möglichkeiten nicht hat entscheiden können: (a) nur die bewegte Lust Aristipps, (b) nur die Schmerzlosigkeit des Hieronymos, (c) die Koordination beider, so daß sich zwei Ziele des Handelns ergeben. Der Divisio Carneadea (s. 5,16–23) entnimmt Cicero, daß in der Tat viele Philosophen zwei Ziele aufgestellt haben: Aristoteles (die Tugend und den Genuß aller Güter in einem abgerundeten Leben; vgl. dazu Nik. Ethik 1098b12–16, 1098a18–20, 1153b14–19), Kalliphon (die Tugend und die Lust), Diodoros (die Tugend und die Schmerzlosigkeit). Wir erfahren freilich nicht, wie aus diesen Kombinationen eine kohärente Ethik entwickelt werden konnte; nur bei Aristoteles kommt 5,71 und 81 zu Hilfe. Cicero folgert, daß auch Epikur so hätte kombinieren können. Etwas anderes als eine Kombination ist unmöglich, da das Ziel Aristipps von demjenigen des Hieronymos der Sache nach völlig verschieden ist. Doch Epikur versucht sinnwidrig beide Ziele zu identifizieren und unter einen und denselben Begriff zu bringen.

20–25 Nun soll gezeigt werden, daß Epikur selber sehr wohl weiß, daß es sich um völlig verschiedene Dinge handelt. Dabei scheint die Absicht die zu sein, zuerst Belege für die Lust im Sinne Aristipps, dann solche für die Schmerzlosigkeit des Hieronymos beizubringen. Doch was folgt, sind nur Belege für den ersten Fall; die ruhende Lust der Schmerzlosigkeit verschwindet aus der Diskussion. – Der erste Beleg ist derselbe wie in 2,7, mit der Mitteilung, daß dies in dem Werke „Über das Ziel des Handelns" („Peri Telous") stand (Frg. 67 Us.; vgl. auch Tusc disp. 3,41; 42; 44; De nat. deor. 1,111, Or. in Pis. 69). Genannt wird auch die Quelle des zweiten Beleges: Kyr. Doxai 10. (Andere ausdrückliche Hinweise auf die Kyr. Doxai: De legg.1, 21; De nat. deor. 1,85). Cicero übersetzt nahezu wörtlich: Er ersetzt nur die „Angst vor den Himmelserscheinungen" durch die „Angst vor den Göttern". (Die zwei Zitate nebeneinander auch SVF 3,709, wie es scheint, aus Chrysippos). – Triarius entrüstet sich, und Cicero stößt nach. Freilich geht die bis 25 sich hinziehende Interpretation des Textes von einem Mißverständnis aus. Epikurs Fundamentalgedanke ist, daß (I) *nur* dasjenige Tun zu rechtfertigen ist, das zur Eudaimonia führt (vgl. 1,63; 72) und (II) daß *alles* Tun gerechtfertigt

werden kann, das zur Eudaimonia führt. Schlechthin alles Tun ist zu beurteilen nach dem Beitrag, den es zur Gewinnung der Eudaimonia leistet, leisten könnte oder nicht leistet. An diesem Prinzip hält Epikur bis zu den äußersten Konsequenzen fest. Es rechtfertigt die Naturphilosophie (Kyr. Doxai 11), es kann die politische Tätigkeit rechtfertigen (Kyr. Doxai 6,7), und es könnte prinzipiell auch das Verhalten des Lebemannes („Asotos", „luxuriosus") rechtfertigen, unter der Bedingung nämlich, daß der Lebemann die Eudaimonie nach der Formel Epikurs (keine Furcht vor Göttern, Tod und Schmerz, keine Begierden, die die von der Natur gesetzten Grenzen überschreiten) durch seine Lebensweise zu erlangen vermag. Der Zweifel besteht freilich, ob der Lebemann diese Bedingung zu erfüllen fähig ist. – Cicero versteht zunächst richtig. Denn nach dieser Formel wäre in der Tat auch Vatermord zu rechtfertigen, wenn er zur Eudaimonia hinführen könnte (vgl. z. T. Zenon SVF 1,254). Es ist auch möglich, den Fall zu konstruieren, daß ein Lebemann weder die Götter noch den Schmerz noch den Tod fürchtet; sarkastisch werden Beispiele angedeutet. Die Kritik konzentriert sich auf das vierte Moment, die Einsicht in die Grenzen der Begierden. Da hängt alles an der Definition des Lebemannes. – Von da an verschiebt sich die Argumentation. Zwei Typen des Lebemannes werden einander gegenübergestellt. Der eine ist der Wüstling, der an seinen Ausschweifungen schließlich zugrunde geht (vgl. Diog. Laert. 10,131). Der andere ist der sorgfältig und kühl kalkulierende Lebemann, der weiß, wie weit er im Interesse seiner Gesundheit, seines Vermögens und seines guten Rufes gehen darf. Illustriert wird dies mit Zitaten aus einer Satura des Lucilius (vgl. 1,7), in der der weise Laelius (Gesprächspartner in Ciceros De rep., Gesprächsführer in dem nach ihm benannten Dialog) dem sonst nicht bekannten Lebemann P. Gallonius gegenübergestellt wird. Beide wissen, was ein gutes Essen ist; Gallonius liebt es der Lust wegen, die es bereitet, während es für Laelius nur dazu dient, das Bedürfnis der Natur zu befriedigen (Cicero scheint nicht zu beachten, daß er die Formel des Epikureers 1,63 aufnimmt) und den Hintergrund für ein gutes Gespräch abzugeben. An dieser Stelle beginnt ein Problem, das Cicero schon im „Hortensius" beschäftigt hatte. Der Lebemann, der hier gezeichnet wird, ist sehr wohl in der Lage, alle Bedingungen zu erfüllen, unter die Epikur die Eudaimonia stellt; gerade mit ist es ja, der seine Begierden zu begrenzen weiß. Dies bedeutet zunächst, daß die in 22 gestellte Frage, ob ein Lebemann begrenzte Begierden haben könne, durch das Porträt in 23 unmittelbar beantwortet wird. Zu folgern ist weiterhin, daß das

wahre Problem nicht die innere Konsistenz von Kyr. Doxai 10 ist, sondern der epikureische Begriff der Eudaimonia im ganzen. Was ist gegen ihn einzuwenden? Die Äußerungen in 24–25 bleiben merkwürdig vage. Laelius schätzt den Genuß geringer als das Gespräch, und daß dem Lebemann die Tugend fehlt, wird in 25 ebenso flüchtig wie grob erklärt. Daß es des Menschen nicht würdig ist, die Lust zum Ziel des Handelns zu erheben, wird in 1,23 angedeutet und in 2,40 ausgeführt. Es bleibt aber das Unbehagen, daß ein entscheidender Einwand im Halbdunkel bleibt: Der Bereich der Lust ist, wie Epikurs Begriff der Freundschaft, wesenhaft unpolitisch. Es führt keine Brücke zum Einsatz des einzelnen für das Gemeinwesen und den Staat und für die durch den Staat zu verwirklichende Idee der Gerechtigkeit. Die Reduktion der Leistung des alten Torquatus auf den privaten Bereich gelingt nur teilweise (1,34,35), und Ciceros Partner wird aus Epikurs Ethik keine Richtlinie für seine Tätigkeit als Praetor gewinnen können (2,74–77). So fehlt dem Lebemann die politische Dimension; platonisch-aristotelisch formuliert, sind die vier klassischen Lebensziele: Lust, Macht, Reichtum, Wissen in gewisser Weise vielleicht aequivalent, aber keinesfalls aufeinander gegenseitig reduzierbar.

26–27 Es folgt eine Diskussion von Kyr. Doxai 29. Zuerst wird an einem formallogischen Fehler Epikurs Gleichgültigkeit gegen Logik überhaupt (1,22) demonstriert, dann in der Sache die Unmöglichkeit, die Begierden zu begrenzen, behauptet: Sie müssen ausgerottet, nicht gemäßigt werden (was der Standpunkt der Stoa, nicht des Peripatos ist). Dies reduziert sich indessen überraschend auf eine bloß terminologische Frage. Es gilt, die Bedürfnisse der Natur (2,25 und 1,63) von den Begierden zu trennen. Dabei übersieht Cicero, daß Epikur genau diese Trennung selbst sehr entschieden durchgeführt hat: vgl. 1,43–44; 53; 59,60. Die mangelnde Koordination von These und Gegenthese wird noch öfters zu beobachten sein.

28 A Insinuiert wird (1), daß der Epikureer jede Schandtat um der bewegt/bewegenden Lust willen tun wird, wenn er keine Zeugen zu fürchten braucht, was 1,43, 47, 50 und bes. 53 glatt widerspricht (möglich ist, daß eine bösartige Interpretation der Aporie bei Plut. mor. 1127D vorliegt: Daß die geltenden Gesetze falsch und darum für den Weisen nicht verbindlich sein können, ist klar; vgl. Frg. 18 Us.): dann (2) daß Epikur eine Begrenztheit der ruhenden Lust (Kyr. Dox. 3 und 18) nur zugestanden habe, weil er dem Druck der auf die Tugend hin angelegten menschlichen Natur nicht habe widerstehen können; dies weist voraus auf eine der wichtigsten (und fragwürdigsten) Doktrinen der Stoa (3,36–38) und des Peripatos (5,61–64). –

Dann kehrt Cicero zurück zu der in 2,6–20A schon ausgiebig diskutierten These, daß Schmerzlosigkeit und Lust nichts miteinander zu tun hätten.

28B–30A Es folgen zwei ernsthafte Einwände: (a) Wenn das Ende des Schmerzes größte Lust ist, müßte das Ende der Lust der größte Schmerz sein. Dazu 1,56: Schmerz und Lust stehen einander nicht symmetrisch gegenüber; das Ende des Schmerzes ist Schmerzlosigkeit als Lust, das Ende der Lust aber nicht eine neutrale Lustlosigkeit, die es nicht gibt, sondern Schmerzlosigkeit oder Schmerz. Rein neutrale Zustände wären überhaupt nicht wahrnehmbar, sind also insofern nichtexistent. (b) Wer die ruhende Lust und Schmerzlosigkeit erlangt hat, bedarf trotz der apodiktischen Erklärung, das Gute sei nur im Bereich der fünf Sinne zu finden (da wird das schon in 2,7 vorgetragene Zitat wiederholt, Frg. 67 Us.), der bewegt/bewegenden Lust nicht mehr. Dieser Einwand ist kaum zu widerlegen. Er zielt darauf, daß Epikur sich über die Relation zwischen der bewegt/bewegenden und der ruhenden Lust nirgends eindeutig genug geäußert hat. Bestehen sie unabhängig nebeneinander, oder muß die bewegende Lust als der Weg zur ruhenden Lust begriffen werden derart, daß sie verschwindet, sobald die ruhende Lust erreicht ist? Vermutlich ergänzen sie einander: hier die wesentlich geistige Ruhe der Schmerzlosigkeit, dort die für das physische Überleben unentbehrliche Tätigkeit der fünf Sinne, die an die bewegende Lust gebunden bleibt.

30B Zusammenfassung der bisherigen Kritik: Epikur identifiziert die zwei Arten der Lust, und zugleich steigert er bald die ruhende Lust zu einer geradezu asketischen Lebensform und bald die bewegende Lust, als ob er das Leben eines Wüstlings empfehlen wollte. Endlich greift Cicero die Kritik an Kyr. Doxai 10 nochmals auf und stellt ironisch die Intention Epikurs auf den Kopf. Wenn Epikur erklärt, daß jeder Weg legitim ist, der zur philosophischen Eudaimonia führt, so wird daraus die Behauptung, man habe das Recht, sich als Lebemann zu benehmen.

31–34A Ganz neu wird mit der Kritik an 1,30 und 71 eingesetzt. Kinder und Tiere gelten für Epikur als „Spiegel der Natur", wobei Cicero nicht bedenkt, daß er in 5,61 genau denselben Vergleich für den Peripatos in Anspruch nimmt (was nicht zufällig ist, da in der Berufung auf das Kind Peripatos und Epikur in der Tat gegen die alte Stoa (vgl. Komm. zu 3,16–19) zusammengehen). Welche Art von Lust empfindet das Kind? Ist es die ruhende Lust, so kann das Streben, wie Cicero mit bemerkenswerter Unbekümmertheit sagt, mit dem Bedürfnis nach Selbsterhaltung, das der Peripatos an den Anfang

stellt (5,24) identifiziert werden. Doch nach Epikur selber kommt die ruhende Lust nicht in Frage, weil sie ihrem Wesen nach das Handeln nicht in Gang bringen kann, sondern vielmehr zum Stillstand bringt. Also bleibt nur die bewegt/bewegende Lust, die Cicero sofort mit der unbegrenzten Begierde gleichsetzt. Eine solche Begierde wird vor keiner Schandtat zurückschrecken. Doch von größter prinzipieller Bedeutung ist die Folgerung, daß für Epikur der Ursprung des Handelns (die bewegt/bewegende Lust) ein anderer ist als das Ziel (die ruhende Lust). Der Gegner betrachtet dies als einen entscheidenden Fehler, den nach 2,35 Aristippos, Hieronymos und Karneades nicht begangen haben, wohl aber die Stoa, wie 4,32, 42, 47 u. a. hervorheben. Es ist der Peripatos, der diesen Fehler bewußt zu vermeiden sucht, und der Gegner, der hier spricht, ist Karneades, der sich in diesem Punkt mit dem Peripatos solidarisiert. Der moderne Interpret könnte sich freilich sagen, daß Epikur und die Stoa, die einen solchen Bruch zwischen Ursprung und Ziel annehmen, die Eigentümlichkeit des Ethischen besser verstanden haben als die des Peripatos, der eben diesen Bruch, wie 5,24–70 zeigt, zu verschleiern bemüht ist.

33–34 A Daß die Berufung auf die Tiere strikte abgelehnt wird, kann insofern erstaunen, als zunächst schon Platon im „Philebos", dem Dialog, der der Fragestellung von De fin. 1/2 am nächsten steht, nur selten den Menschen vom Tiere abgegrenzt hat (vgl. bes. 22B, 35CD, 60C). Aristoteles hat etwas schärfer distinguiert, und in 5,24ff. hat der Peripatetiker keine Bedenken, zuerst von den „animalia" überhaupt zu sprechen und erst hinterher den Menschen auszugliedern. Unsere Stelle dagegen behauptet kühn, daß die wilden Tiere ihrer Natur nach depraviert seien; soll man da stoischen Einfluß annehmen? – Danach biegt Cicero vollständig in die peripatetische Doktrin ein, wie sie in 5,24 ausgeführt wird. Da wird vom „animal" ausgegangen und dann in der, wie ich glaube, für Theophrast charakteristischen Weise die allmähliche Entwicklung des jungen Lebewesens skizziert, bis es zu einem vollen Begreifen dessen gelangt, was seiner aus Seele und Körper zusammengesetzten Natur gemäß ist und was nicht; unentschieden bleibt, ob die Lust in den Bereich des Naturgemäßen gehört oder nicht (so wird die Türe zur epikureischen Lehre offen gelassen); sicher ist nur, daß sie nicht der einzige naturgemäße Gegenstand des Strebens sein kann (was sich höchst eigentümlich mit Platon, Phil. 55B berührt).

34B–35 Benutzung der Divisio Carneadea wie schon in 18–19, hier vollständiger, aber mit bestimmter Tendenz umgeformt. Das Schema: 1. Einheit von Akademie und Peripatos in der Drei-Güter-

Lehre, die zwei Stufen der Eudaimonia anerkennt, die minimale mit den Gütern der Seele allein, die maximale mit allen drei Gütern: Seele, Körper und gesellschaftliche Stellung. Man kann mehr oder weniger die Vertreter der Alten Akademie (Platon, Speusippos, Xenokrates, Krantor, Polemon) und die alten Peripatetiker (Aristoteles, Theophrast) auf diese Formel festlegen. Unterschlagen wird dabei allerdings, daß der aristotelische Begriff des Guten in schärfster Kritik der platonischen Idee des Guten entstanden ist. Insofern ist es nicht merkwürdig, daß der Name Platons überhaupt fehlt. Wenn Polemon (für uns eine völlig blasse Figur) allein genannt wird, so hängt dies an der Konstruktion 4,3; 45; 51; 61: Polemon ist der Lehrer des Stoikers Zenon; doch während (um dies sofort zu ergänzen) Aristoteles als treuer Schüler Platons gilt, ist Zenon ohne zureichenden Grund von Polemon abgefallen. Nicht erwähnt wird hier auch Theophrast, obschon im 5. Buch seine Lehre zugrunde liegt. Karneades hat natürlich gewußt, daß gerade in der Ethik Theophrast spürbar von Aristoteles abgewichen ist (5,12 sucht die Differenz zu bagatellisieren).

2. Kalliphon kombiniert Tugend und Lust.
3. Diodoros kombiniert Tugend und Schmerzlosigkeit.
4. Karneades bleibt bei den zwei unteren Gütern: Körper und gesellschaftliche Stellung (im Text ausgefallen und zu ergänzen).
5. Aristippos lehrt nur die Lust.
6. Hieronymos lehrt nur die Schmerzlosigkeit (im Text ausgefallen und zu ergänzen).
7. Die Stoa lehrt die Übereinstimmung mit der Natur, was als Leben gemäß der Tugend allein interpretiert wird; außerdem wird damit eine Definition der Eudaimonia identifiziert, die in 3,31 und 4,14 wiederholt wird und die die Definition Chrysipps ist (SVF 3,15); seltsamerweise kommt in dieser Definition der Begriff der Tugend überhaupt nicht vor.
8. Pyrrhon, 9. Ariston von Chios, 10. Erillos vertreten längst widerlegte Thesen: Bei Pyrrhon und Ariston ist alles außer der Tugend schlechthin gleichgültig; Erillos hat (sokratisch oder aristotelisch?) im Wissen allein das höchste Gut gesehen.

Wer übrig bleibt, ist Epikur.

Das ganze Schema ordnet eingestandenermaßen die geschichtlichen Data einer streng systematischen Gruppierung unter: Dreimal liegt die Kombination zweier Zielbegriffe vor, dreimal die entsprechenden einfachen Begriffe. Die Pointe ist dann die, daß Nr. 4 sich mit der zweiten Hälfte von Nr. 1 begnügt und Nr. 7 mit der ersten Hälfte von Nr. 1, 2, 3. Daraus ergibt sich andererseits ein Gegensatz

zwischen Nr. 4 und 7, was 2,42 entspricht, andererseits die Folgerung, daß Nr. 7 und 4 nur einen Teil der Eudaimonia erfassen, während Nr. 1 als einzige Doktrin einen wirklich vollständigen Begriff der Eudaimonia besitzt; dies ist zweifellos auch die ursprüngliche Absicht des ganzen Schemas gewesen. Absicht ist auch, Epikur als Vertreter einer systematisch gesehen unhaltbaren Lehre beiseite zu stellen. Er hätte sich entweder an 5 oder 6 anschließen oder 5 und 6 kombinieren können. Er tut weder das eine noch das andere, sondern behauptet, Nr. 5 und Nr. 6 seien miteinander identisch, sofern die Schmerzlosigkeit gerade die vollkommene Lust ist, was Karneades für absurd hält.

Eine Komplikation schafft der Hinblick auf ein anderes Prinzip: Epikur begeht den Fehler, vorauszusetzen, daß das ursprüngliche Handeln des Kindes ein anderes Ziel verfolge als das schließliche und endgültige Handeln des Erwachsenen; in Wahrheit müßte am Ende dasselbe Ziel verfolgt werden wie am Anfang. Was unsere Stelle verschweigt, ist, daß derselbe Vorwurf auch die Stoa trifft: 4,26; 32; 42. Nicht berührt wird durch ihn nur der Peripatos, der damit von einer anderen Seite als die einzig rational befriedigende Doktrin erscheint.

36–38 Zunächst über 34B–35 hinweg Anschluß an 34A: Nun wird auch die Berufung auf die Sinnesdata (1,30) abgelehnt mit der Erklärung, daß die Kompetenz der Sinne nicht so weit gehe, über Schmerz und Lust zu urteilen (zur Belebung dient eine Anspielung auf römische Rechtspraxis wie in 2,3). Beispiele des Schmeckens, Tastens, Sehens werden angedeutet, doch dann bricht Cicero grob ab. Welchen Organen die Kompetenz zusteht, über Lust-Schmerz (dann auch Gutes – Schlechtes) zu urteilen, erfahren wir nicht. Statt dessen wird mit einem unerwarteten Pathos die Vernunft angerufen, die die philosophische Theorie (wem die alte und weit verbreitete Definition der Weisheit als „Wissen von den göttlichen und menschlichen Dingen" angehört, wissen wir nicht) und die ethische Praxis zu Hilfe nimmt. Nicht sehr elegant ist der Ausfall gegen den Epikureer (vgl. 2,69 und schon 2,12), der den in 1,57 zitierten Satz Kyr. Doxai 5 ignoriert. – Es folgt die Abrechnung auf der Basis des Schemas 34B–35. Verworfen werden die Thesen Nr. 5 und 2, ebenso Nr. 6 und 3, dann auch Nr. 4. Übrig bleiben nur noch Nr. 1 und 7, also die Stoa entweder in der Variante des Ariston von Chios (der also trotz 35 aktuell bleibt) oder derjenigen der orthodoxen Stoa, und die Akademie und der Peripatos. Damit entsteht das Problem, ob die Differenz zwischen diesen beiden Lehren nur terminologisch ist (so Karneades, für den Zenon faktisch Polemon plagiiert hat) oder sachlich (so die or-

thodoxe Stoa selber). Dieses Problem wird im 4. Buch ausgiebig diskutiert. Der Satz ist als eine Vorschau auf dieses Buch gemeint.

39–44 Eine zweite Reduktion der verschiedenen Posten der Divisio Carneadea, nun aber nicht mit dem Ziel, Nr. 1 und 7 allein übrig zu lassen, sondern um schließlich nur die Stoa Chrysipps mit Epikur zu konfrontieren. Eliminiert werden alle anderen Lehren; Nr. 1 wird stillschweigend beiseite gelassen; dafür erscheint überraschend die Neue Akademie, von der bisher überhaupt nicht die Rede war; Cicero verrät auch nicht, daß er selber, wie die vier Libri Academici zeigen, dieser Richtung angehört. Verworfen wird zunächst, wie zu erwarten, Nr. 5, und zwar mit Argumenten des Aristoteles, freilich in äußerst verkürzter Form. Nach Nik. Ethik 1097b24–1098a7 hat jedes Lebewesen seine besondere Aufgabe und Leistung („Ergon"). Hier werden zunächst die hochspezialisierten Leistungen dreier Haustiere genannt (beim Löwen, Sperling, Thunfisch Vergleichbares nachzuweisen, wäre schwierig). In der Nik. Ethik ist, der besonderen Zielsetzung der Pragmatie entsprechend, die Leistung des Menschen als die das ethische Handeln konstituierende Kooperation eines Teiles des Logos mit einem Teile des Alogon umschrieben. Hier haben wir umfassend Theoria und Praxis, ohne daß jedoch expliziert würde, was konkret darunter zu verstehen ist. So bleibt es unklar, weshalb die Bindung des Menschen an Theoria und Praxis überhaupt dazu ausreicht, ihn als „mortalis deus" und „divinum animal" zu qualifizieren. Da wäre zu präzisieren gewesen, daß der Inhalt der Theoria vorzugsweise die Erkenntnis Gottes ist und derjenige der Praxis sozusagen die Verwaltung der Welt im Namen der Gottheit. Wenn allerdings daraufhin das Herdenvieh als „langsam" und „träge" bezeichnet wird, so hat man als Gegenstück die Schnelligkeit des menschlichen Geistes und die Tatkraft des menschlichen Handelns zu ergänzen. Etwas inkonzinn wirkt es, daß hier das Herdenvieh als ein ausschließlich der Aktivität der zwei unteren Sinnesorgane zugewandtes Lebewesen geschildert wird (vgl. Aristoteles Nik. Ethik 1118a23–b4), wo sich der Leser fragen wird, ob dies auch für das Rind gilt, als dessen Leistung soeben die Hilfe beim Pflügen aufgeführt wurde. Als Nachtrag wird ebenfalls übermäßig knapp festgestellt, daß sowohl der aufrechte Gang wie auch der Besitz der Vernunft anzeigen, daß das Ziel des Handelns nicht die Lust sein könne – was vermutlich der Epikureer bestreiten würde. – Es folgt Nr. 6 mit der wiederum charakteristisch aristotelischen Wendung, die Eudaimonia könne nicht bloß in der Abwehr des Übels und in der Ruhe (vgl. 1,43; 46 u. a.) bestehen. Für Aristoteles ist die Eudaimonia von Mensch

und Gott ein dauerndes vollkommenes Tätigsein; den Zweifel, ob in unserer sublunaren Welt das Tätigsein einen greifbaren Sinn hat, kennt er nicht. – Nicht leicht verständlich ist, inwiefern gegen Nr. 4 dasselbe eingewendet werden kann wie gegen Nr. 6, wichtig dagegen, daß Karneades seine These nicht in dogmatischer, sondern nur in polemischer Absicht aufgestellt hat, ebenso, daß sein eigentlicher Gegner die Stoa (d. h. Chrysipp) ist, nicht Epikur. – Einleuchtend ist die Bemerkung, wenn man schon die Tugend glaube ergänzen zu sollen, dann solle man dies nicht partiell tun, wie Nr. 2 und 3, sondern eben umfassend wie Nr. 1. Impliziert scheint, daß alle Ergänzungen zur Tugend verwerflich sind, d. h., daß nur Nr. 7 ernsthaft vertretbar ist. – Die Polemik gegen Nr. 8, 9 nimmt z. T. das 3. Buch vorweg. Wer die Tugend als das einzige Gute ganz in sich selbst einschließt, übersieht, daß die Aktivität der Tugend gerade im richtigen Umgang mit denjenigen Realitäten besteht, die selber nicht „gut" sind, aber ohne die wir nicht leben können. Das, was bei Platon und Aristoteles das „Lebensnotwendige" („Ananakaion") heißt, darf nicht einfach sich selbst überlassen bleiben und ignoriert werden. – Das Problem von Nr. 10 ist ein anderes. Über Erillos spricht unser Text mehrfach; aus den Andeutungen 3,31, 4,36; 40, 5,23 und 73 ist zu folgern, daß er teils das sokratische Wissen, teils die aristotelisch-theophrastische Theoria als das Wissen vom göttlichen Kosmos für die Eudaimonia gehalten hat (SVF 1, 409–421). – Die Neue Akademie des Arkesilaos und Karneades als Vertreterin einer bestimmten Ethik wird in De fin. nur hier und in 3,31 genannt, in beiden Fällen wohl ein von Cicero eingeschalteter Hinweis auf seine eigenen Libri Academici. – Es verbleibt Epikur, dessen Lehre als besonders kompliziert und besonders erfolgreich (vgl. 1,13) bezeichnet wird. Bedenklich summarisch wird die Auseinandersetzung mit ihm als eine solche zwischen Tugend und Lust angekündigt.

Chrysipp hat sie für entscheidend gehalten. Da wirkt die Sokratik nach, die mit einem Bios Theoretikos nichts anzufangen vermag (vgl. dazu Luc. 138.140). Als Beweisziel für den ganzen nächsten Teil der Diskussion gilt, zu zeigen, daß die Tugend (nicht um der Lust, sondern ausschließlich) um ihrer selbst willen zu erstreben ist, ein Satz, bei dem alles davon abhängt, wie man den Begriff der Lust faßt: Ist die Lust des Lebemannes gemeint oder die Attraktivität einer Sache, ohne die das Interesse des Menschen nicht mobilisiert und damit das Handeln auf die Sache hin überhaupt nicht in Gang gebracht werden kann? Nachantikes Denken wird auch eine zweite Frage nicht außer acht lassen: Wer nach dem möglichen Antrieb zur Verwirklichung

der Tugend fragt, kann die Frage nicht vermeiden, warum nicht bloß die Tugend, sondern ebenso häufig ihr Gegenteil verwirklicht wird. Auf der anderen Seite ergibt die Antithese bei Chrysippos, daß das Schlechte einfach mit der Lust identifiziert und die Verführung zum Schlechten als Verführung zur Lust begriffen wird, vgl. SVF 3,228,229.

45–47 Ausgegangen wird vom „honestum", was das griech. „Kalón" wiedergeben will, streng genommen aber das griech. „Timion" übersetzt, womit (nicht zufällig) der Akzent von der ästhetischen Komponente des „Kalón", das auch „das Schöne" heißt, verlagert ist auf die gesellschaftliche Komponente, da das „honestum" das ist, was Ehre und Anerkennung verdient; noch unzulänglicher ist allerdings die übliche Übersetzung „das Edle". – Ciceros Umschreibung betont noch mehr den gesellschaftlichen Aspekt: Es ist lobenswert (zur Bedeutung dieser Kategorie vgl. Aristoteles Nik. Ethik 1,12), und zwar unabhängig von Vorteil, Belohnung und Gewinn (in 1,12 war „fructus" der Kapitalzins). Da wird gewissermaßen der innere qualitative Ertrag gegen den äußeren quantifizierbaren Nutzen ausgespielt. Den Maßstab für die Qualität des „honestum" dürfen wir einen geschichtlichen nennen: teils der Consensus aller, teils das Paradeigma der Besten, die handeln, wie es unabhängig vom Consensus richtig ist; da zeigen die Begriffe „decet" und „honestum" selber, wie schwierig es ist, die gemeinte Sache vom Hinblick auf den Beifall der Gesellschaft freizuhalten.

Als Präambel dient die Abgrenzung des Menschen vom Tiere durch die Vernunft, deren Wesen in vier Begriffen (vgl. 40), deren Leistung als Überblicken von Ursachen und Folgen in der Zeit und als Verknüpfen von Ähnlichem im Raume bestimmt wird.

Es folgt die Liste der auf Vernunft und Natur gegründeten Kardinaltugenden. Traditionell sind es Klugheit, Tapferkeit, Selbstzucht, Gerechtigkeit, hier nicht nur umgruppiert (Gerechtigkeit als erste, Selbstzucht als die letzte umfassende Tugend), sondern auch erstaunlich stark umgestaltet: 1. Die Gesellschaftlichkeit in der Familie, im Staatsverband, in der Menschheit überhaupt, mit Zitat aus einem (unechten, im 2. Jhd. v. Chr. fabrizierten) Briefe Platons an den Staatsmann und Mathematiker Archytas von Tarent (358A). Auf denselben Satz spielte schon De rep. 1,8 an; später De off. 1,22. 2. Die Wißbegierde, die einesteils nur betätigt werden soll, wenn man zuvor seine politischen Verpflichtungen (sozusagen im Sinne des Platonzitates) erfüllt hat. Die Astronomie wird genannt als eine von der Praxis besonders weit entfernte Tätigkeit (Platon, Theait. 174A!) und als eine,

für die sich Cicero seit seiner Jugend besonders interessiert hat. Andererseits leitet sie über zur rein ethischen Tugend der Aufrichtigkeit. 3. Die alte Tapferkeit ist verwandelt in die unbesiegbar stolze, alles Menschliche verachtende Großgesinntheit (die aristotelische „Megalopsychia", Nik. Ethik 4, 7–9). 4. Die vierte Tugend verbindet das ästhetisch Schöne mit ethischer Maßhaltung und Ordnung und faßt damit die drei ersten Tugenden zu einem harmonischen Ganzen zusammen. De officiis 1,11–14 bietet, wohl aus derselben Quelle, eine ganz ähnliche Liste. Wer die charakteristischen Umformungen der klassischen Liste vorgenommen hat, wissen wir nicht. Man könnte an Theophrast ebenso gut denken wie an Panaitios oder Poseidonios.

48–51 Es folgt als Kontrast eine heftige Kritik an Epikur, zunächst mit Anspielung auf das seit 2,7 öfters verwendete Zitat (Frg. 67Us.). Auch das Nachfolgende dürfte aus derselben Schrift „Über das Ziel des Handelns" stammen. Epikur polemisiert gegen eine These, die das Edle vollkommen vom Lustvollen abtrennt; man wird beachten, daß der Text zwei verschiedene Formeln verwendet: Nach der einen enthält das Edle keine Lust, nach der anderen, etwas später, enthält die Lust nicht das Edle. Für Epikur ist ein Edles gänzlich ohne Lust „ein leeres Wort" (vgl. Tusc. disp. 3,42), oder vielmehr, die Menschen täuschen sich: Sie setzen an die Stelle der Lust die gesellschaftliche Schätzung; und diese ist letzten Endes auch lustvoll. Am Streben nach dem Edlen ist also in jedem Falle die Lust beteiligt; nur ist der Epikureer ehrlicher als die anderen, die das Streben nach der Lust hinter dem Streben nach gesellschaftlicher Anerkennung verstecken. – Der Gegner wiederum polemisiert scharf gegen die Insinuation, man binde das Edle völlig an die gesellschaftliche Anerkennung. Er wagt die radikale These, daß das Edle lobenswert sei, selbst wenn überhaupt kein Mensch zur Stelle ist, um es zu loben. Damit allerdings wird die Qualität des „Lobenswerten" zu einer in der Sache selbst gegebenen und vom urteilenden Menschen unabhängigen Qualität wie etwa „rot" oder „dreieckig". Modern würde man da vermutlich vom Postulat einer Autonomie der Werte sprechen. Fragen wird man, wie sich dies zur Berufung auf den universalen Consensus in 45 verhält. Doch da dürfte eine in der Sache selbst begründete Antinomie vorliegen: Wahrheit und Gutheit können weder vollständig vom Consensus absehen noch vollständig auf ihn reduziert werden. Auf das Zitat aus der Schrift „Über das Ziel des Handelns" folgt (wie in 20) ein Zitat aus den Kyr. Doxai, Nr. 5. Die Polemik geht mit befremdlichem Zynismus über den Wortlaut hinweg, der Lust und Tugend keineswegs miteinander identifiziert, sondern vielmehr das eine

zur Condicio sine qua non des anderen macht. Genauer: Wenn (a) das Lustvolle gleich dem Edlen ist, so kehrt die Frage nach der Bedeutung der gesellschaftlichen Anerkennung wieder. Diese wird hier, in Anlehnung an eine schon in Platons „Gorgias" verwendete Formel, in dem Sinne interpretiert, daß der Weise vom Urteil der Toren abhängig wird. Da aber auch Epikur nicht so weit gehen wird, so wird er eben doch das Edle hier als das um seiner selbst willen zu Erstrebende auffassen müssen. Ist aber (b) die Lust der Zweck der Tugend, so würde dies wiederum bedeuten, daß das Urteil des Metzgers (man wird sich an die Rolle des Kochs („Opsopoiós") im Gorg. 464D – 465D erinnern) über das Wesen des Edlen entscheidet. Will man dies Epikur nicht zutrauen, so bleibt wiederum nur, daß er unter dem Edlen dasselbe versteht wie der Peripatetiker. – So scheint auch, wie Cicero rühmend hervorhebt, sein Partner Kyr. Doxai 5 begriffen zu haben. Bezeichnend hellenistisch/nachsokratisch ist dann die Behauptung, man habe sich seit jeher nur darum der Philosophie zugewandt, weil man durch sie zur Tugend gelangen will und kann. Die aus der Kenntnis der vorsokratischen Texte abgeleitete These des Aristoteles, daß das Staunen über rätselhafte und beunruhigende kosmische Phänomene die Menschen zur Philosophie geführt habe (Metaph. 982b11–21, wohl aus dem Dialog „Über die Philosophie"), ist da vollständig vergessen. Den Hintergrund klärt z. T. 2,86, dann 5,86–87: Auf die Evidenz eines universalen Consensus kann sich nicht das Verlangen nach Wissen, sondern nur die Sehnsucht nach der Eudaimonia stützen; dieser ethisch orientierten Sehnsucht hat sich alles unterzuordnen. Darin geht der hellenistische Peripatetiker (hier sicherlich Theophrast) wie der Stoiker mit Epikur einig.

52–60 A Ein merkwürdiges Stück, das, wie der Schluß verrät, mit dem 3. Buch von De rep. eng zusammenhängt, vorsichtiger gesagt: mit demselben Material arbeitet, das Cicero auch für das Redenpaar (Furius Philus gegen, Laelius für die Gerechtigkeit) in jenem Buche verwendet haben muß (ähnlich De legg. 1,40–41). In unserem Kontext ist es unleugbar ein Fremdkörper. – Auf ein pompöses (lückenhaftes?) Platonzitat (Phaidros 250D; wiederholt in 5,69), das die Sehnsucht der Menschen nach der Weisheit preist, folgt die ironische Frage, ob man von der Weisheit nur erwarte, daß sie Lust konstruiere (die Anspielung auf 1,32 ist deutlich). Dann folgt, etwas unerwartet, die These: Wahrhaft gerecht ist nur derjenige, der ohne jeden Zeugen gerecht handelt, wahrhaft ungerecht nur derjenige, der es zustande bringt, ohne jeden Zeugen ungerecht zu handeln, sich niemals erwischen zu lassen und bis zu seinem Ende den Eindruck eines Ehren-

mannes zu erwecken. Ein solcher Mensch widerlegt Epikurs Kyr. Doxai 35. Der Sprecher zögert nicht zu behaupten, der Hinweis des Epikureers 1,50–51 (vgl. 53) auf die Unruhe des schlechten Gewissens sei nichtig; es zu unterdrücken sei eine Kleinigkeit (so 2,54). Der Leser wird sich dann allerdings fragen, was uns noch abhalten kann, schlau und ungerecht zu handeln, wenn sowohl die Furcht vor der Strafe wie auch die Sorge um die Ruhe der eigenen Seele dahinfällt. Was bleibt dann? Der Text rechnet nirgends ernsthaft mit einer ausgleichenden Gerechtigkeit der Götter und/oder mit Jenseitsstrafen, ohne die auch Platons „Georgias" und „Staat" nicht ganz auskommen können: So spricht Platon bekanntlich von dem verbrecherischen, aber bis zum Schluß erfolgreichen König Archelaos (Gorg. 470D–471D), den erst in der Unterwelt seine gerechte Strafe ereilt (525CD). Bei Cicero nichts dergleichen, so daß der Verdacht entsteht, er habe unbesehen eine Passage aus der Rede des Furius Philus in De rep. 3 übernommen, jener Rede, die in ihrem vollen Umfang auf das Lob der Ungerechtigkeit angelegt war; doch irgendwie müßte dann Laelius darauf geantwortet haben. Wie das geschah, wissen wir nicht. – Die vollendete Ungerechtigkeit wird in mehreren Etappen vorgeführt. Cicero hat durchgehend die griechischen Beispiele, die ihm zweifellos vorlagen, durch römische ersetzt, obschon sich nicht alle restlos in das Schema fügen: 1. Der einfältige Ungerechte, der sich erwischen läßt. Der Bestechungsskandal des L. Hostilius Tubulus (Prätor 142 v. Chr.) muß berühmt gewesen sein, vgl. 4,77; 5,62; erwähnt hat ihn sicherlich Lucilius in seinen Saturae.

2. Der schlaue Ungerechte. Q. Pompeius, Konsul 141 v. Chr., schlug in einem verlustreichen Krieg mit der spanischen Stadt Numantia den Gegnern vor, einen Friedensvertrag zu schließen. Diese gingen gutgläubig darauf ein, doch kaum war der Vertrag geschlossen, erklärte ihn der Konsul unter nichtigen Vorwänden für ungültig, überfiel die nichtsahnenden Numantiner und brachte ihnen schwere Verluste bei; doch konnte ihm formal kein unkorrektes Verhalten nachgewiesen werden. (Dazu Livius, Epitome 54; Appian Iberika 76.79, dazu Cicero De off. 3,109; Oros 5,4; Flor. 2.18.4.)

Cicero scheint vorauszusetzen, daß seine Leser die Geschichte kennen; da das Ereignis zeitlich nahezu unmittelbar auf den zuvor geschilderten Tubulus-Skandal folgt, wird er beides aus derselben den Zeitgenossen wohlbekannten Quelle haben. Im Falle des Pompeius ist der Gewinner nicht der Handelnde selber, sondern der römische Staat, und damit wird es beachtenswert, daß man sich in Rom offenbar bald nach dem Ereignis Gedanken darüber machte, ob es

richtig war, auch einem Landesfeinde gegenüber so gewissenlos vorzugehen. – Angeschlossen wird ein weiteres Beispiel, das Cicero selber erlebt hat. Fadius hatte testamentarisch verfügt, daß sein Vermögen an seine Tochter übergehen sollte. Seltsamerweise scheint er diese Verfügung nur mündlich dem Sextilius, der die nächste Anwartschaft auf das Vermögen hatte, kundgetan zu haben. Als Fadius starb, konnte Sextilius wider besseres Wissen behaupten, eine solche Verfügung habe niemals existiert, und niemand war in der Lage, ihm nachzuweisen, daß er lüge. So kam er in den Besitz eines großen Vermögens und genoß es bis an sein Lebensende. Cicero gibt mit erstaunlicher Offenheit zu, daß jedermann überzeugt war, Sextilius habe gelogen, daß aber mangels Beweisen nichts anderes übrigblieb, als ihm dem Gesetze gemäß Recht zu geben (aus einem Gegenbeweis, daß kein Ungerechter klug, kein Gerechter töricht sein kann, stammt Lact. Div. Inst. 5,17). – Angehängt wird eine peinlich grobe Polemik gegen die Epikureer. Ohne 1,50–53 und Kyr. Doxai 5 zu bedenken, wird gefolgert: Wenn die Lust das Ziel allen Handelns ist und das Geld Lust verschafft, so wird der Epikureer jedes Risiko auf sich nehmen, um zu Geld zu gelangen; soweit da überhaupt eine These Epikurs im Hintergrund steht, vgl. 3,49,50. Zynisch werden die Gefahren, die er bestehen wird, mit den Gefahren parallelisiert, die Scipio auf sich nahm, um Hannibal zu besiegen (2,56 wie 2,106 und 4,22 scheinen auf das Gedicht zurückzugehen, das Ennius zum Lobe Scipios verfaßt hat). Dann werden gegen den Sinn des ganzen Abschnittes die verschiedenen Möglichkeiten durchgespielt: Wird der Ungerechte nicht erwischt, wird er zufrieden sein; wird er erwischt (also nach Kyr. Doxai 35), so wird er sich entweder an Kyr. Doxai 2 und 4 oder an 16 halten, also auch in diesem Falle guten Mutes sein. Da werden also mehrere Sätze der Kyr. Doxai gegeneinander ausgespielt, während von 5 oder 17 nicht die Rede ist. Daß alles dies mit den Intentionen unseres Textes 1,29–72 nichts zu tun hat, liegt auf der Hand. Die antike Philosophie ist eben in ihrer Polemik nie zimperlich gewesen. – 3. Der schlaue und mächtige Ungerechte. Da scheint sich Cicero in eine Verlegenheit hineinmanövriert zu haben. Hat er ursprünglich die Absicht gehabt, in dieser Rubrik von den drei Triumvirn zu sprechen? Über Cäsar offen zu reden konnte er nicht wagen. Aber Crassus und Pompeius waren zur Zeit der Abfassung von De fin. bereits tot. Crassus zu schonen bestand kein besonderer Anlaß, doch begnügt sich Cicero mit einer möglichst nichtssagenden, aber neutral-freundlichen Wendung. Mit Pompeius stand es anders, nicht nur, weil dieser in der supponierten Zeit des Gespräches noch

lebte, sondern vor allem, weil Ciceros Gesprächspartner beide Pompeianer waren und im Bürgerkrieg im Kampfe gegen Cäsar gefallen sind; dazu kamen seine eigenen, wenn auch nicht vorbehaltlosen Sympathien für Pompeius. So bleibt es bei einer anerkennenden Bemerkung, mit der Folge, daß die Rubrik der schlauen und mächtigen Schurken leer ausgeht. – Es wird zurückgegriffen auf den Fall des Fadius und Sextilius (mit einem nach den Äußerungen in 56 verblüffenden Kompliment für Epikur), dem ein zweiter Fall, den Cicero ebenfalls miterlebt hat, als Gegenstück zur Seite gestellt wird: Plotius hat, wiederum nur in der Form einer mündlichen Verfügung, sein Vermögen seiner Gattin hinterlassen, und Sex. Peducaeus, der offenbar das Vermögen hätte an sich nehmen können, ohne daß es möglich gewesen wäre, Einspruch zu erheben, war anständig genug, der Witwe von der Verfügung Kenntnis zu geben und ihr so das Vermögen zur Verfügung zu stellen. Politische Macht ist weder im einen noch im andern Falle im Spiel. Cicero wird jedoch das Schema der drei Typen von Ungerechten schon in seiner griechischen Vorlage vorgefunden haben; die römischen Beispiele, die die griechischen ersetzen sollten, sind allerdings nicht besonders glücklich gewählt. – Dann wird allgemein festgestellt, daß, wie der Fall des Sex. Peducaeus zeigt, der Appell der Pflicht und der Natur stärker ist als die Verführung zur Lust; und dies gilt auch für den Epikureer. Geschlossen wird mit einem der Beispiele des Karneades, der die Problematik, die Platon in der halb märchenhaften Erzählung von Gyges („Staat" 359C–360B) dargestellt hatte, in konkrete, beinahe alltägliche Situationen umgesetzt hat (De rep. 3,29–30): Wie wird ein Mensch handeln, der die Gelegenheit hat, eine ihm im höchsten Maße nützliche Ungerechtigkeit zu begehen, und zugleich weiß, daß ihn niemand bei dieser Ungerechtigkeit wird behaften können? Der also etwas tun kann, was der Kontrolle durch die Gesellschaft vollständig entzogen wäre? Wo also auch mit keiner Anerkennung und Belohnung durch die Gesellschaft zu rechnen ist? Der Gegner Epikurs folgert, daß der Mensch von Natur darauf angelegt ist, das Gute „um seiner selbst willen" zu tun. Epikur wird erwidern, daß nur das Richtige in sich selber eindeutig ist und damit Ruhe schafft, das Falsche dagegen in verschiedene und einander widersprechende Formen zerfällt, also dauernde innere Unruhe erzeugt (so könnte man 1,43–44 und 58 mit Aristoteles Nik. Ethik 1106b28–35 kombinieren); nehmen wir außerdem das „um seiner selbst willen" wörtlich, so haben wir es mit einem Gegenstand zu tun, der nicht die geringste Attraktivität für uns besitzt, und ein solcher Gegenstand ist unfähig, irgendein Handeln in Gang zu bringen.

Der Schluß (60A) zeigt, daß diese Problematik letztlich nur die Gerechtigkeit und die Selbstzucht angeht, nicht aber die Klugheit und die Tapferkeit.

60B–63A Hier zeigt sich sofort, daß der Fall der Tapferkeit ein anderer ist: nicht das Handeln mit oder ohne Kontrolle der Gesellschaft, sondern das Interesse des einzelnen gegen das Interesse der Gesellschaft. So wird 1,23 und 35 nochmals in Erinnerung gerufen, allerdings konzediert, daß im Falle des alten Torquatus das Interesse des einzelnen im Interesse des Staates enthalten war. Dies gilt aber nicht für die drei Decii, die nacheinander als Konsuln 340, 295 und 279 v. Chr. bewußt ihr Leben für den Staat geopfert haben. Hier ist die Bindung an das Interesse, den Nutzen, die Lust des einzelnen ausgeschlossen. Das Problem kennt auch Aristoteles Nik. Ethik 1117a33–b16, kann es aber ebenso wenig lösen wie Epikur. Eine doppelt eigentümliche Schwierigkeit bietet der historische Tatbestand: Einmal kennt das Ritual der römischen Religion, wie wir es vor allem aus Varro kennen, die „devotio" des Feldherrn, der sich in der Schlacht den Unterirdischen weiht, um seinem Heere den Sieg zu verschaffen. Doch scheinen die Decii die einzigen zu sein, von denen eine solche „devotio" tatsächlich überliefert wird; und sodann schwankt die Überlieferung sogar bei Cicero selber (Or. pro Sestio 143; Cato 74; De off. 1,61; 3,16 – dagegen Parad. Stoic. 12; Tusc. disp. 1.89; 2, 59) zwischen zwei oder drei Decii, die so gehandelt hätten. Es mag sein, daß die Dreizahl einer bloßen Familientradition angehört, während die offiziellen Konsulatsfasten nur zwei Decii kennen.

Den Römern treten griechische Beispiele gegenüber. Cicero hat eine Liste vor sich, aus der er die zwei Namen auswählt, die in 97 noch einmal, mit Einzelheiten, erwähnt sind. Daß die Fälle verschieden gelagert sind, sofern es sich nicht, wie bei den römischen Decii, um einen freiwillig gewählten Tod handelt, kümmert Cicero nicht. Zur Auflockerung dient eine römische Anekdote, und an den Schluß stellt Cicero mit römischer Höflichkeit das Beispiel, das der Partner selber gegeben hat. Seine Leistung war es, im Jahre 65 v. Chr. dem eigenen Vater das Konsulat verschafft zu haben dadurch, daß er dessen Rivalen P. Cornelius Sulla durch einen Prozeß blockierte. Cicero benutzt die Gelegenheit, an seine eigenen Taten im Jahre 63 v. Chr. zu erinnern. Dabei hat die Selbstaufopferung der Decii mit dem Handeln Ciceros nur weniges gemein, mit demjenigen des jungen Torquatus überhaupt nichts. – Immerhin ist es möglich, zum Schluß das faktische Verhalten des Torquatus von seinem theoretischen Be-

kenntnis in 1,40–42 auf das schärfste abzuheben. Zu dem Gegensatz, der aristotelisch derjenige zwischen „Logos" und „Ergon" ist (Nik. Ethik 1172a33–b3; b15–18 und 1179a 17–22), vgl. 1,65 und 2,80–81.
63 B–66 Aufgenommen wird hier 2,23–25, nur radikalisiert. War dort P. Gallonius als klug kalkulierender Lebemann beschrieben worden, so ist es hier L. Thorius Balbus. Auch er erfüllt die in Kyr. Doxai 10 formulierten Bedingungen für die Eudaimonia im Sinne Epikurs: keine Angst vor Göttern, Tod und Schmerz, keine Begierde über die von der Natur gesetzten Grenzen hinaus; was über Hunger und Durst gesagt wird, entspricht Xen. Mem. 1,3,5–6 und Zenon SVF 1,240; es überrascht, daß er (jedenfalls vor ca. 80 v. Chr.) im Kampf für den Staat (welchen?) gefallen ist, womit er nicht nur (unepikureisch) sein politisches Engagement dokumentierte, sondern auch in die Nähe der Decii von 61 gelangt. Wieder stellt sich die Frage, was an einer solchen Eudaimonia verwerflich sein kann. Cicero macht es sich etwas leicht, wenn er als äußerstes Gegenstück zuerst M. Atilius Regulus nennt (Konsul 256 v. Chr.), der, um sein gegebenes Wort nicht zu brechen, freiwillig in die Gefangenschaft der Karthager zurückkehrte und von den Karthagern zu Tode gefoltert wurde (bei Cicero oft erwähnt: Cato, 74; Tusc. disp. 5,14; De nat. deor. 3,80; Parad. Stoic. 16; De off. 1,39; 3,99–100; pro Sest. 127; in Pis. 43; or. Phil. 11.9); dann Lucretia, die durch ihren Selbstmord den Anstoß zur Befreiung Roms von der Königsherrschaft gab; endlich L. Verginius, der die eigene Tochter tötete, um sie dem Zugriff des Patriziers Ap. Claudius zu entziehen. Inwiefern diese drei Beispiele Thorius Balbus widerlegen, ist nicht klar. In allen drei Fällen handelt es sich darum, daß die bedrohte persönliche Ehre eines einzelnen verteidigt werden muß, und zwar um den Preis des eigenen Lebens. Wahrscheinlich hätten zum mindesten Lucretia und Verginius auch als Epikureer so gehandelt, wie sie gehandelt haben; und während Thorius Balbus sich für seinen Staat eingesetzt hat, hat die Tat des Regulus wie des Verginius keinen Einfluß auf die Geschicke Roms gehabt. Die Gegenüberstellung bleibt erstaunlich oberflächlich. – Interessant ist jedoch der historische Kontext. Regulus ist von Polybios (1,35; vgl. Diodor 24.12) ungünstig beurteilt worden; seine Heroisierung hat möglicherweise erst bei Poseidonios begonnen (vgl. Horaz Carm. 3.5,13ff.). Die Geschichten von Lucretia und Verginius scheinen dagegen einem Historiker zu gehören, der die Geschichte der römischen Frühzeit (für griechische Leser?) mit pathetischen Szenen im Geschmack des Euripides zu beleben suchte (vgl. A. Alföldi, Das frühe Rom und die Latiner, 1977, 147f.). – Keines der drei Beispiele

beantwortet die Frage, warum die Eudaimonia des Thorius Balbus verworfen werden muß.

67–68A Hier erst recht ist festzustellen, daß Ciceros Argumentation mehr und mehr den Zusammenhang mit dem 1. Buch verliert und sich mit Allgemeinheiten begnügt, die auf die nuancierten Darlegungen des Epikureers keine Rücksicht nehmen. So gilt gewiß, daß Regulus, Lucretia, Verginius keine Epikureer waren, doch dies bedeutet keineswegs, daß der Epikureer ihr Verhalten mißbilligen müßte. Es läßt sich sehr wohl mit Kyr. Doxai 5 und 1,42B–54 in Übereinstimmung bringen. Gewiß kann Epikur keine politischen Leistungen für sich beanspruchen: Da wirken das tiefe Mißtrauen gegen die politische Betriebsamkeit seiner Zeit (das er mit Platon teilt) und der grundsätzlich unpolitische Charakter des Prinzips der Lust (den es mit dem Prinzip des Bios theoretikos teilt) zusammen. Man kann auch sagen, daß „Lust" (in welchem Sinne auch immer) und „Theoria" aus der gesellschaftlich-politischen Geschichtlichkeit hinaustreten, hier im Rückzug ins Private, dort im Ausgreifen ins Kosmische. Dennoch wirkt es oberflächlich, die summarische Annexion berühmter Gesetzgeber, Politiker und Heerführer durch Akademie, Peripatos und Stoa gegen Epikur auszuspielen; vgl. dazu das erstaunliche Lob des Karneades (Diog. Laert. 10,26–27), wonach Epikur im Gegensatz zu Chrysippos sich niemals auf geschichtliche Autoritäten und Zeugnisse berufen habe (dazu Platon, Gorg. 471E–472C). – Hübsch der Hinweis auf den „Liber Annalis" des Atticus; daß ausgerechnet der epikureische Freund ein Geschichtswerk verfaßt hat, scheint Cicero nicht zu stören. Von Themista berichtet Diog. Laert. 10,25, sie sei zusammen mit ihrem Gatten Leonteus Schülerin Epikurs gewesen, und es existierten Briefe Epikurs an Themista. Das Schriftenverzeichnis (Diog. Laert. 10,28) nennt ein Werk „An Themista", doch hier handelt es sich darum, daß Epikur über sie schreibt. Was das war, können wir nur aus unserer Stelle erschließen, offenbar ein Lob der persönlichen Vorzüge der Themista, das der Römer für unschicklich hält; man mag an die Rolle der Aspasia in der sokratischen Literatur denken oder auch an die Theodote von Xen. Mem. 3.11. Andererseits scheint Epikur von Themista berichtet zu haben, daß sie den politischen Ehrgeiz, den Ruhm und die Auszeichnungen großer Leistungen verachtet habe (Frg. 28 Us.; dazu das Scholion zu Kyr. Doxai 29, das ausdrücklich Ehrenkränze und Statuen nennt).

68B–70 Rücksichtslos wird das Niveau der Auseinandersetzung in Buch 3 und 4 (zugleich eine Ankündigung der beiden Bücher wie schon in 2,38) gegen eine bewußt einseitige Interpretation des seit 2,7

immer wieder zitierten Satzes Frg. 67 Us. ausgespielt. Dabei will Epikur nichts anderes sagen, als daß die Bestimmung des geistigen „Guten" ebenso vom Urteil der fünf Sinne ausgehen muß wie die Bestimmung des geistigen „Wahren" (zu dieser vgl. Aristoteles Metaph. 980a27–b12). Ironisch könnte der Epikureer fragen, ob der Peripatetiker bei der Würdigung der körperlichen Güter nicht auch auf die Aphrodisia zu sprechen kommen werde. – Das von Kleanthes gezeichnete Bild ist eindrucksvoll (vgl. 12) und erinnert z. T. an Xenophon Mem. 2,1,21–33 (vgl. De off. 3,117; eine Variante bei Augustin Civ. Dei 5,20). Daß sich die Lust vor künftigem Schmerz hüten muß, bezieht sich auf 1,32–33, daß sie bei den Menschen keinen Anstoß erregen darf, ist neu. Epikur hat, wie später die Stoa (vgl. 3,68), Gründe gehabt, sich von der provozierenden Ungehemmtheit der Kyniker zu distanzieren. – Cicero ist sich auch klar darüber, daß das Bild eine Karikatur ist und den Intentionen Epikurs keineswegs gerecht wird. Das zeigt der Hinweis auf Kyr. Doxai 5. Er ist jedoch als Polemiker nicht bereit, das Bild im Sinne von Kyr. Doxai 5 zu korrigieren. Schnippisch erklärt er, daß ihn (a) die Meinung Epikurs nicht interessiere und daß (b) zwischen Kyr. Doxai 5 und Epikurs Lehre von der Lust ein Widerspruch bestehe. Dies scheint er beweisen zu wollen einmal mit dem Hinweis auf Thorius Balbus (2,63B–64) und seinesgleichen. Der Stil des Lebemannes Sergius Orata, der eine Generation vor Cicero gelebt haben wird, war von Cicero im „Hortensius" ausführlich beschrieben worden (Frg. 39–43 Str.). Zwischen beiden war ein dritter Name genannt (oder etwa zwei?), im Text verdorben und nicht wiederherstellbar. Daß diese Leute sich nicht an Kyr. Doxai 5 gehalten haben, wird nirgends bewiesen, im Gegenteil: Im Porträt des Thorius Balbus, des Sergius Orata (auch des P. Gallonius 2,23–25) findet sich keinerlei Andeutung eines unmoralischen Lebenswandels, wie ihn 2,53–60A im Auge hat. Als zweiter Beweis wird Kyr. Doxai 10 angeführt, wiederum, wie in 2,21–23A, in Verkennung der Pointe. Die Frage, was an der Lebensform eines Thorius Balbus prinzipiell verwerflich ist, wird auch da nicht beantwortet.

71–73 Genauso unsachlich ist die nun folgende systematische Konfrontation der Lust mit den drei Tugenden der Gerechtigkeit, Tapferkeit, Selbstzucht. – Für Epikur ist derjenige gerecht, der sich vor Strafe fürchtet; dazu ein Dichterzitat, so knapp, daß nur derjenige es wirklich versteht, der es im vollen Umfang kennt. Hat etwa Cicero es schon in De rep. 3 ausführlich gebracht? Dann: Wer Strafe nicht fürchtet, ist (1) entweder schlau genug, sich der Kontrolle durch die Gesellschaft zu entziehen oder (2) so mächtig, daß er die Kontrolle

ZWEITES BUCH   465

nicht zu fürchten braucht. D. h., wir haben wieder die zwei Fälle von 2,54B–57. – Danach wird abgebogen zu den unendlich oft zitierten Versen Aischylos Septem 592–4 (vgl. bes. Platon Staat 361B, 362AB), die hier in ihren Gegensatz verkehrt werden: lieber ungerecht sein und vor den Menschen gerecht zu sein scheinen als umgekehrt. Zynisch wird gegen 1,50–53, aber in Übereinstimmung mit 2,53 und 54, insinuiert, Epikur lehre die Verachtung des guten Gewissens zugunsten eines erschwindelten guten Eindrucks bei den Leuten. Da liegt eine Vulgärpolemik gegen Epikur vor, die Cicero bei einem seiner Autoren vorgefunden haben dürfte; dieser wird auch, im Gedanken an Platon, das Aischylos-Zitat mobilisiert haben. Dies war schwerlich Karneades, eher Poseidonios. – Zur Tapferkeit erinnert sich Cicero, wie schon in 60–61, an den alten Torquatus (1,23 und 34–35). Erst hier wird der Leser darüber informiert, daß der Kampf am Flusse Anio nahe bei Rom stattfand und der von Torquatus besiegte Gegner ein Gallier war; endlich, daß der Gallier ihn zum Zweikampf herausgefordert hatte (rituell die Voraussetzung dafür, daß er die Waffen des Gegners als „spolia opima" dem Iuppiter Feretrius darbringen durfte). Assoziativ kommt A. Manlius Torquatus, Prätor 52 v. Chr., zur Sprache, der sich offenbar in den Jahren 63–57 v. Chr. freundschaftlich für Cicero eingesetzt hatte. Dies war freilich nicht eine Bewährung der Tapferkeit, sondern eine solche der Freundschaft, was zu einer flüchtigen Polemik gegen 1,65–70 und zu der eindrucksvollen, aber wenig transparenten Formel führt, der Lohn der Pflichterfüllung sei die Pflichterfüllung selbst. – Auch zum Problem der Selbstzucht bleibt nur die spitze Frage übrig, ob man sie bloß so weit pflegen solle, wie die Kontrolle durch die Gesellschaft, die Strafe und Schande verteilt, sich erstrecke. Daß damit 1,47–48 nur zu einem geringen Teil getroffen wird, liegt auf der Hand.

74–77 Nun setzt Cicero zu dem durch 2,51, 58, 62, 69, 72 vorbereiteten Frontalangriff auf den Partner an. Supponiert ist, daß das Gespräch im Herbst 50 v. Chr. stattfindet. L. Torquatus ist schon zum Praetor für das kommende Jahr (das Jahr des Ausbruchs des Bürgerkrieges zwischen Pompeius und Cäsar) designiert, wird also vorschriftsgemäß bei Amtsantritt in einer Rede vor dem Volke sich selbst und seine Familie vorstellen und die Prinzipien seiner Amtsführung bekanntgeben. Es ist evident, daß er weder vor dem Volke noch vor einem Richterkollegium noch im geschlossenen Kreise des Senates sich zur Ethik Epikurs bekennen kann. Dies ist nur privat und unter Freunden möglich, nicht aber in der Öffentlichkeit. – Vorausgesetzt wird nun der Einwand, daß der Gegner nicht verstehe, was Epikur

meine. Dagegen: (a) Es ist paradox, daß der Gegner zwar ausgefallene Begriffe der epikureischen Kosmologie (zu „individua" 1,17; „intermundia", die Übersetzung von „Metakósmia", war wohl im „Hortensius" erklärt. Vielleicht hat Cicero dort auch begründet, warum es keine Zwischenwelten geben könne) kennt und begreift, nicht aber den banalen Begriff der „voluptas", Lust. (b) Auch wenn man die Unterscheidung der zwei Arten der Lust gemäß 1,37–38 annimmt (ein Irrtum Ciceros muß es sein, daß Kyr. Doxai 18 nicht auf die ruhende, sondern auf die bewegte Lust bezogen wird; 2,9; 10; 28 beziehen sich korrekt nur auf die ruhende Lust der Schmerzlosigkeit), hilft dies nicht weiter; selbst in dieser Modifikation ist Epikurs Lehre in der politischen Öffentlichkeit nicht vertretbar. Würde sich Torquatus zu ihr bekennen, würde er sich jeder Chance berauben, in der magistratischen Karriere weiterzukommen. Dies weiß er selber und spricht darum in der Öffentlichkeit wie die Peripatetiker und Stoiker. Doch genau diese Spaltung zwischen öffentlichen Erklärungen und privaten Überzeugungen ist unannehmbar. Hier hat Cicero unzweifelhaft einen entscheidenden Punkt getroffen. Die Ethik der Lust ist im strengsten Sinne eine Individualethik, die keinen Zugang zu einer Tätigkeit im Bereich der politischen Institutionen offenläßt. Politiker kann der Epikureer nur werden, wenn er seine ethischen Prinzipien preisgibt. Wichtig ist hier der Ausblick auf 4,21–23. Von der stoischen Ethik ist dort die Rede. In ihr hat „das Gute" den Charakter des Absoluten bewahrt, den es bei Platon hatte. Es ist erstens nicht quantifizierbar, sondern eine reine Qualität, was impliziert, daß es unter den einzelnen guten wie schlechten Taten kein Mehr oder Weniger geben kann. Zweitens ist auch keine Annäherung an das Gute möglich; Begriffe wie das Fortschreiten zum Guten oder Entwicklung auf das Gute hin haben in der alten Stoa keinen Platz. Eine solche Ethik ist in der Öffentlichkeit ebenso wenig vertretbar wie die ihr entgegengesetzte Ethik Epikurs. Wer behaupten wollte, Krankheit, Vermögensverlust, Verbannung oder gar die Eroberung Roms durch Hannibal seien keine Übel, da der Verlust der Tugend das einzige mögliche Übel darstelle, würde sich in der Volksversammlung, vor Gericht und im Senat unmöglich machen. So wird auch der Stoiker gezwungen sein, in der Öffentlichkeit anders zu reden als im privaten Kreis und in seinen Büchern. Damit wird die Pointe, auf die die gesamte Untersuchung nicht erst von Cicero, sondern schon von Karneades angelegt ist, wahrnehmbar: Die einzige Lehre, die in der Öffentlichkeit genauso vertreten werden kann wie in der Intimität der Schule und unter Freunden, ist die peripatetische (vgl. 4,21–22 und dagegen

5,74). Die epikureische Lehre fordert vom Menschen zuwenig, die stoische zuviel; nur die peripatetische Ethik fordert vom einzelnen das, was er für den Staat leisten soll und kann, und vom Staat und der Gesellschaft nicht mehr als das, was einer geschichtlich ausdifferenzierten Gemeinschaft an Grundsätzlichkeit zugemutet werden darf.

78–85 A Nun soll auf 1,65–70 geantwortet werden, doch man sieht sofort, daß die beiden Abschnitte kaum etwas miteinander zu tun haben. Polemisiert wird gegen eine Karikatur der Lehre Epikurs von der Freundschaft, und man wundert sich, daß Cicero an diesem Mißverhältnis keinen Anstoß genommen hat. – Ein erster Abschnitt 78–80A reduziert den Gedanken Epikurs, daß der völlig isolierte Mensch schutzlos allen Gefahren ausgesetzt ist (vgl. Xenophon, Mem. 2,1, 14–15), also nur umgeben von Freunden zu überleben vermag, wobei der einzelne für die Freunde dasselbe leisten wird wie sie für ihn, grob auf die einzige Perspektive der Nützlichkeit. Dann entsteht die Frage, was man mit einem Freunde macht, der den Nutzen für mich verloren hat. Man wird ihn nicht verlassen, weil dies einen schlechten Eindruck macht (vgl. 69), aber man wird seinen Tod wünschen. Vom Freund nicht nur keinen Nutzen haben, sondern seinetwegen vielmehr Schaden erleiden, kommt, wie der Sprecher behauptet, für den Epikureer nicht in Frage. Angespielt wird auf die Geschichte der zwei Pythagoreer bei Dionysios von Syrakus (aus Aristoxenos Frg. 31 W. oder Timaios, der Vorlage von Diodor 10,4), dann auf Pylades und Orestes: Cicero hat völlig vergessen, daß in 1,65 der Epikureer selbst die Freundschaften Epikurs mit diesem Freundespaar verglichen und in 1,68 versichert hat, der Epikureer werde für den Freund dieselben Mühen auf sich nehmen wie für sich selber; dazu Gnomol. Vat. Nr. 56. Besonders perfide wirkt die Insinuation 78, die mit 71 zusammenhängt: dem Epikureer wird es genügen, sich den Anschein freundschaftlicher Gesinnung zu geben. – Dann freilich beeilt sich Cicero zu versichern, der Partner brauche sich durch diese Kritik nicht betroffen zu fühlen. Dies leitet über zur These (80B–81), nicht die Lebensart Epikurs, sondern seine Lehre stehe zur Diskussion; da zeige sich ein innerer Widerspruch, und die Lehre werde durch das Leben widerlegt. Peinlich oberflächlich wird indessen der Hinweis auf die vielen Freunde Epikurs pariert mit der Erklärung, das Urteil „der Menge" habe kein Gewicht, was mit 48–50 zusammenhängt. In 82–83A wird übermäßig kurz auf die drei von Torquatus skizzierten Theorien eingegangen. Was als Zitat Epikurs vorgeführt wird, entspricht bestenfalls 1,66, und im übrigen soll 78–79 als Widerlegung jener ersten Theorie gelten. Die zweite Theo-

rie findet Ciceros zögernde Zustimmung, doch deutet er nicht mit Unrecht an, daß ein Grundsatz der epikureischen Ethik verletzt werde, wenn man ein Handeln ohne jeden Bezug auf die Lust als das Ziel allen Handelns gelten lasse. Zur dritten Theorie wird einfach angemerkt, daß man, wenn ein Vertrag über die Pflege der Freundschaft geschlossen werden könne, dann auch über die Pflege aller Tugenden einen solchen schließen könne. Nicht genug beachtet ist dabei, daß Freundschaft wie Gerechtigkeit wesenhaft Relationen sind, über die sich ebenbürtige Partner verständigen können, was für die sonstigen Tugenden nicht gilt. – Es folgt eine brutale Rückwendung zu den Erwägungen 78–79. Wenn es nur auf den Nutzen ankommt, dann ist Grundbesitz auf dem Lande oder in der Stadt nutzbringender als Freunde. Cicero hat selten so zynisch argumentiert wie in diesem Abschnitt; sollte er ihn einem der Todfeinde Epikurs entnommen haben, auf die Diog. Laert. 10,3–8 anspielt? Provozierend folgt eine These auf die andere: (1) Der Besitz der reichen Getreidespeicher in Puteoli (warum gerade sie? Hat Torquatus seine Villa in deren Nachbarschaft?) ist viel nützlicher als Freunde. (2) Um gesellschaftliche Sicherheit zu haben, genügt der Rang des Torquatus selber, genügen die Gesetze und durchschnittliche Bekannte. (3) Verwendet er sein Vermögen auf Geschenke, so wird es ihm erst recht an interessierten Freunden nicht fehlen. (4) Will er jemanden, mit dem er in völliger Vertrautheit leben kann (etwa im Sinne von Aristoteles Nik. Ethik 1166a6 ff.; in unserem Text kam dieser Gesichtspunkt bisher noch nicht vor), so genügt erstens er sich selbst (vgl. De rep. 1,27), und zweitens genügt ein durchschnittlicher Bekannter (der Zynismus dieser Stelle entspricht demjenigen in 2,53 und 54); (5) In jedem Falle wird unter dem Gesichtspunkt des Nutzens auch der beste Freund weniger wert sein als ein umfangreicher Grundbesitz. – Damit gilt als bewiesen, daß unter den Voraussetzungen Epikurs weder die Tugenden bestehen können (71–73) noch die Freundschaft (78–85). Vorausgesetzt ist dabei die einfache These, daß alles bei Epikur der Lust zu dienen habe. Dies ist in einem gewissen Sinne nicht unrichtig; doch gilt sofort, daß die Relation Tugend–Lust (1,42B–54) und die Relation Freundschaft–Lust (1,65–70) sich keineswegs auf die primitive Formel Mittel–Zweck reduzieren läßt. Dies zeigt im ersten Falle Kyr. Doxai 5, im zweiten 27, von Cicero bezeichnenderweise nur in 1,65, aber nirgends im 2. Buch zitiert. Unsere Stelle ist ein Paradeigma unsachlicher Polemik, wie sie in der Antike unter Philosophen, dann zwischen Heiden und Christen, schließlich unter den verschiedenen christlichen Observanzen üblich war.

ZWEITES BUCH

85–89 Die Abschnitte 85–89 und 90–91 sind komplementär insofern, als der erste zeigt, daß das Erwerben von Lust nicht in unserer Macht steht, der zweite, daß das, was in unserer Macht steht, d. h. das, was uns die Natur unter allen Umständen zur Verfügung stellt, nicht ausreicht, um Lust zu verschaffen. 85–89 ist für den Sprecher heikel insofern, als der Einwand auch die Drei-Güter-Lehre des Peripatos trifft: die Güter des Körpers (traditionell: Gesundheit, Kraft, Schönheit) und diejenigen der gesellschaftlichen Stellung sind genauso wenig in unserer Macht wie die Lust Epikurs. Daß Cicero ein Interesse daran hatte, diesen Parallelismus zu verschleiern, ist selbstverständlich. – Umständlich wird als Ziel aller Philosophie die Eudaimonia genannt (vgl. 51; daß bei Platon der Begriff der Eudaimonia selten – und etwa im „Philebos" nur ganz am Rande – erscheint, ist ebenso bemerkenswert wie daß der Beginn unseres Abschnittes sich eng mit Aristoteles Nik. Ethik 1095a17–23 berührt). Als Bedingung wird mit einem leisen Vorbehalt festgestellt, daß das Erlangen der Eudaimonia ganz in unserer Macht sein, d. h. ganz von unserer freien Entscheidung abhängen muß. Diese Bedingung ist dort nicht erfüllt, wo zu fürchten ist, daß das Erlangte jederzeit wieder verlorengehen kann. Dies wird in drei Punkten expliziert: (a) Die Eudaimonia muß ein vollkommenes Leben hindurch dauern (der Ausdruck genauso zweideutig wie bei Aristoteles Nik. Ethik 1098a18–20, 1100a5), (b) Sie muß ein abgeschlossenes Ganzes sein (a. a. O. 1097a25–34), (c) Ein dauerndes Schwanken zwischen Eudaimonia und dem Gegenteil ist unmöglich (a. a. O. 1100a5–9 und b2–7). Das führt zu der nicht mehr aristotelischen (1101a9–13) Forderung, daß die einmal erworbene Eudaimonia unverlierbar sei; denn auch die Weisheit, die Eudaimonia verschafft, ist unverlierbar. – Damit erledigt sich das Problem, für das sich Aristoteles a. a. O. 1100a10–17, wie es scheint, auf ein Gedicht Solons beruft, Cicero dagegen hier und in 3,76 auf Herodot 1,30–33: Kroisos war nicht bloß in der Lage, sich jederzeit aus freier Entscheidung die Eudaimonia zu verschaffen, sondern, wenn er sie sich einmal verschafft hätte, so hätte er sie nie mehr verlieren können, auch auf dem Scheiterhaufen nicht. Das ist, wie 3,76 zeigt, stoischer Radikalismus, der sich gegen den betonten Realismus des Aristoteles richtet, für den das vollkommene Gute „schwer zu verlieren" ist (a. a. O. 1095b26 „dysaphaíreton"), aber nicht „unverlierbar" („anaphaíreton"). – Der Epikureer freilich verweist auf Kyr. Doxai 19 (schon 1,63): Die Lust des Augenblicks ist ebenso intensiv wie diejenige einer langen Dauer, was im Prinzip Aristoteles Nik. Ethik 1174a14–19 entspricht. Ciceros Entgegnung ist konfus: Er

wirft dem Epikureer Inkonsequenz vor, die aber nur dann zustande kommt, wenn man zuvor dogmatisch festgelegt hat, daß zwar die auf der Tugend und dem absoluten Guten gegründete Eudaimonia durch die Zeitdauer nicht gemehrt wird, dagegen die Lust (wie der Schmerz) unbegrenzt steigerungsfähig sei; dies ist zwar die Meinung Platons Phil. 27E–28A, betrifft aber bei Epikur ausschließlich die in unbegrenzte Begierde sich verwandelnde bewegte Lust (1,51 u. a.), nicht aber die Lust der Schmerzlosigkeit, die nach Kyr. Doxai 18 ausdrücklich als begrenzt bezeichnet wird (vgl. Kyr. Doxai 15). Diese begrenzte Lust ist auch nicht auf Dauer in der Zeit angewiesen. – Gewichtiger ist der von Kyr. Doxai 1 ausgehende zweite Einwand: (a) Gott unterscheidet sich vom Menschen durch Eudaimonia und Unsterblichkeit, (b) die Eudaimonia unterscheidet nicht, denn der Weise hat dieselbe Eudaimonia wie Gott (so ausdrücklich Frg. 602 Us.). Dagegen die Replik: Gott hat nur Lust, keinen Schmerz (also wie bei Aristoteles Metaph. 1072b15–18, dazu Nik. Ethik 1154b24–28). Dazu wiederum (c) gerade für den Weisen Epikurs ist der Schmerz gleichgültig. Dies belegt eine Stelle, die Cicero mit Vorliebe zitiert hat (Frg. 601 Us., vgl. 5,85; Tusc. disp. 2,17; 5,21: Or. in Pis. 42): Selbst wenn er im ehernen Stier des Phalaris zu Tode gebraten wird, wird der Weise Lust empfinden. Ziehen wir die bewußt provokative Formulierung Epikurs ab (da wirkt kynische und kyrenaische Paradoxologie nach), so verbleibt als systematischer Hintergrund der Satz 1,62 nach den zwei Seiten: Der Weise wird sich immer an die vergangene Lust dankbar erinnern, und eben diese Erinnerung erlaubt die Feststellung, daß für den Weisen die Lust immer den Schmerz überwiegen wird (Kyr. Doxai 16). Dabei bleibt immerhin bestehen, daß die Lust Gottes, der von vornherein keinen Schmerz kennt, eine andere sein muß als diejenige des Weisen, der den Schmerz überspielt (vgl. De nat. deor. 2,34). Folgen wir Cicero, so fällt in der Tat im Punkte der Eudaimonia der Unterschied zwischen Gott und Mensch dahin. Es bleibt also nur die Unsterblichkeit. Sie kann nun (d) nur verstanden werden als eine Lust von unbegrenzter Dauer, womit für Cicero Kyr. Doxai 19 widerlegt ist. Der Epikureer würde darauf wohl erwidern, daß Kyr. Doxai nur darauf zielt, daß die göttliche Natur, wiewohl eine Atomkomposition, dem Zerfall, dem Vergehen und dem Tode ein für alle Male entzogen ist. Daß eine ewig dauernde Lust vollkommener sein müsse als die Lust des zeitlos vollkommenen Augenblicks (vgl. nochmals Aristoteles Nik. Ethik 1174b5–9), ist damit nicht ausgemacht. – Dann kehrt Cicero zur Ausgangsposition zurück: Eine körperliche oder vom Körper ausge-

hende Lust zu bewahren, steht nicht in der Macht des Weisen. Konzediert wird, daß die Weisheit (dazu 1,42B-46) auch für den Epikureer dauernden Bestand hat. Doch während für den Gegner die Weisheit mit der Eudaimonia nahezu identisch ist (87), ist sie für Epikur nur das Mittel, um die Eudaimonia, also die Lust, zu erlangen. Über die Lust aber verfügt nicht der Mensch, sondern, gegen Kyr. Doxai 16, der Zufall, das Glück.

90-91 Epikur neutralisiert die These, daß alle Lust vom Zufall abhänge, durch den Einwand, daß gerade diejenige Lust, auf die der Mensch angewiesen sei und Anspruch habe, nicht dem Zufall ausgeliefert sei, sondern ihm durch die Natur selber garantiert werde. Hier hat der wohl schon bei Demokrit vorliegende teleologische Naturbegriff (Aristoteles Phys. 196a24-b5, was vermutlich Lukrez 1, 149-214 nach sich zieht) seinen Platz: „Alles, was der Mensch braucht, stellt die Natur von selbst zur Verfügung" (Kyr. Doxai 15), was umgekehrt bedeutet: „Nur, was die Natur mühelos zur Verfügung stellt, braucht der Mensch"; will er mehr, so überschreitet er die Grenzen seines Bedürfens und des Angebotes der Natur. Wenn schon die einfachsten Speisen und Getränke, die sich jedermann zu verschaffen vermag, zur Lust führen, so ist dem Einwand, es liege nicht in der Macht des Menschen, Lust zu erlangen, weitgehend der Boden entzogen. Zeugnisse für die Bedürfnislosigkeit Epikurs fehlen nicht: Frg. 158, 182, 183, 466, 467, 469, 470, 471 Us., Cicero, Tusc. disp. 5,89. Unser Text ist sonderbar, sofern er zweimal Kyr. Doxai 15 zitiert und dazu Epikurs Erklärung, die bescheidenste Nahrung verschaffe ebenso viel Lust wie die üppigste. Ein erster Beweisgang (a) stimmt zu und stellt daneben einen vielzitierten Ausspruch des Sokrates (ohne zu beachten, daß auch Thorius Balbus sich an die sokratische Maxime gehalten hat 2,64). Dann aber konstruiert der Gegner einen inneren Widerspruch daraus, daß Epikur zwar redet wie L. Calpurnius Piso Frugi, Konsul 133 v. Chr., dessen asketische Lebensweise vermutlich Lucilius in einem Gedicht geschildert hatte, aber lebt wie der ebenfalls bei Lucilius erwähnte P. Gallonius (2,24). Böswillig wird unterstellt, daß jeder Epikureer gemäß Kyr. Doxai 10 wie ein Lebemann zu schlemmen pflege. Der zweite Beweisgang (b) ist sachlicher: Sind die Sinnesdata sowohl der Ausgangspunkt jedes Erkennens wie auch jedes Empfindens, so kann nicht bestritten werden, daß das Geschmacksorgan zwischen den verschiedenen Speisen sehr wohl zu unterscheiden fähig ist. Brot und Wasser schmecken nicht so wie Delikatessen. Wenn trotzdem in beiden Fällen die Lust dieselbe sein soll, so konstatiert dies die Vernunft im Gegensatz zur

Aussage des Sinnesorgans. Dieser Einwand ist nicht zu widerlegen und bedroht die These 1,55, daß alle Lust der Seele aus derjenigen des Körpers entspringe. Cicero scheint dies nicht gesehen zu haben, sonst hätte er nicht zu Beginn von 92 gerade dieses Argument preisgegeben. Da wird neben die bäuerliche Nahrung der Perser nach Xenophon Kyrup. 1, 2, 8 die Schwelgerei der Bewohner von Syrakus gestellt, die der pseudo-platonische Siebente Brief 326BC mit Entrüstung schildert (die Beschreibung des Wüstlings 2,23 kommt nahe). Da gibt also Cicero dem Epikureer nach.

92–95 Um so sicherer ist er seiner Sache im Punkte des Schmerzes. Dieser ist eine Realität, der der Mensch nicht Herr zu werden vermag (hier sei angemerkt, daß Aristoteles Nik. Ethik, wenn wir von 1100a5–1101b9 absehen, über den Umgang mit Kummer, Schmerz und Tod so gut wie nichts sagt. Aristoteles lebt in einer letzten Endes vollkommenen, Epikur in einer unvollkommenen Welt). Begonnen wird mit einem Zitat aus Metrodoros (Frg. 5 Koerte; vgl. Tusc.disp. 2,15; Schriftenverzeichnis bei Diog. Laert. 10,24), das die Problematik des epikureischen Begriffs der Hoffnung/Erwartung sichtbar macht, vgl. 1,40, 41, 57, 62: Was unterscheidet die Hoffnung der Weisen von derjenigen der Toren? Sollen wir annehmen, daß sie im Bereich des Geistigen zuverlässiger ist als in demjenigen des Körpers (vgl. Aristoteles Nik. Ethik 1166a24–26, 1166b14–17, 1168a12–14, 1173b18–19 und dazu die erstaunliche Aussage Metaph. 1072b17–18)? Daß man mit körperlichen Schmerzen ununterbrochen zu rechnen hat, ist eine banale Feststellung. – Die Diskussion selber ist ganz auf Kyr. Doxai 4 konzentriert (vgl. 1,40; 49; 2,22; Tusc, disp. 2,44; 5,88), das an zwei Beispielen widerlegt wird. Das erste ist römisch: Cn. Octavius, ein Freund Ciceros, Konsul 76 v. Chr., der lange dauernde Schmerzen ertrug, weil er den Schmerz nicht für das größte Übel hielt, sondern die Tugend der Tapferkeit gegen ihn mobilisieren konnte (dazu immerhin auch 1,49). Das zweite Beispiel ist griechisch: Philoktetes, übernommen aus der gleichnamigen Tragödie des Accius, die ihrerseits eine Tragödie des Euripides bearbeitet hatte (vgl. Tusc. disp. 2,19; 33; 1,68). Am gräßlichen Leiden des Philoktetes zeigt sich kraß die Unzulänglichkeit der Empfehlungen Epikurs. Wenn als letzter Ausweg der Selbstmord empfohlen wird, so entspricht dies zwar 1,49 und 62, doch mit Recht wird dagegen Kyr. Doxai 16 ins Feld geführt; genauer eine Ergänzung zu diesem Satz, die schon 1,62 zitiert war. Wird sich die Klugheit des Weisen immer so durchsetzen, daß er stets mehr Lust als Schmerz hat, so kann es für den Weisen jedenfalls nie einen Grund geben, sich selbst das Leben

zu nehmen. Der Schluß erinnert zum zweiten Male an die Tapferkeit als einzige wirksame Waffe gegen den Schmerz, zum Teil mit denselben Worten, die der Epikureer selbst 1,49 verwendet hatte. – Von Interesse ist es, dazu 4,23; 31; 52–53; 72 zu vergleichen: Wo Epikur konkrete Empfehlungen vorbringt, die offensichtlich aus bestimmten medizinischen Beobachtungen abgeleitet sind, vertraut der Stoiker auf die Wirkung seines kompromißlosen Radikalismus: Gut ist nur die Tugend, Übel nur die Schlechtigkeit, also ist der Schmerz kein Übel. Der Peripatetiker lehnt beide Thesen ab, weil beide, wenn auch von entgegengesetzten Standpunkten aus, die harte Wirklichkeit des Schmerzes unterschätzen.

96–103 Ein auflockernder Exkurs, Kommentar zu zwei Bekenntnissen Epikurs über sich selber, als Gegensätze ausgewählt und interpretiert. – Das erste ist der Abschiedsbrief, den Epikur am Tage seines Todes mehreren seiner Freunde geschrieben hat. Cicero hat den an den designierten Nachfolger in der Leitung der Schule gerichteten Text übersetzt (dazu auch Tusc. disp. 2,45; 5,26, 74; 88. Ep. Fam. 7,26,1; Seneca Ep. Lucil. 66,47 und 92,25). Den griechischen Wortlaut, als Brief an Idomeneus, bietet Diog. Laert. 10,22. Cicero hat so genau wie möglich übersetzt; bemerkenswert ist nur die Wiedergabe von „Dialogismoi" mit „rationes inventaque nostra". Epikur hat doch wohl an die philosophischen Gespräche mit den Freunden gedacht. Die Natur der tödlichen Krankheit ist korrekt umschrieben; über eine ebenso bösartige wie geschmacklose Ausdeutung der Stoiker berichtet Ep. Fam. 7,26,1. An unserer Stelle verbindet sich, bewußt kalkuliert, ein überschwengliches Lob (Epaminondas und Leonidas, vgl. 2,62, wobei das erste Beispiel vom „heiter" sterbenden Epaminondas spürbar besser paßt als das zweite) mit einer nicht allzu loyalen Kritik. Epikur schildert die Schmerzen seiner Krankheit nicht anders als es in 93 Cn. Octavius getan haben kann; davon, daß er diese Schmerzen als das größte Übel bezeichnet hätte, steht kein Wort da. Nachher wird dreimal hintereinander die Wendung, daß alles Geistige „sich auf den Körper beziehe" (1,55) zitiert und strapaziert. Denn dieses „Sich-Beziehen" ist nicht anders zu verstehen als bei Aristoteles Metaph. 980a28–981a12 der Übergang von der Wahrnehmung, die auch die Tiere haben, zur Techne, die nur der Mensch besitzt. Das eine entsteht aus dem anderen und auf Grund des anderen, und dies notwendigerweise; denn gäbe es ein Wissen vom Allgemeinen, das nicht von der Wahrnehmung ausginge und an sie gebunden bliebe, wäre Aristoteles Platoniker, was er genausowenig ist wie Epikur. Die Relation ist also wesentlich subtiler, als es Cicero dar-

stellt. Das Geistige reduziert sich nicht auf das Körperliche, sondern auch wenn es genetisch aus dem Körperlichen hervorgeht, so hindert nichts, daß es wesensmäßig und seinem Range nach über dem Körperlichen steht. Der Widerspruch, den Cicero (wohl schon seine Vorlage) im Briefe Epikurs findet, ist in Wirklichkeit nicht vorhanden. Doch dieser Widerspruch ermöglicht es, auf 2,80–81 (vgl. 28,49) zurückzugreifen: Epikur beweist wider Willen, daß dem Menschen die Neigung zur Tugend, unabhängig von Lust und Belohnung, eingeboren ist. Freilich bleiben damit die Beispiele gewissenloser Schurken (52–59), die ihre Neigung zur Tugend mühelos haben unterdrücken können, unerklärt. – Das zweite Dokument ist das Testament Epikurs, das Diog. Laert. 10,16–21 unmittelbar vor dem letzten Brief im vollen Wortlaut zitiert; Cicero hat die beiden Texte schon miteinander verknüpft vorgefunden. Er begnügt sich hier damit, einen kurzen Abschnitt daraus ziemlich frei zu übersetzen. Er läßt vor allem die Verfügung weg, es sollten aus dem verbleibenden Gelde auch die Todestage von Epikurs Vater, Mutter und der Brüder gefeiert werden, ebenso den Hinweis, daß Epikurs eigener Geburtstag schon zu Lebzeiten Epikurs festlich begangen zu werden pflegte. (Nach Diog. Laert. 6,101 hat Menippos in einer Satire diese Sitte verspottet.) Cicero bestreitet nicht, daß der Ton des Testamentes schicklich ist (das Wort „bellus" aus der vulgären Umgangssprache gibt eine leicht ironische Farbe), macht aber dann gegen die Sache (reichlich pedantisch) naturphilosophische Erwägungen geltend. Der Geburtstag (a) fand nur einmal statt, kann sich aber nicht wiederholen, und (b) wenn er sich wiederholt, dann nur nach Ablauf des Großen Jahres, wenn alle Konstellationen sich genau wiederholt haben werden; von diesem Großen Jahre hat Cicero schon in De rep. 6,24, dann im Hortensius Frg. 95 Str. gesprochen und spricht dann nochmals in De nat. deor. 2,51–52. Weiterhin widerspricht eine solche Fürsorge für das, was nach dem Tode geschieht, Kyr. Doxai 2. Wichtig ist hier die ausdrückliche Bemerkung, bei Demokrit gebe es eine derartige Lehre nicht. Was dieser in diesem Punkte faktisch gelehrt hat, wissen wir allerdings kaum; vgl. immerhin VS 68 A 115–117. Kaum weniger wichtig ist, daß Demokrits kosmologische Leistung (vgl. 5,50 und 87) in Worten beschrieben wird, die den Äußerungen des Lukrez 1,72–77 über Epikur erstaunlich nahe kommen. Da muß ein Porträt Demokrits, dessen Geist das All durchschweift (vgl. Platon, Theait. 173E und die von Aristoteles in einem verlorenen Dialog erzählte Geschichte von Hermotimos von Klazomenai) auf Epikur übertragen worden sein. Endlich ist zu beachten, daß Epikurs Worte mit einem

Orakelspruch verglichen werden. Derselbe Vergleich für den Stoiker Zenon (5,79), hier wie dort den seiner Sache unbedingt sicheren Dogmatismus charakterisierend. – Interessant ist der Gedanke, man hätte nicht den Geburtstag feiern sollen, sondern den Tag, an dem Epikur „weise" wurde. Darin steckt das später verbreitete Theorem, der Eintritt eines Menschen in die Wahrheit sei seine wirkliche Geburt, seine zweite Geburt oder Wiedergeburt. Daran zu erinnern lag um so näher, als er selbst den Beginn seines Philosophierens genau auf sein 14. Altersjahr datiert hat (Diog. Laert. 10,2). – Bedenklich ist die Behauptung, zu wünschen, daß Gedenkfeiern gehalten würden, sei eines Gebildeten unwürdig. Dabei haben wir allen Grund anzunehmen, daß die Akademie sowohl den Geburtstag des Sokrates (6. Thargelion: Diog. Laert. 2,44) wie auch denjenigen Platons (7. Thargelion: Diog. Laert. 3,2) zu feiern pflegte. Ob Platon dies selber so angeordnet hat, wissen wir allerdings nicht; möglich ist es gewiß. – Anders steht es mit der Anspielung auf die schwärmerische Verstiegenheit, mit der die Epikureer diesen Tag zu begehen pflegten. Auch andere Zeugnisse berichten von der grenzenlosen Verehrung, die Epikur bei den Seinigen genoß. Dies paßt sowohl zu 1,14; 32, 42, 71–72 (vgl. 5,3) wie auch bes. zu Lukrez 1,66–79; 3,1–30; 5,1–54. Man möchte wissen, wieweit da die Stellung des Pythagoras als Vorbild einwirkte; man wird auch eine Gestalt wie Empedokles nicht ganz vergessen und schließlich die erstaunliche Gedenkschrift, in der Speusippos Platon gehuldigt hat (Speusippos Frg. 147–153 ed. Isn.-Par.; auch Cicero De div. 1,78 sowie Diog. Laert. 3,5 und 3,26 gehören dazu). – Passend ist die halbwegs versöhnliche Schlußbemerkung: Daß die Epikureer den Geburtstag Epikurs feiern, ist begreiflich, nicht aber, daß er selber dies so angeordnet hat; freilich tritt in Ciceros auswählender Übersetzung die Peinlichkeit stärker hervor als im griechischen Original. – Es bleibt die Tatsache, daß Cicero nicht bereit ist, Epikur zuzugestehen, was er in De nat. deor. 3,5–6 dem Pontifex Aurelius Cotta zubilligt, nämlich zwischen traditionalem Glauben und philosophischer Überzeugung zu unterscheiden. Diese Distinktion ist schwerlich erst römisch und ciceronisch. Schon Platon und Aristoteles werden sich an sie gehalten und versucht haben, ein Gleichgewicht zwischen den „Phainomena" der Tradition und dem prüfenden „Logos" herzustellen. Epikurs Haltung, die das eine lehrt und das andere respektiert, war keineswegs ein Sonderfall.

104–106 Angeknüpft wird an 92–95. An der Spitze steht ein Syllogismus peripatetischer Herkunft: Einerseits ist der Schmerz nicht das größte Übel, andererseits kann die Eudaimonia des Weisen auch

dann erhalten bleiben, wenn er zuweilen Schmerzen leidet (was die Stoa bestreitet). – Es folgt die Diskussion von 1,57: An vergangenes Gutes soll man sich erinnern, Schlechtes soll man vergessen. Eingewendet wird (a), daß gerade das Vergessen nicht in unserer Macht steht, was mit einer griechischen Anekdote und einer Anspielung auf den alten T. Manlius Torquatus Imperiosus von 1,23 u. a. belegt wird. Die sprichwörtliche Wendung „Manliana imperia" muß auf einen Vorfall gehen, der den Lesern Ciceros geläufig gewesen sein muß (woher?), von dem wir aber nichts mehr wissen. Es folgt (b), daß die Erinnerung an vergangenes Unglück angenehm sein kann, illustriert wieder mit einem Sprichwort und einem Zitat aus der „Andromeda" des Euripides (Frg. 133 N.[2]). Zum nächsten Einwand (c) vgl. 98: Erinnerung an geistige Lust ist erfreulich, Erinnerung an körperliche Lust unmöglich; und bei Epikur, so wird abermals grob unterstellt, bezieht sich alle Lust auf den Körper. Die drei Belege sind besonders interessant: C. Marius, der mitten im Elend sich an seine Taten erinnert; möglicherweise spielt Cicero da auf sein eigenes Gedicht „Marius" an, das er zur Verherrlichung seines großen Landsmannes verfaßt hatte. Dann wird aus einem verlorenen Dialog des Aristoteles zitiert: Das angebliche Grabepigramm Sardanapals (vgl. Nik. Ethik 1095b22) muß dieser beim Historiker Ktesias gefunden haben; in der Sache stimmt Aristoteles mit (Platon und) Epikur überein, sofern die körperliche Wahrnehmung nur auf Gegenwärtiges geht, Erinnern und Erwarten/Hoffen aber geistige Dimensionen sind. Endlich wird das Lobgedicht des Ennius auf Scipio angeführt, auf das auch 2,56 wahrscheinlich, 4,22 sicher anspielen.
107 Nun kommt grundsätzlich zur Sprache, was in 98 und 105B–106 schon vorausgesetzt wurde: die Beziehung aller geistigen Lust auf körperliche. Dazu wurde schon das Entscheidende gesagt: Wie alles Wissen bei einer körperlichen Wahrnehmung beginnt, so beginnt alle geistige Lust bei einer wie immer beschaffenen körperlichen Lustempfindung. Dies bedeutet nicht, daß es keine begrenzt autonome geistige Lust geben könne. Doch Cicero bestreitet gerade dies, wozu Epikurs Ausdrucksweise beigetragen haben mag. Da liegen Relationen vor, die kaum eindeutig zu fassen sind; ich erinnere daran, wie unbestimmt bei Aristoteles Nik. Ethik 1,9 und 10,1–5 die Relation von Lust und Eudaimonia bleibt. Cicero zählt eine Reihe von geistigen Dingen auf, die Lust machen: ethische und gesellschaftliche Werte an der Spitze, Dichtungen und Reden, geschichtliche und periegetische Interessen, dann die Dinge, die der Partner selber schon 1,69 aufgeführt hatte (die Villa des Lucullus scheint in dieser Zeit ein

Treffpunkt der römischen Gesellschaft geworden zu sein, vgl. 3,7). Der Sache nach liegt es auf der Hand, daß der Genuß an Dichtungen oder Reden hier, an Statuen und Gemälden dort durch Auge und Ohr vermittelt ist; da wirkt denn die Argumentation reichlich flüchtig.

108 Hatte 107 die Bindung des Geistigen an den Körper in Frage gestellt, so hier umgekehrt die Überlegenheit des Geistes über den Körper, weil, wie Aristoteles in 106 hervorhob, nur der Geist Vergangenheit und Zukunft zu umgreifen vermag. Die zwei Einwände gehen ihrerseits von anfechtbaren Voraussetzungen aus. So wird (a) in der Situation der Teilnahme an der Freude eines anderen (vgl. 1,67–68) statuiert, daß der Mitfreuende nur eine geistige Freude empfindet, derjenige, der sich seiner eigenen Freude erfreut, nur eine körperliche (was Willkür ist). Es folgt die Absurdität, daß die Freude dessen, der sich mitfreut, größer ist als die des anderen, der seine eigene Freude genießt. Wenn (b) der Weise die größte geistige Lust empfindet, so muß er auch den größten geistigen Schmerz empfinden; ein Kurzschluß vergleichbar demjenigen Platons Phil. 27E–28A: Philebos hat sich zur Unbegrenztheit der Lust bekannt, und Sokrates folgert sofort, daß er sich dann auch zur Unbegrenztheit des Schmerzes bekennen müsse, was voraussetzt, daß es einen Zustand schmerzfreier Lust im Sinne von De fin. 1,40 gar nicht geben könne. Philebos wie der Epikureer meinen natürlich, daß der größten Lust des Weisen der größte Schmerz des Toren gegenüberstehe, und nicht, daß der Weise selber beidem ausgesetzt sei.

109–111A Die Berufung auf die Tiere war schon in 2,31–33 kurz und energisch abgewiesen worden. Hier wird sie neu unter ganz anderen Voraussetzungen diskutiert. Systematisch liegen zwei Thesen vor: (a) Auch die Tiere haben Ansätze zu allen Tugenden, jenseits der Lust. Dann wird es selbstverständlich, daß der Mensch das, was die Tiere bloß in Ansätzen haben, vollständig besitzt. (b) Sollte jedoch die Lust das Ziel aller Aktivität sein, so steht sie den Tieren viel reichlicher und müheloser zur Verfügung als den Menschen. Da zeichnet sich der Gedankengang ab, der in Platons Protag. 320C–328A klassisch formuliert ist (es gilt bloß, das mythologische Spiel, Platons eigene Zutat, auszuklammern): Die Tiere sind von Natur mit allem, was sie brauchen, reichlichst ausgestattet, der Mensch bleibt weit zurück und überlebt nur durch Techne (in 111B–115 „artes") und Nomos („virtutes"). Diese aber ausschließlich auf die Gewinnung von Lust zu beziehen, würde ein absurdes Mißverhältnis von Anstrengung und Zweck der Anstrengung ergeben. – Die Argumentation in (a) ist rein peripatetisch, wie 5,25–26 zeigt (auch 3,62) mit den zwei

charakteristischen Momenten: Tier und Mensch sind einander nicht schroff entgegengestellt (wie in der Stoa 3,67), sondern gehen ineinander über, d. h., es findet vom Tier zum Menschen eine organische Entwicklung statt, wobei jede Gattung das Ihrige beiträgt. Die Aufzählung wirkt ungeordnet; sie exzerpiert wohl eine umfangreiche, mit konkreten Beispielen aus der Tierkunde ausgestattete Darstellung: (1) daß schon bei den Tieren die Fürsorge der Eltern für die Kinder zu beobachten ist, ist eine alte, weit verbreitete Annahme. (2) Ob die Freude am Umherschweifen als eine Vorstufe zu 2,102 aufzufassen ist, wird nicht klar. (3) Auf die Gerechtigkeit verweisen die Staatenbildungen mancher Tiere (Bienen, Ameisen, manche Vögel). (4) Neben die Gerechtigkeit tritt die Frömmigkeit bei bestimmten Vögeln (Storch). (5) Wissen, Gedächtnis, Lernbegierde (wohl so zu ergänzen) repräsentieren bei vielen Tieren die Vorstufe zur Theoria. – In (b) hat Cicero noch stärker gekürzt. Der Sache nach haben wir einen flagranten Widerspruch zu Epikurs Kyr. Doxai 15, doch bleibt dies im dunkeln, da der Peripatos noch mehr als Epikur an einer Naturteleologie festhält. Insofern ist die Argumentation in (b) nicht peripatetisch.

111B–115   Zwei Komplexe sind da ineinandergearbeitet. Der erste führt fort, was sich aus Platons Protag. 320C–328A ergab. Der Mensch hat eine Menge von Technai und Tugenden entwickelt, die nicht nur auf die Lust bezogen werden können. Das Mißverhältnis wird drastisch mit der Expedition des Xerxes gegen die Griechen illustriert. Die Pointen in 112 sind vielleicht Zitate. Unter den Tugenden wird am Ende von 112 im Sinne von 2,102 die Theoria genannt. Die Liste der Technai wird in Ciceros Vorlage umfassend gewesen sein. Angeführt werden in 115 zuerst drei Dichter, die drei Gattungen vertreten (Epos, Liedlyrik, Chorlyrik), dann drei Künstler, die zwei ersten als Bildhauer, der dritte als Maler. – Der andere Komplex expliziert endlich, was in 1,23 und 2,40 gemeint war: Die Struktur des Menschen in geistiger und körperlicher Hinsicht lehrt, daß das Ziel allen Handelns nicht die Lust sein kann. Auf der einen Seite stehen die Kardinaltugenden, beginnend mit der Theoria, die in Erinnerung an das Vergangene (dazu ein unerwartetes Kompliment an den Partner, das eine biographische Grundlage haben muß) und in Errechnen des Künftigen zerfällt; dann die Selbstzucht, Gerechtigkeit, Tapferkeit, das Ganze auffallend anders und traditionsnäher formuliert als 2,45–47. Auf der anderen Seite haben wir (sehr verkürzt) die Leistung der Sinnesorgane, deren Beitrag zu den Tugenden unterstrichen wird, ohne daß wir Genaueres erfahren. Traditionell ist die Liste der kör-

perlichen Vorzüge im allgemeinen: Kraft, Gesundheit, Schönheit, dazu die Schnelligkeit, wie sie zuerst dem homerischen Achilleus nachgerühmt wurde. Merkwürdigerweise bleibt auch da, wie in 2,40, „das Göttliche am Menschen" unerklärt. Die „doctissimi veteres" können nur Platon und Aristoteles sein. Soll man an die Verwandtschaft der Seele mit der Gottheit denken, wie sie Platon im „Phaidon", Aristoteles im „Eudemos" (vgl. Cicero De div. 1,52) statuiert hatte? Warum wird das nicht präzisiert? Will Cicero diese Dinge auf Tusc. disp. 1,40–71 aufsparen, oder spielt die Rücksicht auf unser fünftes Buch, in welchem diese Perspektive nicht die geringste Bedeutung hat, eine Rolle? Beachtenswert bleiben drei Einzelheiten: Ausgespielt wird gegen Epikur die Vorstellung von einem Menschen, der ohne Unterbrechung sein Leben lang nichts als Lust genießt; ein vergleichbares Gedankenexperiment bei Platon, Phil. 21A–D, dann Aristoteles Nik. Ethik 1174a1–4; Jamblich. Protrept. p. 45,8 ff. Pist. Dabei bleibt sich Cicero bewußt, daß dieses Experiment nur dann beweiskräftig ist, wenn man die bewegte Lust im Sinne des Aristippos zugrunde legt. Mit der ruhenden Lust der Schmerzlosigkeit, die Epikur lehrt, ist die Situation eine andere. – Sodann fragt Cicero nach der Ursache solcher falscher Hochschätzung der Lust und findet diese darin, daß der Mensch nicht mit der Vernunft, sondern mit dem vernunftlos begehrenden Teil der Seele urteilt. Diese Bemerkung wirkt aristotelisch einmal in der Frage nach der Ursache des Irrtums, dann in der Aufteilung der Seele in eine vernunftbegabte und eine vernunftlose Hälfte, wobei immer die Gefahr besteht, daß das Vernunftlose urteilt, ohne auf die Vernunft zu hören. Zur Fragestellung als solcher vgl. Aristoteles Nik. Ethik 1154a22–23, zur Antwort 1098a3–5, 1102b13–33, De an. 433a21–29. – Interessant ist schließlich die sprachgeschichtliche Notiz, daß das Latein früherer Zeit diejenigen, die in den größten „artes" nicht Bescheid wußten, „inertes" nannte. Das ist also ein Sprachgebrauch, der zu Ciceros Zeit nicht mehr bestand. Daß er die Notiz Varro verdankt (vgl. 2,10 und 13–14), ist zu vermuten, ebenso, daß Varro bestimmte Texte im Auge hatte etwa aus Cato oder dem frührömischen Drama und Epos. Leider verrät Cicero nicht, was unter den „maximae artes" zu verstehen sei, jedenfalls nicht Dichtung und bildende Kunst. – Nicht unelegant ist der Beweis am Schluß des Abschnittes: Nach Kyr. Doxai 1 sind die Götter im Besitz der Eudaimonia. Nach der Theologie Epikurs (das, was Cicero dann in de nat. deor. 1,43–56 dargestellt hat, ist vorausgesetzt) haben die Götter keinen im banalen Sinne materiellen, sondern nur einen geistigen Körper. Dann aber kennen sie die vom Körper

(konkret also von den fünf Sinnen) ausgehende Lust nicht, sondern nur eine andere, die mit dem Körper nichts zu tun hat, also das, was in 2,107 skizziert war. Die Schlüssigkeit des Beweises hängt daran, wie man die Funktion des Quasi-Körpers der epikureischen Gottheiten zu verstehen hat (vgl. De nat. deor. 1,105, 123; De div. 2,40), abgesehen davon, daß die ruhende Lust der Schmerzlosigkeit eine andere Relation zum Körper gehabt haben dürfte als die bewegte Lust.

116–117 Ein erster Teil des Epilogs nennt hier die Erinnerung an vergangene, dort die Hoffnung auf künftige Größe. In keinem Falle spielt die Herstellung von Lust (vgl. 1,42–43) die geringste Rolle. Zuerst wird eine Reihe griechischer Helden (drei Paare, das erste deutlich unter dem Einfluß von Xenophons „Kyrupaideia" und „Agesilaos") einem einzigen römischen Helden, A. Atilius Calatinus, Konsul 258 und 254 v. Chr., dessen Grabinschrift an der Porta Capena in Rom zu Ciceros Zeit noch existierte, gegenübergestellt. Dann (nach einer Textlücke?) der Gedanke an die jungen Leute, von denen man Großes erhofft („bona spes" ein fester Begriff wie das griech. „agathè elpís"). – Dann die wiederum antithetische Feststellung, daß der Blick auf den eigenen Nutzen sowohl das Tun des Guten wie auch den Dank für das erfahrene Gute um seinen Sinn bringt. Da muß ein Zusammenhang mit der allerdings heillos verstümmelten Stelle des Aristoteles Nik. Ethik 1132b31–1133a5 bestehen. – Eine Klimax bildet die Behauptung, daß unter der Herrschaft der Lust keine Tugenden, aber alle Laster möglich sind. Dazu schon 2,28; 31; 73. Einmal mehr wird weder auf Kyr. Doxai 5, noch auf 3 und 17 Rücksicht genommen. Die Polemik baut ganz auf jenem „Vulgärbegriff" von Lust auf, den Epikur gerade auszuschalten bemüht war.

118–111A Eine letzte Antithese bringt indessen überraschend die Distinktion von 1,37 und den epikureischen Begriff der Seelenruhe („Ataraxia", „Hesychia") ins Spiel, und dies führt zu einer abschließenden grundsätzlichen Entscheidung (angedeutet schon in 2,41): (a) Epikur geht aus von der Erfahrung der Unsicherheit, der Bedrohtheit des Lebens und der Nutzlosigkeit des äußeren, vor allem politischen Handelns: da verbindet sich das (für die Tragödie konstitutive) Bewußtsein, daß immer alles anders herauskommt, als man am Anfang geplant und erwartet hatte, mit der ebenso griechischen Geringschätzung aller Institutionen und allen Handelns im System der Institutionen. Dann wird das höchste, was man erstreben kann, die Freiheit von Schmerz und die bei sich selbst verweilende Ruhe. Den äußersten Gegensatz (b) dazu bildet in diesem Punkte Aristoteles (weit mehr als Platon oder die Stoa). Für ihn gibt es keine Wesenheit, weder im Be-

reich der Natur noch in demjenigen der Technik, weder in der bewegten noch in der unbewegten Welt, die nicht ihre besondere Aufgabe und Leistung (beides ist „Ergon") hätte. Dieses Ergon soll und kann getan werden, beim Menschen das Verfertigen, das Handeln und das Erkennen. All dies kann auch gestört werden, und darum besteht die Eudaimonia wesentlich in der „ungestörten Aktivität". Die vollkommene Lust stellt sich ein, wenn die Aktivität ungestört ist (Nik. Ethik 1153b9–19). Das Handeln insbesondere ist dadurch gefährdet, daß das Vernunftlose sich weigert, sich durch die Vernunft steuern zu lassen. Da muß denn die Vernunft sich durchsetzen; alle ethische Tugend ist ein mühsames und damit auch ruhmvolles Sich-Durchsetzen gegen den Widerstand des Vernunftlosen, darin vergleichbar der sportlichen Leistung, die der Mensch gegen die eigene Trägheit durchsetzt (a. a. O. 1101b14–18). Ganz wird dergleichen nie gelingen, doch fast immer zureichend, auch im Politischen. – So wird schließlich an unserer Stelle die schmerzfreie Ruhe des Epikureers durch das an Mühe (vom Begriff „aerumna" gilt dasselbe wie von „inertes" 115; vgl. SVF 3,48) wie an Ruhm reiche Leben des Herakles überwunden, also nicht primitiv, wie bei Prodikos, Tugend gegen Lust gesetzt, sondern die Pflicht zu handeln gegen den Zweifel am Sinn des Handelns.

Die Darlegung klingt aus in römischen Liebenswürdigkeiten. Daß Torquatus sich überzeugen und bekehren ließ, war nicht zu erwarten. Doch nun sind es die Vertreter der Schule selber, die für ihn antworten müssen. Cicero errät, wen er meint. Es sind Freunde nicht nur des Torquatus, sondern auch Ciceros selber, wohl auch des Triarius. Uns ist Siron kaum bekannt, Philodemos dagegen kennen wir wie kaum einen andern griechischen Epikureer; ein großer Teil der epikureischen Bibliothek von Herculaneum besteht aus seinen Werken. Auch Triarius kommt noch einmal zu Wort. Dies gibt Gelegenheit, diskret die maßvoll abwägende Kritik des Akademikers von der eifernden Polemik des Stoikers abzuheben, obschon Cicero selber sich in diesem Buch oft genug von der stoischen Aggressivität hat beeinflussen lassen. Auch Triarius will abwarten, bis Torquatus mit seinen Koryphäen Rücksprache genommen hat. So endet dieser Teil sokratisch-platonisch mit der Aussicht, in naher Zukunft das Gespräch auf einer höheren, schulmäßig anspruchsvolleren Ebene wieder aufnehmen zu können. Entschieden ist nichts, und es soll auch nichts als endgültig entschieden gelten.

DRITTES BUCH

1–2 Hatte das 2. Buch offen geendet mit der Aussicht auf eine spätere strengere Wiederaufnahme des Gesprächs, so wird nun mit der Versicherung geschlossen, die Ethik der Lust müsse sich geschlagen geben; Es ist nur die „pertinacia", die die Epikureer daran hindert, ihre Niederlage einzugestehen (vgl. 2,9 und 107). Es wäre schamlos (vgl. 2,7; 69; 77), wollte sie in den drei entscheidenden Punkten noch Widerstand leisten. – Überraschend mehrdeutig wird aber dann erklärt, sie möge „in ihren Grenzen bleiben"; sie wird also nicht völlig verworfen, sondern nur aufgefordert, ihren Kompetenzbereich nicht zu überschreiten, was dem aufmerksamen Leser schon verrät, daß der Sprecher keine radikale (stoische) Position einzunehmen gedenkt. – Sinnvoll folgt Cicero entsprechend der schon in 2,18–19 und 34–35 benutzten Divisio Carneadea, daß in der Diskussion um das Ziel des Handelns die Lust wie die Schmerzlosigkeit auszuscheiden hätten und generell jede Bestimmung, in der die Tugend als der Gegenbegriff zur Lust nicht enthalten ist. Die Formel läßt die Wahl offen, ob nur jene Bestimmung gelten darf, die die Tugend allein zum Ziele erklärt, oder auch jede andere, an der die Tugend mindestens beteiligt ist.

2B–3A Auf die Frage nach der Sache folgt diejenige nach der Methode. Die epikureische Lehre ist methodisch anspruchslos (vgl. 1,13, dann 23 u. a.), da sie ja auch davon ausgeht, daß die Lust als eine Aussage der Sinneswahrnehmung ebenso evident und unfehlbar, also keines Beweises bedürftig ist wie alle andern Sinnesdata (vgl. 1,30). So hat auch der Gegner nicht viel zu tun, was konkret impliziert, daß Cicero auf die Auseinandersetzung mit Epikur nicht mehr zurückzukommen gedenkt. – Im grellsten Gegensatz dazu steht die Methode der Stoa, positiv als „subtil", negativ als „dornig" gekennzeichnet. Der Vorbehalt ist deutlich. Sofort wird das Problem der Terminologie berührt, zunächst entschuldigend: neue Gedanken erfordern neue Begriffe (anders schon 3,5; 10; dann 41).

3B–5 Das Problem wird erweitert auf alle Disziplinen, die noch nicht Gemeinbesitz geworden sind: Es treten zusammen Dialektik und Physik (vgl. 1,63), dann Geometrie, Musik, Grammatik (was unmittelbar mit 5,50 zusammenhängt); es folgt als letzte der vornehmen Disziplinen (vgl. 2,115) die Rhetorik mit ihren Lehrbüchern (vgl. 2,17), endlich darunter die Handwerke und der Ackerbau (man wird an Catos De agricultura denken, auch an die reichliche Verwendung von Beispielen aus der Pflanzenwelt in Buch 4,37–39 und 5,26; 33;

DRITTES BUCH 483

39–40). Die Klimax bildet die Philosophie. Cicero zögert nicht, sie genau gleich zu bestimmen wie in 1,42 der Epikureer. (Daß der Begriff „Lebens-Kunst" potentiell in Aristoteles Nik. Ethik 1097b25–30 angelegt ist, sei noch einmal betont.) – Daß das Problem der Terminologie beim Stoiker Zenon akut war, beweist ein Buchtitel Chrysipps, der ausdrücklich eine Verteidigung der Neologismen Zenons angekündigt hat (SVF III 617, vgl. 594/5). Man kann sich fragen, aus welchen Gründen gerade Zenon in Neuerungen viel weiter gegangen ist als Aristoteles oder Epikur (bei Platon konstatierte man nur weniges: Diog. Laert. 3,24). Die Absicht wird gewesen sein, gegen Platons realistisch lebendige Dialogkunst und gegen den Peripatos (vgl. 3,41, sonderbar konvergierend mit 2,18) aus der Philosophie eine streng logisch und wissenschaftlich aufgebaute Disziplin zu machen. – Dann biegt Cicero in die allgemeine Feststellung ein, die Römer seien noch mehr als die Griechen zur Schaffung einer neuen Terminologie gezwungen gewesen; das ergänzt 1,4–10 (vgl. Tusc. disp. 1,3–5) und gibt Gelegenheit zum Hinweis, Cicero sei in Rom selber der erste, der sich auf dieses Gebiet gewagt habe. – Auffallend ist die Versicherung, „Philosophia, Rhetorica, Dialectica" einerseits, „Grammatica, Geometria, Musica" andererseits seien schon längst in Rom eingebürgert (aus der Liste 3,4 fehlt nur die „Physica", und angesichts von De rep. 1,21–23 wundert man sich, daß die „Astronomia" fehlt). Cicero (oder schon Varro? vgl. zu 2,115 und 118) muß auf bestimmte Werke des 3./2. Jhd. v. Chr. zielen, die wir nicht mehr identifizieren können und die diese griechischen Begriffe einführten. Poetische Texte kommen schwerlich in Frage (Lucilius?).

6 Ergänzung zu 1,1–12, bes. zu 1,8. Brutus hat selber ein Buch „Über die Tugend" geschrieben, und zwar gemäß der Lehre des Antiochos von Askalon (Tusc. disp. 5,30; 39), die in unserem Texte vor allem 5,71 ff. zu Worte kommt. Dies gibt Cicero einige Rückendeckung insofern, als der Vertreter der Stoa, die er bekämpft (und gegen die auch Brutus sich gewendet haben wird), der eigene Onkel des Adressaten ist.

7–9 Szenische Einleitung. Das fiktive Datum des Gesprächs ist aus 4,1 zu erschließen als das Ende von 52 v. Chr., also knappe fünf Jahre vor dem Selbstmord Catos. Auf diesen wird in Buch 3 und 4 mit keinem Wort angespielt, wie denn Cicero überhaupt in der Charakterisierung der Person Catos äußerst sparsam ist; eine Erklärung mag darin bestehen, daß er zwei Jahre zuvor eine Gedenkschrift zu Ehren Catos verfaßt hat, in der nach Ausweis der Fragmente Leben und Persönlichkeit dieses bedeutenden und unbequemen Mannes aus-

führlich beschrieben waren. So konnte er sich hier zurückhalten. Einzelnes: In Tusculum hatten sowohl Lucullus (Cic. Luc.) wie auch Cicero selber (Tusc. disp.) ihre Villa. Der Reichtum der Villa des Lucullus war im „Hortensius" beschrieben (Frg. 22–24 Str.). Sie gehörte nach seinem Tode (59 v. Chr.) seinem offenbar noch sehr jungen Sohne, doch scheint sie einem weiteren Kreis von Interessenten offen gestanden zu haben (vgl. 2,107). Der besondere Grund, warum Cato sich da aufhält, wird nicht genannt. Cicero war anscheinend verpflichtet gewesen, an den Ludi Romani teilzunehmen, und hatte sich nach deren Ende, um etwas auszuruhen, auf seine Villa begeben. Das Stichwort für alles Folgende liefert die Bemerkung über Catos Interesse an stoischen Büchern und über Ciceros Wunsch, einige Commentarii des Aristoteles (also keine Dialoge, sondern Abhandlungen) einzusehen (vgl. 5,12). Catos Leidenschaft für das Lesen ist der einzige persönliche Charakterzug, der erwähnt wird. Zu erraten ist, daß die Leute über sie spotteten; Cicero verteidigt ihn, nicht ohne im Sinne von 2,46 (vgl. 1,10) zu betonen, daß er dem Lesen nie auf Kosten der politischen Verpflichtungen nachgegeben habe. Cato benimmt sich mit römischer Höflichkeit (er ist wesentlich jünger als Cicero), und es ist Stil ciceronischer Dialoge, nicht gleich mit dem Gegenstand des Gesprächs, sondern mit einem harmlosen, unmittelbar aktuellen Thema zu beginnen. Mit dem Ort des Gesprächs ist der Gedanke an die Ausbildung des jugendlichen Besitzers der Villa gegeben. Der Vater ist tot, auch der Onkel mütterlicherseits, Q. Servilius Caepio, ist, anscheinend noch als junger Mann, schon gestorben. Verantwortlich für die Ausbildung bleiben Cato, der ein naher Verwandter ist, und Cicero, dem Lucullus wie Caepio ihre Kinder testamentarisch anempfohlen hatten. – Über das Ausbildungsprogramm des jungen Lucullus wird freilich nur in den allgemeinsten Wendungen gesprochen: Was soll er als junger Mensch lernen, um später auf größere (doch wohl politische) Aufgaben besser vorbereitet zu sein? Daß darauf nicht weiter eingegangen wird, mag damit zusammenhängen, daß in 5,5–9, 15, 71, 75–76, 86 eine ähnliche Situation (die Ausbildung des jungen L. Cicero) vorliegt und das gesamte Gespräch beeinflußt. So wird aus kompositorischen Gründen das, was im 5. Buch ausführlich zur Sprache kommt, hier nur auf das knappste angedeutet.

10–14 Exposition des philosophischen Problems. I. Die Stoa hat einerseits den platonischen Begriff des absoluten „Guten" noch gesteigert und es mit allen Attributen des Seienden bei Parmenides ausgestattet. Das Gute ist immer und überall ganz, was es ist, weder teilbar noch quantitierbar. Es gibt kein mehr oder weniger Gutes, also

auch keine Entwicklung zum Guten hin; der Mensch kann es nur ganz oder gar nicht besitzen. Andererseits vergißt die Stoa nicht die Forderung des Aristoteles, daß das Gute so beschaffen sein muß, daß es die geschichtliche Wirklichkeit gestalten kann, was die platonische Idee des Guten nicht leistet.

II. Doch gerade bei Aristoteles kündigt sich die eigentümliche Problemlage der Stoa an. Er spricht vom höchsten Guten als dem letzten Zweck alles praktischen Handelns (Nik. Ethik 1094a18–22 und 1095a16–17). Doch dieses höchste Gute ist als solches ohne eigenen Gehalt, so wenig wie die ihm zugeordnete Eudaimonia. Ein Gehalt kommt ihnen beiden erst zu in dem Augenblick, in welchem sie im geschichtlichen Raume wirklich werden. Dann wird die Eudaimonia wirklich im Bereich des (politischen) Ruhmes, der (privaten) Lust, der Erkenntnis und der ethischen Tugenden. Es kommt zu der seltsamen Formel, daß diese Dinge sowohl den Charakter eines höchsten Zweckes haben wie auch gleichzeitig denjenigen eines Mittel zu dem allerhöchsten Zweck, der Eudaimonia. Doch die Eudaimonia vermag sich nur in einer dieser Formen zu verwirklichen (a. a. O. 1097a34–b6). Genau dies gilt auch vom absoluten Guten der Stoa. Es hat als solches alle Eigenschaften des parmenideischen Seienden, aber mit Gehalt füllt es sich erst, wenn es im Bereich der unumgehbaren Lebensnotwendigkeiten (mit denen sogar Platon im „Phaidon" rechnet: 64E, 66B, 67A, 80E, 83A) die Entscheidungen über Leben und Tod, Gesundheit und Krankheit, Macht und Ohnmacht, Reichtum und Armut trifft.

III. Da beginnt nun die Alternative: Aristoteles, der sich nicht nur durch den Logos, sondern auch durch die Phainomena, d. h. in diesem Falle den Sprachgebrauch leiten ließ, zögerte nicht, eine Mehrzahl von Gütern anzunehmen. Dabei ließ er mit Absicht eine gewisse Zweideutigkeit bestehen: Es konnte ebensogut eine Hierarchie von drei Güterklassen angenommen werden (seelische, körperliche und gesellschaftliche Güter) oder ein Gegensatz zwischen den seelischen Gütern, die im eigentlichen Sinne „gut" heißen, und den körperlichen und gesellschaftlichen (vgl. bes. Nik. Ethik 1098b12–22). Da liegt die Konsequenz nahe, daß die seelischen Güter (genauer: die vier Kardinaltugenden) überhaupt nur im Umgang mit der Körperlichkeit und der Gesellschaftlichkeit des Menschen konkret zu werden vermögen. Damit beginnt das besondere Problem der Stoa. Ihre Anstrengung, die wir bei Cicero verfolgen können, gilt dem Versuch, sich nach zwei Richtungen abzugrenzen. Auf der einen Seite (a) weigert sich die Stoa, das eine absolute Gute in eine Vielzahl von Gütern

aufzulösen, wie es der Peripatos tut. Wenn mit Gütern gerechnet werden muß, die der Quantität nach unbestimmt viele sind und der Qualität nach mehr oder weniger gut, wird die Bindung des Guten an das Seiende preisgegeben zugunsten einer pragmatischen Katalogisierung alles dessen, was durchschnittlich gut genannt zu werden pflegt. Dann ist das Gute nicht mehr das ganz andere, das nur als ein Ganzes oder überhaupt nicht erreicht werden kann und in das der Mensch nicht durch eine Entwicklung, sondern nur durch einen Sprung gelangt, sondern wir müssen uns damit begnügen, unter den vielen Gütern eines zu bezeichnen, das verhältnismäßig besser ist als die übrigen. Auf der anderen Seite (b) jedoch kann die Stoa nicht bei der einfachen Antithese stehen bleiben, die dem absoluten Guten und Schlechten das schlechthin Gleichgültige gegenüberstellt. Denn fürs erste ist es auch für die Weisheit des Weisen eine Condicio sine qua non, daß sie die Weisheit eines lebenden Menschen ist, also eines Menschen, der sich in bestimmter Weise mit den andern Menschen arrangiert und das Nötige tut, um seine Gesundheit zu erhalten (vgl. Aristoteles Nik. Ethik 1177a28–29 und 1178a9–16). Zum zweiten gilt, was vorhin hervorgehoben wurde, daß auch und gerade das absolute Gute nur real wird, wenn es sich im Umgang mit seinem Material, also den körperlichen und gesellschaftlichen Realitäten, bewährt. Dies gilt vor allem und paradigmatisch für die Relation zum Leben: Leben und Sterben sind als solche weder gut noch schlecht, aber auch nicht völlig gleichgültig; der Weise hat sich zu entscheiden, wann es gut ist, zu leben, und wann es vielmehr gut ist, den Freitod dem Leben vorzuziehen. Allgemein öffnet sich da ein Feld der Entscheidungen nicht zwischen Gut und Schlecht, wohl aber zwischen dem, was unter dem Gesichtspunkt des Guten vorzuziehen, und dem, was zurückzusetzen ist.

IV. Daraus entstehen zwei untereinander gänzlich verschiedene Fragen, die beide zusammen Ciceros Darstellung beherrschen. (a) Die Lebensnotwendigkeiten sind evident abgeleitet aus der Natur des Menschen als eines Lebewesens, das einen Körper hat und unter seinesgleichen leben muß. Da muß und darf mit einer elementaren Interessiertheit des Menschen gerechnet werden. (b) Welches ist dagegen die Basis des absoluten Guten, das „das Edle" („Kalon"), gerade weil es nicht „nützlich" („sympheron") ist, also keine elementare Interessiertheit des Menschen aktiviert und keine Evidenz besitzt? Modernes Denken wird geneigt sein, dem Gegensatz dadurch gerecht zu werden, daß es die Lebensnotwendigkeiten im Raume der Natur und der Biologie ansiedelt und das absolute Gute als das Edle

im Raume der Geschichte: Die geschichtlichen Ziele des Handelns haben niemals jene Evidenz, die den biologisch begründbaren Zielen in reichstem Maße zukommt. Die stoische Ethik jedoch bleibt belastet durch den Begriff der Natur, und so unternimmt sie das Unmögliche, sowohl die Lebensnotwendigkeiten wie auch das absolute Gute aus der Natur des Menschen herzuleiten. Daß dies nicht gelingen konnte, hat Karneades, wie wir sehen werden, mit aller Schärfe sichtbar gemacht. – Die andere Frage ist, wie sich die Lebensnotwendigkeiten der stoischen Ethik (die weder gut noch schlecht, aber auch nicht gleichgültig sind) zu den körperlichen und gesellschaftlichen Gütern im System des Peripatos verhalten. Die orthodoxe Stoa (in unserem Dialog vertreten durch Cato) hat betont, daß diese beiden Dinge nichts miteinander zu tun hätten. Anders hat Karneades geurteilt. Für ihn, der ein entschiedener Gegner der Stoa war, stand fest, daß Zenon eine schon bekannte These (die Drei-Güter-Lehre) bloß mit neuen Namen ausgestattet, konkret: daß er ein nur schlecht verhülltes Plagiat an der Lehre der Alten Akademie und des Peripatos begangen habe.

V. Bei Cicero wird indessen die Interpretation des Karneades gewissermaßen neutralisiert durch eine andere, die denselben Tatbestand nicht gegen, sondern zugunsten der Stoa auswertet. Es ist die Interpretation des Antiochos von Askalon, dessen Bestreben es war, eine gemeinsame Front der drei sokratischen Schulen gegen Epikur herzustellen. So hat er nicht nur unermüdlich erklärt, die Lehren der Alten Akademie und des Peripatos seien faktisch dieselben (was behauptet werden konnte, solange man sich auf die Drei-Güter-Lehre beschränkte und Platons Ontologie ausklammerte), sondern auch nachzuweisen versucht, daß mit ihnen die Lehre der Stoa übereinstimme; die Unterschiede der drei anerkanntermaßen von Sokrates ausgehenden Systeme seien ausschließlich terminologischer Art. Damit wurde nicht ein Plagiat der Stoa behauptet, sondern eine in der Sache selbst liegende Konvergenz.

VI. Man darf abschließend etwa folgendermaßen formulieren: Die Akademie wie der Peripatos wie Zenon setzen (in der Nachfolge nicht des Sokrates, sondern des Parmenides) ein höchstes „Gutes" an, das ontologisch dem „Seienden" so nahe steht, daß es gleichzeitig den Charakter des schlechthin Einen wie auch des Allgemeinen besitzt. Als ein Allgemeines kann uns das Gute in der erfahrbaren Welt niemals begegnen; denn diese ist eine Vielheit von Besonderem. Erfahrbar kann das Gute nur werden, indem es im Umgang mit dem Besonderen in Erscheinung tritt. Aristotelisch ist das Besondere der Be-

reich des Körperlichen und des Gesellschaftlichen. Stoisch ist es das Material der Gegebenheiten, über das der Weise, der das Gute kennt, entscheidet und aus dem er auswählt. Die Frage ist nun, wie sich das Partikulare, an dem das Gute sichtbar werden kann, zum universalen Guten selbst verhält. Schematisch gesagt ist für die Stoa das Partikulare vom Universalen insofern verschieden, als dieses gut, jenes aber weder gut noch schlecht ist. Sie sind einander darin ähnlich (wie schon unser Abschnitt zeigt), daß sie beide in der Natur des Menschen begründet sind. Der Peripatos sieht die Dinge umgekehrt. Gut ist sowohl das Universale (vertreten durch das seelische Gute) wie auch die partikularen Güter des Körperlichen (Gesundheit, Kraft, Schönheit) und des Gesellschaftlichen (Reichtum, Ansehen, Macht). Doch während die partikularen Güter unmittelbar an die (biologische) Natur des Menschen gebunden sind, verwirklicht sich das Gute der Seele durch die Leistung des Menschen selbst, ist also nicht eine Sache der Natur. Dies besagt schließlich: Für die Stoa ist das absolute Gute zwar in der Natur begründet und dennoch das einzige, was der Mensch sich selbst zu beschaffen vermag, und eben darum das einzige, was im strengen Sinne gut genannt werden darf. Der Peripatos kennt den Unterschied zwischen den Tugenden, die weder ein Geschenk der Gottheit noch ein solches der Natur, noch eines des Zufalls, sondern einzig und allein die Leistung des Menschen selber sind (Aristoteles Nik. Ethik 1,10 und 1103a18ff.), und den körperlichen und gesellschaftlichen Dingen, die fast völlig der Tyche ausgeliefert sind (a. a. O. 1,11), durchaus und zögert trotzdem nicht, das eine wie das andere „Güter" zu nennen. – So etwa läßt sich das Problem umschreiben, das in unseren Büchern 3 und 4 diskutiert wird.

Cicero drängt sofort auf ein Urteil Catos über Pyrrhon und Ariston (vgl. 2,35 und 38), die alles außer dem Edlen für radikal indifferent erklären; wie schon der Epikureer insinuiert hatte, daß die Stoa überhaupt sich durch den „Glanz der Worte" habe verführen lassen (1,42; 61), so tut hier dasselbe Cicero im Blick auf die stoische Position. Dahinter steht die Erfahrung, daß gerade jene radikalen Thesen begeisternd wirken, die nicht zu verwirklichen sind. Cato scheint zunächst Pyrrhon und Ariston zuzustimmen. Es soll seinen strikten Traditionalismus charakterisieren, daß er die alten Römer, die ihrer Natur folgend das Edle für das einzig Gute gehalten haben, gegen jede Philosophie ausspielt, die anderes lehrt; eine solche Philosophie korrumpiert die Natur. Seine Erklärung impliziert, daß der Mensch für ihn genauso evident auf das Edle und die Tugend angelegt ist wie für Epikur auf die Lust. Es wird sich zeigen, daß das, was für den bio-

logisch orientierten Epikureer legitim ist, den gerade nicht biologisch orientierten Stoiker in Widersprüche verwickelt. Der Schluß von 11 greift zurück auf 2,51 und 86: Ziel aller Philosophie ist die Eudaimonia (vgl. 5,86), und nur die stoische These macht den Menschen fähig, sie aus eigener Kraft zu erreichen. Es folgt die Distanzierung der orthodoxen Stoa von Ariston (der selber von der Stoa ausgegangen war) und von Pyrrhon (dessen Lehre mit der Stoa nichts zu tun hat, aber im Schema des Karneades konsequent neben diejenige Aristons gerückt wird): Die Tugend und das Edle verlieren jeden Gehalt, wenn sie sich nicht in der Unterscheidung des anderen und der Entscheidung über das andere manifestieren können (dazu SVF 3,194). Dieses andere heißt das „Naturgemäße", und der Leser soll schon hier stutzig werden bei der Überlegung, daß einerseits das eine Gute allem übrigen scharf entgegengesetzt wird, andererseits sowohl das eine Gute wie auch alles andere von der „Natur" abgeleitet ist. – Cicero wiederholt seinen Einwand und unterstreicht ihn durch die Häufung von mehr oder weniger synonymen Begriffen, vier („honestum" – „kalon", „rectum" – „orthón", „laudabile" – „epainetón", „decorum" – „prépon") auf der einen, (vier als Gegenbegriffe, dann zusätzlich „flagitiosum", „foedum" – „mochtherón"?) sechs auf der andern Seite.

15 Mit einer kritischen Bemerkung Catos (ganz ähnlich 2,17) beginnt der systematische Vortrag, zunächst mit einem Rückgriff auf das Problem der Terminologie; vgl. 3B–5. Hübsch die Anspielung auf Lucilius, der in seinen Saturae unbekümmert griechische Fachausdrücke verwendet hatte. Hier handelt es sich sofort um die Namen der von Zenon neu eingeführten naturgemäßen Dinge, die weder gut noch schlecht, aber darum nicht etwa gleichgültig sind.

16–19 Der Abschnitt über den Ausgangspunkt der stoischen Ethik ist darum problematisch, weil zu vermuten ist, daß hier schon Antiochos versucht hat, durch Ergänzungen die stoische Doktrin so nahe wie möglich an die peripatetische heranzurücken: Dabei ist die Stoa primär ontologisch-logisch orientiert, der Peripatos primär biologisch. Zu gliedern ist etwa folgendermaßen: 1. Erste Regung des Lebewesens ist (stoische Formel), sich mit sich selber vertraut zu machen, d. h. (peripatetische Formel, vgl. 5,24 ff) sich selbst zu lieben. 2. Das Kind strebt zuerst nach dem Erhaltenden, nicht nach der Lust. Damit ist Epikur, der mit einer elementaren Wahrnehmung/Empfindung beginnt, verdrängt durch eine ursprüngliche Einsicht in die Notwendigkeit, die Gefährdung des Lebens abzuwehren. 3. Während in 2,34 der Peripatetiker offenläßt, ob die Lust zu den naturgemäßen Dingen gehört, wird dies vom Stoiker bestritten. Sein Argu-

ment berührt sich mit 2,31. 4. Zu den naturgemäßen Dingen gehört primär ein vollständig aktionsfähiger Körper (vgl. 5,46). 5. Selbstzwecklich ist das Begreifen (stoischer Terminus ist „Katalepsis", lateinisch übersetzt als „comprehensio", deutsch als „Begriff"), dessen Inhalt die Wahrheit ist. 6. Schon die Kinder schätzen eine spontan gewonnene Einsicht (vgl. 5,48: die Theoria beginnt schon beim Kinde). 7. Selbstzwecklich sind die Technai, die auf dem Begriffenen aufbauen und methodisch vorgehen (vgl. 1,29). 8. Am naturwidrigsten ist die irrige Zustimmung („Synkatathesis", stoischer Terminus; das Wort evoziert das Verfahren bei einer Abstimmung) zu einem Nicht-Begriffenen. 9. Die einen Körperteile dienen dem Nutzen, die anderen nur dem Schmuck. – Augenscheinlich gehören eng zusammen: 1, 3, 5, 7, 8 (der stoische Kern), dann 2, 6 (peripatetische Ergänzung), endlich 4, 9 (wohl auch peripatetisch, wie die physiologischen Einzelheiten in 9 nahelegen).

20–22 Zweite, entscheidende Stufe im System: 1. Im ursprünglichen Naturgemäßen ist Schätzbares („Axía", „Wert": Hier sind zum ersten Male ökonomische Kategorien für die Ethik benutzt, (vgl. SVF 3,124), das einen Vorzug verdient, und Gegenteiliges zu unterscheiden. 2. Vorzuziehen ist im Naturgemäßen das, was den ursprünglichen Zustand der Natur erhält und bewahrt (vgl. SVF 3.142). Hier wird der Begriff des „Kathékon" eingeführt (lat. „officium"): Im Gegensatz zur Tugend, die sozusagen von innen nach außen ausstrahlt, ist dieses das von außen auf den Handelnden Zukommende (vgl. SVF 1,230 und Ariston De fin. 4,43; 79). 3. Wesentlich ist, daß das Richtige und Situationsgerechte vorgezogen wird. 4. Noch wesentlicher ist, daß dieses Vorziehen des Richtigen konsequent und in voller Übereinstimmung mit sich selbst geschieht (vgl. SVF 3, 510). Da wird die Forderung nach innerer Übereinstimmung fundamental. Es verlagert sich der Schwerpunkt von den naturgemäßen Dingen, unter denen ausgewählt werden soll, auf die Übereinstimmung aller Akte des Auswählens untereinander (diese „Übereinstimmung" als Maßstab findet sich gelegentlich schon bei Platon und Aristoteles, dann in anderem Kontext bei Epikur, vgl. 1,43–44, 47, 58). 5. In der inneren Übereinstimmung wird das Gute erkennbar (vgl. SVF 3,197–200). 6. Sobald das Gute als das mit sich selbst Übereinstimmende sichtbar geworden ist, tritt alles, was bloß vorzuziehen ist, in den zweiten Rang zurück. 7. Dabei gilt, daß der Mensch sich zunächst beim Naturgemäßen und Vorzuziehenden aufhält und erst später zum Guten als dem allein zu Erstrebenden gelangt. Es gilt also das aristotelische Prinzip, daß das, was in der Verwirklichung das letzte ist, sich dem

Range nach als das erste erweist. 8. Selbstzwecklich ist schließlich nur das Gute und Edle als Haltung, nicht aber das bloß Naturgemäße als Gegebenheit. Allerdings gilt, daß sowohl das Naturgemäße wie auch das Gute in der Natur begründet sind (vgl. 11 und 12). 9. Die Relation zwischen dem Guten und dem Naturgemäßen wird schließlich an einem Bilde veranschaulicht. Verglichen wird mit dem Bogenschützen (vgl. Aristoteles Nik. Ethik 1094a23–24, Ps.-Platon „Sisyphos" 390E–391D). Was der Schütze leisten kann und was von ihm gefordert werden muß, ist, daß er den Pfeil richtig auflegt, genau anvisiert und korrekt abschießt. Was wünschbar ist, ohne daß der Schütze etwas dazu tun kann, ist, daß der Pfeil die Mitte der Zielscheibe trifft; dies hängt von den Umständen ab, denen der Pfeil auf seinem Fluge begegnet. Damit wird das, was erstrebt werden soll, weil wir es verwirklichen können, scharf unterschieden von dem, was bloß erhofft werden kann, weil es nicht in unserer Macht steht. So erhält die Frage, worüber der Mensch souverän zu verfügen vermag und worüber nicht, ein Gewicht, das sie bei Platon und Aristoteles noch nicht gehabt hatte (Epikur Epist. 3,135 kommt nahe, aber Aristoteles a. a. O. 1098b31–1099a7 ist grundsätzlich anders).

23A Was in 21 nur angedeutet war, wird hier expliziert. Als Naturgemäßes begegnen uns zuerst die wünschbaren Dinge, also die Vorzüge der Körperlichkeit und der gesellschaftlichen Situation; erst auf einer späteren Stufe gelangen wir zu dem, was wir erstreben sollen, weil es unsere Sache ist, also das Gute, die Tugend, die Weisheit. Damit kehren wir abermals zum aristotelischen Gedanken zurück, daß das, was im Prozeß der Verwirklichung das letzte ist, an Rang das erste wird. Das Naturgemäße leitet zur Weisheit, aber die einmal erlangte Weisheit steht weit über dem Naturgemäßen.

23B–25 Das Wesen der Weisheit wird zuerst in einer einfachen Parallele geklärt: Die Körperglieder sind einem bestimmten Zweck und Gebrauch zugeordnet (vgl. 18), und so dienen auch das Streben, die Vernunft und die vollkommene Vernunft einer bestimmten Lebensform. – Die als Techne verstandene Weisheit grenzt sich sodann ab: (1) von Medizin und Navigation, sofern ihr Ziel nicht ein von ihr selber ablösbares Werk ist, sondern in ihrer Tätigkeit als solcher besteht; (2) von Schauspielkunst und Tanz, sofern ihr Ziel nicht durch den Ablauf der Tätigkeit allmählich erreicht wird, sondern mit dem Beginn der Tätigkeit immer schon erreicht ist; sie ist eine unteilbare Qualität und nicht eine durch Summierung mehrerer Teile entstehende Größe. Allgemein gesagt ist die Weisheit die einzige Techne, die reflexiv vollständig auf sich selbst bezogen ist. – Dies bleibt (a) in

der schon durch die Sophisten begründeten Tradition, die die Ethik anhand des Modells der Technai zum System zu organisieren sucht. Von den Beispielen sind (b) Medizin und Navigation von der Sokratik an weit verbreitet; an die Stelle von Schauspiel und Tanz tritt bei Aristoteles in vergleichbarer Funktion die Musik (Nik. Ethik 1098a8–12). Am wichtigsten ist jedoch, daß (c) die Stoa z. T. wenigstens als bewußte Korrektur einer These Epikurs wirkt, der die Weisheit ausdrücklich mit der Medizin und Navigation parallelisiert (1,42); mit dieser stimmt wiederum Karneades überein, der in 5,16 bestreitet, daß irgendeine Techne reflexiv auf sich selber bezogen sein kann; denn bei allen ist die Leistung von der Techne zu unterscheiden – was nun wiederum mit Medizin und Navigation belegt wird. So scheint die Stoa Epikur korrigiert zu haben und Karneades wiederum die Stoa, womit er wie in De nat. deor. weitgehend zum Bundesgenossen Epikurs wird. – Die letzten Zeilen von 25 sind textlich verwirrt, der Sinn ist klar: die Weisheit umfaßt in sich auch die andern Kardinaltugenden Selbzucht, Gerechtigkeit und Tapferkeit (hier wie in 2,46 zur Großgesinntheit umgewandelt). Verwirklicht werden die Tugenden nur, wenn sie als das einzige Gute verstanden werden (derart, daß alle vier Tugenden nur Ausdrucksweisen des einen Guten werden, voneinander nicht wesenhaft unterschieden).

26–29 Zu Beginn charakteristisches Lob der innern Konsequenz der stoischen Lehre; vgl. 20 und besonders 74. – Dann Aufnahme der Definition des „Telos" übereinstimmend mit 1,29,42, später 3,48. – Im Folgenden hat Cicero, verkürzend, einen unentbehrlichen Gedanken fallen lassen: (1) Ziel des Handelns ist das Leben in Übereinstimmung mit der Natur (wobei gerade die innere Folgerichtigkeit und Widerspruchsfreiheit die Übereinstimmung mit der menschlichen Natur garantiert). (2) Dieses in sich und mit der Natur übereinstimmende Leben kann der Weise jederzeit verwirklichen. (3) Darum ist der Weise immer in der Eudaimonia, was in zweimal drei Begriffen ausgedrückt wird. – Der fundamentale Satz, daß nur das Edle auch gut ist, soll nun durch eine Reihe von Syllogismen bewiesen werden. 1. (a) Alles Gute ist lobenswert; (b) alles Lobenswerte ist edel; (c) also ist alles Gute auch edel (vgl. SVF 3,29). Richtig wird im Blick auf den Peripatos hervorgehoben, daß der Satz (b) unbestritten ist, nicht aber (a). Denn nicht alles Gute ist lobenswert, dann nämlich, wenn als Gutes auch alle körperlichen und gesellschaftlichen Vorzüge verstanden werden und wenn andererseits der Begriff des Lobenswerten die prägnante Bedeutung erhält, die es bei Aristoteles Nik. Ethik 1,12 besitzt: Lobenswert ist nur die gegen einen Wider-

stand vollbrachte Leistung, was von der Tugend gilt, nicht aber von Schönheit oder Reichtum. Zum Beweis von (a) wird ein fünfteiliger Kettenschluß aufgeboten: Erstrebenswert = Anerkennenswert = Liebenswert = Billigenswert = Lobenswert. Ist demnach alles Gute erstrebenswert, muß es auch lobenswert sein (ef. Tusc. disp. 5,43). 2. Rühmenswert ist anerkanntermaßen nur die Eudaimonia; doch nur das Leben im Edlen kann vollkommen heißen; und umgekehrt muß der, der mit Recht gerühmt wird, etwas Rühmenswertes an sich haben. Dies kann nur die auf das Edle aufgebaute Eudaimonia sein (dazu SVF 3,526). 3. Großgesinnt/tapfer kann einer nur heißen, für den es feststeht, daß Schmerz und Tod kein Übel sind. Denn es ist anerkanntermaßen das Wesen des Übels, daß es gefürchtet wird. Doch der Großgesinnte fürchtet nichts (und ist doch dem Schmerz und Tod ausgesetzt). Dies kann er nur, wenn Schmerz und Tod kein Übel sind. Also gibt es für den Großgesinnten (außer dem Unedlen) kein Übel, weder in der Vergangenheit noch in der Gegenwart noch in der Zukunft. – Soweit die Syllogismen, die Cicero versucht hat, im Gegensatz zu der „rhetorischen" Behandlung in seinen „Paradoxa Stoicorum", in ihrer originalen knappsten Form wiederzugeben. Er mag wohl selber empfunden, daß ihm dies nur mangelhaft geglückt ist. Mit dergleichen Subtilitäten waren er selber als Person und seine Sprache überfordert. Von der Sache her reduzieren sich die Beweise auf zwei Überlegungen. Die erste kreist um den Begriff des Lobens- und Rühmenswerten, die zweite statuiert, daß eine in sich widerspruchsfreie Haltung nur demjenigen möglich ist, der alles, was ihn angeht, in seiner Macht hat, derart, daß das, worüber er keine Macht hat (und dies ist, stellvertretend für alle körperlichen und gesellschaftlichen Situationen, Schmerz und Tod), ihn auch nichts angeht. Man sieht den radikalen Gegensatz zwischen dem Ausgangspunkt Epikurs und demjenigen der Stoa. Epikur hütet sich davor, die Unvollkommenheit der Welt und das Ausgeliefertsein des Menschen an Kummer, Schmerz und Tod zu bagatellisieren. Es kann sich nur darum handeln, daß der einzelne mit diesen Gegebenheiten so klug als möglich zurechtkommt und schließlich jene Distanz erreicht, die Ataraxia heißt, die Ruhe in der Überlegenheit über Schmerz, Angst und Begierden; mehr ist nicht zu verlangen. Für die Stoa gehört zum Menschen in der einen Richtung nur das, worüber er frei verfügen kann, also das, wofür er verantwortlich ist (modern würde man vielleicht sagen: nur das, was er selber schaffen kann); dann gehören zum Menschen die körperlichen und gesellschaftlichen Situationen nur genau so weit, wie er über sie frei zu verfügen fähig ist (also über Le-

ben und Tod, Reichtum und Armut souverän zu entscheiden vermag). Solche Macht des Verfügens kommt aber in der andern Richtung der Leistung des Helden nahe, mag er Herakles oder Leonidas heißen; und darum ist sie der erste und in Wahrheit einzige legitime Gegenstand des Lobes. Im Geschichtlichen sind beide Doktrinen verankert, doch unter je völlig verschiedenen Aspekten. Überspitzt gesagt: Bei Epikur ist die Geschichtlichkeit des dem Kummer und Schmerz ausgesetzten Menschen gebunden an die Biologie, für die der Wille des Lebendigen, zu überleben, am Anfang steht. In der Stoa ist die Ontologie das erste, die Verwirklichung des Guten als des Seienden im Weisen; eben darin manifestiert sich die Souveränität, die das als das Ihrige und das Seiende anerkennt, was sie selber in die Wirklichkeit bringen kann. Dieser Macht kommt das Lob zu, das eine der Kategorien der geschichtlichen Tradition ist. Epikur beginnt mit der Evidenz des Biologischen, die Stoa zielt (wie sich noch genauer zeigen wird) auf das Paradoxon des Geschichtlichen. Sie kann den Raum der Geschichte und der Politik für sich beanspruchen, was Epikur nicht kann – und worauf er auch nicht angewiesen ist, da er der Verankerung seiner Forderungen in der täglichen Erfahrung des nicht ausschließlich, wohl aber primär biologischen Daseins gewiß ist.

30–31 Von den Subtilitäten der stoischen Syllogistik erholt sich Cicero durch einen Rückgriff auf die schon in 2,18–19; 34B–35; 39–44 benutzte Divisio Carneadea. Die Philosophen, für die das Ziel des Handelns ausschließlich „in der Seele", also in der Tugend und im Edlen zu finden ist, werden allen übrigen gegenübergestellt, die entweder die Tugend beiseite lassen (also Aristippos, Epikur, Hieronymos, Karneades) oder sie mit anderem kombinieren (also Kalliphon, Diodoros, Akademie, Peripatos). Es bleiben die in 2,35 zuerst genannten (Erillos, Pyrrhon, Ariston), denen Cicero hier im Hinblick auf seine eigenen Academici libri die Neue Akademie beifügt (vgl. 2,43). Hier wird angedeutet, daß Chrysippos (als letzter) ausführlich gegen Herillos, Pyrrhon und Ariston polemisiert hat und daß für die orthodoxe Stoa diese Polemik als endgültige Widerlegung der drei galt (vgl. 2,43 und 4,68). Dazu wird nur wiederholt, was schon 3,12 sagte: Die Tugend hat keinen Gehalt mehr, wenn ihr nicht der gesamte Umfang des Naturgemäßen (also der körperlichen und gesellschaftlichen Vorzüge) als das Material der Entscheidung und der Auswahl zur Verfügung steht. Es bleibt die Stoa mit jener Definition des Guten und Tugendgemäßen, die schon in 2,34 zitiert war (später 4,14) und die diejenige des Chrysippos ist (SVF 3,15). Sie wächst unmittelbar aus der Polemik gegen Ariston heraus, legt den Akzent

nicht auf den Satz von 3,26, daß „nur das Edle gut ist", sondern auf den Akt des Entscheidens über das Naturgemäße und das Auswählen aus dem Naturgemäßen; eben dies ist die Übereinstimmung mit der Natur, von der 3,20–21 gesprochen hatte. Die Schwäche der Definition (auf die das 4. Buch ausführlich eingehen wird) ist schon hier sichtbar: die Unklarheit im Begriff der Natur, auf die *gleichzeitig* das Material, aus dem ausgewählt wird, wie auch die Instanz, die auswählt, zurückgeht. Es überrascht allerdings, daß in der Definition das Gute und Edle auf das Wissen vom richtigen Auswählen aus dem Naturgegebenen reduziert zu sein scheint. Der Verankerung auch der Tugend in der Natur wird so stark unterstrichen, daß man zu guter Letzt nicht einsieht, wie ein Mensch dazu gelangen könnte, aus freien Stücken das Naturwidrige dem Naturgemäßen vorzuziehen.

32 Der Begriff des Kunstgerechten (a) in der Weisheit als der Kunst des Lebens und (b) in den übrigen Technai, als Explikation des in 24 Gesagten. Im Fall (b) entwickelt sich das Kunstgerechte als ein Prozeß in der Zeit, im Fall (a) ist es von Anfang an vollkommen gegenwärtig, vergleichbar der in sich geschlossenen Vollkommenheit des Seienden im reinen Jetzt. Umgesetzt in Empirie besagt dies, daß das Schlechte nicht erst in dem zu Ende gebrachten Akt besteht, sondern schon im Ursprung, also in den drei Affekten des Fürchtens und Begehrens einerseits, des Trauerns andererseits (daß in dem in Tusc. disp. 4,11 ff. vorliegenden Schema die Lust dazu kommt, die hier fehlt, ist kein Zufall. Die kompromißlos antiepikureische Stoa, die in 17 zu Worte kam, hat die Lust als Naturgegebenheit überhaupt nicht gelten lassen). Komplementär dazu ist die Tugend schon im Ursprung ganz gegenwärtig, nicht erst in ihren äußeren Akten. Moderner ausgedrückt, hat die Gesinnungsethik die Erfolgsethik völlig ausgeschaltet. Die Bedenken des Aristoteles Nik. Ethik 1178a28–b3 hat die Stoa zweifellos gekannt, aber beiseite geschoben.

33–35 Mit epikureischen Definitionen des Guten hatte 2,6 gespielt. Hier werden mehrere stoische Definitionen angeboten. Vorgezogen wird unerwartet nicht diejenige Zenons oder Chrysipps, sondern die des Diogenes von Babylon. Besteht ein Zusammenhang mit 2,24, wo (ohne sachliche Nötigung) mitgeteilt wird, Laelius habe Diogenes gehört, offenbar aus Anlaß der Philosophengesandtschaft von 155/4 v. Chr., der Diogenes als Stoiker angehörte? Sollte schon Lucilius von ihm gesprochen, vielleicht sogar der alte Cato ihn gerühmt haben? Jedenfalls muß der Sprecher einen bestimmten Anlaß gehabt haben, gerade seine These zu wählen. – Nach der Definition ist das Gute das „von Natur Vollkommene" („Physei Teleion"; dazu Aristoteles

a. a. O. 1097a24–34, auch Platon Phil. 20D, 53E–54D, 60BC). Davon abgeleitet ist das „Förderliche", was aus dem von Natur Vollkommenen hervorgeht (der Text ist möglicherweise verstümmelt und unvollständig). – Dann wird sofort übergegangen zur Frage, wie der Mensch dieses Gute zu erkennen vermag. Vier Wege des Erkennens überhaupt werden unterschieden: (1) Erfahrung, (2) Kombination, (3) Vergleich, (4) Analogieschluß (vgl. SVF 2,87f. und 3,72). Dieses (4) ist es, was den Sprung aus dem Bereich des evident Naturgemäßen (der körperlichen und gesellschaftlichen Vorzüge) in denjenigen des nur noch intelligiblen vollkommenen Guten möglich macht. Klarer gesagt: Das Gute wird erreicht weder durch (mathematische) Addition noch durch (qualitatives) Wachstum eines Gegebenen noch durch den Vergleich eines Gegebenen mit einem anderen, sondern nur „aus sich selbst". Es handelt sich also in keinem Falle um die Optimierung eines Gegebenen, sondern um die Konfrontation mit einem Seienden sui generis. Da fehlt nur noch ein Schritt zur Formel, daß dieses Gute nicht durch Evidenz, sondern durch Paradoxie ausgezeichnet ist; denn ein Suchen, das im Gegebenen verbleibt, wird es nie finden. – Es folgt die Lehre von den Affekten, äußerst knapp abgemacht, weil Cicero eine ausführliche Diskussion auf Tusc. disp. 3 und 4 versparen will (vgl. SVF 1,205–207 und 3,377–389). Die Behauptung, daß „Pathos" eigentlich „morbus", Krankheit bedeutet, ist kaum weniger schief als 2,13, wo „voluptas" als das genaue Gegenstück zu „Hedone" präsentiert wird. Vielleicht hat sich Cicero in beiden Fällen an Varros Lexikologie gehalten. – Hier erscheint die vollständige Liste der Affekte (schon durch die Sophistik geschaffen, vgl. Platon Laches 191DE), abermals mit deutlicher Sonderstellung der Lust, die hier als seelisches Phänomen „laetitia" heißt, dazu ihre schon in 2,13 zitierte Definition. – Die Verwerfung der Affekte ist radikal wie in 3,17. Sie sind überhaupt nicht naturgemäß, sondern Produkte eines falschen Meinens (womit die These berücksichtigt ist, daß der Affekt selber nur entweder nichtig oder unfehlbar sein kann, das Meinen dagegen richtig oder falsch ist; vgl. Platon Phil. 36C–39E, 44B–45E). Da der Weise niemals irrt, ist er notwendigerweise auch frei von vermeinten Affekten, besitzt also die „Apatheia", die schon Aristoteles Nik. Ethik 1104b24–26 als ältere Doktrin kennt und bekämpft (vgl. SVF 3,201; 448).

36–38 Zu beweisen ist, daß das Edle um seiner selbst willen, d. h. immer nur als Zweck und nie als Mittel zum Zweck zu erstreben sei. Anders gesagt darf niemals das Interesse des Strebenden das Streben in Gang setzen; freilich entsteht da eine zu Epikur hin offene Grenz-

situation: Ein Gegenstand, der jenseits und außerhalb jedes möglichen Interesses steht, vermag ein Handeln überhaupt nicht in Gang zu bringen (es sei denn im Sinne eines leeren Dezisionismus). Es bedarf also eines Minimums an qualifiziertem Interesse, um ein Handeln zustande zu bringen; insofern bleiben die Bemerkungen 1,41; 54 gültig. Nach einem kurzen Hinweis auf die Divisio Carneadea von 3,30–31 folgen die Beweise: (1) Wer die Wahl hat, eine Sache entweder auf kriminellem Wege (und risikolos) oder auf sittliche Weise zu erlangen, wird das zweite tun (und damit den Anspruch der Tugend auch ohne jede Intervention der Gesellschaft bestätigen). (2) Das Interesse an Astronomie ohne Gedanken an einen praktischen Nutzen (man darf da Ciceros durch seine ‚Aratea‘ dokumentierte Liebe zur Astronomie in Erinnerung rufen). (3) Das Interesse an Naturwissenschaft um des reinen Wissens willen. (4) Die Beschäftigung mit der Geschichte ist als solche lustvoll (daß hier die Lust anders beurteilt wird als unmittelbar zuvor, ist wohl ein Versehen Ciceros). (5) Für einen Gebildeten ist unsittliche Lebensweise als solche verwerflich (daß die Einschränkung den Beweis entwertet, beachtet Cicero nicht). (6) Wäre Unsittlichkeit nicht als solche verwerflich, so würde jedermann jede Schandtat begehen, sobald die Kontrolle durch die Gesellschaft wegfiele (vgl. 2,28; 59–60; 73). – Cicero wird die Reihe selbst zusammengestellt haben. Nur (1), (5), (6) gehen die Ethik an, dagegen (2), (3), (4) die Theoria mit peripatetischen Formulierungen, wie 5,51 zeigt.

39 Rückgriff auf 32: Innere Gesinnung und äußeres Handeln werden unterschieden. Dabei scheint es, als sei bei der Tugend die Gesinnung wichtiger als die Tat, bei der Schlechtigkeit umgekehrt. In beiden Fällen geht es nicht um die gesellschaftlichen und physischen Folgen, sondern um das Handeln als solches.

40 Die Übersetzung von griech. „Kakia" mit „vitium" (auch Varro?) gibt Anlaß zu einem Exkurs. Das Problem der Übersetzung ins Latein wird wie schon in 1,4–10 (besonders 1,8) mit dem Hinweis auf die Minderwertigkeit der damals schon umfangreichen epikureischen Literatur in lat. Sprache kombiniert (dazu besonders Tusc. disp. 1,6; 2,7–8; 4,6–7).

41 Übergang zur Diskussion mit dem Peripatos. Zunächst wird ohne Namensnennung die Dialektik Chrysipps gegen die Logik des Aristoteles (und des Theophrast) ausgespielt. Daß der Peripatos in 1,22; 2,18; 3,4 genau denselben Vorwurf gegen Epikur erhebt, ist bezeichnend. Karneades, Gegner Chrysipps, wird gerühmt mit der Andeutung, daß Cicero selber seiner Schule angehöre. Die Kritik an der

Stoa ist hier wie in 3,10 neutral formuliert. Was Karneades wirklich meint, wird von 4,3 an klar: Zenon präsentiert als neue Lehre, was in Wahrheit nur Plagiat am Peripatos ist. – Der Stoiker weist die Kritik ab. Zentrum des Konflikts ist die Frage, was die Eudaimonia sei: entweder die gleichmäßige und totale Entfaltung aller Möglichkeiten des Menschen (Drei-Güter-Lehre) oder ausschließlich das, was der Mensch ganz aus eigener Kraft und in eigener Verantwortung zu erwerben vermag (Tugend das einzige Gut); alles übrige ist schätzbar (vgl. 20), aber nicht gut, d. h. die Eudaimonia ist darauf nicht angewiesen; und „gut" ist nur, was der Mensch sinnvoll wollen kann (vgl. Aristoteles Nik. Ethik 1112a30–34).

42–48 Die stoischen Beweise: (1) Der Weise auf der Folter (vgl. Aristoteles Nik. Ethik 1153b19–21 und später 4,31) ist nicht Eudaimon, wenn Schmerz ein Übel ist; denn Eudaimonia ist totale Schmerzfreiheit, nicht physisch, sondern nur rational zu erreichen. Der Schmerz, der kein Übel ist, ist indifferent. (2) Der peripatetische Einwand, es gebe größere/geringere Schmerzen, d. h. der Schmerz sei quantitierbar (vgl. 5,91 ff.), gilt nicht, da es das bloße Meinen ist, das quantitiert (vgl. 35). (3) Nach der Drei-Güter-Lehre sind die verschiedenen Arten von Gütern addierbar, nach der Stoa nicht. Das bloß Schätzbare trägt zur Eudaimonia nichts bei (vgl. 41), was freilich nicht begründet wird. (4) Wenn nicht einmal das eine wahre Gute vermehrbar ist, dann können noch weniger die körperlichen und gesellschaftlichen Vorzüge die Eudaimonia vermehren. (5) Hier muß der Sinn sein: Wenn sowohl Weisheit wie auch Gesundheit, wie der Peripatos meint, Güter sind, sind sie zur Eudaimonia addierbar (vgl. SVF 3,62); ist aber nur die Weisheit zu erstreben, die Gesundheit bloß schätzbar, dann wird die Weisheit nicht erstrebenswerter, wenn die Gesundheit dazutritt (Cicero hat wohl aus Versehen ungenau formuliert). (6) Die schätzbaren Vorzüge stellen im Vergleich mit dem einen Guten ein Minimum dar. (Nicht unbedenklich, weil damit der Unterschied zwischen dem Guten und den Vorzügen aus einem generell-qualitativen in einen quantitativen verwandelt wird. Liegt da eine Überarbeitung durch Antiochos vor? vgl. 5,71.) (7) Auch das richtige Handeln ist nicht quantitierbar, sondern nur durch den richtigen Augenblick determiniert, also auch nicht steigerungsfähig in der Zeit, vgl. SVF 3,54; 92; der epikureischen These 1,38 und Kyr. Doxai 18 nahe. (8) Wenn die Eudaimonia in der Zeit und durch die Zeit nicht steigerungsfähig ist, so kommt es überhaupt nicht auf größere oder geringere Dauer des Lebens in der Eudaimonia an. Der Vergleich mit dem passenden Schuh stammt aus altsokratischer Tra-

dition: Diog. Laert. 2,24; 40–41; Stob. Ecl. 3,1, 74 und 4,31, 128; Horaz Epist. 1,10, 42–43. Dann die Distinktion: Die Gesundheit als ein Schätzbares wird schätzbarer, je länger sie dauert, doch für Weisheit/Tugend gilt eben dies nicht; es gilt auch nicht für Geburt und Tod, bei denen es nicht auf Dauer, sondern nur auf den richtigen Augenblick ankommt (Cicero ist da nicht ganz klar). (9) Wer das Gute (peripatetisch) für steigerungsfähig hält, muß auch annehmen, daß der Mensch mehr oder weniger an Weisheit und Tugend besitzen kann, was die Stoa verwirft. Eindrücklich sind die zwei Vergleiche mit dem Ertrinkenden und dem neugeborenen Hündchen (auch SVF 3,539). Die Konsequenz ist, daß es weder zur Tugend noch zur Schlechtigkeit hin einen Fortschritt geben kann. Wo nicht quantitiert wird, gibt es nur das Entweder-Oder (vgl. Diog. Laert. 7,127). Dies ist ein Fundamentalgegensatz zwischen Stoa und Peripatos, zwischen dem ontologischen Entweder-Oder und dem biologischen Prinzip der allmählichen Entwicklung (vgl. besonders 5,24ff.). So sind denn auch alle Güter (und Übel) einander gleich, vgl. 4,21; 55; Senec. ep. Luc. 66,6ff. – Der Schluß betont die perfekte methodische Kohärenz des Systems, dazu die überraschende Ergänzung, daß Gut/Schlecht zwar nicht steigerungsfähig, aber erweiterungsfähig sind, womit wir, wie schon in 45, in die Nähe von Epikur Kyr. Doxai 18 gelangen. Epikur wie Stoa stehen in diesem Felde ontologischen Kategorien näher als Aristoteles.

49–50 Einlage aus Diogenes (vgl. 33) über den Reichtum, der bei Aristoteles zu den gesellschaftlichen Gütern gehört. Die körperlichen Güter von Lust und Gesundheit werden durch Reichtum (a) erlangt, (b) bewahrt. Tugend und Wissen(schaft) können durch ihn (a) erlangt, doch (b) niemals bewahrt werden. Denn das Gute kann durch etwas, was nicht gut ist, nicht bewahrt werden. – Insofern steht die Wissenschaft (vgl. 17–18) der Tugend nahe, unterscheidet sich aber darin, daß die Tugend (1) der Einübung bedarf und (2) nur in der Konstanz der ganzen Lebensführung Bestand hat (dazu bemerkenswert Aristoteles Nik. Ethik 1105a26–b5).

50B–51A Es folgt die Diskussion in der andern Richtung gegen Ariston; vgl. 10–14 und 20. Die Leistung der Weisheit/Tugend ist die, aus dem Naturgemäßen, in dessen Raum das Leben geführt wird und das als solches zur Eudaimonia nichts beiträgt, die richtige Auswahl zu treffen. Es ergibt sich ein zweistufiges Schema: (a) Schätzbares-Vermeidbares – weder Schätzbares noch Vermeidbares. (b) Innerhalb des Schätzbaren solches, was „aus guten Gründen" vorzuziehen ist, und anderes, bei dem solche guten Gründe nicht vorliegen.

Dasselbe beim Vermeidbaren. Als Beispiele werden drei körperliche und zwei gesellschaftliche Vorzüge genannt.

51B–54 Für Zenon ist diese Systematisierung im Naturgemäßen so wichtig, daß er hierfür künstlich neue Termini schafft (vgl. SVF 3,128), sie wiederum mit einem Vergleich erläuternd: Ein König (das Gute) hat seinen Rang aus sich selbst; ihm stehen die Untertanen gegenüber (das Naturgemäße), unter denen der eine oder andere durch den König zu einem bestimmten Range „berufen" wird (vgl. SVF 1,192). Die Frage besteht, ob sich Zenon da durch den Sprachgebrauch an hellenistischen Fürstenhöfen hat anregen lassen. – Dieses „Vorgezogene" („Berufene") ist als solches der Eudaimonia gegenüber indifferent (hier prägt Cicero das Übersetzungswort „indifferens", das sich im Sprachgebrauch bis heute behauptet hat). In sich selber ist dieses Vorgezogene keineswegs gleichgültig: Es gibt das Naturgemäße-Naturwidrige, das Schätzbare-Vermeidbare und endlich das Vorgezogene und das Zurückgesetzte. Es folgt noch ein Vergleich, von Cicero abermals nicht klar genug formuliert; der Sache nach steht 22 nahe: Ziel eines Würfelspiels ist es, daß der Würfel richtig zu liegen kommt; ihn so zu werfen, daß er richtig liegt, ist das, was man vorziehen wird, doch das Ziel ist nicht das richtige Werfen des Werfenden, sondern das richtige Liegen des geworfenen Würfels. Ist der Vergleich so zu verstehen, so scheint er zu 22 komplementär zu sein.

55–56 Es folgt die Aufgliederung („Dihairesis") zuerst des Guten, dann des Vorgezogenen. (A) Im Guten gibt es (1) das, was die Vollkommenheit ausmacht, (2) das, was die Vollkommenheit herstellt, (3) das, was die Vollkommenheit sowohl ausmacht wie auch herstellt (vgl. SVF 3,107). Besetzt wird (1) mit dem tugendgemäßen Handeln, (2) mit dem Freunde, (3) mit der Weisheit, die das tugendgemäße Handeln sowohl ausmacht wie auch herstellt. Zum Unterschied zwischen dem, was die Sache selbst ist, und dem, was sie hervorbringt vgl. etwa Aristoteles Nik. Ethik 1096b10–15, aber auch De fin. 1,32–33. Unerwartet ist die Nennung des Freundes, z. T. zu erklären aus 3,70. Da wird das Problem sichtbar, wie sich „der Weise", der zunächst immer der in seiner Vollkommenheit autarke einzelne ist, abfindet mit der Pluralität, d. h. der Tatsache, daß es neben ihm andere ebenso vollkommene Weise gibt, die ihm ebenbürtig und doch nicht mit ihm identisch sind. – (B) Im Vorgezogenen gibt es parallel dazu (1) das an sich selbst Vorgezogene/Vorzuziehende, (2) das solches Herstellende und (3) das, was beides ist. Besetzt wird hier (1) mit einer bestimmten körperlichen Erscheinung (Modell ist offensichtlich

der Schauspieler, der weiß, wie er sich zu benehmen hat), (2) mit dem Reichtum (vgl. 49–50A), (3) mit der Gesundheit. Da dürfte (1) mit 5,35–36 zusammenhängen, wo dasselbe Postulat im Rahmen der peripatetischen Drei-Güter-Lehre auftaucht. An unserer Stelle wird freilich nicht expliziert, wie sich (1) und (3) zueinander verhalten (vgl. noch SVF 3,135).

57 Eine mit 49–50A parallele Einlage. Sonderbar ist, daß in 33 und in 49 Diogenes eine von der chrysippischen Orthodoxie (in der Richtung auf den Peripatos) etwas abweichende Doktrin zu vertreten scheint, während er sich hier an die rigorose Strenge Chrysipps anschließt; es kommt dazu eine innere Unstimmigkeit, von der Ciceros leises Schwanken in der Übersetzung von „Eudoxia" eine Ahnung gibt: So problematisch der Ruhm ist (vgl. Aristoteles Nik. Ethik 1095b22–31 u. a. und schon die in Platons Theait. 174D–175B faßbare Tradition), so wenig kann es selbst dem Weisen gleichgültig sein, ob er und sein Freund den Ruf eines Schurken oder eines Ehrenmannes genießen (vgl. 3,38). Die Erklärung endlich, daß „die Späteren" die Angriffe des Karneades nicht aushalten konnten, ist sonderbar insofern, als Karneades und Diogenes zusammen in Rom waren und Karneades seine Tiraden gegen die Ruhmsucht zweifellos auch in Rom und vor Diogenes selber vorgetragen hat. Diogenes gehört also derselben Generation an wie Karneades, wie die Anekdote Luc. 137 und Tusc. disp. 4,5 zeigt. So mag Cicero Ruhmsucht und Sorge für den guten Ruf etwas zu schnell zusammengeworfen haben. Es ist auch nicht evident, worin die Nützlichkeit des Ruhmes hier, des guten Rufes dort bestehen soll. Die Einschränkung, daß der Gebildete auf seinen guten Ruf Wert legt, entspricht genau 3,38. Daß man für seinen Ruf ebenso wie für seine Kinder bis über den eigenen Tod hinaus sorgt, ist eine hübsche Wendung (vgl. 3,64 sowie SVF 3,100).

58–59 Abermals die Lehre von den naturgemäßen, also weder guten noch schlechten Dingen. Hier gilt es auszuwählen (schon 20 und 50B–54), was hier ergänzt wird: Es gibt Taten, über die man mit guten Gründen Rechenschaft ablegen kann. Sich begründbar (d. h. mit einsehbaren und überzeugenden, nicht mit zwingenden Gründen) zu entscheiden, nennt Cicero „officium", schon in 3,20 als Übersetzungswort von „Kathēkon" eingeführt, offenbar als das, was von den Sachen her mir zur Entscheidung und als Aufgabe entgegenkommt. Eine solche Aufgabe ist weder gut noch schlecht, wohl aber sinnvoll begründbar. Ihr wird sich auch der Weise unterziehen. – Instruktiv wird der Unterschied zwischen der tugendgemäßen Handlung (der griech. Terminus „Katórthoma" in 45) und der sinnvoll begründeten

Entscheidung („Kathēkon") erläutert: hier der sozusagen technische Vorgang der korrekten Rückgabe eines Depositums, dort die Rückgabe in gerechter Gesinnung (vgl. nochmals Aristoteles Nik. Ethik 1105a26–b5,1 ferner SVF 3,501 und 515/6). – Da sowohl der Weise wie auch der Tor im Naturgemäßen leben (bei Platon wie bei Aristoteles der Bereich des Unentbehrlichen, „Anankaion"), so werden auch beide sich an das „Kathēkon" zu halten und sinnvoll begründete Entscheidungen zu fällen haben (daß dieser Bereich auch derjenige des Probablen, nämlich nicht beweisbar Richtigen ist, bei Platon Gorg. 453D–456C und Aristoteles a. a. O. 1102b25–31, 1098a4, sei nur am Rande angemerkt).

60–61 Wenn mit der Entscheidung für das eigene Leben und die Liebe zum eigenen Leben der Ausgangspunkt allen Handelns im Naturgemäßen ist, so bedeutet umgekehrt das Zurücksetzen des eigenen Lebens in den Bereich dessen, was mit ebenso guten Gründen verworfen wie bevorzugt werden kann, den Höhepunkt einer Souveränität, für die es auf die tugendgemäße Gesinnung ankommt und sonst auf nichts. Dies führt zu der Frage, welches die guten Gründe sind, die davon überzeugen können, es sei besser, das Leben zu verlassen als in ihm zu verharren. Platon bleibt in diesem Punkte zweideutig (der historische Cato, der sich 47 v. Chr. das Leben nahm, hat jedenfalls den „Phaidon" als eine Empfehlung des Selbstmordes aufgefaßt; vgl. auch Kallimachos Epigr. 23 ed. Pfeiffer), Aristoteles hat wohl den Selbstmord abgelehnt (Nik. Ethik 1138a5–14), Epikur ihn gelten lassen (vgl. 1,49 und 62); nur die Stoa hat die Relation des Weisen wie des Toren zum Selbstmord systematisch behandelt (vgl. SVF 3,757–768, besonders 761 und 768). Das Leben gehört in die Gruppe der körperlichen und gesellschaftlichen Schätzbarkeiten, die dem Weisen das Material sind (hier geradezu „Hyle sophias" genannt), aus dem er auszuwählen hat. Dann kommt es auf die Verrechnung an: Findet er mehr Naturgemäßes vor, das er vorziehen wird, als Naturwidriges, das er zurücksetzt, so wird er auch das Leben vorziehen; im gegenteiligen Falle wird er das Leben zurücksetzen, also aus dem Leben scheiden. Diese Entscheidung ist unabhängig davon, ob man die Weisheit und Eudaimonia besitzt oder nicht. Sie spielt sich ausschließlich im Raume des Naturgemäßen ab, wo die Dinge quantitierbar sind. Der Besitz der Eudaimonia ist kein Grund, im Leben zu verbleiben, und der Nicht-Besitz kein Grund zum Selbstmord, weil die beiden Ebenen des Guten und des Schätzbaren untereinander nicht verrechnet werden können. So kann der Weise wählen, sich zu töten mitten in der Eudaimonia; er wird dann allerdings gemäß 45–47

den richtigen Augenblick für den Selbstmord wählen. Umgekehrt soll auch der Tor im Leben verbleiben, wenn sich bei der Verrechnung herausstellt, daß ihm mehr Naturgemäßes zur Verfügung steht als Naturwidriges. Die Stoa hat diese Frage in der Tat konsequent durchgedacht. Daß Cicero, als er dies schrieb, stillschweigend die Tatsache berücksichtigte, daß später für den Sprecher, Cato, die Tyrannis Cäsars so schwer wog, daß er sich das Leben nahm (obwohl er die stoische Eudaimonia erreicht zu haben hoffen durfte), während in derselben Situation er selber sein Leben bewahrte, ist zu vermuten.

62–63 Übergang zur Staats- und Gesellschaftsphilosophie. Der stoische Weise ist, wie der Weise Epikurs, der Philosoph des platonischen „Phaidon", der „Tüchtige" („Spoudaios") des Aristoteles, zunächst ein einzelner, dessen Vollkommenheit nicht zuletzt darin besteht, daß er autark, also auf nichts und niemanden angewiesen ist. Aber es gibt die Pluralität der Menschen und den anderen Menschen und die Beziehung zu ihm. Diese Beziehung philosophisch einzuordnen hat immer Mühe gemacht, der Stoa wesentlich mehr als dem Peripatos, der von vornherein davon ausging, daß der Mensch ein „Zoon politikón" ist (Aristoteles Politik 1,1–2; Nik. Ethik 1094a18–b7; 1097b6–16; endlich 9,9). Unser Text erweckt den Eindruck, z. T. peripatetisch überarbeitet zu sein. – Dies gilt gleich für den ersten Abschnitt, der befremdlich stark auf den rein biologischen Voraussetzungen insistiert und auch unbedenklich mit dem Verhalten der Tiere argumentiert. Da die Natur den Menschen mit Fortpflanzungsorganen ausgestattet hat, erwartet sie konsequenterweise, daß der Mensch seine Nachkommen liebe und für sie sorge (vgl. dazu SVF 1,89; anders Epikur Frg. 19 Us.) Dies gilt auch von den Tieren, auf die in einer an Epikur erinnernden Weise (vgl. 1,71) als Paradeigma hingedeutet wird (vgl. SVF 3,38, schwerlich alt-stoisch). Im Text ist eine Lücke sinngemäß wohl so auszufüllen: Da wir von Natur Schmerz empfinden, wenn uns die eigenen Kinder hinwegsterben (dafür hatte Cicero in seiner „Consolatio" Beispiele gesammelt), so werden wir auch Freude haben, wenn sie leben. – Kraß verkürzt ist das Folgende: Von der Liebe zur Nachkommenschaft geht es unvermittelt über zu der (nun stoisch formulierten) Vertrautheit des Menschen mit dem andern Menschen überhaupt. Cicero hat da deutlich den Vers aus Menander-Terenz Heaut. 77 im Sinne, den er in De legg. 1,33; De off. 1,30 ausdrücklich zitiert (daß Menander von Zenon beeinflußt worden wäre, ist ausgeschlossen. Zu beachten ist Aristoteles bei Diog. Laert. 5,17; 21, Stob. 3,37, 31). – Der nachfolgende doppelte Vergleich ist durch Ciceros Verkürzung zu einer Absurdität geworden.

Zunächst werden autonome Körperglieder solchen gegenübergestellt, die mit andern Gliedern kooperieren; dabei ist es klar, daß Auge und Ohr an Rang höher stehen als Arme und Beine. Dann werden einander gegenübergestellt die großen Raubtiere, die Einzelgänger sind (dazu Aristoteles Pol. 1253a29; anders Hist. anim. 571b26–29), und Tiere, die miteinander koexistieren; dazu aus dem zoologischen Material des Aristoteles zwei kleine Wassertiere; vgl. aus demselben Material De nat. deor. 2,123; Aristoteles Hist. anim. 547b16–28, Theophrast Caus. plant. 2,17,8. Beigegeben sind die klassischen staatenbildenden Tiere Ameisen, Bienen, Störche. Gefolgert wird im Sinne von Aristoteles Pol. 1253a7–18, daß der Mensch in noch weit höherem Grade als die Tiere zur Staatenbildung bestimmt sind. Welche Rolle in diesem Kontext Auge und Ohr und die großen Raubtiere, die gerade nicht staatenbildend, sondern für sich autark sind, ursprünglich spielten, wird nicht klar. Sollte der Text den Menschen überhaupt, der auf der Ebene des Naturgemäßen auf die Zusammenarbeit mit seinesgleichen angewiesen ist, kontrastiert haben mit dem Weisen, der im Prinzip autark ist wie Auge und Ohr (und der auf der Ebene der Eudaimonia eine andere Beziehung zum andern Menschen haben wird als auf derjenigen des Naturgemäßen)? Der Schluß von 63 zielt offenbar auf die aristotelische Definition Pol. 1253a3: der Mensch als „von Natur auf die Staatenbildung hin angelegtes Lebewesen", die auch von Chrysippos SVF 3,314 zitiert wird (wohl aus dem Dialog „Politikos").

64A Einlage aus anderem Zusammenhang, ein Stück der im Ansatz schon vorsokratischen Parallelisierung von kosmischem Staat, politischem Staat und staatlichem Aufbau der menschlichen Seele. Das Theorem vom kosmischen Staate, dessen Bürger die Götter und Menschen gleichermaßen sind, hat die Stoa aufgenommen, obschon weder Cicero De rep. 1,19 noch De legg. 1,23 (vgl. De fin. 4,11) stoischer Provenienz sind. Es charakterisiert aber die Stoa, daß sie im Unterschied zum Peripatos auf den kosmischen Staat weit mehr Gewicht gelegt hat als auf den politischen Staat: vgl. SVF 3,327–328. An unserer Stelle ist zudem ein erheblicher Teil der stoischen Theologie, die dann Cicero in De nat. deor. 2 ausgebreitet hat, vorausgesetzt. Konsequenzen für die Ethik werden nicht gezogen. Auch an der textlich unheilbar zerstörten Stelle 4,7 begnügt sich der Gegner mit dem Spott über das proklamatorische Weltbürgertum der Stoa.

64B–65A Nun werden die Implikationen der aristotelischen These, daß der Mensch von Natur auf die Staatenbildung hin angelegt sei, entwickelt. Voran steht die Beachtung des Gemeinnutzens, die bei

Aristoteles von Pol. 1276a12–13 an eines der Kennzeichen des vollkommenen Staates ist. Wenn sodann das Verhalten des Weisen mit der Vorschrift des Gesetzes parallelisiert wird, so ist dies nur eine Umformung des weit verbreiteten Gedankens, daß der Philosoph aus freien Stücken das tut, was den anderen Menschen das Gesetz vorschreibt (Diog. Laert. 2,68 aus Aristippos, 5,20 aus Aristoteles; Cicero De rep. 1,3 aus Xenokrates); hier wird dies radikalisiert zu dem Satz, daß derjenige, der bloß den eigenen Nutzen sucht, nicht besser ist als ein Landesverräter, und daß umgekehrt derjenige zu loben ist, der sein Leben für den Staat opfert. Dies wird nochmals gesteigert durch ein anonymes Tragikerzitat (TGF Adesp. 513 N.²), das die Kaiser Tiberius (Dio Cass. 58,23) und Nero (Sueton Nero 38) benutzt haben sollen und das am vollständigsten bei Stob. Ecl. 2, p. 121,9–15 Wachsm. in einem peripatetischen Kontext erscheint. Mit der zynischen Gleichgültigkeit der Zukunft gegenüber wird die Fürsorge für die Nachlebenden kontrastiert. Auch dies findet sich in dem peripatetischen Text des Stob. a. a. O. p. 120,3–7 (anders in Tusc. disp. 1,31). Aristotelisierend ist endlich auch die Erwägung, daß der Mensch nicht einmal die Fülle aller Lust annehmen möchte, wenn er sie ganz allein genießen müßte (dazu Nik. Ethik 1155a5–7, 1169b16–19, auch Iambl. Protrept. p. 45,6–11 Pist. aus einem aristotelischen Dialog; vgl. aber auch De rep. 1, 39; De off. 1,153). Schon die Alternative als solche (hier die vollkommene Lust, dort die vollkommene Einsamkeit) hat im stoischen System keinen Platz. So wird schließlich zur Formel des Aristoteles Pol. 1253a3 zurückgebogen.

65B–66A Ausdruck der Gesellschaftlichkeit ist das Bedürfnis der Menschen, einander zu nützen. Bezeichnenderweise wird dies ausschließlich als ein Lehren und Sich-belehren-Lassen verstanden, wobei es offenbleibt, ob die peripatetische Theorie gemeint ist oder nicht eher die existentiell motivierte Option der Stoa, die das Sich-belehren-Lassen höher stellt als das Selber-Finden, darum auch unter den obersten Sinnesorganen das Ohr höher bewertet als das Auge (so Zenon SVF 1,235). – Dann soll anscheinend dem geistigen der körperlich-materielle Nutzen zur Seite gestellt werden. Das Tierbeispiel (vgl. z. T. SVF 3,38) wirkt freilich schief, da es seinen angemessenen Platz in 62 hat: Einsatz der Eltern für ihre Nachkommen. Die Hilfe, die man dem anderen Menschen schlechthin zukommen läßt, ist etwas anderes, erst recht eine Hilfe, die reiche Mittel voraussetzt, was schließlich den Ausblick zu den halbgöttlichen Wohltätern der Menschheit, Herakles (vgl. 2,118) und Dionysos eröffnet; dies wiederum hat mit der gegenseitigen Fürsorge im Raume des gemeinsa-

men Staatswesens nichts mehr zu tun. – Ganz anders ist abermals eine nächste Überlegung, im Typus mit 62 verwandt. Dort war gefolgert worden: Wenn die Natur den Menschen auf Fortpflanzung eingerichtet hat, so ist es auch in ihrem Sinne, daß der Mensch für seine Sprößlinge sorgt, und hier: Wenn wir schon von den Göttern erwarten, daß sie für uns sorgen, so ist es sinnvoll, daß wir Menschen auch untereinander füreinander sorgen. Im ersten Fall wird von der hypostasierten Natur, im zweiten von der Gottheit ausgegangen. Die Epitheta Iuppiters sind teils römisch (Optimus Maximus, Stator), teils griechisch (salutaris = „Sotér", hospitalis = Xénios"); zur römischen Sakralsprache gehört auch „tutēla". – Wieder anders und unvollständig wiedergegeben ist das nächste, gegen Epikur gerichtete Argument. Ausgangspunkt ist ein Aristoteles Nik. Ethik 1103a28–31 nahestehender Gedanke: Wir benützen die Körperglieder längst, bevor wir uns über ihren Nutzen klar geworden sind: so befinden wir uns auch in einer staatlichen Gemeinschaft längst bevor wir ihren Nutzen begriffen haben, d. h. die Gemeinschaft ist nicht um des Nutzens willen entstanden, sondern sie ist zuerst da, und erst nachträglich wird ihr Nutzen begriffen. Wäre es anders, so wären die (institutionelle) Gerechtigkeit und das (existentielle) Wohlwollen dem Nutzen untergeordnet, wie dies Epikur Kyr. Doxai 31 zu meinen scheint. Allerdings ist Aristoteles selber in diesem Punkte nicht eindeutig: Der Mensch ist zwar von Natur auf das Leben in der Staatlichkeit angelegt, doch die Gründung der Polis ist das Ergebnis eines auf die Verwirklichung eines Guten gerichteten Handelns (Pol. 1252a21 ff.). So können sowohl diejenigen, die die Gemeinschaft aus dem Nutzen, negativ gesagt: aus dem Bewußtsein, daß das Individuum niemals autark sein kann, entstehen lassen, wie auch diejenigen, für die die Gemeinschaft ebenso ursprünglich ist wie die Sprache, sich auf Aristoteles berufen.

67 Das Stichwort Gerechtigkeit leitet über zur Rechtsgemeinschaft und damit zu einer These des Chrysippos, die sich zunächst gegen die von Cicero in De rep. 3,19 berührte Lehre der Pythagoreer richtet (vgl. auch SVF 3,367 und 370). Angedeutet wird ein Schema, das in De nat. deor. 2,37 und z. T. in De off. 1,22 wiederkehrt, aber schon in Aristoteles Pol. 1256b15–22 (als ein im aristotelischen Texte auffallender Fremdkörper) vorliegt: Die Pflanzen sind um der Tiere willen, die Tiere um des Menschen willen, die Menschen jedoch nicht um der Götter willen (dazu könnte man an Platon Phaid. 62BC erinnern: die Menschen als Besitzstück der Götter), sondern gemeinsam mit den Göttern um ihrer selbst willen. Dabei ist das „um – willen" in diesem

Schema zweideutig, da es sowohl die Verfügbarkeit des Tieres für den Menschen wie auch das gemeinsame Ziel von Menschen und Göttern meint. Jedenfalls hat die Stoa mehr als die anderen Schulen dem Menschen die uneingeschränkte Verfügung über Pflanze und Tier (also auch die volle Rechtlosigkeit des Tieres; die späte Stoa von Poseidonios an scheint da anders gedacht zu haben, vgl. SVF 3,38 und 3,376; vgl. aber auch SVF 3,493–494) zugebilligt. – Aus der Rechtsbeziehung unter den Menschen ergibt sich der Begriff der Gerechtigkeit, die in der Respektierung dieser Rechtsbeziehung besteht. – Dann wird unerwartet gegen Platons Forderung der Gütergemeinschaft polemisiert. Wieder ein Vergleich: Der Raum des Theaters ist allen gemeinsam, doch jeder hat seinen Platz. Doch bleibt unklar, wie da die Verrechnung des Gemeinsamen und des Individuellen geschieht (vgl. das Schema Aristoteles Pol. 1263a1–8).

68 Erst hier gelangen wir zur Frage, wie sich der Weise konkret in der Gesellschaft zu verhalten habe. Doch Cicero begnügt sich damit, einen doxographischen Katalog zu übernehmen, der mit entsprechenden Katalogen bei Diog. Laert. 3,78; 5,30; 7,129; 10,118–119 zu vergleichen ist. Zum Naturgemäßen gehört es, (1) politisch tätig zu sein, (2) zu heiraten, (3) Kinder zu zeugen, (4) auch der Knabenliebe ihren Platz einzuräumen. In diesem Punkt stimmt die Stoa mit Platon gegen Epikur überein, vgl. Tusc. disp. 4, 70 und SVF 3,720. Die kynische Lebensform (5) wird von einigen unter Umständen gebilligt, von anderen strikte abgelehnt. Da ist (4) eine Konzession an Platon, gegen Aristoteles und Epikur, (5) eine Auseinandersetzung mit der Tatsache, daß Zenon ursprünglich Schüler des Kynikers Krates war (er hat „Erinnerungen an Krates" verfaßt als Gegenstück zu Xenophons „Erinnerungen an Sokrates"), also mit der kynischen radikalen Ablehnung aller Kultur und Rückkehr zur reinen Natur sympathisierte, während die spätere Stoa eben diesen Zusammenhang nach Kräften zu vertuschen suchte und (wie es bei Cicero konsequent geschieht) Polemon zum alleinigen oder doch entscheidenden Lehrer Zenons erklärte.

69 Während sich die Staatsphilosophie der Stoa mit allgemeinsten grundsätzlichen Thesen begnügt, wird hier die Beziehung der einzelnen Menschen zueinander durchsystematisiert. (a) Auf der Ebene des Guten und Schlechten gibt es Nützlichkeiten („Ophelémata") und Schädlichkeiten („Blámmata"). Sie äußern sich in voller Gegenseitigkeit und sind, wie das Gute selber, nicht quantitierbar, also untereinander qualitativ gleich. (b) Auf der Ebene des Naturgemäßen, also des Vorzuziehenden und Zurückzusetzenden (vgl. 51–56), gibt es

Verwendbarkeiten („Euchrestémata") und Unverwendbarkeiten („Dyschrestémata"). Auch sie äußern sich in voller Gegenseitigkeit, sind aber, wie alles Naturgemäße, quantitierbar, also untereinander ungleich. Endlich gibt es jenseits beider (c) das richtige Handeln („Katórthoma" vgl. 45) und sein Gegenteil. Dieses ist ausschließlich die Sache der innern Gesinnung des einzelnen und nicht eine Sache der Gegenseitigkeit; wohl aber sind (was Cicero hier nicht erwähnt) alle richtigen und unrichtigen Taten als solche untereinander vollkommen gleich. So haben wir zum Schluß (a) gegenseitig und gleich, (b) gegenseitig und ungleich, (c) nicht gegenseitig, aber gleich.

70 Erstaunlich knapp wird über die Freundschaft gesprochen. Polemik gegen Epikur ist spürbar (1,65–70; 2,78–85). Mit der Möglichkeit ist zu rechnen, daß Cicero die wichtigsten Probleme hier ausgeklammert und für seinen „Laelius" aufgespart hat. – Festgestellt wird (1), daß die Freundschaft zu den Nützlichkeiten im Sinne von 69 gehört. Dies entspricht 55, wo der Freund auf der Ebene des Guten das herstellende Gute repräsentiert. Wir befinden uns demnach sofort im Bereich des Guten und nicht des Naturgemäßen. Bemerkenswert ist (2), das eine mit Epikur 1,65–69 vergleichbare Differenz in der Doktrin registriert: Nach den einen bedenkt der Weise den Anspruch des Freundes genau wie den eigenen, nach den anderen steht ihm der eigene Nutzen näher als derjenige des Freundes. Wie bei Epikur und Aristoteles Nik. Ethik 9,9 wird sichtbar, wie schwierig es ist, zwischen der Autarkie des Weisen und seiner Relation zum anderen ein Gleichgewicht zu schaffen (vgl. dazu auch Aristoteles a. a. O. 1169a18–b1); es könnte sein, daß zur Absicherung gegen Mißverständnisse Cicero selber (3) eingeschaltet hat, das von der Sache her zu 67 gehört: Zur Gerechtigkeit sind wir von Natur angelegt (gegen Epikur Kyr. Doxai 31), und sie verbietet, fremdes Eigentum für sich in Besitz zu nehmen. Gegen Epikur wird endlich in (4) ausdrücklich polemisiert (vgl. 2,78–79), ohne daß der entscheidende Punkt thematisiert würde, daß nämlich die Nützlichkeit von (1) von dem Nutzen, der hier gemeint ist, scharf unterschieden werden muß. Jene Nützlichkeit, so müßte man wohl sagen, betrifft ausschließlich die Herstellung und Bewahrung der Tugend, während sich der Nutzen, der verworfen wird, auf die körperlichen und gesellschaftlichen Vorzüge bezieht.

71 Gesondert wird nach Recht und Gerechtigkeit gefragt; daß sich Cicero dabei an das Redenpaar in De rep. 3 erinnert, ist anzunehmen. (1) Gerechtigkeit besteht von Natur, was Platons „Staat" nahekommt, allerdings ohne die Idee der Gerechtigkeit. In (2) wird Un-

rechttun und Schädigen unterschieden, ähnlich Epikur 1,50. Ein weder von Platon noch von Aristoteles behandeltes Sonderproblem wird angedeutet: Darf man einem Freunde oder Wohltäter (die Wendung soll das griech. „Euergétes" übersetzen) zuliebe Unrecht tun? Dies wird, wie dann im Lael. 37, abgelehnt. Weiterhin wird (3) erklärt, zwischen Nutzen und Billigkeit könne kein Gegensatz bestehen – was eben die Rede gegen die Gerechtigkeit in De rep. 3 behauptet hatte (dazu Kleanthes SVF 1,558). Dasselbe meint auch (4), wobei im Sinne von Aristoteles a. a. O. 1130a8–10 auf den allgemeinsten Begriff der Gerechtigkeit gezielt wird, die mit der Tugend und dem Edlen schlechthin identisch ist.

72 Damit gilt die Ethik als abgeschlossen; es folgt zunächst in der Linie von 1,22; 63; 2,18 (vgl. auch 3,41) die Dialektik, die große Leistung Chrysipps. Hier wird nur begründet, daß auch sie eine Tugend ist, weil sie die unbedachte Zustimmung („Synkatáthesis" vgl. 3,18) und die Verführung durch Sophismen zu verhindern vermag. Im Hintergrund wirkt das sokratische Postulat (das nach 1,71–72 auch Epikur anerkennt), daß nur diejenigen Disziplinen gepflegt werden dürfen, die den Menschen seelisch besser machen. Für die Stoa leistet dies auch die Dialektik. Auf Einzelheiten geht Cicero nicht ein, wohl mit Rücksicht auf die ausführliche Diskussion in den Academici.

73 Den ethischen Aspekt der Naturphilosophie betont die Stoa genauso wie Epikur (1,63–64) und später der Peripatetiker (4,11). Hier allerdings wird die Forderung, in Übereinstimmung mit der Natur zu leben, so extensiv ausgelegt, daß darunter auch die Übereinstimmung mit der Natur des Kosmos und des Alls (vorbereitet schon durch den berühmten Satz Anaximanders VS 12 A 9) und mit dem Leben der Götter (was in anderer Weise auch Epikur meint) verstanden werden muß (vgl. etwa SVF 3,68). Was dies konkret bedeutet, wird nicht gesagt: Doch im Begriff des „Agathón" und der „causa finalis" begegnen sich schon bei Platon und Aristoteles die Interpretation des Kosmos und diejenige des menschlichen Handelns (Platon Phaid. 97B–99C u. a., Aristoteles Metaph. 982b4–7, 984b8–985a10 u. a.). – Schade ist, daß wir nichts darüber erfahren, inwiefern die Sprüche der Sieben Weisen nur durch die Naturphilosophie richtig gedeutet werden können. Genannt werden vier Sprüche, die zwei letzten schon bei Platon Protag. 343B; der erste wird wohl dem „Kairòn gnôthi" entsprechen, was in der dem Demetrios von Phaleron zugeschriebenen Sammlung unter dem Namen des Pittakos erscheint und mit der stoischen These, es komme alles auf den richtigen Zeitpunkt an (3,45–47), zu verbinden sein wird. Der Satz „Folge Gott" („Hépou

theō") gilt in der Regel als pythagoreisch. – Endlich sind sowohl die Gerechtigkeit unter den Menschen wie auch die Frömmigkeit den Göttern gegenüber nur mit Hilfe der Naturphilosophie richtig zu verstehen und zu pflegen. Auch da bleibt es bei Stichworten. Deutlich ist die Absicht, die Naturphilosophie so stark wie möglich an die Ethik zu binden. Das ist Sokratik, obschon man vor allem auch Heraklit, so schwer deutbar er ist, als Vorläufer in Rechnung stellen muß. Vieles einzelne wird schon die Rede des Laelius in De rep. 3 gebracht haben, auf anderes ist Cicero erst in De nat. deor. 2 näher eingegangen. Die Ökonomie des Gesamtwerkes hat da zweifellos eine große Rolle gespielt.

74 Der Epilog setzt ein mit einer urbanen Entschuldigung für die Länge des Exposés (vgl. De nat. deor. 1,56; anders De fin. 1,72) und fährt fort mit einem begeisterten Lob der systematischen Kohärenz der Lehre. Weder im Bereich der Natur noch in demjenigen der Techne gibt es ähnlich perfekte Konstruktionen. Auf die innere Folgerichtigkeit war schon mehrfach hingewiesen worden: 20, 26, 48, 58. In der Tat ist die Stoa die erste Lehre, die derart ausdrücklich eine streng logische Geschlossenheit für sich beansprucht hat. In der Spätantike ging dieser Anspruch (von Porphyrios an) auf den Neuplatonismus über und hat von dort her die großen Systeme der Hochscholastik beeinflußt.

75 Kompositorisch und psychologisch äußerst geschickt endet der Vortrag mit einem knappen Hinweis auf die stoischen Paradoxa. Aufgeführt werden folgende: (1) das fundamentale Paradoxon, daß nur das Edle allein auch gut ist. Es war schon in 11, 26, 28, 29, 38 zitiert worden. Paradox wird der Satz dann, wenn er besagt, daß gerade das Edle als das schlechthin Unnützliche in Wahrheit das allein Nützliche ist. Das Edle ist zugleich das einzige, was der Mensch jederzeit, ohne gehindert zu werden, zu erwerben fähig ist; und wenn es zugleich das einzige Gute ist, so folgt, daß derjenige, der dieses Gute besitzt, jederzeit in der Eudaimonia ist. (2) Der Weise ist allein König, weil er allein zu regieren versteht (virtuell schon bei Platon, Politikos 259AB). Cicero belebt den Satz durch römische Exempla; aus der Urzeit der letzte König Roms, der schon früh zu einem Tyrannos im Sinne des griechischen Schlagwortes stilisiert wurde. Die Geschichte von Lucretia war schon 2,66 erwähnt. Es folgt aus neuester Zeit die Diktatur Sullas; gelehrt wird zunächst vermerkt, daß das, was jetzt „dictator" heißt, früher (vermutlich vor allem bei Cato, Origines) „magister populi" genannt wurde, dann Sulla selbst brutal mit den drei Hauptlastern der griechischen Systematik behängt: Genußsucht

(„Philhedonía"), Geldgier („Philoploutía"), Herrschsucht („Philotimía"). Daß Cato, mehr als Cicero selber, ein erbitterter Gegner der Diktatur Sullas war, war bekannt. (3) Der Weise allein ist reich, und wenn mit Recht alle Güter demjenigen gehören, der sie richtig zu benützen versteht (teilweise schon bei Platon, Euthydemos 280B–281C), so gehört dem Weisen von Rechts wegen alles. Überraschend scharf und einseitig ist hier das Urteil über den reichen Crassus, dessen Geldgier zu seinem Untergang führte. In 2,57 tönte es spürbar anders. Dies mag auch hier daran liegen, daß Cicero in 2,57 in eigenem Namen sprach, hier dagegen Cato sprechen läßt. (4) Der Weise allein ist schön, ein Paradoxon auf dem Hintergrund der Gestalt des Sokrates und des platonischen Symposion (vgl. SVF 1,221). (5) Der Weise allein ist unbesiegbar (in 2,46 war dies die Eigenschaft des Großgesinnten, an sich ein Stück Übernahme politischer Ideologie in die Ethik). – Cicero hatte schon im Jahr 47 v. Chr. eine kurze Schrift über „die Paradoxa der Stoiker" verfaßt. Der Vergleich mit unserem Abschnitt zeigt, daß nur teilweise dieselben Paradoxa zur Sprache kommen. In den Par. Stoic. ist die Abfolge: (1) Nur das Edle ist gut. (2) Die Tugend allein reicht aus zur Eudaimonia. (3) Alle richtigen und alle falschen Handlungen sind untereinander völlig gleich. (4) Alle Toren sind wahnsinnig. (5) Nur der Weise ist frei. (6) Nur der Weise ist reich. – Demnach entsprechen unserem Texte nur (1), (5), (6). Doch werden in unserem 4. Buch auch (3) und (4) berücksichtigt, und (2) hängt unmittelbar mit (1) zusammen. Vgl. bes. 4,74–77.

76 Eine letzte These schließt ab: Die Eudaimonia kann nicht nur jederzeit erlangt werden, sondern ist auch vollkommen unverlierbar, wenn man sie einmal erreicht hat. Damit wird das im herodoteischen Solon-Kroisos-Gespräch aufgeworfene Problem gegenstandslos, wie schon 2,87 feststellte. Zieht man Aristoteles Nik. Ethik 1,11 heran, so wird der ontologische Charakter der stoischen Doktrin im Gegensatz zum behutsamen existentiellen Realismus des Aristoteles besonders deutlich. – Der letzte Satz formuliert noch einmal die in sich geschlossene Gleichstellung von Tugend, Weisheit und Eudaimonia. Da wird denn die stoische Lehre zum Appell, sich nur um das eine, was not tut und was ausreicht, zu kümmern; es entsteht eine eigentümliche Polarisierung zwischen der ethischen Radikalität und dem Selbstbewußtsein des widerspruchsfrei logischen Systems.

KOMMENTAR

VIERTES BUCH

1–2 Die Reaktion Ciceros unterstreicht in der Linie von 3,3 die Kompliziertheit der stoischen Lehre. Mit der Frage, warum in der Darbietung der Lehre Stoa und Peripatos so verschieden sind, obschon sie in der Sprache übereinstimmen, gelangt er sofort zum entscheidenden Streitpunkt, den schon 3,10—14 berührt hatte. Cato entschuldigt die Dunkelheit mit der in 2,15 angedeuteten Alternative: Sie beruht nicht auf Absicht, sondern auf der Schwierigkeit des Gegenstandes. Er wünscht, daß man sich zunächst ganz auf den Streitpunkt konzentriere, doch Cicero will so vorgehen, wie er persönlich es für zweckmäßig hält (vgl. 1,72). Damit übt er gleichzeitig eine leise Kritik an Catos autoritärem Stil und betont seine Selbständigkeit, wozu er als der Ältere durchaus das Recht hat.

3A Ciceros Ausgangsthese: Die Lehre der Schüler Platons (die Akademie mit Speusippos, Xenokrates, Polemon, der Peripatos mit Aristoteles und Theophrast) wird als ein einziger Block verstanden, wobei Platon selber ausgeklammert bleibt; die Existenz zweier Schulen, Akademie und Peripatos, wird stillschweigend bagatellisiert, bzw. auf rein administrative Gründe zurückgeführt. Zenon gilt als Schüler Polemons (nicht etwa des zur gleichen Zeit wirkenden Theophrast; vgl. Acad. 1,34); und, wie schon zu 3,68 bemerkt, seine dokumentarisch belegte Beziehung zum Kyniker Krates wird planmäßig ignoriert. Dies erlaubt, seine Schulgründung als „Abfall" von Polemon zu interpretieren (merkwürdig ist SVF 1,306, in der Sache an den Bericht des Aristoxenos über Platons Vortrag „Über das Gute" erinnernd, vgl. Aristoteles Frg. 84,1). Was dies bedeutet, zeigen die Berichte, die vom „Abfall" des Aristoteles von Platon sprechen (Diog. Laert. 5,2) und die für die Stoa konstatieren, daß zwar Kleanthes an der Lehre Zenons festgehalten habe (Diog. Laert. 7,168), dagegen Chrysippos von ihr „abgefallen" sei (7,179). Da beginnt die Unterscheidung von Orthodoxie und Häresie sich abzuzeichnen.

3B–4 Erste Übersicht über die Lehre der „Alten" (wobei offen bleibt, wieweit es sich tatsächlich um eine gemeinsame Doktrin aller fünf Philosophen handelt und wieweit bestimmte Thesen einzelner unter ihnen mehr oder weniger mit Recht als repräsentativ für die ganze Gruppe aufgefaßt und präsentiert werden); (a) Der Mensch hat die Anlage zu den vier Kardinaltugenden (vgl. Aristoteles Nik. Ethik 1103a18–26). (b) Diese sind den Technai ähnlich, unterscheiden sich aber durch ihr Material (die Seele) und ihre Methode (Unterscheidung von gut und schlecht); vgl. 3,24 und Aristoteles a. a. O.

1105a26–b5. (c) Gegliedert ist die gesamte Philosophie in drei Teile: In einer nur approximativ zu füllenden Lücke muß von der Logik im peripatetischen Sinne (vgl. 1,22) die Rede gewesen sein; es folgt als Leistung des dem Menschen angeborenen Strebens nach Wissen die Naturphilosophie; und aus der ebenfalls angeborenen Neigung zur Vergesellschaftung im engsten und weitesten Sinne ergibt sich die Ethik und Politik. Nach Sextus Emp. Adv. log. 1,16 soll Xenokrates als erster diese Dreiteilung (auf die sich Cicero immer wieder bezieht) ausdrücklich durchgeführt haben (dazu Aristoteles Top. 105b19–25).

5–7 Die Ethik wird auf später verschoben, so daß hier der Ankündigung nach nur von der Politik die Rede sein soll. Doch dies trifft nur für den ersten Satz zu, der auf Werke über den Staat und über Gesetzgebung verweist; man wird an Platon, Aristoteles und Theophrast denken. Dann drängt sich anderes vor; einerseits die Zweiteilung in Dialektik und Rhetorik, andererseits und vor allem die Konfrontation des schulmäßig pedantischen Stiles der Stoa mit der großzügigen und eindrucksvollen Gestaltung bei den „Alten", d. h. wohl vor allem bei Aristoteles und Theophrast in ihren für die Öffentlichkeit bestimmten, literarisch ausgearbeiteten Werken (zu denen die uns erhaltenen Pragmatien im Prinzip nicht gehören). Ciceros griechische Vorlage hat da eine ganze Reihe von Buchtiteln genannt, weitgehend in den erhaltenen Listen des Aristoteles, Theophrast, Speusippos und Xenokrates wiederkehrend: 1. Über die Gerechtigkeit, 2. Über die Selbstzucht, 3. Über die Tapferkeit, 4. Über die Freundschaft, 5. Über Lebensführung (griech. „Peri Bion"), 6. Über die Philosophie, 7. Über die Politik (griech. „Peri tou Politeúesthai"), dann 8. Trostschriften, 9. Mahnschriften, 10. Lehrbriefe an Staatsmänner und Fürsten. Hier sei nur angemerkt, daß die Titel Nr. 1, 4, 6, 8, 9, 10 bei Aristoteles bezeugt sind, die Titel 1, 2, 4, 5, 6, 10 bei Xenokrates. Dann wird der wirklichkeitsnahe Unterricht in der Rhetorik bei Aristoteles und Theophrast den dürren Handbüchern des Kleanthes und Chrysippos gegenübergestellt. Es folgt ein unheilbar zerstörtes Textstück, das sich auf das stoische Weltbürgertum (3,64), dann ein weiteres, das sich auf die Paradoxa (3,75) bezieht, beides mit Polemik gegen die abstrakten Spekulationen der Stoa. – Im ganzen bleibt auffallend, daß gegen die Ankündigung von der Staatsphilosophie kaum die Rede ist. Man darf vermuten, daß Cicero von ihr zu reden vermieden hat, um nicht wiederholen zu müssen, was er in De re publ. 1 und 3 schon ausführlich dargelegt hatte. Als Ersatz hat er Material verschiedener Provenienz zusammengestellt und das Ganze

dem Gegensatz zwischen der Schulmeisterei der Stoa und dem weltmännischen Philosophieren des Peripatos untergeordnet.

8–10 Übersicht über das Gesamtgebiet der Logik, von der allerdings schon in 5–7 teilweise die Rede war. (1) Zenon hatte keinen Grund, von den Früheren abzufallen. (2) Deren Logik umfaßte schon (a) die Kunst des Definierens, (b) die Kunst des Aufgliederns („Dihairesis"), (c) die Lehre von Gegensätzen, (d) die vom Evidenten ausgehende Syllogistik, (e) die Abgrenzung von den Sophismen. (3) Der allgemeine Grundsatz war, daß man sich weder auf die Sinne ohne die Vernunft, noch auf die Vernunft ohne die Sinne verlassen dürfe. In dieser Form findet sich der Grundsatz in den aristotelischen Pragmatien nirgends, doch vgl. Sextus Emp. Adv. Log. 1,143–144 (vgl. 200) und 1,217–226, möglicherweise auf Theophrast zurückgehend. (4) Verhältnis der stoischen Dialektik zu derjenigen der „Alten"; die Art der Kritik erinnert an 1,17. (5) Die Rhetorik unterscheidet das Finden und das Ausarbeiten der in jedem einzelnen Falle durchschlagenden Argumente. Über das Ausarbeiten haben sich Stoa wie Peripatos geäußert, über das Finden der Peripatos allein. Doch ist es gerade die Technik des Findens, die den Redner selbständig macht. Scharf wird der Vorzug der Technik vor dem beliebigen Einfall hervorgehoben. Da hat Cicero Material aus dem Umkreis von De oratore eingearbeitet, ohne sich darum zu kümmern, daß für den Peripatos die Rhetorik nur am Rande mit der philosophischen Logik in Berührung steht.

11–13 In der Naturphilosophie werden zunächst Peripatos und Stoa gegen Epikur gestellt. Wenn von diesem behauptet wird, bei ihm habe die Naturphilosophie nur die zwei Aufgaben, die Angst vor den Göttern und vor dem Tode zu überwinden (Kyr. Doxai 1 u. 2), so ist damit 1,63–64 mindestens sehr stark vereinfacht. Der Peripatos sieht (1) in der Erforschung des Kosmos eine Förderung der drei Kardinaltugenden der Selbstzucht-Ordentlichkeit, der Großgesinntheit (vgl. 2,46 und De rep. 6,20) und der Gerechtigkeit (die Stelle zeigt, daß De legg. 1,18–27 aus peripatetischer, nicht aus stoischer Tradition stammt; vgl. auch 2,8). Es ist klar, daß diese These einerseits dem sokratischen Primat der Bekümmerung um die eigene Seele genügen soll, andererseits in den uns erhaltenen Texten des Aristoteles nirgends belegt ist. Wir haben indessen immer mit den verlorenen Dialogen (vor allem „Über die Gerechtigkeit" und „Über die Philosophie") zu rechnen und noch mehr mit dem philosophischen Œuvre Theophrasts. Cicero beruft sich hier und in De legg. ausdrücklich auf die Philosophen als die „gelehrtesten" und „weisesten" Männer, und der Kontext schließt es völlig aus, daß er oder Antiochos von Askalon

einfach stoische Doktrinen als solche der „Alten" ausgegeben hätten. De nat. deor. 1,36 und 40 läßt sich sehr wohl so verstehen, daß vielmehr die Stoa Lehren der „Alten" übernommen und ihren Zwecken adaptiert hat. Dies gilt vor allem für die Annahme eines vernunftgemäß regierenden und gesetzgebenden Weltherrschers. Aristotelisch ist (2) der Hinweis auf die unsägliche Lust der Forschung (vgl. Nik. Ethik 1177a22–27); der Vorbehalt, man dürfe sich ihr erst hingeben, nachdem man seine politischen Pflichten erfüllt habe, wirkt ciceronisch (vgl. 1,10; 2,46; 3,7; De off. 1,19), kann aber auch schon aristotelisch sein, wenn man Nik. Ethik 1094a27–b7 und die gesamte Haltung von Politik Buch 7 bedenkt. Es folgt (3) der Ausblick auf die Stoa, die sowohl die Beweise der Existenz der Götter wie die Lehre von den vier Elementen übernommen hat, nur in der Frage nach dem fünften Element (von dem Aristoteles De coelo Buch 1 handelt) abweicht. Das fünfte Element wird hier charakterisiert wie in den Academici 1,26 und Tusc. disp. 1,22; aus ihm bestehen die Gestirne ebenso wie die menschliche Seele (vgl. SVF 1,134). Da ist die Grundlage ein Dialog des Aristoteles, entweder „Über die Philosophie" oder der „Eudemos". Zenon hat sich darauf beschränkt, zwei Arten des Feuers anzunehmen. Ciceros Vorlage hat wohl noch andere Abweichungen Zenons festgestellt, dann aber doch die Übereinstimmung im wesentlichen konstatiert. Merkwürdig die Bemerkung, Gott verwalte „die größten Teile" des Kosmos, also nicht alles. Dies scheint auf die von Platonikern, Stoikern und später von den Christen kritisierte Theorie hinzuweisen, daß bei Aristoteles die vom ersten Beweger ausgehende Weltordnung sich nur bis zum Monde erstreckt und den sublunaren Raum nicht erfaßt. (4) Der engen Beziehung der Stoa zum Peripatos in der allgemeinen Kosmologie wird der Gegensatz in der Naturwissenschaft gegenübergestellt. Für Zoologie und Botanik hat sich die Stoa überhaupt nicht interessiert, während eine der größten Leistungen des Peripatos gerade auf diesem Gebiete liegt. Wie in 6 lassen sich bestimmte Titel identifizieren: bei Aristoteles die Werke Historia animalium, De generatione animalium, De partibus animalium; die Lebensformen der Tiere waren in der Historia animalium beschrieben. Bei Theophrast wird auf De plantis und Causae plantarum angespielt; beachtlich, daß Cicero noch keinen Begriff für „die Pflanzen" überhaupt hat, sich also hier wie in 5,33, Academici 1,26, De nat. deor. 2,29 und 33, u. a. mit Umschreibungen behelfen muß. (5) Zum Abschluß wird das Verhältnis Zenons zu den „Alten" parallelisiert mit demjenigen Epikurs zu Demokrit (vgl. 1,17 und 21). Bei beiden wird der Undank dem Lehrer gegenüber hervor-

gehoben; auffallenderweise ist vom Einfluß Heraklits auf die Stoa, bes. auf Kleanthes, nirgends die Rede. Zenon wird ausschließlich von den „Alten" her interpretiert.

14-15 Mit der Frage nach dem höchsten Gute, die die zentrale Frage der Philosophie ist (vgl. 2,51 und 3,11), beginnt die Ethik; der Vorwurf von 4,3, Zenon sei von seinen Lehrern abgefallen, wird wiederholt. Ausgegangen wird von der Definition Polemons, deren Tragweite wir allerdings kaum übersehen, da wir gerade die Lehren Polemons weit weniger kennen als diejenigen des Speusippos und Xenokrates; er hat eben nur in der hier vorliegenden philosophiegeschichtlichen Konstruktion einige Bedeutung gehabt. Auch hier wird nur mitgeteilt, wie die Stoa seine Definition ausgelegt hat: (I) im Sinne der schon in 2,34 und 3,31 zitierten Definition, die diejenige Chrysipps war (SVF 3,15), hier dagegen schon Zenon zugeschrieben wird (vgl. SVF 1,179), womit sich Chrysippos als treuer Schüler Zenons erweist (anders Diog. Laert. 7,179). (II) Unter Ausklammerung des Bereichs des vollkommenen Guten und seiner Verwirklichung im richtigen Handeln (vgl. 3,24; 45) meint sie die Erfüllung der Aufgaben gemäß 3,58-59: Daß hier wie nachher von „allen oder doch den meisten/größten Dingen" die Rede ist, zeigt, daß wir es mit einer Kompromißformel zwischen Stoa und Peripatos zu tun haben. Das vom stoischen Radikalismus des „Alles oder Nichts" abweichende behutsame Quantieren ist charakteristisch peripatetisch (vgl. später 4,25; 27; 34; 60; 5,91-92); das „Festhalten" der Aufgaben signalisiert im Sinne der Stoa, daß es ganz auf die innere Intention ankommt. Davon ist unterschieden (III), das vom Genießen des Naturgemäßen spricht, womit alle drei peripatetischen Güterklassen gemeint sind (vgl. 2,34); es ist die Totalität aller Güter, die zu erwerben nicht in unserer Macht steht. Die Stoa hat (III) als Lehre des Xenokrates und Aristoteles registriert, natürlich um sie zu bekämpfen, da für sie die körperlichen und gesellschaftlichen Vorzüge nichts mit dem höchsten Gute zu tun haben. So ist (I) rein stoisch, (III) rein peripatetisch und (II) ein Kompromiß (Panaitios ?).

16-17 Grundlegung der peripatetischen Ethik, abzuheben von 3,16-19, zu vergleichen mit 5,24-27. (1) Ausgegangen wird von „jeder Natur" d. h. von Mensch, Tier und Pflanzen, und am Anfang steht das elementare biologische Bedürfnis nach Selbsterhaltung. Es ist als solches für alle Naturen dasselbe, konkret jedoch für Pflanze, Tier und Mensch verschieden. (2) Entscheidend ist, daß die Natur für sich allein nicht fähig ist, die Selbsterhaltung zustande zu bringen, sondern beim Menschen jedenfalls der Unterstützung durch die

Techne bedarf; diese ist zweigeteilt in den Umgang mit der außermenschlichen Natur und denjenigen mit den anderen Menschen. Hier hat die „Lebenskunst" ihren Platz, die schon 1,72; 3,4 erwähnt war. Die gesamte Konfiguration erinnert an Platon, Protag. 320C–323A. (3) Der Mensch im ganzen besteht aus Seele und Körper; der Vorrang der Seele schließt nicht aus, daß die Vollkommenheit des Körpers ebenso ein Selbstzweck ist wie die Vollkommenheit der Seele. (4) Die Aufgabe der Weisheit ist es, im Sinne von (2) die Natur in der Fürsorge für den Menschen zu unterstützen, und zwar ebenso, was den Körper wie was die Seele angeht. (5) So werden die Güter des Körpers und der Seele aufgeführt; unter diesen ist am wichtigsten einerseits der Ansatz zur Gerechtigkeit, andererseits derjenige zur Freundschaft, die sich aus der Beziehung zwischen Mann und Frau entwickelt. Da ist bezeichnend die schon bei Aristoteles angelegte Zusammenstellung der institutionellen Gerechtigkeit mit der existentiellen Freundschaft. Merkwürdig die Behauptung, die Peripatetiker hätten als erste Philosophen die Liebe der Eltern zu den Kindern als in der Natur begründet bezeichnet. Das besagt zunächst, daß 3,62 und 66 aus dem Peripatos übernommen ist. Umgekehrt ist es ausgeschlossen, daß erst der Peripatos auf die besondere Relation Eltern–Kinder aufmerksam gemacht hätte. Man wird dies vielleicht so verstehen dürfen, daß etwa Demokrit die Ehe und das Zeugen von Kindern als eine fakultative und nicht immer wünschbare Möglichkeit gesehen hat (vgl. VS 68 B 275–280) und daß Platon mit seiner Theorie der Gemeinschaft von Frauen und Kindern, also mit der radikalen Auflösung der Familie weder die eheliche Beziehung noch die Liebe der Erzeuger zu den Erzeugten berücksichtigt hat. Alledem gegenüber betont der Peripatos, daß die Ehe und die Relation Eltern–Kinder in der Natur selbst begründet sind, also in keinem Falle eliminiert werden können. (6) Wesentlich ist sodann der Entwicklungsbegriff, also das kontinuierliche Fortschreiten von der Anlage des Säuglings bis zur Verwirklichung aller Anlagen, vor allem der Tugenden, beim erwachsenen Menschen. Darauf wird das 5. Buch insistieren, und hier unterscheidet sich der Peripatos fundamental von Stoa und Epikur, die beide eine derart geschlossene, am Modell des biologischen Wachstums orientierte Entwicklung nicht kennen. (7) Endlich wird dem Vorwurf begegnet, daß es nicht in der Macht des Menschen steht, eine solche Entwicklung zu steuern; mit der Intervention der Fortuna-Tyche muß immer gerechnet werden (vgl. schon 15). Dies ergibt sich aus Aristoteles Nik. Ethik 1,10–11. Hier wird erklärt, (a) die Großgesinntheit ist die Tugend, mit der man der Tyche entge-

gentreten kann, (b) das Wichtigste ist in der Macht des Weisen, was Epikurs Kyr. Doxai 16 erstaunlich nahe kommt, und (c) allgemein ist ein Leben im Sinne der „Alten" gegen die Tyche hinreichend gewappnet. – Zu wenig hervorgehoben wird, wie sehr sich diese pragmatische Auseinandersetzung mit den Schwierigkeiten des Lebens von der stoischen Haltung unterscheidet, für deren ontologisches Argumentieren alles, was nicht das eine reine Gute ist, irrelevant bleibt.

18 War in 17 andeutungsweise von den Samen der Gerechtigkeit und von der Großgesinntheit gesprochen worden, so trägt Cicero nun die zwei verbleibenden Tugenden nach. Aus dem von der Natur gelieferten (aber unzureichenden) Ansatz entstehen „Überschüsse" an Gutem (lat. „amplitudines" soll wohl griech. „Hyperbolaí" wiedergeben, vgl. Aristoteles Pol. 1323a36–b12) und zunächst als Wißbegierde (schon in 4), die teils zur naturwissenschaftlichen Theorie führt, teils zum Interesse an der logischen Beweismethode. – Den Abschluß bildet die Selbstzucht, die mit dem Drang zur menschlichen Gemeinschaft verknüpft wird. Noch einmal ist von den Samen die Rede, aus denen allmählich alle Tugenden herauswachsen. Wichtig ist der Begriff des Samens hier nicht, wie zuweilen in der Stoa, als Metapher für das unendlich Kleine, das in das unendlich Große umschlägt, sondern im strengen biologischen (und damit peripatetischen) Sinne des (pflanzlichen) Samens, in dem alles Spätere schon im Keime angelegt ist und aus dem es sich in einem kontinuierlichen Prozeß entwickelt. Andeutungen waren schon bei Aristoteles zu finden, doch erst Theophrast hat die biologische Perspektive ganz in den Mittelpunkt seiner Anthropologie gerückt.

19–23 Nun soll verfolgt werden, was Zenon veranlaßt haben kann, von dieser Lehre der „Alten" abzuweichen; zunächst die Punkte, bei denen sachlich überhaupt kein Grund zu erkennen ist, weshalb Zenon hätte abweichen müssen. (1) Jede Natur sucht sich selber zu erhalten. Daß 4,16 von „Natur" spricht, 3,16 von „Lebewesen", scheint nicht ins Gewicht zu fallen. (2) Jedes Lebewesen will seiner Gattung gemäß gesund und unverletzt bleiben. Daß in 3,16 die Präzisierung „in suo genere" fehlt, die 4,16 mit Rücksicht auf die zoologische Systematik erscheint, wird nicht beachtet. (3) Das Ziel jeder Techne ist genau dasjenige, was die Natur anstrebt, und dies muß auch von der Lebenskunst gelten. Gegenüber 4,16 ist die Formel verändert; war dort davon die Rede, daß die Techne ergänzen muß, was die Natur allein nicht zustande bringt, so wird hier nur die Parallelität von Natur und Techne konstatiert, was kein Zufall ist. Während der Peripatos unbedenklich von der Mangelhaftigkeit der Natur spricht, die auf die

Ergänzung durch die Techne angewiesen ist, kommt für die Stoa eine Kritik am Walten der Natur nicht in Frage: Was die Natur leistet, ist selber schon die vollkommene Techne, und dem Menschen bleibt nur die Nachahmung. Der Unterschied ist also beträchtlich, und daß auch auf ihm nicht insistiert wird, ist sonderbar. (4) Der Mensch besteht aus Seele und Körper, und die Vollkommenheit beider Teile ist wünschbar. Soweit stimmen Peripatos und Stoa untereinander überein; unausgesprochen bleibt, daß der Peripatos beide Vollkommenheiten nicht bloß als wünschbar, sondern auch als zu erstrebende Güter einstuft, die Stoa aber die Vollkommenheit des Körpers lediglich wünschbar nennt, diejenige der Seele aber sowohl wünschbar wie auch zu erstreben. Denn nur die zweite können wir uns selbst verschaffen, nicht aber die erste. (5) Die in den vier Kardinaltugenden sich entfaltende Vollkommenheit der Seele überragt weit diejenige des Körpers. Dazu würde die Stoa bemerken, daß sie das mehrdeutige Überragen („praestantia") streng qualitativ versteht, während der Peripatos sich mit einer quantitativen Differenz begnügen könnte. – Dies sind also alles Momente, in denen Stoa und Peripatos einig sind. Erkauft ist die Übereinstimmung freilich um den Preis sorgfältig kalkulierter Vereinfachungen, die sicher nicht Ciceros Werk, sondern dasjenige seines griechischen Vorbildes sind, also vermutlich des Karneades. – Dem stehen die anerkannten Abweichungen der Stoa gegenüber: (1) Wo der Peripatos von körperlichen Vollkommenheiten spricht, die als Güter zu erstreben sind, spricht die Stoa von bloßen Vorzügen, die man sich wünschen wird. (2) Für den Peripatos ist das mit allen Vollkommenheiten von Seele, Körper und gesellschaftlichen Werken angefüllte Leben erstrebenswerter als ein Leben der Tugend allein, für die Stoa ist es nur wünschbarer, nicht erstrebenswerter. (3) Für die Stoa erzeugt der Besitz der Tugend allein die vollkommene Eudaimonia. Der Weise wird zwar alles tun, um Schmerz, Krankheit, Invalidität zu vermeiden, doch seine Eudaimonia wird durch solches Mißgeschick nicht beeinträchtigt. (4) Endlich sind für die Stoa alle schlechten Gesinnungen einander ähnlich und alle schlechten Taten einander gleich derart, daß es keinen Fortschritt zur Tugend hin gibt und auch ein Platon, solange er nicht vollkommen weise ist, genauso schlecht und unselig ist wie der schlimmste Verbrecher. Dies ist in der Liste der „Paradoxa der Stoiker" das dritte Paradoxon; in unserem 3. Buch ist es 3,48, abgetrennt von den Paradoxa 3,75 (vgl. SVF 1,224 und 3,535). – Alle vier Abweichungen beruhen darauf, daß die Stoa (a) als ein Gut nur anerkennt, was der Mensch sich selbst verschaffen kann und (b) dieses Gute ontologisch

als eine reine unveränderliche Qualität versteht. Eine Diskussion dieser beiden Prinzipien ist nicht einfach, und so begnügt sich Cicero hier damit, von der kontrollierbaren Praxis her zu argumentieren. Er liefert damit ein Gegenstück zu 2,74-77. Der stoische Rigorismus erträgt die Konfrontation mit der Praxis nicht: (a) Man wird keine Doktrin akzeptieren, die in der Sache genauso urteilt wie alle andern Menschen, aber ohne zwingenden Grund eine neue Terminologie einführt. Sollte sie aber (b) in den Sachen selber anders urteilen, dann um so schlimmer: Man kann vor Gericht niemals erklären, daß Verbannung und Vermögenskonfiskation keine Übel seien und daß der Richter kein Mitleid haben dürfe. (Daß für die Stoa das Mitleid ein verwerflicher Affekt ist, war bisher nirgends gesagt, auch nicht in 3,35 [vgl. SVF 1, 213, 214].) Wirkungsvoll wird das Preisgedicht des Ennius auf den älteren Scipio Africanus ins Spiel gebracht; sowohl das pathetische Bild, daß Hannibal die Mauern Roms durchstößt, wie auch die Begründung für den Triumph Scipios werden Zitate aus dem Gedicht sein (das zweite lückenhaft). Die Schlußfolgerung ist so scharf wie Epikur gegenüber: Eine Ethik, die man nur theoretisch und im Innern der Schule vertreten kann, nicht aber in der Öffentlichkeit, ist nichtig.

Beachtenswert ist, daß die Kritik an der Stoa demselben Schema folgt wie die Kritik an der Naturphilosophie Epikurs: Fürs erste lehrte Epikur dasselbe wie Demokrit (so daß also die Gründung einer neuen Schule überflüssig war), und zum zweiten sind die Abweichungen teils unbedeutend, teils bloße Verschlechterungen (1,17-21). Man wird folgern, daß in beiden Fällen derselbe Kritiker am Werk ist. – Eine bösartige Pointe gegen die orthodoxe Stoa ist zum Schluß der Hinweis, daß sogar der Stoiker Panaitios die Unhaltbarkeit der orthodoxen Position durchschaut habe. Er hat an Q. Aelius Tubero, den Neffen des jüngeren Scipio Africanus (vgl. De rep. 1,14ff.) aus Anlaß des plötzlichen und rätselhaften Todes seines Oheims im Jahre 129 v. Chr. ein Trostschreiben gerichtet, das Cicero zweifellos noch vor sich hatte. Panaitios hat da den Schmerz gerade nicht ontologisch wegdisputiert und als irrelevant erklärt, sondern ihn realistisch definiert, ihn als etwas dem Menschen Unvertrautes („alienum", „allótrion") bestimmt (vgl. 3,16) und Ratschläge gegeben, wie er ertragen werden könne. Dies steht in der Tat dem Peripatos wesentlich näher als Chrysippos.

24 In einem Intermezzo kritisiert Cato genauso unhöflich wie in 2 das Vorgehen Ciceros. Das Bisherige war also Einleitung, nun soll die spezialistische Untersuchung folgen.

25–26A Eine Rekapitulation des schon Gesagten dient als Ausgangspunkt: (1) Von Natur gilt unser erstes Streben der Selbsterhaltung, was sogleich zur Frage führt: Wer sind „wir", und als was sollen wir uns selbst erhalten? (2) Wir sind Menschen aus Körper und Seele, und dieses Ganze ist zu bewahren derart, daß die Bewahrung dieses Ganzen zugleich das höchste Gut ausmacht. (3) Dies bedeutet, man müsse von den naturgemäßen Dingen, auf die das Ganze des Menschen hin angelegt ist, „das Meiste und Größte" erwerben. Die Formel begegnete schon in 4,15 (später 4,27; 34, 60) und indiziert, daß „alles" jedenfalls nicht zu erreichen ist. Wir sind also hier schon im Gegensatz zum stoischen „Alles oder Nichts" in der Dimension des peripatetischen (und z. T. epikureischen) optimalen Approximierens. Der Schluß greift auf die Formel Polemons „der Natur gemäß leben" zurück (vgl. 4,14).

26B–28 Nun die Frontalkritik: Die Stoa geht, peripatetisch formuliert, von der Gesamtheit der Vorzüge aus, die die reale geschichtliche Existenz des Menschen ausmachen, und in dem Augenblick, in dem sie die Eudaimonia konstruiert, läßt sie die körperlichen und gesellschaftlichen Vorzüge einfach fallen und beschränkt sich auf das Seelische, als ob der Mensch nur Seele wäre und sonst nichts; dieselbe Kritik (wohl wie die gegenwärtige auf Karneades zurückgehend) in SVF 3,180. Doch sogar ein Lebewesen, das ausschließlich aus Seele bestünde, könnte nicht auf die Gesundheit und die meisten und bedeutendsten der körperlichen und gesellschaftlichen Vorzüge verzichten. Zu beachten bleibt freilich, daß auf den stärksten Trumpf der stoischen Position und den schwächsten Punkt der peripatetischen Argumentation kaum eingegangen wird: Wir verfügen frei und ungehindert nur über die seelischen Güter, nicht aber über die anderen. – Es folgt ein nur teilweise interpretierbares Schema Chrysipps. Der Vorzug der einen Lebewesen liegt im Körper, der andern in der Seele, der einer dritten Gruppe in beidem. Der Mensch gehört in die zweite Gruppe; daß zur ersten Gruppe die Tiere gehören, ist sicher, doch dann müßten zur dritten Gruppe die Götter gehören, was einige Komplikationen nach sich zieht. – Dann wird nochmals eingesetzt: Die Annahme eines Lebewesens, das ausschließlich aus Seele bestünde und keines der körperlichen und gesellschaftlichen Güter besäße, wäre ein Widerspruch in sich selbst; denn da zu den körperlichen Gütern (so dürfen wir ergänzen) auch das Leben gehört (nur unter dieser Voraussetzung sind 3,60–61 sinnvoll), so ergäbe sich ein Lebewesen, das kein Leben besäße, was absurd wäre.

29–31 Nun wird übergesprungen zur Diskussion von 3,45, einer sonderbaren Stelle, an der sich der Unterschied zwischen dem Guten und dem Übrigen aus einem qualitativen in einen quantitativen zu verwandeln scheint. Konzediert wird die Annahme von Gütern, die so minimal sind, daß sie kaum oder gar nicht wahrgenommen werden; zitiert wird dafür Epikur, doch wäre gerade im Blick auf Epikur auch Platon Phil. 43A–C und 33D–44A zu nennen. Es liegt indessen (a) auf der Hand, daß die Gesamtheit der körperlichen und gesellschaftlichen Vorzüge niemals derart minimiert werden darf. Man kann höchstens (b) sie so weit reduzieren, daß ihr Vorhandensein zwar erstrebenswert ist (wie eine Zugabe von einem Monat zu zehn Lebensjahren), aber ihr Fehlen noch nicht gleich die Eudaimonia zerstört (da kommt Aristoteles Nik. Ethik 1100b22–29 und 1101a8–13 in die Nähe). Doch die Stoa besteht auf der radikalen Minimierung derart, daß der Verlust eines Parfumfläschchens genauso schwer wiegt wie eine Krankheit oder die Folterung durch einen Tyrannen. Für den Peripatetiker ist dies einfach grotesk (allerdings geht Antiochos in seinem Bemühen, den Peripatos in die Nähe zur Stoa zu rücken, genauso weit, s. 5,71 und 90). Von anderer Seite kommt (c) dazu, daß jede Quantifizierung bleibt, was sie ist: Eine Kupfermünze ist im Märchenreichtum des Kroisos ein nahezu verschwindendes Minimum; dennoch bleibt sie quantitativ ein Teil jenes Reichtums. So tragen auch Gesundheit und Kraft nur ein Minimum zur Eudaimonia bei, aber wenn man schon quantifiziert, so wird auch das Minimum ein meßbarer Teil des Ganzen. Das Argument ist unwiderleglich, und eben darum versteht man kaum, wie der Stoiker von 3,45 das Risiko des Quantitierens überhaupt auf sich genommen hat. Es ist eine Gedankenlosigkeit, die man Zenon oder Chrysippos ungerne zutraut; der Verdacht, daß schon da Antiochos von der andern Seite her seine Hand im Spiele hat, liegt nahe.

32A Das Argument wird nochmals anders gewendet. Das Naturgemäße ist unbestritten ein Ganzes aus vielen Teilen. Das ist in 3,16 vorausgesetzt (vgl. 3,51). Jeder Teil hat seine Attraktivität, der ein besonderes Streben entspricht; also gibt es auch eine Attraktivität des Ganzen und ein Streben nach dem Ganzen des Naturgemäßen. Innerhalb dieses Ganzen kann man beliebig verschiedene Grade der Attraktivität und der Intensität des Strebens unterscheiden. Es bleiben jedoch Grade eines und desselben Strebens. Es ist nicht zulässig, zu behaupten (ich ergänze auch hier die allzu knappen Worte Ciceros), das Streben nach dem seelisch Guten sei generell und qualitativ ein anderes als das Streben nach den körperlichen und gesellschaftlichen Gütern

(dagegen könnte immerhin geltend gemacht werden, daß die körperlichen und gesellschaftlichen Vorzüge evident sind derart, daß sich das Streben spontan auf sie richten wird – was bei den seelischen Gütern, also den Tugenden, nicht der Fall ist: Die Tugend muß sich immer gegen einen Widerstand im Handelnden selber durchsetzen. Dieser Gesichtspunkt spielt freilich in der Stoa kaum eine Rolle, weshalb dann auch in De fin. 3 und 4 die Frage unbeantwortet bleibt, wie die Schlechtigkeit der schlechten Menschen letztlich zustande kommt).

32B–34 Der Gedanke kehrt zu 26B–28 zurück. Genauer: in 4,16 und 19 war von den verschiedenen Gattungen der lebenden Naturen gesprochen worden. Als Voraussetzung wird hier explizit, (a) daß alle Gattungen in ähnlicher Weise ein letztes Ziel (vgl. 1,11; 29; 42; 3,26; 48) haben, auf das sich ihr gesamtes Handeln bezieht, dann (b) daß jede Gattung ihr Ziel von Anfang an bis zum Ende in vollem Umfang verfolgt, ohne irgendeinen Teil davon preiszugeben. Unbegreiflicherweise ist nach der Theorie der Stoa der Mensch das einzige Lebewesen, das eine Ausnahme macht, unterwegs einen Teil seines Menschseins fallen läßt und lediglich den verbleibenden Teil als das Ziel des Handelns beibehält. Wenn die Voraussetzung gilt, daß für alle Gattungen das Ziel des Handelns ein ähnliches ist, so gibt es nur zwei Möglichkeiten: Entweder hält der Mensch am vollen Umfang seines Zieles fest wie alle anderen Lebewesen, oder alle anderen Lebewesen richten sich nach dem Menschen und verfolgen als Ziel ebenfalls nicht mehr das Ganze, sondern nur noch dessen vorzüglichsten Teil. Wenn aber weiterhin vom vorzüglichsten Teil, vom „Besten" („optimum", „Ariston") des Lebewesens die Rede sein soll, so wird die Folgerung logisch zwingend, daß es ein Bestes nur geben kann, wo eine Pluralität kommensurabler Größen vorliegt, *aus der* das Beste ausgewählt wird. Dann endlich ist es nicht einzusehen, warum man sich mit dem einen Besten begnügen muß und nicht vielmehr als das Ziel des Handelns die gesamte Vielheit, von der das Beste nur ein Teil ist, ansetzt, oder doch „das Meiste und Bedeutendste" in dieser Vielheit. Wir gelangen zu der für jede Ontologie konstitutiven Alternative des Einen und des Ganzen; nur wird hier im Bereich der menschlichen Wirklichkeit „das Ganze" durch „das Meiste und Bedeutendste" ersetzt, weil „das Ganze" ohnehin nicht zu erreichen ist. – Dies sind keine ganz banalen Überlegungen. Man wird an Karneades denken und dabei auch die naturwissenschaftliche Komponente betrachten, die auf Theophrast führen könnte.

34B–36 Unvermittelt beginnt ein neuer wichtiger Punkt, illustriert am Bildhauer Pheidias, von dem man wußte, daß er bestimmte Werke vom Anfang bis zum Ende selber geschaffen hatte, andere dagegen zur Hälfte fertig von anderen übernommen und bloß vollendet hatte. Für den Peripatos entspricht die Leistung der Weisheit dem zweiten Falle (vgl. schon 4,16,17): Sie bringt zur Vollendung, was die Natur begonnen, aber selber nicht vollendet hat. Die Frage ist dann, wie weit die Leistung der Natur reicht und wo diejenige der menschlichen Weisheit beginnt. Drei Möglichkeiten bestehen: Zu vollenden wäre entweder der Geist oder der Körper oder beides, nämlich der ganze Mensch. Sinnvoll ist nur die dritte Möglichkeit, also die Vollendung weder des Körpers allein (wie bei den Kyrenaikern) noch diejenige der Seele allein, sondern diejenige beider Teile. Hier freilich wird ein entscheidender Moment sichtbar: Eine von jeder Körperlichkeit abgetrennte Seele hatte (teilweise wenigstens) der platonische „Phaidon" gelehrt, mit der dort ausgesprochenen Konsequenz, daß eine derart autonome Seele in jedem beliebigen Körper existieren könne, also auch in demjenigen von Tieren und Pflanzen. Diese Konsequenz läßt Aristoteles so wenig zu wie die Stoa (vgl. 3,67). Für Aristoteles kann die Seele gerade nicht in einen beliebigen, sondern nur in den ihr entsprechenden Körper eingehen derart, daß letztlich Seele und Körper aufeinander angewiesen bleiben. Und eben dies ist hier angedeutet; und wenn sie schon des Körpers bedarf, dann zieht dies unweigerlich Gesundheit, Kraft und Schönheit des Körpers mit sich. Bei Cicero sind von diesen Überlegungen freilich nur Stichworte übrig geblieben. – Die orthodoxe Stoa, die (platonisierend) den Menschen auf die Seele reduziert, wird noch überboten durch Herillos, der an der Seele selbst nur die Theoria, nicht aber die Praxis gelten läßt; allerdings könnte auch diese Lehre sich auf Aristoteles berufen, freilich nicht auf denjenigen der empirischen Psychologie, sondern auf denjenigen der Theologie, für den der Mensch im eigentlichen Sinne (vgl. Nik. Ethik 1166a16–17 u. 22–23 und Cicero De rep. 6,26) nur der Geist ist, bestimmt zur Erkenntnis des ihm wesensverwandten absoluten Geistes (vgl. auch 5,73). Die peripatetische Orthodoxie beharrt indessen darauf, daß das Ziel des Handelns nur das Ziel des ganzen Menschen sein könne.

37A Die Quelle des Irrtums der Stoa war schon in 3,11 angedeutet: Sie läßt sich blenden durch den „Glanz der Tugend". Den Vorwurf hatte schon der Epikureer 1,42 und 61 erhoben, sinnvoll. Denn wo sich Epikur und Peripatos an die alltäglich erfahrbare Wirklichkeit halten, greift die Stoa zum Absoluten und „ganz anderen", wo sich

denn eine umgekehrte Proportion zwischen der empirischen Basis und der appellierenden Kraft einstellt. – Zusammenfassend wird nochmals erklärt, daß es in allen Lebewesen ein „Bestes" gibt (dazu vgl. 2,40), doch neben und unter diesem Besten auch das andere besteht (da das Beste schon seinem Begriffe nach nicht das einzige, sondern das in einer Vielheit Hervorragende ist).

37B–39 In einem Gedankensprung (oder ist nach „laudatur" etwas ausgefallen?) gelangen wir zu einem nächsten Prinzip. Daß der Peripatos einen kontinuierlichen Fortschritt des Menschen annimmt, war schon in 4,17 festgestellt worden. Nun kommt dazu, daß dieser Fortschritt kumulativ ist. Der Mensch schreitet von einer Etappe zur anderen, doch die jeweils früheren Etappen werden nicht preisgegeben, sondern sind in den späteren aufgehoben. Dies entspricht der Doktrin, die Aristoteles in De an. 414b28ff. vorträgt und die z. T. von Chrysippos übernommen wurde (vgl. SVF 3,178). An unserer Stelle wird bemerkenswerterweise zur Illustration die Rebe als eine der wichtigsten Nutzpflanzen herangezogen, was darauf hinweist, daß hier (wie in der späteren, etwas ausführlicheren Darstellung 5,39–40) ein Text des Botanikers Theophrast benutzt sein dürfte: (1) Für die Rebe als Kulturpflanze hat der Weinbauer zu sorgen; ihm wird daran liegen, daß sie in allen ihren Teilen gedeiht. Könnte die Rebe für sich selber sorgen, so würde es auch ihr daran liegen, in allen Teilen zu gedeihen. (2) Würde sie mit Wahrnehmung ausgestattet wie ein Tier, so würde ihr an der Leistung der Wahrnehmungsorgane liegen, aber auch, wie bisher, an allen Teilen ihres pflanzlichen Daseins. (3) Käme noch die Vernunft dazu, so würde sie dieser zwar den ersten Rang zuweisen, aber selbstverständlich auch um das Gedeihen des Pflanzlichen und Tierischen an ihr bemüht sein. Die Konsequenz ist klar. Sie stimmt mit dem überein, was Aristoteles selber zuweilen andeutet (Nik. Ethik 1,13): Im Mutterleib lebt der Mensch wie eine Pflanze, in der Kindheit wie ein Tier, und erst am Schluß tritt die Vernunft dazu; dabei bleibt jedoch das Pflanzliche wie das Tierische am Menschen erhalten. Genau dies übersieht die Stoa. Sie zerschneidet das Ganze in ein Naturgemäßes, das bloß vorzuziehen, und in das Gute, das zu erstreben ist. Da wird der Gegensatz zwischen den biologischen Kategorien des Peripatos und den spezifisch ethischen Kategorien der Stoa evident. Für die Stoa beginnt das Gute erst dort, wo der Mensch mit entgegengesetzten Möglichkeiten freier Entscheidung konfrontiert ist, durch die eine Möglichkeit verführt werden kann und zu der anderen sich entschließen soll; einen solchen Status haben weder die körperlichen noch die gesellschaftlichen Dinge. Allerdings muß die

Stoa dafür einen Bruch in der Entwicklung und im Aufbau des Menschen in Kauf nehmen.

40–42 In drei Gängen kommen Ergänzungen zum Gesagten dazu: (I) Welches ist der Stellenwert der körperlichen und gesellschaftlichen Vorzüge? Drei Möglichkeiten bestehen, (a) daß sie völlig gleichgültig sind; dann hat die Tugend kein Material, an dem sie sich manifestieren kann. Sind sie (b) nicht gleichgültig, aber so, daß zwischen dem Naturgemäßen (und Geschichtlichen) und dem Guten (als dem Ontologischen) ein genereller qualitativer Gegensatz besteht, so entstehen zwei Ziele des Handelns, eines im Naturgemäßen und eines im Guten; dies ist jedoch widersinnig. Es bleibt also nur (c), daß das Gute und das Naturgemäße ein Ganzes darstellen, einheitlich in der Qualität, wenn auch hierarchisch gestaffelt. – Übermäßig verkürzt ist der Einwand des Stoikers am Anfang. Der Sinn ist der, daß die Tugend ihre Autonomie verliert, wenn sie nur mit den anderen Vorzügen zusammen die Eudaimonia verwirklichen kann. – Verwirrend ist die Mitteilung über Erillos, die mit derjenigen in 36 kaum zu vereinbaren ist. Man wird ein Mißverständnis und eine ungeschickte Verkürzung Ciceros vermuten. Da wir über Erillos fast nur das wissen, was Cicero mitteilt, läßt sich seine Lehre kaum rekonstruieren. (II) In einer schon bei Platon beliebten Prosopopoiie wird die Einrichtung des Menschen redend eingeführt. Ihr Streben ist es, ihre Natur, so wie sie bei der Geburt war, in vollem Umfang zu erhalten. Einen Teil dieser Natur fallen zu lassen würde bedeuten, daß die stoische Formel „in Übereinstimmung mit der Natur zu leben" in ihr Gegenteil verkehrt würde. (III) Nun wird der Stoa vorgehalten, sie folge auf ihrem Irrwege dem Vorbild Platons; denn daß hier Cicero/Karneades auf die Seelen- und Ideenlehre des „Phaidon" anspielt, ist nicht zu bezweifeln. Sie hat ein fundamental wichtiges Prinzip verletzt, nämlich, daß die Absicht allen Handelns am Zielpunkt der Laufbahn kein anderes sein dürfe als am Ausgangspunkt (vgl. 4,32; 47). Es ist genau dasselbe Prinzip, das in 3,32; 35 gegen Epikur geltend gemacht wurde, ein sicheres Indiz dafür, daß in beiden Fällen derselbe Gegner spricht, Karneades. Er ist es, der, mit Theophrast im Rücken, die biologische Kontinuität gegen die ethische Diskontinuität ausspielt.

43 Ein Abschluß, der den Vorwurf, mit dem die gesamte Diskussion in 3,11–12 begonnen hatte, wieder aufgreift. Daß die Tugend das einzige Ziel des Handelns sei, wird grundsätzlich verworfen (der Text muß ergänzt werden, sonst ist er zu mißverständlich). Am weitesten geht Pyrrhon, der (nach dem Porträt, das Timon von Phleius von ihm verfaßt hat, vgl. Diog. Laert. 9,61–70) in der Gleichgültig-

keit gegen alles Äußere die radikalsten Konsequenzen gezogen hat. Es folgt Ariston, dessen These (nur an dieser Stelle und später 4,79) etwas differenzierter wiedergegeben wird: Es können beliebige äußere Eindrücke auch beim Weisen das Streben in Gang setzen (der orthodox stoische Begriff des „Kathekon", was auf den Handelnden „zukommt", hängt damit zusammen, vgl. 3,20). Damit ist zwar die totale Eingeschlossenheit des einzelnen in die Innerlichkeit seiner Tugend durchbrochen, doch das, was dazukommt, ist beliebig Äußeres und nicht das kohärente Ganze, das den Menschen als ein biologisches und geschichtliches Wesen konstituiert. Von diesem Ganzen spricht zwar die Stoa, doch so, daß sie es von der Innerlichkeit der Tugend abgrenzt: Daß sie es berücksichtigt, entspricht der Natur; daß sie es aus der Eudaimonia ausschließt, verstümmelt die Natur. – Die Divisio Carneadea (s. schon 2,18 ff.) liegt auch hier zugrunde; dabei ist hier besonders deutlich, daß das Interesse weit weniger dem historischen Kontext der einzelnen Lehren galt als ihrer systematischen Gruppierung. Pyrrhon, Ariston, Zenon, Peripatos werden zu einer Stufenfolge möglicher Thesen (sozusagen von einem radikalen Monismus zu einem umfassenden Pluralismus) zusammengeordnet.

44-45 Hier wie schon in 24-26A ein starker Einschnitt. Nun sollen einzelne Punkte geprüft werden, zunächst der in 3,26 zuerst formulierte Fundamentalsatz, daß nur das Edle auch das Gute sei. Nicht ganz klar wird unterschieden zwischen denen, für die ausschließlich das Gute das Ziel des Handelns ist, und anderen, die im Sinne von 4,40 erklären, daß die Tugend ihre Autonomie verliert, wenn sie nur mit den anderen Vorzügen zusammen die Eudaimonia verwirklichen kann. – Dann wird gemäß 4,3 vorausgesetzt, daß Zenon Schüler Polemons war, und methodisch gefordert, daß er vom Naturgemäßen als dem gemeinsamen Ausgangspunkt her hätte prüfen müssen, wie weit er mit jenem zusammengehen konnte, anstatt sich mit denen zu solidarisieren, die überhaupt nicht nach dem Naturgemäßen fragen.

46-48A Geschickt wird der Widerspruch hervorgehoben: Einesteils ist die Tugend das allein Gute, andernteils ist sie an das Naturgemäße als an das Material, aus dem sie auswählt (vgl. 3,20), gebunden, d. h., in der Stoa verliert die Tugend ihre Autonomie noch krasser als im Peripatos. Denn im Peripatos ist das, was zur Tugend dazukommt, zwar geringeren Ranges, aber gleicher Qualität, während für die Stoa alles, was nicht Tugend ist, generell und qualitativ zwar von der Tugend völlig verschieden ist und dennoch für die Ausübung der Tugend schlechterdings unentbehrlich bleibt. Für den Gegner ergibt sich die Alternative: (a) Ist das Naturgemäße von der Tugend so ver-

schieden, wie die Stoa behauptet, so hat der handelnde Mensch zwei Ziele, die nichts miteinander zu tun haben, hier das Erwerben der Eudaimonia durch die Tugend, dort das Sich-zurecht-Finden im Naturgemäßen. Ist jedoch (b) die Tugend so an das Naturgemäße gebunden, wie die Stoa ebenfalls behauptet, so ist zu erwarten, daß das tugendhafte und das naturgemäße Handeln gemeinsam ein einziges Ziel ansteuern, die Eudaimonia; doch gerade dies verwirft die Stoa. Geschickt und ironisch verweist der Gegner auf ein Gegenstück, die Lehre Aristipps und der Kyrenaiker, die schon von 1,23 an diskret gerühmt worden war, weil sie (anders als Epikur) in vollendeter Kontinuität ein und dasselbe Ziel des Handelns von Anfang bis zum Ende verfolge und darum auch eindeutige Direktiven zu geben fähig sei. Die Stoa dagegen fordert (a) ein Handeln auf die Tugend und die Eudaimonia hin, läßt aber auch (b) ein Handeln im Raume des Naturgemäßen zu, dessen Ziel nach ihren eigenen Voraussetzungen gerade nicht die Eudaimonia sein kann. Dieses Handeln muß also sein Ziel anderswo suchen und wird auf die Natur verwiesen. Die Natur jedoch erklärt es als ungerecht (so zu lesen), ihr bloß das alltägliche Handeln zu überlassen, dagegen den Weg zur Eudaimonia anderswo zu suchen; das alltägliche Handeln und die Eudaimonia müßten aus einem einzigen Prinzip hervorgehen und ebenso aus einem einzigen Antrieb. – Der Schluß unterstreicht den Widerspruch zwischen den zwei Forderungen, zuerst die Tugend und die Eudaimonia sich zum Ziele zu setzen und hinterher zum Naturgemäßen zurückzukehren und sich von diesem das Ziel des Handelns im Naturgemäßen geben zu lassen (da ja das Ziel im Naturgemäßen gerade nicht die Eudaimonia sein kann), während doch in der Wirklichkeit das Naturgemäße das erste ist und das vom Naturgemäßen gesetzte Ziel nicht von der Eudaimonia einfach abgetrennt werden kann. So etwa wird man den nicht recht klar formulierten Satz 48A auffassen dürfen. Der Gegner fordert ein Kontinuum zwischen Naturgemäßheit und Eudaimonia, das die Stoa herzustellen sich weigert.

48B-51 Es folgt die Kritik an den stoischen Syllogismen (3,27–29), für die Stoa der Inbegriff der logischen Durchformung des Philosophierens. Der schwache Punkt des ersten Syllogismus ist die Gleichung des Guten mit dem Lobenswerten. Sie ist korrekt nur, wenn unter dem Guten von vornherein das Vollkommene verstanden wird, wie dies der Stoiker tut, nicht aber, wenn auch das Nützliche gut genannt wird, wie dies vor allem die „Alten" tun (vgl. SVF 3,81). Die Güter der zweiten und dritten Klasse (von beiden werden je zwei Fälle erwähnt) sind zwar gut in der Richtung auf das Nützliche, aber

nicht lobenswert. Denn diese Qualifikation ist Leistungen im allgemeinen und der Tugend im besonderen vorbehalten (Aristoteles Nik. Ethik 1,12 und Eud. Ethik 1248b18–27). Dies gilt generell überall dort, wo Güter angenommen werden, die nicht die Tugend sind, also nach der Divisio Carneadea für die drei Doktrinen, die die Tugend überhaupt beiseite lassen (Epikur, Hieronymos, Karneades), und die drei, die anderes zur Tugend dazunehmen (Kalliphon, Diodoros und die „Alten"); das entspricht 2,34–35. Von einem Consensus hinsichtlich dieses Obersatzes ist also keine Rede. – Dazu kommt der Subsidiärbeweis, ein Kettenschluß, in 3,27 siebenteilig, hier nur in vier Teilen. Das ist ein Sorites. Daß die Stoa gerade ihn verwirft, wird hier als bekannt vorausgesetzt, Cicero rechnet da mit Lesern, die die Academici kennen, die dieses Problem ausführlich diskutiert haben müssen (vgl. Luc. 49–50). – Es folgt der zweite Syllogismus. Daß nur die Eudaimonia des Ruhmes würdig ist, werden auch Polemon und die „Alten" zugestehen. Nur folgt daraus nicht, daß zur Tugend, die zunächst die Eudaimonia schafft, nicht auch die anderen geringeren Güter dazukommen dürfen. Jene, für die das Ziel des Handelns nicht die Tugend ist (also Epikur, Hieronymos, Karneades), werden vielleicht ihre Eudaimonia nicht für rühmenswert halten; doch scheint auch Epikur (der hier gemeint ist) bestimmte Formen der Lust für rühmenswert gehalten zu haben; Näheres erfahren wir nicht.

52–53A Aus guten Gründen wird der dritte Syllogismus (3,29) gesondert behandelt. Denn im Kampf gegen den Schmerz gilt nicht die Theorie, sondern die aktive Entschlossenheit (vgl. Tusc. disp. 3,76–77). Letztlich handelt es sich um die schon in der Sophistik angelegte Alternative, daß es im Feld der ethischen Praxis nicht auf das Belehren, sondern auf das Überzeugen ankommt; nicht der Logos soll aufgeklärt, sondern das Alogon gewonnen werden; dazu noch 4,23.

53B–55 Angegriffen wird nun der stoische Anspruch auf perfekte logische Kohärenz des Systems. Dagegen steht, daß ein System in sich kohärent und dennoch falsch sein kann, weil es von falschen Prämissen ausgeht. Was nachher gezeigt wird, ist freilich dies: Die Ausgangspunkte Zenons sind falsch, (1) daß die Tugend allein gut sei, d. h., daß es nicht nur (2) kein anderes Gutes geben könne als das Edle, sondern auch, daß (3) die Tugend nicht bestehen könne, wenn es außer ihr noch Gutes gebe (vgl. 4,40). Die Folgerungen aus diesen Ausgangspunkten sind kohärent, doch das schließliche Ergebnis ist so falsch, daß man zwingend auf die Falschheit der Ausgangspunkte schließen muß (vgl. Hortensius Frg. 54 Str.). Da spielt Karneades die

stoische Dialektik gegen die Stoa selber aus. Die Folgerungen werden rasch aufgezählt: Alle Nicht-Weisen sind im Elend, alle Weisen in der Eudaimonia, alle rechten Taten sind einander ähnlich, alle falschen Taten einander gleich (vgl. 4,21). Damit kann sich weder die Wirklichkeit noch die Wahrheit abfinden.

56–58A Es gehört zum Stil antiker philosophischer Polemik, daß Meinungsänderungen als Kapitulation vor der Übermacht entgegengesetzter Lehren gedeutet werden (vgl. 1,69; 3,57). So auch hier, eingeleitet durch den abschätzigen Hinweis auf die Herkunft Zenons aus dem phönikischen Kition (vgl. Tusc. disp. 5,34); da es regelmäßig die Polemik ist, die Zenon einen Phönikier nennt, so wird man methodisch daran festhalten, daß damit phönikische Abkunft noch keineswegs bewiesen ist. Desgleichen ist es peripatetische Stilisierung, daß Zenon dem Druck „der Tatsachen" nachgegeben habe. Was wir sehen, ist nur, daß er einen wohl ursprünglichen („kynischen"?) Radikalismus seiner ontologischen Ethik nachträglich teilweise gemildert hat. Aufgezählt wird hier: (1) Was die Peripatetiker gut nennen, nennt er schätzbar und naturgemäß (3,20). (2) Auch der Weise in der Eudaimonia wird an den schätzbaren Dingen interessiert sein. (3) Platon wird, auch wenn er noch nicht weise ist, nicht auf derselben Stufe stehen wie Dionysios von Syrakus. Die Erklärung, Platon solle leben, weil er Hoffnung auf die Weisheit habe, Dionysios solle sterben, weil er keine solche Hoffnung habe, ist nur mühsam mit 3,48 und 3,60–61 in Übereinstimmung zu bringen. (4) Von den falschen Taten sind die einen erträglich, die andern nicht, was allerdings mit dem Satz von 4,55, daß alle falschen Taten einander gleich seien, im Widerspruch zu stehen scheint. (5) Von den Unweisen können die einen, wenn sie es wollen, zur Weisheit gelangen, die andern nicht. Das ist nicht mehr als die theoretische Fassung von (3). Der Leser erhält (mit Recht?) den Eindruck, daß die Stoa hier dem peripatetischen Prinzip des Fortschrittes und damit des Quantitierens ein großes Stück entgegengekommen ist. Der Peripatetiker jedenfalls bleibt dabei, daß zwischen dem, was der Stoiker schätzbar und er selbst gut nennt, überhaupt kein sachlicher Unterschied besteht. – Zur Eudaimonia selber wird die orthodox stoische Lehre zitiert: Sie beruht nur auf der Tugend allein, für den Peripatos dagegen ist sie Summe aller naturgemäßen Güter. Einmal mehr wird gefragt, ob der Unterschied in der Sache oder in der Terminologie liege. Um das zu klären, wird auf die Doktrin der „Alten" zurückgegriffen.

58–60 Nun diese Doktrin: Das Streben wird in Gang gebracht, wenn sich ihm etwas Naturgemäßes zeigt. Alles Naturgemäße ist

mehr oder weniger schätzbar. Etwas unerwartet wird sodann unterschieden: Es gibt Naturgemäßes, das weder edel noch lobenswert ist und darum kein Handeln in Bewegung setzt; anderes, was beim Lebewesen überhaupt die Lust erregt, beim Menschen auch die Vernunft (bis dahin hat Cicero zur Unverständlichkeit verkürzt). Dann: Das eine heißt edel und lobenswert, das andere naturgemäß; beides zusammen vollendet die Eudaimonia. Doch hat innerhalb dieses Ganzen das Edle und Lobenswerte den höchsten Rang. Umgekehrt wird der Weise das Edle zusammen mit der Gesundheit dem Edlen zusammen mit der Krankheit vorziehen; dies nimmt 3,44 auf. Abermals umgekehrt hat die Tugend so hohen Rang, daß der Weise sich weder durch Drohungen noch durch Versprechungen von ihr abspenstig machen läßt. So bleibt es dabei, daß (I) der Peripatos dasjenige gut nennt, was Zenon bloß als schätzbar bezeichnet, und daß (II) die Eudaimonia darin besteht, die Gesamtheit des Guten und Naturgemäßen in größtmöglicher Quantität und Qualität zu besitzen. Für Zenon hat (I) das Gute seine einzigartige Qualität (vgl. 3,34) und besteht (II) die Eudaimonia aus der Tugend allein. – Damit sind die Positionen eindeutig klar.

60B–61 Der Gegner freilich beharrt auf der Übereinstimmung in der Sache und unterstellt einmal mehr, daß Zenon sich nur durch den Glanz der Worte zu seiner abweichenden Terminologie habe verführen lassen. In Wahrheit habe er nur die Wahl zwischen dem wirklichkeitsfremden Radikalismus Pyrrhons und Aristons und der These des Peripatos. In einer Prosopopoiie (vgl. 41) werden die „Alten" selber zu Cato redend eingeführt, zunächst mit dem Vorwurf, daß er ihnen Zenon vorgezogen habe, der doch in der Sache nicht anders dachte als Polemon. Dann schärfer, daß die Autorität der Alten und Platons selbst, der hier mit Nachdruck genannt wird, weit größer sein müsse als diejenige Zenons, der verächtlich als „irgend jemand" bezeichnet wird (allgemein gesehen scheint das Prestige Zenons als Person wesentlich geringer gewesen zu sein als dasjenige Epikurs); damit wird ein Gesichtspunkt ins Spiel gebracht, der mit dem Kontext kaum zusammenhängt, aber im ganzen gesehen um so wichtiger ist: Gerade für den Politiker ist der Peripatos die einzige Philosophie, die etwas zu bieten hat. In Stichworten werden Titel und Inhalt von Staatsschriften des Aristoteles und Theophrast genannt (vgl. 4, 5–7, dann 5,7; 11).

Cato soll antworten.

62–68A Cato will vorerst Cicero reden lassen. Nun ist er es (vgl. 4,1), der sich Bedenkzeit für eine Antwort ausbittet. – Doch was Ci-

cero im Namen Catos vorträgt, läuft auf eine überraschend ironische Abfertigung Catos und der Stoiker hinaus. Gegen die Autorität Platons und der „Alten" wird der (als solcher entschieden aristotelische) Gedanke gewandt, die frühere Zeit sei in der Methode wie in der Sache noch altertümlich primitiv gewesen (kulturgeschichtlich interessant die Bemerkung über die „barbati"), so daß ihnen viele Dinge noch unbekannt geblieben seien, die erst Zenon begriffen habe. Dazu gehört (1), daß sie Gesundheit, gesellschaftliches Ansehen, Reichtum für erstrebenswerte Güter und Teile der Eudaimonia gehalten hätten, während Zenon eingesehen habe, daß es sich nur um schätzbare und vorzuziehende Dinge handle; dazu ein Zitat aus der auch sonst von Cicero mehrfach zitierten Tragödie „Alcumeo" des Ennius (vgl. 5,31). Der nächste stoische Satz ist (2), daß alle Unweisen gleichermaßen im Elend seien; Platon selber sei nicht besser dran als Phalaris (der hier an die Stelle des 4,56 genannten Dionysios tritt), und ein Fortschritt zur Weisheit sei nicht möglich, da man sie nur entweder ganz oder gar nicht besitzen könne. Doch hier verläßt Cicero seine Rolle als Vertreter Catos und polemisiert nachdrücklich gegen die beiden von Cato 3,48 vorgetragenen Gleichnisse vom Ertrinkenden und vom blinden Hündchen. Diese Gleichnisse entsprechen nicht der Wirklichkeit. Passender ist derjenige mit einem Kranken, der durch sorgsame Pflege wieder gesund wird. Brutal wird dies illustriert mit zwei Beispielen aus der römischen Politik des späten 2. Jhd. v. Chr., von denen Cicero weiß, daß Cato urteilt wie er selber und nicht ausweichen kann. Es sind die zwei berühmten Volkstribunen Ti. Sempronius Gracchus (133 v. Chr.) und sein Bruder C. Gracchus (123 und 122), deren Bild schon früh zwischen rückhaltloser Bewunderung (die in den Biographien Plutarchs nachwirkt) und erbitterter Ablehnung geschwankt haben muß. Cicero wie Cato (desgleichen der Kreis, den Cicero in De rep. um Scipio Aemilianus gesammelt hat) sind Gegner der beiden Gracchen. So kann er hier in einem Fall den Vater des Ti. Gracchus als einen hochangesehenen Mann (Konsul 177 und 163 v. Chr., vgl. De nat. deor. 2,10–11) gegen seinen gleichnamigen Sohn ausspielen, im zweiten Falle Catos eigenen Großvater mütterlicherseits, M. Livius Drusus, gegen C. Gracchus, dessen Kollege er im dramatischen Volkstribunat 122 v. Chr. war. Weise gemäß der stoischen Definition war keiner unter ihnen, und dennoch hatten die einen Gutes, die andern Schlechtes im Sinne. Es gibt also Stufen in der Schlechtigkeit und im Elend. Die Stoa macht hier eine Distinktion, von der im 3. Buch nicht die Rede war: Ein Fortschreiten zur Tugend ist möglich („progressio", „Prokopé",

übernommen aus dem Peripatos), nicht aber eine Minderung der Schlechtigkeit. Dagegen wird wiederum ein stoischer Beweisgang zitiert, der aber nur den zweiten Punkt angeht, nicht den ersten und noch weniger die Relation zwischen „progressio" und „levatio". Der Beweis beruht auf der schon vor Platon ausgebildeten Gegensatzlehre: Da die Tugend nicht unbegrenzt steigerungsfähig (vgl. dazu Epikur Kyr. Doxai 18), sondern in ihrer Vollkommenheit begrenzt ist, so ist auch ihr Gegensatz, die Schlechtigkeit, nicht steigerungsfähig; was in diesem Zusammenhang nur heißen kann, daß beide reine Qualitäten sind, also weder gemehrt noch gemindert werden können. Cicero wendet ein, daß einesteils erfahrungsgemäß das Schlechte größer oder geringer sein kann, andererseits es nicht bewiesen ist, daß das vollkommene Gute nicht steigerungsfähig ist; ein erstaunlicher Satz, zu interpretieren wohl im Sinne des Peripatos (oder erst des Antiochos?), daß in der Eudaimonia verschiedene Grade angenommen werden müssen: so 5,95, bestritten von Cicero im Namen der Stoa in 5,83. Die Stoa gerät also in einen Widerspruch, weil sie zwar, der Erfahrung gehorchend, Unterschiede in der Schlechtigkeit anerkennt, dann aber doch die Schlechtigkeit überhaupt als den perfekten Gegensatz zu einer nicht steigerungsfähigen Eudaimonia versteht. Nach Cicero bleibt nur übrig, die Steigerungsfähigkeit auch der Eudaimonia zuzugestehen (ein Stück Falschspiel ist an dieser Argumentation beteiligt; denn der Peripatos nimmt zwar, wie das 5. Buch zeigen wird, einen Spielraum zwischen einer minimalen und einer maximalen Eudaimonia an, wird aber genausowenig wie die Stoa und Epikur zugeben, daß eine maximale Eudaimonia im vollen Besitz aller drei Güteklassen noch steigerungsfähig sein könnte; ein unbegrenztes Anwachsen der Eudaimonia gibt es auch bei Aristoteles nicht).

68B–72 Abermals wird der Stoa die Verführung durch den Glanz des Radikalismus vorgeworfen. Nimmt man den Satz, daß nur das Edle auch gut sei (von 3,10 an immer wieder zitiert) wörtlich, so bleibt nur die Lehre des Ariston, gegen die sich Chrysippos ausführlich gewandt hat (die Behauptung der Divisio Carneadea von 2,35 an, daß die Lehre Aristons längst abgetan sei, beruht ganz darauf, daß Karneades die Widerlegung Aristons durch Chrysippos für schlüssig gehalten hat). Wenn Ariston alles außer der Tugend und Weisheit für gleichgültig erklärt, so fehlt sowohl der Tugend ein Bereich, in dem sie sich manifestieren kann, wie auch unserer konkreten Lebensführung die Orientierung. Doch Ariston erklärt, daß man sich dann an das halten werde, was sich jeweils zeigt (vgl. 4,43. Da wird die Nähe zur Position des Protagoras, vielleicht sogar derjenigen des Aristip-

pos deutlich). Dem steht Zenon gegenüber, dessen These nun neu schematisiert wird: Innerhalb des Gleichgültigen gibt es Vorzuziehendes, Zurückzusetzendes und solches, das weder vorzuziehen noch zurückzusetzen ist. Einmal mehr werden die stoischen Termini vorgeführt, doch das entscheidende Problem, wie der Bruch zwischen einem Bereich der Eudaimonia und einem Bereich des Naturgemäßen zu begründen ist und im Handeln sich auswirkt, wird ausgeklammert. Für die „Alten" dagegen existiert ein solcher Bruch überhaupt nicht. Noch einmal wird insinuiert, daß Zenon mit Aristoteles u. a. in der Sache übereinstimme, nur in der Terminologie sich unterscheide; was zweifellos eine grobe Vereinfachung ist, die nur zustande kommt, wenn man die für Zenon zweifellos fundamentale Distinktion zwischen den Gütern, über die der Mensch frei verfügt (also der Tugend), und den anderen, über die er nicht verfügt (also die gesellschaftlichen und körperlichen Vorzüge), außer Acht läßt. Der Peripatetiker hat in der Tat ein Interesse daran, auf dieser Distinktion nicht zu beharren, weil hier der schwache Punkt seiner eigenen Doktrin liegt: Eine Eudaimonia, die vom Zufall abhängt, bleibt problematisch und zwingt ihrerseits zu Kompromissen, wie dies schon Aristoteles Nik. Ethik 1,10–11 erkennen läßt. So ist die Position des Peripatos bei Cicero nicht weniger prekär als diejenige der Stoa.

73 Zur Auflockerung dient eine Reminiszenz an M. Pupius Piso Frugi (Konsul 61, zur Zeit des Gesprächs schon tot), ein Gegenstück zu 1,39 (wo der Epikureer den Stoiker verspottet), und zugleich eine Überleitung zum 5. Buch, wo Piso als Peripatetiker die Hauptfigur ist; daß er gegen die Stoa die Position des Karneades vertritt, ist selbstverständlich. Zenon hat die Lehre des Aristoteles nur umformuliert, aber nicht verbessert, im Gegenteil.

74–80 Die letzten Worte von 73 kündigen den Epilog an und weisen zugleich darauf hin, daß viele Punkte im Vortrag Catos hier nicht zur Sprache gekommen seien. Dies gilt vor allem für die beiden Komplexe 3,62–71 und 3,72–73. Allgemein gesagt, ist das vierte Buch auf ein einziges Problem konzentriert. Die Stoa wird vor das Dilemma gestellt, entweder zwischen dem Bereich der Eudaimonia und demjenigen des Naturgemäßen und Lebensnotwendigen einen Bruch anzunehmen mit allen Konsequenzen eines solchen Bruches, oder aber den Bruch zu vermeiden, also die beiden Bereiche in ein Kontinuum umzuformen, von dem dann behauptet werden könnte, es sei mit der peripatetischen Drei-Güter-Lehre identisch. Damit rückt ein Problem in den Mittelpunkt, das schon Platon und Aristoteles kennen,

ohne es doch jemals in einer mit der Stoa vergleichbaren Weise zu thematisieren; es taucht dort auf, wo konstatiert wird, daß auch ein dem reinen Philosophieren gewidmetes Leben auf die „Lebensnotwendigkeiten" („Anankaia") nicht verzichten könne, da auch der Philosoph einen Körper besitzt und unter Menschen lebt. Erst die Stoa hat grundsätzlich die Frage gestellt, wie sich eine Ethik, die den Bereich des Lebensnotwendigen zu bewältigen hat, zur Bemühung um die philosophische Eudaimonia verhält; wie denn auch erst die Stoa die Dinge, über die der Mensch souverän verfügt, scharf abgegrenzt hat von denjenigen, über die er nicht verfügt. – Flüchtig wird sodann eine Reihe von Paradoxa aus 3,75 in Erinnerung gerufen; nur der Schluß weicht ab; desgleichen war die These, daß alle Toren wahnsinnig seien, noch nicht erwähnt, vgl. Tusc. disp. 4,54. Sonderbar ist, daß hier für das griechische „Parádoxa" (dazu Zenon SVF 1,281) als lateinisches Äquivalent „admirabilia" vorgeschlagen wird, was die Übersetzung von „thaumásia" ist (schon im Luc. 136). Dies ist ebenso charakteristisch ungenau wie „honestum" für „Kalón", das eigentlich „Tímion" wiedergibt. – Ausführlich diskutiert wird nur das Paradoxon, daß alle Schlechtigkeiten untereinander gleich sind (weil sie reine, nicht quantitierbare Qualitäten sind); davon sprach schon 4,21; 55; 56; 63–64; 68. Vorweggenommen ist ein geschichtlicher Hinweis auf die supponierte Zeit des Gesprächs, nächst 4,2 der einzige in diesem Buche. Cicero hatte im Jahre 63 v. Chr. L. Licinius Murena gegen eine Anklage Catos verteidigt und sich bei diesem Anlaß über Catos Stoikertum lustig gemacht (Pro Mur. 60ff.); dies wird hier als Konzession an das Publikum entschuldigt (vgl. 2,17). Hier folgt ein lebhaftes Hin und Her: (1) Ein erstes Gleichnis geht auf Musikinstrumente in einem Ensemble, die alle so verstimmt sind, daß sie nicht brauchbar sind. Der Stoa kommt es ausschließlich auf die Brauchbarkeit an; daß die einzelnen Instrumente mehr oder weniger verstimmt sein können, interessiert sie nicht. Doch gerade darauf insistiert der Gegner: Daß sie alle verstimmt sind, bedeutet keineswegs, daß sie in genau gleicher Weise verstimmt sein müssen. Für den Gegner kommt es darauf an, daß jedes Instrument auf seine besondere Weise mehr oder weniger verstimmt ist, wie dann auch der Tor jeweils mehr oder weniger unweise sein kann. (2) Ein zweites Gleichnis benutzt das altsokratische Modell des Schiffskapitäns (vgl. 1,42): Wer sein Schiff kentern läßt, verstößt gegen die Techne, und zwar gleichgültig, was das Schiff geladen hat. Der Gegner hat zwei Antworten. (a) Im Bereich des Lebensnotwendigen kommt es in der Tat auf die Beherrschung der Techne an und erst in zweiter Linie auf die La-

dung; doch im Bereich der Ethik steht es anders. Da kommt es darauf an, ob man seinen eigenen Vater oder einen Sklaven mißhandelt. Problemgeschichtlich werden wir damit auf den platonischen „Euthyphron", 3E–4E, verwiesen; in diesem Dialog vertritt der Seher Euthyphron genau diejenige Position, die später die der Stoa ist (vgl. auch SVF 1,225): Die Qualität eines Vergehens ist genau dieselbe, an wem auch immer das Vergehen verübt wurde. Sokrates protestiert, doch er kann, wie später der Gegner der Stoa, lediglich die Tradition für sich geltend machen, für die die ethische Relation zum eigenen Vater von derjenigen zu einem Sklaven völlig verschieden ist. (b) Außerdem stimmt es nicht, daß auf die Schiffsladung nichts ankomme; denn neben der Technik des Manövrierens steht auch die praktische Klugheit, die weiß, daß eine Ladung Gold mehr wert ist als eine Ladung Stroh. (3) Wenn schließlich die Stoa die Schlechtigkeit als Schwäche und Unausgeglichenheit beschreibt, so sind dies psychologische Kategorien, die erfahrungsgemäß in ganz verschiedener Stärke auftreten. Als Beispiel dient der Prozeß des L. Hostilius Tubulus 141 v. Chr. (vgl. 2,54). Der Gegner war P. Mucius Scaevola, dessen Schwäche nicht kriminell, sondern politisch war: Freund des Ti. Gracchus (Cicero Luc. 13), Gegner des Scipio Aemilianus (De rep. 1,31, vgl. 20), von Lucilius in einem Gedicht angegriffen (De or. 1,217). Generell gilt wiederum (4), daß nicht nur die Qualität des Handelnden, sondern auch die Bedeutung der verhandelten Sache beachtet werden muß. – Noch einmal wird die entscheidende Kritik formuliert. Die Stoa widerspricht sich selbst, wenn sie (a) sowohl den Satz, daß nur das Edle gut sei, auf die Natur zurückführt (diese Ergänzung ist unentbehrlich) wie auch (b) das Streben nach dem für das Leben Notwendigen aus der Natur ableitet. Da nimmt die Stoa zwei einander entgegengesetzte Ziele des Handelns an und bindet dennoch beide an dieselbe Natur, womit der stoische Naturbegriff letzten Endes genauso zweideutig wird wie der Begriff der Lust bei Epikur. Allerdings sind Vorstufen der stoischen These bei Platon wie bei Aristoteles zu erkennen, wie schon oben notiert wurde: Das Lebensnotwendige bei Platon und Aristoteles entspricht weitgehend dem Naturgemäßen der Stoa. – Für den Gegner hat die Stoa nur die Wahl zwischen Ariston und dem Peripatos; da sie dies verweigert, wird sie starr und hart. Sie wird damit in der Stilisierung des Gegners zum Gegenpol Epikurs. Der Platz wird frei für eine Lehre, deren Weltgewandtheit und Humanität sowohl die Stoa wie auch Epikur hinter sich läßt. – Eben dies hat schließlich Panaitios begriffen, der hier wie in 4,23 eingeführt wird. Seine Autoritäten sind die Koryphäen der

Akademie und des Peripatos, dazu der Aristoteles-Schüler Dikaiarchos, dem er offenbar besonders viel verdankt (also wird ein großer Teil unserer Informationen über Dikaiarchos aus Panaitios stammen). So wird Panaitios als Dissident gegen die orthodoxe Stoa ausgespielt, obschon er in 1,6 unter den getreuen Schülern Chrysipps genannt worden war – ein Widerspruch, der sich nicht befriedigend erklären läßt.

Cicero als der ältere bricht ab, hofft aber in sokratischer Manier auf weitere Gespräche. Cato stimmt zu, bleibt aber penetrant selbstsicher und macht darauf aufmerksam, daß Cicero zwar Konzessionen gemacht habe, nicht aber er; was Cicero wiederum liebenswürdig, aber mit einem letzten Vorbehalt („scrupulum", das spitze Steinchen, metaphorisch zuerst bei Terenz belegt) zur Kenntnis nimmt. Anders war 2,119 nuanciert, wo der junge Torquatus zwar auch Bedenken anmeldet, aber zunächst mit Zustimmung Ciceros Rückendeckung bei den Autoritäten der Schule suchen muß.

FÜNFTES BUCH

1–5 Mit Absicht hat Cicero den dürftigen Szenerien von 1,13–14 und 3,7–8 eine reich ausgeführte, durch persönliche Erinnerungen belebte Szenerie zur Seite gestellt, vergleichbar am ehesten derjenigen von De legg. 1,1–14. Während ferner die beiden ersten Gespräche in die politisch schwierigen Jahre 52 und 50 v. Chr. verlegt sind, kommen wir nun weit zurück in die Studienzeit Ciceros. Er befand sich im Jahre 79 v. Chr. in Athen zu Studien bei Antiochos von Askalon (vgl. Brutus 315). Knappe sieben Jahre waren vergangen, seitdem Sulla während des Krieges gegen Mithridates am 1. März 86 v. Chr. Athen im Sturme erobert und weite Teile der Stadt zerstört hatte. Damit wird es zusammenhängen, daß der Sitz der von Antiochos geleiteten platonischen Schule nicht die Akademie war, sondern ein vom ägyptischen König Ptolemaios Philadelphos gestiftetes Gymnasium nahe bei der Agora von Athen (Paus. I, 17,2). Das Gelände der Akademie war verlassen. Man wird vermuten, daß nur noch einige Bauten und der Park vorhanden waren. Im übrigen wird sich Cicero an die Regel des (platonischen) Dialoges gehalten haben: Die Gespräche sind erfunden, doch so, daß sie tatsächlich so hätten stattfinden können. Daß die fünf Teilnehmer: Cicero, sein Bruder und sein Vetter, dann seine Freunde T. Pomponius (Atticus) und M. Pupius Piso Frugi (zu diesem 4,73) damals alle in Athen beisammen waren, brauchen wir

nicht zu bezweifeln. Pomponius und Piso hatten dort jeder sein eigenes Haus (5,1 und 5,96). Eminent römisch ist sodann die Sensibilisierung durch die Örtlichkeiten, an denen berühmte Männer gewirkt hatten; schon der alte Cato hatte von seinem Besuch in der Hütte des berühmten M'. Curius Dentatus erzählt: Plut. Cato mai. 2,1–3. Ciceros Arrangement wird man es nennen, daß jeder der Teilnehmer durch seine besondere Empfänglichkeit charakterisiert wird: Piso ist als erster ergriffen durch die Orte, an denen Platon und seine Schüler tätig gewesen waren. Etwas verdächtig könnte man es nennen, daß ausgerechnet der Dozentensessel Polemons, der in der Konstruktion des Übergangs von den „Alten" zur Stoa die Schlüsselfigur ist, aber in der Entwicklung der Probleme selbst nicht die geringste Rolle gespielt hat, erhalten geblieben sein soll. Ein römisches Moment steuert die Anspielung auf die nach einem Brande durch Sulla etwa um 80 v. Chr. neu erbaute Curia Hostilia (Dio Cassius 40,50) bei. Q. Cicero, der selber Tragödien verfaßte, ist bewegt durch den Hügel Kolonos, der doppelt mit Sophokles verbunden ist; er war sowohl Wohnsitz des Dichters wie auch Schauplatz seiner letzten großen Tragödie. Es folgt Pomponius, der Epikureer, der an seinen Freund Phaidros erinnert (was zu 1,16 zurückführt) und mit leiser Ironie vom überschwenglichen Kult Epikurs bei seinen Schulgenossen spricht (dazu 2,103), dann aber im Gespräch auf die Rolle des stummen Zuhörers beschränkt bleibt. Das Sprichwort „Man soll der Lebenden gedenken" (und nicht der Toten) ist nur noch bei Petronius, Cena Trim. 43 belegt; wenn Cicero es „alt" nennt, so wird er es aus einer gelehrten Sammlung haben; ob sein ursprünglicher Sinn eine diskrete Ablehnung des übermäßigen Totenkultes war, wissen wir nicht. Als vierter spricht Cicero selber: zunächst mit einer Erinnerung an seinen Besuch im Sterbehaus des Pythagoras in Metapont (vgl. Porph. V. Pyth. 56, Iambl. V. Pyth. 249, Diog. Laert. 8,40), dann nennt er den Vortragssaal des Karneades, der jedenfalls an einem andern Ort war als der Dozentensessel Polemons. Porträtstatuen des Karneades scheinen in römischer Replik erhalten zu sein. Ciceros Äußerung ist als ein Bekenntnis zu Karneades zu verstehen. Als letzter kommt, aufgefordert durch Piso (vermutlich den ältesten der ganzen Gruppe) der junge Lucius Cicero zu Worte. Seine Begeisterung gilt den Rednern; bezeichnenderweise ist dies die einzige Stelle in der antiken Literatur, an der vom Grabe des Perikles die Rede ist; die griechischen Historiker haben sich für solche Details kaum interessiert. – So haben in der Liste sowohl die Philosophie (Alte und Neue Akademie, Epikur; daß die Stoa fehlt, ist begreiflich,

da von ihr in den vorausgehenden Büchern schon ausführlich die Rede gewesen war; daß der Peripatos fehlt, ist dagegen merkwürdig) wie auch die Dichtung und die Rhetorik ihre Vertreter.

6–8 Einbiegen in den Diskussionsgegenstand, zunächst mit 3,8–9 vergleichbar: Die älteren Freunde bemühen sich vereint um die Bildung des jungen L. Cicero, dann präziser: seine Vorliebe für die Rhetorik soll durch ein Interesse an der Philosophie ergänzt werden; die Programmatik von De or. taucht auf. Der Junge hört schon zusammen mit Piso und seinem Vetter M. Cicero bei Antiochos. Doch das Stichwort Karneades ist gefallen. Er muß zwischen den beiden wählen. Daß es keine dritte Möglichkeit gibt, wird behauptet, aber nicht begründet. So versucht Piso ihn für die Alte Akademie zu gewinnen. Sie wird charakterisiert, freilich auf eigentümliche Weise. Ein erster Teil beruft sich darauf, daß nach Antiochos die Alte Akademie und der Alte Peripatos (also Aristoteles und Theophrast) eine Einheit bilden, eine Konstruktion, die rücksichtslos über den tatsächlichen Befund hinweggeht. Ein zweiter Teil betont empfehlend, daß es keinen Bereich der Politik, Wissenschaft und Kunst gebe, der nicht durch die Lehre der „Alten" befruchtet würde. Vergleichen wir mit 4,5–7 und 61, so drängt sich der Verdacht auf, daß es sich da ausschließlich um das Programm des Peripatos handelt; eine vergleichbare Breite enzyklopädischer Interessen ist weder bei Speusippos noch bei Xenokrates (von Polemon und Krantor ganz zu schweigen) wahrzunehmen. Die Rekonstruktion, die Platon, Aristoteles und die Stoa einander so nahe wie möglich bringen möchte, und das Lehrprogramm haben faktisch nichts miteinander zu tun. – M. Cicero, selber Anhänger des Karneades, wünscht nun, daß Piso seinen Vetter über Akademie und Peripatos informiere. Bedeutungsvoll ist die Mitteilung, daß Piso sich nicht nur auf „mehrere Monate" des Umgangs mit Antiochos, sondern auch auf „viele Jahre" des Umgangs mit Staseas, von dem wir 5,75 ausdrücklich hören, er sei Peripatetiker gewesen, stützen kann. So wird man auch beachten, daß Cicero Brutus gegenüber zwar erklärt, er habe sich an Antiochos gehalten, dann aber Piso sofort ausschließlich vom philosophischen Programm des Peripatos spricht.

9–11 Entwickelt wird dieses Programm in derselben Anordnung wie in 1,17–25. Die Naturphilosophie umgreift alle Teile des Kosmos („poetice" indiziert vermutlich ein Zitat aus Ennius). Methodisch geht der Peripatos vor, teils probabilistisch, teils mit zwingenden mathematischen Beweisen; man wird vor allem an die Verwendung der Geometrie bei Aristoteles De coelo denken. Angedeutet wird weiterhin, daß die Erforschung der sichtbaren Phänomene zur Einsicht in

die unsichtbaren Vorgänge führen kann (dazu schon Anaxagoras VS 59B21a). Dann folgt, wie in 4,13, eine Liste von Werktiteln, zunächst der zoologischen Schriften des Aristoteles, dann der botanischen Werke Theophrasts. Die Logik umfaßt Dialektik und Rhetorik (vgl. 2,17–18; 3,41; 4,8–10); wichtig die Notiz, daß Aristoteles als erster das Argumentieren nach beiden Richtungen eingeübt habe (vgl. De or. 3,80, Diog. Laert. 9,51 über Protagoras, dessen Antilogik Aristoteles z. T. aufgenommen zu haben scheint). Die Ethik wiederum umfaßt Individualethik und Staatsethik. Genannt wird ein Titel des Aristoteles (die 158 Politien) und einer des Theophrast, dann zwei Titel, die bei beiden vorkommen, über den Staatsmann („Politikos") und über den vollkommenen Staat (was bei Aristoteles teilweise Pol. Buch 7 entspricht), endlich ein Titel des Theophrast allein: Politik in kritischen Situationen (bei Diog. Laert. 5,45 „Politikà pros tous kairoús"; vgl. De rep. 1,45). Höhepunkt ist die Bestimmung des vollkommenen Lebens als Leben in der Muße („quietus" geht auf „Scholé" Aristoteles Nik. Ethik 1177b4 ff.) und in der Theoria, die dem Leben der Götter am ähnlichsten ist (Aristoteles a. a. O. 1178b7–23). – Bedeutsam ist der Schluß. Wenn der Stil der beiden Peripatetiker glanzvoll genannt wird, so zeigt dies einerseits, daß damit ausschließlich auf deren publizierte Schriften (also vor allem die Dialoge des Aristoteles) gezielt wird, und andererseits, daß der Peripatos gerade auch darin von Epikur (vgl. 1,14–15) wie von der Stoa (vgl. 3,3; 4,78–79) auf das stärkste abweicht. Doch diese Konfiguration, die den Peripatos über die Fehler, die Epikur in der einen, die Stoiker in der entgegengesetzten Richtung begehen, hinaushebt, ist diejenige des Karneades und nicht die des Antiochos.

12 Ein berühmtes Sonderproblem kommt hier zur Sprache, etwas wirr, da Cicero zwei verschiedene Gesichtspunkte durcheinanderwirft. Es handelt sich (a) um den Gegensatz zweier Gattungen von Büchern: Es gibt die für das weitere Publikum verfaßten Werke, die von den Peripatetikern selber als Werke „für die Außenstehenden" („Exoteriká") bezeichnet worden sind, und ihnen gegenüber die gelehrten Untersuchungen („commentarii" gibt „Hypomnémata" wieder; vgl. auch 3,10), die nur für die Spezialisten, also die „Philosophen von Beruf", bestimmt sind. Die Verschiedenheit der Adressaten zieht die Verschiedenheit der Darstellungsweise nach sich. Bei Aristoteles konkretisiert sich dies zur Frage, wie sich die Reste, die wir von seinen Dialogen (also den „Exoteriká") besitzen, zu dem Corpus jener Texte verhalten, die wir Pragmatien zu nennen pflegen. – Etwas ganz anderes ist (b) der Gegensatz zwischen Aristoteles und Theo-

phrast. Von der Sache her geht es um das Problem, das für die Stoa entscheidend gewesen ist: Kann der Mensch sich die Eudaimonia aus eigener Kraft verschaffen, oder muß er sie dem Zufall überlassen? Dies hängt, anders gesagt, daran, wie die Gewichte auf die drei Güterklassen, die alle Peripatetiker vertreten haben, verteilt werden: Je größer das Gewicht der körperlichen und gesellschaftlichen Güter ist, desto größer wird auch die Abhängigkeit vom Zufall. Werkmäßig gesehen konstatiert der Text einen Gegensatz zwischen Theophrasts „Über die Eudaimonia" („Peri Eudaimonías" Diog. Laert. 5,43) und Aristoteles Nik. Ethik. Doch da bleibt einiges undurchsichtig, zunächst die seltsame Behauptung, die Nik. Ethik stamme gar nicht von Aristoteles selber, sondern von seinem Sohne Nikomachos. Dies ist anerkanntermaßen kein Einfall Ciceros; denn dieselbe Behauptung kehrt bei Diog. Laert. 8,88 wieder. Beide müssen auf verschiedenen Wegen auf denselben Text zurückgehen, der nur wenige Jahrzehnte vor Cicero entstanden sein dürfte. Denn unsere Stelle ist historisch die erste, die den Titel der Nik. Ethik überhaupt nennt. Bekanntlich haben wir drei Ethiken im Corpus Aristotelicum unter drei Namen: Nikomachische Ethik, Eudemische Ethik, Große Ethik. Alle drei Namen zusammen sind zuerst bei einem Autor des späten 1. Jhd. n. Chr. belegt (Attikos bei Eus. Praep. Ev. 15,4,9). Was sie bedeuten sollen, ist bis heute ein Rätsel; und wer auf Grund von welchen Texten (etwa einem Briefwechsel zwischen Theophrast und Eudemos v. Rhodos, den es gegeben zu haben scheint?) die drei Namen aufgebracht hat, wissen wir ebensowenig. – Was Cicero angeht, so kommt die Tatsache dazu, daß er mit ziemlicher Sicherheit das Buch Theophrasts selber in der Hand gehabt hat und direkt aus ihm zu zitieren vermag (vgl. Luc. 134, Acad. 1,33; Tusc. disp. 5,24 und 85). Dagegen haben wir keinerlei Anzeichen dafür, daß Cicero die Nik. Ethik eingesehen hat. Es kommt dazu, daß der Text der Nik. Ethik, den wir besitzen, durchaus nicht zu der Behauptung berechtigt, Aristoteles gewähre dem Zufall („Tyche") einen geringeren Spielraum als Theophrast in seiner Schrift. Es genügt, auf Nik. Ethik 1,10–11 und 1153b17–25 zu verweisen. Aus dem nachfolgenden Text läßt sich entnehmen, daß 24–70 die Lehre Theophrasts ziemlich rein wiedergeben, dann 71–74 Ergänzungen und Korrekturen des Antiochos folgen; später kommt 86–94 noch einmal Theophrast zu Worte. Schon in 2,51; 86; 3,11; 4,14; 36 scheint Cicero auf den in 5,86 zitierten Eingangssatz von Theophrasts Werk anzuspielen.

13–14 Übersicht über die Geschichte des Peripatos bis herab zur Gegenwart. Es soll gezeigt werden, daß alle Schulhäupter nach

Theophrast entweder heterodox oder unbedeutend gewesen seien; nur bei Aristoteles und Theophrast sei demnach die ursprüngliche und vollständige Lehre zu finden. Dies muß zusammenhängen mit der Erzählung bei Strabo 13,1,51 und Plut. Sulla 26,1–3, daß nach Theophrasts Tod die gesamten Manuskripte des Aristoteles und Theophrast bei dem Peripatetiker Neleus in Skepsis (einer Stadt Kleinasiens) deponiert wurden und dort bis auf die Zeit Sullas verschollen blieben; erst dann seien sie wieder ans Tageslicht gekommen und zuerst von Tyrannion, dann von Andronikos von Rhodos neu ediert worden (es ist diese Edition, die wir im wesentlichen heute noch besitzen). Dies ist zur Hauptsache eine Erfindung der Zeit Sullas, dazu bestimmt, die Leistungen des Peripatos nach dem Tode Theophrasts zu diskreditieren und die neue Edition des Andronikos als das allein authentische Dokument der Lehre des Peripatos zu empfehlen. Die Liste der Schulvorsteher nach Theophrast umfaßt: Straton (Fragmente bei F. Wehrli, Die Schule des Aristoteles, Heft V, 2. Aufl. 1969), Lykon (Wehrli, Heft VI, 2. Aufl. 1968), Ariston v. Keos (Wehrli, Heft VI, 2. Aufl. 1968), Hieronymos, Kritolaos, Diodoros (alle drei: Wehrli, Heft X, 2. Aufl. 1969). Die Liste ist unvollständig und schließt mit Diodor, dem unmittelbaren (?) Vorgänger des Andronikos. Zu den überlieferungsgeschichtlichen Rätseln, die wir mit unseren Mitteln nicht lösen können, gehört es, daß Andronikos, der nicht nur die abschließende Edition des Aristoteles veranstaltet hat, sondern mit dem auch die spätantike Aristoteles-Interpretation einsetzt und der nur wenig älter als Cicero gewesen sein dürfte, weder von Cicero noch von Antiochos jemals erwähnt wird. Der Schluß unseres Textes will den Eindruck erwecken, als sei Antiochos, der selber gar nicht dem Peripatos, sondern der Akademie angehörte, der einzige echte Erbe der peripatetischen Tradition gewesen. Da ahnen wir Schulrivalitäten, möglicherweise begünstigt durch die Tatsache, daß der Peripatos mit seinen Einrichtungen und Gebäuden durch die Verwüstung Athens im Jahre 85 v. Chr. härter getroffen worden ist als die Akademie. Eine andere Frage ist, wie weit es ohne arge Gewaltsamkeit möglich war, die Lehren des Aristoteles (über die wir recht gut informiert sind) und diejenigen Polemons (die sehr bald in fast völlige Vergessenheit geraten sein müssen, wie die Fragmentsammlung von M. Gigante 1980 lehrt) miteinander zu identifizieren.

15 Nun wird Ciceros Anregung von 8 wieder aufgenommen. Piso begründet methodisch die überragende Wichtigkeit der Frage nach dem höchsten Guten, also nach dem Beziehungspunkt allen Handelns, und nach der Eudaimonia. Daß hier schon die Einleitung zu

Theophrasts Schrift „Über die Eudaimonia" benutzt ist, ist sehr wahrscheinlich.

16–23 Cicero selber hat zunächst eine Gesamtorientierung über die möglichen Antworten auf die Frage nach der Eudaimonia für notwendig gehalten, und so greift er auf die Divisio Carneadea zurück. Er hat sie schon in 2,18–19; 34–35; 3,30–31 und 49–50 verwendet; sinnvoll ist es, daß er die ausführlichste Darstellung auf das letzte Buch seines Werkes aufgespart hat. Erwähnt hat er sie auch in anderen Schriften: De or. 3,62; De legg. 1,38–39, dann im Luc. 129–131, wohl auch 138; später Tusc. disp. 2,15; 5,84–85; De off. 1,5–6. Sie ist nur durch ihn bezeugt, denn die ungeheure, gelehrte Liste bei Clemens Alex. Strom. 2,127–133 hat mit ihr nichts zu tun. – Das Problem, das hier besonders interessiert, wird schon im ersten Satz angedeutet. Wenn Antiochos, wie es heißt, die Divisio Carneadea benützt, so muß davon ausgegangen werden, daß das Ziel, das Karneades selber mit seinem Schema verfolgte, von demjenigen des Antiochos völlig verschieden war. Bei Karneades muß sich die Lehre der Akademie und des Peripatos als die allein annehmbare und diejenige der Stoa als ein inkohärentes und unnötiges Plagiat erwiesen haben; Epikur gegenüber hat er sich mit einer maßvollen Kritik begnügt (hübsch etwa seine Äußerung Diog. Laert. 10,26). Bei Antiochos dagegen ist es die Stoa, die die Lehre der „Alten" auf das glücklichste korrigiert, präzisiert, ergänzt und zu ihrer Vollendung gebracht hat. Karneades grenzt sich von der Stoa ab, Antiochos sucht eine Synthese mit ihr. Dies hat sich unvermeidlich auf die Darstellung im ganzen ausgewirkt. – Was Karneades bietet, ist eine Kombination von systematischen und historischen Gesichtspunkten, wie sie für die peripatetische Philosophiegeschichtsschreibung charakteristisch ist: Jedes Problem hat eine bestimmte begrenzte Anzahl möglicher Lösungen; die meisten dieser Lösungen pflegen durch bestimmte geschichtliche Systeme besetzt zu sein; dies zeigen etwa Aristoteles Metaph. 983b18–984a16, De an. 405a2–b10, Eudem. Ethik 1214a32–b5 u. a. – Begonnen wird mit zwei allgemeinen Voraussetzungen. (1) Wie schon in 1,42 und 3,24 wird die „Kunst des Lebens" als ein Sonderfall von Techne überhaupt verstanden. Mit Epikur 1,42 stimmt Karneades darin überein, daß Gegenstand und Leistung der Techne von der Techne selber abzutrennen sind: Die Techne ist der Weg, auf dem ein von ihr unabhängiges Ziel erreicht wird (vgl. dazu SVF 3,47 und 66). (2) Dieses Ziel muß (a) der Natur entsprechen und (b) als solches attraktiv sein, d. h. das Streben und Handeln spontan in Bewegung setzen können (vgl. wiederum Epikur 1,41; 54; 2,32). Darin stimmen

alle Philosophen überein. Im Hintergrund steht die Bestimmung des Guten als das „wonach alles strebt" schon bei Platon, Phil. 20D,22B, 60C, dann bei Aristoteles, Nik. Ethik 1094a1–3. Der Dissens beginnt bei der Frage, welches dieses Ziel ist. Nach Karneades sind (3) nur drei Ziele dieser Art überhaupt denkbar: Lust, Schmerzlosigkeit, das Naturgemäße, das einerseits alle körperlichen Wünschbarkeiten umfaßt, vor allem die klassische Trias Gesundheit, Kraft, Schönheit, andererseits auch entsprechende Ansätze im Geistigen als „Samen" der Tugenden. Nach Stob. Ecl. 2,p.125,2–9 w. entspricht der Gesundheit die Selbstzucht, der Kraft die Tapferkeit, der Schönheit die Gerechtigkeit (ähnlich SVF 3,278 und Cicero Tusc. disp. 4,30–31). Man könnte wohl sagen, daß Lust und Schmerzlosigkeit psychologisch „von innen" dasselbe meinen, was der Katalog des Naturgemäßen anthropologisch „von außen" registriert. Peripatetisch-theophrastisch ist es, daß zum Naturgemäßen von vornherein die Anlagen zur Tugend gehören. Damit soll jeder Bruch zwischen einer Phase der Naturgemäßheit und einer Phase der Tugendgemäßheit, wie ihn die Stoa (und in anderer Weise auch Epikur) annimmt, vermieden werden. Diese drei Ziele sind (4) abermals ausdifferenziert, und zwar mit Rücksicht auf die Tatsache, daß es zwar in unserer Macht liegt, sie anzustreben, nicht aber, sie tatsächlich zu erreichen. So kann sich die Eudaimonia mit der Intention begnügen, also dem reinen Streben allein, oder man wird als Eudaimonia nur das Erreichen eines der drei Ziele anerkennen. Das Ergebnis sind bis dahin sechs Thesen: (1) Streben nach Lust, (2) Erreichen der Lust, (3) Streben nach Schmerzlosigkeit, (4) Erreichen der Schmerzlosigkeit, (5) Streben nach dem Naturgemäßen, (6) Erreichen des Naturgemäßen. Durch geschichtliche Systeme besetzt sind (2) Aristippos, (4) Hieronymos, (5) die Stoa, (6) Karneades. Demnach ist die Stoa die einzige Lehre, die die Eudaimonia gänzlich in die Innerlichkeit des bloßen Strebens verlegt. – Die Tugend und das Tugendgemäße konstituiert sich dort, wo sich die Faktizität des einfachen Strebens nach dem seiner Natur nach Attraktiven verwandelt in die Überzeugung, daß man nach einem der drei attraktiven Ziele streben soll, und zwar auch dann, wenn man es nicht erreichen kann; dem Imperativ des Sollens nachgeben ist Tugend. Das Streben nach Lust und Schmerzlosigkeit kann sich mit dem bloßen Sollen nicht begnügen, wohl aber das Streben nach dem Naturgemäßen (wieweit dies mit der orthodox stoischen Lehre, daß das Naturgemäße nur das unentbehrliche Material ist, in dem die Tugend sich manifestiert, zur Deckung gebracht werden kann, ist freilich eine offene Frage). In einer nächsten Stufe tritt die Tugend als eine selb-

ständige Größe den drei ursprünglichen Zielen gegenüber. Alle drei Ziele können mit der Tugend kombiniert werden, d. h. (a) Lust und Tugend, (b) Schmerzlosigkeit und Tugend, (c) Naturgemäßes und Tugend; dies in dem Sinne, daß die drei Ziele nicht nur faktisch erreicht werden müssen, sondern auch ethisch erreicht werden sollen. Am wichtigsten ist der dritte Fall. Das Erreichen des Naturgemäßen im Sinne des Karneades wird zugleich zur Aufgabe des Sollens, also zur Tugend. – Für die Divisio Carneadea ist dies, also die Lehre der Akademie und des Peripatos, die vollendete Form der Eudaimonia. – So etwa kann man die ganze Konstruktion nachzeichnen, obschon in jedem Falle manche Probleme ungelöst bleiben. Wie künstlich die Konstruktion ist, verrät sich einmal daran, daß in ihr Epikur keinen Platz zu haben scheint; statt dessen wird mit betonter Anerkennung von Demokrit gesprochen, allerdings seine Lehre sofort ausgeschlossen mit Hilfe der Distinktion, es sei bisher nur von den Wegen zur Eudaimonia, nicht von ihrem Wesen die Rede gewesen (zu Demokrits Ethik: VS 68A 166–169, B3.4; vgl. auch SVF 1,379). Mag sein, daß der griechische Text subtiler formulierte; wir vermögen den Unterschied zwischen Beruhigtheit der Seele (vgl. 1,43; 46; 50; 58) und Schmerzlosigkeit nicht recht zu erkennen. Keinen Platz in der Konstruktion haben auch die in Buch 3 und 4 öfter erwähnten Radikalen Pyrrhon und Ariston, für die das Naturgemäße keine Attraktivität besitzt, und Erillos, der wie in 4,36 beurteilt wird. – Eingeschaltet ist in das System eine scharfe Stellungnahme gegen Aristippos, Hieronymos und Karneades. Ein Ziel des Handelns ohne Tugend ist unter dem Niveau des Menschen; die „maiora" von 21 verweisen auf 2,40 und 2,113–114, und daß die Abwesenheit von Schmerz kein ausreichendes Ziel ist (22), sagte schon 2,41. Wir haben es hier vielleicht mit einer Einlage des Antiochos zu tun.

Die letzten Worte bemühen sich, genau wie die ersten in 16, die Tatsache zu vertuschen, daß die Absicht des Karneades keineswegs mit derjenigen des Antiochos identisch ist und daß Antiochos die Divisio nur um den Preis einiger Umdeutungen seinen besonderen Zwecken hat dienstbar machen können.

24–27A Was folgt, wird als gemeinsame Lehre der „Alten" und der Stoa präsentiert, wovon nicht die Rede sein kann. In Wahrheit liegt nun ein, soweit wir es feststellen können, ziemlich zuverlässiger Auszug aus Theophrasts „Über die Eudaimonia" vor; sofort begegnen uns auch Überlegungen, die der orthodoxen Stoa fremd sind. Der Aufbau ist übersichtlich. (1) Jedes Lebewesen will sich selber im Leben behaupten und seine Natur bewahren, und dies nicht überhaupt,

sondern optimal (vgl. Aristoteles Nik. Ethik 1098a8–12). (2) Zunächst ist es über sein eigenes Wesen und seine Möglichkeiten noch völlig unklar. (3) Erst allmählich, also im Laufe einer Entwicklung, gelangt es zum Wissen über sich selbst und über das, was ihm förderlich oder schädlich ist. Da wird schon das Ziel allen Handelns sichtbar: in optimaler Angepaßtheit an die eigene Natur zu leben. (4) Formal gesehen ist dieses Ziel für alle Lebewesen dasselbe. Doch da jede Gattung von Lebewesen, und zwar Tiere und Pflanzen, eine ihr eigentümliche Natur hat, so wird das Ziel jedes Mal der Natur der Gattung angepaßt sein. Die Ziele aller Gattungen werden einander ähnlich, aber nicht miteinander identisch sein. (5) Für den Menschen bedeutet dies, der besonderen menschlichen Natur angepaßt zu leben; und darunter hat man die Totalität der menschlichen Natur zu verstehen.

Schon da ist in zwei Punkten der Gegensatz zur Stoa unübersehbar: im Begriff der allmählichen Entwicklung auf der einen Seite, und auf der anderen Seite im Postulat, daß der Mensch, genau wie Pflanze und Tier, sich von vornherein an der Gesamtheit der ihm eigentümlichen Natur zu orientieren habe.

27B–33 Aus 24 wird das erste Stichwort der „Liebe zu sich selbst" („Philautía") aufgegriffen und diese Liebe zu sich selbst in mehreren Beweisgängen nachgewiesen. In einer an 1,30 erinnernden Weise wird erklärt, diese Selbstliebe sei zwar evident, aber trotzdem sollen auch Beweise beigebracht werden. (1) Selbsthaß ist ein logischer Widerspruch, sofern das Streben des Strebenden darauf zielt, das Streben selbst aufzuheben. (2) Er ist auch eine existentielle Perversion, sofern man erstrebt, was dem Strebenden schädlich, und meidet, was ihm förderlich ist. (3) Der Selbstmörder und Selbstquäler handelt so aus Überzeugung, daß er schlecht für sich selber gesorgt habe, also letztlich aus Selbstliebe, weil er meint, durch seine Tat das beste für sich zu tun. (Dazu hat Cicero, nicht ganz passend, eine Reminiszenz aus Terenz, Heaut. 147–8 eingelegt.) (4) Sogar demjenigen, dem (wie Pyrrhon) die äußeren Dinge völlig gleichgültig sind, kann sein eigenes Verhalten (gerade zu den äußeren Dingen) nicht gleichgültig sein. (5) Während sich vom Freunde oder der Tugend sagen läßt, daß man sie nicht um ihrer selbst, sondern um eines anderweitigen Vorteils willen liebt, kann man dies unmöglich von der Selbstliebe sagen; sich selber um einer anderen Sache willen zu lieben, etwa um der Lust willen, ist absurd. Vgl. dazu die merkwürdig ähnliche Stelle Aristoteles Nik. Ethik 1175a18–21. (6) Jeder Mensch hat eine naturgemäße Liebe zum eigenen Leben und Angst vor dem Tode, unabhängig davon, ob

man den Verlust dessen, was man besitzt, oder die Schrecknisse nach dem Tode oder endlich die Qual des Sterbens fürchtet (da kommt Epikureisches nahe); dies gilt auch für Kinder, Tiere und den Weisen (hierzu Verszitate aus Ennius, Pacuvius, Accius, vgl. 4,62 und 2,94–95). Man erträgt um des bloßen Überlebens willen jedes nur denkbare Leiden, dazu Aristoteles Pol. 1278b24–30. Da ist der Einfluß einer Polemik gegen die Stoa (3,60–61) deutlich. – Stark verkürzt und etwas wirr ist der Schluß 33. Zunächst werden wie in 26 zu den Tieren auch die Pflanzen dazugenommen, dann aber ausdrücklich die Frage offen gelassen, ob dies (peripatetisch) auf eine zweckmäßig handelnde göttliche Natur zurückzuführen ist oder (atomistisch) auf ein sich von selbst ergebendes („autómaton") Arrangement der Dinge; beides weist auf Theophrast; denn nicht nur das besondere Interesse an der Botanik, sondern auch eine der Skepsis sich nähernde Zurückhaltung des Urteils ist für ihn bezeichnend (vgl. De legg. 1,25). Cicero selbst entscheidet sich für das Walten einer Natur, die nicht sich selbst aufheben kann (wozu er die Bemerkung einschaltet, von „der Natur des Menschen" zu reden sei dasselbe wie vom „Menschen" zu reden, wird nicht recht klar). So haben Akademie und Peripatos das Ziel allen Handelns in der Natur, im Streben nach dem Naturgemäßen und in der Selbstliebe angelegt gesehen. Wieder kommt es auf das Prinzip einer bruchlos kontinuierlichen Entwicklung an, primär als Ergebnis einer Ausrichtung auf biologische Kategorien, die bei Theophrast viel weiter geht als bei Aristoteles, sekundär in Abgrenzung von der stoischen Ethik, die ontologisch aufgebaut ist und zwischen dem Naturgemäßen und dem Tugendgemäßen einen Bruch ansetzt, sichtbar daran, daß für den Peripatos das Leben uneingeschränkt ein Gut, für die Stoa nur ein unter Umständen Vorzuziehendes ist.

34–38 Entscheidend ist, was unter der „Natur des Menschen" verstanden werden muß: (1) Körper und Seele, beides unentbehrlich, aber mit Vorrang der Seele. (2) Sowohl körperlich wie seelisch ist der Mensch besser ausgestattet als die Tiere; näher begründet wird dies nicht. (3) Was den Körper betrifft, so ist er (a) schon in seiner sichtbaren Gestalt der besondern Natur des Menschen angepaßt; unentbehrlich sind sodann (b) Gesundheit, Kraft, Schönheit. Insbesondere sind (c) das Verhalten und die Bewegungen des Körpers keineswegs indifferent oder beliebig; naturgemäße und naturwidrige Verhaltensweisen sind vielmehr scharf voneinander zu trennen. (4) Die Seele wiederum muß optimal ausgestattet sein (a) mit perfekt funktionierenden Sinnesorganen, (b) und in der Seele selbst sind naturgegebene

und durch den Willen erworbene Vorzüge zu unterscheiden. Die ersten beruhen auf Begabung und können mehr oder weniger mit den „dianoetischen Tugenden" des Aristoteles (Nik. Ethik 1103a5–6) gleichgesetzt werden (vgl. auch Platon, „Staat" 503C), die zweiten sind die „ethischen Tugenden", hier die Kardinaltugenden. Bei Aristoteles in der Nik. Ethik a.a.O. bleibt die Diskussion der zwei Arten von Tugend sehr unbestimmt, und die Begriffe des Unwillentlichen („Aproaíretos"?) und Willentlichen („Proairetós"?) fehlen in jenem Zusammenhang ganz. Da darf man mit einer Weiterbildung des aristotelischen Ansatzes durch Theophrast rechnen. – Eine erste Schlußfolgerung ist klar (38): Wenn wir uns selbst lieben, so lieben wir die Gesamtheit unserer aus Körper und Seele bestehenden Natur, und die Eudaimonia ist die Summe sämtlicher Vorzüge des Körpers und der Seele. Es ist die Position, von der aus von 4,26 an gegen die Stoa polemisiert wurde (wobei geschichtlich nicht etwa Theophrast seine Position gegen Zenon formuliert hat, sondern umgekehrt Zenons Reduktion der Eudaimonia auf die bloße Tugend der Seele gegen Theophrast und dessen Konzessionen an den Zufall und die Tyche gerichtet ist). Die zweite Schlußfolgerung (38A) ergänzt die erste: Alle Teile des Menschen tragen zur Eudaimonia bei, aber in verschiedenem Maße. Es gibt eine Rangfolge, mit den körperlichen Vorzügen an der Basis und den willentlichen Tugenden an der Spitze. Es kommt drittens (38B) dazu, daß einerseits der Gegensatz von Mensch und Tier sehr groß ist (dazu zitiert Cicero ein stoisches Bonmot, das er in De nat. deor. 2,160 dem Chrysippos zuschreibt, Clemens Alex. Strom. 7,33,3 dem Kleanthes: SVF 1,516), andererseits aber bestimmte Tiere Ansätze zu den Tugenden haben (vgl. 2,109–110; völlig anders 2,33). Es ist spezifisch aristotelisch, auf die Übergänge zwischen Pflanze und Tier, zwischen Tier und Mensch zu achten.

39–40 Hier wird der peripatetisch-theophrastische Begriff der Entwicklung, schon in 5,24 angekündigt (vgl. 4,17; 25), expliziert. Auszugsweise vorweggenommen war dieser Abschnitt schon in 4,38. Betont wird sofort, daß die Verhältnisse bei den Pflanzen, hier wiederum der Weinrebe, ähnlich seien wie bei den Tieren. (1) Es gibt also für die Pflanzen wie für die Tiere Naturgemäßes und Naturwidriges. (2) Bei der Rebe kümmert sich der Weinbauer um die Entwicklung ihrer Natur. Bekanntlich hat die Antike immer angenommen, daß es Tiere und Pflanzen gibt, die von Natur auf die Fürsorge des Menschen angewiesen sind, um überleben zu können (vgl. etwa Lucr. 1,208–214). Könnte die Rebe all das selber besorgen, was der Weinbauer für sie tut, so würde sie genau gleich vorgehen, wie dieser. (3)

Besäße überdies die Rebe auch Sinneswahrnehmungen und Ortsbewegung, so würde sie existieren wie ein Tier, ohne doch das, was sie zuvor als Pflanze leistete, preiszugeben. (4) Käme endlich die Vernunft dazu, so würde alles Bisherige bestehen bleiben, obschon die Vernunft an Rang dem Tierhaften und Pflanzenhaften weit überlegen wäre. Skizziert wird also eine kumulative Entwicklung. Zweifellos hatte Ciceros Vorlage dasselbe auch am Menschen nachgewiesen: pflanzenhaftes Dasein im Mutterleibe (und im Schlaf), tierhaftes in der Kindheit, und beim Erwachsenen tritt schließlich die Vernunft dazu. Naturgemäß sind alle drei Phasen in gleicher Weise (während die Stoa die dem Pflanzlichen und Tierischen zugeordnete Naturgemäßheit von derjenigen der Vernunft strikte abtrennt), wenn auch an Bedeutung verschieden.

41–43 Interpretation des Entwicklungsbegriffs von der andern Seite: Entwicklung findet nur dort statt, wo die Natur nicht von Anfang an alles bereitgestellt hat, was das neugeborene Lebewesen braucht. Wüßte das Lebewesen von Natur und von Anfang an, was es zu tun hat, wären gar keine Fehler möglich. Nun aber ist der Mensch zu Anfang und bei der Geburt ohne jedes Wissen über sich selbst; erst im Laufe des Heranwachsens gelangt er allmählich zu diesem Wissen. Dies bedeutet, daß der Mensch nur existieren kann, wenn die Natur und seine eigene allmählich sich entfaltende Vernunft zusammenarbeiten. Die Stelle hat aus drei Gründen ein besonderes Gewicht: (a) Der Begriff „mirabiliter" zeigt, wenn auch in größter Verkürzung, an, daß die Unzulänglichkeit der Natur ein schwieriges Problem darstellt. Warum hat die Natur dem Menschen nicht sogleich alles zur Verfügung gestellt, was er braucht? Vor allem eine Natur, deren universale Fürsorglichkeit bei Aristoteles an die Stelle der göttlichen Weltregierung getreten zu sein scheint? Aristoteles selber registriert an einigen wenigen Stellen das Versagen der Natur (Pol. 1254b27–34; 1245 5b3–4), ohne eine Erklärung zu versuchen. Man wird nur berücksichtigen, daß von einer hypostasierten Physis nicht dieselbe Allmacht erwartet wird wie von einer Gottheit (der stoische Begriff der Physis kennt eine solche Einschränkung nicht, weshalb SVF 3,219,220 nicht stoisch, sondern peripatetisch ist). (b) Das Problem selber ist sehr alt, vor allem in der Form der Frage, weshalb der Mensch dem Tiere gegenüber so benachteiligt ist; eindrucksvoll formuliert in Platon, Prot. 320C–323A, wo wir nur Platons spielerisch mythologische Einkleidung abzuziehen brauchen, damit das philosophisch Wesentliche sichtbar wird: Die Natur (vertreten durch Epimetheus) stattet den Menschen so ungenügend aus, daß der Mensch

selber (vertreten durch Prometheus) den Sachen gegenüber die Technik, dem anderen Menschen gegenüber die Ethik schaffen muß, um überhaupt bestehen zu können. (c) Die Formel, daß Ethik und Technik die Natur ergänzen müssen, ist charakteristisch peripatetisch. Dem tritt gegenüber der Kynismus, für den Ethik und Technik gerade Depravierungen der Natur sind (was in 1,30; 1,50; 1,71; 2,31 nachwirkt), und weniger schroff die Stoa, die versucht, an einer uneingeschränkten Vollkommenheit, Weisheit und Allmacht der Natur festzuhalten. – Die verschiedenen Stufen der Entwicklung werden noch einmal aufgezählt, zuerst allgemein, dann werden die Tiere zum Vergleich herangezogen (sehr flüchtig, denn die drei ersten Beispiele illustrieren in Wahrheit verschiedene Fortbewegungsweisen, die zwei späteren verschiedene Bewaffnungen); dann erst folgt eine Schilderung der Kinder, rasch übergehend zum Entscheidenden: Die Tugenden sind alle schon im Kleinkind angelegt: Geselligkeit (Ausgangspunkt der Gerechtigkeit), Lernbegierde, Großzügigkeit, Ehrgeiz (Vorstufe zur Tapferkeit). Der Mensch besitzt keine Tugend von Natur, ist aber von Natur empfänglich für alle Tugenden, die nur (parallel dem physischen Wachstum) entwickelt zu werden brauchen (vgl. Aristoteles Nik. Ethik 1103a23–26). Der Reihe nach werden diese Anlagen verglichen mit Samen und Keimlingen (vgl. 4,17; 18; 5,18) und mit Feuerfunken (vgl. 5,18), die zur Flamme entfacht werden können. Das Kind sieht das, wozu es von Natur angelegt ist, zunächst nur durch einen Nebel; erst später wird ihm sein Ziel deutlicher und deutlicher. Der Mensch braucht also nur seiner Naturanlage zu folgen, um zur philosophischen Vollkommenheit zu gelangen; um so schwieriger wird dann die Frage, warum nicht alle Menschen einfach dieser Anlage folgen, d. h., warum es mehr Menschen gibt, die die Vollkommenheit nicht erreichen, als solche, die sie erreichen. Die Kohärenz seiner Position erkauft der Peripatos mit der Unmöglichkeit, den für alle Ethik konstitutiven Gegensatz von Wollen und Sollen (durch den erst die Tugend zu derjenigen Leistung wird, in der sich das Sollen gegen das Wollen durchsetzt) befriedigend zu erklären. Karneades hatte bei Epikur auf den Bruch zwischen der bewegenden und der ruhenden Lust hingewiesen, bei der Stoa auf denjenigen zwischen einer Natur, die das Naturgemäße, und einer anderen Natur, die die Eudaimonia begründet. Daß ein Bruch vorliegt, ist nicht zu bestreiten; doch er ist zu verstehen als ein Versuch der beiden Doktrinen, dem die geschichtliche Wirklichkeit beherrschenden Gegensatz von Wollen und Sollen gerecht zu werden. Das überbordende Wollen verwandelt die Lust in grenzenloses Begehren und ver-

zichtet zugunsten des bloß Naturgemäßen auf die Eudaimonia im Absoluten. Man könnte behaupten, daß der Peripatos etwas zu leicht über diese Problematik hinweggeglitten ist, aber gerade darum eine Ethik für den Weltmann hat aufbauen können.

44-45 Folgerichtig wird nun in einem nächsten Kapitel gefragt, als was wir uns selber erkennen können. Auf das delphische „Erkenne dich selbst" wird hingewiesen, ähnlich in De legg. 1,58; 61, dann Tusc. disp. 1,52; 5,70. Dies ist eminent aristotelisch, wenn man auf der einen Seite bedenkt, daß das Leben des aristotelischen Gottes gerade in der Vollendung des „Erkenne dich selbst" besteht (vgl. Metaphys. 1072b19-20; 1074b33-35), und auf der anderen Seite berücksichtigt, daß Aristoteles (nach Plut. Adv. Col. 20) den Sokrates nicht etwa durch das Chairephon-Orakel zur Philosophie kommen ließ, sondern durch das „Erkenne dich selbst". Bei Platon dagegen kommt es (schroff gesagt) nicht darauf an, daß sich der Mensch selbst erkennen, sondern darauf, daß er die Idee des Guten schauen soll. – Was nun der Mensch an sich erkennen soll, ist, daß er aus Körper und Seele besteht und beides in die optimale Verfassung bringen soll; denn genau darauf ist er von Natur angelegt. – Es folgt eine Anmerkung über den Platz der (durch die Lehren Aristipps und Epikurs belasteten) Lust. Hier dürfte mit einem Eingriff des Antiochos zu rechnen sein. Zunächst wird das Problem abgeschoben und summarisch erklärt, es komme nicht darauf an, ob man die Lust zum Naturgemäßen zähle oder nicht. Doch dann wird eine Alternative aufgestellt: Die Lust gehört entweder überhaupt nicht zum Naturgemäßen (dies ist stoische Lehre – vgl. 3,17 – und hier diejenige des Antiochos), oder sie gehört dazu als ein Teil in der Gruppe der naturgemäßen Güter; dies wird die Lehre Theophrasts sein, obschon man bezweifeln wird, ob Theophrast sie derart leichthin unter die bloß körperlichen Güter gezählt hat (mit Aristoteles Nik. Ethik 10,1-5 wäre dies kaum in Übereinstimmung zu bringen). Antiochos wird auch da etwas interpoliert haben, um den Peripatos so nahe als möglich an die Stoa heranzurücken.

46-47 In aristotelischer Weise wird erklärt, man wolle nun von einem andern Standpunkt aus argumentieren, nicht von der Selbstliebe her, sondern von den je eigentümlichen Leistungen des Körpers und der Seele. Jeder der Teile ist auf ein Optimum hin angelegt, das er zu erreichen sucht oder verfehlen kann. Am Körper insbesondere ist nichts gleichgültig, sondern sind zu erstrebende und zu verwerfende Verhaltensweisen scharf geschieden (womit das ethisch Gute und Schlechte schon präfiguriert ist).

Erwähnt werden am Körper zuerst die unfreiwilligen Naturwidrigkeiten, dann die willentlichen. Zu jenen gehören Mißbildungen und Invaliditäten; kulturgeschichtlich nicht uninteressant ist der Hinweis auf kosmetische Operationen, die zwar nicht die Brauchbarkeit, wohl aber die Schönheit eines Körpergliedes wiederherstellen, was beweist, daß man die körperliche Schönheit als Selbstzweck anstrebt. Zur zweiten Kategorie gehört die Unschicklichkeit in den Bewegungen, im Gehen, Sitzen, im Gesichtsausdruck. Dies ergibt eine Kasuistik und Paränetik des guten Benehmens, wie sie später Cicero in De off. 1,126–131 noch einmal umschrieben hat, in beiden Fällen auf peripatetischer Basis; daß damit Interessen auch der Porträtkunst wie des Dramas berührt werden, ist deutlich. – Die systematische Absicht ist der Nachweis, daß die körperlichen Qualitäten, unter denen wieder Schönheit, Gesundheit und Kraft hervortreten (als etwas störend wird man die Erwähnung der Schmerzlosigkeit empfinden; zu Gesundheit und Kraft fügt sie nichts Wesentliches bei. Oder soll damit 5,73 vorbereitet werden?), um ihrer selbst willen geschätzt werden.

48–54A Weit umfangreicher ist die Behandlung der seelischen Dinge, weil erst hier von der aristotelisch-theophrastischen Bestimmung der Eudaimonia als Lebensform des Erkennens, Bios Theoretikós (vgl. 5,11), gesprochen werden kann. Sie fehlte in der Divisio Carneadea vollständig; notwendigerweise, da sie die in 5,17 gestellte Bedingung nicht erfüllt: Sie besitzt nicht die elementare Attraktivität, die das Handeln von Anbeginn an in Gang zu bringen vermag. Sie ist insofern ein Paradoxon wie die stoische Tugend (vgl. Aristoteles Nik. Ethik 1179a13–16 und natürlich 1141b2–8). Unser Text steuert sofort auf den Beweis zu, daß schon die Kinder ein unüberwindbares Streben danach besitzen, Wissen zu erwerben und anderen mitzuteilen (angekündigt in 5,42). Die Erwachsenen wiederum schonen um der Lust des Wissens willen weder Gesundheit noch Vermögen. Die Vorlage wird hier Beispiele gebracht haben, vgl. 5,87. Cicero ersetzt sie durch eine Versreihe aus der Odyssee 12,184–191, die er selbst übersetzt hat, und versucht sie im Sinne des Kontextes zu interpretieren. Dies gelingt nur insofern, als die Sirenen überzeugt sind, sie könnten die Vorbeifahrenden durch nichts so sicher verführen wie durch das Angebot von Wissen. Doch Odysseus läßt sich gerade nicht verführen, und die Behauptung, das Wissen sei ihm lieber gewesen als das Vaterland, ist mit der Erzählung Homers nicht vereinbar. Liegt ein Versehen Ciceros vor oder der Einfluß einer Variante der Erzählung, die er dem Homerkommentar (den er sicher benutzt hat)

entnommen hat? – Die folgende allgemeine Regel schränkt das Bekenntnis zum Wissen überhaupt ein (vgl. 5,6), ohne daß die Grenze zur bloßen Neugier genauer bezeichnet würde. Für Aristoteles Part. anim. 645a1–24 dagegen haben auch die unansehnlichsten Gegenstände ihr Interesse. Von den zweimal drei Beispielen hat es die erste Gruppe im Sinne des Aristoteles mit hochspezialisierten Gegenständen zu tun: Geometrie, Musiktheorie, Grammatik. Da die hier vorgetragene Version vom Tode des Archimedes (vgl. Platon Theait. 173C–174A) auf Poseidonios zurückgehen dürfte, wird man auch die Nennung des Aristoxenos und diejenige des Aristophanes v. Byzanz, der uns nur hier als Klassiker der Grammatik begegnet, auf ihn zurückführen. Die ursprüngliche Liste liegt in De or. 3,132 vor, wo in den drei Disziplinen je ein älterer und ein jüngerer Vertreter nebeneinander gestellt werden (vgl. Aristoteles Metaph. 98a22–8). Die zweite Gruppe kehrt 5,87 wieder, dort sicher aus Theophrasts „Über die Eudaimonia" (vgl. Aelian. var. hist. 4,20), also auch hier. Die Weltreisen sind zu verstehen nicht als universale Periegetik in der Art des Hekataios, sondern im Sinne von Platon Phaid. 78A: Es gilt überall Männer zu suchen, bei denen man etwas lernen kann. – Daß das reine Wissen Lust verschafft, nehmen Epikur (1,25), die Stoa (3,37, auch aus Poseidonios?) und der Peripatos an; gegen Epikur wird präzisiert, daß das Wissen Selbstzweck ist (vgl. 5,48). Es folgt eine mit 3,37 nächstverwandte Argumentenreihe mit dem Akzent darauf, daß Wissen ohne jede praktische Absicht gesucht wird: 1. Astronomie und Naturwissenschaft, 2. Geschichte, von deren Nutzen allerdings der „Hortensius" Frg. 27 Str. gesprochen hatte, so daß ihr hier der Mythos zur Seite gestellt wird, bei dem das entscheidende Moment, die Vorbildlichkeit eines realen Geschehens, fehlt. Über das Leben geschichtlich vorbildlicher Menschen will man alles wissen (es handelt sich also um die durch Aristoxenos und Antigonos v. Karystos inaugurierte Biographik als Zweig der Geschichtsschreibung), und für Geschichte interessieren sich Menschen, für die sie niemals als Modell politischen Handelns nützlich werden kann: Leute aus den untersten Volksschichten und Greise. – Höhepunkt ist ein Zitat aus einem verlorenen Dialog des Aristoteles (vgl. Iambl. Protr. p. 53,2–12 Pist., sicher nicht aus dem „Protreptikos", eher aus „Über die Philosophie"), das Aristoteles selber in verschiedenen Richtungen abgewandelt hat: Nik. Ethik 1178b7–24 und Pol. 1334a28–34; Cicero hatte das Zitat schon im Schlußteil seines „Hortensius" Frg. 101 Str. gebracht. – Es folgt, wohl von Cicero selber hier eingelegt, ein neuer Gedanke: Wissen nicht als Form der Eudaimonia, sondern als Trost im Unglück (beides zusam-

men schon in dem Bonmot des Aristoteles Diog. Laert. 5,19). Unter den Belegen, die nicht gefehlt haben werden, greift Cicero einen einzigen heraus; daß Demetrios von Phaleron in seiner Schrift „Über die Tyche" sich selbst als Beispiel eines vom Zufall hin- und hergeworfenen Lebens vorgeführt hat, ist nicht ausgeschlossen (Frg. 79–81 Wehrli). Das römische Beispiel des früh erblindeten Cn. Aufidius (Praetor 107 v. Chr. ?) erwähnt auch Ciceros „Consolatio" Frg. 19 M., Tusc. disp. 5,112, Or. de dom. 35.

54B–57 Ohne Ankündigung wird nun zu dem viel allgemeineren Prinzip übergegangen, daß kein Lebewesen ohne Aktivität sein kann. Dies ist der Hintergrund zur Kritik an Hieronymos 2,41 und 5,22. Vorweggenommen wird, daß der Schlaf zwar notwendig ist, doch ein Leben in ewigem Schlaf wie der Tod wäre; 55 nennt das mythische Beispiel des Endymion, das bei Aristoteles Nik. Ethik 1178b19–20 in demselben Zusammenhang erscheint. Auch auf das Beispiel der Tiere kommt 56 noch einmal zurück. Wichtiger ist ihm das Beispiel des Kindes mit der erstaunlichen Bemerkung, daß gerade der Peripatos am Verhalten des Kindes die Absicht der Natur am klarsten glaubt erkennen zu können. Dies stimmt zwar im Prinzip mit Epikur 1,30 überein (nicht aber mit 2,31), auch mit der Stoa, die in 3,16 zu Worte kommt, dann mit 5,24, aber nicht mit Aristoteles, für den grundsätzlich das Kind ein noch unvollständiger, noch nicht zur Entfaltung aller Möglichkeiten gelangter Mensch ist (vgl. Nik. Ethik 1100a1–4, Pol. 1260a31–33 u. a.). Also spricht hier Theophrast, der in diesem Punkte von Aristoteles abweicht (trotz 1,6) und allem Anscheine nach dem sophistisch-kynischen Gedanken, daß die als Erziehung einsetzende Kultur die Natur verdirbt, nachgegeben hat. – Geschildert wird das Verhalten der Kinder, ähnlich, aber unter anderem Gesichtspunkte als in 5,48. Dann werden einander gegenübergestellt die Durchschnittsmenschen, die immer das Bedürfnis nach irgendeiner Tätigkeit haben, und die „Besten", die (in einer Klimax) entweder ihren privaten Geschäften nachgehen oder politisch tätig sind oder endlich sich der philosophischen Theoria widmen (da wirkt die aristotelische Zweiteilung der Praxis in Ökonomik und Politik ein). Eine verhüllte Pointe am Schluß: Selbst die Epikureer, deren Lebensziel die Lust ist, verbringen ihr Leben in der Aktivierung der Erforschung der Natur; dies wird wohl eine Anspielung auf Epikurs philosophisches Hauptwerk „Über die Natur" sein, das mit seinen 37 Büchern dasjenige Werk gewesen ist, an dem Epikur am längsten gearbeitet hat.

58 Zusammenfassend wird als Bestimmung des Menschen die „Tätigkeit" genannt, hier nicht die „Praxis" im engeren Sinne, sondern

die „Energeia", die Praxis und Theoria gleichmäßig umfaßt. Sie wird hierarchisch aufgegliedert in die Theoria (hier nachdrücklich als das besondere Programm des Peripatos bezeichnet, das ihn von Epikur wie von der Stoa distanziert), dann der praktische oder theoretische Umgang mit der Politik, endlich die auf die vier Kardinaltugenden festgelegte Individualethik.

Als Einstieg in das Nachfolgende wird das Prinzip der allmählichen Entwicklung noch einmal (vgl. 41–43) sorgfältig expliziert: Die Natur macht den Anfang, doch nicht mehr. Bezeichnend die biologische Metaphorik des allmählichen Übergangs von Weichheit („mollitia") zu Stärke/Härte („robur"), dann das Fortschreiten in Wissen und Gewöhnung, also den zwei Wegen, auf denen der Logos instruiert, das Alogon geformt werden kann. Dann herrscht wieder die Metapher des Lichtes (vgl. 43 Ende). Der Mensch ist zu Beginn unfähig, das Richtige zu sehen und zu tun; erst spät wird die Tugend als Prinzip des Handelns sichtbar, bemerkenswerterweise „noch später" die Einsicht in das Prinzip. Es ist das Alogon, von dem das Handeln ausgeht, das zuerst zur Klarheit gelangt, und erst nachher der Logos, der das Wissen, wie gehandelt werden soll, herstellt (bei Aristoteles Nik. Ethik 1098a3–5 und 1102b13–33 so nicht formuliert, wenn auch virtuell in der Konstruktion enthalten). Es folgt das Zitat Platon, Gesetze 653A, wobei die Frage offen bleibt, ob das Zitat unmittelbar dem Dialog entnommen ist oder nur mittelbar über ein Florilegium. Nun soll von der voll entwickelten Natur die Rede sein.

59–64 Überall muß die Natur durch die Leistung des Menschen ergänzt werden; nur ist (1) beim Körper der Anteil der Natur größer als derjenige des Menschen; im Geistigen steuert die Natur die Sinnesorgane bei, bei denen ebenfalls die Natur das meiste leistet. (2) Beim Geiste selbst als dem wichtigsten ist es genau umgekehrt. Der Geist ist zwar auf die Tugend angelegt und hat einige Elementarbegriffe erhalten, aber nicht mehr (ähnlich schon De legg. 1,26; 27). Alles andere muß die Techne des Menschen leisten; gerade darum verdient die Tugend Anerkennung, weil sie die Leistung des Menschen ist (vgl. von anderer Seite Aristoteles a. a. O. 1099b14–18). Das Arrangement des Antiochos wird spürbar in der Bemerkung, daß die Vollkommenheit des Geistes „unendlich" über derjenigen des Körpers und der Sinnesorgane steht. Da beginnt die von 71 an massiv durchbrechende Tendenz, der altperipatetischen Konzeption einer Gesamtnatur, an der Körper und Seele im Prinzip ebenbürtig beteiligt sind, eine der Stoa weit näher stehende These gegenüberzustellen, in der die körperlichen Güter den seelischen gegenüber in die Belanglo-

sigkeit versinken. – Dann wird 61 mit dem Begriff der Selbstliebe auf 27–33 zurückverwiesen und ergänzt, daß der Mensch die Tugend von Natur, d. h. von Geburt an, erstrebt; es soll eben eine bruchlos verlaufende Entwicklung aufgebaut werden, wie sie weder Epikur (vgl. 2,31–32) noch die Stoa (vgl. 3,20–22) angenommen haben. Zum vierten Male nach 5,42–43, 5,48 und 5,55 beruft sich der Text auf das Verhalten des Kindes, das nun wie in 2,32 als ein Spiegel des naturgemäßen Verhaltens überhaupt gilt. Dies ist auch hier nicht aristotelische, sondern theophrastische Doktrin. Von den Ansätzen zur Tapferkeit und Großgesinntheit ist zuerst die Rede (vgl. schon 5,42), dann von denjenigen zur Dankbarkeit, die auch bei Aristoteles a. a. O. 1132b33–1133a5 ein Aspekt der Gerechtigkeit ist. – Allzu rasch wird dann zu einem Nachweis, daß der Mensch überhaupt die Tugend um ihrer selbst willen liebt, übergegangen. Die Beweise decken sich teilweise mit 3,36–38: erst Allgemeines, dann zweimal je ein römisches und ein griechisches Beispiel: Die beiden römischen Beispiele sind negativ, die griechischen positiv. Zu Q. Numitorius Pullus, der 125 v. Chr. seine Vaterstadt Fregellae an die Römer verriet, vgl. De inv. 2,105; or. Phil. 3,17, zu L. Hostilius Tubulus s. 2,54 und 4,77. Dann die Dichtung, Pacuvius im „Dulorestes" (vgl. Euripides Iph. Taur.), auf den schon 2,79 (vgl. 1,65) anspielte. Daß ein ausführlicher Text lässig resümiert wird, deutet der nicht explizierte Gegensatz zwischen „uns, die wir zu ruhmvollen Taten bestimmt sind", und der Masse der „Ungebildeten" an; beide Gruppen sind sich in der Bewunderung großer Tugend einig. Der Schluß verrät, daß der ganze Abschnitt von 62 an ein Stück Vulgatpolemik gegen Epikur ist, also mit Theophrast nichts zu tun hat. – Unerwartet kommt dann nochmals die römische Geschichte zum Zuge mit drei Paaren von Beispielen. Das erste Paar macht Schwierigkeiten: Im Jahre 204 v. Chr. wurde P. Cornelius Scipio Nasica als Gesandter beauftragt, das Heiligtum der Göttermutter von Pessinus nach Rom zu bringen; 181 v. Chr. wurde M. Aemilius Lepidus zum Vormund der beiden jungen Söhne des Ptolemaios V. Epiphanes in Ägypten bestellt. Als ein Beweis besonderer Tugend kann dies nur insofern gelten, als die beiden Römer der Versuchung, sich bei einer solchen Mission persönlich zu bereichern, mannhaft widerstanden haben. Man wird vermuten, daß dieses Moment bei dem Autor, dem Cicero hier folgt, ausdrücklich hervorgehoben war. Es folgt die schon in 2,61 erwähnte Selbstaufopferung der Decii, dann das uneigennützige Verhalten des C. Fabricius, von dem De off. 1,40; 3,16 und bes. 3,86 ausführlich erzählt, hier offenbar als bekannt vorausgesetzt (aus Ennius?). Der Sa-

che nach ist dies ein Gegenstück zum Verhalten des Numitorius in 62. Geschlossen wird mit den zwei schon in 2,66 vorgeführten Beispielen, in denen der Tod der Schande vorgezogen wird. Merkwürdig ist an der ganzen Reihe, daß ganz verschiedene Gesichtspunkte berücksichtigt werden; es ist keine Aufzählung von Heldentaten eines und desselben Typs. Man wird sich fragen, ob Ciceros Vorlage da nicht stärker systematisiert hat. Geendet wird mit der den Stoikern und den Peripatetikern gemeinsamen Schlußfolgerung, daß die Tugend um ihrer selbst willen erstrebt wird; dies paßt zu 63–64, nicht aber zu 61, wo vielmehr gezeigt worden war, daß der Mensch schon von Geburt an auf die Tugend hin angelegt ist. Da hat sich das Beweisziel von 61 zu 62–64 hin verschoben.

65–69A Wiederum kein einheitlicher Komplex: 65–66A bringt den Menschen als „Zoon politikón" ins Spiel: unbehaglich ist, daß nun plötzlich der „gemeinsame Nutzen" („communicatio utilitatum") angerufen wird, nachdem 64–65 jeden Gedanken an einen Nutzen abgewiesen hatte. Es folgt, davon unabhängig, der Nachweis, daß alle Tugenden untereinander zusammenhängen (man erkennt hinter „conspiratio" und „consensus" die griechischen Begriffe „Sýmpnoia" und „Sympátheia") und doch jede auch wieder ihre Eigenständigkeit besitzt. Das ist die Lehre vom Wechselbezug aller Tugenden („Antakoluthía"), bei Aristoteles Nik. Ethik 1144b30–1145a2 und 1146a7–9 nur angedeutet, in der Stoa systematisch ausgebaut. Danach kehren wir zurück zur Gesellschaftlichkeit des Menschen mit der Folgerung, daß die Freundschaft im kleinsten wie im umfassendsten Kreise um ihrer selbst willen zu pflegen sei. Dabei entsteht ein sonderbares Problem: In der Drei-Güter-Lehre wird hier ein Schnitt gemacht zwischen den seelischen und körperlichen Gütern einerseits, aus denen das Ganze der Eudaimonia besteht, eine zwingende Folge aus 24–74 (vgl. 4,26–43), und den äußeren Gütern, also vorzugsweise der Freundschaft andererseits. Von diesen wird rundweg erklärt, sie seien im vollkommenen Guten nicht enthalten, und zwar weil man sie niemals vollständig erwerben kann; sie sind nur insofern an die Tugend gebunden, als es bei der Freundschaft u. dgl. nicht auf den Besitz des Freundes ankommt, sondern auf die innere tugendgemäße Gesinnung. Der Abschnitt ist verwirrend: (a) wird man sagen, daß das, was von der Freundschaft gilt, auch von den körperlichen Vorzügen gelten müßte; auch über sie können wir niemals ganz verfügen; (b) wirkt der Ausweg rein stoisch: Es ist der Rückzug aus der Sache selbst in die innere, der Sache angemessene Gesinnung. Dabei ließe sich aus Aristoteles a.a.O. 1177a27–b1 ein anderer Ge-

dankengang deduzieren: Als Mensch bedarf jedermann der Freunde, doch der Bios Theoretikos als solcher ist auf Freunde nicht angewiesen; er ist im strengen Sinn autark. Sollte etwa diese Überlegung im Interesse einer Annäherung an die Stoa durch die andere, die an Stelle der wirklichen Freundschaft nun die freundschaftliche Gesinnung des einzelnen fordert, ersetzt worden sein (vgl. 3,55 und 70, wo der Begriff des „prodesse" schon erscheint)?

69B–70 Ein überaus harter Bruch; worauf sich das „quae quidem sapientes sequuntur" bezieht, ist nicht zu erkennen. Der Gedanke ist leidlich klar: Der Weise erkennt das wahre Ziel („unter der Leitung der Natur" kann streng genommen nur der Epikureer und Stoiker sagen, nicht aber Theophrast, vgl. 41–43, 59–60); wer unvollkommen, aber hervorragend ist, hält sich an das Abbild der Tugend, den Ruhm. (Daß der Ruhm der Tugend am nächsten kommt, zeigt sich schon an der These Platons, für den auf den vollkommenen Staat der Tugend der Staat der Ruhmbegierde folgt, „Staat" 547Dff.) Es schließt sich an, gestützt durch eine Paraphrase jenes Satzes Platons, Phaidros 250D, den schon 2,52 zitierte, die „sokratische" Folgerung: Wenn uns schon der Ruhm so erfreut, wieviel mehr müßte uns der Anblick der vollkommenen Tugend erfreuen. Geendet wird mit einer doppelten Antithese, die Cicero, wie schon in 64, so summarisch formuliert, daß die Pointe nicht deutlich wird. (1) Gegensatz zwischen der Freude an der Erfüllung der höchsten Begierden und der Freude der beiden Scipionen über ihren Sieg über Karthago. Beide Teile sind etwas schief formuliert: Die Freude des Wüstlings derjenigen der Scipionen gegenüberzustellen, wäre banal und witzlos; es kann also nur die ernsthafte Freude in der Erfüllung eines höchsten Wunsches gemeint sein; und was die Scipionen angeht, so sind wir zwar dem Porträt des stolzen Siegers über Hannibal (wie ihn Ennius gezeichnet hat) schon in 2,56; 106; 4,22 begegnet; doch Cicero hat gewußt, daß die Zerstörung Karthagos durch den jüngeren Scipio von keinem solchen Jubel begleitet war; er hat sicher Polyb. 38,21–22 gekannt. (2) Gegensatz zwischen dem mondänen Freudenfest der Fors Fortuna (Varro ling. Lat. 6,17; Ovid Fasti 6,755; Prop. 2, 4,19?, Sueton Tib. 10), bei dem man den Tiber auf Booten hinabfuhr, und der Fahrt des Aemilius Paullus tiberaufwärts mit dem gefangenen König Perseus. Der Gegensatz zwischen der Fahrt den Fluß hinab und derjenigen den Fluß hinauf wirkt arg preziös, und der Hinweis „an jenem Tage" scheint auf einen besonderen Festanlaß hinzudeuten. Ist etwa Aemilius Paullus gerade an jenem Festtage selber in Rom eingetroffen? Dann wird schon Ennius kaum verfehlt haben, das Zusammentreffen

poetisch auszugestalten. Die Beispiele dienen lediglich dem Nachweis, daß der Ruhm größere Freude verschafft als irgendein anderes Ereignis der Lust oder der Heiterkeit. Eine Beziehung etwa zu der Theorie von 3,57 ist nicht zu erkennen.

71 Der Appell an den jungen Cicero leitet die Schlußfolgerungen aus dem Gesagten ein. Da kommt evident Antiochos gegen Theophrast zu Worte. Alle Güter außerhalb der Tugend werden so radikal minimiert, wie es ohne völlige Preisgabe der peripatetischen Position überhaupt möglich ist. Daß die unteren Güter gegenüber der Tugend so verschwinden wie die Sterne im Lichte der Sonne, paßt zwar bestens zu 3,45 (vgl. 4,29–30), ist aber mit der These Theophrasts, daß die gesamte, aus Körper und Seele bestehende Natur des Menschen zur Eudaimonia gelangen muß (5,24–45), nur mit größter Mühe vereinbar; wichtig sind zwei Einzelheiten: Der Einfluß der Tyche ist so gering, daß der Weise immer die Eudaimonia besitzen wird (davon wird 5,77 die von Cicero im Namen der Stoa vorgetragene Kritik ausgehen); sodann wird eine „Vita beata" (nur im Besitz der Tugend) von einer „Vita beatissima" (im Besitz aller drei Güterklassen) unterschieden. Diese Formel als solche scheint erst von Antiochos zu stammen; die Sache selbst ist allerdings älter (vgl. 3,43) und läßt sich aus Aristoteles Nik. Ethik 1101a6–8 mühelos ableiten (vgl. auch das charakteristische Schwanken 1098b12–20 und 1099a31–b8: Eine minimalistische Eudaimonia, die sich der Mensch selber verschaffen kann, und eine maximalistische Eudaimonia, über die er nicht verfügt, stehen miteinander in Konkurrenz).

72 Problemgeschichtlich interessant ist der Versuch, zwischen Theophrast und der Stoa zu lavieren: Wer die Tugend als das einzige Gute annimmt, läßt sich durch den Glanz der Worte (vgl. 1,42; 61; 3,11; 4,37; 60; 68) dazu verführen, die Naturgemäßheit aller Güter (auf der Theophrast insistiert) zu vergessen; umgekehrt aber sind die Güter außerhalb der Tugend so gering, daß sie „nicht zu existieren scheinen", was der Stoa bis zur äußersten Grenze entgegenkommt.

73–74 Den Epilog bildet überraschend eine geschichtliche Bestandesaufnahme, die mit der Divisio Carneadea zusammenhängen muß. Den umfassendsten Begriff des höchsten Gutes hat der Peripatos; alle anderen haben sich bloß Teile von ihm angeeignet: (1) Wie billig steht im Hinblick auf 5,11 die Theoria an der Spitze: daher Erillos. (2) Die Verachtung der menschlichen Dinge, also die aristotelische Megalopsychia Nik. Ethik 4,7–9: daher Ariston. (3) Schätzung der Schmerzlosigkeit (vgl. 4,35–37): daher Hieronymos. (4) Nun wäre die Schätzung der Lust zu erwarten; doch da greift Antiochos ein,

wie schon in 5,45. Also wird bei Kalliphon und Diodoros der Akzent auf die Tugend gelegt. (5) Epikur wird nicht mit Namen genannt, mit Rücksicht auf den anwesenden Pomponius. Eine Doktrin wird herangezogen, die im 1. Buch nicht erwähnt war: Man sucht zuerst die Lust, dann aber schafft die Gewöhnung eine zweite Natur, durch die man vieles tut, auch ohne Lust zu suchen. Man hat dies wohl als eine Verallgemeinerung von 1,69 zu verstehen, obschon der Ton von 2,51 widerspricht: Nach unserer Stelle reden die Epikureer ununterbrochen von der Tugend, nach 2,51 nur „zuweilen". Jedenfalls soll auch Epikur unter Umgehung der Frage nach der Lust an den Peripatos gebunden werden. – Woher der hier ausdrücklich eingeführte Begriff der „zweiten Natur" stammt, wissen wir nicht (vgl. immerhin Demokrit VS 68, B33 und Aristoteles Eth. Nik. 1152e30–33). (6) Als Pointe soll es wirken, daß die Stoa sich die gesamte Philosophie des Peripatos angeeignet hat. Hier ist auch die einzige Stelle, an der diese Aneignung grob und deutlich als Plagiat und Diebstahl bezeichnet wird, wie dies Karneades zweifellos getan hat. – Der ganze Satz unterstreicht noch einmal, auch gegen die Stoa, die enzyklopädische Weite und urbane Weitläufigkeit des Peripatos (vgl., 4,6; 61; 5,7; 11).

75–76 Nach den unter römischen Herren üblichen Entschuldigungen und Komplimenten wird sofort konstatiert, daß Piso sich weniger an Staseas gehalten habe, der die Lehre Theophrasts vertrat, als an Antiochos. Dies entspricht dem, was 12 sagte, und zielt auf 71–72. Dann wird dramatisierend an 5–6 angeknüpft, zunächst mit Anspielung auf Ciceros akademisches Bekenntnis, also auf die Academici: Präzisiert wird, daß seine Aporetik nur der stoischen Definition des Wissens gilt, die ausdrücklich zitiert wird (vgl. Luc. 18 u. a., SVF 1,59), nicht aber der weniger anspruchsvollen Definition des Peripatos (merkwürdig ähnlich Epikur frg. 242 Us.).

77–78 Nun setzt die Kritik ein, und zwar an der Position des Theophrast. Bezeichnenderweise erfahren wir erst hier, daß sein Werk „Über die Eudaimonia" (vgl. 5,12) ausführlich über die Gefährdung der Eudaimonia durch körperliches Leiden und gesellschaftliches Unglück gesprochen haben muß, was im Bericht 24–70 überhaupt nicht zur Geltung kam; offenbar hatte Antiochos schon dieses Problem eliminiert, um den Kontrast zwischen Theophrast und der Stoa nicht allzu kraß erscheinen zu lassen. Hier wird gerade darauf insistiert: Die Stoa vertritt einen ontologisch absoluten Begriff von Eudaimonia, also eine Eudaimonia, die nur dann zu verwirklichen ist, wenn sie als Tugend vollständig für den Menschen verfügbar ist; dem steht gegenüber Theophrasts Begriff einer geschichtlich ap-

proximativen Eudaimonia, zu der die freie Entscheidung des Menschen und die Gegebenheiten der Tyche zusammenwirken müssen. – Etwas umständlich gibt Cicero zu verstehen, daß es ihm nicht darum geht, die Lehre der Stoa zu verteidigen, sondern nur zu prüfen, welche der Lehren in sich selbst widerspruchsfrei ist und welche nicht; nur so bleibt er in Übereinstimmung mit seinem akademischen Bekenntnis (und mit Karneades), sofern er die einzelnen dogmatischen Thesen aus sich selber zu widerlegen sucht, ohne sich mit einer eigenen These zu exponieren: So scheitert Epikur an seinem doppelten Begriff der Lust, die Stoa an ihrem doppelten Begriff der Natur, und so will er nun zeigen, daß der Peripatos an einem doppelten Begriff der Eudaimonia scheitert (was schon 71 andeutete).

79–82 Die Auffassung der Stoa allerdings bleibt im Prinzip, hier genau nach dem griechischen Satz Diog. Laert. 7,127, in sich völlig kohärent (zum Vergleich mit einem Orakelspruch s. 2,102), nicht aber Epikur, auf dessen Frg. 601 Us. angespielt wird (vgl. Frg. 604 Us., das erklärt, für den Weisen sei die Eudaimonia unverlierbar), und nicht der Peripatos; aufgezählt werden die körperlichen und gesellschaftlichen Güter (angedeutet wird, daß unter ihnen nur die Freundschaft behandelt wurde, die außerdem in 65–69 eine Sonderstellung einnahm). Gibt es in diesen Bereichen Übel, so wird die Eudaimonia unerreichbar. Da hilft nur die schon in 71 angeführte Distinktion zwischen maximaler und minimaler Eudaimonia, deren Legitimität der Stoiker bestreitet. Für ihn wie für Epikur (Kyr. Doxai 18) ist die Vollkommenheit nicht steigerungsfähig; freilich meint der Peripatetiker nicht eine ins Unbegrenzte weiterlaufende Steigerungsfähigkeit, sondern ausschließlich die Unterscheidung zweier in sich durchaus begrenzter Formen von Eudaimonia. – War in 2,65 Regulus dem Lebenskünstler Thorius Balbus gegenübergestellt, so hier einem anerkannt mit Eudaimonia gesegneten Manne, Q. Caecilius Metellus, Konsul 143 v. Chr. – Wiederum betont Cicero, daß er zwar im Sinne der Stoa am Peripatos Kritik übt, aber selber kein Stoiker ist.

83–86A Die Stoa bleibt mit ihrem einheitlichen Begriff der Eudaimonia konsequent; Cicero übernimmt, der Diskussion zuliebe, das Lob, das Cato 3,74 der perfekten Geschlossenheit des stoischen Systems gespendet hatte. Die peripatetische Drei-Güter-Lehre dagegen liefert den Weisen der Armut, der Folter, der Kinderlosigkeit, der Verbannung, der Krankheit, der Invalidität, der Blindheit aus (zu den ersten zwei Fällen vgl. 3,75; 4,23 und SVF 1,220). Die stoische Eudaimonia, die dies alles nicht zu den Übeln rechnet, wird dadurch nicht tangiert. Geschickt wird der Einwand 4, 21–22 pariert: Wenn die

stoische These in der Öffentlichkeit untragbar ist, so ist es auch die peripatetische: denn die Öffentlichkeit wird einem Menschen, der aller körperlichen und gesellschaftlichen Güter beraubt ist, nicht einmal die minimale Eudaimonia des Peripatos zubilligen. Der Philosoph wird die Wahrheit der stoischen These bezweifeln (wieder mit Anspielung auf Epikur Frg. 601 Us.), nicht aber ihre innere Konsequenz. Cicero endet mit der Aporie: Sind jene Leiden ein Übel, so kann der Weise die Eudaimonia nicht besitzen; sind sie kein Übel, dann haben wir die stoische Lehre.

86B–95 Damit wird abgebrochen. Das Beweisziel des Peripatetikers ist klar. Er muß glaubhaft machen, daß die menschliche Eudaimonia immer nur im approximativen Besitz aller drei Güterklassen bestehen kann. So wird nochmals ausdrücklich auf Theophrasts Werk zurückgegriffen. Es liegt den nachfolgenden Darlegungen bis 95 zugrunde. – Theophrast ist (wie später Ciceros „Hortensius" Frg. 69 Str.) von der evidenten Tatsache ausgegangen, daß alle Menschen nach der Eudaimonia streben (vgl. auch Aristoteles Nik. Ethik 1095a17–28). Sie zu verschaffen beansprucht die Philosophie; das führt zurück zu 2,51; 86; 3,11; 5,12. Historische Beispiele folgen, die Reisen Platons und des Pythagoras werden erwähnt, diejenigen Demokrits waren zweifellos auch angeführt, doch Cicero hat hier die Mitteilung über Demokrit durch einen ganz anderen Bericht, der ihn mehr interessiert haben muß, ergänzt. Dabei zeigt Aelian var. hist. 4,20, daß gerade Theophrast selber als erster von den ausgedehnten Reisen Demokrits gesprochen hat. So müssen auch die Angaben über Platon und Pythagoras aus seinem Buche stammen; um so mehr, als die Angaben über Platon singulär sind. Nur hier werden die drei Pythagoreer aus dem süditalischen Lokroi, Echekrates, Timaios, Arion, zu einer Gruppe von Freunden Platons zusammengefaßt. Die Andeutung, daß Platon durch seine Rezeption pythagoreischer Lehren sich in einen Gegensatz zu Sokrates stellte, paßt zu Academ. 1,17. Ob da über Theophrast hinaus Aristoxenos eingewirkt hat, der vielleicht Platons Pythagoreertum gegen Sokrates ausgespielt hat, bleibt eine offene Frage. Auf die weiten Reisen des wißbegierigen Forschers spielt schon De rep. 1,6 an. – Höchst eigentümlich die Mitteilung über Demokrit, wiederholt in Tusc. disp. 5,114 (dazu Plut. Moralia 521D). Sie macht aus ihm gewissermaßen einen Platoniker. Da die wahre Wirklichkeit nicht mit den Augen, sondern nur mit dem Geiste geschaut werden kann, so sollen die körperlichen Augen zerstört werden, damit sie das Auge des Geistes nicht verwirren. Dies kann auch aus Theophrast stammen, ohne daß wir eine Ahnung haben, auf

wen es letztlich zurückgeht. Daß die Atome und das Leere nur mit dem Denken und nicht mit den Sinnen erfaßt werden können, ist demokritische Lehre (VS 68B11). Demokrits Ethik war schon in 5,23 erwähnt; die naheliegende Folgerung, daß seine Bestimmung des höchsten Guten sich weitgehend mit derjenigen Epikurs deckt (1,43; 46; 50 u. a.), wird absichtsvoll nicht gezogen. – Der Anspruch der Philosophie wird dann von Sokrates, später von der Akademie übernommen, deren Schüler Zenon ist. Belebt durch eine römische Formel (vgl. 2,3), wird die These wiederholt, Zenon habe nur die Terminologie, nicht aber die Sache geändert, und dies zum Schaden der Sache; denn in der älteren Terminologie läßt sich die Sache auch in jeder Öffentlichkeit vertreten (gegen 85), doch die Terminologie Chrysipps ist nur in der Schule, also im Kreis der Spezialisten annehmbar. Da kehrt das sehr wichtige Motiv von 2,74–78; 4,21–23 (etwas anders 5,85) wieder: Die Philosophie duldet keinen Widerspruch zwischen der Theorie und dem Verhalten in der Praxis des Lebens. – In 90 beginnt das entscheidende Problem: Ist „das Gute" als solches quantitierbar derart, daß mehr oder weniger Gutes unterschieden werden kann, oder ist es eine nicht quantitierbare Qualität, von der der Bereich des Quantitierbaren, der das praktische Leben beherrscht, völlig abgetrennt werden muß? Der Peripatetiker entscheidet sich ohne Zögern für die erste Möglichkeit, und so wird in 91–92 das Prinzip der approximativen Eudaimonia entwickelt. Die Totalität ist ohnehin nicht erreichbar (da es, wie Aristoteles Nik. Ethik 1101a19–21 mit Nachdruck sagt, um die Eudaimonia „des Menschen" geht – während die Absicht der Stoa wie Epikurs dahin geht, dem Menschen virtuell dieselbe Eudaimonia zuzubilligen wie der Gottheit; Epikur Frg. 602 Us.; die Stoa SVF 3,245–252). Es bleibt also nur die Möglichkeit, an Eudaimonia das Größte und Meiste zu erlangen, gemäß der Formel, die seit 4,15 öfters begegnete. Die Beispiele sind instruktiv: Die Üppigkeit eines Getreidefeldes wird durch einiges wenige Unkraut nicht beeinträchtigt, und bei riesigem Profit fällt ein kleiner Verlust nicht ins Gewicht. Im Leben wird immer das Ganze nach dem, was in ihm überwiegt, beurteilt (bemerkenswert ist die Nähe eines in der vorsokratischen Naturphilosophie mehrfach wiederkehrenden Prinzips; vgl. besonders Anaxagoras VS 59A41; B1 u. a., vgl. SVF 3,302!): Ein heiteres Gemüt geht nicht durch einen Augenblick der Traurigkeit verloren, und Polykrates ist nicht durch den Verlust seines Ringes unglücklich geworden. – Störend ist ein kurzer Abschnitt, der mit einem auf Kritolaos Frg. 21,22 Wehrli zurückgehenden Bilde das Gewicht der Tugend übermäßig betont, sonderbar auch das Polykrates-

beispiel, das zum Schluß die supponierte Tugend des Polykrates mit seinem Leiden am Kreuze konfrontiert; daß ein solches Leiden keine Bagatelle ist, wie das Unkraut im Getreidefeld, hatte 4,30–31 ausdrücklich hervorgehoben. Hat auch da noch Antiochos etwas retuschiert? Eine Pointe, die sicher nichts mit Antiochos zu tun hat, ist es allerdings, daß der peripatetischen Quantitierung des Guten und des Schlechten Epikurs Kyr. Doxai 16 zur Seite gestellt wird. Wieder wird „sokratisch" argumentiert: Wenn schon die Epikureer, die die Tugend gering schätzen (zitiert wird dazu ein Satz Epikurs, der in den Büchern 1/2 nicht vorkam, Frg. 603 Us.), ihr der Tyche gegenüber ein solches Gewicht verleihen, um wieviel mehr müssen es dann jene tun, die die Güter der Seele so hoch über diejenigen des Körpers stellen. Niemand wird die Schmerzlosigkeit der Tugend vorziehen, und niemand wird eine lustvolle Schandtat einer von Schmerzen begleiteten guten Tat vorziehen; die Argumente zielen zunächst auf Hieronymos und Aristippos, dienen aber hier einfach dazu, die Schätzung der Tugend durch den Peripatos zu bekräftigen. Geschlossen wird mit zwei historischen Beispielen: (a) Berühmt war der Fall des Dionysios aus Herakleia, der unter dem Druck eines Augenleidens von Zenon zu den Kyrenaikern überging (vgl. Luc. 71; etwas anders Tusc. disp. 2,60 allgemein SVF 1,422–434). Hier wird boshaft und im Sinne von 4,23; 52–53; 72 erklärt, hätte Zenon den Schmerz nicht einfach spekulativ wegdisputiert, sondern ihn wie der Peripatos konkret als gefährlichen Gegner bekämpft, so hätte Dionysios die Stoa nicht verlassen. (b) Das Gegenbeispiel ist der Akademiker Arkesilaos, der es verstand, die Schmerzen des Körpers von seinem Geiste fernzuhalten. Der Schluß formuliert noch einmal die peripatetische These: Der Vorrang der Tugend als des höchsten Gutes schließt nicht aus, daß der Schmerz bewirken kann, daß die Eudaimonia des einen größer ist als die des anderen. Da tritt noch einmal die wandelbare menschliche Realität dem absoluten Anspruch der Stoa gegenüber. – Der Schluß bringt ein bedingtes Einlenken Ciceros, den uneingeschränkten Beifall des Bruders Q. Cicero (mit Anspielung teils auf 7 – Q. Cicero ist ja Dichter –, teils auf 3,41) und das weltmännisch distanzierte Kompliment des Epikureers Pomponius, der vor allem, philosophisch unverbindlich, die Gewandtheit des lateinischen Ausdrucks bewundert. Vom jungen L. Cicero wird keine Stellungnahme erwartet. Pomponius hat sich in der ganzen Diskussion überhaupt nicht geäußert; ein Gegengewicht dazu schafft seine Aufforderung, daß alle Freunde sich nun zu ihm begeben sollen.

EINFÜHRUNG

Der moderne Leser wird zu dem hier vorliegenden Werke Ciceros wohl am ehesten einen Zugang finden, wenn er sich an eine Distinktion erinnert, die ein klassisches Buch heutiger Soziologie vorgenommen hat; ich meine D. Riesmanns Unterscheidung des „innengeleiteten" und des „außengeleiteten" Menschen. Denn das menschliche Handeln hat sich seit jeher und notwendigerweise zwischen zwei Polen bewegt. Der eine Pol sind die unabsehbar wechselnden äußeren Situationen, in denen gehandelt werden muß; in jedem einzelnen Falle gilt es, die der gegebenen Situation angemessene Entscheidung zu treffen. Der andere Pol ist die Person dessen, der handelt. Sie erhebt den Anspruch, ein einheitliches Ganzes zu sein, zum mindesten in dem Sinne, daß ihr Handeln ein Kontinuum in der Zeit ist und als ein solches Kontinuum sich dem anderen Menschen gegenüber zu explizieren und zu rechtfertigen vermag.

Zwischen diesen beiden Polen bewegt sich das Handeln in der Regel so, daß es sich an eine beliebig vermehrbare Reihe von Empfehlungen und Vorschriften hält, die gleichzeitig situationsgerecht sein wollen und auf ein bestimmtes Bild des Menschen im ganzen konvergieren. Ein solches Bild war bis in die Mitte des 19. Jhd. etwa der Gentleman; heute würden wir als ein entsprechendes Bild vermutlich den Arbeiter im Sinne Ernst Jüngers bezeichnen.

Wenn man in der klassischen Antike die Frage stellte, woran das Vollkommene in der Welt und im Bereich des menschlichen Handelns zu erkennen war, so war die Antwort mit Sicherheit: an der Ordnung. Ordnung war das, was unter allen Umständen zum mindesten der Grieche erhoffte und zu verwirklichen suchte in einem Dasein, das er zunächst als das Reich des Beliebigen, Zufälligen, Unvorhersehbaren erfuhr.

Ordnung bedeutet System, und das griechische Denken und Handeln hat immer nach dem System gestrebt, also nach einem transparenten Zusammenhang aller Weisen des Seienden und des Seinsollenden.

Allerdings haben es Ordnung und System nur mit der Form der Wirklichkeit zu tun. Es bleibt die Frage nach der Sache selbst, die geordnet werden soll. An dieser Stelle entsteht nun der Bruch, der im 5. und 4. Jhd. v. Chr. alles Denken über das menschliche Handeln beherrscht. Der Mensch lebt unvermeidbar in zwei voneinander radikal verschiedenen Bereichen, demjenigen der Natur und demjenigen der Geschichte. Im Umgang mit der Natur zeigen sich Möglichkeiten, eine in sich perfekt geschlossene und ein für alle Male bestehende Ordnung zu Gesicht zu bekommen. Eine solche Ordnung war schon zur Zeit des Thales und Anaximander die Welt der Gestirne, deren Bahnen mathematischen Gesetzen gehorchten; eine solche Ordnung ist heute noch die Entwicklung der Lebewesen, wie sie von der Naturwissenschaft in Anlehnung an Darwin verstanden wird. In der Geschichte gibt es nichts dergleichen. Wo in der Natur kontrollierbare Gesetzmäßigkeiten herrschen, haben wir es in der Geschichte mit unkontrollierbaren Traditionen und mit Autoritäten zu tun, die ihrem Wesen nach gerade etwas ganz anderes sind als meßbare, kommensurable Kräfte.

Die Sache des Handelns, in die zunächst Ordnung gebracht werden soll, ist Tradition. Jede Ethik ist zunächst traditional und kann sich auf nichts anderes berufen als auf die Autorität, die ihr in der Geschichte des Volkes, dessen Ethik sie ist, zugekommen ist. Für die Griechen manifestiert sich eine solche Tradition in der Reihe der vier oder fünf Kardinaltugenden. Doch Tradition kann sich nicht wehren, wenn sie angegriffen wird; sie kann sich nicht rechtfertigen, wenn sie gefragt wird, warum sie ist, was sie ist; erst recht nicht, wenn gefragt wird, warum in dieser Polis diese, in einer anderen Polis jene Tradition herrscht. Der Bruch ist in dem Augenblick vollzogen, in dem erklärt wird, es komme nicht darauf an, so zu handeln, wie es Eltern und Großeltern getan hätten, sondern so, wie es

nachweisbar richtig sei. Hier wiederum hängt alles daran, daß die Griechen des 5. Jhd. einen Begriff geschaffen haben, der fähig war, eine nachweisbare Richtigkeit zu begründen. Dieser Begriff hat eine ungeheure Karriere gemacht und ist uns heute genauso unentbehrlich, wie er auch für Cicero in dem vorliegende Werke unentbehrlich ist. Es ist der Begriff der Natur („Physis"). Er scheint von Anfang an in zwei verschiedenen Bedeutungen verwendet worden zu sein. Natur ist erstens all das, was der Mensch sozusagen von Geburt an als Gegebenheit vorfindet; als eine Gegebenheit, die er zwar zerstören, aber niemals umformen kann. Vielmehr tritt die Leistung des Menschen zur Natur hinzu als Technik einerseits, als Ethik andererseits. Der Mensch kann sich auf die Natur berufen als auf eine Instanz, die immer und überall dieselbe und seiner verändernden Manipulation vollkommen entzogen ist. Natur heißt zweitens aber auch diejenige Macht, an deren Wirksamkeit man glaubt, nachdem der Glaube an eine die Welt planvoll und gerecht regierende Gottheit untergegangen ist. Da ist der Begriff der Natur demjenigen der Gottheit gegenüber im Vorteil, weil man von der Gottheit als Person eine Vollkommenheit des Denkens und Handelns fordern wird, die die Natur als bloße Quasi-Person nicht zu besitzen braucht. Nichts hindert anzunehmen, wie es schon die Sophisten des 5. Jhd., dann Aristoteles und seine Schule getan haben, daß die Natur dem Menschen bloß Anlagen und Möglichkeiten verliehen hat, nicht mehr; der Mensch muß die Natur ergänzen und selber leisten, was sie nicht zustande bringt.

So ist sie denn auch unentbehrlich als der Ursprung allen richtigen Handelns; das Ziel freilich allen richtigen Handelns wird der Mensch selber setzen müssen.

Wir stehen damit schon mitten in dem Problemkreis von Ciceros Werk. Denn dieses fragt einmal, wovon alles Handeln auszugehen hat, und sodann, welches das letzte Ziel allen Handelns ist.

Der von der Natur selber vorgezeichnete Ausgangspunkt ist immer und überall derselbe. Der Mensch findet sich vor als ein Lebewesen, das von Geburt an von der Zerstörung durch

Schmerz, Krankheit und Tod bedroht ist und das gleichzeitig noch in keiner Weise das ist, was es sein könnte, sollte und möchte. So wird alles ursprüngliche Handeln darin bestehen, sich selbst im Leben zu behaupten, sich ein Leben aufzubauen, das so weit als irgend möglich von Kummer und Schmerz frei ist, aber auch all das, was an Fähigkeiten gegeben ist, zu Wirklichkeiten werden zu lassen. Demgemäß werden das Streben nach Lust oder nach Schmerzlosigkeit oder auf der andern Seite die Verwirklichung aller gegebenen Möglichkeiten zum Ausgangspunkt alles richtigen Handelns.

Es ist freilich nicht mehr als der Ausgangspunkt. Richtiges Handeln heißt richtiges Handeln, weil ihm gegenüber auch ein falsches Handeln möglich ist. Keine Ethik kann die Frage umgehen, worin sich richtiges von falschem Handeln unterscheidet. Ebenso kann keine Ethik die Tatsache übersehen, daß das, was der Mensch tun möchte, nicht dasselbe ist wie das, was er tun soll. Spontan wird der Mensch immer im Interesse der Erhaltung seines Lebens und der Sicherung seines Lebensraumes handeln. Diese Spontaneität wird indessen in Frage gestellt durch zwei Momente. Das eine ist die Existenz des anderen Menschen, dessen Interessen der Handelnde zu berücksichtigen hat. Schon die griechischen Sophisten haben die Gerechtigkeit bestimmt als die Verwirklichung „des Guten für den anderen", also die Wahrung des Interesses des anderen (der Gesellschaft, der Polis), das von meinem Interesse nicht nur verschieden ist, sondern ihm geradezu entgegengesetzt sein kann. Das andere ist die in jedem Menschen angelegte Dualität eines Strebens, das vollständig auf mein besonderes Interesse konzentriert ist, und eines anderen Strebens, das gerade von mir selber absehen und das gerade nicht für mich selber, sondern für eine von mir selber unabhängige Sache handeln will. Dieses Streben gipfelt in einer Wendung zur Wahrheit, die Wahrheit nur dann ist, wenn sie nicht Wahrheit für mich, sondern die für sich bestehende Wahrheit schlechthin ist.

So sind Gerechtigkeit als Anspruch des anderen und Wahrheit als Anspruch einer Sache die beiden Grenzen, die der ele-

mentaren Selbstbehauptung des einzelnen gesetzt sind. Es ist nicht schwierig, da noch einen Schritt weiterzugehen und „das Böse" als dasjenige Handeln zu bestimmen, das keine Grenzen der Selbstbehauptung anerkennt. Doch mit dieser Perspektive gehen wir weiter, als Cicero zu gehen gewagt hat.

Es bleibt die Frage nach dem Zielpunkt allen Handelns, diejenige Frage also, die dem vorliegenden Werke den Namen gegeben hat. Es ist für das griechische Denken der klassischen Epoche bezeichnend, daß sich da eine Alternative ganz stark vordrängt.

Eine einmalige Leistung der Griechen ist die Schaffung der Demokratie, also einer Gesellschaftsordnung, die nicht durch die Relation zwischen dem Fürsten, der zur Fürsorge für die Untertanen, und dem Untertanen, der zur Treue dem Fürsten gegenüber verpflichtet ist, charakterisiert werden kann. In der Demokratie stehen die Bürger dem Gesetz gegenüber, also einer Ordnung, die dem Fürsten gegenüber den Vorzug hat, jeder Willkür entzogen und durch Generationen hindurch zuverlässig eine und dieselbe zu sein; sie hat dem Fürsten gegenüber den Nachteil, daß sie keine Person, also nicht dialogfähig ist: Mit dem Fürsten kann man diskutieren, mit dem Gesetz nicht. Vor dem Gesetz sind alle Bürger im Prinzip gleich, also ausgestattet mit dem gleichen Recht, ihre Vorstellungen von der Lenkung der Polis geltend zu machen, und mit der gleichen Pflicht, an der Lenkung der Polis teilzunehmen und ihren Anteil an der Verantwortung für diese Lenkung zu übernehmen.

Eine solche Ordnung ist zwei Gefahren ausgesetzt: Einmal wirkt der Begriff der Freiheit und Gleichheit als solcher explosiv. Denn es gibt nicht nur die Freiheit, die sich durch nichts und niemanden daran hindern läßt, an der Lenkung der Polis teilzunehmen; es gibt auch die Freiheit, an der Lenkung der Polis teilnehmen zu wollen oder auch nicht zu wollen. Der Verfügbarkeit des Politischen für jeden Bürger steht komplementär die Möglichkeit des Rückzuges aus dem Politischen in das Private gegenüber. Diese Möglichkeit wird in Athen vor allem aktualisiert durch die zweite Gefahr. Wenn

die sozusagen mathematisierbaren Privilegien der Adligkeit (also des Nachweises von zehn und zwanzig Generationen ansehnlicher Vorfahren) und des Reichtums dahinfallen, so bleibt immer noch ein Privileg übrig, das durch kein Gesetz abgeschafft werden kann: das Privileg der „Redegabe", von dem Platon in seinen politischen Dialogen so häufig spricht. Daß die Volksversammlung von demjenigen Bürger gelenkt wird, der überzeugender als alle übrigen zu reden versteht, ist eine Tatsache, gegen die niemand etwas ausrichten kann. Anders und schärfer gesagt: Wo der einzelne sich dieser Tatsache bewußt wird und selber das Privileg der Redegabe nicht besitzt, wird die Versuchung übermächtig, sich aus dem Politischen, das er nicht zu meistern vermag, vollständig zurückzuziehen.

Ich erwähne dies alles, weil auch und gerade bei Cicero der Gegensatz evident wird zwischen einer Ethik, in deren Ziel das gerechte Handeln in der Polis eingeschlossen ist und die demnach an den Sinn des Handelns in der Gesellschaft glaubt, und einer dieser entgegengesetzten Ethik, der es nur um ein Handeln des einzelnen für sich, also ein Handeln, das die Polis prinzipiell nichts angeht, zu tun ist. Ein solches Handeln kann freilich zwei markant voneinander verschiedene Formen haben. Es ist einmal ein Handeln, das sich gerade nicht als Aktivität in der Polis, sondern als ein Erkennen der Welt, der Gottheit, des Seins versteht; und es ist auf der anderen Seite ein Handeln, das ausschließlich die Seelenruhe des einzelnen herzustellen und zu bewahren bemüht ist. In unserem Texte kommen alle diese Zielsetzungen zur Sprache.

Verdunkelt wird diese Diskussion indessen durch einen Umstand, der als letzter in diesem Zusammenhang hervorzuheben ist. Wenn Demokrit und später Epikur die Ruhe des Gemütes suchen und wenn auf der anderen Seite Protagoras und Gorgias beanspruchen, dem Bürger zu zeigen, wie er politisch richtig handeln soll und sich durchsetzen kann, ebenso wenn Aristoteles immer wieder der Neigung nachgegeben hat, die Ethik (also die Lehre, wie der Mensch sich richtig zu verhalten hat) aufgehen zu lassen in der Politik (also der

Lehre, wie der Bürger sich richtig verhalten soll), so wissen wir, was gemeint ist.

Gegen Ende des 5. Jhd. taucht jedoch ein Begriff auf, der auch eine bedeutende Karriere gemacht hat, der aber anders als der Begriff der „Physis" alles oder nichts bedeuten kann, der Begriff der „Eudaimonia". Sie kann verstanden werden als die vollkommene Leistung alles Gesollten oder als die Erfüllung aller Wünsche, als intensivste Aktivität oder als eine endgültige Ruhe. Ihr einziger Vorzug ist ihre Evidenz; denn es gibt keinen einzigen Menschen, der nicht in der Eudaimonia sein möchte. Doch wird gefragt, worin sie bestehe, so zeigt es sich, daß sie als solche ein leerer Begriff ist (nicht anders als „das Gute" oder „das Eine") und in die Wirklichkeit eintritt nur als eine bestimmte Verfaßtheit, der die Eudaimonia als Qualität zukommen kann, mag dies Gesundheit oder Reichtum sein, Lust, Macht oder Wissen.

Daraus endlich entsteht ein Problem, das merkwürdigerweise erst von der Zeit Alexanders d. Gr. an ausdrücklich diskutiert wird und rasch ein überaus großes Gewicht erhalten hat: Welche Eudaimonia vermag der Mensch sich aus eigener Kraft zu verschaffen, und wo ist er dem unberechenbaren Zufall ausgeliefert? Will man nicht die Eudaimonia als völlig unerreichbar bezeichnen, so bleiben nur zwei mögliche Antworten.

Es besteht der Ausweg, sich ohne Rücksicht auf Verluste auf denjenigen Bereich zurückzuziehen, in dem allein der Mensch vollkommen souverän ist, also auf dem Bereich seiner innersten Intentionen und Entscheidungen. Alles übrige verliert sich dann im Gleichgültigen. Denn über keines der äußeren Güter können wir frei verfügen, weder über die Dreiheit der körperlichen Vorzüge Gesundheit, Kraft und Schönheit, noch über Reichtum oder Macht, am ehesten noch über die Freundschaft, wenn sie als die Übereinstimmung in den Intentionen verstanden werden darf; doch auch der Freund kann sterben. So reduziert sich das Menschsein auf den einzigen Punkt der inneren Freiheit, die unangreifbare Festung der Innerlichkeit.

Auf diese Weise läßt sich sterben, und der Selbstmord kann zur vollkommenen Manifestation der Freiheit werden.

Ob sich auf diese Weise leben läßt, ist indessen eine ganz andere Frage. Wer nicht anzunehmen bereit ist, daß der Mensch nur darum ins Leben getreten sei, um es so rasch als möglich wieder zu verlassen, wird darauf bestehen, daß es nicht nur auf das Eine am Menschen ankomme, sondern auf den ganzen Menschen, die Seele, den Körper und das geschichtlich-gesellschaftliche Dasein. Dann wird man auch aus dem harten Entweder-Oder, das zwar die Rationalität befriedigt, aber der Erfahrung nicht standhält, hinaustreten und folgern, daß der Mensch zwar weder über seine Seele noch über seinen Körper noch über seine geschichtliche Situation souverän zu verfügen, aber letzten Endes dennoch den Zufall zu bändigen vermag. „Die größten und wichtigsten Dinge wird immer die Vernunft zu regeln wissen" (Epikur). Dies ist das glanzlose, aber realistische Philosophieren dessen, dessen Ziel es ist, nicht alles oder nichts, aber immerhin einiges zu erreichen.

Dies etwa sind die Probleme, die das vorliegende Werk Ciceros zu explizieren sucht.

Über die Entstehung dieses Werkes sind wir durch eine Reihe von Selbstzeugnissen Ciceros recht gut informiert.

Die Siege Caesars über seinen persönlichen Gegner Pompeius und über die letzten Vertreter einer klugen, aber alt gewordenen Aristokratenrepublik, die Rom einige hundert Jahre hindurch gewesen war, bei Pharsalus (Sommer 48 v. Chr.), bei Thapsus (April 46) und bei Munda (März 45) hatten Cicero klar gemacht, daß die Republik untergegangen war und für eine politische Aktivität in der bisherigen traditionellen Weise kein Raum mehr blieb. Nun herrschte ein einziger Mann, nicht ohne Liebenswürdigkeit, aber fest entschlossen, die Macht nie mehr aus den Händen zu geben.

Es kam für Cicero noch eine persönliche Katastrophe dazu. Er hatte zwei Kinder, einen Sohn, der weder das Temperament noch die Begabung seines Vaters geerbt zu haben

scheint und den der Vater nie besonders schätzte, und eine Tochter, Tullia, die er leidenschaftlich geliebt hat. Sie starb im Frühjahr 45 im Kindbett.

In der menschlichen und politischen Verzweiflung hat sich Cicero an die zwei Dinge geklammert, die ihm verblieben waren: sein einmaliges, damals schon längst bewährtes Können als Meister der lateinischen Sprache und seine Liebe zur griechischen Philosophie. Diese Liebe ist (was man nicht vergessen sollte) bei ihm genauso früh erwacht wie sein politischer Ehrgeiz. Er hat als junger Mann von etwa zwanzig Jahren das anspruchsvolle astronomische Lehrgedicht des Aratos ins Lateinische übersetzt (erhalten ist uns ein erheblicher Teil dieser Übersetzung). Wir spüren da neben der Freude am übersetzerischen Experiment auch das Interesse an philosophisch orientierter Astronomie und Kosmologie. Dieses Interesse hat er zeitlebens bewahrt, und auch im vorliegenden Werke finden sich Stellen, in denen er gerade die Erforschung der Himmelserscheinungen als ein besonders faszinierendes Stück philosophischer Theoria bezeichnet.

Im Frühjahr 45 hat er den Plan gefaßt, die griechische Philosophie im ganzen, also in ihren drei anerkannten Teilen Logik, Ethik, Physik, den Römern zugänglich zu machen. Er begann mit einer Einführung in die Philosophie überhaupt, dem „Hortensius", und schloß daran zwei Dialoge erkenntnistheoretischen Inhalts, den „Catulus" und den „Lucullus" an. Was die Ethik anging, so sollte ein zentrales Werk die erste und letzte Frage aller Ethik behandeln, die Frage nach dem Sinn unseres Handelns; mehrere Werke, die einzelnen Problemen gewidmet waren, sollten sich darum gruppieren. Den Abschluß hatte die Naturphilosophie zu bilden, also die Erforschung der Welt, wie sie als das Ganze, das nicht er selbst ist, dem Menschen gegenübersteht. Von diesem Ganzen hatten sich seit dem 5. Jhd. v. Chr. Stück um Stück die einzelnen Naturwissenschaften abgetrennt, bis schließlich der Philosophie nur noch die eine Frage verblieben war, die bis heute die genuin philosophische Frage geblieben ist, die Frage nach dem Ursprung und dem Ganzen schlechthin; sie hat schon

bei Aristoteles ihre zwei Aspekte, je nachdem, ob als Ursprung ein ursprüngliches Prinzip, das Sein des Seienden, oder eine den Ursprung setzende Person, also die Gottheit, verstanden wird. So scheiden sich Ontologie und Theologie, und wir werden Cicero als Römer begreifen, wenn er die Naturphilosophie als Theologie dargestellt hat. Auch da sollten sich um ein zentrales Werk, die Schrift „Über das Wesen der Götter", mehrere Untersuchungen einzelner Probleme gruppieren.

Was uns hier angeht, sind die fünf Bücher über den Sinn des Handelns: Wovon geht das Handeln aus, und was soll durch das Handeln geleistet werden: die Verwirklichung dessen, was sein soll, und die Überwindung dessen, was nicht sein darf.

Ciceros Briefe an seinen Freund Atticus erlauben es, das Entstehen des Werkes einigermaßen zu verfolgen. Im März 45 scheint er mit der Planung begonnen zu haben (Att. 12,12,2), Ende Mai ist das erste Buch fertig (Att. 13,32,2), Mitte Juni arbeitet er am zweiten Buch (Att. 12,5,3) und Ende Juni kann er Atticus mitteilen, daß das Ganze abgeschlossen ist (Att. 13,19,4). Ein erstes Exemplar sendet er, wie es sich schickt, dem M. Iunius Brutus, dem er das Werk gewidmet hat (Att. 13,12,3 und 13,23,2), demselben Brutus also, der damals wohl schon daran dachte, der Diktatur Caesars mit Gewalt ein Ende zu bereiten und der denn auch acht Monate später Caesar mit eigener Hand ermordet hat. In demselben Monat Juli 45 wird der Text in Rom vervielfältigt und damit dem Publikum zugänglich gemacht.

Parallel zur Arbeit an „De finibus" lief eine Umarbeitung der beiden Dialoge über Erkenntnistheorie. Aus dem „Catulus" und „Lucullus" wurden die vier Bücher „Akademische Untersuchungen" („Academici libri").

Man hat sich oft über die ungeheure Schnelligkeit gewundert, mit der Cicero seinen gesamten Plan durchgeführt hat: Im März 45 hat er den „Hortensius" verfaßt, im Winter 45/44 sind auch die theologischen Werke abgeschlossen. Man hat häufig geglaubt folgern zu müssen, daß diese Schnelligkeit in

der Herstellung des Ganzen nur auf Kosten der Sorgfalt im einzelnen habe zustande kommen können; und so hat man denn in allen Schriften jenes Jahres nach Spuren der Flüchtigkeit und Oberflächlichkeit gesucht. Viel hat sich dabei nicht ergeben, und das Suchen war meist mehr durch das uralte Vorurteil gegen Cicero überhaupt motiviert als durch den Befund an den Texten selber.

Cicero hat auch in „De finibus" einiges mißverstanden – kein Wunder, wenn man sich die Subtilitäten und Spitzfindigkeiten vor allem der stoischen und epikureischen Schulphilosophie seiner Zeit vor Augen hält (man mag an die in Herculaneum ans Licht getretenen Traktate des Epikureers Philodem denken, den Cicero nach 2,119 persönlich gekannt und geschätzt hat). Er hat selbstverständlich um der Lesbarkeit willen vieles vereinfacht, umgestellt und durch Hinweise auf römische, dem Leser unmittelbar vertraute Dinge aufgelockert. Doch auch und gerade wenn man dies alles bedenkt, bleibt seine Leistung eine einmalige. Sie setzt eine derartige Beherrschung der griechischen und der lateinischen Sprache voraus, dazu eine derartige Intensität des Verstehens, auch eine Fähigkeit, sich in den Stil eines ihm grundsätzlich fremden Philosophierens hineinzuversetzen (er war ja weder Epikureer noch Stoiker), daß man dies als eine Genialität eigener Art wird anerkennen dürfen.

Dies haben auch die Zeitgenossen und die nachfolgenden Generationen begriffen. Für sie ist Cicero derjenige, der die Philosophie im Raume der römischen Kultur angesiedelt hat. Neben ihm hat sich nur Lukrez behauptet (den er nicht gekannt oder – nach antiker Manier – bewußt ignoriert hat), dazu der unendlich gelehrte Varro, dem er seine vier Bücher „Academici" dediziert hat. Es folgt hundert Jahre später Seneca, dessen ganzes philosophisches Œuvre durch eine Haßliebe Cicero gegenüber bestimmt ist: Er bekämpft Ciceros Begriff der Philosophie, wo er kann, und kommt doch in seinen Fragestellungen von Cicero nicht los.

Es folgen wiederum rund zweihundert Jahre später die Christen. Sie sind allerdings an Ciceros philosophischem

Œuvre sehr unterschiedlich interessiert. Um es kurz zu sagen: Während ihr eigenes Denken ohne allzu große Mühe an den „Hortensius", die erkenntnistheoretischen Schriften, auch an die „Gespräche in Tusculum" und anderes anknüpfen konnte, war dies bei „De finibus" schwieriger. Die Ethik aller drei Schulen, die hier vorgeführt werden, geht von der Natur des Menschen als einer nicht weiter hinterfragbaren Gegebenheit aus und setzt sich die Verwirklichung eben dieser Natur zum Ziele, nicht mehr und nicht weniger. Da bleibt weder für den Dekalog des Alten Testamentes noch für die Bergpredigt des Neuen Testamentes irgendein Raum. Die Theologie spielt in der stoischen wie in der epikureischen Ethik eine höchst bescheidene Rolle, und im fünften Buche wird sie nur beiläufig einmal erwähnt (5,11). So ist es nicht merkwürdig, daß Arnobius, Lactantius und Augustin unser Werk etwa gegenüber den „Gesprächen in Tusculum" oder gar der Schrift „Über das Wesen der Götter" auffallend selten anführen; und damit hängt es schließlich auch zusammen, daß uns der Text nur in einer dünnen und, im ganzen gesehen, schlechten Überlieferung erhalten geblieben ist. Der Interpret, der an Ciceros Reden ablesen kann, was ciceronisches Latein ist, sieht sich häufig gezwungen, in den handschriftlichen Text von „De finibus" korrigierend einzugreifen.

Unser Werk besteht aus drei Dialogen. Anders als bei Platon, aber ähnlich wie es bei Aristoteles in den Dialogen gewesen sein muß, hat sich Cicero immer selbst als einen der Partner redend eingeführt. Die Partner hat er mit der größten Sorgfalt ausgewählt.

In den ersten zwei Büchern erhält er den Besuch zweier Freunde, die beide wesentlich jünger sind als er selbst und die im Jahre 50 v. Chr., dem von Cicero gewählten Datum des Dialoges, erst am Anfang ihrer politischen Karriere stehen, während Cicero selber schon ein hochangesehener Konsular ist. Allerdings stammt der eine der Partner (hierin Cicero überlegen) aus einer uralten römischen Adelsfamilie, die berühmte Männer der frühen Republik zu ihren Ahnen zählte. Dieser L. Manlius Torquatus ist selber Sohn eines Konsuls

EINFÜHRUNG

des Jahres 65 v. Chr. und ist im Begriff, sich für das Jahr 49 um die Praetur zu bewerben. Beide, Vater und Sohn, sind Anhänger der epikureischen Philosophie gewesen. Der andere Partner, C. Valerius Triarius, stammt aus bescheideneren Verhältnissen. Cicero deutet an, daß er der stoischen Philosophie zuneigte. Das Datum des Jahres 50 ist mit voller Absicht gewählt. Es ist das Jahr vor dem Ausbruch des Bürgerkrieges zwischen Caesar und Pompeius. Noch herrscht Friede, und soweit politische Dinge zur Sprache kommen, werden sie aus der Distanz und mit einer gewissen Unverbindlichkeit gestreift. Dies hat sich im Jahre 49 schlagartig geändert. Cicero und seine beiden Freunde ergreifen sofort die Partei des Pompeius. Cicero freilich, dessen Menschenkenntnis zu allen Zeiten weit größer war als seine politische Entschlossenheit, hat sehr bald begriffen, daß Pompeius zwar ein genialer Feldherr, aber ein jämmerlicher Politiker war und blieb. So hat er sich sachte zurückgezogen, während die beiden Freunde bis zum bitteren Ende bei Pompeius ausharrten. Sie sind beide wohl im Jahre 47 im Kampfe gegen Caesar gefallen. Das weiß natürlich Cicero und soll auch sein Leser wissen, auch wenn jede Anspielung darauf fehlt.

Im dritten und vierten Buch steht Cicero einem ebenbürtigen Partner gegenüber, M. Porcius Cato, Onkel mütterlicherseits des M. Iunius Brutus, dem das ganze Werk dediziert ist. Er ist elf Jahre jünger als Cicero, ist Urenkel des großen Censors Cato und hat sich schon früh mit verbissener Leidenschaft politisch engagiert. Er ist Stoiker, und daß Cicero ihn zwar bewundert, aber nicht geliebt hat, geht aus vielen Zeugnissen hervor. Der Dialog datiert sich durch 4,1, die Anspielung auf eine neue Lex Pompeia, in das Jahr 52 v. Chr., also auch noch in die Zeit vor dem Bürgerkrieg. Cato ist sein Leben lang ein Todfeind Caesars gewesen, und so war es für ihn als Stoiker sinnvoll, daß er nach der verlorenen Schlacht bei Thapsus in Nordafrika im April 46 Selbstmord beging, um nicht in die Hand des Siegers Caesar zu fallen. Er hatte unmittelbar vor seiner Tat den platonischen Dialog „Phaidon" gelesen, und so ist für die spätere Zeit sein Selbstmord als

Gegenstück zum Tode des Sokrates interpretiert und gerühmt worden. Doch auf dieses Schicksal Catos wird im dritten und vierten Buch ebensowenig angespielt wie auf dasjenige des Torquatus und des Triarius in den ersten zwei Büchern. Doch kommt hier noch etwas dazu. Im ganzen gesehen bleibt (abgesehen vom Vorgespräch 3,7–10) Catos Porträt bemerkenswert blaß. Er begnügt sich damit, mit aller Energie die stoische Doktrin zu vertreten. Dies hängt, wie ich glaube, damit zusammen, daß Cicero schon im Jahre zuvor, als die Nachricht vom spektakulären Selbstmord Catos nach Rom gelangt war, eine Gedenkschrift über Cato verfaßt hatte, um den unerschrockenen Vorkämpfer der alten römischen Republik zu ehren. Was wir von dieser Schrift wissen, zeigt, daß in ihm vom Lebenslauf, vom Charakter und von den politischen Überzeugungen Catos ausführlich die Rede war, so ausführlich und nachdrücklich, daß Caesar zornig wurde und sofort eine Gegenschrift gegen Ciceros Cato verfaßte, was zweifellos Ciceros Schrift noch eine zusätzliche Publizität verschaffte; ihren Einfluß auf diejenigen, die vom Sommer 45 an die Ermordung Caesars planten, wird man nicht unterschätzen dürfen. Als jedoch Cicero „De finibus" schrieb, mochte er, was wir verstehen, nicht wiederholen, was er anderswo über Cato gesagt hatte; ob eine gewisse Angst vor Caesar, der im Jahre 45 nicht mehr ganz der überlegen-nachsichtige Sieger war, der er im Jahre 46 gewesen war, mitwirkte und zur äußersten Zurückhaltung riet, können wir nicht mehr beurteilen. Es ist möglich, aber keineswegs sicher.

Völlig anders ist schließlich das fünfte Buch angelegt. Hier greift Cicero in die Zeit seiner Jugend zurück. Der Dialog spielt in Athen im Jahre 79 v. Chr., also als Cicero selber rund 27 Jahre alt war (und, was man nicht ganz vergessen darf: als seit der furchtbaren Zerstörung Athens durch den römischen Feldherrn Sulla am 1. März 86 v. Chr. kaum sieben Jahre vergangen waren) und bei dem damaligen Schulhaupt der platonischen Akademie, Antiochos von Askalon, Vorlesungen hörte, auch gelegentlich mit seinem Freunde Atticus die Vorträge der Epikureer Phaidros und Zenon besuchte (1,16). Anwe-

send beim Gespräch sind außerdem Ciceros eigener (wenig jüngerer) Bruder Quintus, dann sein (sehr viel jüngerer) Vetter Lucius, endlich als Vertreter der peripatetischen Doktrin M. Pupius Piso Frugi, eigentlich der uralten patrizischen Familie der Calpurnier angehörend, dann von einem kaum bekannten M. Pupius adoptiert. Er war Konsul 61 v. Chr., anscheinend Praetor 72 oder 71 v. Chr. Aus späterer Zeit erfahren wir nur noch, daß er im Jahre 49 als Legat des Pompeius tätig war. Er hatte sich also im Bürgerkrieg nicht anders entschieden als Torquatus und Triarius, als Cato und Cicero selber; er wird auch im Krieg sein Leben verloren haben. Daß er im Jahre 45 tot war, sagt Cicero ausdrücklich in einem Brief an Atticus (13,19,4).

Endlich ein Wort über Brutus. Ihm ist das ganze Werk gewidmet, zunächst im Sinne einer weltmännischen Revanche: Brutus hat Cicero ein philosophisches Werk „De virtute" gewidmet und übersandt, was Cicero moralisch zu einer entsprechenden Gegenleistung verpflichtet. Dieses Werk selbst muß sich noch recht lange erhalten haben, obschon die Zitate kein zureichendes Bild von seinem Inhalt geben; wir wissen nur, daß sich Brutus an die Lehre seines Lehrers Aristos gehalten hat, der als Schulhaupt der Akademie seinem Bruder Antiochos von Askalon gefolgt war. Zitiert werden noch die Titel „De officiis" und „De patientia"; erhalten sind Briefe Ciceros an Brutus und griechisch geschriebene Briefe des Brutus selbst. Außer unserem Werk hat Cicero ihm auch die „Paradoxa Stoicorum" und später „Über das Wesen der Götter" gewidmet. Dialogpartner ist Brutus in dem nach ihm benannten Dialog, der die Geschichte der römischen Redekunst darstellt. Man kann sagen, daß Cicero mit Brutus philosophisch so eng verbunden war wie mit keinem andern Freunde, obschon er keineswegs derselben Schule angehörte wie dieser: Cicero blieb sein Leben lang der aporetischen Akademie des Philon von Larisa treu, während Brutus sich zu der von Antiochos erneuerten dogmatischen Akademie bekannte.

Die politische Karriere des Brutus war nicht sehr bedeutend. Antike Historiker und moderne Interpreten haben ihm

immer wieder vorgeworfen, er habe sich in den Jahren 47–45 durch die Liebenswürdigkeit Caesars völlig einfangen lassen und sei erst zu Beginn des Jahres 44 plötzlich in das Lager der Feinde Caesars übergelaufen. Diese Version ist kaum glaubwürdig; sie entspricht weder dem, was wir sonst vom Charakter des Brutus wissen, noch berücksichtigt sie, was für einen Römer jener Jahrhunderte ein entscheidendes Gewicht besaß: Seit über zweihundert Jahren galt es als eine historische Tatsache, daß im Jahre 510/9 v. Chr. ein L. Iunius Brutus derjenige war, der den König/Tyrannen Tarquinius Superbus stürzte, vertrieb und die freie römische Republik gründete. Brutus, Ciceros Freund, muß seit seiner Jugend mit diesem Vorbild konfrontiert gewesen sein, und der Gedanke, die Heldentat seines Urahnen zu wiederholen, wird ihm schwerlich erst im Alter von fünfzig Jahren gekommen sein. So hat er die Tat begangen, mit diskreter Zustimmung Ciceros. Daß Cicero wenig später an ihm eine ähnliche Enttäuschung erlebte wie fünfzehn Jahre zuvor an Pompeius – beides Männer guten Willens, aber unfähig zu konstruktivem politischem Handeln –, ist eine andere Sache und braucht hier nicht mehr geschildert zu werden.

Cicero ist, wie ich schon sagte, zeitlebens der akademischen Aporetik seines Lehrers Philon von Larisa treu geblieben. Diese Aporetik geht letzten Endes von der platonischen Apologie des Sokrates aus und bleibt sich bewußt, daß nur Gott allein weise ist, der Mensch aber nur wissen kann, daß er nichts weiß. Nichts wissen, dies bedeutet einmal, daß zu jeder These eine Gegenthese vertreten werden kann, und zweitens, daß der Mensch sich mit Wahrscheinlichkeiten begnügen und im Wahrscheinlichen handeln müsse. Dies impliziert indessen die Aufgabe, alle dogmatischen Systeme daraufhin zu prüfen, wie weit bei ihnen die Wahrscheinlichkeit reicht und wo die Unwahrscheinlichkeit beginnt.

Unter diesem Gesichtspunkt hat Cicero hier drei Systeme vorgeführt und geprüft, das epikureische, das stoische und das peripatetische. In beiden Richtungen tut er es mit erstaun-

EINFÜHRUNG

lichem Geschick: einmal darin, daß es ihm gelingt, jedes der drei Systeme so objektiv zu exponieren, wie es ein Vertreter des Systems selber tun würde; das Lob, das er sich in 1,13 selber spendet, ist durchaus verdient. Die Widerlegungen sind unbestreitbar schwächer, doch auch sie verstehen es immer wieder, den schwachen Punkt im System aufzuspüren. Natürlich ist beides nur bedingt Ciceros persönliche Leistung: Bei der Darlegung der Systeme hat er sich in jedem der drei Fälle vorzüglichen griechischen Autoren anvertraut, und in den Widerlegungen folgt er, wie noch zu bemerken sein wird, auf weite Strecken dem mit Abstand scharfsinnigsten akademischen Aporetiker, Karneades von Kyrene.

Drei Systeme kommen, wie gesagt, zur Sprache. Die Reihenfolge ist sorgfältig auskalkuliert.

Das epikureische System ist, wie Cicero es kennt, das einfachste, am leichtesten zu verstehen und dementsprechend auch, wie er mehrfach zugesteht, dasjenige, das unter Griechen, Römern und Barbaren am weitesten verbreitet ist. Das stoische System ist umgekehrt unter allen das komplizierteste, überladen mit pedantischen Distinktionen und schwerfälliger Terminologie. Epikur kann für seine Lehre eine jedermann einleuchtende Evidenz in Anspruch nehmen. Sein Ausgangspunkt, daß jedes Lebewesen Lust sucht und Schmerz meidet, ist in den biologischen Gegebenheiten fest verankert, und das Modell, an dem er seinen fundamentalen Unterschied zwischen einer Lust der Bewegung und einer Lust der Ruhe demonstriert, die Lust nämlich am Essen und Trinken und die Lust dessen, der bedürfnislos gesättigt ist, gehört in den Erfahrungsbereich jedes einzelnen Menschen. Die Stoa dagegen hat eine Ethik des Paradoxon aufgebaut. Die Tugend, die sie fordert, ist das Gegenteil dessen, was der Mensch spontan begehrt; zu ihr muß der Mensch auf einem schwierigen Wege hingeführt werden, und die einzige Instanz, auf die sich die Stoa berufen kann und auch unermüdlich berufen hat, ist die Reihe der wenigen großen Männer der Geschichte, die sich zur Tugend durchgekämpft und diese Tugend dann bis in den Tod bewährt haben.

Diesen beiden Systemen steht das dritte gegenüber, das System des Peripatos, das mehr fordert als Epikur, aber nicht so unmenschlich viel wie die Stoa, ein System, das ohne je vulgär zu werden, sich in einer klaren, gepflegten und eindrucksvollen Sprache auszudrücken vermag.

Diese Konstellation hat eine Folge, die gerade für den Römer Cicero wichtig ist. Den jungen Torquatus, der sich auf eine politische Karriere vorbereitet, macht Cicero eindringlich darauf aufmerksam, daß es völlig unmöglich ist, sich in der Öffentlichkeit und gar als Magistrat und Staatsmann zur Lehre Epikurs zu bekennen. Soll er etwa bei Antritt eines Amtes erklären, er gedenke bei allen seinen Amtshandlungen nur seine eigene persönliche, private Lust zu fördern? Den Stoiker Cato muß er umgekehrt daran erinnern, daß jede politische Tätigkeit in sich zusammenbricht, wenn die äußeren Werte, um die im Senat, vor dem Volk und vor einem Richter gestritten wird, als gleichgültig behandelt werden; wenn man sich also weder gegen eine Absetzung vom Amte noch gegen Verbannung, Vermögenskonfiskation, Gefängnis oder Hinrichtung wehren soll, weil alle diese Umstände mit der Tugend nichts zu tun haben.

Der Peripatos allein weiß, daß die Tugend von der Lust nie ganz abzutrennen ist und daß der Mensch eine ausgewogene Vollkommenheit nur erreicht, wenn er nicht nur die Tugend besitzt, sondern auch Gesundheit, Kraft und Schönheit des Körpers und dazu einen hinreichenden Besitz, Freunde und eine geachtete Stellung in Staat und Gesellschaft. So kann Cicero feststellen, daß nur der Peripatos fähig ist, philosophisch gebildete Staatsmänner, Fürsten und Feldherren hervorzubringen und sinnvoll zu beraten. Man kann dasselbe noch etwas anders formulieren: Betrachten wir die Verhältnisse realistisch, so zeigt sich, daß Epikureer und Stoiker ihre Lehren nur in der Intimität der Schule und hinter verschlossenen Türen unbedenklich vortragen und diskutieren können, während sie in der Öffentlichkeit wohl oder übel gezwungen sind, so zu reden, wie man eben unter vernünftigen gebildeten Leuten zu reden hat. Der Gegensatz zwischen einer Philosophie

für den Spezialisten und einer für den gebildeten Laien ist schon den Athenern des 5. Jhd. v. Chr. bekannt gewesen. Hier aber handelt es sich um viel mehr: um den Gegensatz zwischen anstößigen, potentiell subversiven ethischen Experimenten, die sozusagen nur im geheimen durchgespielt werden dürfen, und einer traditionellen, allgemein anerkannten Wohlanständigkeit, an die sich auch der kühnste Philosoph halten muß, wenn er sich im Alltag unter seinen Mitmenschen behaupten will.

Der Peripatos allein, so behauptet Cicero, kennt diesen Gegensatz nicht. Der Peripatetiker allein wird in der Öffentlichkeit genauso reden können wie in den vier Wänden seiner Schule.

Der Leser könnte sich fragen, warum die vierte der großen Schulen, die Schule Platons, nicht zur Sprache kommt. Sie ist indessen auch gegenwärtig, aber nicht als eines der großen Systeme, sondern in der Gestalt des Kritikers aller Systeme, Karneades von Kyrene.

Dies verlangt eine kurze Erklärung. Durch Platons ganzes großes Œuvre läuft ein Zwiespalt, den Platon selber nie ganz überwunden hat, wohl auch niemals ganz hat überwinden wollen. Allbekannt ist der Satz der „Apologie des Sokrates": „Die andern meinen zu wissen; ich weiß nur das eine, daß ich nichts weiß". In diesem Satz verbindet sich die fromme Überzeugung, die wir dem geschichtlichen Sokrates zubilligen werden, „daß Gott allein weise ist", mit der Polemik gegen den aufdringlichen Dogmatismus, zunächst der ionischen Naturphilosophen, dann all derer, die bei Platon Sophisten heißen. Der platonische Sokrates ist immer wieder der, der nur fragt, nicht antwortet, der nur widerlegt, aber nie eigene Doktrinen vorträgt. Doch diese Aporetik hatte ihre Grenzen, zuerst bei Sokrates selber. Denn Sokrates hat aus freien Stükken den Tod auf sich genommen, und dies vermochte er nur, wenn er der Gewißheit des Sterbens eine noch größere und unangreifbarere Gewißheit entgegenzustellen fähig war. Platon selber wiederum muß eine im Innersten dogmatische Na-

tur gewesen sein. Schon die frühesten Dialoge zeigen Ansätze zum dogmatischen System, und in den späteren Werken wird diese Komponente immer mächtiger; da wird auch seine Berührung mit dem süditalischen Pythagoreertum, das strikt dogmatisch war, eine Rolle gespielt haben. Die nächsten Schüler Platons vollends scheinen reine Dogmatiker gewesen zu sein. Dann kommt mit Arkesilaos um 280 v. Chr. der Umschwung. Die platonische Akademie besinnt sich auf die sokratische Aporetik, und was für den platonischen Sokrates die Sophisten gewesen waren, wurden nun die Stoiker und die Epikureer. So wird bis hinab in die ciceronische Zeit die Akademie die Kraft, die den dogmatischen Philosophien gegenüber unermüdlich das sokratische Nichtwissen und die Philosophie des Fragens in Erinnerung ruft. Der größte Vertreter dieser Akademie ist Karneades; auf ihn folgte in einigem Abstand Philon von Larissa, dessen Schüler Cicero als junger Mensch um 85/84 v. Chr. gewesen ist.

Cicero hat sich sein Leben lang zur aporetischen Akademie Philons bekannt, obschon unmittelbar nach Philon ein zweiter großer Umschwung die weitere Geschichte der Akademie bestimmte. Antiochos von Askalon hat es unternommen, nachzuweisen, daß Akademie, Peripatos und Stoa im Grunde ein und dieselbe Lehre des Sokrates verträten. Vor ihm hatten allerdings schon einige Stoiker (Cicero erwähnt Panaitios) ähnlich gedacht, und es ist nicht ganz unverständlich, daß in der reichlich groben und oberflächlichen Synthese, die Antiochos zu fabrizieren unternahm, der Anteil der Stoa so sehr überwog, daß man ihm vorwerfen konnte, er sei einfach ein als Akademiker verkleideter Stoiker. Wir werden auf ihn noch einmal kurz zurückkommen.

Die Schule Platons ist, wie ich sagte, in unserem Werk vertreten durch Karneades, der nun gerade kein eigenes System anzubieten hatte, sondern alle anderen Systeme zu widerlegen unternahm.

Diese Widerlegung bedient sich der zwei sozusagen klassischen Methoden. Die eine geht von den Sachen selbst aus. Sie formuliert die Fragen, die die Systeme der Reihe nach zu be-

antworten suchen, und weist nach, daß keine der Antworten zu befriedigen vermag: Alle sind sie einseitig, und eine endgültige Antwort, die alle Einseitigkeiten zu vermeiden vermöchte, ist nicht zu finden. Ich charakterisiere damit das, was Cicero in unserem fünften Buch als „Aufgliederung der Probleme nach Karneades" („Divisio Carneadea") beschrieben hat.

Die zweite Widerlegung deckt die inneren Widersprüche in den gegnerischen Systemen selber auf. Sie ist die interessantere.

Es wurde oben ein zentrales Theorem Epikurs erwähnt. Die Analyse des alltäglichen Vorgangs des Essens und Trinkens gestattet ihm, zwei Formen der Lust zu unterscheiden, die Lust der Bewegung im Essen und Trinken, die ihr naturgemäßes Ende in der Lust der Sättigung, eines Zustandes wunschloser Ruhe findet. Dagegen wendet nun Karneades ein, daß Epikur den Begriff der Lust in unzulässiger und inkonsequenter Weise gleichmäßig auf zwei verschiedene Zustände anwende, die nach der Erfahrung und nach allgemeiner Überzeugung nichts miteinander zu tun hätten; denn der eine Zustand sei der, der uns als ein von allen Sinnesorganen empfundener Reiz endlos zu stimulieren und zu faszinieren vermag und den alle Menschen eben als „Lust" bezeichnen. Der andere Zustand dagegen sei der völliger Ruhe und Bedürfnislosigkeit, das Ende von allem, was Schmerz oder Kummer bereiten könnte. Diesen Zustand auch „Lust" zu nennen, verstößt nach Karneades gegen den Sprachgebrauch (ist also letzten Endes paradox) und schafft nur dauernde Mißverständnisse.

Das Entscheidende ist nun, daß Karneades in der Stoa einen ganz ähnlichen Sachverhalt aufspürt. Die menschliche Vollkommenheit besteht nach der Stoa in der Tugend, also in einer Haltung, in der der Mensch gerade nicht tut, was er tun möchte, sondern das, was er tun soll. Doch dies genügt nicht ganz. Denn der Mensch beginnt sein Leben inmitten von Gefährdungen durch Krankheiten und Tod, durch die Mächte der Natur und die Aggressivität der andern Menschen. Über all das muß er zuerst irgendwie hinausgelangen, ehe er sich

dem Paradoxon der Tugend erschließen kann. So wird die erste Aufgabe des Menschen seine Selbstbewahrung sein und die Sicherung des eigenen physischen Überlebens, und erst wenn diese Aufgabe hinlänglich gelöst ist, ist der Weg zur Tugend frei. Wir haben also zwei Zustände am Menschen, den der Selbstbewahrung und (überschroff gesagt) den der Selbstaufopferung um der Tugend willen.

Epikur hatte auch zwei Zustände angenommen, denjenigen des Essens und Trinkens und denjenigen der Sattheit; er hatte beide als „Lust" bezeichnet; und nun benennt desgleichen die Stoa ihre beiden Zustände mit demselben Begriff der „Naturgemäßheit". Denn naturgemäß ist für sie sowohl der erste Zustand der Selbstbehauptung wie auch der zweite Zustand des Strebens nach der Tugend.

Wenn Karneades Epikur vorwirft, er nenne zwei Zustände, die faktisch nichts miteinander zu tun hätten, mit demselben Namen „Lust", so wirft er genau parallel der Stoa vor, sie bezeichne zwei Zustände, die ebenfalls nichts miteinander zu tun hätten, mit demselben Namen der „Naturgemäßheit", als ob es zwei verschiedene Begriffe von Natur geben könnte.

Der Peripatos kennt keinen Bruch dieser Art in der Entfaltung des Menschseins. Er lehrt eine einzige organische Entwicklung des Menschen, vergleichbar der Entwicklung der Pflanze vom Samen bis zum ausgewachsenen Strauch oder Baum. So hören wir denn auch von einer entsprechenden Kritik des Karneades am Peripatos nichts. Vieleicht gab es nichts. Wir haben jedenfalls den Eindruck, daß (jedenfalls in dem Text, den Cicero zugrunde legt) Karneades bewußt die harmonische Struktur der peripatetischen Ethik gegen Epikur und die Stoa ausgespielt hat.

Allerdings fehlt im Texte Ciceros eine Kritik am Peripatos nicht völlig. Doch sie stammt nicht von Karneades, sondern von Antiochos von Askalon. Genauer gesagt, hat Cicero auf das Exposé der peripatetischen Lehre einen Anhang folgen lassen, der der Sache nach nichts anderes ist als eine kräftige Korrektur der peripatetischen Position im stoischen Sinne (5,71–74), und die nachfolgende Diskussion ist konzentriert

auf den einen Punkt, an dem die Verwundbarkeit des Peripatos aus stoischer Sicht am klarsten hervortritt. Denn wenn der Peripatos die harmonische Entwicklung des ganzen Menschen in seinen drei Teilen (der Seele, dem Körper und der Stellung in der Gesellschaft) fordert, so kann man leicht genug einwenden, daß sowohl das Gedeihen des Körpers wie auch die gesellschaftliche Stellung dem Zufall ausgeliefert sind; über diese Dinge hat der Mensch keine Gewalt. Der Peripatos wiederum kann sich (wie ich oben schon andeutete) nur auf die Position zurückziehen, daß der Mensch zwar nicht alles, aber doch das „Wichtigste und Größte" in seiner Gewalt habe; und damit könne und müsse man sich begnügen.

Cicero scheut sich dabei nicht, zuzugeben, daß diese peripatetische Position der epikureischen überaus nahe komme. Gegen Epikurs Lustlehre kann genau dasselbe eingewendet werden wie gegen die Drei-Güter-Lehre der Peripatetiker; und beide sind gezwungen, sich auf dieselbe Weise zu verteidigen.

Diese Feststellung führt auf ein nicht ganz uninteressantes Problem. Drei Systeme stehen einander gegenüber. Zwei unter ihnen haben sich von Anfang an als Todfeinde verstanden, das epikureische und das stoische. Es liegt indessen an der Position der Mitte, die in unserm Text jedenfalls dem Peripatos zugebilligt wird, daß der Peripatos zuweilen Epikur als seinen Verbündeten gegen die Stoa neben sich vorfindet, zuweilen aber auch die Stoa als Verbündete gegen Epikur. Dies hat einige bemerkenswerte Folgen, die ich hier nur in Kürze andeute. Der Peripatos ist mit Epikur, wie soeben gesagt, darin einig, daß er dem Zufall, der „Tyche", einen nicht ganz unerheblichen, aber doch begrenzten Einfluß auf die menschlichen Angelegenheiten einräumt, während für die Stoa nur derjenige ein vollkommener Mensch ist, der die Welt der Tyche vollständig hinter sich gelassen hat. Hübsch ist weiterhin, wie Epikur und der Peripatetiker zusammen der Stoa ihre Grandiloquenz vorwerfen: Die Stoa hat sich durch große Worte und heldische Gesten zu einem Radikalismus verfüh-

ren lassen, der der brutalen Wirklichkeit nicht standhält. Mit der Stoa zusammen geht der Peripatos in der Verwerfung des Lustprinzips. Die Stoa ist in diesem Punkte kompromißlos, während der Peripatos sehr viel behutsamer vorgeht; schließlich hat schon Aristoteles erklärt, daß die Lust mit zum Wesen der Eudaimonia gehöre. Unser Text begnügt sich mit der Feststellung, daß die Lust zwar sicherlich nicht das letzte und einzige Ziel des Handelns sein könne, daß sie aber zu den Gütern gehöre, die der Mensch anzustreben berechtigt sei. Mag sein, daß schon Ciceros griechische Vorlage in diesem Punkt durch Antiochos einige Retuschen erfahren hat. Denn Antiochos war entscheidend daran interessiert, den Gegensatz zwischen Stoa (plus Peripatos) und Epikur so groß wie möglich, denjenigen zwischen Stoa und Peripatos so klein wie möglich erscheinen zu lassen.

Immerhin werden wir uns davor hüten, den Einfluß des Antiochos auf das ganze Werk zu überschätzen. Antiochos ist als Philosoph eine durch und durch subalterne Natur gewesen, und so haben ihn auch die wenigen griechischen Berichte gesehen, die wir besitzen. Für Cicero, Brutus und Varro war er der bequeme Vermittler griechischer Gedanken, die vor ihm weit Größere als er gedacht haben. Es ist kein Zufall, daß wir, wenn wir nicht die zahlreichen Hinweise Ciceros besäßen, über die philosophische Leistung des Antiochos so gut wie nichts wüßten.

Geschlossen sei mit einer letzten Überlegung.

Epikur hat zwei Stufen der Lust unterschieden und beide, was die Kritik des Karneades herausforderte, als „Lust" bezeichnet. Die Stoa hat zwei Stufen in der Entfaltung des Menschen unterschieden, die Zeit der Selbstbehauptung und die Zeit der Verwirklichung der Tugend, und hat beides naturgemäß genannt.

Nur der Peripatos sieht den Menschen in einer bruchlos organischen, pflanzenhaften Entwicklung. Ciceros Sympathie gilt dem Peripatos, weil dieser allein, so meint Cicero, der ganzen Wirklichkeit des öffentlichen wie des privaten Lebens gerecht werde.

Hat Cicero hier richtig geurteilt? Zweifel sind erlaubt, vor allem, wenn wir uns an dieser Stelle an den Titel des ganzen Werkes erinnern. Vom größten Gute und vom größten Übel sollte in dem Werk die Rede sein. Doch dieser Titel bringt allerlei Schwierigkeiten mit sich. In einer ersten Perspektive scheint es klar zu sein, daß für Epikur das größte Gut die Lust und das größte Übel der Schmerz ist. Dies ergibt sich aus dem Texte selber evident. Bei der Stoa sind die Dinge schon weniger einfach; denn mit der Antwort, das größte Gut sei die Tugend, das größte Übel das Laster, ist so sehr viel nicht gewonnen. Beim Peripatos vollends wird die Folgerung, daß der Besitz aller drei Güterklassen das höchste Gut sei und der Verlust aller drei Klassen (Seele, Körper, gesellschaftliche Stellung) das größte Übel, nicht befriedigend.

Doch wichtiger scheint mir etwas anderes. Es gibt ja nicht nur das Übel, das wir erleiden, sondern auch das Übel, das wir tun – auch wenn die Griechen diese beiden Dinge oft genug durcheinandergeworfen haben. Es entsteht die Frage, was das größte Übel sei, das wir tun können, also was das Böse sei.

Epikur gibt auch da eine völlig klare Antwort. Wenn zwei Arten der Lust unterschieden sind, so beginnt das Böse dort, wo der Mensch nur die erste Art von Lust, die stimulierende Bewegung, gelten läßt und die Lust der Ruhe verwirft. Dann schlägt nämlich das Streben nach Lust in das unbegrenzte Begehren nach jeder Lust des Körpers und nach tyrannischer Macht über alle Menschen um (schon für den platonischen „Gorgias" sind die Begierde nach Lust und die Begierde nach Tyrannis die zwei Seiten einer und derselben Sache); und es ist dieses Begehren, das zuletzt nur noch zerstörerisch wirken kann.

Was die Stoa angeht, so können wir die entsprechende Antwort ergänzen. Wenn zwei Formen der Naturgemäßheit unterschieden werden, so beginnt dort das Böse, wo die Selbstbehauptung allein herrscht und die Forderung der Tugend, in der der Mensch gerade fähig wird, sich um der Forderung willen selbst aufzuopfern, verschwindet. Da haben wir dann wiederum den Tyrannen, der um so gefährlicher wird, als er

nur noch Macht will, und nicht einmal eine partielle „Neutralisierung" des Machtstrebens durch das Streben nach Lust stattfindet.

Am undurchsichtigsten bleibt die Lage beim Peripatos. Wenn wir bei Epikur und in der Stoa zwei Komponenten des menschlichen Handelns haben, die elementare, von der alles ausgeht (bei Epikur die Lust der Bewegung, in der Stoa die Selbsterhaltung), und die andere, die der elementaren ihre Grenze setzt und zur Vollkommenheit hinführt (hier die Lust der Ruhe, dort die Tugend), ist im Peripatos für eine solche Konfiguration kein Raum, und man sieht nicht, wo sich im Prozeß einer völlig harmonischen bruchlosen Entwicklung so etwas wie das Böse überhaupt festsetzen könnte.

So haben schließlich Karneades und Cicero Recht und Unrecht zugleich. Der Peripatos, der alles gelten läßt, hat in der Tat seine eigene Weltoffenheit und vermag nicht nur den gebildeten Bürger, sondern auch den Staatsmann und Fürsten darüber zu beraten, wie er sich am besten in der Welt zurechtfindet. Daß Cicero, der Philosoph und Politiker sein wollte, gerade diese Möglichkeit über alles schätzte, brauchen wir nicht zu begründen. Wenn Epikur und die Stoa beide einen Bruch in der Entfaltung des Menschen annehmen, so mußte dies zwar vom Standpunkt einer harmonisierenden Rationalität wie vom herkömmlichen Sprachgebrauch her anfechtbar sein. Doch nur der Bruch, also die Möglichkeit für den Menschen, zu wählen zwischen dem Verführerischen und dem Richtigen, also die Möglichkeit, das Böse zu tun oder zu lassen, war fähig, die Phänomene zu erklären, die zu Ciceros eigener Erfahrung gehörten und von denen auch dieses Werk immer wieder spricht: die endlosen Bürgerkriege, den schamlosen Luxus der Lebemänner und die Tyrannis, die alle Bürger außer dem einen rechtlos machte. So haben zu guter Letzt gegen Karneades die Dualitäten, in denen Epikur und die Stoa sich bewegen, eine größere Nähe zur Wirklichkeit gehabt als das gepflegte und um einige Nuancen zu harmlose Bild, das der Peripatos in Ciceros fünftem Buch von der Entwicklung und der Bestimmung des Menschen entworfen hat.

ZUR TEXTGESTALTUNG

Grundlage der Textgestaltung ist die Ausgabe von Th. Schiche (BT 1915, nachgedruckt 1961). Sie stützt sich wesentlich auf sechs Handschriften, von denen eine dem 11., eine zweite dem 12. Jhd. angehört. Die Überlieferung des Textes ist nicht besonders gut. De finibus hat in der Spätantike weit weniger Beachtung gefunden als De republica, Hortensius, De natura deorum oder De officiis. Der Grund ist der, daß eine kritische Diskussion der drei Systeme Epikurs, der Stoa und des Peripatos, die im 1. Jhd. v. Chr. das Feld beherrschten, vom 4. Jhd. n. Chr. an, in dem der Neuplatonismus und das Christentum sich durchgesetzt hatten, keinerlei Aktualität mehr besaß. So ist es kein Zufall, daß sich nur wenige Handschriften erhalten haben, die überdies von geringem Werte sind.

Dies berechtigt umgekehrt den modernen Editor dazu, unbedenklich einzugreifen, wo es nötig zu sein scheint, sei es zu ergänzen oder zu korrigieren, wo es möglich ist, oder sei es Lücken anzusetzen, wo keine einleuchtende Ergänzung möglich zu sein scheint.

Gegenüber dem Text Schiches sind in dieser Ausgabe Korrekturen an folgenden Stellen vorgenommen worden:

1, 3; 12; 22; 25; 30; 33; 41; 50; 64; 71.
2, 3; 31; 34; 36; 47; 54; 55; 58; 63; 64; 70; 89; 105; 106; 108; 110; 116.
3, 9; 10; 11; 15; 22; 25; 30; 31; 33; 35; 47; 48; 49; 62; 76.
4, 4; 7; 12; 14; 15; 18; 22; 25; 34; 36; 39; 40; 42; 43; 47; 58; 60; 63; 74; 76; 78.
5, 18; 24; 27; 39; 40; 41; 42; 45; 57; 59; 60; 62; 80; 81.

NAMENREGISTER

(weggelassen sind nur die allbekannten, keiner Erklärung
bedürfenden Namen)

Accius, 2, 94; 5, 32; ca. 170–84 v. Chr., römischer Tragiker und Grammatiker, aus Umbrien gebürtig, also wie Ennius (s. d.) kein Stadtrömer. Sein Gönner war D. Iunius Brutus Callaicus, Consul 138 v. Chr., dem zu Ehren Accius die Geschichte des ersten Brutus, Gründers der römischen Republik, in einem Drama dargestellt hat. Er war der erfolgreichste unter den römischen Tragikern, 40 Titel von Tragödien sind erhalten, manches in spielerisch hellenistischem Geschmack. Cicero hat ihn noch persönlich gekannt (Brutus 107).

L. Aemilius Paullus, 5, 70; ca. 230–160 v. Chr., einer der ältesten, seit dem 4. Jhd. v. Chr. politisch aktiven patrizischen Gentes entstammend. Biographie von Plutarch. Consul 182, dann 168 v. Chr. Am 22. 6. 168 Sieg bei Pydna über Perseus, den letzten König Makedoniens. Makedonien wird römische Provinz. Großartiger Triumph am 28.–30. 11. 168 v. Chr.

Q. Aelius Tubero, 4, 23; ca. 170–120 v. Chr., aus alter, in der Politik schon im 4. Jhd. v. Chr. tätiger Familie. Volkstribun ca. 135 v. Chr., Stoiker mit einer provozierend asketischen Lebensführung (Cicero, Pro Murena 75/76, Seneca Epist. Luc. 95, 72/73, Valerius Maximus 4, 4, 8/9). Er war Schüler des Panaitios, der ihm mehrere Schriften dediziert hat (s. Cicero Tusc. disp. 4, 4; De fin. 4, 23; Luc. 135), Freund des Stoikers Hekaton, der ihm ebenfalls eine Schrift „De officiis" widmete (Cicero De off. 3, 63).

Aischines, 5, 5; 437–342 v. Chr. attischer Redner; Todfeind des Demosthenes, dem wir die meisten (in der Regel bösartig polemischen) Informationen über sein Leben verdanken; von 348 an Parteigänger Philipps von Makedonien, nach 336 auch Alexanders d. Gr. Publiziert und erhalten sind nur drei Reden, doch der Hellenismus zählte ihn zu den zehn klassischen Rednern Athens.

L. Afranius, 1, 7; ca. 160–90 v. Chr., verfaßte Dramen in griechischer Technik, aber mit römischem Inhalt und Kolorit, darin seinem älteren Zeitgenossen Lucilius ähnlich. Cicero hat seine Werke geschätzt (Brutus 167, Pro Sestio 118).

NAMENREGISTER 593

Agesilaos, 2, 116; 444–360 v. Chr., spartanischer König seit 401, Zeitgenosse sowohl der größten Machtentfaltung Spartas nach der Niederwerfung Athens wie auch des Zusammenbruchs nach der Schlacht bei Leuktra 373, versuchte dann noch, erfolglos, den Zerfall der spartanischen Macht aufzuhalten. Wesentlich geprägt wurde sein Bild durch die enkomiastische Biographie Xenophons, die wir noch besitzen, und die auch Cicero gekannt haben wird.

T. Albucius, 1, 8–9; ca. 140–70 v. Chr., um 105 Propraetor in Sardinien, dann verurteilt wegen unkorrekter Amtsführung (sein Gegner Q. Mucius Scaevola), lebte in der Verbannung in Athen (Cicero Tusc. disp. 5, 108), Epikureer, scheint auch ein Buch über epikureische Philosophie geschrieben zu haben (Cicero Nat. deor. 1, 93, und Fronto p. 111 Naber).

Akademie (1) 5, 1; 8; Name zuerst eines heiligen Haines am NW-Stadtrand von Athen; schon zur Zeit der Tyrannis (6. Jhd. v. Chr.) wurde dort ein öffentliches Gymnasion angelegt. Um 450 ließ Kimon (Plut. Kimon 13) dazu einen Park pflanzen. Unmittelbar daneben besaß Platon ein Gartengrundstück, in dem er seine Schule einrichtete (Cicero De fin. 5, 1/2; Diog. Laert. 3, 20 und 4, 19). Später wird auch das Gymnasion dafür beansprucht worden sein. Bei der Eroberung Athens durch Sulla (86 v. Chr.) wurden Park und Gebäude der Akademie verwüstet. Als Cicero in Athen weilte, waren sie noch nicht wiederhergestellt, so daß der Unterricht im Gymnasion des Ptolemaios (s. d.) stattfinden mußte, das in der Stadt lag. In der Akademie befand sich ein Musenheiligtum (Diog. Laert. 4, 1) sowie die im Auftrag des Persers Mithridates durch Silanion geschaffene Büste Platons (Diog. Laert. 3, 21), das Urbild aller heute vorhandenen Platonbüsten. Auch das Grab Platons war dort (Diog. Laert. 3, 41; Pausanias 1, 30, 3). Die Bedeutung des Namens Akademie ist nicht bekannt; schon die Antike schwankte zwischen mehreren Etymologien.

(2) 2, 2; 34; 43; 3, 31; 4, 5; 5, 7; 21; über Zeit und Umstände, unter denen Platon seine Schule der Philosophie einrichtete, haben wir keine zuverlässigen Nachrichten. Jedenfalls war sie gegen Ende seines Lebens schon durchorganisiert mit einem Schulhaupt, eingeschriebenen Schulmitgliedern und einem Unterricht, der teils aus Lehrvorträgen, teils aus Diskussionen bestanden haben wird; auch eine Bibliothek sowie Lese- und Aufenthaltsräume müssen vorhanden gewesen sein. Der Schulvorsteher wurde demokratisch durch Abstimmung unter den Schulmitgliedern gewählt, was freilich heftige Auseinandersetzungen unter den Kandidaten nicht

ausschloß. Die Geschichte der Schule zerfällt in vier Perioden 1. Alte Akademie, Ausbau des platonischen Systems durch Speusippos, Xenokrates, Polemon 2. Neue Akademie, die zur Aporetik des Sokrates zurückkehrt: Arkesilaos, Karneades, Kleitomachos, Philon. 3. Erneuerter dogmatischer Platonismus seit Antiochos. 4. Neuplatonismus seit Plotin. Den größeren Teil der Informationen über die 2. und 3. Periode verdanken wir Cicero.

Amynomachos, 2, 101; Freund und einer der Erben Epikurs, aus alter, auch inschriftlich bezeugter athenischer Familie.

Anio, 2, 73; Nebenfluß des Tiber, aus dem Sabinergebirge kommend, berühmte Wasserfälle bei Tibur. Beim Anio hat im Zusammenhang mit dem Einbruch der Gallier in Mittelitalien (zwischen 390 und 350 v. Chr.) eine Schlacht stattgefunden, bei der sich T. Manlius Torquatus Imperiosus auszeichnete (vgl. Liv. 7, 9, 6–7, 10, 14).

Antiochos von Askalon (Syrien), 5, 1; 6; 7; 8; 14; 16; 75; 81; ca. 130–67 v. Chr. (Cicero Luc. 61). Nachdem schon Panaitios (s. d.) und Poseidonios (s. d.) gegen Chrysippos (s. d.) die Stoa in die Nähe Platons und des Aristoteles gerückt und sie damit ihren römischen Lesern zugänglich gemacht hatten, hat er als Schulhaupt der platonischen Akademie (etwa von 82 v. Chr. an) diese Entwicklung von der andern Seite vollendet und die These ausgearbeitet, Akademie, Peripatos und Stoa hätten als sokratische Schulen mehr oder minder dieselbe Lehre im Gegensatz zu Epikur, dessen Doktrin er strikt ablehnte. Sein Einfluß in Rom war beträchtlich (Cicero, M. Terentius Varro, M. Iunius Brutus), sein besonderer Gönner war M. Licinius Lucullus. Seine philosophische Originalität war gering, doch begann mit ihm die Epoche der Erneuerung des dogmatischen Platonismus, gekennzeichnet durch starke Anleihen bei Peripatos und Stoa.

Antipater von Tarsos, 1, 6; ca. 180–110 v. Chr., Nachfolger des Diogenes von Babylon (s. d.) in der Leitung der stoischen Schule in Athen, Gegner des Akademikers Karneades (Cicero Luc. 17, 28, 109, 143).

Archilochos von Paros, 2, 115; ca. 700–630 v. Chr., einer der ältesten und größten frühgriechischen Lyriker, berühmt durch seine Gedichte, die Persönliches wie Politisches darstellen, ebenso groß in den Formen der Freundschaft und der Liebe wie des Hasses. In Rom hat er besonders auf Lucilius (s. d.) und später Horaz eingewirkt.

Archimedes von Syrakus, 5, 50; 287–212 v. Chr., bedeutendster grie-

chischer Mathematiker, getötet bei der Eroberung von Syrakus durch die Römer. Was Cicero von ihm weiß, ist vermutlich alles durch Poseidonios (s. d.) vermittelt. Als Quaestor in Sizilien (75 v. Chr.) hat Cicero das in Vergessenheit geratene Grab des Archimedes wiederentdeckt (Tusc. disp. 5, 64ff.).

Archytas von Tarent, 2, 45; 5, 87; ca. 420–350 v. Chr., Staatsmann und Pythagoreer (Mathematiker), befreundet mit Platon (s. d.).

Arion von Lokroi in Süditalien 5, 87; ca. 420–350 v. Chr., Pythagoreer und Freund Platons (s. d.), uns nur durch Cicero (und Val. Max. 8, 7 ext. 3) bekannt.

Aristeides von Athen, 2, 116; 5, 62; ca. 540–470 v. Chr., bedeutender athenischer Politiker; zusammen mit seinem Gegenspieler Themistokles (s. d.) Schöpfer der Großmachtstellung Athens nach der Schlacht bei Platää (479 v. Chr.), berühmt wegen seiner Rechtlichkeit und Bescheidenheit; erhalten ist seine Biographie durch Plutarch.

Aristippos von Kyrene, 1, 23; 26; 2, 18; 19; 20, 34; 39; 41; 5, 20; ca. 435–360 v. Chr., Schüler des Sokrates, Schöpfer einer auf dem Prinzip der Lust aufgebauten, ontologisch strukturierten Ethik, darin z. T. Erbe der Sophistik und Vorläufer Epikurs.

Ariston von Keos, 5, 13; ca. 270–200 v. Chr., Schulhaupt des Peripatos nach 229 v. Chr., Verfasser vor allem von ethischen und biographischen Schriften.

Ariston von Chios, 2, 35; 43; 3, 11; 12; 50; 4, 40; 47; 49; 69; 72; 78; 5, 23; 73; ca. 300–240 v. Chr., dissidenter Schüler des Stoikers Zenon (s. d.), Schöpfer einer radikalen Ethik, die alles außer dem einen Guten für indifferent erklärte.

Aristophanes von Byzanz, 5, 50; ca. 257–180 v. Chr., einer der größten griech. Grammatiker und Editor von Klassikertexten.

Aristos von Askalon, 5, 8; ca. 110–45 v. Chr., Bruder und Nachfolger des Antiochos (s. d.) in der Leitung der Akademie in Athen, befreundet mit Cicero selber (Luc. 12, Acad. 1, 11, Brutus 322) und M. Iunius Brutus.

Aristoteles von Stageira, 1, 6; 14; 2, 19; 34; 40; 3, 10; 4, 3; 15; 72; 73; 79; 5, 7; 10; 11; 12; 14; 73; 384–322 v. Chr., bedeutendster Schüler Platons (s. d.), einflußreich auf allen Gebieten der Philosophie (Metaphysik), Kosmologie, Biologie (Zoologie), Psychologie, Ethik und Politologie sowie in der Logik, Gründer der Schule des Peripatos.

Aristoxenos von Tarent, 5, 50; ca. 380–310 v. Chr. Pythagoreer und Schüler des Aristoteles, berühmt als Musiktheoretiker, Ethiker

und Biograph (einflußreich seine Biographien des Pythagoras und Sokrates).

Arkesilaos von Pitane, 2, 2; 5, 10; 94; ca. 316–241 v. Chr., Leiter der Akademie seit etwa 266, greift philosophisch auf Sokrates zurück, hat darum auch nichts geschrieben, sondern nur widerlegend diskutiert, spielt das sokratische Nichtwissen gegen den Dogmatismus der Stoa aus und begründet damit die (zweite) Neue Akademie.

Athos, 2, 112; östlichste Zunge der nordgriechischen Chalkidike, bekannt durch den Versuch des Xerxes (480 v. Chr.), die Umfahrung des gefährlichen Gebirgsstockes durch den Bau eines Kanals zu vermeiden (Herodot 7, 22–24 u. a.).

Atilius, 1, 5; ca. 190–130 v. Chr., römischer Komödiendichter und Bearbeiter griechischer Tragödien (vgl. Cicero Ep. Att. 14,20, 3).

A. *Atilius* Calatinus, 2, 117; römischer Konsul 258, 254, Diktator 249, Censor 247, einer der Helden des Ersten Pun. Krieges 264–241.

M. *Atilius* Regulus, 2, 65; 5, 82; 83; 88; römischer Konsul 267, 256, Feldherr im 1. Pun. Krieg, nach anfänglichen Siegen von den Karthagern 255 vernichtend geschlagen und gefangen genommen, in der Gefangenschaft gestorben. Die Legende hat sein Ende zu einem heroischen Opfertod hochstilisiert und ihn damit in die Nähe des Sokrates gerückt.

Cn. *Aufidius*, 5, 54; ca. 150–70 v. Chr., Praetor ca. 107 v. Chr., Verwalter der Provinz Asia (vgl. Cicero Tusc. disp. 5, 112).

Q. *Caecilius Metellus* Macedonicus, 5, 82; 88; ca. 195–115 v. Chr., Konsul 143, aus hochangesehener alter Familie, der erfolgreichste römische Feldherr seiner Zeit, darum als Inbegriff menschlichen Glücks gepriesen.

Statius *Caecilius*, 1, 4; 2, 13; ca. 230–168 v. Chr., Dichter der röm. Komödie, scheint Kelte aus der Gegend von Mailand gewesen zu sein, Freund des Ennius (s. d.), äußerst erfolgreich, 40 Titel bekannt, darunter 30 griechische Titel und unter diesen 16 aus Menander (s. d.), hat also wesentlich zur Einbürgerung der griech. Komödie des 4. Jhd. v. Chr., in Rom beigetragen.

Callipho Kalliphon, 2, 19; 34; 35; 4, 50; 5, 21; 73; ca. 270–200 v. Chr., Philosoph unbekannter Schulzugehörigkeit, uns (außer Clemens Alex. Str. 2, 127, 3) nur durch Cicero bekannt, der seinerseits ein Schema des Karneades benutzt.

Carneades, Karneades, 2, 35; 42; 59; 3, 41; 57; 4, 49; 5, 4; 6; 16; 20; 22; *214–129 v. Chr., bedeutendster Vertreter der Neuen Akademie, teils den Dogmatismus der Stoa auf allen Gebieten, bes. denjenigen*

Chrysipps (s. d.) bekämpfend, teils durch den Nachweis, daß jeder These eine Gegenthese ebenbürtig gegenüberstehe, zur konsequenten Zurückhaltung des Urteils („Epoché") führend. Geschrieben hat er wie Sokrates selber nichts; seine Lehren kennen wir durch Berichte seiner Schüler. Berühmt waren die Vorträge, die er 156/5 in Rom hielt, während er sich als Mitglied einer athenischen Gesandtschaft dort befand (Cicero hat mehrere auf ihn zurückgehende Texte benutzt).

Chrysippos von Soloi (Kilikien), 1, 6; 39; 2, 44; 3, 57; 67; 4, 7; 9; 28; 68; 5, 89; ca. 280–205 v. Chr., Leiter der Stoa seit 232/1. Vollender des stoischen Systems, über das er in zahllosen Schriften geschrieben hat, Schöpfer vor allem der endgültigen Form der stoischen Logik, die die aristotelische Logik überholen sollte. Der Hauptteil der Berichte über die stoische Lehre bezieht sich auf das als endgültig empfundene System des Chrysippos. Karneades (s. d.) hat gerade ihn erbittert bekämpft, und auf seinen Druck geht es wohl zurück, daß von Panaitios (s. d.) an die Stoa reichlich platonische und aristotelische Elemente aufnahm. Die Stoa der Kaiserzeit (Seneca, Epiktet, Mark Aurel) ist darum nur noch teilweise die Stoa Chrysipps.

Citium, Kition, 4, 56; Stadt auf Zypern (heute Larnaka), in der Antike überwiegend phönizisch besiedelt und Mittelpunkt des phönizischen Einflusses auf der Insel. Halbautonome Könige 480–312 v. Chr., dann zum Reich der Ptolemäer gehörend, 58 v. Chr. durch Cato d. J. (s. d.) für Rom annektiert; Heimatstadt Zenons, des Gründers der Stoa.

Cleanthes, Kleanthes von Assos, 2, 69; 4, 7; 331–232 v. Chr., seit 263 Nachfolger Zenons in der Leitung der Stoa, treuester Schüler Zenons (s. d.), hat, vor allem durch Heraklit (s. d.) beeinflußt, besonders die stoische Naturphilosophie und Theologie ausgebaut.

Codrus, Kodros, 5, 62; erst vom 5. Jhd. v. Chr. an bezeugter erster sagenhafter König Athens, der durch seinen freiwilligen Tod den Athenern in einem Krieg gegen die Peloponnesier den Sieg gebracht haben soll. Der Mythos scheint im Interesse bestimmter politischer Ansprüche Athens konstruiert worden zu sein.

Colonus, Kolonos, 5, 3; Name zweier Bezirke Attikas, der eine nahe der Agora Athens, der zweite im NW von Athen gelegen, nahe der Akademie Platons. Dieser zweite ist Ort der Tragödie „Ödipus auf Kolonos" von Sophokles.

P. *Cornelius* Scipio Africanus maior, 2, 56; 106; 4, 22; 5, 70; ca. 235–183 v. Chr., Konsul 205, 194, Censor 199, Sieger über Hanni-

bal bei Zama 202 v. Chr., von Ennius (s. d.) als Retter Roms vor der Bedrohung durch Karthago gepriesen. Der erste der römischen Feldherren, die als einzelne eine souveräne Macht auszuüben beginnen; 184 verläßt er Rom und beendet sein Leben auf seinem Landgut bei Liternum.

P. Cornelius Scipio Africanus minor, 1, 7; 4, 23; 5, 2; 5, 70; 184–129 v. Chr., Konsul 147, 134, Sohn des L. Aemilius Paullus (s. d.), adoptiert vom Sohne des Scipio Africanus maior, beendet 147/6 den dritten Punischen Krieg mit der Zerstörung Karthagos und erobert und zerstört 133 die spanische Bergfestung Numantia. Gesprächsführer in Ciceros De republica.

L. Cornelius Sulla, 3, 75; 138–78 v. Chr., Rücksichtsloser Verfechter der römischen Senatsherrschaft, Todfeind des C. Marius (s. d.), führt 88–85 den Krieg gegen Mithridates vom Pontos, 83 Sieger im Bürgerkrieg gegen Marius und dessen Anhänger, Diktator 82–79. Cicero hat die grausame Liquidierung der politischen Gegner ebenso verurteilt, wie er die Reorganisation des Staates durch Sulla begrüßt hat.

C. Cornelius Sulla, 2, 62; Neffe des Diktators, zum Konsul designiert 66, durch L. Manlius Torquatus (s. d.) der Bestechung angeklagt und verurteilt, sympathisiert mit Catilina (s. d.), von Cicero 62 verteidigt (Rede „Pro Sulla"), stirbt 46 im Bürgerkrieg auf der Seite Caesars.

Crantor, Krantor, 5, 57; von Soloi (Kilikien), ca. 330–260 v. Chr., Philosoph der Alten Akademie, Verfasser eines Kommentars zu Platons „Timaios" und bes. einer Trostschrift in der Tradition des platon. „Phaidon" und des aristot. „Eudemos", Vorbild für Ciceros (verlorene) „Consolatio ad se ipsum"

Critolaus, Kritolaos von Phaselis (Lykien), 5, 14; ca. 200–130 v. Chr., Schulhaupt des Peripatos seit etwa 160, Mitglied der athen. Philosophengesandtschaft in Rom 156/5, Vertreter einer nur wenig modernisierten aristotelischen Orthodoxie gegen die Stoa.

Croesus, Kroisos, 2, 87; 3, 45; 76; 4, 29; 31; ca. 595–525 v. Chr., letzter lydischer König mit weitreichenden kulturellen Beziehungen zur griechischen Welt, berühmt wegen seines ungeheuren Reichtums (vgl. Herodot 1, 29–33: Solon und Kroisos). Sein Reich durch Kyros (s. d.) zerstört 547, er selbst lebte bis ca. 525 am Hofe des Perserkönigs.

Curia Hostilia, 5, 2; Ort der Senatssitzungen auf dem röm. Forum, angebl. durch den König Tullus Hostilius errichtet, dann durch Sulla um 80 v. Chr. vollständig umgebaut.

M'. Curius Dentatus, 2, 30; einer der Heroen der frühen röm. Republik, Konsul 290, 275, 274 v. Chr., Sieger über König Pyrrhos von Epirus, berühmt wegen seiner altrömischen Einfachheit.

Cynici, 3, 68; Kyniker, Vertreter einer vom Sokratiker Antisthenes, dann von Diogenes von Sinope begründeten philosophischen Lebensart, die alle kulturellen Einrichtungen und Rücksichten verwarf und radikal der Natur gemäß zu leben suchte, darum auch Skandal und Provokation nicht scheute. Die anderen Philosophenschulen distanzierten sich scharf, mit Ausnahme der Stoiker, deren Archeget Zenon (s. d.) kynisch beeinflußt war und darum eine zwiespältige Haltung einnahm.

Cyrenaici, 1, 23; 39; 2, 39; 114; Kyrenaiker, Anhänger des Sokratikers Aristippos (s. d.) von Kyrene. Er verband eleatische (s. d.) und sophistische (s. d.) Ontologie mit sokratischer Praxis, setzte „die Lust" als Ziel allen Handelns und wurde insofern Vorläufer Epikurs (s. d.), der sich allerdings seinerseits entschieden von den Kyrenaikern distanzierte.

P. Decius Mus, 2, 61; ca. 400–340 v. Chr., Konsul 340, soll sich im Krieg gegen die Latiner bei Capua für den Sieg Roms den Göttern geweiht (devotio) und geopfert haben.

P. Decius Mus, 2, 61; ca. 350–295 v. Chr., Sohn des vorigen, Konsul 312, 308, 297, 295, soll sich im Krieg gegen die Samniter bei Sentinum für den Sieg Roms den Göttern geweiht und geopfert haben.

P. Decius Mus, 2, 61; ca. 320–279 v. Chr., Sohn des vorigen, soll sich im Kriege gegen Pyrrhos von Epirus (s. d.) bei Ausculum für den Sieg Roms den Göttern geweiht und geopfert haben. Völlig unsicher ist, welcher der drei Fälle von Aufopferung, bzw. ob überhaupt einer der drei Fälle historisch ist oder das Ganze nicht eine romantische Repristination spätrepublikanischer Zeit darstellt.

Deinomachos, 5, 21; ca. 280–200 v. Chr., für uns nur durch die Schematik des Karneades (s. d.) faßbarer, vielleicht peripatetischer Philosoph.

Demetrios, von Phaleron, 5, 54; ca. 350–280 v. Chr., Schüler des Aristoteles, Parteigänger Makedoniens, 318/7 im Auftrag Makedoniens Regent von Athen, muß 307 Athen verlassen und lebt von da an als politischer Verbannter am Hofe des Königs von Ägypten. Bezeugt sind viele Schriften von ihm; für Cicero ist er derjenige Grieche, der Platons Synthese von Philosoph und Staatsmann am glücklichsten verwirklicht und den er darum als sein eigenes Vorbild verstanden hat.

Democritus Demokritos, 1, 17; 18; 20; 21; 28; 2, 102; 4, 13; 5, 23; 87;

ca. 470–390 v. Chr., zusammen mit seinem Lehrer Leukippos Schöpfer der Atomistik, die die Ontologie des Parmenides mit umfassender naturwissenschaftlicher Empirie zu verbinden suchte, Vorläufer des Aristoteles im enzyklopädischen Charakter seiner Philosophie, des Epikur in der Lehre von den „Atomen und dem Leeren", auch darüber hinaus einflußreich, direkt und indirekt durch Lukrez. Von Cicero systematisch gegen Epikur in Schutz genommen.

Demosthenes, 5, 5; 384–322 v. Chr., der letzte der großen attischen Redner, berühmt vor allem durch seine leidenschaftliche Verteidigung Athens gegen den Druck Philipps und Alexanders von Makedonien, endet 322 durch Selbstmord. Cicero hat ihn sich vielfach zum Vorbild genommen, besonderes in seinen letzten Reden, deren Titel „Orationes Philippicae" ausdrücklich an Demosthenes erinnern soll.

Dicaearchus, Dikaiarchos, 4, 79; ca. 350–280 v. Chr., Schüler des Aristoteles, die spekulative Ontologie und Anthropologie weitgehend zugunsten empirischer, besonders kulturhistorischer Forschung preisgebend. Geschätzt besonders durch Panaitios (s. d.), durch den Cicero auf ihn aufmerksam wurde; dieser hat Dikaiarchs Schriften mehrfach (De rep., De legibus u. a.) benutzt.

Diodoros, von Tyros, 2, 19; 34; 35; 4, 50; 5, 14; 21; 73; ca. 160–100 v. Chr., Peripatetiker, Schüler des Kritolaos (s. d.) für uns fast nur durch die Schematik des Karneades (s. d.) faßbar.

Diogenes von Babylon, 1, 6; 2, 24; 3, 33; 49; 57; ca. 200–130 v. Chr., Schulhaupt der Stoa, Teilnehmer an der Philosophengesandtschaft der Athener in Rom 156/5, versucht z. T. gegen Chrysippos erste Annäherungen der Stoa an den Peripatos, von Karneades (s. d.) heftig angegriffen.

Dionysios, 4, 56; 430–367 v. Chr., Feldherr, dann Tyrannos von Syrakus, seit dem Historiker Timaios zum Beispiel für die platonische These, daß der Tyrann der unglückseligste aller Menschen sei, stilisiert, von Cicero in diesem Sinne vielfach angeführt.

Dionysios, Herakleotes, Dionysios von Herakleia (am Pontos), 5, 94; ca. 315–250 v. Chr. Stoiker, Schüler Zenons (s. d.), ging unter der Erfahrung einer schmerzhaften Krankheit von der Stoa zu Epikur über.

Echekrates aus Lokroi, 5, 87; ca. 430–370 v. Chr., uns nur aus Cicero bekannter Pythagoreer (nicht identisch mit dem Gesprächspartner in Platons „Phaidon").

Endymion, 5, 55; urspr. wohl nichtgriechische Sagengestalt, Gelieb-

ter der Selene, von Zeus mit ewiger Jugend und ewigem Schlafe beschenkt.

Q. Ennius, 1, 4; 7; 2, 41; 4, 62; 239–169 v. Chr., größter Dichter der Blütezeit der röm. Republik, dichtete in nahezu allen von den Griechen angebotenen Gattungen, Tragödien, Komödien, ein Lobgedicht auf Scipio Africanus maior und vor allem die „Annales", epische Darstellung der röm. Geschichte vom Ursprung bis auf seine eigene Zeit, entscheidend für die Konstituierung des röm. Staatsbewußtseins, von Cicero hoch geschätzt, später durch Vergils „Aeneis" verdrängt.

Epaminondas, 2, 62; 67; 97; ca. 420–362 v. Chr., Sieger über Sparta bei Leuktra (371) und Mantinea (362), dann in der Geschichtsschreibung zu einem der großen Helden der griech. Geschichte stilisiert.

Epikur, Buch 1 und 2; 4, 11; 13; 29; 49; 5, 3; 80; 94; 341–270. v. Chr., angeregt durch Demokrit (s. d.), Aristoteles (s. d.), die Sophistik und den Sokratiker Aristippos (s. d.), schuf sein ein überaus einflußreiches philosophisches System, ausgezeichnet durch systematische Transparenz und Lebensnähe, getragen durch pädagogische Leidenschaft und Geschicklichkeit. Wohl schon früh hat die Schule auch Anhänger in Rom gewonnen, im 1. Jhd. v. Chr. Ciceros Freund Atticus, dann Lukrez. Cicero selber schätzt die Menschlichkeit der Epikureer, verwirft aber ihre streng hedonistische und weitgehend materialistische, viele Probleme allzu sehr vereinfachende Doktrin. Berühmt blieb Epikurs philosophischer Katechismus „Kyriai Doxai" in 40 Lehrsätzen und seine ethische Hauptschrift „Über das Lebensziel", dazu eine umfangreiche Briefsammlung.

Erechtheus, 5, 62; einer der mythischen Urkönige Athens.

Erillos, oder *Herillos*, 2, 35; 43; 4, 36; 40; 5, 23; 73; ca. 315–250 v. Chr., Schüler des Stoikers Zenon, nahm aber (unter dem Einfluß Platons und des Aristoteles?) das Wissen als das Ziel allen Handelns an.

Euripides, 1, 4; 2, 105; ca. 484–407 v. Chr., dritter und einflußreichster der drei attischen Tragiker. Seine Tragödien waren bis zum Ende der Antike zusammen mit den Epen Homers und den Komödien Menanders bei den Griechen die Grundlage aller literarischen Allgemeinbildung; charakteristisch die Frauendramen, von denen Cicero in unserem Text gleich drei als besonders berühmt erwähnt: Andromeda, Antiope, Medea. Die Tragödien des Euripides sind vermutlich die einzigen attischen Tragödien, die Cicero selbst gelesen hat.

P. Gallonius, 2, 24; 25; 90; ein in den Saturae des Lucilius (s. d.) verspotteter Lebemann der 2. Hälfte des 2. Jhd. v. Chr.

Gamelion, 2, 101; Monat des attischen Kalenders, dem Namen nach urspr. der Monat, in dem geheiratet wurde.

Gorgias von Leontinoi (Sizilien), 2, 1; ca. 485–380 v. Chr., nächst Protagoras der größte der Sophisten, pflegt Ontologie, politische Praxis, Sprach- und Disputierkunst.

Hannibal, 2, 56; 4, 22; 5, 70; 247–183 v. Chr., größter karthagischer Feldherr, der im 2. Pun. Krieg Rom an den Rand des Zusammenbruchs brachte. Von Cornelius (s. d.) Scipio 202 bei Zama besiegt.

Herakleitos von Ephesos, 2, 15; ca. 550–480 v. Chr., eigenwilligster und undurchschaubarster der vorsokratischen Philosophen, schon im 5. Jhd. v. Chr. der Dunkelheit seiner Aussprüche wegen berühmt.

Hercules, Herakles, 2, 118; 119; 3, 66; größte Gestalt des griechischen Mythos als der unbändig kämpfende, leidende, siegreich gegen Götter und Menschen sich durchsetzende „Urmensch", in Rom als Halbgott schon früh eingebürgert.

Hermarchos von Mytilene, 2, 96; 101; ca. 325–250 v. Chr., Freund und Nachfolger Epikurs in der Leitung der Schule.

Herodotos, 2, 87; ca. 490–430 v. Chr., erster klassischer Historiker der Griechen, stellt die Geschichte des östlichen Mittelmeerraumes am Leitfaden der Auseinandersetzung zwischen den Griechen und den orientalischen Reichen der Lyder und Perser dar, mit starkem Interesse sowohl an der Kulturgeschichte wie auch an den Schicksalen der einzelnen Akteure.

Hieronymos von Rhodos, 2, 8; 16; 19; 32; 35; 41; 4, 49; 5, 14; 20; 73; ca. 300–230 v. Chr., Peripatetiker, scheint sich, wie andere Peripatetiker seiner Zeit, epikureischen Lehren angenähert zu haben. Wichtig in der philosophiegeschichtlichen Konstruktion des Karneades.

L. Hostilius Tubulus, 2, 54; 4, 77; 5, 62; ca. 180–130 v. Chr. römischer Praetor 142, Mittelpunkt eines Skandals, der die beginnende Korruption in der politischen Atmosphäre Roms ankündigte.

Hymettos, 2, 112; Bergrücken im SO von Athen, durch seinen Honig berühmt.

Ida, 5, 64; Gebirge in der Troas in Kleinasien, Sitz eines alten asiatischen Kultes der „Großen Mutter"; gegen Ende des 2. Pun. Krieges wurde der Kult unter großen Feierlichkeiten nach Rom verpflanzt.

L. Iunius Brutus, 2, 66; erster sagenhafter Vertreter einer in spätre-

M. Iunius Brutus, 1, 12; bedeutender Jurist der Jugendzeit Ciceros.

M. Iunius Brutus, 1, 1; 3, 1; 6; 5, 1; 8; 85–42 v. Chr. politisch wie philosophisch (Schüler des Antiochos von Askalon) gleichermaßen engagiert, nächst Atticus der vertrauteste Freund Ciceros, 53 Quaestor, 46–45 Statthalter in Gallia Cisalpina, 44 Praetor. Seit 45 sah er in Caesar den Tyrannen, den zu stürzen er berufen war, wie sein Urahn den König Tarquinius gestürzt hatte; er wurde das Haupt der Verschwörung, die am 15. 3. 44 mit stillschweigender Billigung Ciceros Caesar ermordete. Doch sein politisches Programm scheiterte; gegen die Caesarianer verlor er die Schlacht bei Philippi (Nov. 42) und beging Selbstmord.

D. Iunius Silanus, 1, 24; adoptierte den Sohn des T. Manlius Torquatus, Konsul 165 v. Chr.

C. Laelius Sapiens, 2, 24; 25; 59; 4, 23; 5, 2; ca. 190–120 v. Chr., Freund des Scipio Africanus Minor, griechisch gebildet (bekannt mit den Stoikern Diogenes von Babylon und Panaitios von Rhodos) und zugleich Vertreter altrömischer senatorischer Tradition; Titelheld von Ciceros Dialog „Über die Freundschaft".

Lemnos, 2, 94; Insel der NO Ägäis, z. T. mit vorgriechischer (thrakischer?) Bevölkerung; im Mythos lassen die gegen Troia fahrenden Griechen den kranken Philoktetes in der Einöde von L. zurück.

Leonidas, 2, 62; 97; König von Sparta zwischen 488–480. Durch seine aufopfernde Verteidigung der Thermopylen gegen Xerxes 480 v. Chr. wurde er als einer der größten griech. Helden berühmt.

M. Licinius Crassus, 5, 92; Praetor um 126 v. Chr., der „nie lachte", geschildert in den Saturae des Lucilius.

M. Licinius Crassus Dives, 2, 57; 3, 75; ca. 115–53 v. Chr., Konsul 70, 55, verbündet sich 60 mit Pompeius und Caesar zu einem Dreibund (Triumvirat), der über die magistratische Ordnung hinweg die gesamte Macht in Rom an sich zu ziehen sucht. Nach dem Konsulat fällt er 53 in der Schlacht bei Carrhae im Krieg gegen die Parther.

L. Licinius Lucullus, 2, 107; 3, 7; 8; ca. 120–57 v. Chr., Konsul 74. Entschiedener Anhänger der Senatsherrschaft, 74–66 erfolgreicher Krieg gegen Mithridates vom Pontos, Freund Ciceros, der 63 den Triumph für ihn durchsetzte; griechisch gebildet und (wie die meisten Zweige der Gens Licinia) sehr reich und luxusliebend. Titelheld eines Dialoges Ciceros; Biographie Plutarchs.

L. Licinius Murena, 4, 74; ca. 110–50 v. Chr., Konsul 62; seine Wahl wurde als ein Ergebnis von Bestechungen angefochten; im Prozeß wurde er von M. Porcius Cato angeklagt, von Cicero (Rede „Pro Murena") siegreich verteidigt.

M. Livius Drusus, 4, 66; als Volkstribun 122 Kollege seines Todfeindes C. Sempronius Gracchus, Konsul 112, Censor 109, durch seine Tochter Livia der Großvater des M. Porcius Cato (Uticensis).

Locri, Lokroi, 5, 87; bedeutende Griechenstadt an der SW-Spitze Italiens, in ihrer Blütezeit ein Mittelpunkt des Pythagoreertums (spätes 5., frühes 4. Jhd. v. Chr.).

C. Lucilius, 1, 5; 7; 9; 2, 23; 25; 5, 92; ca. 180–100 v. Chr., bedeutendster römischer Dichter zu Beginn der spätrepublikanischen Zeit; seine mit Witz und Sarkasmus verfaßten 30 Bücher „Saturae", von denen wir zahlreiche Fragmente haben, geben ein einzigartig lebendiges Bild der römischen Gesellschaft ihrer Zeit in kultureller, sozialer, politischer Hinsicht. Vorbild für Horaz, dessen Sermones und Epistulae freilich künstlerisch weit gepflegter, politisch weit weniger engagiert sind.

Sp. Lucretius Tricipitinus, 2, 66; Angehöriger einer wohl schon im 3. Jhd. v. Chr. untergegangenen patrizischen Familie, angeblich erster Konsul des von der Tyrannis der Tarquinier befreiten Rom, Vater der Lucretia, deren Selbstmord nach ihrer Vergewaltigung durch den Sohn des letzten Königs Tarquinius in hellenistischer Manier vielfach sentimentalisch ausgemalt worden ist; historisch ist die Geschichte nicht.

Lykon, 5, 13; ca. 300–224 v. Chr., Peripatetiker, langjähriges Schulhaupt des Peripatos als Nachfolger Stratons. In der klassizistischen Perspektive der ciceron. Zeit gilt er als philosophisch unbedeutend.

Lykurgos, 2, 67; halb sagenhafter Gesetzgeber Spartas (8. Jhd. v. Chr.?), in der Regel als Gegenstück zu dem historisch klar faßbaren Gesetzgeber Athens, Solon, aufgebaut.

M'. Manilius, 1, 12; Konsul 149 v. Chr. bedeutender Jurist, bei Cicero Teilnehmer am Gespräch von De rep.

T. Manlius Torquatus Imperiosus, 1, 23; 25; 34; 2, 60; 72; Diktator 353, 349, Konsul 347, 344, 340 v. Chr., einer der Helden der frühen Republik. Den ersten Beinamen erhielt er, weil er im Zweikampf einem gallischen Heerführer die Halskette („Torques") als Beute abgenommen, den zweiten wegen seiner unerbittlichen Strenge, mit der er als Heerführer („Imperator") die militärische Disziplin durchgesetzt haben soll.

T. Manlius Torquatus, 1, 24; Konsul 165 v. Chr., bekannt durch seine Härte gegen seinen Sohn D. Iunius Silanus Manlianus.

L. Manlius Torquatus, 1, 62; Konsul 65 v. Chr., enger Freund Ciceros im Kampf gegen die Catilinarier, daneben Anhänger der epikureischen Philosophie, Vater von Ciceros Gesprächspartner in De fin. 1/2.

A. Manlius Torquatus, 2, 72; Praetor 70 v. Chr., unterstützt Cicero 52 im Prozeß des T. Annius Milo.

C. Marius, 2, 105; ca. 160–86 v. Chr., Konsul 107, 104, 103, 102, 101, 100, 86, Sieger über den Numiderkönig Jugurtha (105), über Kimbern und Teutonen (102, 101), dann immer tiefer in Bürgerkriegswirren verstrickt, Todfeind Sullas. Ciceros Urteil schwankt zwischen der Bewunderung für den Landsmann aus Arpinum und den genialen Feldherrn und dem Widerwillen gegen die Brutalität des Emporkömmlings.

Menander, 1, 4; 7; 342–290 v. Chr., Bedeutendster und fruchtbarster Dichter der attischen Neuen Komödie, gehört bis über das Ende der Antike hinaus mit Homer und Euripides zum eisernen Bestand der griechischen Bildung. 96 Titel sind bekannt, viele davon im 3., 2. und 1. Jhd. v. Chr. ins Lateinische übersetzt, auf ägypt. Papyri sind 6 Stücke mehr oder weniger ganz erhalten.

Metrodoros von Lampsakos, 2, 7; 92; 96; 98; 101; 330–277 v. Chr., engster Freund und bedeutendster Schüler Epikurs, starb vor Epikur, galt aber in seinen Schriften als autoritativer Exeget der Lehren des Schulgründers.

Mnesarchos, 1, 6; wenig bekannter Stoiker des 2. Jhd. v. Chr.

P. Mucius Scaevola, 1, 12; 2, 54; 4, 77; ca. 170–110 v. Chr., Volkstribun 141, Konsul 133, hochangesehener Jurist und maßvoller Vertreter der Senatsherrschaft.

Q. Mucius Scaevola Augur, 1, 8; 9; 10; ca. 150–80 v. Chr., bedeutender Jurist, juristischer Lehrer Ciceros. Praetor 120, Konsul 117.

Nikomachos, 5, 12; Sohn des Philosophen Aristoteles (s. d.), dem eine sonderbare, noch unerklärte Tradition die Abfassung der „Nikomachischen Ethik" zugeschrieben hat.

Q. Numitorius Pullus, 5, 62; Bürger der Latinerstadt Fregellae, der 125 v. Chr. den Römern eine gegen Rom gerichtete Verschwörung der Fregellaner verriet.

Cn. Octavius, 1, 24; Praetor 168, Konsul 165. Wesentlich beteiligt am Sieg des Aemilius Paullus (s. d.) über den Makedonenkönig Perseus 168.

Cn. Octavius, 2, 93; Praetor 79 (?); Konsul 76, Freund Ciceros.

Orestes, 1, 65; 2, 79; 5, 63; im Mythos Sohn und Rächer des von seiner Mutter Klytaimnestra ermordeten Vaters Agamemnon, Freund des Pylades, seine Schicksale in der griechischen wie römischen Tragödie häufig dargestellt.

Oroites, 5, 92; um 522 v. Chr. Satrap (Statthalter) des Perserkönigs Dareios in Sardes (Lydien), beseitigt auf heimtückische Weise den Tyrannen Polykrates (s. d.) von Samos.

M. Pacuvius, 1, 4; 5, 31; ca. 220–130 v. Chr., zweiter der drei klassischen römischen Tragiker mit wenigen, aber anspruchsvollen Tragödien über vielfach abgelegene griechische Mythen.

Panaitios von Rhodos, 1, 6; 2, 24; 4, 23; 79; ca. 180–110 v. Chr., Stoiker, der als erster sich ausdrücklich an römische Leser wandte und zugleich eine Synthese von stoischer und besonders peripatetischer Lehre anstrebte, befreundet mit den meisten gebildeten Römern seiner Zeit. Werke von ihm sind von Cicero besonders in De nat. deorum, Tusc. disp. und De officiis ausgiebig benutzt worden.

Sex. Peducaeus, 2, 58; Praetor 77; als Propraetor in Sizilien 76/75 unterstützt er Cicero.

Perikles, 5, 5; ca. 490–429 v. Chr., überragender athenischer Staatsmann, Schöpfer der athenischen Großmachtstellung zu Beginn des Peloponnesischen Krieges.

Peripatetici, 2, 34; 68; 3, 41; 43; 4, 2; 57; 78; 5, 8; 9; 14; 75; 76; 78; 86; Angehörige der Philosophenschule des Aristoteles, der Name von „Peripatos", einer Wandelhalle, in der Aristoteles um 335 v. Chr. seine Lehrvorträge begonnen hatte. Charakteristisch für die Schule ist von Anfang an die Pflege der Logik und Wissenschaftstheorie einerseits, die zurückhaltend realistische Interpretation der gegebenen Phänomene im Bereich der Natur wie in dem der Geschichte andererseits; sie wendet sich teils an den gelehrten Forscher, teils an den philosophisch gebildeten Weltmann. Die ciceronische Zeit schätzt vor allem ihre beiden Klassiker Aristoteles und Theophrast.

C. Persius, 1, 7; nur aus den Saturae des Lucilius bekannter gebildeter Römer der 2. Hälfte des 2. Jhd. v. Chr.

Phaidros, 1, 16; 5, 3; ca. 138–70 v. Chr., Haupt der epikureischen Schule in Athen, Freund Ciceros und Lehrer des Atticus.

Phalaris, 4, 64; 5, 85; Tyrann von Agrigent, wohl im frühen 6. Jhd., später (durch den sizilischen Historiker Timaios?) zum Inbegriff des unmenschlich grausamen Tyrannen stilisiert.

Pheidias, 2, 115; 4, 34; ca. 490–430 v. Chr., berühmtester Bildhauer

der Antike, Schöpfer vor allem der großen Kultbilder des Zeus in Olympia und der Athena Parthenos in Athen.

Philippos, 2, 116; ca. 382–336 v. Chr. König der Makedonen, Schöpfer der makedonischen Vorherrschaft in ganz Griechenland, Vater Alexanders d. Gr. Die späteren Philosophen liebten es, seinen klug und maßvoll kalkulierenden gegen den planlos aufbrausenden Charakter seines Sohnes auszuspielen.

Philoktetes, 2, 94; 5, 32; in dem (nicht restlos deutbaren) Mythos Freund des Herakles, der ihm Bogen und Pfeile vermacht, Begleiter der Griechen gegen Troia, erkrankt und auf Lemnos zurückgelassen, bis er nach 10 Jahren von Odysseus und Neoptolemos ins Lager von Troia geholt wird, mit seinem Bogen den Paris erschießt und damit den Tod des Achilleus rächt.

Philodemos, 2, 119; ca. 120–55 v. Chr., Epikureer, kam ca. 80 v. Chr. nach Rom, u. a. mit Cicero befreundet. Die in Herculaneum entdeckte Bibliothek eines Epikureers enthält sehr zahlreiche, in schwerfälligem Schuljargon geschriebene Werke Philodems.

Pindar, 2, 115; ca. 520–440 v. Chr., der berühmteste der griechischen Chorlyriker, ganz erhalten seine Siegeslieder, z. T. erhalten die religiösen Dichtungen; Cicero kennt ihn nur aus der Literaturgeschichte.

Platon, 1, 5; 7; 72; 2, 4; 15; 45; 52; 92; 4, 3; 21; 56; 61; 64; 5, 2; 50; 84; 87; 427–347 v. Chr., neben Aristoteles (der sein Schüler war) bedeutendster griechischer Philosoph, der einzige, von dem sich sämtliche Werke erhalten haben. Da er selber nur Dialoge, keine systematischen Untersuchungen hinterlassen hat, ist besonders in ciceronischer Zeit sein Einfluß, von wenigen Dialogen abgesehen („Phaidon", „Gorgias", „Timaios") nur indirekt spürbar, tritt jedenfalls hinter dem des Peripatos ganz stark zurück, obschon seine Stellung als „princeps philosophorum" unbestritten bleibt.

C. Plotius, 2, 58; sonst nicht bekannter röm. Ritter.

Polemon, 2, 34; 35; 4, 3; 14; 45; 51; 61; 5, 2; 7; 14; 94; ca. 350–270 v. Chr., seit 315 Schulhaupt der platonischen Akademie. Seine Lehre merkwürdigerweise nur in Spuren faßbar, vermutlich durch Antiochos von Askalon (s. d.) stark uminterpretiert, um aus ihr die Brücke zwischen der platonischen und der stoischen Philosophie herzustellen. Was Polemon wirklich geleistet hat, ist aus den zahlreichen, aber dürftigen Anspielungen Ciceros kaum zu entnehmen.

Polyainos von Lampsakos, 1, 20; ca. 320–260 v. Chr., zuerst Mathematiker, dann von Epikur der mathematischen Wissenschaft ab-

spenstig gemacht, schließlich einer der bedeutendsten Schüler Epikurs.

Polykleitos, 2, 115; ca. 470–400 v. Chr., einer der bedeutendsten griech. Bildhauer, zwei seiner Werke („Doryphoros", der Speerträger, und „Diadumenos", der sich die Siegerbinde um den Kopf legt) in römischen Kopien weit verbreitet.

Polykrates von Samos, 5, 92; ca. 570–522 v. Chr., Tyrann von Samos, machte aus seiner Insel ein Zentrum des wirtschaftlichen und kulturellen Lebens, erfolgreich bis zu seiner hinterhältigen Tötung durch Oroites (s. d.).

Q. *Pompeius*, 2, 54; Konsul 141 v. Chr., erfolglos im Krieg gegen Numantia in Spanien, bestritt wider besseres Wissen die Existenz eines Waffenstillstandsvertrags mit den Numantinern.

Cn. *Pompeius* Magnus, 2, 57; 106–48 v. Chr., bedeutend als Feldherr (Sieg über Mithridates, Eroberung Jerusalems, Vernichtung der Seeräuber im östl. Mittelmeer), als Politiker nicht sehr geschickt und seinem Gegenspieler Caesar weit unterlegen. 60 v. Chr. Triumvirat mit Caesar und Licinius Crassus, 55–50 beherrscht er allein die römische Politik im Sinne der Senatsherrschaft, 49 Bruch mit Caesar, Bürgerkrieg, Niederlage des Pompeius bei Pharsalos 48, ermordet in Ägypten. Ciceros Verhältnis zu Pompeius blieb dauernd schwankend, mit der politischen Richtung sympathisierend, gleichzeitig die Schwächlichkeit des persönlichen Charakters des Pompeius durchschauend.

T. *Pomponius* Atticus, 1, 16; 2, 67; 5, 1; 3; 8; 96; ca. 105–35 v. Chr., Epikureer und engster Freund Ciceros, Biographie durch Cornelius Nepos erhalten, die Briefe Ciceros an ihn nach Ciceros Tod (aber im Sinne Ciceros) ediert und erhalten. Gesprächspartner in mehreren Dialogen Ciceros (De legibus, De fin. 5).

M. *Porcius* Cato, 5, 2; 234–149 v. Chr., 198 Praetor, 195 Konsul, 184 Censor, gleich bedeutend als Politiker wie als Schriftsteller, verfaßte ein einflußreiches Geschichtswerk („Origines"), ein noch erhaltenes Werk „Über die Landwirtschaft" (De agricultura) und hat (vermutlich als erster) seine Reden in politischen Angelegenheiten wie in Privatprozessen selbst publiziert; erhalten sind Reste von 79 Reden. Er stammte aus Tusculum, war also in der Stadt Rom, wie dann Cicero, ein „homo novus". Für Cicero ist er in nahezu jeder Hinsicht das große römische Vorbild gewesen, Dialogfigur in der Schrift „Über das Greisenalter".

M. *Porcius* Cato, Gesprächspartner in Buch 3/4, 95–46 v. Chr., Urenkel des vorangehenden, Praetor 54, Stoiker strengster Obser-

vanz, kompromißloser Vertreter der Senatsherrschaft, schließlich halber Parteigänger des Pompeius und entschlossener Gegner Caesars. Nach der Niederlage bei Thapsus im Bürgerkrieg gegen Caesar berühmter Selbstmord in Utica. Cicero hat die Härte seines Charakters bewundert, aber nicht geliebt; er hat eine Gedenkschrift verfaßt (nur in Fragmenten erhalten), die den Zorn Caesars hervorrief.

Poseidonios, 1, 6; 135-51 v. Chr., Stoiker, sucht im Gegensatz zu Chrysippos eine Synthese stoischer, platonischer und aristotelischer Lehren, einziger Stoiker, der auch in weitem Umfang naturwissenschaftlich (Forschungsreisen auf der iberischen Halbinsel und Sizilien) und historisch interessiert war. Freund Ciceros, der vermutlich das Geschichtswerk des Poseidonios (das in der Nachfolge des Polybios die Zeit von 146 bis 79 v. Chr. umfaßte) ausgiebig benutzt hat; sein philosophischer Einfluß ist bes. in De nat. deor. spürbar; schärfster Gegner Epikurs.

Ptolemaios I., 5, 54; König von Ägypten 305-282 v. Chr., nahm den aus Athen verbannten Demetrios von Phaleron bei sich auf.

Ptolemaios II., 5, 1; König von Ägypten 282-246 v. Chr., erbaute in Athen das ptolemäische Gymnasion, Sitz der platonischen Akademie nach der Zerstörung der Bauten der Akademie durch Sulla 85 v. Chr.

M. *Pupius* Piso Frugi Calpurnianus, 4, 73; Gesprächspartner in Buch 5, Konsul 61, politisch Anhänger Sullas, dann des Pompeius, philosophisch Peripatetiker, Freund Ciceros.

Puteoli, 2, 84; Hafenstadt in Campanien (Pozzuoli), seit dem 2. Jhd. v. Chr. neben Ostia wichtigster Hafen Roms vor allem für die Getreideimporte aus Ägypten.

Pyrrhon von Elis, 2, 35; 43; 3, 11; 12; 4, 43; 49; 60; 5, 23; ca. 360-270 v. Chr., Philosoph, der sich wohl selber als Konkurrenzgestalt zu Sokrates empfand, reiner Aporetiker, der selber nichts geschrieben hat und durch einen exzentrischen Lebensstil berühmt wurde. Die in ciceronischer Zeit sich neu konstituierende Skepsis hat ihn als ihren Archegeten betrachtet (was Cicero selbst noch nicht zur Kenntnis genommen hat).

Pyrrhos, 2, 61; König der Molosser in Epirus, ca. 330-273 v. Chr., bedeutend als Feldherr, zeitweilig die Römer hart bedrängend, aber unfähig, seine Erfolge politisch zu sichern. Von den Römern auch als Gegner respektiert.

Pythagoras, 2, 79; 5, 4; 50; 87; ca. 570-500 v. Chr., seine Biographie frühzeitig von Legenden überwuchert, tätig vor allem in Südita-

lien, Gründer einer religiös-asketischen Gemeinde mit höchst unklarer Geschichte (von mehrfachen heftigen Verfolgungen wird berichtet). Die späteren Pythagoreer befassen sich mit Musiktheorie, Mathematik, Kosmologie und ziehen unter ebenfalls wenig geklärten Umständen das Interesse Platons auf sich.

L. Quinctius Cincinnatus, 2, 12; angebl. Diktator 458, 439 v. Chr.; einer der halb legendären Heroen der Frühzeit der röm. Republik, Urbild des redlich-einfachen altrömischen Bauern.

P. Rutilius Rufus, 1, 7; ca. 155–70 v. Chr., Konsul 105, angesehener Vertreter der Senatsherrschaft, Stoiker, Verfasser eines Geschichtswerkes; von seinen Gegnern 94 ins Exil getrieben, verbrachte er seine späteren Jahre in Smyrna, wo ihn Cicero 78 besuchte als den letzten lebenden Vertreter des Kreises um Scipio Africanus Minor und C. Laelius.

Sardanapallus, 2, 106; griechisch verstümmelte Form von Assurbanipal, assyrischer König 668–631 v. Chr., wird im 5. Jhd. bei den Griechen zum Inbegriff des in schwächlichem Luxus schwelgenden orientalischen Herrschers, vor allem in den Schilderungen Herodots, dann wohl auch des etwas späteren Ktesias.

C. Sempronius Gracchus, 4, 66; Volkstribun 123, 122, Gegner der Senatsherrschaft mit dem Versuch, die politische, soziale und wirtschaftliche Basis des römischen Staates zu verbreitern. Nach erbitterten Auseinandersetzungen scheitert er und begeht Ende 122 Selbstmord. Das Urteil über ihn wie seinen Bruder schwankt zwischen rückhaltloser Bewunderung (Plutarch) und fanatischem Haß (Cicero).

Ti. Sempronius Gracchus, 4, 65; Konsul 177, 163, Censor 169, Vater der beiden Volkstribunen, bei Cicero sehr stark, im Gegensatz zu den Söhnen, als ein Muster altrömischer Rechtlichkeit und Korrektheit stilisiert.

Ti. Sempronius Gracchus, 4, 65; Volkstribun 133 v. Chr., älterer Bruder des C. Gracchus, versucht durch drastische Maßnahmen der Entvölkerung des Landes in Italien und der Entstehung eines stadtrömischen Proletariats entgegenzuwirken, beides gegen den harten Widerstand der Senatsmehrheit. Ende 133 gab der Senat dem Cornelius Scipio Nasica freie Hand, mit allen Mitteln gegen Gracchus vorzugehen; im entstehenden Krawall wurde dieser erschlagen. Für Cicero waren er und sein Bruder gewissenlose Zerstörer des römischen Staatswesens.

C. Sergius Orata, 2, 70; von Cicero, wahrscheinlich angeregt durch die Saturae des Lucilius, als das Urbild des römischen Lebemanns

im „Hortensius" und später mehrfach erwähnt; lebte wohl eine Generation vor Cicero.

Cn. Servilius Caepio, 2, 54; Konsul 141, Censor 125.

Q. Servilius Caepio, 3, 8; nicht sicher identifizierbar, Schwager sowohl des L. Licinius Lucullus wie auch des M. Iunius Brutus (Volkstribun 83), des Vaters des M. Iunius Brutus; Freund Ciceros. Sonst scheint über ihn nichts bekannt zu sein.

Simonides von Keos, 2, 104; ca. 555–470 v. Chr., nächst Pindar bedeutendster griechischer Chorlyriker, als Person der beginnenden Sophistik nahestehend.

Siron, 2, 119; Epikureer des 1. Jhd. v. Chr., Freund Philodems, auch mit Cicero bekannt.

Sokrates, 2, 1; 2; 90; 5, 87; 88; 470–399 v. Chr., zusammen mit den Sophisten Schöpfer der philosophischen Ethik wie auch der durch Induktion und Definitorik charakterisierten philosophischen Gesprächskunst. Er selbst hat nichts geschrieben, ist aber der Mittelpunkt einer überaus reichen Dialogliteratur der „Sokratiker"; am einflußreichsten in späterer Zeit die Dialoge Platons, dann (besonders bei den Römern) diejenigen Xenophons.

Solon, 2, 67; 87; ca. 640–560 v. Chr., athenischer Gesetzgeber, Schöpfer der athenischen demokratischen Staatsidee, durch seine Gedichte der erste als Person faßbare griechische Staatsmann, oft dem spartan. Lykurg gegenübergestellt.

Sophokles, 1, 5; 5, 3; ca. 497–406, der vollkommenste unter den attischen Tragikern, an kultureller Wirkung Euripides unterlegen, an subtiler Kunst und Gedankentiefe unbestritten der größte; „Ödipus" und „Antigone" gelten schon in der Antike als Inbegriff des „Tragischen" schlechthin.

Speusippos, 4, 3; 5, 2; 7; ca. 400–339 v. Chr., Neffe und Nachfolger Platons in der Leitung der Akademie; mit ihm beginnt die Interpretation der Lehre Platons als Erbin und Vollenderin der pythagoreischen Tradition.

Staseas von Neapel, 5, 8; 75; ca. 120–60 v. Chr., Peripatetiker, entschiedener Vertreter der an Aristoteles und besonders Theophrast orientierten peripatetischen Orthodoxie.

Stoa Buch 3 und 4; von Zenon von Kition (Zypern) gegründete Schule, die (ähnlich wie der Peripatos) ihren Versammlungs- und Arbeitsort zunächst in einer der athenischen Wandelhallen („Stoa Poikile") hatte und von daher ihren Namen bekam. Sie gibt die platonische Ideenlehre preis, hält aber um so strikter am absoluten Charakter des „Guten" fest: Gut ist nur die Tugend, alles andere

ist indifferent, auch wenn innerhalb des Indifferenten distinguiert werden muß. Die Kosmologie ist theologisch orientiert (Begriff der „Pronoia", Vorsehung), die Logik wird noch über Aristoteles hinaus ausgebaut. Die stoische Philosophie ist die erste, die sich als ein streng logisch aufgebautes System versteht. Ihre geschichtliche Wirkung ist nicht leicht abzuschätzen: Der Römer bewunderte sie, weil sie seinem Begriff altrömischer Tugend entgegenkam, doch daß ihre Ethik im praktischen Leben weit weniger anpassungsfähig war als diejenige des Peripatos oder Epikurs, konnte nicht verborgen bleiben. Man wird also den faktischen Einfluß der Stoa in ciceronischer Zeit nicht überschätzen dürfen.

Straton von Lampsakos, 5, 13; ca. 330–269 v. Chr., seit 287 Nachfolger Theophrasts als Schulhaupt des Peripatos, zur Hauptsache an Naturphilosophie interessiert, z. T. deutlich unter dem Einfluß Epikurs. Vorbereitet durch Theophrast, tritt hier der biologisch gefaßte Begriff der Natur in den Mittelpunkt.

Tarentum, 1, 7; 5, 87; ursprünglich spartanische Kolonie in Süditalien (Taranto), seit 272 v. Chr. unter römischer Herrschaft, aber noch lange ein Zentrum griechischer Kultur, bis seit der Mitte des 2. Jhd. v. Chr. der Verfall einsetzt.

L. Tarquinius Collatinus, 2, 66; in der Erzählung von Lucretia Verwandter des tarquinischen Königshauses, aber nach dem Selbstmord seiner Gattin Lucretia entschlossener Kämpfer für die Freiheit Roms, darum angeblich Konsul 509 v. Chr. Wie weit da die Erinnerung an eine geschichtliche Gestalt nachwirkt, ist kaum mehr festzustellen.

L. Tarquinius Superbus, 3, 75; in der späteren Geschichtskonstruktion letzter König Roms, zum grausamen Tyrannen (Superbus griechisch „Hybristes") stilisiert, obschon er dann das Ende des Königtums 510 lange und friedlich im Exil überlebt haben soll.

Terentius 1, 3; 4; 5, 28; ca. 220–159 v. Chr., karthagischer Herkunft, kommt früh (wohl als Kriegsgefangener) nach Rom, verfaßt zwischen 166 und 160 v. Chr. sechs Komödien, die sehr bald zum klassischen Bestand der römischen Dichtung gezählt wurden und darum alle erhalten sind. Sein Vorbild ist wesentlich Menander, dessen bürgerlich milde Humanität er viel entschiedener zum Ausdruck bringt als etwa Plautus. Von Cicero wie später von Augustin hoch geschätzt.

Themista, 2, 68; Schülerin Epikurs um 290 v. Chr., anscheinend auch selbst philosophisch tätig.

Themistokles, 2, 67; 104; 116; ca. 520–450, bedeutendster athenischer

Staatsmann der Zeit der Perserkriege. Sieger bei Salamis 480, um 471 (?) aus Athen verbannt, stirbt um 450 als Gefolgsmann des Perserkönigs Artaxerxes I.

Theophrast 1, 6; 14; 4, 3; 5, 10; 11; 12; 54; 73; 77; 85; 86; 371–287 v. Chr., Nachfolger des Aristoteles in der Leitung des Peripatos (seit 322). Er ergänzt und erweitert das Werk seines Lehrers, wobei er in der Ontologie zurückhaltender ist, in der Ethik und Politik stärker systematisiert und die biologischen Kategorien in den Vordergrund gestellt hat; bedeutend vor allem seine „Botanik" und seine „Geschichte der alten Naturphilosophie". Sein Einfluß auf Epikur kann erheblich gewesen sein, während die Stoa besonders seine Ethik bekämpfte. Cicero hat ihn in De rep., im Laelius und in De fin. 5 ausgiebig benutzt.

Theseus, 1, 65; Gründer des athenischen Staates; Theseus–Peirithoos, Orestes–Pylades, Achilleus–Patroklos sind die drei großen Freundespaare des Mythos.

L. Thorius Balbus, 2, 63; 65; 70; sonst nicht bekannt, für Cicero (aus Lucilius?) neben Sergius Orata Beispiel eines Lebemannes und Lebenskünstlers, wohl auch dem Ende des 2. Jhd. v. Chr. angehörend.

Timaios, 2, 15; 5, 87; bei Cicero Pythagoreer aus Lokroi, 1. Hälfte des 4. Jhd. v. Chr., vermutlich identisch mit dem Titelhelden des platonischen Dialoges „Timaios"; das 3. Jhd. v. Chr. hat unter seinem Namen eine kosmologische Schrift fabriziert, die die Vorlage Platons gewesen sein soll.

Timokrates, 2, 101; Epikureer der ersten Hälfte des 3. Jhd. v. Chr., Bruder des frühverstorbenen Epikureers Metrodor.

Q. Trabea, 2, 13; Komödiendichter unbestimmter Zeit, vielleicht Zeitgenosse des Plautus (Ende des 3. Jhd. v. Chr.).

A. Varius, 2, 62; Richter, wohl aus Ciceros Jugendzeit; sonst unbekannt.

L. Verginius, 2, 66; in der hellenistischen Darstellung der frührömischen Geschichte Vater der Verginia; der Vater tötete die eigene Tochter, um sie vor der Vergewaltigung durch den vornehmen Decemvir Appius Claudius zu schützen, Gegenstück zur (ebenso erfundenen) Geschichte der Lucretia.

Veseris, 1, 23; Fluß in Latium, nicht identifizierbar.

Q. Voconius Saxa, 2, 55; Volkstribun 169 v. Chr., Urheber einer Lex Voconia, die das Erbrecht der Frauen in einem für diese ungünstigen Sinne regelte.

Xenokrates, 4, 3; 15; 49; 79; 5, 2; 7; ca. 390–315 v. Chr., zweiter

Nachfolger Platons in der Leitung der Akademie (von 339 an), betont über Speusippos hinaus die theologisch-spekulativen Momente in der platonischen Philosophie, hat wohl auch bedeutend zur schulmäßigen Systematisierung der Lehre Platons beigetragen.

Xenophon, 2, 92; ca. 426–350 v. Chr., Soldatenführer und vielseitig tätiger, gewandter Schriftsteller; einflußreich in Rom waren vor allem seine „Erinnerungen an Sokrates" und seine als historischer Roman aufgebaute Beschreibung des vollkommenen Staates und des vollkommenen Staatsmannes in der Gestalt des persischen Reichsgründers Kyros: „Kyrupädie".

Xerxes, 2, 112; Sohn des Dareios, persischer Großkönig 485–465 v. Chr. Berühmt geworden durch seinen aufwendig geführten, gescheiterten Feldzug gegen die Griechen 480/479.

Zenon von Sidon, 1, 16; ca. 155–70 v. Chr., Schulhaupt der epikureischen Schule in Athen. Um 79/78 hat Cicero zusammen mit Atticus seine Vorlesungen in Athen besucht.

Zenon von Kition, 2, 17; 35; 3, 5; 14; 15; 51; 4, 3; 4; 7; 8; 9; 12; 14; 19; 44; 45; 47; 51; 54; 55; 56; 59; 60; 61; 69; 70; 72; 73; 5, 79; 84; 88; ca. 334–263 v. Chr., Gründer der Stoa um 300; sein Denken, teilweise wohl durch Platon angeregt, ist durch ethischen Rigorismus und durch den Anspruch auf strenge logische Wissenschaftlichkeit charakterisiert. Er hat besonders die Lehren Epikurs und des Theophrast bekämpft. Die spätere Zeit hat die von ihm geschaffene z. T. äußerst künstliche philosophische Fachterminologie kritisiert. Vollender des Systems wurde dann Chrysippos.

Zeuxis, 2, 115; ca. 450–380 v. Chr., der bedeutendste Maler der griechischen Klassik; wir besitzen noch Beschreibungen zahlreicher Gemälde.

LITERATURVERZEICHNIS

AUSGABEN, KOMMENTARE

I. N. Madvig, Cicero, De finibus bonorum et malorum libri quinque, Kopenhagen 1876, Nachdruck Hildesheim 1963 (ein klassisches Werk der lateinischen Philologie und der antiken Philosophiegeschichte, noch heute unentbehrlich).

Th. Schiche, Cicero, De finibus bonorum et malorum, Leipzig 1915, Nachdruck Stuttgart 1966.

J. S. Reid, Cicero, De finibus bonorum et malorum libri I, II, Cambridge 1925, Nachdruck Hildesheim 1968.

Die Schule des Aristoteles, Texte und Kommentare, hsg. von F. Wehrli, Basel–Stuttgart 1944 ff.

Epicurea, ed. H. Usener, Leipzig 1887, Nachdruck Rom 1963.

Stoicorum veterum fragmenta, ed. J. von Arnim, 4 Bde., Leipzig 1903–24.

G. Luck, Der Akademiker Antiochos, Bern 1953.

Panaetius Rhodius, Fragmenta, ed. M. van Straaten, Leiden 1962.

Ciceros Hortensius, ed. und Komm. L. Straume-Zimmermann, Bern 1976.

Socraticorum Reliquiae, coll. G. Giannantoni, 4 Bde. 1983–1985.

DARSTELLUNGEN, UNTERSUCHUNGEN

E. Zeller, Die Philosophie der Griechen in ihrer geschichtlichen Entwicklung, 3. Teil, 2 Bde., Leipzig 1923^5, Nachdruck Darmstadt 1963.

R. Hirzel, Untersuchungen zu Ciceros philosophischen Schriften, 3 Bde., Leipzig 1877–83.

W. Süss, Cicero – Eine Einführung in seine philosophischen Schriften, Mainz 1966.

O. Gigon, Die Erneuerung der Philosophie in der Zeit Ciceros, Entretiens sur l'antiquité classique, Fondation Hardt, Vandœuvres, Genève 1955, 25–61.

O. Gigon, Cicero und Aristoteles, Hermes 87 (1959), 143–162.

O. Gigon, Cicero und die griechische Philosophie, Aufstieg und Nie-

dergang der römischen Welt, hsg. von H. Temporini, I 4, Berlin–New York 1973, 226–261.
O. Gigon, Theophrast in Ciceros De finibus, Rutgers University Studies, 1986.
J. Glucker, Antiochus and the Late Academy, Göttingen 1978.
V. Goldschmidt, Le système Stoicien et l'idée de temps, Paris 1979.